U0452594

之道译丛
·10·

Joanne B. Freeman
[美] 乔安妮·B.弗里曼 著

赵辛阳 译

血腥之所

The Field of Blood

Violence in Congress and the Road to Civil War

国会中的暴力与美国内战起源

山西出版传媒集团　山西人民出版社

图书在版编目（CIP）数据

国会中的暴力与美国内战起源 /（美）乔安妮·弗里曼(Joanne B. Freeman) 著；赵辛阳译. -- 太原：山西人民出版社，2024.3
ISBN 978-7-203-13166-3

Ⅰ.①国… Ⅱ.①乔… ②赵… Ⅲ.①美国南北战争－史料 Ⅳ.① K712.43

中国国家版本馆 CIP 数据核字（2023）第 247269 号

著作权合同登记号：图字04-2024-004

THE FIELD OF BLOOD by Joanne B. Freeman
Copyright © 2018 by Joanne B. Freeman
Simplified Chinese translation copyright © (2024)
by Beijing Han Tang Zhi Dao Book Distribution Co., Ltd.
Published by arrangement with The Strothman Agency, LLC
through Bardon-Chinese Media Agency
ALL RIGHTS RESERVED

国会中的暴力与美国内战起源

著　者：（美）乔安妮·弗里曼（Joanne B. Freeman）
译　者：赵辛阳
责任编辑：李　鑫
复　　审：贾　娟
终　　审：梁晋华
装帧设计：陆红强
出版 者：山西出版传媒集团·山西人民出版社
地　　址：太原市建设南路 21 号
邮　　编：030012
发行营销：010-62142290
　　　　　0351-4922220　4955996　4956039　4922127（传真）
天猫官网：https://sxrmcbs.tmall.com　电话：0351-4922159
E-mail：sxskcb@163.com（发行部）
　　　　sxskcb@163.com（总编室）
网　　址：www.sxskcb.com
经 销 者：山西出版传媒集团·山西人民出版社
承 印 厂：北京汇林印务有限公司
开　　本：635mm×965mm　1/16
印　　张：36.25
字　　数：480 千字
版　　次：2024 年 3 月　第 1 版
印　　次：2024 年 3 月　第 1 次印刷
书　　号：ISBN 978-7-203-13166-3
定　　价：148.00 元

如有印装质量问题请与本社联系调换

作者前言

写这本书的过程是一次情感之旅。如今美国国会冲突激烈，而国家正分崩离析，所以现在让自己沉浸在另一段国会冲突激烈而国家分崩离析的历史中并非易事。在很多时候，我必须置身心于事外，以保持一定距离。但在有些时候，正在发生的事情会让我匆忙冲向键盘，长时间地研究和解决问题。当然，美国内战前的国会和今天的国会天差地别，但彼此间的相似之处可以很好地告诉我们，人民的分支（People's Branch）[1]可以在很多方面既帮助又伤害这个国家。

17年前，当我开展研究时，本书的研究主题远没有如此应时，也更令人疑惑。在19世纪30年代、40年代和50年代，参众两院发生了如此多的暴力事件。推搡。挥拳。手枪。鲍伊猎刀。国会议员们打成一团，而同事们站在椅子上看好戏。至少有一次，有人在众议院里开了枪。这样的故事为什么从来没有人讲述过？

这个问题将在接下来的内容中得到回答，这本书第一次全面系统地揭示了1830年到美国内战期间国会中的肢体暴力。然而，即使知道答案，直到去年我才知晓了国会暗中迸发着怎样的火药味。在一次漫长而深入的政治人物采访中，前众议院议长约翰·博纳（John Boehner）

---

〔1〕指国会。——译者注

透露，之前国会进行了一场关于记号的激烈辩论（贴在票据上的物品，对某位国会议员所属的州有利），在众议院内阿拉斯加共和党人唐·扬（Don Young）把博纳按在墙上，拿出一把刀来威胁他。[1] 据博纳所述，自己低头凝视着扬，骂了他几句，冲突就此结束。而据扬所述，他们后来还成为了朋友；博纳是扬婚礼上的伴郎。根据报道该事件的媒体所言，这并不是扬第一次在国会大厅里拔刀了。据称，在1988年某议案要限制阿拉斯加的伐木业，扬向着该法案的一位支持者挥舞刀刃。（1994年，他还愤怒地向一名想要限制海象捕猎的内政部官员摇动一条阴茎骨——是海象的阴茎骨，但这完全是另一回事。）这两场冲突在发生时就见报了，但直到最近，博纳与他人的对决才被曝光。值得注意的是，即使在一个多元媒体24小时时刻报道的时代里，国会发生的事情有时还是会秘而不宣。

从现代的角度来看，人们很容易嘲笑这种情感的迸发——甚至笑得喘气，然后就不再关注了，有时这的确值得一笑。尽管扬舞弄刀刃的事件让人感到惊恐，但它体现出的不是危险的趋势，而是一个国会议员的浮夸。

然而，国会中战斗场景的意义远不止于此——尤其是在临近美国内战的那段人心惶惶的岁月里。在那段岁月里，正如这本书将展示的那样，武装起来的北部和南部国会议员们成群结队地在众议院内大打出手。他们对权利受到的侵犯和诉求遭到的否决恼羞成怒，对联邦内自己所属区域的落魄感到担忧，所以他们用威胁、拳头和武器来捍卫自己的利益。

当斗殴的风气流行开来，国会议员们在每天早上前往国会大厦之前都会带着刀和枪时——那时他们不再相信国会机构，不再相信他们的同事能保护他们个人的安危，斗殴就有所意味。它意味着极端的两极分化和辩论的终止。它意味着对议会规则和政治规范的蔑视已到了可将其通通放弃的地步。它意味着政府结构和合众国的纽带正在遭到侵蚀。[2] 简而言之，它意味着国家公民社会体系正在崩溃，已到了危机地步。这个国家没有滑向（slip into）分裂，而是奋力开出一条迈向分裂的路，即使在国会情况亦然。

斗殴在19世纪50年代末并不新鲜；这种情况已经发生几十年了。就像美国内战一样，国会内战斗风气的根源也很深远。[3] 不同地区的风俗和情绪也由来已久；南部国会议员长期以来一直在参众两院用威胁、侮辱和暴力的霸凌手段来获取权力，利用公开羞辱这种手段的威力来得偿所愿。这并不是说国会一直处于混乱状态；它是个运转良好的理事机构。但斗殴行为司空见惯，显得都像是在例行公事，也因此产生了影响。斗殴的行为影响了国会内的事务，从而塑造了整个国家。

斗殴行为也影响了公众对于国会的意见。美国人通常更喜欢他们的议员，喜爱度远远超过国会。[4] 如果议员们是好斗分子，热情洋溢地捍卫所属地区选民的权利和利益，公众就会更加支持他们；唐·扬选区的选民连续23次选他，这是有因由的。内战前的美国也是如此，美国人希望他们的国会议员为他们的权利而战，而有时光靠言论是不够的。

这是一种十分具有效力的直接代表关系，无论它被证明是多么具有破坏性。19世纪50年代末，斗殴行为的升级清楚地表明美国人民不再信任国会能够保护他们的权利和满足他们的需求。[5] 这种日益增长的猜疑所产生的影响是严重的。由于无法向政府寻求解决之道，南部与北部开始相互攻击。国会议员也是如此；尽管他们之间跨越区域的友谊缓和了局势，但他们对其他区域已经失去了信心。[6] 随着时间的推移，日益增长的恐惧和猜疑撕裂了这个国家。

在我的研究刚开始时，我发现了能证明国会中威胁和暴力的尖锐证据。这份证据是一份机密备忘录，底部有三个签名：本杰明·富兰克林·韦德（Benjamin Franklin Wade，俄亥俄州共和党）、扎卡赖亚·钱德勒（Zachariah Chandler，密歇根州共和党）和西蒙·卡梅伦（Simon Cameron，宾夕法尼亚州共和党）。[7]这份备忘录讲述了一个让人难忘的故事。

1858年的一个晚上，韦德、钱德勒和卡梅伦——他们都反对奴隶制，认为他们受够了南部的侮辱和欺凌，于是决定采取行动。他们进行了漫长而又焦虑的对话，做出了艰难的决定。他们发誓对彼此忠诚，立誓要对将来的冒犯者挑起决斗，并战斗到底，直到"躺进棺材"。除了使用决斗，这种南部常用的手段以外，似乎没有别的方式能够阻止南部人对北部人的侮辱。他们充分地预料到自己在家乡会受到排斥；因为在北部决斗被谴责为"野蛮的南部习俗"。但因此遭受的处罚好过他们每天在国会面临的羞辱。所以他们让自己的计划为人所知，并且根据他们的陈述——他们还产生了影响力。"当人们知道北部参议员为了充分的理由准备好战斗时"，南部人辱骂北部人的语气将有所缓和，不过辱骂并没有就此终结。

这个故事很有戏剧性，而当我第一次读到它时，最影响我的是那三个人讲述它的方式。即使多年过去了，他们也几乎无法抑制自己的情绪。"恶劣的人身攻击"对这些人产生了影响，而且非常大。它不仅几乎每天都对"他们的男子气概"构成威胁，而且让北部国会议员噤若寒蝉，从而剥夺了他们选民的代表权利，"这种无法忍受的暴行"使北部议员们"愤怒且耻辱"。对韦德、钱德勒和卡梅伦来说，南部持续的霸凌行为不仅仅关系到他们的自尊心和议会权力的运转。它直击了他们作为男人的自尊心，并对代议制政体最为核心的本质构成威胁。他们必须有所行动。于是他们行动了。

这些人在艰难时期尽最大努力来捍卫他们的事业和选民，他们也做出这样的声明。他们留下了文字："为了让那些后来者了解到，支持自由的代价一度是什么，以及在美国公务生活的最高场所表达此类情感的代价又是什么。"他们恳求子孙后代——恳求我们，了解他们曾经受到什么样的威胁，有多么的害怕，他们又过了多长时间才决定反击，因而他们的事业是多么的有价值。在几段文字中，他们证明了国会暴力的存在和威力。而后人却忽略了他们所传达的主要信息。[8]

当我第一次读到他们的恳求时，我感动的热泪盈眶。如此的贴近当下，但又如此的遥远。他们的恳求极富人性色彩，愤怒、羞耻、恐惧和骄傲的情感汇聚在一起。他们的恳求不仅把本书的主题带入了现实的人类生活中，而且表明了本书的主题如何具有现实的意义。韦德、钱德勒和卡梅伦通过展示他们激动人心的斗争现实，打开了一扇窗户，通往迷失的国会暴力世界。

他们时代的教训仍在今天回响：当对人民的分支的信任支离破碎时，作为国家的"我们"的一部分就会衰朽。没有什么能比国会系统崩溃的影响更能证明国会在保护和定义美利坚国家（American Nation）上的重要性了。[9]

乔安妮·弗里曼

2018年1月11日

目　录

导　言　沾满烟灰的地毯和本杰明·布朗·弗伦奇 / 1
　　　　本杰明·布朗·弗伦奇的晋升 / 12

第一章　合众国吉与凶的化身：美国国会 / 23
　　　　美国国会的"庄严气派" / 32
　　　　潮湿的国会山地窖 / 39
　　　　我希望所有人……都能和我一样了解这些会议 / 44

第二章　国会中的各色人物：南北相会之地 / 51
　　　　极端之城 / 57
　　　　住在奴隶岛 / 62
　　　　一个新罕布什尔州的男孩 / 66
　　　　温顺的面团脸 / 73
　　　　好战者和怯战者 / 80

第三章 暴力的吸引力和影响力：西利-格雷夫斯的决斗（1838年）/ 88

"第一次致命的国会决斗" / 90

打倒辉格党 / 98

"其他人认为我会被'唬住'，因为我来自新英格兰" / 102

一场团体性的事件 / 108

众议院里的轩然大波 / 112

去投票箱 / 123

第四章 秩序规则和暴力规则：危险的措辞和关于钳口律的辩论（1836—1844年）/ 132

规则的战士和他们的战争 / 137

以规则为武器 / 144

暴力的法则和施暴者：国会中的恶霸 / 153

"南部的奴隶制政体和北部的奴性" / 158

第五章 为合众国而战："1850年妥协案"与本顿-富特的混战（1850年）/ 167

好战者和他们的战斗 / 178

地区羞辱和最后通牒的权术 / 184

公平战斗的重要性 / 192

"公共解释是有必要的" / 199

第六章 两出阴谋故事：媒体的力量和堪萨斯论战（1854—1855年）/ 209

从未存在过的国会 / 219

新闻业的合作关系 / 223

讲述国会中的故事：奴隶主权势和北部的挑衅 / 231

地上十足的地狱 / 238

第七章　共和党与奴隶主权势的交锋：查尔斯·萨姆纳及其之后（1855—1861年） / 248

史上最暴力的一届国会 / 256

地狱般的立法机构 / 279

猜疑和解体 / 296

尾　章　"我目睹了这一切" / 316

附录 A　关于用词的解释：党派缩写和地区忠诚 / 341

附录 B　研究方法札记：建构争斗和解构情感 / 343

注　释 / 349

参考书目 / 491

致　谢 / 524

索　引 / 531

导言
沾满烟灰的地毯和本杰明·布朗·弗伦奇

查尔斯·狄更斯在1842年造访美国时对很多事物都心怀好奇，而华盛顿的一件事情尤为令他侧目：嚼烟草。这种行为令他反感，不过却四处可见。此类行为竟然出现在这个国家"欣欣向荣的荣耀"之都里，首都成了"带着烟草气味的唾液的大本营"。[1]他从荣誉席位观察众议院的议席，"不夸张地说"，他发现"此类行为极为夺目……多名尊贵的成员都鼓胀着脸"，而他们的椅子向后斜着，双脚搭在桌子上，用袖珍折刀削一个"烟草块"，而他们的嘴巴就像是"一把玩具气枪"，会"射出"旧的烟草块，接着"用新的烟草块取而代之，又嚼了起来"。让上帝保佑那些私人物品掉在这块溅满唾沫星子的地板上的人吧。他劝告说："我强烈建议所有外来者不要看地板，而当他们碰巧掉了什么东西时……无论如何，都不要在不戴手套的情况下去捡。"[2]

这是一幅异乎寻常的画面，而因其绝对真实，才显得愈发不同寻常。[3]国会议员习惯于斜靠着椅子，搭着腿——至少在众议院里是这样。19世纪50年代，众议员约翰·法恩斯沃思（John Farnsworth，伊利诺伊州共和党）有次造访参议院，期间他把腿搭在桌子上，一个小听差立即训斥了他。法恩斯沃思打趣道："在这儿你更加高贵。"（这个听差后来气呼呼地说："他这话确实很对。"）[4]而地板则的确令人作呕。虽然在众议院里分布着100多个痰盂，在参议院里痰盂的数量大概达到了众议院的一半，但是国会那些嚼烟草的人经常会偏离目标——部分原因是他们有时候故意为之。[5] 而铺上一层地毯只会让事情更糟，因为国会议员会毫不犹豫地弄脏毯子。[6] 狄更斯只是如实描述了他所看到的景象。

参众两院里满是烟草唾沫星子的地毯，恰当地隐喻了国会在内战前几十年的情况。是的，国会时而会有昂扬精彩的演说。是的，国会里的人正在做出影响合众国全局的决定。但在滔滔不绝的演讲、自命不凡的言论和政治活动的底部，却是一块溅满烟草唾沫星子的地毯。南北战争前的国会自有其令人钦佩的时刻，但它不是一个半神的集会。这是个凡人的机构，集聚了人性的弱点。

这种风尚与亨利·克莱（Henry Clay）和丹尼尔·韦伯斯特（Daniel Webster）等伟人汇聚的崇高万神殿是人们习以为常的国会图景，而此风尚显然与之格格不入。仅他们的名字就能唤起这样的画面，沉着稳重的男人穿着黑色长服外套，一根正在伸展的手指是画面中的重点，给人留下他们正在进行古典式辩论的印象。与他们同时代的人来到华盛顿也期待一场场华美的表演，尤其是当他们来到参议院时。但在写给妻子的信中，新任议员大卫·奥特洛（David Outlaw，北卡罗来纳州辉格党）表示自己很失望：大多数议员的演讲水平甚至比不上家乡的竞选演说。[7] 国会中一般成员就是这样的：中等水平。当我们将注意力放在出类拔萃的人物身上时，我们时常会忘记这一点。

即使国会里都是克莱和韦伯斯特这样的人物，这个时代也往往会以某种方式展现其严苛的一面，而且那种方式并不让人感到敬畏。试想如诗般的雄辩旋律如果是唯一的声音，国家又怎么会令自己一分为二？19世纪30年代、40年代和50年代的国会议程记录并不好看。那几十年来，高风险的政治斗争总会伴随着辱骂和口角，就像这个国家在妥协性策略下获取平静——暂时的——时一样常见。即使是国会的人中翘楚也有丑陋的时刻；咒骂、咆哮、威胁和个人侮辱（以"人身攻击"为人所知）是国会领域内的通货，而斗殴则平常到像是在例行公事。（一名旁观者注意到，"这次会议和我所看到的其他会议一样——除了到目前为止还没有出现斗殴"，"还没有"表明他的确在期待着斗殴的出现。）[8]

在一定程度上，南北战争前国会暴力事件的激增无足为奇，因为这是暴力的时代。在这个时代，印第安人被驱逐出他们的故土，这个族群也遭遇了大规模的屠杀。在这个时代，有多方面的原因促使暴行的猖獗：反废奴主义、种族主义、本土主义。单单在 1835 年 7 月至 10 月这段时期，全国范围内就发生了 109 起暴乱。[9] 1846 年至 1848 年这段时间发生了美国与墨西哥之间的战争，这场战争给国家的奴隶制问题火上浇油，激发了强烈的地方情感，为即将到来的暴力行为奠定了基础。19 世纪 50 年代，在"流血的堪萨斯"中发生了关于奴隶制和本州地位的残酷斗争。同时，西部的扩张迫使全国去考虑和判断奴隶制的未来，引发了一系列血腥和激烈的争斗。当然，还有奴隶制度本身，它的内核就是暴力和残忍。

政治也是暴力的。[10] 在投票站会发生打斗和暴乱。1857 年，在华盛顿一个值得纪念的时刻，三个本土主义团伙——"子弹丑男"（Plug Uglies）、"大块头"（Chunkers）和"罪犯流氓"（Rip-Raps）——联合起来恐吓投票的移民，引发了一场骚乱。当惊慌失措的市长召集海军陆战队时，这三个帮派拖来一门大炮，不过他们并没有开火。到骚乱平息时，已经有好几个人被杀了。[11] 州的立法机构也时而发生骚乱。1857 年，伊利诺伊州议会有一次全体陷入了喧嚣混乱的争吵中，这次争吵的特点是"推搡打斗多次出现，椅子、桌子、墨水瓶、人和其他很多东西都被撞倒了"。[12] 1858 年，纽约和马萨诸塞州的州议会都在拳打脚踢中分崩离析。一名《纽约时报》(New York Times)记者在谈到波士顿爆发的骚乱时装腔作势道："众议院中那天堂般的时光持续了一到两个小时"，但它"也许会在国会里造成轰动"。[13] 在此需要特别提及阿肯色州的众议院。1837年，一名议员在辩论中侮辱了议长，议长手握鲍伊猎刀，走下讲台，杀死了他。这名议长因谋杀而被驱逐和接受审讯，但被判无罪，他的行为被认定为情有可原，他在辩论中对着另一个议员拔出了刀，只是这次同事们扣动手枪扳机的声音制止了他，之后他还重新当选。[14]

国会暴力是这个时代的一块拼图。当我为写作本书而进行研究时，我发现在1830年到1860年之间，在参众两院的会议厅或者附近的街道和决斗场地中至少发生过80起国会议员之间的暴力事件，其中大多数早已被遗忘。[15] 这并不是说所有的斗殴事件都已从人们的视野中消失。关于内战到来前的众多研究表明，在19世纪50年代国会的打斗事件急剧增多。此类书中的大多数以及其他诸多作品都生动地描述了最著名的暴力事件：1856年废奴主义者参议员查尔斯·萨姆纳（Charles Sumner，马萨诸塞州共和党）受到了他人的杖击。

我在发掘档案的过程中所发现的远不止于此。（有关我发掘的详细信息，见附录B。）我见到了鞭刑、谈判和决斗；推搡和拳打脚踢；手枪和鲍伊猎刀的挥舞；众议院里的混战；街头斗殴。斗殴者主要靠自己的拳头，但有时也会用上砖头。[16] 而在上述的统计中并不包括霸凌。我使用"霸凌"这个词并没有言过其实，以暴力进行威胁的行为对国会辩论能够产生巨大影响。但此处存有一个难题，即如何证明有人因暴力威胁而被迫沉默，这并非易事。威胁和沉默的片段不断出现在本书中，但我只会在有具体证据的证实下才会将这些片段叙述出来。而发生过的霸凌事件远远比本书所列举的要多得多。暴力事件亦是如此。人们用来描述这些战斗和决一雌雄的词语——痛打、横行霸道、枪战、溃退，提供了一个揭示南北战争前国会内部的视角。它们令烟草斑斑的地毯暴露无遗。

  对这些小细节的探查颇为费力。政治通常长着一副雅努斯的面孔（Janus-Face）[1]，面向世界时露出一张志在服务公众的沉着脸孔，而背后却藏着自私自利的真面目，它的品性毫不纯良。于19世纪前半期而言，这种判断格外准确。华盛顿的报纸与国会之间纠缠混杂，许多份报纸的生存仰赖于政府的印刷合同，而国会则负责拨款，所以当地的新闻人理所当然地得到了如下的建议：让国会看上去光鲜亮丽，不要记录国会中发生的如砂砾般的暴力和威胁事件的细节。对于记者而言，报道国会中的龃龉和打斗同样是危险的。以一种错误——或者正确的方式记述某次侮辱性事件的话，你可能就会卷入到荣誉纠纷之中，有受到国会议员暴力袭击的危险。因此，当涉及斗殴事件时，华盛顿的报刊只会提供基本的事实报道，有时也会披露大量虚张声势的举动，但很少会提及参与者的搏斗或者械斗细节。曾经，这些接受审查并遭到部分删改的报纸记述是全国关于国会议程的主要新闻来源，也是《国会世界》（Congressional Globe）的资料基础——《国会世界》相当于那个时代的《国会议事录》（Congressional Record）。[2] 直到一家商业性质的全国性独立报刊兴起，大量的外地记者来到华盛顿，国会中暴力事件的细节才得以见刊，并且利用19世纪50年代的电报等新技术手段，使它的影响力达到了巅峰——同时，全国性的奴隶制危机亦步入其最激烈的时刻。

  由于这些遁词的存在，人们想要发现国会中真实的粗暴面并不容

---

[1] 雅努斯（Janus）是罗马的门神，长着两副脸孔，头前头后各一副，故也称两面神。——译者注

[2]《国会议事录》会每日进行发布。——译者注

易，因而需要有一位现场的见证者。可并不是所有的见证者都合适。他必须是国会内部的人，但又不能过于深入国会内部，这样才能有对国会合理的观察角度，才能具有研究此一问题的价值。他的观察力必须敏锐，具有一双发现细节的眼睛，一双能够感知到事物底色的耳朵，而且还要有表达出言外之意的天赋。他需要有将注意力集中在国会和国会议员上的习惯，并且要十分认真和严谨。他还需要有幽默感以及些许自知之明，这是获取人性洞察力的两种必备天赋。本杰明·布朗·弗伦奇（Benjamin Brown French）具备了以上所有要素。

弗伦奇是一个来自新罕布什尔州的众议院文职人员，于1833年抵达华盛顿接手了这份工作，时年33岁。尽管他起初预期自己只会待上一到两年，但是他最终在这个国家的首都安下了家。弗伦奇并不是政治或者文书工作方面的新手，他是一位忠诚的民主党员，他在家乡的州参议院中当过文职人员，也是家乡州众议院的议员。他接受过深具时代特色的教育，性情极其温和（按照一位熟人的说法，他是"单纯、温吞、敦厚之王"），他很容易和人交上朋友。[17] 弗伦奇有幽默感，还有点自知之明，他的工作就需要他具有这些品质。他开始是一名众议院的文员，后来成了众议院执事（the House Clerk），他将时间用在服务国会议员上，并不是所有人都能与之友好地相处。

在新岗位上，弗伦奇是位专业的国会观察员。他大量的工作时间用在记录众议院的会议进程上，和他一起的大概有10位文职人员。最初，他的主要工作是抄写文件档案。[18]1840年弗伦奇晋升为助理执事，接着在1845年被选为众议院执事，弗伦奇开始减少抄写的工作，更多地负责组织、监管保存档案的工作，还要将投票数字列成表格，他变成了议会程序方面的专家，享有盛誉。在以上列举的岗位上，弗伦奇大部分时间待在众议院的会议厅中，并且很多时候是在议长的桌子旁，在那里他大声宣读报告或者文件，记下笔记，或者进行观察，他总是在观察。

11 卷本的弗伦奇日记（国会图书馆提供）

综合上述所有方面，弗伦奇可以说是位理想的见证人：一个和蔼可亲的内部人士，有观察事物的直觉，对政治有浓厚且长久的兴趣，还有一份迫使他不断将注意力集中在国会内的工作。不止于此，弗伦奇还是位作家。在新罕布什尔，他主编过一份报刊；在华盛顿，他发表过诗歌、短诗歌以及报纸文章，另外——这点对于研究目的而言意义最为非凡——他成年后的大部分时间里都会记日记。弗伦奇记下了他所做的，描述了他所见的：国会山中发生的事情，众议院议席中的氛围，国会议员的口头语和怪癖，还有议员相互争执的动作场面，时而会提供一些极为详细的细节叙述，完备到还有声音的描述。（议长狠狠地敲响木槌，大喊"肃静——肃静"，有人回喊道："去他的……你的鲍伊猎刀在哪儿？……砍翻他们。"此时众议院执事尖叫道："肃静，先生们，看在上帝的份上恢复秩序吧。"）[19]

虽然他也会漏记下某些重要的时刻，但弗伦奇算是位热诚的日记撰写者。1828 年至 1870 年之间，他完成了 11 卷的日记内容——超过

3700页。起初,在新罕布什尔州,他写日记是为了记事,但是像发誓要保持写日记习惯的大多数人一样,他也对自己心存疑虑。("只有上帝知道这种一时的热情能维持多久?我可能只会写一次日记,然后再也不写了。"[20])当他孤身一人在华盛顿时,妻子也不在身旁,所以他想用日记来令他们"在一起时能够重温分离的时光"。[21]在他的妻子也记日记后,他用日记来整理自己的思绪,以及——他所希望的——记录生活点滴。[22]最终,他意识到一本"如实可靠的日记"会是"他生命的副本",从此他勤奋地撰写日记"。[23][弗伦奇12岁大的儿子弗朗西斯(Francis)尝试着能够坚持效仿父亲的习惯,但是结果却令其五味杂陈:"2月7日,星期四。如果我以后知道了我今天做了什么,我一定咒骂自己的。"[24]]

37年来,这位自称为"记日记者"的人身边一直都是国会议员。在华盛顿的头五年里,他和十几个人住在一间寄宿旅店,先是自己独居,然后和妻子一起住。在往后的岁月里,他先是一名租客,后来拥有了自己的房子。不论在何处,他总是备好酒水来宴请国会议员们。[25](不同的历史命运交织在奇妙的节点上,为了给国会图书馆让出空间,弗伦奇的房子在1895年被拆除,所以现在国会图书馆里存放着他的文件集。)他在顺道拜访某位国会朋友后,总是会与他们进行几个小时的友好交谈。甚至有在国会工作的人会短期寄住在他家中。[26]弗伦奇在众议院任职的14年间,他平时的工作当然都会围绕着国会议员展开。即使在1847年失去了执事职位后,他仍留在国会事务运转的轨道上,为委员会做文职工作,且在必要时担任普通的众议院文职人员,他还在一小段时期内努力争取一份游说的工作以谋生。[27]

很难再想到一位向导比他更优秀了。弗伦奇为我们展现了一个友谊和斗争并存的国会,国会中有豪饮和嬉戏,有聚会的激情与地区的偏见。弗伦奇向我们展现出这些因素是如何在议会中发挥作用的。他揭示出推动辩论持续进行的人性因素,以及个人、党派偏见和政策之间的相互作用。他展现了华盛顿的生活是如何影响华盛顿的政治活动的，并亲身反映出这些政治活动是如何通过媒体的传播而在全国各地进行宣传的。

他还展示出国会和国家是如何随着时间而改变，他本人其实就是变化的体现。他自己从一个渴望安抚南部盟友的忠心的民主党人逐渐转变为忠诚的共和党人，在内心深处开始对南部的"奴隶制度政治"（Slaveocracy）充满仇恨，这是他最大的改变。到1860年，这个最和蔼可亲的人全副武装，做好了向南部人开枪的准备，代表了整个北部的思想和情感的转变。

弗伦奇的日记让人明白是什么在推动转变的发生。日记让我们看到，他为了保护合众国而向南部人卑躬屈膝，而在自己的政党取得优势时他内心则感到甜蜜无比。日记让我们看到，他了解到——该过程缓慢而且曲折——全体南部人是如何为了奴隶制而轻易放弃北部盟友的。日记让我们看到，南部人为逞其所欲而使用的威胁和暴力行为会造成什么样的严重影响。

对北部人来说，这是艰难的一课，但是他们从这一课中受益良多。尤其是涉及容易引起激烈反应的奴隶制问题时，你在惹到奴隶主之前需要三思而后行。奴隶主不仅通过美国宪法的五分之三妥协[1]（Three-fifths Compromise）拥有数量上的优势，他们还有文化上的优势，这点无疑增

---

[1] 五分之三妥协，是指1787年制宪会议上制宪代表对于南部奴隶制的妥协。由于众议院议员在各州的分配数量是以各州人口数量为基础，所以南部坚持要将奴隶纳入本州的人口数量中，这样就可以获取更多的众议员名额，最后会议形成妥协，奴隶算五分之三的人，从而让南部取得了众议员分配名额的优势。同时需要注意的是，奴隶本身没有投票权，所以五分之三妥协令奴隶的存在成为奴隶主增强其在国会影响力的关键资本。另外，由于众议员在各州的分配名额决定了总统选举人团在各州的分配名额，所以五分之三妥协也为南部奴隶主带来了总统竞选的优势。——译者注

强了他们的影响力。那些痛骂专制的奴隶主权势（Slave Power）掌控了国家政府的北部人并没有出现错觉。在国家政府的权力中枢里，有一个专横跋扈的奴隶主集团，他们有策略地利用暴力来达到自己的目的。[28]烟草地毯更像是一个恰当的隐喻：南部产出的这种经济作物令国会地板恶臭难闻，而这种作物是由奴隶们培育的，亦即是说奴隶制玷污了一切。

正如我们将看到的，弗伦奇不仅描述了粗暴的现实；他还解释了他们的感受，而当他这么做时，他其实记录下了内战前国会真实的人性和产生分裂的情感逻辑。[29]弗伦奇逐渐形成的恐惧感和日益增长的背叛感表明，冲破全国性纽带的言论并不能与主权和权利的问题相分离。分裂并不是源于冷静的估量，也不仅是19世纪50年代事件的产物。合众国的分崩离析乃是漫长而痛苦的过程，这个过程带来了失序、混乱和巨大的未知因素。这个过程是由几十年来形成的习惯、怨恨和臆断所塑造，而对于那些面对它的人来说，这种经历是痛苦的。区域间彼此的争斗有其演进的历史轨迹，这段历史至关重要。[30]

对联邦的强烈情感和它所象征的一切，是弗伦奇情感体验的内核。他对联邦的热爱是深邃的。他在日记中表达过对联邦的担忧，在竞选歌曲中为联邦歌唱，还在诗作中赞美联邦。他对联邦发自肺腑的关切，为他的生活染上了色彩。联邦诞生于一场妥协之中，兄弟情谊式的纽带（bonds of brotherhood）则维系着它的存在——在南北战争之前的美国并非一个抽象的政治实体。它具有国家的性质，却因此更加脆弱。今天，我们理所当然地将联邦当成一个永久的政府结构。可在内战前的美国，它更像是一个条约组织，条约的基础是权利、公平和成员身份平等的观念。条约本质上是脆弱的和不稳定的，可以由不同的人在不同时期对其加以新的解释。而西部的扩张和奴隶制的蔓延则暴露且加剧了紧张的局势。因此，随着国家的建国契约一再受到质疑和商订，普遍的政治危机感弥漫于这个时代。[31]

民主党对弗伦奇的情感世界有着相同的影响力,并渗透于他整体的世界观中。在这一时期,组织化的国家政党首次获得了权力,激发了党员对一项事业的强烈奉献感。[32] 党员身份不仅是一个标签;也是一种誓约,是对一种政治世界观表示忠贞的声明,在声誉和事业中将人凝聚在一起。男子气概和荣誉是这种兄弟连(band-of-brothers)式政治形式的基础,尤其是在公共的国会论坛上。辱骂一名党员有可能就是在辱骂他们所有人,而因此产生的打斗(fighting)则是复杂的,远非仅仅打出一拳而已。

刺激斗殴行为出现的也不仅仅是愤怒。在很多情况下,是政治原则推动了国会中的斗争冲突。在 19 世纪 30 年代,大多数的斗殴都集中在党派分歧上。在 19 世纪 40 年代和 50 年代,由于西部的扩张,争斗所围绕的中心问题是奴隶制。国会是国家奴隶制问题的试验场,它是唯一有能力废除哥伦比亚特区和西部领土之上奴隶制的机构,它可以选择通过抑或废除《逃亡奴隶法》,也可以取缔州际奴隶贸易。回溯国会暴力的形式,你就可以揭示这个国家不断变化的薄弱之处(fault lines)。国会在多个方面都是一个具有代表性的机构。

但当弗伦奇对南部人失去信心时,他并没有想到这个薄弱之处。他考虑的是权利问题。对北部人、南部人和西部人来说,让自己在合众国中的权利受到挑战是一种羞辱,需要加以抵制;为权利而战则是对男子气概的考验。这对国会议员和他们的选民而言皆是如此。尽管将分裂归咎于浮躁的政客是一种颇具吸引力的观点——就像一些过去的历史学家所以为的那样,但国会议员们的目标和情感是与家乡父老连接在一起的。[33] 没有什么比 19 世纪 50 年代末有人向议员代表送枪更能戏剧性地表明这种联系了。[34] 家乡父老们希望代表们为他们的权利而战,而他们的代表的确去战斗了。有些记者把其中一些争斗称为"战斗",他们是正确的,而且远比他们自己所知的还要正确。在某种意义上而

言,内战的第一场战斗发生在国会内部。³⁵

在这个矛盾重重的时代,弗伦奇跻身全国性的政治活动中,这是他的命运。19世纪30年代、40年代和50年代是不安宁的几十年,国家前途未卜,而这段时期的政治既动荡又难以捉摸,还失去了平衡。为了全面把握那个时代的意义,我们需要理解生活在那个时代的人们对现实的认知过程。我需要在"他们所生活的动态前进过程"中来观察事件,需要将事件发展中的偶然性因素完整纳入观察之中。³⁶透过弗伦奇视角进行的观察,能呈现出这意义重大的几十年来的演进进程,从而令对这一进程的观察摆脱将要到来的战争阴影。

综合上述所有因素,在接下来的章节中,弗伦奇将会成为我们前往内战前的国会世界的向导,那个世界偶尔令人感到熟悉,但在大部分时间里却让人觉得陌生。他的情感弧线形成了这本书的核心内容,他的生活经历则使这本书有了结构。本书的研究方法是有风险的。更重要的人物也许会有更宽泛的视角,但正是由于弗伦奇并不那么杰出耀眼,所以他的视角很有价值。无论弗伦奇多么和蔼可亲,或者证实自己多么有用,他都是一个普通人,像人潮中成千上万的人一样寻求进入全国性政治舞台的机会,在最前沿感受着几十年来的动荡。他的情感和反应都超越了自我生活经验的界限。

本杰明·布朗·弗伦奇的晋升

如果你遇到了弗伦奇,你很可能会喜欢他。大多数人都是如此。他身材魁梧,爱笑,对人热情,乐观开朗,喜爱克里比奇牌戏[1]。他的

---

[1] 一种2人、3人或4人玩的纸牌戏,用插在有孔记分板上的小钉计分。——译者注

日记里满是关于晚餐、野餐、威士忌潘趣酒和好雪茄的记述。日记里还总是提到他的家人。他一度丧偶,结过两次婚,没有妻子和两个儿子(弗兰克与本杰明)的陪伴时,他很痛苦。1838年,他独自回家了几个星期,把他们的东西藏了起来——有他妻子的针垫,还有弗兰克的枕头,枕头上"有弗兰克的小脑袋压过的痕迹"。因为这些东西让他哭泣。[37] 他责备自己多愁善感,但他就是这样。[38]

在来到华盛顿之前,弗伦奇和大多数美国人一样,过着平常本土化的生活,即生活局限在新罕布什尔州的一个小镇上,和附近的朋友与亲戚来往。[39] 他的旅行则是坐在摇摇晃晃的公共马车上,在高低不平的路面上颠簸慢行(有一次,牵引马车的是一匹盲马、一匹残疾的老马和两匹从未拉过马车的小马;弗伦奇不止一次地因惊恐而跳下马车,之后他选择步行走完剩下大部分的路)。[40] 他从未到过波士顿以南。内战前的美国是一个面积广大的国度,由多个小面积的区域组成。[41] 不同的区域就是远方,住满了陌生人,而他们的习惯则不可思议。

弗伦奇的出生地切斯特(Chester)是一个农业小镇,1800年时有2000人,弗伦奇就在那一年出生。[42] 他的父亲丹尼尔(Daniel),是这一滩浅水中的游龙:一位富有的律师(他是小镇中第一个买了"烤炉"的人),在1812年战争期间担任州检察长,按照一部小镇历史档案对他的描述,他还是个"出色的农夫"。[43] 弗伦奇的母亲默茜(Mercy)是镇子里最主要的商人本杰明·布朗(Benjamin Brown)的女儿,她在生下儿子的8月后就去世了,享年23岁。[44] 丹尼尔在之后的岁月里续弦了两次,以指数级的速度扩大了他的家族。合计起来,本杰明有4个同父异母的弟弟和7个同父异母的妹妹,他这一生大多数岁月里和大多数的弟弟妹妹们都关系亲密。

丹尼尔·弗伦奇是个不易相处的人,一个同龄人形容他对法律事务的委托人公正且忠诚,但是"行事却尖刻严厉"。[45] 本杰明则认为他

本杰明·布朗·弗伦奇38岁时的照片。由于曾在州民兵组织中服役，朋友和家人都称他为"少校"。（国会图书馆提供）

十分严厉。不过培养小弗伦奇却是他的一个挑战。弗伦奇成年后，有趣的天性曾为他赢得了无数的朋友，可在他少年时这种天性似乎更像是种叛逆。（本杰明14岁时第一次喝杜松子酒，他不只是抿了一口，而是大口大口地畅饮，终于"光荣地喝醉了"，于是"把头插进了前面的雪堆里，后来我觉得这'只是为了好玩'。46）弗伦奇被送到缅因州度过了多年的求学时光［他的一位叔叔和祖父在北雅茅斯（North Yarmouth）］，按照他自己的说法，他学到最多的就是"恶作剧"（deviltry），直到他与一个"常年酗酒的暴君"老师发生了冲突。根据弗伦奇后来的回忆，他告诉那个人"我对他的全部看法"后，接着"径直走出学院，然后再也没回过学院，也没去过其他学校"。回到切斯特后，他的父亲逼着他学习法律，但两年后，19岁的弗伦奇离乡出海了。他在船上找不到职位，于是应征加入了美国军队。他的家人花了好几个月的时间才找到他，并把他带回家。47无论他父亲有多么严厉，弗伦奇在晚年时却若有所思地说："我怀疑我不值得他这样做。"48

尽管在结束了自己的军事冒险后，弗伦奇又开始学习法律，但他还没有开始执业——在24岁年纪的时候，他就与比他小5岁的伊丽莎白·理查森（Elizabeth Richardson）结婚了。她的父亲威廉·理查森

（William Richardson）是新罕布什尔州最高法院的首席大法官，是一个可怕且严肃的人，有一种令人瑟瑟发抖（chilly）的性情，这既是一种比喻，也是一种真实的描述。在新英格兰残酷寒冷的冬天，理查森吝惜木柴，还从来不戴手套。理查森的一位法律助理留意到，在理查森的事务所里墨水台的墨水是怎么结成冰的，助理形容他"有点像清教徒"。更加宽厚的弗伦奇认为理查森"刚正不阿"，不过一旦弗伦奇了解他后，就开始觉得他很和蔼。[49]

理查森不同意弗伦奇的求婚，这不足为奇，因为弗伦奇没有工作和收入。于是，永远冲动的弗伦奇和同样冲动的"贝丝"[1]——一位棕色头发茂密之极的新郎和他那位只有一小绺棕色头发的新娘——私奔了，他们维持了6个月的秘密婚姻。（他们家族传说，当时这对惊恐的新婚夫妇告诉贝丝父亲真相的方法是，把结婚证书放在窗台上，等他自己去发现。[50]）秘密一经捅破，这对夫妇就在切斯特西北40英里的乡村小镇萨顿（Sutton）安了家，他们的计划是本杰明将会成为此地的律师——成为镇上的第一个律师。[51]

但本杰明并不喜欢律师职业。两年之内，弗伦奇夫妇搬到了新罕布什尔州的纽波特（Newport），在那里他被任命为新创立的沙利文县（Sullivan）的法院书记员。两年后，也就是1829年，他变成了支持杰克逊的《新罕布什尔州观察者报》（*New Hampshire Spectator*，以下简称《观察者》）的三位所有者之一，也是《观察者》的主编，担任这个职位的同时他仍然肩负着书记员的工作，直到他前往华盛顿为止。[52]

《观察者》是弗伦奇的一个起点。该报不仅使他潦草的速写能力得其所用，而且使他在一个风云突变的关键节点上迈入了新罕布什尔州的政坛。弗伦奇加入该报时，恰逢该州最重要的政治人物之一——艾萨

---

[1] 伊丽莎白的昵称。——译者注

克·希尔（Isaac Hill），一位发电机般的组织者（powerhouse organizer），正在组建该地的民主党。希尔是《新罕布什尔州爱国者报》（*New Hampshire Patriot*）的主编，也是在新罕布什尔州负责总统竞选人安德鲁·杰克逊（Andrew Jackson）及其支持者的宣传的核心人物。

在很多方面，希尔都是杰克逊式平民主义的完美发言人。[53] 希尔出身贫寒，主要靠自学成才，因为童年受过伤而变瘸，受到弗伦奇所说的"咬字不清"的困扰（希尔的想法似乎远比他的嘴巴要快）。希尔终生都是好勇斗狠之人。[54] 弗伦奇认为，他"毫无疑问是一个从事政治的人，整个灵魂"都投进了政治之中。[55]

希尔在19世纪20年代时就已经不是一个政治上的新人了，但随着杰克逊的崛起，希尔的组织工作有了动力和力量。在新罕布什尔州，希尔负责协调该州民主党报纸的工作，在有需要的地方帮忙创建新报刊，并与其他州的主编结交。他创建了通信委员会，以在选举前组织当地的工作。[56] 他协助举办了庆祝杰克逊在1812年战争中取得的1月8日新奥尔良战役大捷的盛大庆典，这在当地后来发展成了仅次于7月4日的节日——其实并不比7月4日的庆祝差多少。他在全州巡回演说（他的演说主要是读讲稿；读讲稿时他的咬字会清楚点），穿着他非常合身的黑色印刷工外套，宣扬杰克逊的平民主义。[57] 在这个过程中，希尔令新罕布什尔州的政治发生了巨大变革，为即将最终形成的全国政党系统创造了条件。[58]

新闻报纸是变革中的核心力量。[59] 正如托马斯·杰斐逊（Thomas Jefferson）在其总统竞选中所言，报纸是"民主政治的发动机"。[60] 编辑就是工程师。他们也算是政客，如果不拘泥于称谓的话确是如此。编辑与政客和街头的普通选民紧密连结在一起，能在政治辩论中发出声响，他们的精力瞄准着得分以及赢得选举。在所谓的杰克逊时代（Age of Jackson），大量的编辑获取了政治职位。[61]

弗伦奇的崛起是众多事例中的典型。在他的努力下,他的那份《观察者》积极支持杰克逊的竞选活动,此举令他成为当地的一个政治人物。书记员的职务为他增加了影响力,还有共济会的成员身份亦有此效果,能够让他跻身一众势力雄大的公众人物之中——尽管共济会于他的吸引之处并非其政治门路,而是兄弟情谊。弗伦奇在一场共济会式的葬礼上感受到了共济会的兄弟情谊。[62] 到了1831年,即加入《观察者》的两年后,弗伦奇代表纽波特在新罕布什尔州的众议院赢得了一个席位。

在州首府康科德(Concord),弗伦奇有了首次从事立法机构政治事务的经验。他很喜爱其中一些东西,尤其是同志情谊——和议员同侪们一起喝马德拉白葡萄酒、抽雪茄、讲故事的那些夜晚令其难忘。他确信,其中五到六个人会成为他一辈子的好朋友。[63] 富兰克林·皮尔斯(Franklin Pierce)就是这样的一个"好伙伴"。1829年,皮尔斯当选为新罕布什尔州众议院议员,两年后,26岁的皮尔斯成为众议院议长。皮尔斯是州长的儿子,他身上有股"令人喜爱的大男孩"特质。在第一次见到皮尔斯时,弗伦奇一下子就在人群中注意到了他。弗伦奇认为,皮尔斯"总是那么有趣和欢乐",总能散发出魅力。[64] 皮尔斯本人非常英俊——在一个男人发福的年纪却保持了身材的健壮和苗条,他的嗓音还很迷人,而他也善于利用这迷人的嗓音,他的行为举止则优雅却又不失热情。而此人的声名来源于他能够动摇陪审团和党派成员的理念。一位大学朋友也许为他提供了最好的总结性描述:皮尔斯"没有非凡的天赋",却有很强的个人吸引力。[65]

当弗伦奇加入新罕布什尔州的众议院时,两人相识,很快就成了朋友。他们在加斯之鹰酒店(Gass's Eagle Hotel)租了房间,房间隔着走廊彼此相对,在很多天的夜里他们都在谈论政治,偶尔还会掰掰手腕。不过,弗伦奇每次都输。[66] 总之,从弗伦奇的日记来看,他和皮尔斯经常在一起。皮尔斯的名字遍及于日记的纸页上，他会和弗伦奇在派对上坐在钢琴边歌唱，他们会在晚宴上挨着坐，会一起在乡村骑马游玩，甚至一起去拜访切斯特——见见弗伦奇的老朋友，看看小镇的"大岩石"。在接下来的几十年里，皮尔斯将会以弗伦奇自己甚至都未意识到的方式来塑造他的生活。

总体而言，弗伦奇喜欢处理政治事务，他是最常在众议院中发言的人之一。《新罕布什尔卫兵报》（*New Hampshire Sentinel*）单纯基于他的起立次数，将他称为众议院"领袖"。[67] 但是他的工作并不适合他，而他也明白这点。[68] 他容易冲动，有一次直到议长皮尔斯要求他肃静时他才意识到要冷静下来。他那天晚上在日记里承认，"我只要一想到什么，就会在想法发生的那一刻觉得应该马上去做"，但这种做事的欲望已经让弗伦奇多次陷入"尴尬的境地中"。[69] 尽管弗伦奇忠诚地拥护杰克逊，在组织和协调党派工作以及为党派摇旗呐喊时也热情十足，但是他无法忍受龌龊的党派事务。他的性格并不适合此类工作。他有一次十分不悦，满心都是怨恨（他想，"我真的相信，对这个有史以来最坏的流氓，我实在是无法控制我的怨恨超过半小时"），而当他被要求去做一个党派刽子手、亲手炒掉几个辉格党时，他感到极度痛苦。[70] 仅仅是"不加区别的政治攻击"的念头都让他在数个夜晚难以入眠，所以"对那些可憎任务的执行会让我在内心和情感的伤痛下乃至精神崩溃下丧失些"什么呢？[71] 从本质上而言，弗伦奇完全不是一位党派斗士。

但他是个优秀的党派工作者，一个非常出色的组织者和协调员。他非常适合此类职责：他责任心强、仔细周到、勤勤恳恳、注重细节，并以一种真诚和直接的方式，与人友善到几乎不可思议的程度。他和蔼的性格令其成为摇旗助威的理想人选。再加上其他能力，足以保证他胜任他所加入的几乎所有组织的职位（通常是秘书），而他这一生加入了几十个组织。当时是协会和组织的鼎盛时代。慈善事业、改革运动、社交俱乐部以及政治党派都在扩展和增多，各种组织都试图扩大自己在全国甚至国际的影响力。有能力的秘书供不应求，所以弗伦奇的能力非常适合这个时代。[72]

弗伦奇觉得政治令人兴奋，甚至有趣，但是紧张的政治时刻也会令他感到恐惧。这个国家似乎卷入了一场"举国注目"（all-engrossing）的冲突中，这场冲突可以将国家撕为两半。他对合众国状况的恐惧遍布日记之上，好像他耳边回响着末日之音。[73] 弗伦奇认为，过去时代的政治激情似乎是基于"正直意见的分歧"。当前的政治则是由"志在获取公职的人和政治煽动者"推动的。[74] 有些人似乎有意通过精心的策划去吸引公众注意力，从而获取权力，这些人令弗伦奇心烦意乱。对于政党政治系统的兴起，弗伦奇也深感不安。

但他还是卷入其中，对其产生了兴趣，甚至可以说乐在其中，而哪里也比不上华盛顿那样其味无穷。在看到这片土地上的领袖级人物彼此怒拳相向时，有趣的感觉会油然而生。"在国会成员打人和向人开枪时，或者被打和被枪击时，你难道不觉得他们此时给人一点特殊的感觉吗？"弗伦奇1832年时如此问他同父异母的兄弟亨利，"我预计他们中一些人的面包篮子上会留个洞。"[75] 弗伦奇指的是一系列涉及前国会议员山姆·休斯敦（Sam Houston）的暴力冲突。休斯敦袭击了一名诋毁其名誉的国会议员，在宾夕法尼亚大道上用手杖殴打了他；不久之后，在国会大厦的台阶上有人试图行刺一名国会议员，这个国会议员也侮辱过休斯敦。紧接着，附近发生了一场近距离决斗，牵扯到另一名诋毁休斯敦的国会议员。[76]

在以后的几年里，当国会暴力的影响变得清晰时，弗伦奇笑不出来了。但是目前，就像其他成千上万有野心和寻求冒险的人一样，弗伦奇将自己的生活和生计与一位领导人绑在了一起，这位领导人的异军突起算是个传奇。安德鲁·杰克逊将弗伦奇带入了全国性政治的世界之中。[77]

1833年6月，在第二届总统任期开始时，杰克逊于新英格兰进行了一场胜利巡游。新罕布什尔州的众议院希望他能在康科德稍作停留，于是派出弗伦奇和他的另外两名同事到波士顿当面邀请杰克逊。弗伦奇在几周后回想六月的事件时，觉得"短短一个月集中发生的事情比我过去一年经历的还要多"。[78]

这三位议员于一个周五上午抵达波士顿后，首先做的第一件事是，与属于杰克逊派的《波士顿政治家与早晨邮报》(*Boston Statesman & Morning Post*)的主编进行了会谈。之后，他们去观赏了几个景点，其中两人参观了邦克山（Bunker Hill），而弗伦奇则去雅典娜协会（Athenaeum）观赏了艺术。

然后，杰克逊来了。

弗伦奇从酒店的窗户往外看，此时州议会大厦的州旗升起，示意杰克逊的到来，这座城市立即疯狂了。礼炮齐放，钟声齐鸣，消防车列队游行，而哈佛大学的学生们排成整齐的队列，盛装在身，人与人之间摩肩接踵！这和弗伦奇曾见过的所有一切都不同。真的是人山人海，"一个个脑袋挤在一起，连成一大片"，直至弗伦奇目力所及之处，士兵、马车、骑兵，小孩和成年人，白人和黑人，全都挤得严严实实，以至于"人都可以踩着人群中的头和肩膀往前走"。当总统打开马车门，走入市中心时，他蓬乱的白发出现在人们的视野中，人群爆发出弗伦奇听到过的最热情的欢呼。

当天晚些时候，弗伦奇和他的同事会见了总统，总统接受了他们的邀请。第二天，更多的庆祝活动举行：州长在州众议院发表正式演说，随后人群涌向杰克逊，几乎无休无止，杰克逊向每个人一一鞠躬，直到门关上后他才能喘口气。弗伦奇想，"只有上帝才知道他们会让他在那儿鞠躬多久"。一场盛大的宴会在参议院会议厅接踵而至，随后杰克逊在波士顿公园（Boston Common）正式检阅马萨诸塞州的步兵团——弗伦奇猜，大概有十万人参加了检阅。他啧啧称奇道："在这么一大群人当中，一个人是多么渺小啊"，而"那一个人却是这场集会的原因，现场每个人的目光都只停留在那一个人身上"。几天后，康科德接待了杰克逊，规模略小，但杰克逊仍然需要无休止地鞠躬。贝丝专门来到城中参与这场盛事。弗伦奇被这一切的力量感动了，不禁流下热泪。艾萨克·希尔吸了一撮鼻烟后笑起来，他现在是美国参议员，杰克逊厨房内阁（Kitchen Cabinet）[1]的成员。[79]

安德鲁·杰克逊，是个卓越级人物。他是一位战争英雄，一位坚强的斗士，还是一个杀死他对手的决斗者，是美国边疆的自我成就之人的代表。1835年，发生了一场行刺杰克逊的事件，杰克逊在枪火中却处变不惊，对于弗伦奇而言，这次刺杀只是为杰克逊的传奇增添了一些色彩。弗伦奇满怀钦佩之情地写信给父亲说，在差点成功的暗杀者开了两枪后，68岁的总统竟奇迹般地没有发火，他将人们推到一边，这样他就可以自己"撂倒"那个人。[80]杰克逊的激情一次又一次地在弗伦奇心中占了上风，而在这个暴力和激情的时代，许多美国人为此更加爱戴总统。[81]

杰克逊是朋友，是普通人的卫士，所以他可以被委以权力——其政党路线亦遵循此道，这套政治组合拳的出击为他赢得了很多政治力量。杰克逊对普通白人的支持不会常常得到特意宣扬，但此举同样是他得民心的关键。弗伦奇对他的颂扬无以复加，称杰克逊"在我们的编年史上仅次于国父……是勇士里最勇敢的人"，他是"受人景仰、钦佩和爱戴的酋长，任何真正的民主人士都乐意对他表示敬意"。[82]

---

[1] 指杰克逊的私人顾问团，因为杰克逊经常与私人朋友一起在白宫厨房里聚餐，商讨和决定施政方针，所以有了"厨房内阁"这个说法。——译者注

于弗伦奇而言，杰克逊的党派也毫不逊色。杰克逊民主党（Jacksonian Democrats）有杰克逊战争英雄的声望，并且提倡一种模棱两可的平民主义，同时承诺这个全国性的政党将会解决地区主义问题并且巩固合众国，这三个要素诱人地结合在一起，构成了杰克逊民主党的根基。基于此，杰克逊民主党激发出大众政治的活力。在1828年总统大选中，只要杰克逊民主党占据了这个地区，那么该地区就会出现投票人数激增的现象。而在新罕布什尔州，杰克逊民主党成功复仇，以"独裁者"艾萨克·希尔这位所谓的康科德摄政团（Concord Regency）的领袖为首，赢得了此州的选票。[83] 杰克逊民主党是同类有组织的全国性政党中最早的一个。

弗伦奇是在这台政治机器最早发动引擎时成长起来的。他是一个没有人生方向感的小镇男孩，跌跌撞撞地从一个行业迈向另一个行业——当过士兵、律师、什么都做不好的帮工、书记员，直到他跌入，或者更确切地说，猛地落入政党政治世界，从中收获了盟友关系网（network of allies）和影响力。对弗伦奇和无数人来说，他们的人生道路和"第二政党系统"的崛起交织在一起。在接待了杰克逊五个多月后，弗伦奇得到了一份众议院文员的工作，一周后，他将前往华盛顿。

第一章　合众国吉与凶的化身：美国国会

1833 年 12 月中旬，33 岁的弗伦奇出发前往这个国家的首都，他即将成为一名美国众议院的文员，展开一段新的生活。比起其他因素而言，责任给了他最大的动力；正如他在日记中解释的，他需要赚钱还债。他知道，他实在是太浪费自己的收入所得，如今正为此付出代价。他的妻子——"这个地球上我唯一的爱人"——回新罕布什尔了。他先坐了一程公共马车，又转了三次蒸汽船，然后又坐了一段马车，才来到华盛顿。[1]

旅途中，弗伦奇遇到很多事情，具体地显示了这个国家以及他自己是多么本地化（localized）。州银行自己印刷货币，所以州际旅行需要预先准备，但是弗伦奇没做准备。在宾夕法尼亚州，他发现新罕布什尔州的纸币不太有效。当妻子几个月后追随他前往华盛顿时，她得到了明智的建议："在到纽黑文（New Haven）以前可以使用新罕布什尔和马萨诸塞的货币，然后就开始用南部货币。我在费城处理我带的新罕布什尔的货币时遇到些麻烦。"[2]

1833 年 12 月 21 日，准确而言是在一个寒冷的凌晨，1 点 30 分，弗伦奇揣着南部货币抵达了华盛顿，然后他用一整天的时间去做任何

1834年从国会山俯瞰华盛顿的图景，此时正是弗伦奇到达华盛顿一年后。宾夕法尼亚大道在左边。(J.R.Smith 和 J. B.Neagle 创作。国会图书馆提供)

访客都会做的事情：他游览了首都，眼中尽是新鲜感。[3]他所见的是一个年轻的城市，未加修缮却透露出将会变得更完善的意图。

华盛顿是一个新国家的新首都，自18世纪90年代开始规划，最早在1800年成为了政府中心的所在地。狂热的拥护者称它为"宏大辽阔之城"（the City of Magnificent Distances），批评者则称它为"宏大意图之城"（the City of Magnificent Intentions）。无论如何，它都体现出巨大的期许和未来发展的不确定性。

城市的原始粗糙随处可见：城市空间布局杂乱无序，而且有大片的空旷地带；一群群低矮的木屋和一排排横七竖八的楼房中间多是坑坑洼洼的空地；数座庞大的政府办公楼疏疏落落，壮丽却不成对，彼此孤立（宛如"大不列颠博物馆……突然迁入了一个废弃砖厂的中心区"）；一些宽阔大道还没有铺筑好，持续的施工让城市好像永远被罩在灰尘里。⁴ 迟至 1850 年,房屋都还没有编号,街道标志也没有法制规定,路灯也没有立起来,"那些想要找到住处的访客必须依靠出租马车车夫,车夫的记忆方法是通过记住每个人的住处离某处'只有一小段距离'"。⁵ 由于缺乏规划,一些低洼地区积满了污水;白宫附近就有一条"臭气熏天的污水沟",1857 年,一场由污水引发的痢疾在国立酒店(National Hotel)爆发,三人因此离世,数十人染病,其中包括那位候任总统(president-elect)[1]。⁶ 牛、鹅和猪在街上乱闯乱撞。这些年来,弗伦奇无数次地撞到家畜。1838 年的一个晚上,他确信"几乎华盛顿内所有的狗"都跑到了他租住的家庭旅馆后面,朝着牛群吠叫。几年后,一头套着铃铛的母牛一夜夜地将他吵醒,持续了好几个月。当他在日记里发牢骚时,那头牛似乎也在"摇铃铛","好像她知道我正在写她……那头该死的牛"。⁷

这座城市的道路和巷子比纽约和费城还要多,纵横交错,在这样的城市里,街道像是在起义反抗一样。⁸ 穿过一条宽阔的大道可能就是一场冒险。下雨时,街道变得泥泞不堪。不下雨时,风又会卷起团团尘土,浮尘会大到令人感到窒息,并且无法看清东西。聪明的华盛顿人都会在穿街过道时用手帕捂住口鼻。⁹ 一个文员正在寻找一处未受巨大风沙席卷的下榻之处,他记录道:"你根本不知道这里的沙尘是什么样的。"¹⁰1856 年夏,国会投入了将近 2000 美元,来给宾夕法尼亚大道洒水,这笔钱大致相当于 2017 年的 58000 美元。弗伦奇当时是公共建筑委员会的成员,负责监管洒水事宜。

当然,华盛顿在头 50 年里还是有所改变的,1800 年时它还只是一个大约有 8000 人的镇子,到 19 世纪 50 年代就已经变成一个人口超过 50000 的城市。¹¹ 但是有件事没有变:华盛顿这座城市始终围绕着国会

---

[1] 指美国第 15 任总统詹姆斯·布坎南。——译者注

1834年从宾夕法尼亚大道观看国会山的图景。（Milo Osborne 创作。国会图书馆提供）

的召开和闭幕而运转。每次会议开始之前，一群候鸟般的政客和他们的家人就涌到首都，一大群钻营拍马之人（hangers-on）亦加入进来，其中有"杰出的外国人、游玩的绅士、蛊惑人心的政客、救济金领取者、专利申请者、文字秘书（letter writers）、陆海军军官、寻求职位者以及一大批赌徒和骗子"——更不必说那些为了寻欢作乐的社交活动。[12]（一名国会议员认为这群人中还有"疯子"，他注意到华盛顿的"疯子"数量远高于其他城市，因为一些向政府求取权利的人在等待国会行动时，"真的变疯了"。[13]）对于弗伦奇而言，这像"一大团乌云……唯有埃及蝗群才能匹敌"。[14]

1833年，弗伦奇也是这团"乌云"中的一员。他第一天一直在和两个新罕布什尔的国会议员游玩，其中一人是富兰克林·皮尔斯。[15] 三人可能游览了白宫，并且在宾夕法尼亚大道上闲逛，它是这座城市的主干道（以"大道"之名为人所熟知），大道边的住宅、旅馆、教堂、酒馆、小商店和报社排成一排。可是在弗伦奇首日所见中，有一处地点更令其瞩目：美国国会山。他在当晚的日记中坦承："我带着无法表达的想法和情感注视着它。"[16]

也许那宏伟广阔的建筑风格，圆形大厅里圣像般的雕塑和艺术品，众议院和参议院会议室的外观、气氛及其传出的声音都给他留下了深刻的印象。也许他正期待着自己在这庄严场所内的新生活。他一定对即将听到的"这片土地上的伟人的辩论"感到兴奋。但是比起其他事，弗伦奇印象最深的是他周遭事物的象征意义。他首次看到国会山的反应是："它会一直是我们这个幸福国度的国会山吗？我恐怕种子已经播下，将会结出分裂的果实，但是上帝阻止它吧！"[17] 弗伦奇想到了 1828—1833 年的"联邦法令废止危机"（the Nullification Crisis of 1828-33），这是发生在联邦政府和南卡罗来纳州之间的僵局。南卡罗来纳之前认定联邦征收的一类关税无效。因此联邦军事干预的威胁一度极有可能发生。弗伦奇看到的是一座砖石和砂浆砌成的建筑，但是也许他体会到的是合众国的化身（the Union incarnate）。

国会山的整体设计能激发出这种想象。它不仅是这个城市建筑中的泰山北斗——它是宾夕法尼亚大道尽头的一座宏伟建筑物，在大道另一边是白宫，与其呈永恒的中轴对立之格局，也是体现各种象征意义的国家纪念馆，向公众开放，里面满是具有纪念意义的艺术品。[18] 国会山外部饰有充满寓意的"巨大"雕像：美国精神（the Genius of America）、战争、和平、希望和正义（尽管略显凶兆，1842 年时"正义"有所损坏，她的手臂和手——握有宪法——断落，打碎在国会山的阶梯上）。[19] 内部全是美国伟人的雕像和画像，以及美国伟大时刻的画作，最负盛名的是圆形大厅里约翰·特朗布尔（John Trumbull）所绘的那些充满象征意义的画作：《伯戈因将军在萨拉托加的投降》（*Surrender of General Burgoyne at Saratoga*）、《独立宣言》（*Declaration of Independence*）、《康华利勋爵在约克镇的投降》（*Surrender of Lord Cornwallis at Yorktown*）

和《乔治·华盛顿将军辞职》（*General George Washington Resigning His Commission*）[20]。美国价值观、美国英雄和美国历史尽在眼前。

这座建筑的设计体现了美国政治治理方式，其范围和规模同样具有象征意义。壮观的圆形大厅与令人敬畏的穹顶表现出人民代表（popular representation）的非凡雄心——甚至可以说至高的权力，还方便公众参观众议院和参议院的会议厅：众议院，建造规模大气磅礴，穹顶天花板引人注目，装有绯红色的窗帘；参议院则像俱乐部，内有奢侈的摩洛哥红色皮革椅。两个会议室里的桌子都很简易，摆放成弧形，环绕着中心，这体现了共和主义方程式的另一端：处理事情时，言辞坦率并且直截了当，几乎无须装腔作势。（报纸广告在招募匠人打造桌子时，要求家具"坚固、匀称并且简朴"，"无须任何多余的装饰"。[21]）办公桌是议员们仅有的办公区域，如果不算议员们到处堆放文件的家庭旅舍或旅馆房间的话。[22] 第一个月里，弗伦奇看到了所有这一切，他从建筑的底部游览到顶部，为它的奇观而自豪。他在穹顶俯瞰时有着"优越"的视野，为此哈哈大笑，因为这视野显得圆形大厅里的人看上去就像"小雏鸟似的"。[23]

总之，国会山的结构设计是为了能够传递某种信息，而弗伦奇感受到了。他想到了众议院的一场晚会，认为"再也没有如此气势非凡的景象"："至少有1000支蜡烛"发出光芒，楼座挤满了华盛顿的"名流"，"支柱巨大"，毛茸茸的帘子"在人工光线的映衬下有可能比在白天更显富丽堂皇"。如果形势良好的话——"如果众议院碰巧处于欢声笑语中，或者正在展开一些有趣话题的辩论"，那必然是动人的场景，也是国会本该呈现出的整体状态。[24]

国会被寄予厚望，在19世纪前半段它需要扮演一个特别重要的角色。在弗伦奇1833年抵达以前，政府已经运转了44年。一方面，这（时间）长到足以证明，哪怕一项愚蠢的政策或者一场全面的危机都不足以将其彻底摧毁。美国在与大不列颠的第二次战争——1812年战争中（the War of 1812）得以生存下来，这似乎表明"美国实验"是有潜力的。另一方面，44年并不算长，不足以证明事情的进展是必然的，有很多障碍需要克服，基本的理解（understandings）还未达成，变幻不定的巨大权力真空亟待填充。在这里，国会山象征着合众国，它正在修建中，将要接受内战及之后时代的洗礼。

国家的扩张也带来了不稳定的因素。年轻的国家仍然处于青春期，在北美大陆不断扩张，新的州以非凡的速度在增加。1840年至1860年之间，7个州加入合众国；1860年，32个州中有15个州的成立时间尚不足45年。对于美国人而言，这似乎能为未来的帝国奠定基石，足以振奋人心，让他们感到力量倍增。但这也令人不安，因为每个新州都会引发关于国家形态的基本问题。奴隶制问题首当其冲，且往往是问题的中心——奴隶制会且应该扩散和维持吗？而奴隶制问题并非唯一问题。中心和边缘的关系应该是怎样的？新的州在订立条款时疆域能延展至多远？应该如何应对拥有西部土地的土著居民？后勤应该怎么办？这么一个广阔的国家应如何连接在一起？通过收费公路，运河，铁路？谁来资助并且管理对它们的开发，又如何做呢？而提到资助，随着工业时代的开始，全国政府应该在协调国家不稳定且多样化的经济结构方面发挥多大的积极作用呢？政府应该在处理这段时期的经济恐慌中扮演什么角色呢？不确定的事情没完没了，在一个新生且还在成长的国家里这是理所当然的，但是仍然让人惴惴不安。

国会将推动这些问题的解决，创立至关重要的先例。它会在大陆纵横交错的铁路和运河建设中发挥作用。它会通过对进口货物征收保护性关税来培育工业——或者正好相反，这取决于哪个党派掌握着权力。它会影响每个新成立的州关于该州性质的条款，这个过程绝不会风平浪静；虽然宪法和之后的法律概括出国会关于此等事项的程序，但是仍然留有解释的余地,而奴隶制问题日益严峻,占据了大量的讨论内容。无论如何,在 19 世纪上半叶国会塑造了全国政府的规模、范畴和影响力,并且定义了全国政府在塑造国家方面能走多远。

美国人民知道这一点。国会即是决定之所。虽然关于总统的报道在媒体的版面中有一席之地——选举年中会更多,但是国会新闻却占据了最多的专栏报道。[25] 报纸例行公事般地刊行国会乏味冗长的辩论摘要,还有关于国会的评论。大众文化亦是如此。到了 19 世纪 50 年代,在讽刺短文、喜剧、漫画甚至是仿史诗体中,出现了抨击国会的虚构创作风格。这些作品中,预设阅读它们的公众十分熟悉国会内每天发生的事情,所以满是内行才懂的笑话。

他们都通晓国会中那些明星演说家的言辞。这是个伟大的演说家时代,参议院则是演说家总部,众议院当然也有它的演说家。在 19 世纪的很长时间内,演说都是一种广受欢迎的娱乐形式。人们会成群结队地听巡回演说和演讲(stump speeches and lectures)[1],经常持续数个小时(这项早已失去魅力的技艺曾经如此持久地吸引人们的注意力)。这是亨利·克莱(Henry Clay)和丹尼尔·韦伯斯特(Daniel Webster)的国度,当然还有那些因为他们而失去光泽的同侪。当这些人演讲时,楼座挤满了人,参议院的出席人数陡升,连众议员也从众议院赶来听他们的演说。克莱在 1848 年的一次演说〔数小时后他会前往众议院,对美国殖民拓殖协会(American Colonization Society)再次进行演说〕吸引了上千听众,他们不仅占据了会议厅里每一平方英尺的空间,而且挤满了圆形大厅,甚至还包括窗户外面。(一个满腹牢骚的国会议员讽刺克莱:"比起美国任何一个人,他都能够让更多的人追随他、听他

---

〔1〕Stump 原意为树墩,旧时人们演说时常站在树墩上,所以 stump 有了演说讲台之意,也指巡回演说。——译者注

的演说,但是获得的投票总是比任何人都少。"²⁶ 克莱曾反反复复几次竞选总统。)如此座无虚席的表现不一定能改变国会的投票结果。但是它们也许可以改变公众意见,那就可以改变一切事情。声动人心的演说术是掌声和声誉的可靠来源,它就是政治力量。正如一位记者所评价的:"在这个帝国里,雄辩就是力量。"²⁷

在他们表现最佳之时,最好的演说家能够用声音雄辩且有力地分享情感,他们的言辞会变成一种的福音,承载着爱国精神;数代在校学童朗读和背诵丹尼尔·韦伯斯特的演说词,把它当成美国圣音。甚至弗伦奇这么一位坚定不移的民主党人,当他抵达华盛顿时,在提到那位辉格党人非凡的名号时都几乎五体投地。韦伯斯特出生于新罕布什尔,又是美国之声,弗伦奇不可能不崇拜他。当弗伦奇被指责在新闻专栏里攻击了韦伯斯特时,他焦急地检查了自己撰写的每篇专栏文章,一无所获后他长舒了一口气。弗伦奇以与韦伯斯特是同州老乡而自豪,不可能会辱骂后者。弗伦奇虽然不拥护韦伯斯特的辉格党政策,却将他当成"合众国最伟大的人之一"。²⁸

一些人将国会视为伟人(Great Men)之地,这点不足为奇。弗伦奇起初亦是如此。他后来回忆道:"我看到所有事物都带着玫瑰的色彩。"²⁹ 甚至国会议员自己也为他们部分同侪所倾倒。弗伦奇的朋友约翰·帕克·黑尔(John Parker Hale,新罕布什尔州民主党人)承认,他尽量让那些大名鼎鼎的同僚在他寄回家的邮件上签字以免费投递,如此他的妻子就可以保留他们的亲笔签名。³⁰

这就是国会山那座建筑和其中的艺术作品所祀奉的国会,这个国会令弗伦奇叹为观止。但国会也有它的另一面,它是谈判和妥协之地,议会权力在明面上运转,而政治讨论却在暗地里进行,关起门后,一个最后通牒可能突然就出现了,自大、虚张声势和狂饮后的示好往往掺杂其中。人与人之间的相互指责和共同体意识;白热化的辩论和令人烦闷的间歇时间；小声的窃窃私语、嘟嘟哝哝的辱骂，还有一时冲动的拳脚相向。这就是平日里正常状态的国会，时常充满争斗，有时还会骚乱，甚或变成一个危险的议会，满是诡诈的计谋和惯例，却将塑造这个国家。一群焦虑不安且野心勃勃的人有了一个适合这种场合的想法，而这种念头则会推进帝国的边界。

美国国会的"庄严气派"

弗伦奇描述过一次日常的晚间会议的前半段，会议热情洋溢。而他可能也知道，会议的后半段是很难以这种状态结束的。午夜左右，当听众已经走远，只剩下零零落落的议员们，气氛往往就会有所改变。优美的绅士辩论将会戛然而止。议员们会变得疲倦暴躁。打断声和要求休会的（胆大妄为的）喊声此起彼伏。众议院议长狠狠地敲打着木槌，高呼肃静（order），也只是在弥漫的嘈杂声和骚乱中徒增了点声响和混乱。议员们可能在自己的座位上睡着了，或者睡在会议室边的沙发上，有些人直接平躺在议长座席后的毯子上。[不仅是众议院里的人曾经在里面睡觉，1843年参议院召开了一场持续12小时的会议，中途向来精力旺盛的托马斯·哈特·本顿（Thomas Hart Benton，密苏里州民主党人）说自己"刚刚从沙发上醒了过来"，现在"神清气爽"。[31]]凌晨两点左右，有人会呼唤众议员们，召集所有成员回到议厅；到了凌晨五点，议会的警卫官就会拖着衣衫不整的议员们进入会议室。议员们的头发没有梳，脸没有洗，胡须也没有修理，弗伦奇想，这些人看起来"一点也不像'美国的一流绅士'"。[32]

让人很难想象这是一个多么高雅的国会——有这么一群昏昏欲睡、脾气暴躁又衣冠不整的人。但这就是大多数夜晚会议的光景。弗伦奇一次又一次地见证了这些"闹剧",而这次还不是最糟糕的。例如,1835年最后一次夜晚会议就更为糟糕。一项军事议案整夜在两院间来来回回讨论。众议院提出一项授予总统安德鲁·杰克逊三百万美元军费开支的修正案,参议院不允,但众议院却立场坚决。虽然一个委员会修订了一个彼此妥协的草案通过,但是众议院的民主党人并不满足于此,他们停止了一切行动,直到会议终止,从而挫败了这个草案。为了坚持到底,他们玩出了死磕到底的把戏,在会议原定于午夜时分正式结束的时间点拒绝继续投票;民主党人陆续离开议席以示抗议,数量大概在70到100人之间。[33]他们并没有快速离开。按照弗伦奇的表述,这些人醉醺醺的,四处挑衅,"既放声大笑又骂骂咧咧,满嘴脏话,乱开玩笑,嘲笑各种事情,也喝彩各种事情"。想到他身处"气派庄严的美国国会",弗伦奇感到"内心有种想吐的感觉"。[34]这就是地毯政治(rug-level politics)最极致的一面,或者说最坏的一面:把醉酒生事的混乱当成一种政治手段,而且还很有用,阻止了事情的进展。国会只能在凌晨三点休会。[35]

这并非众议院的日常状态(尽管对于夜间会议而言,这并不完全稀奇)。[36]即使如此,它也能极大地揭示出国会的常规动态。它提醒我们注意,日常的立法活动有其粗鲁的一面——有时是非常粗鲁。伴随辩论、商谈、讨论和投票而来的是一剂浓烈的(或者说不健康的)的药剂,由好斗、暴力和醉后的胡言乱语构成,却自有其逻辑和节奏。《国会世界》(Congressional Globe)经常会评注这样的事情。该文献1835年3月3日的记述显得异常严肃。但它们是存在的,并且塑造了国会的行为及其发展趋势。[37]这种事情显而易见带有广泛的内涵:立法机构做了什么以及它如何做,是其成员相处状况的直接反映。当然,"如何相处"是很难去衡量的,而那恰恰是关键点。人是无法预测的,所以人与人之间的互动行为至关重要,往往以某种无法预料的形式影响结果。

1857年拥挤又混乱的众议院议厅，不久后众议院搬到了更大的区域。(Winslow Homer 创作,《国会会议——众议员的会议厅，1857年12月》,《哈珀周刊》, 1857年12月12日。《哈珀周刊》提供)

仔细观察国会山内的工作状态，你会发现它的十分粗野的特征。这里可不是演说和投票的质朴平台。以众议院会议室为例，在《国会世界》中它显得沉稳而有序，偶尔夹杂着些许短促的打断声，但实际上会议室就是一片肆意翻滚的汪洋，内中人纷纷攘攘。成员们来来往往，彼此交谈、大笑并且争辩，朗读报纸，撰写信件，为打印好的演讲稿贴上邮票，嘲笑、挖苦一个演说者的生活开支或者鼓励他继续说下去。想要发言的人会朝众议院议长大喊并且挥动手臂；那些已经在演说的人手势夸张，敲击自己的办公桌，有时大声叫喊着以让自己的声音能被听到。在关于俄勒冈州权地位的辩论中，参议员威廉·艾伦（William Allen，俄亥俄州民主党人）狠命地敲击着桌子，敲的手都流血了，以至于一家报纸宣称这是"俄勒冈战争里洒出的第一滴，也是唯一一滴鲜血"。[艾伦一直都是个非常厉害的表演者，另一家报纸形容他"是威廉·皮特（William Pitt）和愤怒公鸡的混合体"。[38]]

总体而言，众议院时常陷入一种有序的混乱状态。一个记者从廊台上往下看，认为一个聋子"可能会觉得自己置身于宽大的健身房中"，里面满是一些"胳膊、腿和头都在做着古怪动作的人"。[39] 再加上拿着文件有来有往的文员，听差在不同的办公桌间来回穿梭，走廊间到处是低沉嘈杂的声音，以及不时会出现的嘘声或者欢呼声，这样你就可以建立对众议院工作环境的概念。[40]

如此情景，很大程度上是因为数量的原因：有太多人挤在一个过于狭小的空间里。当会议厅在1807年完工时，当时145个席位代表着17个州；50年后，大约240人代表着31个州——几乎增加了100个人、100张办公桌和100张椅子，都挤在会议厅内。（弗伦奇因为自己比其他人更快地记住了这些人的名字而得意洋洋。[41]）声效系统在这里没起到任何助益。讽刺的是，这间会议厅富丽堂皇的象征物对人的真实声音造成了破坏性影响。厅内高高的穹顶会制造出奇怪的回音，而绯红色的帷幔则会吸音，所以说话声在大厅内要么反复回弹，要么被彻底吞噬。[42] 最终结果是可笑的。如果有人从房间的一头呼唤议长，议长会误将回音当成直接发出的声音，所以转向房间另一边去寻找此人。平时只能在几英寸内听见的耳语声在厅内任何一块区域都能传得很远。一次，有个年轻人在女士楼座"爱之角"（love corner）的私语声一路传到了议长席。新成员必须了解这间会议厅的花招和窍门，"调整声音"或者"转动身体"才可以令他们的声音更容易被听到。[43] 所以才有"奇怪"的胳膊、腿或者头部的"动作"。这里的人必须和声音系统作战。

整间屋子又热又挤，还很臭。平常的一天结束时，坐满人的楼座积存了数个小时的人体热量会在会议厅里久久不散，弗伦奇觉得向国会成员大声宣读东西就像"头卡进了烤箱一样"。[44] 当众议院在1857年移往一个较大却缺少窗户的区域时，房间声效有所改善，但是空气质量并没有好转。这不仅是因为雪茄烟雾、威士忌气味和体臭的问题。一系列的环境研究显示出此一问题的来源：室内空气无法流通，所以地板炉栅飘出的烟雾必须穿过"棉绒、灰尘、烟草灰、唾液以及各种秽物"构成的气层。[45] 一位成员疾呼，"闭塞且有毒"的空气已经造成了"大量的疾病，甚至还有几起严重的死亡"。实际上，一些国会议员的确死于平时的会议，尽管并不必然因为空气。[46] 议席中不间断的抱怨声带来了另一项研究，该研究显示屋内的气温比屋外高30度，而且在会议厅能闻到来自地下室的污水味。[47] 弗伦奇在新的会议厅投入使用没多久后就参观了那里，但新会议厅并没给他留下太好的印象。他满腹牢骚地说，"将一两千人关在这样一种地下室里，上帝的光和空气都无法直接抵达那里……"，这个印象"和我对生活的理解格格不入"。[48] 30年后，国会成员仍旧宣称众议院是"大陆上通风最差的房屋"。[49]

显然众议院的政治活动受到诸般限制。即使以最乐观的看法，为立法中那些精细要点进行长期辩论都会非常艰难。宣言性的演说较为容易，只要演说者能够通晓屋内的声音系统并且不指望能够俘获房间内所有人全神贯注的注意力；其实演说的目标群体往往是家乡听众。群策群力是更加有效的方式。在议事中，车轮战式的阻挠拖延是议会竞技项中的常见手段，而同伴的后备支援会迅速到位。任何想要提出动议、驳斥裁定或只是想多说几分钟的人都必须召唤"政治伙伴"的协助，正如弗朗西斯·里夫斯（Francis Rives，弗吉尼亚州民主党）未能驳斥对他的指责时所做的那样。当他问道："在众议院里，难道我没有朋友去运用暂停的规则，以让我的话可以被听到？"一个"政治伙伴"便立刻这么做了。[50]

有时嘈杂声可以被巧妙利用。如果你运用声音系统得当，你就可以在会议室周边的角落里小声地与人进行协商而不会被不相关之人无意听到。如果你狡诈地把声音压低到合适的音调，你还可以吓唬到别人。1840年，丹尼尔·詹尼弗（Daniel Jenifer，马里兰州辉格党人）在一次演说中突然压低自己的声音，显得像是一种威胁，或像是一种侮辱。旁观者不明白他话中的意思，但是他们看到了他的话在那些受害者脸上呈现出的影响。[51]

小小的争执和口角不会更进一步，但那并不总是常态。考虑到议席中的情况，很容易就能预见愤怒的言辞会带来什么样的连锁反应。左右的同僚与你之间的距离不过一肘多而已，有些人惯常携带武器，很多人脑中的导火线都很短（考虑到此类工作环境，导火线一直变短），所以前一秒人们还在唇枪舌剑，下一秒就有人会互相推搡，有人会攥紧拳头，有人会将他人推倒在地，有人会大打出手，还有人会直接拔出鲍伊猎刀。

众议院的成员总是惴惴不安，因为有时候他们的确不安全。挺身而出往往意味着一场冒险。1837年，当税收和财政委员会（the Committee on Ways and Means）成员理查德·弗莱彻（Richard Fletcher，马萨诸塞州辉格党）问约翰·昆西·亚当斯（马萨诸塞州辉格党），他是否应该对委员会内民主党同僚的"粗鲁和毁谤"的语言攻击做出回应时，亚当斯建议他默不作声。亚当斯认为，这种攻击是"威吓"弗莱彻的"党派行为"，抵抗将会引发肉搏或更坏的情况。[52] 弗莱彻不但保持了沉默，他还从委员会辞了职。就民主党的霸凌而言，这项工作干得漂亮。

参议院会议室则大为不同，不过它也有一些问题。尽管比不上众议院，但参议院也是乱哄哄的。（那些获准来到议员席中的妇女"叽叽喳喳"，搞得弗伦奇心烦意乱，她们时不时就会这样捣乱。）[53] 热量和"恶心的空气"总能造成危害。约翰·帕克·黑尔平素诙谐幽默，在一个7月份的下午汗水浸透了他的衬衫袖子，他的一个同僚注意到他已完全是"一副痛苦的模样"。黑尔认为参议院"是我这辈子待过的最不健康、最不舒服且设计最差的地方"。[54]

虽然参议院时常空气闷热，但通常还是比众议院凉爽。参议院面积更小，它的声音系统运转有序，成员更为年长，任职时间更为稳定，经验也更多一点，有时成员的社会等级也更高，所以参议院是一个真正进行辩论的论坛，是未来希望成为总统之人的检验场。参议院中有人彼此针锋相对的新闻更少一点；每个参议员都有权利发表长篇大论的演说，只要他的肺部能支撑得住。他们的团体意识也更强：参议员根基牢固，因为他们要供职六年，而非众议院的两年任期。

参议院中的辩论更像是一场对话——长篇大论，而且按照议程有条不紊，有点像是表演，但同时也像对话。这并不意味着参议院就是安全港。它绝不是。议员中存在不少的威胁和侮辱行为。亨利·克莱（肯塔基州辉格党人）即是此方面的大师。上了年纪的塞缪尔·史

1846 年参议院会议室。这幅达盖尔银版肖像合成作品的创作历时四年——所有肖像都是为了这幅图拍摄的。(《美国参议院会议室》，Thomas Doney 和 James Whitehorn 创作，史密森尼学会，国家肖像画收藏馆提供）

密斯（Samuel Smith，马里兰州杰克逊党人）是革命战争中的老战士（veteran），也是参议院中有着四十年经验的老手（veteran），而克莱对他的抨击十分尖锐，以至于其他参议员们都感到畏缩，担心情况会变得难看。[55] 克莱称史密斯是一个跟跟跄跄的老头，政治主张游移不定。史密斯拒不承认，而且针锋相对地说他要"观察一下"克莱的政治主张，将会证明克莱才是反复无常的人。克莱嘲笑道："来啊，先生，来啊——你敢吗！？"史密斯马上为自己辩护，但是后来当他征询约翰·昆西·亚当斯（很显然，他是一个特别有分量的战斗顾问）的意见时，他觉得自己深深地受到了伤害，以至于几乎流下了眼泪。[56]

如此的交流会升级成决斗挑战，这种事在参议院比众议院更为普遍。这不仅是因为正式的决斗较多可能发生在成员构成略微更精英化的参议院，也是因为他们保有一种团体意识，要将暴力引导至议席以外的区域。实际上，参议院的斗殴经常发生在其他地方——大街上、家庭旅馆和旅社里。[57]

在争斗发生后，两院精神风貌的不同立刻显露出来。发生在众议院的冲突会触发呼唤议长以寻求保护；而发生在参议院的冲突则只会使参议员们互相诉诸武力，以及呼吁起他们彼此共通的尊重感。

潮湿的国会山地窖

当然，国会山还有其他的工作场所，一些是公共的，一些是私人的。图书馆和大厅还属旧时的样式。图书馆是完全开放的。游客漫步其中时，会遇见国会议员正在这里议论会议厅内发生的种种事情，有时他们也会在此消磨时间以拒绝投票。而青年听差们在图书馆内飞奔，为国会议员寻找书籍。大厅正如人们所预料的，是游说和沟通的场所，有些人会在此徘徊流连。大厅通常挤满了旅客和记者,还有那些想要听辩论却被挤出楼座的人,以及有求于国会议员的各类人("说客")。在之后的岁月里,弗伦奇因为政治局势的变化而失去了文员的工作,但他仍然试着倚靠其在国会中的关系来获取生计——去当一名说客,不过成效甚微。[58]

但是有些事情并不适合暴露于公开的环境中。一些话题是需要关起门来说的隐私,需要坦白且从容的对话,考虑到众议院的特殊情况,有时还需要合适的声音系统。所以,委员会的设立至关重要。不仅是因为委员会将带来不同形式的政治实践,而且也可将工作转移至会议厅以外。随着国会事务的复杂性和量的增加,委员会的必要性也随之增长。对于很多学者而言,委员会系统的崛起标志着国会的现代化。[59] 在此制度中,大量实际的工作是在委员会中进行的,尤其是那些负责长期监管和指导某项持续事务的常设委员会,例如负责外交关系和军事事务的委员会。正如一位国会议员所言,委员会的任命是为了整体的"进步和完善";他们设计法规,进行调查,并且收集信息,还负责其他一些事情。质言之,委员会就是代理立法机构,尽管相比今天而言他们的意见更容易遭到议员们的质疑和挑战。[60]

可他们作为立法机构有其独特特征:委员会会议室的门是紧闭的。在私密的房间里人们可以长时间地讨论事情,这些房间在外观和氛围上都像绅士俱乐部,有长毛绒的土耳其地毯,有厚皮革椅,书架上摆满了国会图书馆容纳不下的书籍,餐具柜上则备有威士忌和雪茄。[61] 房间如此私密是有原因的。正如一位国会议员所言,他"能够在委员会说很多他无法"在众议院"说的事情"。[62]

但是紧闭的门并非总是有利条件。委员会会议不受公众和新闻界的限制,所做的记录只是正式的报告,通常都是有所偏颇的,并且被有选择性地删改。这些会议在黑暗的空间进行,任何事情都可能发生。

短期遴选的或者特别的委员会尤其成问题。这些委员会通常聚焦于近期关注的敏感事务，在一段十分短暂的时期内成员们必须一起工作，而这样的委员会可能会变成"危险地带"。[63] 一位国会议员在1840年说，如果他不幸卷入一场冲突争执中，"他绝不会同意在国会山阴湿的地牢中接受任何委员会的审讯"。[64]

探明"地牢"里究竟发生了什么，殊为不易。他们的关门政策维持得十分有效，直至今日依然难以逾越。你必须寻找漏洞。1840年，丹尼尔·詹尼弗（马里兰州辉格党）在众议院透露出真相。选举委员会（the Committee on Elections）对一场竞选作了一份有失偏颇的报告。出于义愤，他大声责骂了好几天，坚持认为委员会内的民主党胁迫两个北部辉格党人接受了这份报告（因此就有了新的民主党国会议员）。民主党的胜利是因为北部人是温和的靶子，他们不太会"因自己受伤害而愤恨不已"。这意味着，他们并不信守荣誉准则，不会去反击。[65] 詹尼弗的指控令人异常激愤，所以《国会世界》没有记录下他的指控，仅仅是记录他"言辞非常尖刻"；只有当一位民主党人反驳这些言辞时，这些言辞才出现在新闻报道上。[66] 当亨利·怀斯（Henry Wise，弗吉尼亚州辉格党）提到一个委员会成员曾经威胁要揍任何违拗其意之人，旋即他就被指责将"这个樊笼中的秘密"曝光"于世"。[67]

怀斯在委员会会议室内处境困难，部分原因可以说是他咎由自取。那一年，他参与了一场武斗。为了攻击总统杰克逊，怀斯和他的朋友巴利·佩顿（Balie Peyton，田纳西州辉格党）推动众议院启动一项针对总统"宠物银行"［pet bank，一种州级别的公共资金存储机构，用以代替民主党人所说的合众国"巨兽"银行（"Monster Bank"）］的调查。鲁本·M.惠特尼（Reuben M. Whitney）是这些银行的代理人，在向调查委员会做证的前几天，他在报纸上称佩顿是个骗子。所以当惠特尼在做证中嗤笑佩顿时，天就塌下来了（all hell broke loose）[1]。佩顿一跃而起，扬言要宰了惠特尼。怀斯之前一直是位亲切有趣的委员会成员，此刻正在房间另一头的沙发上说着有趣的轶闻，但当他看到这一新动向后，立即冲过来加入其中。这时，惠特尼纵身而起，佩顿跑去拿他的枪，而怀斯则身处惠特尼的射程范围内。怀斯的手搭在他的枪上，目光凝聚于惠特尼伸进口袋的手。

怀斯事后承认，如果惠特尼的手臂胆敢移动一寸，准备掏出手枪的话，他就会当场射杀他。（一个记者打趣道，如果惠特尼"手指碰到他的'金宝贝'"，他就已经是个死人了。[68]）虽然怀斯最终将局势转危为安，令佩顿冷静下来，让惠特尼有足够的时间逃脱，但是他从没就此好过。两年后弗伦奇说了一个关于怀斯的笑话：这个弗吉尼亚人在去华盛顿的路上弄丢了行李——里面有他的手枪，所以他不能在曾经履职的委员会再露面了，因为他没法向证人开枪。[69]

枪战、恐吓、侮辱和霸凌：有太多这样的事情发生在门内了。这也是为什么国会议员称委员会会议室是"国会山的黑洞。"[70]他们也称会议室是酒吧，这样的称呼理由充分。这些会议室不仅藏有供给委员会会议的酒水，而且在晚会期间它们随时供众议院和参议院使用——正如一位参议员所言，此地"变成了酒吧"。[71]（在1835年的那次晚会上，并不是所有嚎叫咆哮的民主党人都是在晚餐时喝醉的。）有谣言称，不止一个青年听差从委员会会议室中偷取那些"走私"酒，让自己醉得颤颤巍巍。[72]

但提到酒水，能说的可就多了。在国会山偏僻的角落处有两家酒吧，一家挨着众议院，另一家在参议院邮局的后面——它有个恰如其分的名字——"墙洞"。[73]此地还有个供应食物和各种饮料的"食堂"，而从1858年开始，一间会员专用餐厅会为那些知情的人提供烈酒。（据称，

---

〔1〕此语源自17世纪60年代弥尔顿的《失乐园》。——译者注

如果想在食堂内获取杜松子酒或者威士忌，你只需说你想要"淡雪莉酒"或者"马德拉葡萄酒"，它们都不是"烈性"酒。[74]）如果你和丹尼尔·韦伯斯特交好，他可能会邀请你去"酒屋"，这是一处藏有各种酒水的私人酒窖，在国会大厦第三层的一个小房间里，位于参议院的正上方。[75] 于是，职员的办公室里就会藏有盛着威士忌的罐子。[76] 总而言之，酒河流遍了国会山，持续了相当长的时间。早于 1809 年，参议院在备用金（contingent fund）上列入了一大笔"糖浆"开销的账目，1874 年，一个有关备用基金的参议院委员会笑着点出了这笔花销。[77] 当然，这是一个酗酒之风盛行的时代，整时整日，莫不如此。（当时有超过一百种的表达来形容某人喝醉了，其中一些失传已久的经典表达有：吸了一口假发里的鼻烟，夹住国王的英式松饼，抓住月光，追群鹅。[78]）就此意义而言，国会确实有代表性。[79] 禁酒运动是有道理的。

遏止酒水泛滥的努力成效甚微。建立国会禁酒协会的主意非常好，但影响力不大。[80] 1837 年，一项共同条例订立，禁止在国会山及其周围场地售卖"烈酒"，但即使在这项条例订立后难题依旧存在。有太多漏洞了——在一群由律师组成的议会里，结果可想而知。[81] 于是在 1867 年，针对此共同条例的一项异常细致的修正案出台，它禁止"在国会山内，或者任何与此相联系的房间和建筑内，或者任何通向它的毗邻公共场地上，有蒸馏或麦芽制的酒水用于出售、展示或保存"。[82] 但是这也无法完全令国会山戒除酒精。[83] 国会内部心照不宣，实质上纵容豪饮，造成了众议院和参议院的不稳定。

《国会世界》的记载里从没出现醉醺醺的国会议员，不过倒是有大量的对此加以否认的记录。每当有勇敢的灵魂提出此问题时，他绝对会被称为骗子，始终是这样。1867 年，亨利·威尔逊（Henry Wilson，马萨诸塞州共和党）指责国会山的酗酒问题，他还详细地记录了哪种酒被藏在哪里，但迎接他指责的是一片怒气冲冲的呼喊，（酒？什么酒？）让人啼笑皆非。[84] 同样地，亨利·怀斯（弗吉尼亚州辉格党）声称民主党人在 1835 年会议结束时都喝醉了，一个愤怒的民主党人立即矢口否认，并且要求怀斯列出喝醉者的姓名。怀斯挖苦地回答说，如果他这样做了，"那么这些绅士会不开心的"。[85]

我希望所有人……都能和我一样了解这些会议

当然，国会并非是酒池肉林的渊薮。它是一处履行职责的工作机构：订立法律并且为其辩论，考虑已提出的要求并且据之展开行动，处理进行中的事务以及委员会的具体事宜，等等。这是我们了解且（偶尔）喜爱的国会。

可是剧烈冲突和暴力的潜在危险，则影响深远。这种潜在的危险充斥于楼座中。所有议员都有可能来一场最后的摊牌（showdown），彼此间决一雌雄。富兰克林·皮尔斯（新罕布什尔州民主党）在 1838 年抱怨道，谈论"重大政策议案"时楼座空空如也。但是第二天出现了一场"人身攻击"，楼座和大厅"拥挤得几乎能令人窒息"，会堂和门口"真的水泄不通"。只要公众对此趋之若鹜，那么以为他们选出的代表的举止能有所不同的假定就毫无意义。[86] 楼座中的观望者们反映出公众舆论，而公众似乎对国会中的冲突喜悦不已，这种渴望将会在未来几十年中带来苦涩的恶果。

成为国会议员有一种不同的体验：美国公众频繁地出现在楼座等处，会带来压迫感。坐在国会成员头顶上的听众小心谨慎，他们研究成员的举动，倾听他们的话语，并且形成自己的意见。坐在他们旁边的是费尽心机去影响这些意见的人：美国新闻界的记者。国会议员忽视听众的话会承担十分严重的后果。就像国会山的艺术品和建筑样式所表达出的国会的象征意义一样，会议厅地毯上的工作空间塑造了国会的议程，而楼座却像国会的终极法官和陪审团那样具有影响力：法官和陪审团就是公众和新闻媒体。

弗伦奇的日记总是会提到他们：众议院和参议院楼座上那些咕咕哝哝、"喊喊喳喳"、窃窃私语的听众们。[87] 议席中的成员能够看到楼座上谁站起身来，有时他们打量楼座中的群众，看看里面有没有熟人。[88] 楼座中的人同样会注视楼下的议会，但是他们没法看到一切——弗伦奇清楚地晓得这一点，但这还不是最坏的。在一次会议上，有位议员提议提前召开下次会议，以此回避此次会议中尚未解决的事宜，弗伦奇对此愤慨不已，他清楚地感觉到，如果国会成员们能够不把时间浪费在自私自利的念头和幻想上，像如何用政府资金为他们自己购买书籍之类的念头，那么众议院就能够把事情做得"分毫不差"。他愤愤不平地说，如果"合众国的人民对国会会议的事情了解得和我一样多"，那么他们也许真的会"改革代表制"。但令人无法容忍的是，他们"却被代表们所哄骗"。[89]

弗伦奇是中肯的。那些楼座观众们即使注视下方，也会忽略很多东西。通常，他们看到的都是头——其实并非完整的头部，只有前额和头发。此景象给著名的英国旅行家哈丽雅特·马蒂诺（Harriet Martineau）留下了深刻的印象。她在19世纪30年代来到参议院的楼座上，很快就得出结论，她从未见过"那么多精致小巧的头颅"。[90] 美国作家对此的印象并不比她浅。丹尼尔·韦伯斯特的脑门子始终令人肃然起敬。一个杂志作家感兴趣地写道："他的前额引人注目"，"你会战战兢兢地追随那个勇敢的凸额头"。[91] 约翰·C.卡尔霍恩（John C. Calhoun）则有"一头卷发，眼似鹰隼"，"嘴巴微张"（并不像"黑丹"[1]那样令人

---

〔1〕即 Black Dan——丹尼尔·韦伯斯特的绰号，因为他皮肤颜色很深，眼睛和头发也是黑色的。——译者注

肃然起敬)。[92]众议院人的那些前额会显得普通一点。亨利·怀斯很可悲——他没有"莎士比亚式的前额",而塞缪尔·S. 普伦蒂斯(Samuel S. Prentiss,佛蒙特州反杰克逊派)的头"很大,与身体相比会显得比例失调",但不知怎的,他"并不丑"。[93]在查尔斯·狄金森造访过华盛顿后,遇到他的美国人都有个奇怪的执念,反复问他国会议员的脑袋是否给他留下了深刻印象。由于部分议员是强横霸道的奴隶主,所以他并不怎么对他们的脑袋感兴趣。[94]

在某种程度上而言,对国会议员头部的注意反映了颅相学(phrenology)在那个时代的风行。颅相学是一种通过研究颅骨形状去测定一个人的性格特征的伪科学。[95]弗伦奇在1841年研究并解读了自己的颅骨,发现这种解读出奇的准确:他很敏感,"爱好文学",是个好邻居,也是个好朋友,"喜欢一顿好的晚餐,要配一杯酒,享受有人陪伴",其实"是个慵懒的人",但是他一旦喜欢上他的工作后会非常勤快。弗伦奇有一点不安,因为颅相学的解读断言他有"脸盲症",但是比起他认识的任何人他都更能记清国会议员的名字和面容。当然,任何遇到弗伦奇并且注意到他粗壮的体型和幽默言语的颅相学家都会给出相同的解读。很明显,这是一个喜爱与朋友一起享受晚餐的男人。即使如此,弗伦奇仍然以为"颅相学里有些门道"。[96]

以此观之,头部是方便的描述性工具:形容一个人的头部就是在形容这个人,他的性格及其相关的一切。但是在参议院和众议院中,以头部为中心的描述反映了楼座观众的视角:无论从真实的角度还是从比喻的角度而言,这都是仅有的概观。他们听到了演说的片段,看到了一点点立法过程,了解到一些政策和党派的政治,体会到事务进展时的嘈杂纷扰,扫视到名牌后面的人物。在不同的时间段,他们还有可能见证到国会中上演的冲突,尽管离现场有一定的距离。他们也许看到了众议员之间的推搡,也可能听到了参议员之间那些刻意的侮辱言辞,但是他们很难知道其中的细节。有时他们什么也听不到。一个形容自己是"作弊老手"的人告诉一位国会议员:"我觉得……我正在倾听雄辩之辞,并且十分愿意等待从《国会世界》里看到这些言辞。"[97]

现在轮到讨论新闻媒体了,它是影响议会中所发生事情的塑造性力量。当国会议员变得暴躁又不耐烦时,他们经常会仰视楼座,恳求记者们公正客观。[98]弗朗西斯·里夫斯告诉记者,如果他们不够"公正且有所偏颇",那么国会议员几乎不可能"在他们的选民面前挺直腰板",当时里夫斯正被指控欺凌委员会中的某人。[99]托马斯·哈特·本顿在 1834 年也做过类似的恳求,当时他要求警卫官去逮捕那些在参议院楼座上发出嘘声和欢呼声的人,但同事们对此表示反对,认为逮捕旁观的民众是让参议院与美国公众对抗。不足为奇的是,本顿赶紧收回自己的意见,央求旁观的记者准确地报道他的观点。[100]

我们从中见识到了楼座旁观者的力量,也知道了他们代表的是什么。本顿一时心血来潮,抨击了楼座上一些喧闹的人,但眨眼的工夫这就变成了对美国公众的攻击——这种思维跳跃的跨度的确很大,但是十分准确。在某种意义上而言,楼座上的旁观者*确实*代表了公众。他们在现场做着其他人在遥远的地方所做的事情:评估他们的代表,以及表达他们的意见,尽管是以嘘声和喝彩声的方式,而非投票和请愿,而且有时旁观者可能会无意间掉几团污泥下来。参议院楼座的门口处有块牌子写着:"绅士们应该不会把自己的脚搭在楼座前面的挡板上,因为(鞋底的)泥土有可能从那里掉落到参议员的头上。"[101]

这是公开又广泛的权利,各种各样的人都可以在楼座上旁观。除了新闻媒体人士以外,华盛顿的"名流们"也在那里发挥出了影响力,此外还有旅客、参观者以及普通的公众,弗伦奇年幼的儿子弗兰克在 19 世纪 50 年代亦是其中一员。[102]妇女大量地出现在那里,甚至有时会将男人挤出去。[103]法学家弗朗西斯·利伯[Francis Lieber,以"利伯法规"（Lieber Code）闻名］打趣道，他想找到一个"反对女士抱团将男士挤出每一个围观机会的文雅协会"。[104] 到了 19 世纪 50 年代，楼座里也有女记者。在华盛顿，女士们频繁地公开亮相。

议员们偶尔会察觉到女士们的亮相。有时，女士只要坐在楼座里，就能约束议员的不良举止。国会中那些准备起来争斗的人有时会在动口或动手前扫视一下楼座，如果女士在场的话他们会有所收敛。[在 19 世纪 20 年代，怒火迸发的众议员约翰·伦道夫（John Randolph，弗吉尼亚州民主共和党）在被告知他的攻击对象的妻子也在听众席时，居然变本加厉侮辱对方。][105] 在争吵中，有些国会议员会冲向楼座护卫女士，他们是在划下一道不可逾越的性别界线，保护所谓的脆弱花朵免遭政治乱斗的摧残。[106] 两院都设有女士楼座，保护女士免受下层男子的打扰，目的都大同小异，不过陪伴女士的"绅士"们可以获准列席其中。[107]

43　可这并不说明妇女想要获得保护。女人和男人一样，时常来到楼座，公开地渴望见到争斗场面，这种强烈的欲望和人们对专业摔跤和冰球比赛趋之若鹜的欲望十分相似：对体育和奇景的喜爱，以及对有限刺激的兴奋感。（摔跤手、冰球选手和国会议员都不太会杀死他人，但是他们总能上演一出好戏。）人们喜爱为上演了精彩战斗的冠军喝彩。他们喜欢勇猛无畏的姿态，尖刻挖苦的评论，某"名人"就像受到旧时夹道鞭打的刑罚一样被打击。一场正在萌发的国会斗殴就是锦上添花。当国会在会议开始时或结束时等关键的节点上发生了混乱，男人间上演了一场精彩的打斗好戏，即便是弗伦奇对此也兴奋不已，尽管他承认混乱让人感到十分不祥。这是他喜欢自己这份工作的原因之一，在会场内同僚们拳脚相加之际，他能够近距离观看。他透露出他所说的 1841 年"大乱斗"（great fight）的细节，这场乱斗肇始于爱德华·斯坦利（Edward Stanly，北卡罗来纳州辉格党）和亨利·怀斯（弗吉尼亚州辉格党）的恶语相向。当怀斯动手打斯坦利之时，"几乎所有成员"冲上前，彼此扭打在一起，开始了一场狂野的乱斗。弗伦奇给他同父异母的兄弟的信中写道："议长和我都有最佳的良机去观看这有趣的场面，议长站在他的桌子边，边敲桌子边大声嚷嚷，而我则平静地站着，'一如身处夏日之清晨'——享受这场游戏，并记录好议程的备忘录！"[108]

以此观之，那个时代常用的比喻十分恰当：政治是一种战争。今日我们在提到政治竞选时就会联想到这个比喻，而一旦考虑到南北战争前美国选举中出现的暴力，这个比喻显然能奏出真理的清亮之音。[109]一些竞选活动甚至以模仿士兵游行为特色。[110]回顾内战前的种种噩兆，军事狂热让人觉得不幸，甚至残忍恐怖，但是它凸显了那个时代政治的粗野喧嚣和虚张声势，也是对那股带着暴力色彩的暗流的认同——甚至颂扬。正如富兰克林·皮尔斯所暗示的，美国人民"酷爱"为了某种原则和目的而引发暴力性冲突，包括国会山中所上演的戏码，国会山是众多政治战场之一。

因此，在1833年严寒的12月，当弗伦奇凝视国会山时，他为国运而担忧，这是十分有道理的。国会是合众国的化身，无论趋吉还是趋凶，国会的崩溃将会令这个国家风雨飘零。1839年12月10日——六年后，而且几乎正好六年后——他觉得他最恐惧的事情上演了。足足有十天，众议院都无法选出议长并且有序组织起来，会堂内一片混乱。下午的某一段时间里，二十多个人站起来，用尽力气大声地呼喊"肃静"，希望获取发言权和他人的注意。当有人质疑某个在当选上有异议的人的选票数时，此君立即站起身来怒吼，强调自己的权利，还大力地挥舞他的委任状，弗伦奇因为委任状没有破裂而甚感讶异。至少这次，他害怕发生"针对人身的暴力"。[111]

对于弗伦奇而言，这不只是国会中爆发的一场骚乱。这就是这个国家的状态。暴力骚扰让全国政府显得惊人地脆弱，当这种情况发生时，合众国都显得岌岌可危。其实，它也许是恶果的开端。那天快结束时，弗伦奇坐在家中，精疲力竭，信心泯然，向他的妹妹坦白说，他觉得自己像是"一个送葬人，陪伴这个国家步入坟墓"。从那时起的数年内，他设想当宪法变成"逝去之物"，"史家之笔"会把"宪法的毁灭"追溯到国会的崩溃以及这里所显示出的一切。弗伦奇认为，这是"我们国家历史性的时刻"，是一个充满变故的重大时代。[112] 也许他在某些方面是对的，尽管他自己也没能弄清这些方面。

第二章　国会中的各色人物：南北相会之地

弗伦奇最初来华盛顿的那几年里，生活中充满了新鲜事物。他为了扩大自己党派在全国的势力范围，与全国各地的人相往来，并且见到了南部的风情和种植园奴隶制：所有这一切都是新鲜的，而这些不同的新鲜事物的影响交织在了一起。[1] 一方面，他从未像现在这般直观地感受到维系合众国存在的纽带。另一方面，他第一次发觉这纽带是多么的脆弱。但在国家中心，政治生活的矛盾之处是：地方差异从未像北部人、南部人和西部人在一起生活、工作和玩耍时这般明显过。

党派忠诚有时会跨越地理界线，尤其在关系到奴隶制问题时。当涉及南部的这个"特别制度"时，弗伦奇等众多北部民主党人更愿意向南部盟友们让步——为了合众国，为了他们的党派，为了他们自己的事业。南部势力维持自己在华盛顿至高地位的方式远不止一种。妥协是国会事务中的一部分。没有任何一处地方会像这里一样，弗伦奇看到了地区和党派间均势关系的复杂以及多变，而这却令国家合众为一。[2]

弗伦奇笔下的国会是一个各色人物混杂的散乱群体。随着杰克逊式"平民群体"（common people）的崛起，很多人都受此潮流的影响，因而，一批囊括多个社会等级的人发现了进入国会的途径。他们中许多人都是当地的杰出人士，在履职一届后回到家乡，有些人偶尔会从公共生活甚或公共记录中消失，往往没有留下哪怕一张的肖像画或者照片。他们是真真正正名不见经传的普罗大众。而像亨利·克莱这样抢风头的人却很容易让人忘记那些在内战前的国会内深深地塑造了现实行为的人。³

两院频繁地更换成员，新人组成的更替阵容也就常常存在于两院之中，特别是在只有两年任期的众议院，大约每届有一半成员是新人。⁴无论天资禀赋如何，这些人都发挥着重要的影响力。他们表达观点，捍卫选区居民的权利和利益，支持自己的党派，还会和对头作对。其中一些人，在适当的时候会使用自己的拳头。他们是国会内颇具分量的核心人物，自命不凡的表面下却老成持重，对于国会议程的进展和风格具有塑造性的作用，他们凭借绝对的数量优势成为最终定局的裁决人。不去认可他们的存在和影响力，后世则无法全面地理解内战前的国会。

照片会是很好的研究切入点，这些人属于将身影留存于胶卷上的第一代人。对于弗伦奇而言，历史本身就类似于照片。他认为，一位优秀的历史学家应该创作"他所叙述时代的达盖尔银版照片（daguerreotype）"⁽¹⁾，在纸张上保留大大小小的现实——"存在过的细枝末节"。⁵照片留下了细枝末节，展现出非常真实的人：他们的衣装、仪态以及对于一个特别时代的心态。

照片也会具有欺骗性，它们表现出来的是国会议员意欲凸显的姿

---

〔1〕指一种洗照片的方法，由法国人达盖尔发明。——译者注

第36届参议院成员大合照（1859—1861年），源自大名鼎鼎的摄影家 Mathew Brady 的作品集。（国会图书馆提供）

态。概而言之，它们构成了一场炫耀自我的庆典活动，有些人妄自尊大、嘴型夸张，有些人不苟言笑，且其中的男士几乎清一色地穿着黑色衣服，衣领是白浆色的，脖子上系着领带。有一些人做出了和拿破仑一样的姿态，即一只手插进背心里。很多人都想显得自己坚定又高尚，并且他们的确做到了。有些人想要自己的脸上流露出岁月的痕迹，另一些人则想表现出有助于他们赢得职位的超凡个人魅力。还有一小撮人则朴实无华。[据熟人所言，《国会世界》的编辑弗朗西斯·P. 布莱尔（Francis P. Blair）的个人魅力远超其形貌神态。][6] 它们全都传达出国会成员的庄严、高瞻远瞩、深谋远虑，以及国会议员那庄重严肃的意志决心：成为人人梦寐以求的"国之重器"（National Statesman）。

内战前国会议员的形象如此丰富多彩。那真实的情况又如何呢？人口统计数据有助于解决这一问题。收集和分析大量的资料数据后，你会发现，在1830年至1860年两院内最常见的成员是受过大学教育的律师，他们基本上40多岁，有从事公共职务的经历。在众议院，大约一半成员符合这一描述，而参议院里这样的成员显然更多。[7]

我们对于两院的情况无须大惊小怪，但是人口统计数据也会带有欺骗性。数据易于揭示群体的特征，却会因此忽视多如沙砾般的个体情况，可是为了研究那些生活和习惯与我们今人大相径庭的先辈，细枝末节至关重要。举约翰·B. 道森（John B. Dawson，路易斯安娜州民主党人）为例。1841年，他进入众议院，那年他43岁，是一个受过大学教育的种植园主，还是一份报纸的发行人，他家庭出身良好，有过一次失败的竞选州长经历，当过14年的堂区法官[(1)]，还有两年州议会的从政经验。他在国会任职了两届。根据人口统计数据，道森的实际形象就是个典型的普通众议员。但是仔细研究国会中的他，你会发现这

---

〔1〕路易斯安娜州的堂区相当于其他州的县。——译者注

是一个将携带鲍伊猎刀和手枪当成习惯的男人,而且在众议院会堂内使用武器时丝毫不会胆怯,还经常叫嚣着要割断某人喉咙,然后还会对另一个人扣响手枪的扳机,他在国会中有众多此类的光辉时刻。[8] 道森["频繁挥舞武器奖项"(the Frequent Weapon Wielder award)无可置疑的冠军]的个人魅丽反映出井然有序的人口统计数据会遮掩复杂的现实情况。

仔细研究大量的人口统计数据背后的情况,你还会发现:内战前美国国会成员类型多样。除了上过常春藤联盟高校的天之骄子外,你还会发现在本地大学和学院求过学的人,还有一些人在本地"公立学校"(common school)里胡乱地接受了几年教育,和98%的美国白人男性无异。[9] 弗伦奇所接受的大杂烩式教育就是许多人接受的典型教育。弗伦奇在一个蹩脚的导师(他父亲的法律文书)那里接受过教育之后,就去了当地的公立学校,然后去了当地的专门学校——接受一个名为约翰逊的"傻瓜的教导"。"这对于一个平民而言是有可能的"。之后,他跟随虔诚的牧师叔叔弗朗西斯·布朗(Rev. Francis Brown)求学,最后来到了缅因州的一所专门学校。他在这里学了文法知识,又在那里学了古代史,还在别的地方学了点拉丁文。[10] 不论是新英格兰的系统教育制度还是西部和南部一些实际上未设立正式学校的区域,早期美国的教育既散乱又毫无规则。[11] 有些实际上未接受过正规教育的人也以自己的方式进入了国会。

还有些人在从政以前是体力劳动者,例如马车制造匠查尔斯·博德尔(Charles Bodle,纽约州杰克逊派),枪炮匠人拉特利夫·布恩(Ratliff Boon,印第安纳州杰克逊派),还有熔炉工人马丁·比蒂(Martin Beaty,肯塔基州反杰克逊派)。从数据上来说,并没有太多这样的国会议员,而且人口统计学研究很少会特别划分这些人的职业类别,更趋向于将人分成较大的范畴:如农民、律师和商人。[12] 但是他们存在过。

那些社会等级上升的报社从业人员亦在此列。这个类别的群体囊括了许多像弗伦奇一样的人，弗伦奇曾经在年轻时做过编辑，接受各类指定任务，而国会新闻人的数量是惹人注目的。[13]

律师的人数甚至也让人感到意外地多。当时有像参议员鲁弗斯·乔特（Rufus Choate，马萨诸塞州辉格党）——弗伦奇曾惊叹"他无所不知"——这样学识渊博的学者，但更多的人之所以从事法律行业，是因为此行业难度最小。在杰克逊时代美国的民主洪流下，法律教育的门槛崩塌了。到了1851年，有4个州不再有法律教育方面的资格要求，而且这些州简单明了地宣称，任何人只要有良好的道德水准以及达到最低限度的学识水平，就可以加入这个行业。[14] 一个野心勃勃的年轻人如果意欲以有些许声望的行业谋生，那么律师就是上佳的选择，对于充满政治抱负的年轻人而言尤其如此。数量如此庞大的律师政治家群体证明了律师职业的确是获取政治权力的良机。在19世纪30年代的十年中，众议院的新成员里至少有60%是律师，这是第一次达到这样的比率。仅第23届国会任期中——弗伦奇初次履职的那一届，69%的众议员和83%的参议员都是律师。[15] 在弗伦奇下榻的家庭旅馆里的15人中，只有1人不是律师，他是一家报纸的编辑：艾萨克·希尔。弗伦奇记录并且语带讥讽地评论道："对于酒吧区的绅士而言，他是个讨人厌的敌人，他还经常辱骂那些绅士们，像疯子一样。除他以外，下榻在这里的每位绅士都是律师。"[16] 显然，希尔的生活并不轻松。

在国会中，每当有一个乔特，就会有一大批教育水平较低且有些不太文雅的成员，他们有复杂多样的出身背景，例如参议员托马斯·莫里斯（Thomas Morris，俄亥俄州杰克逊派），他过去是位西印度群岛的军人，还是个商店职员，做过律师，只有几个月的公立学校求学经历。《圣经》是莫里斯儿时家中仅有的几本书之一，他经常用《圣经》中的章句来点缀演说词。他和很多国会同僚一样，出身微贱，然后从事律师工作,接着进入州议会,才得以列席国会。[17]

有出身名门的,也有出身草莽的,有学识渊博的,也有学识浅薄的,有粗鲁无礼的,也有野蛮的,有老于世故的,也有老成持重的:在19世纪30年代及之后,新大陆的一切日新月异,以上所有这类人纷纷寻找获取政治职位的途径,再由其党派在全国的权力网络拓展自己的人生道路,在一定条件下他们还得以进入国会。国家的政治精英比事实和数字显露出的情况更加多元化。

极端之城

华盛顿特区也是多元化的,甚至可能更加多元化。实际上,其所具有的区域多元化特征是有标志性意义的——人们十分希望它能够凝合整个国家。一个作家兴高采烈地写道,华盛顿现实中的"社会冲撞会侵蚀区域间的偏见","东部和西部,南部和北部,都变得更为亲密,为更长久的团结凝合在了一起。"[18] 乃至于,地区口音似乎都逐渐消失了。正如语言学家乔治·P. 马什(George P. Marsh,佛蒙特州辉格党)所言:"很多北部国会成员来时操着一口扬抑格(dactyl)或者长短格(trochee)的口音,回家后都变成了短长短三音节音步(amphibrach)或者抑扬格(iambus)的口音。"[19] 华盛顿汇聚了全国各地的人物和服饰,它是文化上的联邦主义之城。[20]

它也是个极端之城。部分原因是人们酗酒。和国会山十分相似,华盛顿是泡在酒坛子里的城市。[21] 仅1830年一年,这座城市就颁发了200张酒水营销许可证。[22] 于弗伦奇而言,目之所及之处,无不有酒水。几乎每个角落里都有小酒馆,恶臭熏天,"烟草味、烂卷心菜味和混着无须多言的罪恶气味"[1]在其中弥漫。[23] 小酒馆、旅店酒吧、供应酒食的柜台以及杂货铺：它们也都提供酒水，后两者销售渠道便利，销量巨大。（国会山附近的杂货铺生意尤其红火。）[24] 乃至于，国家剧院的大厅显得也不过像一个酒池。弗伦奇认为，"如果天堂位于此处，那么在一处角落必然会有一家格罗格酒店！"华盛顿中的所有事物似乎"都受到了名为放荡的幽灵的缠绕——以至于国会山亦无法幸免"。[25]

当弗伦奇前往南部之时，他的父亲非常担心。在弗伦奇到达华盛顿不久，他的父亲警告他："你现在留在考验和诱惑之地，你（自吹自擂）人生经历无法应付。""剧院、舞会、赌桌、放纵的骚乱……还有不法的集会，尽在你眼前。"老弗伦奇清楚地了解他儿子桀骜不驯的性格，他只能祈祷说："上帝保佑，你的选择都能无愧于良心。"[26]

大部分时候，弗伦奇都能无愧于良心，他是一个犹豫不决但热心非常的禁酒运动支持者，也并不好杯中之物。但是有一些人在华盛顿则会放松自己，做出在家乡时不敢为之事。这座城市中的部分居民以国会为中心来来回回，搅动起多元化的旋涡和"汹涌的人潮"，从而名闻天下，而且很多人的妻子和家庭还都留在了家乡：一位观察家以一种明显的冷嘲热讽的口吻陈述道，华盛顿的"单身汉的生活并不易受道德的约束"。连沉稳的北部人有时也会行放纵之事。[27] 罗伯特·麦克莱兰（Robert McClelland，密歇根州民主党）在一封写满北部人不检行为的信中忧虑不已："我们许多最优秀的分子……都在野心和欲望前放松了自己。"[28] 当阿马萨·达纳（Amasa Dana，纽约州民主党）与费利克斯·格伦迪·麦康奈尔（Felix Grundy McConnell，亚拉巴马州民主党）为友时，达纳的朋友们失望不已。麦康奈尔嗜酒如命，"是个会在城镇里通宵达旦玩乐的人"。麦康奈尔纵情于各个小酒馆中，喜欢邀请每个

---

[1] 罪恶气味，指酒精气味。——译者注

人"去酒馆里喝上一杯"。(在他清醒的时候,弗伦奇很喜欢他,但是弗伦奇不愿意将麦康奈尔那些妙趣横生的"粗话"记在纸上。[29])在一次聚会上,麦康奈尔整个身子埋入一个妇女的怀中,然后他摇摇晃晃地站起来,向总统詹姆斯·K.波尔克(James K. Polk)敬酒,坚持让波尔克一口饮完杯中之酒,大声嚷嚷着:"吉米,要一滴不留啊。"有麦康奈尔在其身边,达纳从一个"节制、稳重、谦逊和庄重的人……变成了一个十足的浪荡子"。[30]富兰克林·皮尔斯也没好多少。1836年的一天,他一番豪饮后败德失行。那次他和另外两个醉汉,爱德华·汉尼根(Edward Hannegan,印第安纳州民主党)和亨利·怀斯(弗吉尼亚州辉格党)——这三个人是拙著研究国家多元化案例的相关人物——喝得醉醺醺,还在一家剧院引起了骚乱,汉尼根还与人打了一架,并且拔出了手枪。这场街头斗殴差点引发一场决斗。[31]

  醉醺醺的国会议员是人们口中的传奇。新来的成员总是在寻找每届会议里的醉鬼。"[约翰]·盖尔州长(Gov.[John] Gayle,亚拉巴马州辉格党)还有一个名为[约翰]·詹姆森([John] Jameson,密苏里州民主党)的人……是我仅见的醉汉成员",大卫·奥特洛(David Outlaw,北卡罗来纳州辉格党)在1848年履职的头几个月中如此叙说,其用语只透露出他怀有期待之情。[32]大量的日记和信件描述了有些人醉得甚至无法在演说中保持清醒,有的则醉得无法离开寓所,有的甚至醉得站不起来,它们实事求是地记述某个国会议员出去与人斗酒,通常这被称为"吹吹风"(breeze)或者"找乐子"(spree)。[33]1841年,托马斯·马歇尔(Thomas Marshall,肯塔基州辉格党)出了次洋相,他是著名的大法官约翰·马歇尔的侄子,自称是"找乐子绅士阶层"中的一员,[34]弗伦奇目睹了这次引人注目的丑事的前前后后。8月23日,马歇尔——弗伦奇注意到他"罕见地清醒着"——进行了一次雄辩的演说,令每个人都"着了迷",包括不会轻易被打动的约翰·昆西·亚当斯都夸赞演说"天马行空"。两天后,马歇尔又进行了一场粗野又胡言乱语的演说,彼时"风还吹跑了三页纸稿",他强行趴在地板上,无视遵守规程的指示,然后又靠在他的桌子上,懒散地伸开手足,甚至一度向后仰得太过,实际上躺在了桌子上。弗伦奇认为这是"最令人厌恶的表现"。[35](《国会世界》只是报道说马歇尔"进一步地继续了"辩论。[36])

有些人醉醺醺时却有惊人的工作效率,即使任职于众议院时亦是如此,乔治·德罗姆古尔(George Dromgoole,弗吉尼亚州民主党)在1840年的事情即是显例。(亚当斯实事求是地评论道,他"醉坐于椅子上"。[37])还有些人在酒精的效力下变成了演讲大师。参议员路易斯·维戈夫(Sen. Louis Wigfall,得克萨斯州民主党)有些尖锐且有力的演说应该是墙洞酒馆的结晶。[38]即使过分放纵的托马斯·马歇尔在颠颠倒倒时也有其得意的时刻,亚当斯归纳他"独特的雄辩风格"是"酒精蒸发出的精确语言"。[39]

但是其他人则是彻底被酒精征服了。詹姆斯·麦克杜格尔(James McDougall,加利福尼亚州民主党)在华盛顿醉得东倒西歪,甚至在宾夕法尼亚大道上直接从马背上摔了下来,躺在了水沟里。一个朋友评论说:"首都的诱惑对他而言太大了。"[40]皮尔斯嗜酒如命的兄弟爱德华·汉尼根因为类似的原因遭遇了类似的命运。[41]还有一些人为他们的罪过付出了终极的代价。1834年,詹姆斯·布莱尔(James Blair,南卡罗来纳州杰克逊派)因为酗酒而自杀,在阴郁绝望中饮弹自尽。布莱尔的为人,有着"十分杰出的判断力,在某些方面是聪慧的",但是"唯独放纵的恶习……让他的身体肿胀如山,竭其智才,败坏其品性,让他变得疯狂"。布莱尔曾经醉醺醺地拔出手枪,朝华盛顿剧场舞台上的女演员开火,他每天都带着填满弹药的火枪去众议院。亚当斯觉得"他十分有可能开枪射向除他以外的任何人"。[42]最骇人听闻的是费利克斯·麦康奈尔之死,他在1846年用一把口袋刀切开了自己的身体。据波尔克所言,麦康奈尔当时紧张不安且脸色惨白,他可能"刚刚从醉酒引起的痉挛中恢复过来",然后去了白宫,借了100美金,又去酒吧蹉跎光阴,将一些钱贷给酒吧招待后退回到房间里,就自杀了。[43]一个作家观察到,如果一个国会议员"十分想要放纵狂欢","那么一条便捷又欢乐的门就会为他而开,并不是只有少数国会议员臣服于诱惑之下"。[44]

国会议员所具有的常规特权有时会让事情变得更糟。根据《宪法》第一条第六款,国会议员在出席国会会议期间不受逮捕。炫耀这项特权的精巧做法于史有载,而且出现得很早。[45]据弗伦奇所言,1838年,当警察阻止"尊贵的"约翰·布罗德黑德(John Brodhead,纽约州民主党)采摘国会山地上的花朵时,布罗德黑德回复道,"我是一个国会议员,我要让你知道,我可以做我想做的事",为了证明他的观点,他抓起一簇花"扔向了他们"。[46]

这并非说所有的国会议员都是好酒滋事的流氓,也并非说所有的社交活动都意味着勾肩搭背的豪饮烂醉。也有高雅的接待活动、派对、晚宴、非正式"舞会"(hops)以及大量别致的正式舞会。[47]弗伦奇和贝丝举办并且参加过许多这样的活动,尽管温和的活动中却暗含伤风败俗的潜流。一位国会议员注意到,他的一批同事都在活动中对妻子不忠。[48]这座城市的自由也并没有局限在聚会活动中。纽约作家安妮·林奇(Anne Lynch)酷爱这座城市"舒畅身心的自由"中所孕育出的"卓绝智识",于妇女而言尤为如此。她认为,华盛顿并没有"被条条框框限制住"。[49]

总而言之,华盛顿的多样性就是一个装满各种东西的口袋,缔造了跨越区域的友谊,虽然这也赋予了城市骚动不安的精神特征。从两个方面上看,华盛顿的多样性不仅影响到华盛顿的社区,也影响了国会团体。⁵⁰ 一个记者直截了当地说："如果华盛顿里有一个独立而且具有足够力量的协会，能够惩罚那些侵犯他人生命的人，那么国会两院中经常出现的那些讨厌和骇人的事情可能就不复存在了。"⁵¹ 一座无拘无束的华盛顿城就意味着一个无拘无束的国会。华盛顿那无拘无束的多样性值得称道，但也为国会中的暴力搭好了舞台。

住在奴隶岛

弗伦奇有时会有所节制地享下乐子。在他来到华盛顿的第一个春天，他观看了城市中大受欢迎的赛马，并且喜欢上了这项活动。兴奋、竞争、赌博和狂饮：弗伦奇从没有见过任何一项类似赛马的活动。他向同父异母的妹妹哈丽雅特（Harriette）描述道，"众多受人尊敬的国会成员们并不是完全清醒的"，但是他发誓他"什么都没喝，连一杯水都没有"。⁵² 在一两年内，他还学着玩桌球（或者按照他日记中所述，"已经学会玩桌球"）。⁵³ 但是斗鸡的吸引力超出了他的接受范围："哼！那几乎让我感到恶心。"⁵⁴

赛马、赌博和斗鸡：在华盛顿，这些最流行的消遣活动都有着独特的南部风味。实际上，尽管华盛顿是一座全国型城市，但是它的核心组成是南部人。正如一位俄亥俄州的国会议员所证实的，这座城市的"常住人口"有"大量都是南部的"。⁵⁵1830 年，大约百分之六十的常住白人居民来自于南部州或者和南部有很紧密的关系，城市中大约有三分之一的居民是黑人，而一半多黑人都是自由的这个现实，让华盛顿成为一个真正处于州之交界的城市。⁵⁶ 甚至城里的一些住宅带有用于家务劳动的外屋，简直就是种植园布局的镜像。⁵⁷ 远不止于此，华盛顿内的南部人士在很多方面都占有主导统治地位。

当然，华盛顿最南部化的一面是奴隶制的普遍存在。透过国会大楼的窗户，拍卖行的楼房和围奴隶的栅栏清楚可见。奴隶们被铐了起来，残暴浸染着奴隶制度：虽然华盛顿并非奴隶贸易的中心，但是奴隶制残酷的现实出现在初来乍到的北部人面前，让他们感到震撼。[58][马萨诸塞州自由土地党霍勒斯·曼（Horace Mann）于1852年抵达华盛顿时说道："我再一次来到了奴隶岛。"[59]]乔舒亚·吉丁斯（Joshua Giddings，俄亥俄州辉格党）在抵达后不久看到一群奴隶——一共65个戴着镣铐的男男女女以及小孩沿着街道前进，吉丁斯看得目瞪口呆。[60]

弗伦奇震惊于自己与奴隶们生活在一起，新罕布什尔州在1830年时几乎清一色都是白人，269328的总人口中只有602个黑人公民以及5个受奴役的人。[61]在刚刚下榻于家庭旅馆的最初几天里，他在写给贝丝的信中惊讶地写道，我有"一个随叫随到的仆人侍候着我"，"这座住宅内有12到15个仆人，全是黑奴"。[62]

奴隶制从未真正在新罕布什尔州扎下根，不过新英格兰全境并非像新罕布什尔州那样完全废除奴隶制。一度，这个国家的"自由州"并非全然是自由的。奴隶制零星分布于新英格兰的土地上，极大地影响了该地区，令新英格兰从自给自足的农业经济转向了市场经济。[63]奴隶制是根深蒂固的。在大多数北部州，黑奴的解放来之不易。解放是复杂的过程，耗时达数十年之久，解放后则会引发新的难题。对于一些北部白人而言，讨厌奴隶制是一回事，而与自由黑人一起生活则完全是另一回事。[64]在新英格兰，奴隶制和种族是十分现实的难题，像弗伦奇这样的新英格兰人来到华盛顿时，都完全保有着他们土生土长的偏见。

但是南部种植园奴隶制是截然不同的事物。许多北部国会议员之前从没有见过种植园或者和奴隶主们讨论过奴隶制。好奇的北部人找

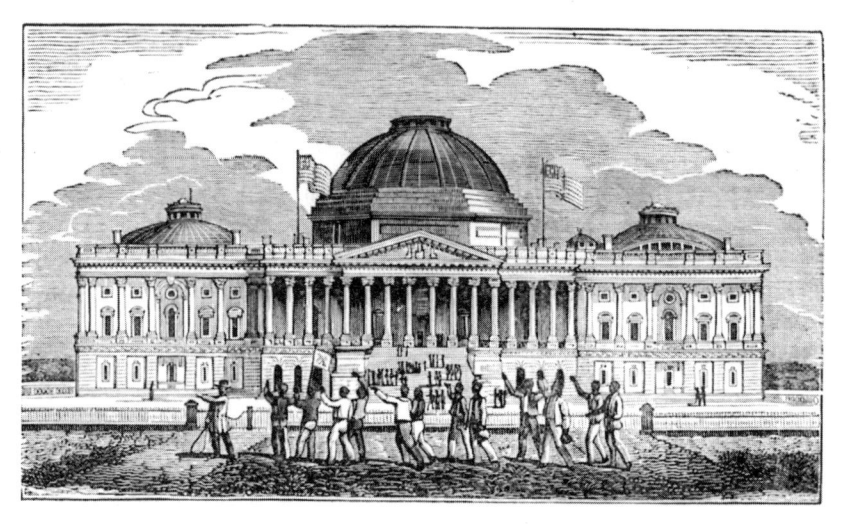

一份美国反奴隶制协会檄文的部分内容，描绘了美国国会山前被铁链拴住的奴隶。（《受压迫者之家》，William S. Dorr 创作，1836 年。国会图书馆提供）

寻与南部人邂逅攀谈的机会，有时南部人也鼓励他们这么做，正如一位南部人所言，他们也迫切希望解除这些北部外乡人"一时的……偏见"。[65] 废奴主义者哈丽雅特·马蒂诺直接体会到南部充满魅力的劝说行动。在她刚到华盛顿的第一天，几个南部的参议员就会见了她，同来的还有他们的妻子。她们邀请她前往种植园亲自参观种植园奴隶制，并保证为她提供服务。[66]

弗伦奇的朋友兼同伴，新罕布什尔州的约翰·帕克·黑尔迫不及待地与奴隶主讨论起了奴隶制。他在 1844 年最初抵达国会的几周里告诉妻子："我现在有了一个机会，对此我可是盼望已久的——和一位聪慧并且有教养的南部人来一场完全毫无保留且坦白的对话，主题是奴隶制"，那个人"不仅愿意讨论奴隶制，而且我认为他十分乐意回答我所提出的问题"。在此之后又有两场对话，黑尔认为对话所传达的信息可能会令大多数北部人震惊不已：南部白人"工作勤恳"。一位南卡罗来纳州的国会议员甚至会亲手制作自己的锄头把手。[67] 四年后，黑尔进一步拓展了自己关于奴隶制的了解，他和四个富有的种植园主在附近的种植园里一起度过了"愉快的"周末，讨论着奴隶制。[68]

许多北部人都有过类似的访问。[69] 弗伦奇亦然。1851 年，他和家人访问了朋友梅森·迈克尔·卡罗尔（Mason Michael Caroll）在马里兰州的种植园，弗伦奇惊喜交加。[70] 卡罗尔家的奴隶，境况看上去不错，他们的"穿着好过新罕布什尔州农民的妻子或者女儿"。而卡罗尔看上去十分关心他们，最近他喜爱的一个奴隶死去了，卡罗尔几乎落下泪来。弗伦奇的日记实际上散发出一种解脱的感觉，暗示他虽是个一心一意的民主党人，但是之前仍对种植园奴隶制心存疑虑。访问令他得以解除良心的负担，并且让他怒骂那些威胁到共和国的废奴主义者们。他在数天后写下的日记中坚持认为，上帝恩准奴隶制的存在，"《旧约》里皆是证据"。而废奴主义者是一批破坏合众国的狂热诽谤者，其主张毫无依据。为了证明他的观点，他附上一份新闻简报，认为关于最近新罕布什尔州的反奴隶制的决议似乎"在精神上"违背了"上帝神圣的话语"。[71] 卡罗尔于一个月后去世，弗伦奇称颂他是"一个善良、慷慨，并且有高尚之心的主人"，还谴责北部的"狂热"。[72] 他的种植园之行对他确有影响。

而其他的访问亦有如此效果。观察一下弗伦奇复杂纠结的人生轨迹：他是一名北部的民主党人，来到华盛顿时，按其自我描述，他在关于奴隶制问题上是一个"极端主义者"（ultra），坚定不移地笃信唯有蓄奴州有权利对奴隶制采取行动，而认为自由州的人民甚至没有权利为反对奴隶制而请愿。[73] 1849 年，仅仅在他访问种植园的两年前，一场与俄亥俄州废奴主义者乔舒亚·吉丁斯的对话改变了他的想法。听到吉丁斯在众议院对于奴隶并非财产的论证后，弗伦奇变得十分迷惑，所以他去了吉丁斯的家庭旅馆与其讨论奴隶制。他回家时立誓要帮助（废奴主义者）废除哥伦比亚特区的奴隶制。[74]两年后，弗伦奇访问完卡罗尔的种植园，他又宣称奴隶制是上帝恩准的。接下来的一年，他献身于亲南部和奴隶制的富兰克林·皮尔斯的总统竞选运动。可是在皮尔斯被任命不到一个月时，弗伦奇又写了首诗歌，颂扬吉丁斯，谴责皮尔斯。[75]弗伦奇在奴隶制上摇摆不定，而他并非孤例。对于很多北部人而言，在华盛顿的生活意味着他们的政见将会接受考验。

一个新罕布什尔州的男孩

在一段时间里，党派的纽带压制了因地区差异而产生的波动，或者至少可以说，党派因素凌驾于地区因素之上，华盛顿的人尤其是这样，在那座城市里许多人第一次体会到他们的党派乃是一个全国性的组织。尽管19世纪30年代的政党还很脆弱，但是却形成了至关重要的全国性纽带。政党与今时今日那些自上而下的企业大相径庭，它们本质上是地方组织的全国化联盟。城市和镇子有政党俱乐部与委员会，国家、地区和州的组织则培养并组合这些地方组织。而华盛顿的政客们以最大的能力对此加以推动，除此之外还要负责训练和引导。[76]19世纪40年代后期，美国仍然没有出现政党中心管理系统和指令传达的层级架构，政党的行动以艾萨克·希尔等当地组织者为基础。开始于19世纪30年代的全国政党大会，最初的中心任务也只不过是建立政党的统一性，将一个分布广泛的联盟凝聚在一起去解决问题。[77]此时的国家政党政治十分类似于合众国：权力是分散的，是地方化的，依靠感情而非组织系统联结在一起。

因而华盛顿的政治充满新奇事物。像弗伦奇这样的地方政客猛地发现自己正在和远远近近的盟友们敲响政党的战鼓，在国会这个全国党派之间"唇枪舌剑"的中心尤其如此。[78] 弗伦奇是国会内论战机器中的重要齿轮。他是新罕布什尔州、华盛顿和芝加哥的民主党报纸在国会的通讯记者。［伊萨克·希尔的兄弟霍拉肖（Horatio）是《芝加哥民主党人报》（Chicago Democrat）的拥有者之一。][79] 弗伦奇是这座城市的杰克逊民主党联盟（Jackson Democratic Association）的积极成员，最后还成为这个联盟的主席，他和遍及全国的姊妹集团通讯联络，收集信息并且传达政党路线纲领的信息。他协助举办大型庆典以及豪奢盛宴，宾客们是来自于全国各地的杰出民主党人，还有全国性的新闻媒体，他们希望借此机会将自己这个引人注目的全国性政党的荣耀展现给分布广泛的听众。在华盛顿，弗伦奇加固了全国性政党的联结纽带。

在19世纪30年代大部分时间里，辉格党和民主党的政治联系都围绕着安德鲁·杰克逊这尊偶像。早期辉格党是各种利益团体的联合体，他们因为都讨厌"安德鲁国王"的极端政策而联结在一起。[80] 弗伦奇认为，"辉格党们"（wiggies）是一个"邪恶信徒"（ites）［银行信徒（Bank-ites）和关税信徒（Tariff-ites）]联盟，组成它的是"那些沮丧失望的党派中的残余和怪人"。他们是"废奴主义、反共济会（Antimasonry）、旧联邦主义和骗子的"融合体，还夹杂着"醉汉和浪荡子"，除此以外别无其他。[81]

对于民主党而言，对杰克逊的爱戴自然永无止境。弗伦奇在提到他的名字时毕恭毕敬，即使在日记里他都不吝称赞。[82] 杰克逊和合众国之间象征性的关联乃是民主党人心中的魔法。在民主党人的世界观中，杰克逊和合众国合而为一，天长地久。在弗伦奇所组织的活动中，那些政党明星几乎总是如此引导大众：宣扬杰克逊就是宣扬合众国，崇拜杰克逊就是崇拜合众国，党在全国的团结就能带来国家的团结——北部、南部和西部的杰克逊派民主党人应携手共唱一曲，而弗伦奇则是唱诗班的指挥，是民主党派诗歌和乐曲的活水源头之一。[83]

1852 年，一场关于新奥尔良战役主题的晚宴是众多活动中的典型。华盛顿的杰克逊民主党联盟向遍及 31 个州的杰克逊"友人"发出了邀请，请他们来参加一场旨在巩固政党纽带和老胡桃木（Old Hickory）[1]所挚爱的合众国的晚宴，同时为正在进行的富兰克林·皮尔斯的总统竞选宣传造势。盛大的宴席有 500 个人参加，主要的内容有 3 个小时的演讲、一首 B.B. 弗伦奇的歌曲演奏（《自由圣坛》），还有至少 60 次的祝酒，而弗伦奇——据《巴尔的摩太阳报》（*Baltimore Sun*）的报道，这个男人的"一对肺是用来维持秩序的，令人钦佩"，不断地重复着祝酒，让每个人都能听到。（事后，他抱怨说："我的肺都要裂开了。"[84])

这些支持杰克逊的鼓吹活动已成常例，以至于活动都变成了笑柄。1828 年一篇报纸上的滑稽作品恰当地凸现出了盛典的过分之处。该作品预测出那天晚上的新奥尔良战役庆典将会如何进行（因为"预测它就和依年历预测天气一样准确"），它描述出一场精心设计的宴会，主要内容无外乎"半条鳄鱼"（half an alligator）[2]，如有必要，还有些欢呼喝彩的套话，以及一连串的祝酒词，一首自负的凯旋歌，前奏是鼓声、风笛声、铜锣声和一声"大叫"（Grand Shout），然后开始唱响歌曲的第一段，"斩断仙人掌，炸了哈加格（Hugag）！"[3]这首 B.B. 弗伦奇的歌曲令人兴奋。这篇著名的《仙人掌和哈加格》的文章恰当地

――――――

〔1〕安德鲁·杰克逊的绰号。——译者注
〔2〕一首颂扬新奥尔良战役的歌曲称参加战役的军人们为"半马半鳄鱼"（half an horse and half an alligator）。——译者注
〔3〕民间传说中一种令人生畏的生物。——译者注

捕捉到当时浮夸又无意义的政治元素,这些元素为讽刺作家们提供了数十年的创作材料。[85]但是无论这种哗众取宠的盛大表演愚蠢与否,它都发挥了功用:它所点燃的激情强大到足以为存在分歧的地区架起桥梁。

不过地区分歧依然存在,对于像弗伦奇这样一位全心全意为全国性政党奉献的组织者而言依然如此。考虑到他们党派的积极竞选,以及他在华盛顿的数十年经历和他在国会履职的经历,很难想象有人会比他更具全国性的眼光,或者更具华盛顿的精神。再加上他连接不断地承担起公民职责,所以当时人们就更难想象出有人能比他更有全国性眼光。弗伦奇是市议会的主席,是市政委员会委员,是当地慈善机构的联合发起人,并且在其他慈善机构里积极活跃,是数所公立学校的理事会成员,还是一所供自由黑人女孩就读的学校的拥护者,是史密森学会管理理事会(the Smithsonian Board of Regents)[(1)]的助理秘书,为整个市镇内的俱乐部与协会当讲师。作为富兰克林·皮尔斯、亚伯拉罕·林肯以及安德鲁·约翰逊三位总统任期内的公共建筑委员会专员,他还负责修缮桥梁、冲洗满是灰尘的街道、监督国会山的扩建和新穹顶的修建,这使弗伦奇的名字镌刻在穹顶的"自由女神"塑像上。[86]作为哥伦比亚特区共济会中的长老(Grand Master),他甚至为这座城市最富有象征意义的建筑奠定了基石:史密森学会、华盛顿纪念碑以及国会大厦的扩建部分。[87]

尽管弗伦奇是位热诚的全国性组织者和华盛顿人,但是他仍以新罕布什尔州人的视角观察世界。在参加一次民主党人于1840年在马里兰州举办的群众大会时,他以新罕布什尔州人的视角审视这场大会。集会给他留下了深刻的印象,因为他对于"他们如何在合众国内的这

---

〔1〕创立于1846年。——译者注

一区域组织政治集会"充满好奇。演说——演讲者是国会的议员们——就是一种能够"满足群众的耳朵并且带动起他们的感情"的东西。但是,旗杆呢?花岗岩州[1]来的人绝不会立下这样一根短小的旗杆。新罕布什尔州的旗杆都会立 100 英尺高,可这根旗杆太短了,如果没有风的话,旗子"会拖在地上"![88](在选战中有气势的旗杆理应狂傲地挺立,将男子汉气概十足的政治艺术上升到全新的维度。[89])即便——尽管并非真实发生——在一群欢唱他的歌曲的人当中,弗伦奇也是一个彻头彻尾的花岗岩州人。

实际上,他在华盛顿时最像个花岗岩州人。他的诗歌赞美新罕布什尔州,并且他在晚宴上为新罕布什尔州祝酒。("新罕布什尔州啊!——在我的心忘记你之前,我的心一定变得比你的花岗岩还要坚硬。"[90])他的诗歌唱出了它的荣耀,正如他创作于 1849 年的《新罕布什尔之子节》,用来赞美住在"外地"(住在华盛顿和波士顿等外地)的土生土长之子:

> 我们花岗岩族裔遍及各地,
> 遍及在那些需要人们工作的地方;
> 如果有人上了月球,
> 那他一定是个新罕布什尔州的男孩。[91]

无论如何,他认为自己就是名新罕布什尔州的君子。1843 年,在一场举办于圣帕特里克节的晚宴中,他突然被邀请到讲台上,讲述他与爱尔兰人的亲密之处,他说道:"据说绿宝石岛(Emerald Isle)[2]以花岗岩

---

[1] 新罕布什尔州的别称,因为该州的山主要由花岗岩构成。——译者注
[2] 爱尔兰岛的别称。——译者注

为基底,而我自己则出生于'花岗岩州'。"⁹² 甚至死后他仍然要致敬家乡,被埋在了华盛顿国会公墓的花岗岩方尖碑下。仅仅说弗伦奇为他的出生地感到自豪,那真显得轻描淡写(正如他自己常说的,自豪尚不足以形容他的感情)。⁹³

弗伦奇同样对家乡的区域有清楚的认识。他的文字里经常提及"扬基人⁽¹⁾的耳朵"和"扬基人的血"。他总是急于赞美扬基人的心灵手巧,也总是希望在喜欢的人中见到扬基人。(他认为"和蔼可亲"的查尔斯·狄更斯看上去更像位扬基人,而非不列颠人。⁹⁴)他在华盛顿最亲密的朋友来自于缅因州和新罕布什尔州。他不是个孤独的扬基人迷。他是哥伦比亚特区新英格兰协会的积极分子,这是一家致力于颂扬"清教徒土地"并推动扬基人慈善的俱乐部。⁹⁵ 他的新英格兰口音牢不可变。在他抵达华盛顿十多年后,他的扬基鼻音仍然十分明显,以至于新英格兰人都能够注意到这点。⁹⁶ 一份 1849 年的报纸概述形容得最为恰当:弗伦奇"仍旧怀有对新英格兰深刻且热烈的爱,似乎时间之逝也无法减弱这股狂热分毫"。⁹⁷

这位记者的话十分准确,甚至准确过他所了解到的。因为弗伦奇在华盛顿的岁月非但没能令他对新英格兰的热情冷却下来,反而愈加浓烈。弗伦奇在见到新英格兰人与南部人、西部人往来时,对令他们彼此不同的原因有了新的认识。他的文字中包含着经验与体会:扬基人勤劳,扬基人勇敢,扬基人能够在一场争斗中约束住自己。弗伦奇在华盛顿对新英格兰有了全新且更为热情的感觉。在此过程中,他也了解到合众国其他地域是多么不同。⁹⁸ 他正亲身感受到国家首都生活所传授的根本经验:合众国的确是"众多荣耀的地区组合而成的荣耀的整体"。⁹⁹

对于很多国会议员而言,他们也有相同的心境:华盛顿暴露并且强

---

〔1〕泛指新英格兰和北部州的美国人。——译者注

化了地区观念。对于南北部人皆是如此。那些北部"女穿男装"（he-women）之人的出现，令北卡罗来纳州众议院的大卫·奥特洛明白了南部的女人有多么优秀。他向长期安然留在北卡罗来纳州的妻子抱怨说："北部城市的妇女既鲁莽放肆，又厚颜无耻，而且她们不守德行，我希望这样的作风永远不要进入南部。"100

一些南部人发现北部男人不再那么令人钦佩。查尔斯·费希尔（Charles Fisher，北卡罗来纳州民主党）于1841年结束在国会的一届任期后回到家中，在一次演说中宣告他的发现。他问道："南部州人的状况没有北部州人的好，为什么会这样？""我们中的"一些人"说那是因为那些州内人民的智慧和勤劳胜过我们"。费希尔强调这话不对，他有证据："我们在国会里见过他们——他们在那里更优秀吗？"101 北部国会议员不太愿意打架或者决斗，这点也引人注目，南部时常谴责北部懦弱。102 这就是跨区域亲密关系的另一面：亲密的关系会引起轻蔑的态度。

在这种意义上说，国会之中需要令内部达到平衡的行动。国会议员身处一个全国性机构中，与一群附着于全国性党派的全国性同事们

对于西部国会成员不修边幅的刻板印象的嘲讽漫画，对于北部成员古板的刻板印象的嘲讽漫画，对于南部成员嚣张跋扈的刻板印象的嘲讽漫画。（《哈珀周刊》，1858年4月10日。《哈珀周刊》提供）

一起从事全国性的工作，但是他们从事的工作却暴露了他们之间的差异。虽然党派忠诚常能起到决定性作用，但是对于大多数国会议员、对于弗伦奇而言，地区性倾向却能塑造他们的世界观。

温顺的面团脸

没有任何时刻比投票时更能体现平衡性行动（balancing act）了，因为每一次投票都是一次优先重点的声明。所以很多时候国会议员都会用创意十足的方式规避投票的要求。这种个人间的妥协是合众国的立国之基，尽管也算是权宜之计。

北部民主党人因为规避投票而臭名昭著，因为他们规避的主要是奴隶制问题。当奴隶制变成似乎无法调和的分歧时，为了保证党派的团结和保存合众国，全面的敷衍和规避就必不可少。有些规避策略明显更加成功。而以钳口律（gag rules）等雷霆万钧的手段来制止关于废除奴隶制请愿书的讨论，这种方式是种十分老套的南部手段。不妥协，不辩护，还充满攻击性的重拳出击，这种方式只能煽起反奴隶制的怒火，而非将其冷却熄灭。

较为柔和的策略更能平息怒涛，而弗伦奇等北部民主党人则是使用柔和策略的行家里手。作为北部人，他们中的一些人也不能完全对奴隶制的道德和现实问题心安理得。19世纪30年代，他们中许多人都认为奴隶制是南部或者"外国的事物"。[103] 他们也敏锐地感知到蓄奴州和自由州之间的力量平衡状态已然岌岌可危，所以增加新的蓄奴州无济于事，只不过能够暂时缓和冲突。他们中许多人怀有种族主义的恐惧心理，担心获释奴隶冲向北部，也有现实的忧虑，担心攻击奴隶制将会摧毁合众国和他们的党派。[104] 还有些人担心奴隶制将会占领西部的疆域，从而胜过自耕农农业。可是他们支持州权，这就令他们对奴隶制采取了不干涉政策（hands-off policy）。对于北部民主党人而言，在党派成员的心中有一场野蛮的交易：党派权力的回报与奴隶制的保存联系在了一起。为了换取前者，他们接受了后者。在民主党内，南部人占据绝对优势，就和在华盛顿内的情况一样。

弗伦奇的观点代表了很多北部民主党人的想法，这种观点逻辑混乱且避实就虚，将推论、困惑、空想和推诿混合在了一起。正如他在1855年发表对某件事的看法时所言，他是——

> 一个坚定的自由土地支持者，反对合众国增加额外的蓄奴州，但是在奴隶制问题可以被避免的情况下，也完全反对去挑起奴隶制（存废）的争端，尽管奴隶制在理论上是令人厌恶的存在，但是只要宪法能够容许奴隶制，并认为它是合理的，那么我就会以最大的力量去捍卫它。[105]

弗伦奇憎恶奴隶制，不想再增加新的蓄奴州，但又捍卫奴隶制，而且不希望他人对奴隶制评头论足。他这一段混乱的话表露出许多北部民主党人内心的挣扎和焦灼。

有一个专门的词可以形容像弗伦奇这样的人——面团脸（doughface）。这词由古怪而又尖酸刻薄的弗吉尼亚州众议员约翰·伦道夫（John Randolph）发明，用以指那些迎合南部利益的北部人。按照巴特利特（Bartlett）的《美国英语词典》之解释，面团脸是一个"带有轻蔑色彩的绰号"，用于形容北部那些"黑人奴隶制"的支持者与教唆犯。[106] 这个术语在1820年"密苏里妥协案"之后流行开来，攻击性十足，在国会中尤其如此。面团脸意味着卑贱和驯服，完全不像个男子汉。国会中赞同南部奴隶制的北部议员们一旦与奴隶主密切合作，他们就会有被指责为面团脸的危险。当他们以退后或者温和相处的方式来回应气势汹汹的蓄奴观点时，他们似乎让自己跪倒在了那些蓄奴的同事面前。在国会，平衡地区和党派所带来的挑战也许会变成令个人难堪的人身攻击。

伦道夫创造的这一臭名昭著的术语，狠狠地扇了北部人一个嘴巴。这顺理成章，因为伦道夫是威吓他人的南部大师。伦道夫以其才华横溢、散漫芜杂且有时醉话连篇的演说而闻名，他时有犀利妙语，性格好斗，声音很尖锐，说起话来像哨子响一样。伦道夫经常穿着带马刺的靴子，在众议院四周昂首阔步，手握骑手短鞭，脚下是几条猎犬，用咄咄逼人的侮辱令人屈服，还喜欢做出要求决斗的挑衅行为，他简直像是一个讽刺漫画中的南部奴隶主。他可能有项特别的殊荣，即可能是唯一一个向亨利·克莱与丹尼尔·韦伯斯特都提出过决斗的人，尽管只有对克莱的决斗挑战成功——那场决斗将他们带到了决斗场地，不过并未有人因此流血。托马斯·哈特·本顿曾郑重其事地将伦道夫请求决斗的书信递给韦伯斯特，而韦伯斯特当时正在众议院外面的沙发上休息放松，接到信后韦伯斯特至少可以说是有点不知所措的。他读了一遍信，小心谨慎地叠起来，停顿了一下，又展开了信件，重新读了一遍，显得疑惑困顿，还擦了擦脑门。[107]不过伦道夫最终撤回了决斗的要求。

虽然自从伦道夫说出面团脸以来，这个术语就一直令人困惑不解——是雌鹿脸（doe face），还是生面团面具（dough face）？实际上，他的说法来源于一种小孩子的游戏，游戏中会有种用生面团做的面具，孩子戴上后用来吓唬别人。伦道夫在1809年用了这个术语，当时他说，通过一项针对大不列颠的商业中止法令无异于戴上一块面团脸，去恐吓那些"智商胜过我们的"人。[108]1820年，他在关于密苏里加入合众国的危机中又用了这一术语。在提及那些和南部人一起投票同意密苏里成为一个蓄奴州的北部人时，伦道夫嘲笑他们的"良心、道德感和宗教"，他说："我知道他们会屈服让路。他们害怕自己的面团脸——是的，他们怕自己的面团脸！我们能获得他们的票，如果我们还想再要三票，那也会有的；是的，假使没获得那些票，我们还是可以另外再获得三票的。"[109]

尽管伦道夫很感激这些北部的支持者，但是他受不了这些人表面上的低声下气。按照他的逻辑，这些人是出于党派乃至合众国分裂的恐惧而对南部屈服。30年后，沃尔特·惠特曼（Walt Whitman）在一首名为《可靠的国会议员之歌》（后来重新命名为《面团脸之歌》）中回应了这种想法：

> 我们都是温顺的面团脸人（dough-faces）
> 他们用拳头随意搓揉我们，
> 他们，这些精力充沛的南部主子们，
> 我们努力完成他们所要求的。[110]

无论是伦道夫还是惠特曼，面团脸在他们看来即指那些背叛了自己家乡的懦夫们。

对于那些与南部人一起工作的北部人而言，由于他们的议会政治策略的目标在于规避奴隶制问题，所以这样的嘲弄尤为令他们感到难堪。在北部人明目张胆地试图规避这一问题时——有时确是如此，他们显得很懦弱。他们中有些人习惯性地搪塞敷衍对此问题投票。1850年发生了一场关于《逃奴法案》的投票争论。《逃奴法案》规定逃往国家任何一处的奴隶都必须被遣回给主人，在争论中一批北部人突然需要去国会图书馆做调查。威廉·苏厄德（William Seward，纽约州辉格党人）的儿子见到这群人漫无目的地兜圈子，就已经知道众议院里发生了什么。¹¹¹ 他们的缺席足够引起注意——还有嘲讽。一俟法案通过，撒迪厄斯·史蒂文斯（Thaddeus Stevens，宾夕法尼亚州辉格党人）不无嘲讽地提议往图书馆送上一份便笺，告诉那些躲避投票的人"他们可以回会议大厅了"。¹¹²

改票是另一种面团脸式的敷衍行为。例如，在 1835 年至 1843 年的国会开幕式上，一些北部民主党人习惯性地投票反对"钳制"讨论奴隶制请愿书的律令，他们十分清楚他们的选区可能会反对这项律令。在之后的会议中，当这项律令不再处于聚光灯下时，这些面团脸旋即"支持钳口律"——为了全国性党派的完整。¹¹³

一些北部人同样善于规避有争议的南部人，他们会逃离会议室，避免与拥护奴隶制的盟友们发生激烈冲突而威胁到党派的团结。威廉·费森登（William Fessenden，缅因州辉格党）在国会任职一周内，已经从众议院里逃了好几次。为会议制定规则的需要引起了关于"钳口律"的讨论，此举令南部成员普遍地谩骂侮辱那些狂热反对南部的北部人。费森登和其他一群北部辉格党人害怕"被迫回应或者不得不违拗他人"，就离开了会议室，避免"令朋友失望和毁掉党派"。有好几次，"事情发展超出了人类忍耐力的极限"。他试着前往演讲席，"但是感谢上帝，之后我都没这样做过"。¹¹⁴ 费森登不敢违拗辉格党内的兄弟们，这一事例为党派忠诚背后的北部人盘根错节的情感关系提供了鲜活的例证。他抱怨道，"自私的"南部辉格党人无须如此挣扎，他们痛斥北部盟友们只考虑自己。这种自私自利是另一种面团脸做派：为了地区而对党派不忠。他告诉父亲："真相是，我们和一群足够毁灭任何党派的盟友们一起遭受诅咒。"¹¹⁵ 可见，维持地区和党派的平衡并非易事。

敷衍、躲避和出尔反尔的行为——很多新任国会议员对这些软弱之举目瞪口呆。乔舒亚·吉丁斯在国会履职的最初两周中，发现"我们的北部朋友们如此犹豫和脆弱"，为此他感到震惊。¹¹⁶ 约翰·帕克·黑尔（新罕布什尔州民主党）在第一个任期内也说过类似的话。[117] 甚至仰仗面团脸式投票的南部人也嗤笑北部人的奴气，与此同时，南部人还挑起地区的冲突。对于亨利·克莱而言，约翰·伦道夫"用来评估和嘲笑北部朋友"的面团（dough）和脸（face）这两个词，"比我所知的任意两个词都造成了更大的伤害"。[118]

反奴隶制的支持者最有理由去谴责面团脸的变节行为。吉丁斯宣称奴隶主都更值得尊敬。他在1843年的辩论中说："我可能开始相信一个奴隶主的信誉了，因为一个'卑躬屈膝的面团脸'太缺少信誉了，所以无法获得我的信任。"[119] 黑尔发现，"一些北部的民主党人对南部的命令奴颜婢膝……卑贱和恶心到了极点"。[120] 一个国会议员批评道，面团脸就是"白人奴隶"，另一个则说，他们承受了"思想上的奴隶制"之苦。[121] 对于"来自于自由州的"国会议员而言，击败奴隶制的唯一方法是，呈现出"更富勇气的腔调，从对蓄奴'骑士'（chivalry）的恐惧中振作起来"。[122]

显然，面团脸不仅是国会中的政治标签，它还是种针对个人的侮辱，让个人男子气概的声名岌岌可危。[123] 富兰克林·皮尔斯（新罕布什尔州民主党）在1836年一场关于哥伦比亚特区的奴隶制辩论中对此有了直接的感受。为了证明废奴主义是隐约逼近的威胁，参议员约翰·C.卡尔霍恩（南卡罗来纳州赞同州有权拒绝执行联邦法令者）声称，北部民主党人习惯性地对家乡地区的废奴主义者人数轻描淡写，希望以此讨好南部的盟友。他列举了一篇新闻文章为证，该文章指责皮尔斯有罪，谴责他是面团脸。艾萨克·希尔立即纵身而起，为皮尔斯辩护，托马斯·哈特·本顿快速地向皮尔斯征求了意见后也是如此做的。皮尔斯在文章被朗读时已经进入参议院会议室，脸色变得惨白。接下来的几天里，在议会辩论和私人对话时，卡尔霍恩至少向皮尔斯道歉了三次。约翰·金（John King，佐治亚州民主党）强调，这也是件好事，因为"这种处理方式可以给那些为我们的利益而向前冲的北部朋友们带来多大的鼓励啊"？[124]

但是卡尔霍恩的道歉对于皮尔斯而言是不够的。几天后，在众议院里他看上去仍然沮丧，并且开始回击。首先，他要证明自己关于新罕布什尔州废奴主义的断言是正确的，他坚称这股力量不足道哉（他的方式是贬低妇女签署的反奴隶制请愿书的重要性，另外还有些其他手段）。[125] 然后，他开始应付针对他的第二项指控。有人用一种绰号来称呼他，这个绰号的发明者是位"在任何时代都算得上最聪明的辩论者之一"，在北部这个绰号"被理解成是用来形容那些'胆小如鼠之辈'"。他宣称，说他是个"面团脸"完全是谎言，他会揍任何胆敢说这是真话的人。不过他不想"动手"，他不会对付卡尔霍恩，因为卡尔霍恩已经道歉了。但是对于其他所有来犯者，皮尔斯就此宣称："如有任何先生愿意将这种说法视为正确的，那么他绝对是在测试皮尔斯先生的勇气，无论何时、何地，以任何方式，我都愿意会一会他们。"[126] 说到这儿，皮尔斯全身兴奋且紧张，不得不坐了下来，但是他已经表明了自己的态度。皮尔斯被指责为是那些剥削奴隶劳动的南部人唯唯诺诺的工具，而且他以宣布自己不惜动手的果断表明了他的男子气概。

新英格兰人领会到了他的心意。约翰·费尔菲尔德（John Fairfield，缅因州民主党）自豪地宣称皮尔斯是个会站起来战斗的男人。[127] 甚至连辉格党人的报纸都不情愿地表达了对他的尊重。《康涅狄格新闻报》（Connecticut Courant）注意到皮尔斯"豪武的斗姿，以及真正的勇气"，总结道，"对于新罕布什尔州而言太好了"。[128] 民主党的《新罕布什尔州爱国者报》（以下简称《爱国者报》）更进一步：皮尔斯勇敢无畏，而那些"毫无意义的虚张声势之人"却颤颤巍巍地予以狡辩。作者嘲笑说，"南部傻瓜们"是世界上最大的懦夫。虽然他们"夸夸其谈，声大气粗，可是在一个以其自己的方式去面对他们的扬基人面前，他们畏缩了"。[129]

以《爱国者报》的逻辑而言，皮尔斯表现得像一个南部人，才挽救了他的声望并且维护了男性尊严。

好战者和怯战者

《爱国者报》道出了国会里各色人物之间流行的看法：很多南部人或者南部出生的西部人都是弗伦奇所说的"难照顾的客人"（hard customer）。[130] 他们夸夸其谈而且爱吓唬人（弗伦奇说这是"夸夸其谈式英雄主义"）。他们趾高气扬，大摇大摆。遇到反对者时，他们捏紧拳头，握住手枪，舞弄刀刃，神态轻蔑。他们全副武装，并且做好准备，他们夸耀自己的战斗意志。[131][132]

以约翰·道森（路易斯安娜州民主党）为例，他经常舞弄武器。现在我们很难清楚地了解道森在路易斯安娜州的立法机构里是什么样子，也许在那里他的自控力会强一点。不过可能也不会，在这个暴力的时代男子以侵略性为荣，而路易斯安娜州在19世纪40年代则以粗野闻名，就像道森，他形容自己是个怀有"恶毒敌意的"男人，有用剑去决斗的强烈冲动，他的剑名曰"砍刺"（cut and thrust），可谓十分恰当。[133] 相对州内而言，他在全国性的舞台上籍籍无名，所以很难弄清别人如何评价他，不过后世之人仍然可以寻找到些许线索。约翰·昆西·亚当斯形容道森是个"嗜酒的霸凌者"，因为他在1842年威胁要割断一个同事的喉咙，从"一边耳朵割到另一边耳朵"，所以在某种意义上他成了议会中威胁欺侮的代名词。当有人进行威胁时，总是会遭遇到这样的嘲讽："你是要割断我的喉咙，从一边耳朵割到另一边吗？"[134] 总之，道森完全有可能只是碰巧成了一个爱挥舞利刃的笑柄。当道森在1845年去世时，他的国会悼词也无法隐晦其"重大的不端行为"，尽管

路易斯安娜州的约翰·道森是个经常携带猎刀和手枪的好战者，这幅肖像画暗示了他内在的邪恶。（C.R.Parker 创作，《怀俄明种植园中尊敬的约翰·本内特·道森将军，1844—1845 年期间》。尼尔拍卖行提供）

19 世纪 30 年代国会议员携带的那种鲍伊猎刀（Hugh Talman 和 Jaclyn Nash 摄影。史密森尼学会国立美国历史博物馆提供）

未明确说明是什么。[135]

但是关于国会中的道森最值得注意的是，他怒火的触发点在哪里。无论如何，都是他人对奴隶制的敌对意见令他恼羞成怒，以至于他要动用武器。被威胁要割开喉咙的受害者（一个民主党同僚）当时正在为约翰·昆西·亚当斯（马萨诸塞州辉格党）于一场由反奴隶制请愿书引发的国会骚乱中进行发言的权利做出辩护。坦率的乔舒亚·吉丁斯不止一次因为道森的泄怒方式而受人尊敬。在1843年吉丁斯所做的一次反奴隶制演说中，道森猛推了他一把，并且用刀威胁了他。（亚当斯阴险地打趣道："我记下了，议长先生，难道这不是在试图割开他的喉咙，从一边耳朵割到另一边？"[136]）两年后，吉丁斯做了另一场反奴隶制演说，这次演说在议会中可以说是空前火爆，而道森显然被激怒了，发誓要宰了吉丁斯，还扳动了手枪，让四个配备武器的民主党人站在他这边。此举迫使四个辉格党人将吉丁斯围了起来，其中几人也配备了精良武器。过了几分钟，大多数拔枪的人才坐了下来。[137] 道森在路易斯安娜州的立法机构里可能是、也可能不是一个惹是生非之人，但是在国会中他只会因为一个核心问题而变成一个惹是生非之人：如果对方当面攻击奴隶制。

在南部，大多数南部人在日常生活中都不能公开反对奴隶制。在印刷品中，反奴隶制甚至属越界言论。废奴主义小册子在1835年时曾如洪水般地被寄往南部，引发了极大的恐慌，令南部出现了大规模的群体抗议，以及自发的警戒暴力活动和一堆堆燃烧的邮袋。[138] 之后，在国会中发生了针锋相对的反奴隶制辩论，这无疑是对南部的挑战，有部分南部人妥当、从容地应付了事，但很多南部人将这当成了对自己的公开冒犯，他们觉得必须复仇。正如约翰·C.卡尔霍恩在1836年时所说的，只有两种方式可以回应这些反奴隶制请愿书中的冒犯：向他们屈服，或者"作为一个有尊严的男人，击溃这些诽谤和中伤"。[139]

很多奴隶主都选择了最为激烈的对抗路线，在众议院和参议院里亦是如此。

这种选择部分源于南部的风俗习惯。在南部，男人对男人的正面交锋行为是得到一定许可的，权力机构很少会进行干预。[140] 南部人习惯于在很多方面都取得优势和统治地位。实际上，他们的生活正是以此为基础。以其定义而言，奴隶制的政权本质上是暴力且危险的，奴隶反叛的可能性令奴隶主怀有防卫心理，所以他们始终小心谨慎，另外还让他们有夸耀自我权力的倾向，并且急于采取暴力行动。[141] 当涉及领导地位时，暴力的人——有时是十分暴力的人——会取得民众支持的优势。罗伯特·波特（Robert Potter，北卡罗来纳州杰克逊派）因为阉掉两个他怀疑和自己妻子通奸的男人而入狱，出狱后他被选入州议会。当他犯下罪行时，他是合众国众议院的成员。威廉·朗兹·扬西（William Lowndes Yancey，亚拉巴马州民主党）被选入了亚拉巴马州的众议院，后来又被选入联邦的众议院，可在此之前他杀了一个手无寸铁的人——他开枪射向那人的胸膛，用手枪击打那人的头部，还用竹剑刺那人。[142]

在这样的世界中，外在表现尤为重要，权威和权力都蕴含于个人的表现及其财产中。如此，南部暴力及其臭名昭著的野蛮行径具有公共意识的性质，而这注定让人印象深刻。[143] 荣誉文化（Honor culture）是这个世界的一块拼图。一个男人只有做到像别人所认可的那样，才能受人尊敬。[144] 决斗主要是为了展现男子气概以及枪火之下的冷静，而非杀戮。如果在决斗的挑战面前畏畏缩缩，那么你将不再是个男人。[145]

北部的暴力文化则完全不同。这并非是说北部人不会那么野蛮，或者他们对荣誉文化的影响力完全免疫。按照弗伦奇所用的词语，"北方佬的荣誉法则"自有其逻辑和影响力。[146] 北方佬的荣誉法则很少以用枪决斗的形式表现出来，它也不太会突出强调男子气概。[147] 用手杖攻击别人的行为在北部较为常见，还有仪式性的"发帖公告"（posting）——公开刊发充满侮辱性的言辞，攻击那些拒绝收回冒犯言论或者为其辩护的人。在一场异常激烈的国会选举后，弗伦奇在国会的两位缅因州朋友互相发帖攻击。[148] 在新英格兰人中缅因人较为好斗，部分原因是这个年轻的州具有边疆精神，它直到1820年才取得州的地位。

尽管北部人好斗，但是比起南部人而言很多人还是不愿意诉诸武力，更情愿使用法律。在北部，当攻击太过火，或者骚乱陡生时，权力机构常常会下达指令进行干预。在北部骚乱事件中，大多数不幸事故都被设法约束人民的公共机构及时阻止；相反，南部的骚乱往往会导致谋杀的出现。[149] 正因为这样，北部人在国会中面对暴力时才会有以下的表现：他们往往会求助于议长或者主席，请他们下达指令。约翰·昆西·亚当斯称他们的请求为"哀悼演说"（lamentation speeches）。[150]

斗争形式的区域特征令国会中的人激烈地交锋对抗。[151] 在国会的行话中，大多数北部人都是"怯战者"（non-combatants），而很多南部人则是"好战者"（fighting men），这点实际上让南部人具备了斗争优势。[152] 一些人确实愿意，甚至急于用武器支持他们的言辞，但是有些人并非如此，这就让他们在冲突中畏缩不前，并且冒着显得很懦弱的风险。英国游客哈丽雅特·马蒂诺认为北部人的奴气在华盛顿表现得很明显。新英格兰人永远是那种"过于顺从的姿态"，还习惯性地走出那种"请求原谅式的步伐"，他们的"脑子里似乎总有一种想法"，他们"不能进行决斗，尽管其他人能"。[153] 而与之相对，南部人将暴力当成一种"恐怖的手段"，逼迫他人顺从他们的需求——他们这么做时还洋洋自得。[154] 1848年，两个国会议员曾经拍着桌子并怒拳相向，而威廉·威克（William Wick，印第安纳州民主党）在事后宣布，南部人和西部人"现在和将来都会这么做，男人就不应该通过任何法律阻止他们"。如果众议院正式责备交战者,"那么举国都会嘲笑、鄙视它——至少,群山以西的区域会如此。"[155] 这件事情最后以妥协的方式告终:一份正式决议出台——众议院接受公开的道歉,除外不再做出进一步的行动。最终决议的投票结果为77比69, 无论在哪个党派里,都没有新英格兰人支持这项决议。即使在平息争端方面,南部人也更具有优势。

来自不同地方的不同人对男子气概、暴力、合法性以及这些概念背后更深远的文化意涵都有不同想法——不同到有时足以需要翻译来进行解读。边沿州(border-state)[1]的国会议员们能够担当此任。[156] 这些人来自马里兰州、特拉华州、肯塔基州、密苏里州和北部弗吉尼亚州,他们中很多人都是奴隶主,但是他们的家乡州对奴隶制的观念是复杂的。边沿州的地理位置保证了它们长期与劳动自由的北部之间有着交流互动。[157] 边沿州有繁荣的城市——巴尔的摩(Baltimore)、圣路易斯(St. Louis)、路易斯维尔(Louisville),都遵循北部的模式,人员构成多元化,还有很多自由黑人。而且最有利于调解国会内纷争的方面是,边沿州的政治激情往往来源于国家主义,而非奴隶制,所以它们有时连废奴主义也能容忍。[158]

边沿州的国会议员在文化上会两种方言,比起深南部的同侪们,他们对反奴隶制的话语也放低了戒心,有可能成为尊重法律和秩序的辉格党人,所以他们是调解争斗的完美人选。[159] 那段时期立法机构里最负盛名的妥协者几乎都来自于边沿州,这批人也是第一流的争斗调解人,这并非偶然。[160]

好战者、怯战者,以及居中调解之人:当国会议员研究如何运用权力来策划立法事务时,他们就会明白哪些人属于哪种类型,也会有相应的计划。内战前,国会内的个人行动是受到区域暴力形式塑造的。

---

[1] 指南北战争前与一些北部的禁奴州接近的蓄奴州。——译者注

地方主义在某种情况下凌驾于方针政策之上——甚至超过时刻将要爆发的奴隶制问题,可见地方主义至关重要,形塑了议会中的权力均衡形势。

弗伦奇根据不断变化的形势,把这些因素计入他对国会的预测分析中。当一场争论从激烈的辩论转变成面对面的摩擦龃龉,他就会做大多数国会内部的人都会做的事情——估计哪些人是好战者,以及他们的怨愤有多大,猜想这些人决定以哪种行动保全名声,并仔细观察正在发生的,预测可能出现的结果:表现出"男子气概"的人将赢得荣誉和掌声;没这样做的人会被嘲笑是懦夫,他们在议会中的权力相应地也会流失。这就是对国会声望的计算,而决斗是主要的变量。

上述的计算很复杂,但弗伦奇在心中会有一份决斗状态核对单。哪些人在争论?他们是南部人、北部人或者西部人吗?他们是"重视荣誉且勇敢无畏的吗"?[161] 他们以前决斗过吗?这人是经证实的懦夫、怯战者、神职人员,还是一个长者?对于南部人、南部出生的西部人,以及所有好战者而言,决斗的障碍被设定得很高,而没有碰到这个障碍则意味良多。冒犯会有多认真?是言语的冒犯还是拳脚的冒犯?谁看到了?有人用了敏感的侮辱词吗?"小狗"、"耗子"、"流氓"、"懦夫"和"骗子"是有效的决斗导火索。在特定的圈子中,废奴主义者也是敏感词汇。存在特殊的环境吗?是不是有长期的世仇在起作用?这两个人只是单纯地讨厌彼此吗?有人喝醉了吗?或者两个都喝醉了?

几乎每一次严重的争执都会让弗伦奇去计算。1834 年,当参议员乔治·波因德克斯特(George Poindexter,密苏里州反杰克逊派)和参议员约翰·福赛思(John Forsyth,佐治亚州杰克逊派)因为波因德克斯特对杰克逊政府的抹黑"进行了一场争辩",福赛思斥责对方所言为谎话(控诉波因德克斯特说谎)。弗伦奇预测将会发生一场决斗,但参议院以"秘密会议的形式"处理了它。[162]1838 年,当亨利·怀斯(弗吉尼亚州辉格党）和塞缪尔·戈尔森（Samuel Gholson，密苏里州民主党）彼此恶言相向时（戈尔森称怀斯是一个"懦弱的流氓"——双重个人攻击），弗伦奇预感两人的行为记录上将会添上一笔斗殴的经历，但是戈尔森的胳膊上挂着绷带，所以"他无法进行剧烈的格斗"。[163] 发现每个赛季的最佳格斗手，计算出冲突的可能性，评估可能出现的胜者和输家，观看荣誉场上的季后赛：在某种意义上而言，国会中的战斗就是一场盛大的体育赛事。

国会就是这样的大联盟。虽然合众国内所有的立法机构都有突发的战斗和霸凌事件，但是在国会中的战斗有特别的分量。议员会展开关于先前定好（precedent-setting）的全国性政策的辩论。全国的观众通过观看参众两院的正式记录而判断国家的状态。能够毁灭合众国的奴隶制问题从未远离大众视线。地区的习惯将会赋予某些人格斗上的优势。这会酝酿出灾难，结果也确实如此。但是在19世纪30至40年代，政党的纽带是起到平衡作用的关键力量。[164] 每个政党都有一批人是好战者，也有一批人是怯战者，而且在大多数情况下政党关心的是他们自己的利益。攻击一个怯战者，可能会面临被他的好战的盟友施以惩戒的风险。人数优势意味着安全，这是当时的现实。

但是有时个人尊严、地区利益和党派的需要也会迫使那些怯战者参与战斗。弗伦奇在1838年有了切身的体会。当一个新英格兰民主党人被要求进行一场决斗时，弗伦奇对这位捍卫自己尊严的同乡人和盟友油然生出敬意。但是事情变得十分糟糕，意料之外的事发生了，而弗伦奇则越界了。他密谋了一场针对国会议员的袭击。

第三章　暴力的吸引力和影响力：
西利－格雷夫斯的决斗（1838年）

　　在弗伦奇凝视众议院的14年里，他见多了斗殴场面。他见过尖叫声四起的激烈对抗，其间夹杂着指斥和责难，以及狠狠敲击桌子的把戏。他见过在大家暴怒难消、拳头捏紧之际南部人全体起立，为了他们所珍惜的事物而怒吼咆哮。他见过有人面红耳赤，愤怒难弭到几乎说不出话来。（约翰·昆西·亚当斯的秃头是愤怒的晴雨表，头越红，表示他越愤怒。[1]）他见过跺脚和推搡，还有斗殴和拍桌子。他见过几次全体大混战的场景——"有趣而且聪明的表演"，他这么形容混战的场景——几十个国会议员相互拳打脚踢，还有些站在椅子上，便于获得好视野。他看到有人挥舞着鲍伊猎刀，有人拔出手枪，甚至看到有人朝地板开了一枪。但是这些都不会令弗伦奇感到胆怯，哪怕有流弹击伤了追逐中的国会警官约翰·沃特（John Wirt）。弗伦奇跟他的兄弟说，自己"十分痛苦"，但因为自己是"一名民主党人，有着清醒的认识，会很快从痛苦中恢复过来的"。[2]

　　在所有暴力活动中，有场斗殴引起了弗伦奇特别的关注：即1838年众议员乔纳森·西利（Jonathan Cilley，缅因州民主党）和众议员威廉·J.格雷夫斯（William J. Graves，肯塔基州辉格党）之间的决斗，这是发生在华盛顿的唯一一次因国会冲突而导致有人死亡的事件。[3] 一个新英格兰的民主党同僚——在新罕布什尔州出生、有妻室子女，居然与一位国会议员同僚展开了致命的决斗。弗伦奇震惊至极，久久难以平复心情。他在信中谈论了这次事件。他也在报纸专栏里对其大加挞伐。他还在日记中反反复复地思考这件事情的复杂细节，持续了好几日，甚至去观察决斗现场，亲自画出了很多细节。[4] 26年后，当他在杂志上连载一份备忘录时，用了两个条目来描述那场决斗及其后续事件，此次决斗占据的版面之多实属独一无二。[5]

常规化的"粗野游戏"（rough play）竟然致人死亡。[6] 国会中的暴力本不该导致如此结果。尽管威胁、拔刀相向和拳打脚踢在国会中十分常见，但是一旦冲突的火花被发现了，朋友或者盟友通常会缓和双方的情绪，避免事情发展到无可挽回的境地，以证明国会团体内有自我约束的力量，也能保证斗殴（而非杀戮）在成为一种国会惯例时也是受到一定限制的。大多数国会的霸凌行为都无关乎人类嗜血的欲望，尽管时有流血事件发生。霸凌行为出现的逻辑在于，在同僚、选民乃至整个国家面前的公开羞辱能令人极其不快。好战者利用这种力量，辅以伤害身体的威胁，能够恫吓对手以畅其所欲。

西利-格雷夫斯的决斗证明了这种力量所发挥的作用。它的起因并非是愤怒或者复仇的渴望，两个人之前并没有仇怨。西利和格雷夫斯是被"吸引到"（pulled）决斗中的。像大多数国会议员一样，两人都假定他们的荣誉与他们所代表的党派、选民乃至地区的荣誉休戚相关。当遭到侮辱时，两人都会严肃地对待羞辱行为。而当国会团体无法以沟通方式解决问题，两人都觉得有必要进行决斗。

弗伦奇那久久不能平复的反应表明，粗野游戏一旦偏离正轨，就能最为有效地推动人们认真且细致地说明游戏的进行规则。在这场决斗的余波中，华盛顿内外的人都会思考到底哪出错了，哪又对了，相应地就会强调国会暴力的准则规范。其实，几乎每个人——甚至那些离决斗很远的人——在随后而来的国会调查中都发表了自己的观点。调查结果是一份赚人眼球的 175 页委员会报告，字里行间都是证据——关于国会暴力的吸引力和影响力的证据。[7]

感情是暴力中重要的一部分。而好战者对恐惧、羞耻和愤怒进行了政治利用。西利 – 格雷夫斯的决斗无疑也激发出强烈的情感。弗伦奇对此事的执着绝非孤例。布道会痛斥决斗的罪孽。镇会议对决斗表示愤慨。请愿书痛斥这场决斗。新闻头条痛陈这场决斗为血腥的谋杀。国会议员的信件和日记中满是关于这场决斗的文字。而幸存下来的参与者在信件、报纸乃至众议院的发言席上为他们的行为进行辩护。西利 – 格雷夫斯决斗也许是美国历史上记载最详细的决斗，提供了一个掀开国会暴力面纱的绝佳机会，可以揭示其内在逻辑，及其对于国会议员、国会和警惕的公众的意义——恐惧、兴奋和钦佩之情皆聚合于此。

"第一次致命的国会决斗"

弗伦奇很快就理解了这场决斗的历史意义：它是"迄今为止国会发生的首次致人死亡的决斗"。[8] 这可不是他唯一一次对历史时刻的见证。他有一种神秘的能力，总是在对的时刻出现在对的地方。1835 年，当一名精神错乱的男子试图谋杀安德鲁·杰克逊总统时，弗伦奇正好在现场。[9] 他与查尔斯·狄更斯于 1842 年曾共进晚宴——狄更斯这位作家有过一次烟草味唾沫星子之旅。[10] 1848 年，约翰·昆西·亚当斯在众议院中突发致命中风，不久弗伦奇来到亚当斯身边，眼中噙满泪水。[11] 1865 年，在亚伯拉罕·林肯临终的榻前，他安慰了林肯夫人玛丽。[12] 在某种意义上而言，弗伦奇是位极为称职的历史时刻追踪者（history-stalker）。

但是西利-格雷夫斯的决斗是不同的。

其部分原因是,弗伦奇或多或少参与了这件事。弗伦奇见证了引发后续事件的辩论,追踪了其中的流言蜚语,甚至亲眼见证了西利写下请求格雷夫斯进行决斗的信件。(当西利突然闪入文职人员的办公室,写下那封信时,弗伦奇正好在那儿。[13])在决斗那天,弗伦奇也尝试进行干预。但几小时后,他看到了一辆马车,载着受害人的尸体。几天后,他参加了受害人的葬礼。[14]

弗伦奇认识西利和格雷夫斯,而且喜欢他们两个。他们都循规蹈矩,这让人感到愉悦。格雷夫斯高挑、肤色较深,而且魁梧,是一个"秉性纯良又快乐"的人,以至于弗伦奇认定他"是众议院所有成员中……最不可能"进行决斗的人。(尽管这也许表明弗伦奇秉性纯

乔纳森·西利,1838年左右。(国会图书馆提供)

威廉·格雷夫斯,1840年左右。(国会图书馆提供)

良，而非格雷夫斯秉性纯良；一名新英格兰国会议员认为格雷夫斯是个"无耻……的肯塔基小流氓"。[15]）西利则显瘦削，戴着眼镜，"绅士味十足"，且"不苟言笑"，即使心情雀跃，"他的嘴角也只会微微上扬，以示其坚韧和决心"[16]。西利在国会期间，嘴角多次明显地上扬。据弗伦奇所言，他"情绪易激动"，他的信件也很明显地反映出这点。他经常做出气势汹汹的警告，例如："他们应该听我的。"[17]

从某种意义上而言，格雷夫斯和西利都是平常的国会议员，符合国会议员的人物形象。他们都还离 40 岁很远（格雷夫斯 33 岁，西利 35 岁），两人都受过良好的教育；西利有过一份担任报纸编辑的短期工作，在此期间他攻读法律。两人在进入国会前都在当地部门供职过。两人都是忠诚的党派成员；和弗伦奇一样，西利也是个一心一意的民主党面团脸。两人都系出名门，特别是西利，他经常提及西利这个姓氏并以此为豪：他的祖父是革命战争中的将军约瑟夫·西利（Joseph Cilley）——在国会山圆形大厅内约翰·特朗布尔所作的一幅史诗性画作中露过面；他的叔叔布拉德伯里（Bradbury）在麦迪逊执政期间做过众议员；他的兄弟约瑟夫（Joseph）将会是詹姆斯·K.波尔克总统时期的参议员，也是一名废奴主义者。[18]

西利也许有些地方不那么平常。作为一位新英格兰的国会议员，他显得特别具有侵略性。一定程度上是因为环境的作用，多年来，他都在缅因州为自己的政治生涯而与一个敌对联盟对抗，而这些敌人原本是他的朋友。他已经习惯于从艰难的环境中获得胜利。（十分巧合的是，他早先的对手也会参与此次决斗，而这并非事先预谋的。）西利在 1831 年被选入缅因州的议会，那年他 29 岁。他是一个搭上通往政治权力快车的年轻人，很像他的大学好友——新罕布什尔州的富兰克林·皮尔斯。西利曾以雷霆手段稳住自己的地位。他在 1833 年时写信给他的妻子说："我知道那里很多人的想法，他们讨厌并惧怕我。他们之所以讨厌我，是因为惧怕我。"[19] 他的努力获得了回报，他在 1835 年被选为州议长；在 1836 年秋天，他沿着和皮尔斯通往权力之路的相同轨迹，被选入合众国众议院。在西利即将前往华盛顿的夏天，他大学时的朋友纳撒尼尔·霍桑[1]（Nathaniel Hawthorne）拜访了他。霍桑认为西利是个古怪的人，既诚实又充满野心，是个精明的"亲密伙伴"，但如有必要，他又会变得像老虎般凶猛。西利以十足的意志力拼进了国会。其实，霍桑在对他的认识方面过于自信了。霍桑认为："关于西利，很难有人能比我给出更高的评价了，而对西利持有更低评价的人却很多。"他预言西利不会在国会出类拔萃。[20] 可悲的是，由于种种不好的原因，这个预言被证明是错的。

受到 1837 年经济大恐慌的刺激，第 25 届国会提前三个月召开了一次为期六周的短会，西利在 9 月份以其坚毅和勇敢的名声获得了一个席位。弗伦奇之后回忆道，西利"是带着自己将会进行战斗的保证来到华盛顿的"[21]。（弗伦奇针对国会的分析和计算正在运转。）作为一名新英格兰民主党的同事，弗伦奇无疑对这则新闻欢呼雀跃。而西利确实不惜进行战斗，不过他的妻子却劝告他莫要如此。他在 9 月 24 号那天问她："你为什么想要我保持低调？一个得到民主制度支持的人是不应该逃避他的责任的……我的一生中从没像现在这样感到如此强大和自信。"[22] 在接下来的会议中他的自信心显露无遗。六周里，他做演讲时都站立着。他在 1838 年 1 月告诉他的妻子，"我猜想（I assume），我在众议院里轰动一时"，"我猜想"意味着也许他并未轰动一时。[23] 他在社交方面做得很好，与共用膳食的伙伴亲切交流，出席各种聚会。之后，他卷入了与亨利·怀斯（弗吉尼亚州辉格党）的论战中。

―――――――
〔1〕19 世纪美国著名小说家。——译者注

到 1838 年，32 岁的怀斯已经在国会中履职了两届。他在一些方面很像西利和格雷夫斯——年龄相仿，大学毕业，同样接受过法律训练，并且来自于弗吉尼亚的名门望族，他的父亲曾经是一位联邦党的总统候选人，参与了 1800 年总统大选，但最终当选的是托马斯·杰斐逊。[24]但是，他们的相似之处仅止于此，因为怀斯是一位弗吉尼亚绅士的典型缩影，几乎到了可以作为漫画角色的程度。他是一个十分极端的人：气势汹汹、浮夸、冲动、敏感，还很凶暴，尽管有时在他愿意的情况下，也很亲切，爱开玩笑。（曾经，在一次没完没了的晚间会议中，弗伦奇看到他悄悄溜到睡着的国会议员面前，拿小纸条挠他们的鼻子。[25]）期待出现一位狂热分子的人遇到他时却是失望的，正如怀斯对自己的评价："在感情上是诚挚真切的"，"在性格上是慷慨大方的"，但是可能会让一个人"讨厌他，而且会对他充满怨恨"[26]。颅相学家研究了他的颅骨，说他会"极度怨恨他的敌人"，这点说对了。[27]像很多南部人一样，怀斯嚼烟草的瘾很大，他吐烟草星子时能达 15 英尺远，这是极其惊人的距离。（曾有人在白宫的门廊里看到他这么做。）[28]怀斯又高又瘦，"像死人一般"苍白，他的衣服和长发总是显得歪歪斜斜，他的步子又大又阔，脾气并不好。

在演讲席上，怀斯是一位暴躁且古怪的演讲者，他频频走上讲席，以一连串奇特的幽默之辞展开他的猛烈抨击。有一次，有人抗议议事规则，坚持想问什么就问什么，怀斯跳起来问议长"苹果派（apple pie）[1]怎么拼的？"[29]（他表明了他的观点。）怀斯喜欢令自己虚张声势的行为充满戏剧性，他表现出对战争的陶醉，但他的激情一次又一次地占了上风。到第 25 届国会召开时，他有过一次决斗的经历，引

---

[1] apple pie 在口语里有完美整齐的意思，此外还意味着美国传统优点（或价值观念），显示出美国传统特性。——译者注

发过一次斗殴事件，还在委员会会议室里差点射杀了鲁本·惠特尼，而这只是刚刚开始。[30] 弗伦奇将"十多次的斗殴事件"都归咎于怀斯，认为他就是混乱之王，许多人都对此表示同意。西利认为，怀斯就是个"傲慢无礼的家伙，我一点也不喜欢他"。[31] 怀斯在国会的行为是如此有名，以至于查尔斯·狄更斯于1842年访问众议院时，怀斯是他想找的两个人中的一个。（另一个是舞刀者约翰·B.道森。狄更斯显然掌握了哪些国会议员会有不当行为的内幕消息。）就在狄更斯到访前的几天，怀斯在辩论中痛斥了一名来访的英国废奴主义者，当怀斯说出那些最尖刻伤人之语时，戏剧性地转过头来，面向那位废奴主义者，此举充满挑衅，这将会是西利日后逐渐领会的舞台经验。狄更斯形容怀斯"外表粗野……左脸颊上沾着一大团烟草星子"。怀斯无疑在令地毯满是烟草星子的这件事上出了很大的力，令狄更斯对他异常厌恶。[32]

无论怎么说，怀斯都是国会中"好战者"的典型缩影，以至于他的声名就寄托于此。正如他在西利-格雷夫斯决斗的结果轰动一时之际向选民所解释的，为了妥当完成他作为代表的职责，他需要做的是保护住"自己可靠的武器，一个可信赖的朋友"[33]。一把枪和一个能够当决斗助手的朋友：这都是怀斯的职业工具。在之后的一年，他甚至更加坦率，那时他在这场决斗中所扮演的角色已开始在讨论中被屡屡提及。"在一场选举迫在眉睫之际，我对我的好选民说……'如果你们决定我不应该在被攻击时像个真正的骑士那样捍卫自己，那么就别把我选进国会，因为我肯定会与人战斗。'"[34] 他做出如此的宣言，或者实际上，是他的选民们做出了如此的宣言。他们同意了他的战斗行为，六次将他选入国会，这是个惊人的数字。此后，他在1855年成为弗吉尼亚州州长，他是在1859年负责签署废奴主义者约翰·布朗（John Brown）的死亡逮捕令的人。

1838年1月23日，怀斯第一次与西利发生冲突，当时他们正在为佛罗里达州针对塞米诺尔族印第安人的长期战争进行辩论。怀斯同情印第安人，诽谤范布伦（Van Buren）政府操纵了战争。西利立即为这位民主党总统进行辩护，他讥讽道："可怜的印第安人又怎样呢？"，更重要的应该是去担心"可怜的白人"。于西利而言，对"深红色的红种人"的同情"类似于某些区域对肤色更深的人种的同情"。西利拿废奴主义去讥讽怀斯，而怀斯感受到了这股敌意。约翰·昆西·亚当斯观察到，他"在指责下畏畏缩缩，不像我之前所见到的那个样子"。[35]

三周后，怀斯重得优势。2月12日，他站起来，手里攥着报纸，做好十足的准备。他夸张地宣布，这件事情"十分紧要"，有两份辉格党的报纸指控一位民主党国会议员接受贿赂，但未提及姓名。[36]

怀斯大声地读出《纽约信使及问询报》（*New York Courier and Enquirer*，以下简称《问询报》）上的指控，并且要求进行调查。西利矢口否认。他辩称，一份自由的报刊想说什么都可以，为什么要相信一份报纸上隐晦的蛛丝马迹呢？西利接着说，他并没有见过《问询报》的编辑詹姆斯·沃森·韦布（James Watson Webb）本人，但如果此人就是那个先在自己的报纸上攻击美国银行（Bank of the United States）、在从美国银行得到一笔贷款后又改变腔调的人的话，那么他不应该得到国会的信任。

辉格党坚持己见，民主党则矢口否认。辩论逐渐白热化。顽固分子拉特利夫·布恩（Ratliff Boon，印第安纳州民主党）咆哮道，如果有人指控他接受贿赂，他解决这件事情的方式是"用拳头击向他的眼镜"——这是对《问询报》上那篇文章作者的赤裸裸的威胁。文章的作者是马修·"老斯派克斯"·戴维斯（Matthew "Old Specs" Davis），似乎容易招惹争议,他以前是阿伦·伯尔(Aaron Burr)[1]的支持者。詹姆斯·W.博尔丁(James W. Bouldin,弗吉尼亚州民主党)认定这次指控只是怀斯志在摧毁民主党的长期指控计划中的又一环而已,三年前怀斯也曾经做得狡猾十足,当时他诬陷民主党的成员在会议结束时烂醉如泥。怀斯回答称他们是醉了,而且他能够证明,"关于这件事情证据很多"。[37]

现在轮到西利面对怀斯的火力了。怀斯嗤笑道,一名真正的荣誉之人不会在细节上闪烁其词,而且西利作为一名民主党,也不应该闪烁其词,因为西利自己也许就是《问询报》上被隐去名字的受控者。西利在听到"针对他的含沙射影的拙劣指控"时,不出所料地怒不可遏,浑身汗毛都立了起来,怀斯此时却打断他的话,打出了荣誉这张牌。怀斯猛地扭头看向坐在他后面的西利,问西利是否真的准备指责他发出的这种"卑劣的指控"。而这就会令他们陷入展开决斗的境地。西利说怀斯一直都很"小肚鸡肠"。怀斯对此不满,又问了西利一遍,而西利重复了他的回答。所以怀斯加大赌注,问对方是否故意侮辱他?"是"的回答将会令决斗的出现合情合理。西利肯定知道他和他选民的权利,他绝对有权利说出自己的想法。但是西利却肯定地回答说:不是。听闻此声,怀斯发出了哧哧的嘲笑声,尽管只有瞬间。(《国会世界》将这次辛辣的交锋总结为"互相的解释"。[38])

但此事的影响挥之不去。这次的不和谐事件深深地触动了弗伦奇。他在脑海里迅速想了一遍自己的核对表,判定决斗的发生还需要更多的因素,而且怀斯近来放过了那些用"污言秽语侮辱"过自己的人,所以也许他十分懦弱,不会让事态恶化——这是一个突出的例子,表

---

[1] 美国第三届(1801—1805)副总统,曾经在决斗中杀死了汉密尔顿,葬送了自己的政治生涯。——译者注

明对侮辱置之不理的话会让人付出高昂的代价。[39] 那么西利呢？他这样一位怯战的北部人会怎么做？西利的处境显示出为什么当一个好斗的怯战者是件难以拿捏的事。几秒钟之内他对党派的辩护就变成了对自己的辩护。很快，他的生命将会危在旦夕。在国会里，党派政治攸关性命。

打倒辉格党

西利－格雷夫斯的决斗肇始于针对民主党腐败的含糊不清的质疑，这很难令人相信，但情况确实如此。在盘根错节的事件背后，其关键是一场真真正正的老式党派斗争。在事件的开端，一名辉格党攻击民主党腐败，提到了美国银行——这是党派倾轧中政客们避而远之的争议话题，还牵扯进这个国家最具影响力的辉格党报刊——詹姆斯·沃森·韦布的《纽约信使及问询报》，令一群辉格党人和一群民主党人针锋相对。

1838年，这场争斗因前一年的经济恐慌而愈演愈烈。在大范围经济动荡的余波下，党派分歧得到澄清，一个统一的辉格党诞生了。[1] 正如弗伦奇所言，辉格党人不再是一群互相混合的"派别后裔"，他们凝聚成了一个党派，支持利用政府的项目去发展国内的基础建设，从而促进经济增长；他们支持保护性关税和美国银行的重整旗鼓。拥护州权的民主党则恰恰相反，将国家症结归咎于腐败的银行从业者，有时将他们统称为"金钱权势"（Money Power）。所以怀斯对民主党腐败的指责颇具威力，他以此扭转了局势。这也是为何民主党会对这类质疑十

---

〔1〕美国辉格党组建于1834年前后。——译者注

分敏感的原因。⁴⁰

尽管这场战斗由国会议程所推动,却极具感情色彩。"党义"(Whiggery)和"民主"(Democracy)是带有感情因素的持久原则,这种感情因素常常能超越单纯的制度忠诚。弗伦奇对他的党派有深厚的感情。它的目标、它的原则、它的奠基人、它的宴会:他全都喜欢。对于弗伦奇而言,民主党更像一个兄弟会,而不是一个政治组织,他并非唯一持此观念之人。

西利18岁的儿子格林利夫(Greenleaf)十分接受这种观念。在他父亲参加决斗前不久,格林利夫告诉父亲他已经迫不及待地要打倒辉格党人了,他自吹自擂地说:"我猜任何一个辉格党人只要一站起来,我就能立即把他打趴下。"西利大笑着告诉格林利夫慢慢等待。"你还不够大,还不足以打倒辉格党人,"他批评道,"在你的胡须长出来前最好慢慢等待。"⁴¹ 弗伦奇5岁大的儿子弗兰克也很早接受了党派政治的理念,尽管他并不清楚个中的意义。1842年,弗兰克在元旦那天看到一大堆人聚集在白宫,拜访总统约翰·泰勒(John Tyler),他十分严肃地问这些人是否要去见"首脑泰勒上尉"(head Captain Tyler)——这是恼羞成怒的辉格党人用的短语,他们想要迫使泰勒顺从他们的要求。⁴²

党派成员的激情和理想融合了新近焕发的团队精神、政治利益、国会团体的向心力,以及在国会公共论坛演讲的压力,在这种语境下你会发现,党派纽带会以多种方式引发暴力行为。在第25届国会上确实如此。单单前八个月的两次会议期间,除了有怀斯 – 西利之间的争吵外,还有至少九起令人不悦的交锋——八起出现在众议院,一起出现在参议院,大多数的交锋虽然没有演变成大打出手的局面,但是也差不多了。

大多数的冲突都是发生在辉格党和民主党之间,尽管田纳西州辉格党人威廉·坎贝尔（William Campbell）和艾布拉姆·莫里（Abram Maury）之间的打斗也十分激烈。在一次晚间会议期间，坎贝尔在凌晨三点准备起身回家，却被警卫官拉了回来。这时莫里抱怨有些人太懒，坎贝尔以为他在针对自己，于是重拳出击，几乎把对方打出窗外。（坎贝尔之后向莫里道了歉。⁴³）毫无意外，民主党的报纸好好地利用了这次斗殴事件，谴责它是"辉格党礼仪和行为"的象征。⁴⁴

毫无疑问，怀斯是这次会议期间最好战的人。他习惯性地针对其他议员，脾气狂暴，除此以外还有一个因素：他正处于一场以议长詹姆斯·K.波尔克[1]（田纳西州民主党）为对手的大规模竞选运动中，希望透过波尔克来打击民主党。随着1840年的总统选举逼近，候选人纷纷摩拳擦掌，怀斯则以他所知的最佳方式来角逐辉格党的总统候选人：以坦率的决斗姿态来羞辱民主党内的几位头号人物，波尔克则位列这份名单之首。而且怀斯并非孤军作战，加入到这场运动的有其"可靠的朋友"巴利·佩顿（Balie Peyton，田纳西州辉格党）和约翰·贝尔（John Bell，田纳西州辉格党）。

辉格党人此次攻势的内在逻辑就是多数争斗的内在逻辑：侮辱一个党派成员意味着侮辱整个党派。反之亦然：羞辱一个党派就是羞辱党派内的成员。涉及党派政治时，无人再是一座孤岛——这样的现实令怀斯和西利站了出来。怀斯正在攻击整个党派，而西利则再度起来捍卫自己的党派。其后果既令个人受辱，又十分政治化。两年后，当爱德华·布莱克（Edward Black，佐治亚州民主党）抨击辉格党的政策，而沃迪·汤普森（Waddy Thompson，南卡罗来纳州辉格党）暴跳如雷，好似受到了人身攻击一样，布莱克直率地正视这一问题："现在是不是这样，一个成员不按规定做出个人辩解的话，就无法站起来质疑一个

---

[1] 1845年当选美国第11任总统。——译者注

党派的行动方针？"⁴⁵ 答案至少有时候是肯定的。我的党派就等于我自己，这个简单的等式解释了国会暴力的起因。

此种思维方式的后果是严重的，西利－格雷夫斯的决斗清晰透彻地证明了这点。⁴⁶ 几个月后，怀斯策划了另一场反民主党的战役，相同的逻辑再次发挥作用，但是这次怀斯的兄弟约翰·贝尔承担起了龌龊的差事，他在辩论中称波尔克的支持者霍普金斯·特尼（Hopkins Turney）是"走狗中的走狗"。"大受刺激"的特尼坐在贝尔的正前方，他来回转动身体，大呼贝尔是个骗子。（或者如弗伦奇所记载的，特尼大叫："骗人的——这是骗人的。"）贝尔的回应是对特尼重重的一拳，此举真的引发了一场群架。⁴⁷ 两周后，巴利·佩顿在写给怀斯的一封信中估算可能出现的结果，猜测是否会发生一场决斗。信中写道：如果发生了，那么贝尔应该——

> 先填满他手枪的枪膛，保证能射杀一只50码外的水牛，然后再去见特尼，在距离至少30码处打出第一枪——要像双手端步枪时那样紧握着手枪，瞄低一点，而且扣扳机时要特别用力。贝尔无论用哪种你曾经见过的路数，都射不中任何人。他有一种难以平复的紧张感，我从没在其他人身上见到过这样的紧张感。他在街头斗殴中就死定了——在决斗中他的反应也会太慢，但是在其他任何场合他都会从容不迫。

贝尔不适合当一名决斗者，所以佩顿进一步说，怀斯应该带他去练习射击，尝试不同的姿势，以观察"他怎样才最可能"射中他的对手。⁴⁸

这就是绚丽多彩的国会暴力行为：是被筹划和估算的，是致命的，也是近在咫尺的。贝尔侮辱了特尼，特尼也侮辱了贝尔，而如今佩顿谋划着如何夺取特尼的性命。佩顿的语气如此随意，他的计划如此残忍，显得他几乎像是在开玩笑，但他并非在开玩笑。

大多数好战者都不会大声嚷嚷着要带来杀戮和血腥，而且也不是所有的霸凌都会引发暴力，通常虚张声势的举动或者一点点的羞辱已经足矣，并非所有的暴力行为都是蓄意设计的。疲劳、沮丧、暴躁以及对酗酒的机敏利用都发挥出了作用。即便如此，那些在议会中目空一切或者针锋相对的人会抓住机会，而且他们知道国会中的霸凌会带来什么：吓住对手，让他们陷入沉默。

"其他人认为我会被'唬住'，因为我来自新英格兰"

当怀斯在说到"卑劣的指控"（base charges）时，西利知道怀斯在做什么。怀斯将荣誉准则当成一种严酷的考验，以此证明西利是个懦夫，因为西利不会践行这项准则，这是一场好战者用来对付怯战者的猫鼠游戏，好战者借此获取了巨大的优势。实际上，大部分的冲突都是由那些恪守荣誉准则的南部人，或者在南部出生的西部人所挑起的。[49] 怀斯临别时对西利说的话好好地给他上了堂课，当时怀斯转过脸，压低声音讥讽地说："但是，和一个不会对自己言辞负责的人斗嘴有什么用呢？"[50] 怀斯几乎就要称西利是懦夫，因为他是一个北部人。西利感到痛苦，而很多北部人曾经都有过这种体会。西利接下来努力将事态的发展导入正轨，这种挣扎显示出国会这个全国性竞技场中地方主义的复杂性，而地方主义的复杂性有时会以某种形式令北部人和怯战者处于不利的境地。由于他们的男子气概被摆上了赌桌，他们的政治影响力也面临着风险，所以他们就被牵扯进暴力行为中。[51]

在西利和怀斯因为《问询报》的报道而发生冲突的同一天里，辉格党的报刊已经准备好嘲笑西利的男子气概了——好好利用新英格兰懦夫这张牌。某人带来的《巴尔的摩太阳报》中的一篇文章已将这张牌打出。文章嘲笑说，在西利所生活的区域中——

> 决斗被认为是不负责任且违背宗教信仰的爱好，那些用比牛葫芦（ox-gourd）大或者其他伤人的东西打自己邻居的人就被认定为是小流氓，就会被那些虔诚的教会男女执事们投票开除出教区。由于西利先生的虔诚既真实，又热切，所以他可能会避免使用手枪，选择使用牛葫芦。

其信息清楚明确。正如西利的助手后来所言，这篇文章"的目的是让人以为西利先生既不是名绅士，也不是个勇敢的人"。[52]

在辩论中西利遭人耻笑，现在新闻报刊又继续嘲笑他。他应该怎么做呢？伤害有多大呢？他该怎么修补呢？答案并不明了。无视此类侮辱可能会付出高昂的代价，西利的男子气概将遭受质疑，就像那些在国会辩论中互谅互让（以及互相推搡）的国会议员一样。如同怀斯在西利初来众议院的那几周中所做的一样，好战者都急于提醒受害者们这样的事实，他们骂的不是一个人，而是骂所有民主党都是懦夫。他们提醒他：

> 恐怖的气氛萦绕于会议室中。有只幽灵出现了——谁应该去看看它是什么？你？你？还是你？不；不；不。最终有个不停颤抖的可怜人意外地站出来，可能决心未定，在意志或者暴力的驱动下被迫或者冒险地蹒跚上前，手中抓着扫帚，其他人在后面推着他。这时，"哗"的一声响！这声响让他们四散后撤，在一片惊恐中他们绊倒了彼此。[53]

怀斯的攻击者"在开始时会做出英勇的举动,勇猛地前进,连成一线,但是之后他们就会停下来"。据怀斯自己所言,他比所有人都勇敢。这种体现男子气概的方式过于荒唐,但是这种表现却足够证明男子气概在国会中是硬通货。

无视人身攻击也会削弱个人的政治权势和影响力。西利的朋友富兰克林·皮尔斯在决斗发生不久后也说过这样的话。他强调:"如果你受到了人身攻击,而你又听之任之,那么你知道会有什么后果。"[54] 接下来,在国会乃至家乡中,不做回应的那个人必然不受尊重,还会丧失权势。可是回应侮辱诽谤也会带来风险,对一个扬基人而言尤为如此。到了19世纪30年代,很多新英格兰人批评决斗是不负责任的行为,是违反宗教原则的行为,是野蛮的行为,并且毫无疑问是南部化的行为。正如皮尔斯所言,在这个问题上"我们地区的情绪"是相当清楚明白的。[55] 所以涉及决斗问题时,国会中的北部议员承受了双重负担:他们的选民不赞成决斗,他们自己对决斗也缺少南部出生的同僚们所具有的专业水准和熟悉度,因而好战者就会利用荣誉来嘲笑他们。那些冒险进入决斗世界的北部人在选择自己的助手或者"伙伴"时,实际上都会倾向于那些懂得如何进行决斗的南部人,或者在南部出生的西部盟友。[56]

南部人的"情绪"也是清楚无疑的。决斗行为会获得尊重和赞扬,当然偶尔也会带来少许令人哀伤的懊悔。虽然整个地区都有反决斗的法律,但是这些法律很少被强制执行。决斗者普遍受到尊重,通常还能获取高级的职位,安德鲁·杰克逊的政治生涯即是明证。[57] 在西利-格雷夫斯决斗之后,参议员威廉·坎贝尔·普雷斯顿(William Campbell Preston,南卡罗来纳州赞同州有权拒绝执行联邦法令者)吐露出南部决斗的咒语(mantra)。他认为,"决斗毫无疑问会导致愚蠢和痛苦,但是同时它也平息了复仇情绪的恣肆蔓延……难道……选择挑战这样的进攻方式不是明显比抽出一把匕首更加节制温和吗？"[58] 普雷斯顿坚决认为，决斗约束了暴力。其实，仅仅是决斗存在的危险可以引导人们谨言慎行。怀斯对此深表认同，他强调说，当涉及诽谤时，"法律无法约束它，但有时一把手枪却可以"。[59] 总之，很多南部人将决斗视为不幸但又必需的文明化力量。决斗也成为南部的象征，甚至也许关系到南部的尊严。为了应对19世纪30年代日益高涨的反奴隶制情绪，防卫心重的南部人开始积极进取地吹嘘南部的所有事物，包括荣誉准则。[60] 处在国家的中心，要在地区风俗和国家需求之间制定折中的行动方针颇具挑战性，对于那些并不遵守荣誉准则的人而言尤其如此。在某种意义上，地方主义尽管并不总是影响到议员们的投票，却在国会中发挥了作用，影响了国会成员的交往互动。这是对文化联邦主义的反动。

西利的处境错综复杂，而《问询报》编辑詹姆斯·沃森·韦布抵达华盛顿后还带来了新的挑战。因为针对西利关于银行和贪污的言论，韦布来到首都是为了捍卫自己的声名，他已准备好进行战斗了。尽管这位土生土长的纽约人不是南部人，但他确实是好战者中的好战者（fighting man）。这位长期负责一份有影响力和攻击性十足的辉格党报纸的主编，总是喜欢夸夸其谈，并会用武器支持自己的言论。在他跌宕起伏的职业生涯中，他恐吓过对手，用藤条鞭打过对手，也用马鞭抽打过对手，当然也和对手进行过决斗（他自己也被恐吓过、揍过，也被枪子打中过），一部分是出于工作的缘故，一部分是因为他的脾气所致，还有部分原因是他曾经在军队里服役过八年，仍保留着军人的习气。军人们都是惩戒艺术的精致鉴赏家。

当出现针对华盛顿政客的威胁性暴力时，韦布总是那位冒犯者。他有一个习惯，就是从纽约出发，快速前往首都去证明自己的清白，捍卫声名。1830年，因为华盛顿《电报》（*Telegraph*）的主编达夫·格林（Duff Green）在报纸上侮辱了他，所以他攻击了格林，在国会的台阶上给了他一拳。但是格林有更强大的火力——正是字面意义上的强大火力。当时格林扣动了手枪扳机，韦布立即向后退走。[61] 1837年，韦布再次被击退，那次他遇到了另一个攻击性十足的人。一如既往，怀斯在辩论中侮辱了民主党，塞缪尔·戈尔森（Samuel Gholson，密西西比州民主党）为民主党辩护，并于此过程中指责了韦布。当韦布面对戈尔森时称其为骗子——这实际上可以算是决斗的邀请了，戈尔森却宣称韦布太低微了，不配与自己战斗。而此时多亏了韦布朋友们的介入，事情才告一段落，他们担心韦布的助手被迫因为荣誉准则的需要而代替韦布战斗。[62]

如今，过了五个月以后，韦布正打算利用相同的招数对付西利。西利却和戈尔森一样，不想和韦布有任何瓜葛。西利轻视韦布，不喜欢他的政治立场，也很清楚他的战斗记录。对于任何厌恶自己在议席上所发言论的编辑，西利都不想卷入和他们"关于人身攻击的争论"中。此外，西利私底下怀疑韦布认定自己是一个好对付的目标。"我看透了整件事情，"西利告诉他的一位决斗顾问，"韦布来这里挑战我，因为他或者其他人认为，由于我来自新英格兰，就会被'唬住'，然后韦布先生就可以宣称自己是一个勇敢的人。"[63] 这里存在十分清晰的霸凌逻辑：战士韦布会通过羞辱一个不愿进行战斗的人来提升自己的地位。

当韦布面对西利时，他还是朝那个趋势迈出了一步。但是他遵照了荣誉准则，所以并没有亲自接近西利，而是派他的朋友威廉·格雷夫斯（肯塔基州辉格党）来代替他。韦布是在格雷夫斯不久前造访纽约时与之认识的；当时韦布可不只是一般地热情好客，而格雷夫斯则一直想回馈他的善意，尽管他们并非亲密的朋友。[64] 怀斯后来责备格雷夫斯，为了一个并非自己知心朋友的人而将自己卷入到一场荣誉纠纷中。[65]

2月21日早上，格雷夫斯在众议院大厅看到正在与人亲密交谈的韦布，于是走过去与他握手。民主党人十分憎恨这位辉格党报刊的战士，他的现身就足以激起民主党的怒火；当杰西·拜纳姆（Jesse Bynum，北卡罗来纳州民主党人）看到韦布时，立即问议长为什么韦布被允许进入大厅？[66] 几分钟后，韦布把格雷夫斯拉到一边，两人走到房间边缘的一个屏风后面。这时韦布请求格雷夫斯的帮助，格雷夫斯非常愿意。格雷夫斯后来回忆道，当韦布递过来一封信，让其交给西利时，"我犹豫了一下"，"我立刻觉得这封信是一份挑战书。"他告诉韦布，如果是挑战书的话，自己就不想和这件事扯上关系。而且，他"完全不知道决斗的礼仪"，所以他不是适合这项任务的人。韦布向他保证这不是一封挑战书，而是一封调查信。根据荣誉准则，在事态进一步发展之前，韦布应该给西利一个机会，让他解释或收回关于韦布和银行贿赂的评论。韦布向格雷夫斯保证，如果是送挑战信，那么成为决斗助手的一定是其他人，一个能在有需要的情况下代替韦布进行决斗的人。格雷夫斯记录道：我"完全没有意识到……我将一位绅士的一封单纯的质问信带给另一位绅士，这有可能带来危害"。[67]

他立即将信交给西利，这二人走进了另一个屏风后面。（西利－格雷夫斯的决斗交涉表明，熙来攘往的众议院会议室的四周会发生多少事情。）格雷夫斯拿出那封信件，西利正要伸手去取，这时格雷夫斯说信是韦布写的，西利即刻缩回了手。格雷夫斯向他保证这封短笺是"恭敬"的，但是西利一个字也不想读。他不想因为自己在辩论中的言论而"陷入与公共日报的管理人关于人身攻击的争论"，而且他作为一名绅士，并没有侮辱韦布，他甚至不认识韦布。

所以现在怎么办？两人都不清楚。格雷夫斯承认他对荣誉准则所知甚少，他说西利对这封信件的拒收可能会给他造成一种"别扭的"局面。西利为此表示道歉，自己绝无不敬之意，但是关于荣誉准则，他甚至比格雷夫斯了解得更少，他需要时间来进行思考。不一会儿，他们再次在那个屏风后面碰头，但是西利没有改变想法。他仍然不接受这封信件。他们陷入了僵持的局面。两个处于危险境地的人却没有一张地图，于是两人就此分别。他们是在打一场党派的仗，却使用了一种地区性的武器，这种武器很容易在他们手中走火。

一场团体性的事件

两人都清楚地意识到他们在这次涉及荣誉的争论中如履薄冰，所以他们立即向在行的朋友寻求安全之道——这是国会冲突中的准则。西利径直奔向参议院大厅，向富兰克林·皮尔斯示意有事相商，皮尔斯有五年的国会工作经验。皮尔斯不知道该怎么做，但是他知道应该去问谁。他飞一般地跑去咨询南部的朋友，不一会儿回来说西利做得对，他的确不应该接受韦布的短笺。但是皮尔斯建议他最好武装起自己，因为决斗竟然不被理会，那么韦布就有可能在大街上袭击西利。[68]这是决斗的常规替代选择。如果有人侮辱了他人，又拒绝在荣誉的战场上露面，那么就有可能导致自己遭受袭击。

因此西利开始去寻找一把手枪。他首先找了亚历山大·邓肯（Alexander Duncan，俄亥俄州民主党），那是一个魁梧的家伙，有6英尺高，很壮实，以高嗓音和咄咄逼人的辩论风格而闻名。约翰·昆西·亚当斯认为邓肯"粗鲁、庸俗且厚颜无耻……是一个彻头彻尾的陈腐的煽动家……他有一种低级的幽默感，特别适用于人口稠密的城市中的乌合之众，也特别适合当下众议院里大多数人的品位"。[69]（亚当斯擅长羞辱他人。）邓肯这样一位大胆放肆的西部人，很像是随时带枪的人，可他只有一把步枪，于是他带着西利去找可能提供枪支的二号人物约翰·F.H.克莱本（John F.H. Claiborne，密西西比州民主党）。

克莱本是戈尔森与韦布那次争执中的助手，他很乐意把枪借出来。在他们分别时，克莱本开玩笑地建议道："现在，看在上帝的份上，可别陷入不得不与格雷夫斯先生决斗的局面啊。"西利回复道："不会有这样的危险的，格雷夫斯先生和我并不互为仇敌，在众议院里除了一个人，我绝不会为难其他人。"那人就是亨利·怀斯。[70]

不难发现，收集决斗建议的过程就像滚雪球一样；关于决斗的谈判是一场团体的事件。当决斗的威胁升级时，懂得如何决斗的专家们通常立即在敌对的二者中进行调解，以修补二者的关系，或者制定策略。事实上，由于决斗谈判的风险甚高，所以谈判通常需要有一个顾问组，其成员具有不同层次的决斗专业知识、对制度的理解力和国会影响力。北部怯战者尤其需要专业人员，他们依靠南部政党的盟友来破译荣誉的密码。在国会，跨区域的党派纽带不仅能赢得选举或制定法律，还编织起至关重要的个人跨区域联系网。[71]

西利极其需要这样的联系网，因为他像大部分北部人一样，不谙决斗法则（code duello）的细节。在2月21日至23日期间，他和他的朋友至少咨询了10位民主党人，有常和西利一起用餐的新英格兰伙伴，有缅因州和新罕布什尔州的其他代表，有懂得荣誉准则的南部人和西部人，还有《国会世界》的编辑弗朗西斯·P.布莱尔和约翰·C.里夫斯（John C.Rives）——他们各自给了西利一把步枪，这种举动为支持党派的媒体概念赋予了全新的意义。西利和皮尔斯去和密苏里的众多代表进行了会谈——其中有长期担任参议院职务的托马斯·哈特·本顿，此人参加过决斗。他们迫切渴望有位边沿州的人能够解释荣誉准则，并且在决斗万一发生的情况下可以充当西利的助手。[72]

在意识到西利拒绝接受韦布信件的行为乃是公开的侮辱时，格雷夫斯也进行了大量的咨询，不过考虑到他有许多懂得决斗规则的肯塔基伙伴能提供意见，所以他的咨询行为还算节制。也是在那三天的时间里,他将事情告诉了三位常在一起用餐的肯塔基州伙伴,其中有其朋友兼决斗专家亨利·克莱(肯塔基州辉格党),还有另外两个肯塔基人,也是两个爱挑起冲突的臭名昭著的南部人——沃迪·汤普森(南卡罗来纳州辉格党)与亨利·怀斯,此二人都通晓决斗挑战的奥妙。[73]在商谈中,克莱履行了他作为一个边沿州人的职责,通过说明北方佬的逻辑来解释西利为什么做出这么愚蠢的选择。例如,在西利最初拒绝了韦布的信后,克莱推测说,无知的北部人可能把它视为了一种挑战,并告诉格雷夫斯如何向北部人说明事情。[74]

在三天的时间里,总共至少有24名国会议员(以及包括弗伦奇在内的各种各样的国会工作人员)知道了将有可能发生一场决斗。24人大约占众议院人数的10%。不仅国会的事务会引发争斗,而且关于争斗的谈判协商往往也是国会处理的事务。关于格雷夫斯-西利之间纠葛的谈判协商几乎完全是在国会大厦内进行的。[75]决斗行为得到国会团体的认可,被编入了国会的系统之中。

而国会团体对决斗行为的认可在他们对"辩论特权"例行的践踏上表现得最为明显,"辩论特权"本是条神圣的议会规则,可以平息大量的争端。该"特权"被写入美国宪法第一条第六款,赋予国会议员不因辩论中的言论而"在其他场合受到质询"的权利。[76]但是国会议员如果躲在制度的屏障之后,就会显得懦弱,所以议员在卷入争斗时习惯将"特权"置于一边。1837年戈尔森和韦布之间的争吵是众多事例中的典型。当时韦布因为戈尔森在发言中侮辱了自己,而称戈尔森是个懦夫。虽然戈尔森的发言受到特权的保护,但戈尔森却宣布放弃特权。他在对韦布的正式回信(公开信)中写道:"我不会因我的众议院成员身份而要求获取任何特权。"西利以戈尔森为榜样。[77]甚至到了决斗场上,当怀斯请求西利申请使用辩论特权时,西利却拒绝了。[78]

即使如此,在不同的情势下西利也可以找到出路。他有权利拒绝和一位地位较低的人进行决斗。在19世纪30年代，将报纸编辑视为下层阶级中手艺人的传统并没有完全成为旧观念，而决斗只会在地位相当的人之间进行。五个月前，戈尔森已经以此为由拒绝和韦布交手，嘲笑他"不值得任何注意"。[79]这次的冷落正是韦布为何要火急火燎地与西利进行决斗的原因。正如韦布所言："我反反复复遭遇到麻烦的真正隐秘可以在……那可恶的信条中发现，只要我成了一名编辑，我就不再是一名绅士了！"[80]

如果不是与格雷夫斯的意外碰面将国会多人牵扯进来的话，西利本来可以沿着这条路线走下去。西利因为傲慢地拒绝了韦布，也就侮辱了韦布的朋友和使者——格雷夫斯。在过去与国会人员的争执中，韦布都会选择国会外的人员当自己的助手，这样国会议员就更易于怠慢他，且不会因此产生严重的政治后果，而将一位担当国会议员的挚友卷入其中的话，则会令事态复杂。[81]羞辱他就等于羞辱他所代表的所有人，格雷夫斯对此很清楚，在协商中不止一次地谈及此点。为了他自己的荣誉，为了他选民的荣誉，为了肯塔基的荣誉，为了整个南部的荣誉，格雷夫斯觉得他不能让西利含蓄的羞辱无声无息，给他提供建议的人对此表示同意。

西利无意令格雷夫斯的名誉受损。然而，他在对待韦布时不能令自己和自己所代表的人蒙羞，他的顾问们在决斗前几天也不止一次地指出这一点。即使是侮辱韦布，也需要仔细地考虑。邓肯并不是一个注意细节的人，他提议西利给韦布写一封信，谴责他是"一个无原则的恶棍，一个卑贱的懦夫，一个可以用于买卖的奴仆"，根本不值一会，哪怕是通过格雷夫斯递来便笺。但皮尔斯很快就否决了这个提议。他建议，这种解决方式也许对于"西南部的人"适用，但新英格兰人讨厌决斗，所以"首先最重要的是西利先生只应该采取防御姿态，要明显占据道义的高地"。如果西利最终选择进行决斗，"那么他必须显示出他为了捍卫自己的荣誉和权利而不得不这样做"。[82]

最终，为了在不冒犯选民的情况下捍卫自己的荣誉，西利决定，如果自己遭到挑战，就不得不去决斗。他认为，"我的选民会更加乐意于我能顶住考验，而非因为屈辱的退让令自己蒙羞"。[83] 即便如此他仍然坚决主张，"北部的朋友们"不便当自己的助手，以避免他们在家乡声誉受损。当他要进入决斗场地时，他甚至不让皮尔斯参与其中——随着秋季选举的逼近，这对皮尔斯职业生涯的危险太过巨大。当西利前往决斗场地时，他一再告诉他的助手："此事完结之后我绝不会在缅因州获得任何认可。"[84] 很容易理解西利在国会中学到的经验教训，就像他在争执中写信给他的妻子说："一个男人，如果他能自由且勇敢地思考，那么他必须将生命掌握在自己的手中。"[85]

就这样，在2月23日上午，格雷夫斯向西利提出了正式的挑战要求，强调自己"别无良法，唯有做出绅士们普遍满意认可之选择"。[86] 那天晚上西利接受了挑战。这场没有人愿意进行的决斗，此时发展成真。

众议院里的轩然大波

到了决斗那日，2月24日，两人都召集了顾问团，以指导他们完成即将到来的对抗。作为一名南部人，格雷夫斯在寻找既相识又信任的决斗专家时无须舍近求远。他最终选择了好战者亨利·怀斯做他的助手、美国海军外科医师乔纳森·M.福尔茨（Johnathan M. Foltz）当他的医生，他还找了理查德·H.梅尼菲（Richard H. Menefee，肯塔基州辉格党）和约翰·J.克里滕登（John J. Crittenden，肯塔基州辉格党）当他的第二"副手"，后者是一位年长的参议员，言行温和，在全国都很有声望，也许能够以其影响力来结束这场争斗。[87] 而且正如格雷夫斯所解释的,克里滕登的现身"将会是我能够提供给家乡人民的最好证据,证明我三思而后行"。[88]

作为一个国会新兵,西利那段时间过得愈发艰辛。由于没有通晓决斗事务的密友,他就召集了一班有过决斗经历但较为陌生的人。西利的助手是乔治·W. 琼斯(George W. Jones),来自威斯康星州的一位代表,密苏里州人推荐他,说他是一位经验丰富的助手(他有过四次决斗的经历);医生是时刻备有步枪的亚历山大·邓肯;西利在决斗场地的第二"副手"是杰西·拜纳姆(北卡罗来纳州民主党),一位参加过两次国会决斗的老兵——一次是做助手,一次是当事人(他在两年前还有一次与亨利·怀斯之间的战斗);以及琼斯的大学好友詹姆斯·W. 绍姆堡上校(Colonel James W. Schaumburg),一位脾气火爆的路易斯安娜人,在一次决斗中出名:当时上校骑在马背上拿着剑,他意外地砍杀了那匹不幸的马。绍姆堡被卷进来,只是因为皮尔斯在宾夕法尼亚大道上遇到了这位著名的决斗者且向他寻求建议。琼斯非常清楚绍姆堡一点就着的火爆脾气,所以他不假思索地说"看在上帝的份上,千万别带上他",但是为时已晚。[89]辉格党有充分的理由怀疑西利"暴力的政治伙伴"的影响力。[90]至于西利最亲密的温和的朋友富兰克林·皮尔斯,到了决斗当天的早晨还忧心忡忡,他走进西利的房间又很快走了出去,因为他烦恼到说不出话来。[91]

几个小时后,刚刚过了中午,西利、琼斯、拜纳姆和绍姆堡在寄宿旅店与邓肯碰面,出发前往阿纳科斯蒂亚桥(Anacostia Bridge),在那里他们将与格雷夫斯及其朋友们会面,然后一起离开特区。在桥上等了一会儿,两辆马车驶了过来,一辆载着格雷夫斯、怀斯和梅尼菲,另一辆载着克里滕登和福尔茨。然后,这三辆车都出发前往马里兰州。不久,辉格党代表约翰·卡尔霍恩(John Calhoon)和肯塔基州的理查德·霍斯(Richard Hawes)紧随其后,他们带着毯子,以防格雷夫斯被枪杀。[92] 那天总共有 10 名国会议员到场。

从头到尾，这场决斗就和所有的决斗一样，能彰显出人性和人情，但除了对事情梗概的片断报道之外，大部分决斗几乎没有什么被记录下来。西利－格雷夫斯事件委员会的报告对决斗琐碎的细节提供了详尽的描述：误解和判断错误、随意的笑话、离奇的边角料故事、意外和疏忽。它展现出一群男人在一场致命的遭遇中是如何的小心翼翼，为了荣誉他们以公平的名义坚持规则和仪式，但他们希望仅仅以不流血的枪战和临别的握手来结束这次事件。

决斗的一些细节甚至可以说很有趣：没有人知道特区的边界在哪里，所以他们不得不向一个陌生人问路；一个偶然遇到的游客毕生都想目睹一场决斗，他如影随形地跟着马车，坚持要去观看；在第一枪之前，梅尼菲没能正确为格雷夫斯的步枪装填子弹，惹得怀斯开上了这位所谓的肯塔基步枪手的玩笑；持有这块决斗场地的农民的儿子以及西利的马车司机在射击的间隙与格雷夫斯聊起天来，男孩不停地向格雷夫斯问问题，直到格雷夫斯请他别再问了。（你们在决斗吗？你们是国会议员吗？你来自哪？你是在为一场辩论而战吗？）

报告还显示，西利和格雷夫斯都不擅长使用步枪，两个助手在决斗后的联合行动记录中有意隐瞒了这些细节，不过多暴露他们的决斗主角开枪失败的事实。但事实即是如此。在使用步枪方面，西利有些许优势——极其微弱的优势。他至少有五年未开一枪了，即使他之前

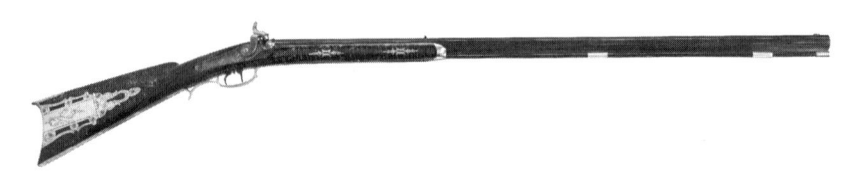

乔纳森·西利在决斗中所使用的步枪（Hugh Talman 和 Jaclyn Nash 拍摄。史密森尼学会，国立美国历史博物馆提供）

猎过松鼠，但情况很糟糕，因为他近视。格雷夫斯则特别不擅长使用步枪，以至于他的朋友们觉得他必然会被射杀，因此，卡尔霍恩和霍斯才会带着毯子。（梅尼菲说，格雷夫斯的射击技术"以一个受过教育并居住在肯塔基的人而言，异常笨拙"。[93]）格雷夫斯的朋友们放下保险栓不让他过早开枪，但在第二次交火中，格雷夫斯却过早开枪了。西利在第一次交火中没有开成枪。两人在决斗前都进行了一段时间的训练，他们的确需要如此。[94]

但在绝大部分的时间里，事情都按计划进展。三驾马车到达了选定的地点，停在决斗场地周围的篱笆外。怀斯和琼斯这两位助手调查并测量了地面，他们挽着胳膊，迈着格外大的步伐。这样，本应是80码的距离实际上接近92码了。然后他们示意大家"来吧"，西利和格雷夫斯最后到达，他们的位置被标记好，步枪也上了膛。

这两个人走到指定的地点，西利站在一个略微隆起的地方，格雷夫斯站在一片小树林附近的篱笆前。这些细节很重要，因为这可能会影响一个人的准星。格雷夫斯面对着太阳，而一阵强风吹向西利。这是一个寒冷的冬天。

两人都彼此向左倾斜移动，以让自己在成为靶子时目标面积相对减小。助手把步枪递给了他们。在经过掷硬币的决定后，由琼斯宣布说："先生们，你们准备好了吗？"两个人都没说"没有"，琼斯便继续说：

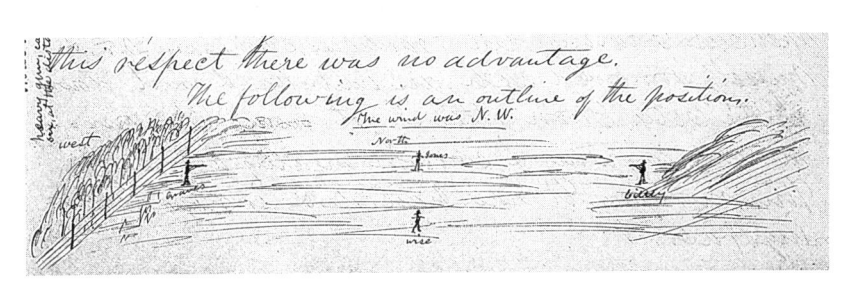

在西利－格雷夫斯决斗发生后的几周，弗伦奇为了亲临其境前往了决斗场地。那天晚点的时候他在日记里画下了这场决斗。（国会图书馆提供）

"开枪——一、二、三、四。"（在数到四后还是没有人开枪。）而西利首先开枪了，但是他没能完全托起枪身。格雷夫斯在一两秒后开了一枪，却未击中。

此时，按照惯例，助手和伙伴们聚集在两位决斗主角的中间位置进行商议；格雷夫斯和西利都听不到他们说的话。琼斯问怀斯，格雷夫斯是否满意，如果满意的话，他们可以握手离开了。怀斯回答说：来到这里的绅士们彼此间并没有敌意，"西利先生难道不能……发表放弃声明，以使格雷夫斯先生从当下的处境中解脱出来？"琼斯和西利谈了谈，然后回来说：西利说他无意冒犯格雷夫斯，"因为就和现在一样，他当时也以最高的敬意和最友好的情感来对待格雷夫斯"，他之所以拒绝韦布的短笺是因为他不想被卷入与韦布的"嘴仗"中，还因为他不"情愿陷入到关于他的舆论风暴中"。经过简短的讨论后，两人再次询问了他们的决斗主角后又回来了。怀斯声明，西利的回答令格雷夫斯"正好陷入他一开始送出挑战时所处的局势"，而西利的朋友们坚持认为，上轮的交火以及西利"差点丧失生命的危险"应该足以维护格雷夫斯的荣誉了。这场"最诚挚的交谈"大约进行了20分钟，格雷夫斯和西利从远处注视着。

但是因为什么都没发生改变，怀斯和梅尼菲决定应该继续决斗。西利和格雷夫斯回到他们的位置上，这次格雷夫斯在完全托起枪以前就开了枪，而西利则射偏了。格雷夫斯后退时摇摇晃晃得十分厉害，他的步枪又哑火了，所以他的朋友都以为他被打中了。在尴尬和沮丧中，他要求再开一枪。[95]助手和伙伴们再次聚在一起协商。琼斯坚持认为，西利已经证明了他是"一个勇敢的男人"，而且冒着生命危险来令格雷夫斯满意。"事情应该就此了结。"但是怀斯替格雷夫斯发言，想让西利承认韦布是一位绅士，否则格雷夫斯就成了"一个为无荣誉之人传递短笺的人"，让格氏在此过程中蒙了羞。[96]

同时，西利的马车夫正在另一边和格雷夫斯交谈。他原先以为格雷夫斯在第二轮交火中被击中了。格雷夫斯答道："我没感觉到中弹，也没听到枪响的声音。"车夫询问格雷夫斯和西利之间的距离。"80码。"格雷夫斯答道，"在这样的距离下，子弹是有可能在刮风的情况下击不中人的。"这时，两位助手开始给步枪装填子弹。车夫说："看到他们再次装填子弹，我感到很难过。"格雷夫斯垂下头，喃喃道："的确如此。"

在装填子弹时，怀斯将琼斯拉到一边，最后一次试图结束这件事。西利难道不能要求行使辩论特权吗？琼斯知道西利不会这样做。西利的团队"以最积极坚决的话语"反对决斗继续进行，但是怀斯和梅尼菲希望西利要么承认韦布是一名绅士，要么行使辩论特权。琼斯将怀斯的话转述给西利，西利回复说："他们一定极其渴求我的鲜血。"[97]这时，绍姆堡一触即发的脾气开始造成破坏性影响。他在和怀斯与梅尼菲争辩荣誉是否已经得到保全时，厉声怒喝道："继续，上膛开火，直到你满意为止。"两个人阔步走开并且照做了。[98]

琼斯再次报数。两个人瞄准，并且几乎同时开火。这次格雷夫斯开火的声响听起来正常。西利垂下了步枪，捂着肚子，走到伙伴那里大喊"我中枪了"，并倒在绍姆堡的怀中。子弹穿过了西利的身体，切断了腹腔的主动脉。他几分钟后死去，他的朋友们落下泪来。[99]路上偶遇的那个旅客（明显并不胆怯）在西利的朋友合上西利双眼时来到尸体旁，然后又回到马背上，他经过怀斯，之后又经过格雷夫斯和其他人——所有人都在问西利的情况。回答都是"他已经死了，先生"。克里滕登请他送一张便条给克莱，报告这个结果。怀斯哭着将这个结果告诉了他的酒友皮尔斯，之后的14年里皮尔斯都有意回避怀斯。[100]格雷夫斯和他的朋友步入马车，格雷夫斯将脸藏在斗篷下面。西利的朋友将西利的尸体扛进他们的马车，然后径直回了城镇。

回到华盛顿后，国会山炸开了锅。尽管很少有人预测决斗真会发生,但这场决斗几乎是人人皆知的。由于这次决斗牵扯到一位不愿意战斗的北部人,而且冲突的原因只是一些"细枝末节",所以直到决斗发生的当天早晨,大多数人都猜测参加决斗的人能够摆脱困境。因而弗伦奇在争执一开始时能够开玩笑说,西利被邀请去"站一会儿,然后吃个枪子"。[101]

但决斗的当天早上并没有多少人在开玩笑。国会议员们聚集在国会山,翘首望着道路,等待有人送来消息。在众议院的会议室里,人人都心不在焉。约翰·昆西·亚当斯记述道:"众议院有一阵骚乱,不同于以往那种由激烈的辩论所引起的骚乱。人们带着好奇的目光,竖起耳朵,三五成群地聚在一起,焦躁不安的窃窃私语声从不同的人群中迸发出来,一个又一个的成员从大厅进进出出,带来不同的传闻。"[102]

国会团体希望能够阻止枪战,他们展开了行动。试图进行干预的人们在整个城镇里匆匆奔走。缅因州民主党人约翰·费尔菲尔德和蒂莫西·卡特(Timothy Carter)跑到一辆马车前,以为车上载着西利和他的朋友们,但他们搞错了。[103]弗伦奇试图从卡特那里打听决斗的地点,但卡特"假装什么也不知道"。(弗伦奇的说法在即将发生的事件中将有重大意义。)[104]韦布的两个朋友那天一大早听到决斗的消息后,立即冲到克莱的寄宿公寓,把他从一场熟睡中叫醒。克莱听到决斗发生时非常震惊(他认为辉格党会采用拖延战术,阻止格雷夫斯找到步枪),但作为格雷夫斯的朋友他无法对决斗进行干预。克莱让他们去找地方检察官和频频调解决斗的查尔斯·芬顿·默瑟(Charles Fenton Mercer,弗吉尼亚州辉格党),他知道他们会尽其所能。[105]地方检察官迅速赶到国会大厦,询问决斗的发生地点,然后跑去逮捕参与者——但是他去错了地点。

此时詹姆斯·沃森·韦布这门火力不断的大炮,惊恐地发现格雷夫斯在替他进行决斗,然后他构想出一套套的计划,一套比一套残忍和粗暴。首先，他和两个朋友全都带上武器，冲到西利的寄宿旅店，打算给他两个选择：立即与韦布决斗或者发誓在与格雷夫斯决斗前先与韦布决斗。如果西利拒绝，韦布就会打断他的右臂，让他无法与格雷夫斯决斗。当这群暴徒发现西利已经离开旅店后，他们又准备实行 B 计划：冲到决斗地点，坚持由韦布代替格雷夫斯。如果西利抗拒，他们就向他开枪。三个人上午的大多数时间都用于奔跑——在特区内外奔跑，心怀启斯东式警察（Keystone Kops）[1]的尊严和沉着，到处寻找决斗场地。但是在去过三个错误的地点后，他们回到了华盛顿，等待最终的结果。（显然，国会决斗者们的竞斗场地范围十分宽广。）

弗伦奇丰富多彩的文字材料描述了接下来发生的事情。一如既往，他目睹了事件的全部。他当时正百无聊赖地躺在一间台球室，有人突然闯进来，大喊大叫着说那群人从决斗场地回来了，引得弗伦奇和一群在台球室里百无聊赖的人疯狂地冲向窗户。过了一会儿，弗伦奇从屋子中走出来，装着西利尸体的马车从他旁边经过，后面跟着一大群人。弗伦奇慌得东奔西跑，眼瞅着尸体被抬进了西利的寄宿公寓。又过了一会儿，弗伦奇和贝丝一起站在家中的窗前，看着愤怒、拥挤的人群在死去的国会议员家的门口进进出出，躁动不安。[106]

在葬礼之前，西利的遗体庄重地躺在圆形大厅里，离特朗布尔的画像不远，这幅画像中还有西利的祖父。于是出现了一个诡异的巧合，一个小女孩站在画前，问父亲："哪个是西利上校？"[107]接下来，众议院会议厅中举办了西利盛大的葬礼，总统、副总统、内阁成员、国会成员（包括弗伦奇）都出席了，紧随其后的送葬队伍绵延了半英里，

---

[1] 启斯东（Keystone）是 20 世纪早期默片时代美国著名的一家电影制作公司，该公司制作的滑稽剧名垂影史。在启斯东滑稽剧里，警察常常是无能和愚蠢的角色，总是被人耍得团团转，莫名地摔倒在地。所以启斯东式警察（Keystone Kops）就成了美国社会中"无能"和"愚蠢"的代名词。——译者注

直到国会墓地。[108] 怀斯认为，这是一场"政治游行"。[109] 亚当斯则抱怨道："这简直是一位圣人的葬礼。"但最高法院的人士有所不同，他们拒绝参加一个决斗者的葬礼，马萨诸塞州的一些国会议员也是如此。[110] 葬礼牧师的布道词反对决斗，一些南部国会议员突然身处反决斗文化的氛围中，感到被冒犯了。[111]

不足为奇的是，西利的下葬并没有令华盛顿的事态归于平静，喧嚣声仍在继续。弗伦奇注意到一些传单，上面呼吁要将怀斯和韦布的画像在市政大厅旁烧毁，因为韦布引发了这场悲剧，而怀斯则将其推向了暴力的边缘。[112] 而且，一度出现流言蜚语，说有暴民计划要将格雷夫斯和怀斯吊死。[113] 韦布收到了袭击乃至私刑的威胁。一如既往，韦布做出了回应，他在宾夕法尼亚大道上有意地久久游荡，还走了两遍，他从头武装到脚，充满斗志且意志坚定，准备直面攻击者的袭击。[114]

四年后，韦布终于成功地与一位国会议员进行了决斗，但是结局并不好。他和众议员托马斯·马歇尔（肯塔基州辉格党）——被称为"寻欢作乐的绅士"——因为一项破产法互相诽谤了几个月。马歇尔希望废止这项法令，而韦布则非常需要这项法令实行。当马歇尔因公前往纽约市时，他们之间的互相诽谤变得越来越严重，所以马歇尔发出了要求决斗的挑战书。在接下来的决斗中，韦布被射中了大腿。之后不久，纽约的民主党地方检察官以反决斗法起诉了他。韦布争辩说他不会特意遵守一项从未执行的法律，可是他被审讯定罪，并被判在臭名昭著的新新州监狱（Sing Sing Penitentiary）[(1)] 中监禁两年，不过州长因为14000名纽约人的释放请愿书而赦免了他。[115] 显然，在北部，决斗还没有迎来它完全终结的那一天。

――――――――――

〔1〕纽约州的一处州立监狱。——译者注

一幅漫画讽刺了詹姆斯·沃森·韦布,描绘他在决斗发生后在宾夕法尼亚大道上大摇大摆,但是又担心有人袭击他,于是全副武装,带的武器十分之多。(国会图书馆提供)

第三章 暴力的吸引力和影响力:西利-格雷夫斯的决斗(1838年)

Cilley of Maine,
MURDERED BY
GRAVES OF KENTUCKY.

Once more, kind reader, we are called
To take our pen in hand,
An awful tragedy to write,
Of Murder in our land.

The murder'd man, as we are told,
Was one from our own state :—
Cilley, the Representative,
Met with this awful fate!

'Twas from Kentucky we are told,
This bold assassin came,
A Murderer !— to his Grave will go,—
Graves is his real name.

Their Seconds are no better off,—
They are branded with the same ;
They are all Murderers, and we can
Give them no better name.

If Justice could but now take place,
They one and all would be,
Hung on a gallows by the neck—
Not only one but three.

We wish our Government would now
Take Dueling in hand,
And pass a law for to expel
This practice from our land.

This murderous practice has prevailed,
Long in the southern States ;
And many have been called to mourn
Of ancient and modern dates.

Our Northern people all disdain
This cursed practice here.
They call it honor (!) but to us
No honor doth appear.

Instead of honor, we should hold
A Murderer in disgrace.
How can a Murderer ever wish
To see a human face ?

The widow's heart he fills with grief,
The orphan's eyes with tears :
Instead of giving them relief,
In their declining years.

Their father's blood, thus spilt, will cry
For vengeance from the ground,
And God, who, from his throne on high,
Will listen to their sound.

Vengeance is his, he will repay
Despisers of his laws ;
Widows and orphans here may know
He undertakes their cause.

We often hear our people tell
Of heathen lands around,
But parallel with Duelling,
On earth cannot be found.

To see a Monster in cool blood,
Take what he never gave,
And send a fellow creature off
With malice to his grave.

Our 'southern chivalry,' you know,
Will never bear a word ;
But next a challenge you must take—
To meet them with the sword.

And if by chance they have the luck
To bring you to the ground,
They think their honor is redressed,
And then their praise will sound.

But all such honor you will find,
Will end in deep disgrace ;
And all such vagabonds as these
Should be hissed (?) from the place.

They call it honor, but we think,
It cannot be denied
By any but a heathen, that
'Tis vanity and pride.

We now shall end this tragedy ;
But bear it in your mind,
We have not had a chance before
To write one of this kind.

We hope our friends will all forgive
The errors we have made,
And give a trifle for to help
The printer in his trade.

Portland, March 2, 1838.   *WITHINGTON.*

它也没有在华盛顿终结。英国游客弗雷德里克·马里亚特（Fredrick Marryat）很好奇"这次悲剧性事件"能令国会的决斗中止多久？"好吧，我猜是三天，或者三天左右"，一个外来客讥讽地作此答复。[116] 实际上，下一次的决斗挑战发生在三年后，下一次的正式决斗发生在四年后，而下一次的斗殴事件则发生在三个月后。[117]

去投票箱

与此同时，北部的怒火爆发了。示威游行和公共会议遍及新英格兰和中大西洋地区。弗伦奇同父异母的兄弟亨利从新罕布什尔州的切斯特写信陈述道，西利的死"引发了巨大的轰动"。他坚信"新英格兰人会十分乐意将怀斯吊死——也应该将他吊死"。[118] 缅因州内喧嚣声四起。约翰·费尔菲尔德（缅因州民主党）的一位选民写信说："你都无法想象这儿的人有多么激动。"[119] 大量的请愿书涌入众议院和参议院，要求订立反决斗法，并且罢黜决斗的参与者，特别是格雷夫斯和怀斯。[120]

各类群体的愤慨情绪在北部的报刊媒体上翻腾。反决斗的倡议者们发现了一个推行他们观念的良机；反奴隶制的倡议者们发现了一个谴责南部政客和奴隶主的良机；而辉格党人和民主党人则发现了一个互相谴责的良机。民主党的报纸痛斥一群辉格党的暴徒亲手"谋杀了西利"。

艾萨克·希尔之前任职的那份报纸《新罕布什尔州爱国者报》，因为以下颇具创意的标题（以及对大写字母夸张的使用）而获了奖："**银行暴徒，受雇射杀国会（民主－）共和成员。**"补救之法自然是"**去投票箱**"。[121]《美国杂志和民主评论》（*The United States Magazine and Democratic Review*）发表了一篇长文，标题道出了文章的全部内容："西利的殉道。"[122] 由于死去的人是位民主党，所以辉格党的报纸陷入了不利的局势，但是他们勉力推动局势的逆转。很多报刊都责备民主党"为了竞选"利用了一次"血腥的悲剧"，然后调转枪头，发出类似的声音，断言西利的朋友———一群民主党杀手，牺牲西利以对付韦布。[123]

毫不奇怪，南部和西部的反应更加低沉和克制。克里滕登对肯塔基州报纸上对格雷夫斯"那种微弱、次要、吝惜笔墨的辩护"感到震惊。[124] 随着全国各地的档案记录上都出现了反决斗法律，各类改革者都在谴责决斗的行为，所以即使在决斗者的家乡，人们也很难带着热情，公开为决斗辩护。[125]

由于骚动的喧嚣此起彼伏，政客的声誉和职业生涯面临着风险，所以许多参与者在公开声明中试图以自己的立场来编造故事。怀斯和格雷夫斯向他们的选民发表了讲话；韦布在《信使及问询报》上发表了一份声明；本顿给《华盛顿世界报》(Washington Globe)写了一封信；皮尔斯则给调查委员会写了一封信，后来在报纸上发表。不出所料，这五个人都发出了同样的讯息：不要责怪我。韦布和格雷夫斯采取了极端的辉格党方式，指责西利"暴力的政治伙伴"迫使他参与了决斗。[126] 本顿否认有任何实质性的参与行为，只承认在决斗当天接受了咨询。[127] 皮尔斯对新英格兰的辉格党报纸上潮水般的指责声予以驳斥：没有，他从来都没当过西利的助手；他没有敦促西利参与决斗，他没有这么做；决斗结束后，他没有沿着街道跑步，脸上也没挂着笑容，也没有急于听到西利杀了格雷夫斯的消息，他绝对没有这么做。[128]

怀斯和格雷夫斯的声明都有特殊的目的，他们都直接向选民发表声明。怀斯是用一份手写的声明，而格雷夫斯则是在路易斯维尔发表演说，然后将演说内容付梓出版。两人都以相同的公开声明来尽可能地为自己辩护：他们被人指责行为上有损荣誉之名，而他们的荣誉和选民的荣誉休戚相关。"你们的代表在个人行为和政治行为上都要向你们负责,"怀斯写道,"如此他才能配得上你们的选票,否则你们则会承受耻辱。"格雷夫斯甚至更加直白——他为了个人荣誉和肯塔基的荣誉而战,如果他的选民继续支持他,他会继续"以自己的荣誉来守护你们的荣誉"。这份宣言赢得了"巨大的欢呼声"。[129] 克里滕登在私人信件中说了相同的话:格雷夫斯感到"家乡州的荣誉如今掌握在他手中"。[130] 怀斯和格雷夫斯都提出了相同的论点:一个蒙受耻辱的国会议员会令他代表的所有人蒙羞。以一种非常真实的方式,国会议员成了他们的选民、州和地区的人格化体现。国会议员践行了一种"述行代表权"〔1〕(performative representation),扮演了他代表的所有人的现实替身。[131]

西利在决斗的前几天就不断在强调这一点。他的权利就是选民的权利;他的屈辱就是选民的屈辱。他们是一体的,他们是同一的。按照这样的逻辑,尽管他的选民可能不赞成决斗,但是他们会更不同意西利遭到公开的羞辱。好几次,他甚至会暗示他在捍卫整个新英格兰的荣誉。由于形势,他认为最好是去决斗。[132]

当时群情澎湃,所以他的话并非托辞。这就是事实。作为一个新英格兰人,弗伦奇可以体会到西利的思想、感情和精神的力量。当怀斯和西利第一次在发言席上发生冲突时,弗伦奇为一个新英格兰人,或者确切地说,一个花岗岩州人能在汹涌的波涛中岿然不动而感到光荣。弗伦奇心满意足地说,怀斯曾试图"夸耀"西利,但西利"一点也不为所动",他"以坚定的眼神"捍卫自己的立场。之后更引人注目的是,在决斗的压力下西利直面了韦布。弗伦奇洋洋得意地说:"任何事情,只要这个北方佬一旦愿意去做,他就不会是那种选择退缩的家伙。"

---

〔1〕按照奥斯汀的界定,语言中有一种述行(performative)的功能。不同于语言的记述或者描述功能,语言的述行功能指语言能为世界带来现实的变化,例如当某人为某公司命名时,公司的新名称成了人类社会中新增加的事物。所以在述行功能的范畴内,言语即行事。——译者注

他很高兴韦布能够找到"这样一个家伙"。[133] 对弗伦奇来说，西利守卫住了新英格兰的荣誉以及民主的荣誉。

这并不是弗伦奇第一次赞扬一位投身战斗的新英格兰人。一年前，当约翰·贝尔（田纳西州的辉格党）在辩论中称伦纳德·贾维斯（Leonard Jarvis, 缅因州杰克逊派）为骗子时，贾维斯让贝尔退出去，坚持认为这件事"必须在其他地方解决"。贾维斯说："先生，以言说以外的方式解决这件事情，是的先生——以言说以外的方式，先生。"这相当激烈、直白地暗示要进行一场决斗。当同事们催促贝尔道歉时，贾维斯坚持立场，要求对方无条件地收回对他的侮辱。在经过几个小时的谈判后，贝尔无条件地收回了他对贾维斯的侮辱。这场谈判在众议院中持续了一下午，而亨利·怀斯担当了贝尔的助手。弗伦奇钦佩至极："没有一个人能占据比贾维斯更高和更荣誉的地位。他就像石头一样坚定。"[134]

和贾维斯一样，西利"男子气十足地维护自己的立场"，而这对弗伦奇来说是有意义的。[135] 它证明了北部人也是男子汉——他们不会被吓唬住。它证明了北部人在良心上对于决斗的内疚不会令他们在华盛顿无能为力。它证明了北部人能够得到完全且公正的代表——北部人的权利将在议会中得到捍卫。虽然弗伦奇不赞同决斗，也痛惜西利的亡故，但是他佩服西利的勇气，并且对他的离世感到恍惚。连约翰·昆西·亚当斯都渴望北部人能燃起怒火。在怀斯和西利关于腐败指控而产生冲突的同一天，亚当斯盼望一些"勇敢、精力充沛、说话流利又雄辩的"北部人能够少些"温顺"，从而提高"新英格兰"在国会中的"声望"。[136]

这正是西利所希望的：鉴于华盛顿政治中跨地区性的特殊逻辑，无论家乡的习惯和理想如何，北部人都会支持他。事实上，尽管他的死亡方式遭到广泛的谴责，但他自己也被讴歌且升格为一位勇敢的斗争者。对南部人来说,他是特别的北部民主党人的忠诚典范,为维护南部的利益做出了最终的牺牲。因而南部民主党人对他不吝溢美之词。弗朗西斯·皮肯斯(Francis Pickens,南卡罗来纳州民主党)宣称,西利"是我在北部见过的最勇敢的人",他是"第一个公开谴责废奴主义者并像南部人一样发言的北部人"。他甚至看起来也像南部人。[137] 各种政治阶层的新英格兰人都称赞西利捍卫了新英格兰的荣誉,甚至连那批最坚定地反对决斗的辉格党人也只是谴责了他"暴力的朋友"而已。[138] 缅因州的民主党人在参议院和众议院宣布了他的死亡讯息,同时赞扬了他"面对对手的男子汉气概",以及他对避免"自己、家人和选民蒙羞"的意志。[139]

眼睛向来雪亮的约翰·昆西·亚当斯则独具慧眼,他剥开了那层虚伪的作态和感情。他向儿子分析说:"西利先生的生涯可以形容为,一个野心勃勃的北部年轻人在南部阵地中的奋力攀升。"西利——

> 已经宣布,他不同情印第安人或肤色更深的人。这一宣言已经为他迎来了南部人康乃馨色彩般的黄金风评。他抓住了这个最重要的潜在机会,以步枪来宣布并证明自己是一个不出差错的神枪手,还优先选择它作为自己解决荣誉问题的武器……这一切都是为了向南部和西部展示他在充满北方佬偏见的区域上能翱翔多高。

亚当斯指控西利采用了南部准则来提高他的声誉。两年前,皮尔斯被谴责为一个面团脸,他也做了相同的事情来挽回自己的名声。西利的命运表明了这种逻辑的代价。亚当斯认为,这对于"他的后来者而言是个意义深远的警告"——一个人们会听而不闻的警告。[140]

当然,并不是每个北部人都会走上西利的老路。许多人不会,甚至不能走得那么远。比如西利的室友蒂莫西·卡特(缅因州民主党)。

这位37岁的律师身体状况本已不佳,在西利死的那天陷入错乱,咆哮地说有人要和自己决斗。弗伦奇认为卡特"假装"不知道决斗的地点,鉴于此,就不禁让人将他的痛苦至少部分地归因于内疚。无论是何原因,卡特两周后去世,缅因州又失去了一位代表。[141] 震惊的弗伦奇写作并发表了一篇悼词。[142] 卡特的墓碑见证了他的最终审判。内容很简单:"时任第25届国会议员,任期内在华盛顿特区去世。"[143] 对一些人而言,跨区域冲突的挑战仅仅只是太具有挑战性而已。

另一些人则要求正式的制度性惩罚,试图夷平决斗的竞技场。2月28日,约翰·费尔菲尔德(缅因州民主党)提议对西利的死因进行调查,立即引发了《国会世界》所说的"激烈辩论"。辉格党人厉声疾呼,认为现在公众的情绪太过热烈,无法进行公平的调查。民主党人则要求伸张正义。[144] 然后,一些南部辉格党人基本上都以暴力相威胁,并警告说,由于调查涉及荣誉的问题,所以势必会导致更多的流血事件。科斯特·约翰逊(Cost Johnson,马里兰州辉格党)警告说,在调查委员会任职"需要比往常更加有魄力和胆量",并建议委员会成员要武装自己。无论如何,国会究竟有什么权利来调查这些问题呢?这是一件关乎荣誉的事务,是绅士们之间的私人事务。最终,投票结果是152票对49票,赞成进行调查,但投票结果的地方色彩格外惹人注目。除了一个罗得岛的辉格党人外,每个新英格兰人都支持调查,无论党派为何。[145] 显然,以决斗相胁迫的行为乃是南部和西部藏在兵器库中的强大武器。[146]

调查委员会的分歧程度更大,因为分歧的形式更为复杂。委员会由四名民主党人和三名辉格党人组成,最终一共拿出了三份不同的报告。[147] 大多数人——三名北部民主党和一名南部辉格党,宣布西利无罪,建议罢黜格雷夫斯,公开谴责怀斯和琼斯,因为他们侵害了个人的基本权利。[148] 在另一份独立报告中,两名北部民主党提出了反对意见，认为委员会没有权利袒护一方或者建议处罚办法。[149]自政府创建以来在国会中有那么多的决斗者和准决斗者，他们中没有一个人受到过正式的处罚，鉴于此，在第三份报告中一名南部民主党人推荐了一种温和的处罚办法。[150]总体而言，报告结果既具有党派因素，也具有地区因素，是对国会文化总体的清晰反映。北部民主党人赞同进行惩罚，北部辉格党人则不同意，而南部人之间也是有分歧的。不足为奇的是，同样充满分歧意见的众议院将这份报告提交讨论，但实际上"是将报告压了下来"，约翰·昆西·亚当斯清楚地点明了这点。不过，委员会建议的惩罚措施仍然"高悬在"格雷夫斯、怀斯和琼斯"几人的头顶上"。[151]虽然一位国会议员因为辩论中的几句话而杀了另一个国会议员，明目张胆地侵犯了个人的基本权利，却没有人受到处罚。依据国会团体的标准，没有规则被破坏。

但对于怯战的北部人而言，萦绕不散的决斗威胁仍然是个问题。因此，他们尽心尽力地推行反决斗法律，塞缪尔·普伦蒂斯（佛蒙特州反杰克逊派）在参议院领导推行，亚当斯（马萨诸塞州辉格党）则在众议院为其保驾护航。鉴于法律只禁止在哥伦比亚特区发出、传递或接受挑战书，它本质上是一项针对国会议员的反决斗法，是为了解决权力不平衡这一特别问题的特别解决方案。这项法律是配有獠牙的：如果有人在决斗中被杀或受到致命伤，那么另一个人将被判处十年劳役监禁，在决斗中若没有造成伤亡则判处参与者五年监禁，向拒绝接受挑战的人发起袭击将被判三年监禁，最后的条文是所有条文中为了保护北部人而设的最为明显的措施。具有讽刺意味的是，一如某些人在辩论中所提醒的那样，由于惩罚过于严厉，所以这项法律很少得到执行。[152]尽管它终于挫了挫决斗文化之锐气，但它并没有杜绝决斗，而且对国会中存在的威胁和暴力也影响不大。

讨论这一法案的过程并不顺畅，即使其仍处于理论阶段。虽然北部国会议员反对决斗，但支持一项似乎是为了保护他们的法律看起来是懦弱的。因此，即使他们义正词严地支持这项法案，他们还是要象征性地锤击胸口，强调他们并不惧怕粗鲁的对抗。佩里·史密斯（Perry Smith，康涅狄格州民主党）坚决认为，新英格兰的国会议员可能需要保护，免受"那些绅士派头十足的刺客"的伤害……"他们可能会因为辩论中的几句话而设法向对方发出决斗的挑战"。但他说，自己"并不怕任何人"。[153] 富兰克林·皮尔斯也不怕任何人。他强调说，新英格兰人不需要任何"特殊保护"，如果他们无法避开冲突，他们就会像男人一样面临可能的后果。制定反决斗法纯粹是一个道德问题。[154] 鉴于有令人畏惧的好斗者在场，而且在他们面前畏缩的话会造成不良影响，所以哪怕有人仅仅只是提到要避免决斗，他也需要夸夸其谈，以作弥补。（当然，反对一项反决斗法律更不容易。当该法案在众议院通过时，大约40%的议员没有投票。[155]）

最终，很少有人能免受国会暴力行为的波及，即使秉性纯良的弗伦奇也不能。在调查委员会的报告被大声宣读时，弗伦奇的嘴巴小声咕哝着，这时饱受困扰的亨利·怀斯公开地羞辱了他。弗伦奇仍因西利之死而备受打击，于是想要用鞭子抽打怀斯。弗伦奇在日记中怒气冲冲地写道，如果自己不是一个有家室的人，他"甘冒任何风险对怀斯施以身体上的惩戒"，并补充说，他不惧怕任何人。弗伦奇并不是唯一一个估量斗殴行为发生可能性的人。两名国会议员提出要"亲自"帮助他"惩罚怀斯先生"，而且"无论有任何结果"都会支持弗伦奇，他们显然期待着一场决斗或者袭击的到来。弗伦奇全面细致地计算决斗会产生的结果，经过最终的分析后，他退缩了。九年后，他通读了自己的日记，并在此处顿了顿。他在空白处写道，"永远不应该写下来"，他对如实记录了自己的屈服而感到后悔，但不为自己有过这些感觉而愧悔。[156]

对弗伦奇和他的同事们来说，国会的暴力行为是例行公事。党派忠诚将他们拖进战斗中，对男子气概的担忧迫使他们进行战斗，国会团体认可战斗，而为了在家乡观众面前保持自己的立场，有时似乎也需要进行战斗。在西利 – 格雷夫斯决斗的案例中，决斗也得到了国会议员和选民的奖励和赞扬。几乎每个参与者都在接下来的选举中获胜：拜纳姆、格雷夫斯、怀斯、克里滕登、邓肯和皮尔斯。只有威斯康星州的代表琼斯失去了他的席位，这是因为大量新英格兰人意外地移居到了该州东部地区，造成了支持率的降低。但即便如此，他的损失也不是永久性的，十年后他在艾奥瓦州赢得了参议院席位。[157] 国会中大多数频繁参与决斗的好战者们也是如此：许多人都再次当选议员。不仅国会支持决斗，全国各地也以参与决斗人员能够再次当选的形式证明了选民支持决斗，鼓励他们的代表为他们的权利而去决斗。这也许是国会暴力行为的根源。当涉及议员在国会和国内获得的影响力时，决斗的效果就是最好的诠释。

第四章　秩序规则和暴力规则：
危险的措辞和关于钳口律的辩论（1836—1844 年）

北方佬是勇敢的：对于弗伦奇而言，这就是西利之死的寓意。几年后，在献给 1849 年新罕布什尔州之子节的音乐中，弗伦奇为歌曲设定了主题，颂扬西利是"勇者中的最勇敢之人"。[1] 尽管那场决斗骇人听闻——弗伦奇说它"该永远被铭记"——但这场决斗证明了西利是一位"无畏和光荣"之人，是新英格兰的骄傲。[2]

不过，弗伦奇对遏制政府运转之轮的冲突并不那么泰然自若。混乱的爆发阻止了国会会议的正式召开或者结束，因而几乎总是使他感到合众国陷入了令人恐惧的厄运旋涡中。也许这一次不会有任何妥协，也许这一次政府会崩溃，也许这一次合众国会就此瓦解。

这种想法在一次长达九年的极端冲突中折磨着弗伦奇，当时国会正在商讨是否订立一项旨在压制反奴隶制请愿活动的钳口律。[3] 从 19 世纪 30 年代开始，反奴隶制的思想感情随着一股全新且不断壮大的力量传入了国会议员中，这股力量的源头是 1833 年成立的美国反奴隶制协会（American Anti-Slavery Society）及其组织的政治运动。在他们的政治运动中，成千上万张请愿书涌进国会。请愿书来自不同的请愿人，有黑人，也有白人，有男性，也有女性，数量众多的民众试图废除国会管辖下的哥伦比亚特区的奴隶制。[4]弗伦奇有可能处理了其中大量的请愿书，因为众议院执事下属的职员们肩负了其中大量的工作。单单1838年2月的一天，在西利去世的那个月，约翰·昆西·亚当斯就将350份反奴隶制请愿书呈交给众议院，上面大约有35000个签名。[5]大量反决斗的请愿书在西利死后也接踵而至，增强了这次汹涌的请愿活动的气势。弗伦奇在决斗发生后的几周里不停地抱怨：假若这次"请愿的狂热"持续得再久一点，就需要给国会大厦修建新的侧翼楼用于储存信件了，再配备一支文员大军，负责搬运这些纸张。[6]

出现潮水般的请愿书是有理由的，因为奴隶制正在扩张。从19世纪初开始，工业化和城市化导致了对新型原材料的巨大需求，所以奴隶制下的生产劳作开始转向新技术领域，并且扩张至新的土地上，逐渐满足了这种需求。尽管我们很容易将美国南北战争前几十年的奴隶制度视为即将消失的过时遗物，但在19世纪早期它却蒸蒸日上。[7]

一些国会议员受到奴隶制的扩张、日益强烈的反奴隶制情绪以及大量请愿活动的刺激，并受到大英帝国废除奴隶制的鼓励，在众议院中以最为诚挚、积极且坚决的态度提出奴隶制的问题，而一群迫切希望在全国政治中心推动自己事业的反奴隶制游说者也渴望在一旁进行劝说并给予协助。[8]在1836年到1844年之间，愤怒的蓄奴州代表和关心州权自由的国会同僚们终于做出回应，推动了一系列压制言论的律令，将反奴隶制的请愿活动抵御在国会之外。弗伦奇全心全意地支持这一战略，他认为"如果狂热分子坚持请愿，那么辩论越少就越好"。[9]

对于弗伦奇来说，选择的自由其实很可怕。1837年，废奴主义者威廉·斯莱德（William Slade，佛蒙特州辉格党）引燃的一场暴动让人们看到最糟糕的情况是如何上演的。第25届国会第二次会议召开16天后，斯莱德呈递了几份反奴隶制请愿书，并提请选出一个委员会以权衡废除奴隶制的得失，而他本人对委员会的要求是让他有资格去讨论这一重大问题。12月20日，他做了这样一件事情，他纵论阔谈奴隶制及其残酷的历史，即使南部人大吼大叫地表示反对，他也不为所动。约翰·费尔菲尔德（缅因州民主党）惊叹道："没有什么能阻止他。"斯莱德挺身而出的影响巨大：三名南部州代表愤怒地离开了会议厅，那天夜里，众多南部人聚集在一起谋划了一项新的钳口律，然后他们在第二天提交并且推动这条律令得以通过。费尔菲尔德认为，尽管他设想的律令与此有所不同，但这条律令也还好。"我们不得不采取这条律令，否则我们就让整个问题长久地暴露在狂热、愤怒和危险的讨论之下。我之所以说很危险，是因为我相信这种讨论会危及合众国的长治久存，尽管并不会摧毁合众国。"[10] 弗伦奇绝不是唯一一个心怀恐惧之人。

解决具有威胁性问题的一个异常简单的方案是：禁言。尽管该方案存有缺陷，但是它的内在逻辑简单直接。如果我们能扼杀国会的反奴隶制言论，我们就可以把威胁共和国的刺耳之音维持在低鸣的状态，我们就可以保全维系政党在全国的纽带，我们就可以将制造麻烦的"狂热分子"拒之于这个全国性论坛之外，那些对决意摧毁联邦的废奴主义者疯子们表示支持的言论也不会存在于全国性的论坛中。同样重要的是，我们可以保持这个全国性论坛的冷静和正常运行（至少可以按照国会的标准运行）。[11] 除此以外，奴隶主还有其他的理由，即他们需要遏止奴隶的反抗，因为在南部，危险的话语可能会引发大规模叛乱。会议厅过道两边的人都认为，在涉及反奴隶制请愿时，钳口律是合理的，这些人中既包括大多数的北部民主党人，也包括一些北部辉格党人。[12]

约翰·昆西·亚当斯则持不同意见。两年前在总统竞选中输给安德鲁·杰克逊的亚当斯于1830年当选为国会议员，他进入众议院时以合众国的整体为重，所以不打算在奴隶制问题上采取过激行动，但钳口律的辩论改变了他的想法。他反对奴隶制，并对公然侵犯受宪法保护的请愿行为感到愤怒，于是他发起了一场抵抗运动。亚当斯无所畏惧，而且才思敏捷，说话时特别喜欢使用讽刺挖苦的语调，他终生都在接受政治训练，对维持秩序规则（rules of order）有很深的理解，一次又一次聪明地绕过钳口律的限制——有时他会利用一些突发奇想的议会手段，有时会强行获取发言机会。弗伦奇不懂，为什么亚当斯要惹出麻烦呢？是因为他可以为所欲为吗？还是因为他老了？1842年，在对亚当斯的所作所为进行了经年的观察之后，弗伦奇想要驱逐"这位老先生，因为说真的，我相信他在请愿的问题上失去了理智"。亚当斯似乎故意要将奴隶主和联邦逼到崩溃的地步。

而亚当斯确实如此，他的目的就是为了能够引起一场骚乱。对他而言，最重要的是能够推动这些议题：迫使议会讨论奴隶制的问题，迫使请愿权发挥作用，迫使奴隶主将他们的野蛮之行公之于众。亚当斯很清楚，钳口律的推行赤裸裸地暴露了严酷的现实：在一定程度上，奴隶主主导了国会，与他们对整个联邦政府所达到的控制程度不分轩轾。正如他在1842年对选民的演讲中解释的那样，蓄奴的国会议员"众志成城地向前进"，在权力方面握有优势。钳口律诞生于这样的政权中。奴隶主在关于奴隶制的沙地上画好了线，设立了辩论的界限与条件。

亨利·怀斯——据弗伦奇所言是个"极端的反废奴主义者"——尽了最大努力来捍卫那个政权。在反对亚当斯的钳口律运动中，怀斯是"首席打手"（bully-in-chief）。但在这场战争中，他无法用出武器库中的全部武器，因为亚当斯地位超然，不容易受到人身侵犯。[13]他是名长者（进入众议院时已经63岁了），是美国的前总统，还是另一位前总统的儿子，那位前总统可是美国杰出的缔造者之一[(1)]。在钳口律引发的政治运动中，亚当斯遭受了他不该承受的侮辱、威胁和议会的打击，

---

〔1〕约翰·昆西·亚当斯是美国第六任总统，而他的父亲约翰·亚当斯是美国第二任总统，也是开国元勋。——译者注

但他的身体从未遭到其他国会议员的攻击。在钳口律的辩论中，这就赋予他一种特殊的力量，可以善加利用。

为了对抗亚当斯，怀斯和他的盟友只能以秩序规则来战斗，甚至是在亚当斯兴致盎然地嘲讽他们的时候——几乎是刺激他们采取攻击行为。怀斯差点无法约束自己。在他与亚当斯的一次激烈交锋之后，他就是这么承认的。怀斯继而警告说："如果马萨诸塞州的那位议员不是一个老人家，受到年龄弱势的庇佑，那么只要他还这么做，就不会享受到我只使用语言的慈悲。"[14]亚当斯听到了怀斯的话，于是那天晚上，他在日记中写道："怀斯之后用他自己的方式回复了我，他最后还威胁要在我的议席上宰了我。"[15]

废奴主义者乔舒亚·吉丁斯（俄亥俄州辉格党）也因为反奴隶制观点而受到威胁，但他绝不可能免受人身侵犯。在他漫长的国会生涯中，他至少被袭击过七次，和亚当斯一样，他抓住这样的时刻来展示奴隶主权势（Slave Power）的残暴。吉丁斯非常适合这种攻击策略，因为他高大、有力、勇武。他有超过六英尺的身高和发达的肌肉（多年的农耕生活使他的身体变得强壮），他胆大到敢于去嘲笑奴隶主，而且相信自己能够保护自己。约翰·道森的刀并没有吓到他，吉丁斯在被道森袭击后告诉妻子，"只要我打到他"，那么道森的"鲍伊猎刀就没什么用武之地了"。[16]基本上，吉丁斯就是一位废奴主义的斗牛士，在咆哮的奴隶主面前挥舞着废奴主义的红旗，相信奴隶主会在全国观众面前暴露他们嗜血的欲望。其他废奴主义斗牛士们也有不同的谋略，并且他们需要谋略，因为在面对奴隶主权势时，毫无计划的行动是危险的。

一切都进展顺利，废奴主义的观点在国会发言席上的出现传递出颇具分量的讯息，因为钳制这些人言论的尝试——无论是钳口律，还是其他秩序规则（rules of order），或者暴力规则（rule of force），都对奴隶主造成了伤害，这不单单刺激了废奴主义者，也刺激了那些请愿权受到损害的北部人。[17] 根据《权利法案》第一修正案，国会不能制定法律剥夺"人民权利……向政府请愿申冤的权利"。限制这一权利实际上是十分严重的。（尽管弗伦奇断言：奴隶制并非北部人的冤情，北部人无权对此提出申诉，这条修正案对此并不适用。）[18]

北部的代表权和言论自由与关于钳口律的辩论连接在了一起，这甚至让南部人偶尔会感到不安，因决斗而享有声望的威廉·格雷夫斯（肯塔基州辉格党）即是如此，他在1837年为亚当斯表达观点的权利进行辩护，并因此受到南部人的严厉斥责。[19] 被危及的权利牢牢地吸引住了北部旁观者的注意力，如鲠在喉，废奴主义者充分利用了这一点。正如一位国会议员在晚年指出的那样，违反"宪法权利的重要原则"驱使人们尽可能采取行动。[20]

因此，亚当斯、吉丁斯和那些不断进行游说的盟友们持续不断地在国会会议厅内刺激着奴隶主，让人们看到威胁的存在。他们很清楚，在反对奴隶制的战斗中，钳口律是"礼物"，言语就是"武器"。

规则的战士和他们的战争

反奴隶制的请愿书确实令国会陷入了尖叫声四起的停摆中。但是如何停止请愿活动呢？请愿书应该在被摆到桌面上后，再从议程中摘除出去吗？应该把请愿书交给一个委员会吗？如果这样做了，接下来怎么办呢？众议院应该完全拒绝接受请愿书吗？这可能吗？请愿书——威力无穷的公众之音，能被置之不理吗？一个拒接请愿书的简单决议就够了吗？合众国需要一种长久维持秩序的规则吗？这样的规则能被执行并且坚持下去吗？一位内心极度愤怒的南部人甚至提议焚毁请愿书。[21]

这不单单是众议院的难题，不过事态在参议院的发展有所不同，原因有以下几方面：参议院的任期为六年，而且议员的任职时间彼此交错，所以参议院是一个具有延续性的机构，并不会在每届会议开始时都采用规则；它收到的请愿书比众议院少，至少在一段时间内，抓住这个问题死咬不放的狂热参议员较少，尽管他们也出现过对压制请愿权利的恐惧不安。[22] 1836 年，约翰·C.卡尔霍恩就引发了参议院中的不安情绪，他提议参议院直接拒绝反对奴隶制的请愿书。在长期的争论后，他们设计出一套迂回的解决方案：当一份反奴隶制请愿书被提交时，一位参议员会质疑是否应该接受它，而另一位参议员则会将这个接收问题搁置不论。通过将问题搁置而不是将实际的请愿书搁置，参议院既不接受也不拒绝请愿书本身，有效地回避了第一修正案的复杂性。[23] 这种间接压制反奴隶制请愿活动的方式一直持续到 1850 年，此时约翰·帕克·黑尔（新罕布什尔州自由土地党）披露了这一现状，指出参议院习以为常地接受南部的请愿书，却拒绝北部的请愿书。[24]

众议院有时也采取相同的手段，但由于每届国会都必须通过维持秩序的规则，所以他们就走上了不同的道路，一次又一次地通过只持续一届会期之久的钳口律决议，直到他们获得足够的力量来通过一项常设的律令：众议院第 21 条律令（House Rule 21）。经过数月的争论，他们于 1836 年 5 月通过了第一项决议，规定"以任何形式直接陈述的或者在任何程度上与奴隶制有关的请愿书、纪录、决议、主张或文件，不会被印刷或者参考，不应被提交讨论，不得就此采取任何进一步的行动"。

然而，这并不能解决问题。这样的限制并没有阻止亚当斯的请愿书运动以及它所激起的民愤。"自从我们的宪法通过以来……众议院现在在解散这个光荣的联邦方面做得比以往都要多"，弗伦奇烦躁地说。[25] 但维持秩序的规则却造成了失序的现象。

众议院第二份钳口律草案，拟于 1837 年 12 月 21 日，宣称"所有涉及废除任何州和特区的奴隶制或禁止任何州和特区买卖转让奴隶的请愿书、备忘录和文件都会被搁置，不得对其进行辩论、印刷、阅读或者引用，且不得采取任何进一步行动"。（国家档案馆提供）

弗伦奇在 1833 年至 1845 年间担任众议院的文员，在 1845 年至 1847 年间担任众议院执事，他的生活都围绕着这些规则运转。他按照现行规则的规定记录或誊抄众议院的文件，并确保每位成员都有一份关于规则的副本。在议长前的执事桌上，他恪尽职守，特别关注违反规则的行为，在《众议院议事录》中抄录下反对意见并且记录下议会程序问题（points of order）[1]。亚当斯在关于钳口律的辩论期间频繁地对此加以使用，从而在众多的禁言规定中大行其道。[26] 弗伦奇是议会程序和先例方面公认的专家，这点不足为奇——1850 年，有一个规则委员会想撰写一本手册，他们就去寻求弗伦奇的帮助。[27] 当他在执事任上主理事务时，有些人试图以关于议会程序上的几点复杂不清的问题令他为难，但这些人通常都失败了。[28]

所以弗伦奇对于亚当斯在将近十年的时间里习惯性地、有意地，

---

〔1〕即在正式辩论中质疑议事规则遭到破坏而提出的程序问题。——译者注

甚至可以说欣喜地打破规则一事感到失望。在某些方面，亚当斯是在与国会本身开战，而且这是一场漫长的战争。在弗伦奇为众议院处理文书工作的十四年中，有九年都不断经历亚当斯"夸张的请愿活动"（弗伦奇之语）所带来的暴乱。29

亚当斯是这场战役中的战斗者。正如拉尔夫·沃尔多·埃默森（Ralph Waldo Emerson）在1843年所言，他是个"好斗之人，热衷于大打出手的混战"。30

1839年，当乔舒亚·吉丁斯（俄亥俄州辉格党）发表第一次反奴隶制演讲时，亚当斯对混战的热爱得到了充分的体现。当时奴隶主狂怒地咆哮着，还跳了起来，吉丁斯却惊讶地注意到亚当斯在他的位子上开怀大笑。31 还有一次，在一次例行的点名投票中，亚当斯质疑钳口律的合宪性，再次让奴隶主们嚎叫着跳起来，但亚当斯却继续发言。当激动的议长要求肃静时，亚当斯"突然倒在了椅子上，嚎叫声戛然而止"，让亚当斯笑得前仰后翻。32

但是挑战钳口律通常并不是件逗乐子的事。

1843年时已经76岁的众议员约翰·昆西·亚当斯。他是第一位留下照片的美国总统。（Albert S. Southworth 和 Josiah J. Hawes 拍摄，I. N. Phelps Stokes、Edward S. Hawes、Alice Mary Hawes、Marion Augusta Hawes 于1937年捐赠，大都会艺术博物馆提供）

蓄奴者视反奴隶制的请愿书为一种"攻击行为"（assault），他们反过来用这种态度对待亚当斯。[33] 在亚当斯大声宣读请愿书时，许多奴隶制的支持者阔步冲向他并怒目圆睁。1838年，双方互相怒视，当时拉特利夫·布恩（印第安纳州民主党）——根据亚当斯的说法，此公乃"众议院里脑筋最愚钝的家伙"——似乎准备好给出一拳。一位同事开玩笑地说要和亚当斯并肩作战以消除劣势，这个玩笑并非不着边际。当天晚些时候，布恩的一个伙伴警告亚当斯，布恩曾威胁要袭击他，尽管最终布恩也知道最好不要越过这条线。[34]

作为旁观者的公众同样充满了敌意。当废奴主义者向亚当斯递交海量的请愿书时，蓄奴者们也相应发出死亡的威胁。到1839年，亚当斯每个月大约收到12次左右的死亡威胁信。[35] 有一封信扬言要他准备"接受意外……末世将会突如其来"。另一封信上面有他的画像，画像中一颗子弹贯穿了他的脑袋，还写有一段《圣经》中的文字：*mene mene tekel upharsin*（你的日子已经不多了）。[36] 亚当斯从容地应对这些信件，认为写信的人不过是"奴隶蓄养者和奴隶贩子的后代"。[37]

每一次冲突都有利于亚当斯的计划。有一次，亚当斯纠正了记者关于他1839年一次演讲的评论，因为他最关心的是记者们能够报道有人"拼命地"将他从发言席上拉下来。那天晚上，他在日记中回忆说，媒体对这次演说的报道"将比我自己的演说更有价值"。[38] 具有讽刺意味的是，压制亚当斯言论的活动为所有人刻画了这样一幅图景，即奴隶主们咆哮跺脚，威胁他人，强行施加自己的意愿，结果反而传达了亚当斯意在表达的信息，即国会的议席中存在着一股奴隶主权势集团（Slave Power）：一群暴力且专横的奴隶制辩护团队，他们尽一切努力来掌握权力。[39]

托马斯·马歇尔（肯塔基州辉格党）和亨利·怀斯分别是奴隶主权势集团的一份子，他们在1842年试图主导一场对亚当斯的公开谴责

（41年前，几乎是同一天，亚当斯的父亲任命马歇尔的叔叔约翰成为美国第四任首席大法官）。亚当斯呈交了一份来自于他的46位选民的请愿书，请愿书呼吁解散联邦，因为为了维持南部政客的利益北部的资源将要枯竭。亚当斯用这份请愿书挑起他人对自己的攻击。随后，完全可以料到的骚动给了亚当斯一个抨击奴隶制和捍卫请愿权的机会，[40] 而且当公开谴责他的动议第一次被提及时，亚当斯立即回应道："好极了！"[41]

1月25日，星期二上午，楼座里挤满了渴望观看这场战役的人。不出所料，马歇尔和怀斯做了长篇大论的谴责演说，抨击亚当斯，同时支持奴隶制。["这些南部男孩的傲慢令人无法忍受"，威廉·费森登（缅因州辉格党）怒气冲冲地说道。][42] 然后，同样不出所料，亚当斯火力全开，激烈地抨击二人，并且驳倒他们的论点。弗伦奇从未见过如此辛辣的嘲讽，如果这和艾萨克·希尔的侮辱方式一样，那么这样的嘲讽绝对有意味。[43] 亚当斯讥笑马歇尔的"想法微不足道"，嘲弄他所谓的遵守禁酒承诺，还强调他肯定没有从他的叔叔约翰那里学习好法律，所以亚当斯建议马歇尔回法学院去学习他起初没掌握的知识。接下来，亚当斯没有再继续反驳，而是纠正马歇尔演说的内容。[44] 在这场激烈的演说中，马歇尔演了一出好戏，他站起来，一直俯视着亚当斯。但他对议会中的一个朋友承认说："我真希望我死了。"[45] 多年后，马歇尔仍然心有余悸，他向一位记者回忆亚当斯当年如何把手压在椅子的扶手上，然后慢慢站起来，展开那"滔滔不绝的雄辩演说"。马歇尔当时都想让地板裂开个缝，钻进去，如此就可以在人们的目光中消失不见。[46]

怀斯受到的反击更为无情。亚当斯坚持自己有权获得公平申辩的机会，并提醒人们想想四年前怀斯也曾如此要求过：就在西利－格雷夫斯决斗之后。亚当斯指控道，怀斯进入众议院时，"他的手和脸滴着被谋杀者的鲜血，鲜血的斑点如今还在他身上留有痕迹"，虽然民主党提议对他的谋杀行为进行审判，但是他没有受到惩罚，因为众议院不适合裁决此类罪行。怀斯被亚当斯的血腥指控所震惊，激烈地驳斥："这是一个既黑暗又卑鄙的谎言，就像这么说的叛徒一样黑暗且卑鄙。"尽管亚当斯的话有虚张声势的成分，却给怀斯造成了极大的伤害，怀斯一直在对此加以反驳，直到他死的那一天。[47] 罗伯特·巴恩韦尔·雷特（Robert Barnwell Rhett，南卡罗来纳州民主党）在与亚当斯短暂交谈后评论道："在这间会议厅每个有点经验的人……都知道这位绅士在此类争论中有多么机敏"，他说出了很多人的想法。[48] 弗伦奇的朋友——"高个子约翰"温特沃思（Wentworth，伊利诺伊州民主党）有充分的理由称赞亚当斯"语若重锤"的雄辩。[49]

亚当斯利用规则对议会全体成员施加影响，怀斯则利用规则钳制言论。在十一年的国会生涯中，怀斯以对秩序规则的呼吁来威逼对手，并且用不着边际的演说阻碍对手的事业，演说的内容在主题关联性上模棱两可。（1836年，他语带倦意地叹息道："'自己应该会记住"关联性"这个词，直到死的那一天'。"[50]）他长篇的指责性发言常常让人心神烦乱。有一次，他演说得太激动了，结果晕倒了。[51] 众

1840年时已经34岁的亨利·怀斯（Charles Fenderich 创作。国会图书馆提供）

第四章　秩序规则和暴力规则：危险的措辞和关于钳口律的辩论（1836—1844年）　143

议院议长詹姆斯·K.波尔克（田纳西州民主党）难以阻止他。在波尔克参加的竞选活动中，怀斯会变着法子去嘲笑、轻视、侮辱以及质疑他。怀斯在推进自己事业的同时毁灭了他的敌人，其中就有波尔克本人。怀斯是阻碍立法程序的大师，也是捍卫规则的斗士。

多年来，怀斯和亚当斯一直在针锋相对，打得难分难解，有时为规则斗起来，有时为几句话斗起来。亚当斯的发言几乎成了信号，怀斯总是会跳起来表示抗议，而亚当斯则以牙还牙。在一次辩论中，亚当斯过于频繁地表示反对，以至于一名《国会世界》的记录员形容他"像钢琴键一样上上下下"。（他还加上了一句轻描淡写的话，且划有记号——"亚当斯先生显然没有耐心……听发言"。）[52] 这两人真是棋逢对手：一个是只有27岁的弗吉尼亚州的粗鲁年轻人，在1834年获得了席位，一位是年长的尖刻政治家，在战斗中无所畏惧。一位同事抱怨说，他们是"致使众议院失序和骚乱的主要人物，是彻头彻尾的冤家对头……如果他们被放在一个袋子里，再狠狠地摇晃，他都不知道哪一个会先掉出来"。[53]

以规则为武器

弗伦奇并没有忽视规则产生的破坏性力量。多年后，当他为共济会设计议事的程序规则时，他尽了最大的努力去抵制规则的制定。[54] 弗伦奇坚持认为，共济会内的兄弟们与国会议员不同，不应该因无关主题的发言而遭禁言。请愿书的拒绝和接受无须经过辩论，一旦请愿书被接受就应当对此开展辩论。主管事务的领导者有"至高的指挥权"，因此不能对他的裁决提出上诉。而且与众议院设置的规则不同，共济会的规则将会是永久性的。在弗伦奇所在的共济会，不会因为规则或请愿而发生口角,不会因为有对秩序的请求而致使言论遭禁,还应该有一个神通广大的主导官员能让事态平稳地进展。[55]钳口律的辩论为弗伦奇带来了苦涩的教训。

一个"众所周知的议事规则体系"本应是带来秩序的。托马斯·杰斐逊在1801年编写的《议会规则手册》就持这样的观点。该手册是一本指南,基于杰斐逊担任副总统主持参议院的工作经验而编成。[56]杰斐逊强调,礼节才是关键所在,人身攻击和人格侮辱的行为应该被绝对禁止。任何人都不应该直呼同僚的姓名或者在发言时直接提到自己的同僚,应该由议长进行评论。不应该有嘘声或者咳嗽声来淹没别人的发言,不应该使用带有侮辱性或者"讽刺挖苦"的言语。任何人的发言也不应该"啰里啰唆"——当然这属于杰斐逊的一厢情愿。因某人的动机而对其展开抨击是对他人的"人格侮辱",因此该被禁止。"破坏秩序的言辞"将由执事记录下来并被进行讨论。如果出现"气话或者袭击",成员们必须"保持在原来的位置上,宣布不会发生任何口角"——这意味着,决斗将不会发生。[57]

系统的议事规则本应该保证公平,而国会的规则最重要的基础就是一种公平竞争的意识。特别是,在美国的民主治理制度中,由于人民需要投入其中,所以他们需要相信他们的代表有公平的机会实现他们的目标。他们需要相信,所有代表——所有州、所有地区、所有政党的代表——都在同一层面上平等地战斗。加盟的各州关系平等,是美国联邦制的核心特质,也是联邦制在国会中的具体体现。正如怀斯所言,如果需要正确地代表他的选民,他就需要"一个开放的场所和一场公平的战斗"。[58]通过设定限制、形塑辩论以及为每个人配备同样的武器,维持秩序的规则有利于公平性对抗。

怀斯以众议院的少数派辉格党成员的身份发言,所以他的言论有额外的意义。正如杰斐逊在他的《议会规则手册》中承认的,在面对强大的多数派时,少数派有一种防御武器:"即程序的形式和规则。"[59] 为了保障权利,并且让自己在立法过程中有一席之地,少数派成员可以遵守共同的规则。从这个意义上说,规则系统维持着权力的平衡。[60] 尽管这在理论上听起来很公平,但规则在用于"交战团体"之间的真正辩论时,无论他们是地区派系还是政党派系,规则都不仅仅是少数派的压舱石。规则是阻碍立法的可塑性工具,到了19世纪30年代,国会议员们常常利用规则使事情的发展陷入停滞,他们这项精微的技艺已然尽善尽美。规则成为了一种武器,在钳口律辩论中发挥了充分的作用。[61]

参议院规模较小,也更易于管理,所以此类形式的"战争"在其中表现得更为文雅。根据参议院的规则和惯例,任何寻求发言机会的参议员都有权得到准许,在辩论期间没有规则强制发言内容要切题适宜,而且很难强行推动立即表决。[62] 一心要进行阻挠的参议员只要肺部能坚持住,他就可以天南海北地讨论任何话题。从本质上说,参议员们享有极其宽松的辩论自由,几乎不会受到任何限制。[63]

他们在要求同事遵守规则时也得三思而后行,因为在关系亲密的参议院中,这种行为显得像是一种侮辱。正如副总统米勒德·菲尔莫尔(Millard Fillmore,纽约州辉格党)在1850年解释的那样:"参议员们很少以要求遵守规则来干涉彼此,其原因毫无疑问,他们担心自己的动机可能招致误解。"[64] 参议员刘易斯·林(Lewis Linn,密苏里州民主党)是"最近要求自己的私敌或政治对手遵守规则的人之一;他不会再这样做了",他曾在1842年如此宣布:"当任何人在涉及林先生的场合下越过得体行为的界线时,林先生知道如何寻求补救的方法,并且总是以自己的方式进行补救。"[65] 引发一场决斗的举动比躲藏在议事规则后面更为适宜。

在规则战争的领域里众议院上演着更加野蛮粗俗的戏码,亚当斯和怀斯对此有十分清醒的认识。在托马斯·阿诺德（Thomas Arnold，田纳西州辉格党）要求一个民主党人肃静以让亚当斯顺利演讲时，爱挥舞猎刀的约翰·道森（路易斯安娜州民主党）的反应即可作为例证。道森大摇大摆地走到阿诺德的座位边，冷笑道："我知道你是一个维持秩序的高手，先生。"[66] 但是当阿诺德并没有上钩时，道森又称他为"懦夫"和"恶棍"，并威胁要割断他的喉咙。几天后，在讨论众议院的不正当行为时阿诺德提及了此事。他开玩笑说："如果民主党雇佣他人来这里欺凌国会成员，而且他们中有人是来割断我的喉咙的话，我希望那个人会犯个错误，割断自己的喉咙，那样就太好啦。"他的话引人大笑。但当他因为发言离题而被要求遵守规则时，他抱怨道："我是在谈论众议院的不当行为和混乱，如果在万能的上帝创造的这个世界，能有一个更加切合这一主题的事例，我愿意洗耳恭听。"[67] 不过道森选错了靶子，阿诺德并没有那么容易被吓唬住。早在十年前，一个刺客因

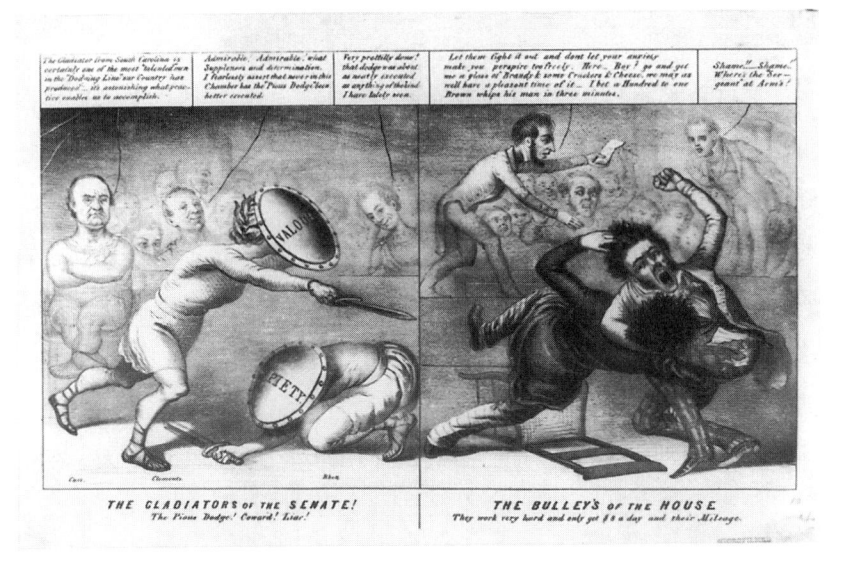

对稍显温和的参议院和"熊园"般的众议院里不同战斗方式进行讽刺的漫画。（John L. Magee 创作，1852 年左右。国会图书馆提供）

为阿诺德侮辱了山姆·休斯敦并且关系到了杰克逊总统而决意刺杀他，结果阿诺德在国会大厦的台阶上制服了这个全副武装的刺客。[68]

即使没有道森这样的人物，在笨拙庞大的众议院中，人们关于规则的战争也是十分野蛮的，因为它是以阻碍他人为基点的。少数派推迟投票的方式有：以对遵守规则的要求来打断他人，或者动议先决问题〔1〕（即要求对还处于辩论中的问题进行立即表决），拒绝投票（即为人熟知的"故意失踪以致法定人数不足"的手段），或者提出休会的动议。[69] 众议员必须争取到发言机会，而且一旦得到发言机会就要把握住。在众议院会议进程中，成员需要对稀缺机会展开竞争，所以人们有充分的理由将众议院称为"野熊的花园"。[70] 不足为奇的是，对奴隶制的讨论会让事情变得更糟。在1842年，亚当斯在日记中用了一个单词简略记下请愿活动的爆发："爆炸。"[71] 多年后，弗伦奇在回想这场"以请愿活动的形式……呈现出的爆炸性事件时"，发现关于它的辩论充斥着污言秽语，不时有人挥拳跺脚，但他却称之为"我们众议院一贯的辩论方式"。[72]

在这种背景下，亨利·怀斯自称斗士，正如他在1843年的钳口律辩论中解释的那样。他惯常的"作战模式"是，质疑他人的动议，"呼吁议长判定议会程序问题（points of order）"，以及请求强制执行众议院的规则。[73] 这三种手段能够立即中止辩论。对他人的动议和程序问题的质疑发生于即将到来的话题讨论之前，而执行规则的请求将注意力转移到了规则本身以及主席执行规则的能力和意愿上。这种方式对辩论的阻碍极其有效。

例如，1841年1月21日是国会专门用于处理请愿书的一天，在那

---

〔1〕先决问题（previous question）是一种议会的动议，用来决定是否要对一项正在讨论的问题立即进行表决，不得拖延和继续讨论。——译者注

天亚当斯向众议院呈交了一份"宾夕法尼亚州反奴隶制协会的序言和决议"。怀斯立即要求他遵守秩序,但亚当斯继续朗读,于是怀斯继续呼吁对方遵守秩序——声音十分大。议长表示支持怀斯。怀斯接着抗议说,亚当斯的"文件"是一系列的决议,而不是一份请愿书,所以今天它不应该出现在议会的议程中。亚当斯对此加以驳斥。议长则支持亚当斯。怀斯又动议将是否接受请愿书的问题搁置——这是让反奴隶制请愿书远离议院的常规方式。众议院通过了动议。继而,亚当斯动议那份文件应该被打印出来。怀斯反对,因为众议院还没有接受这份文件,所以它没必要被打印。亚当斯反对,但是当其他人加入怀斯阵营时,亚当斯不再说下去了,只是立即呈交了另一份反奴隶制请愿书,而怀斯以相同的方式驳斥了这份请愿书。所以,亚当斯有时无法控制住自己,就不足为奇了。《国会世界》对他获得发言权后的表现如此记述:

> 亚当斯先生(非常激动,并且提高了音量)说,是的,先生,如果没有引发程序问题——没有提出五十或者一百个程序问题来钳制我的言论。[74]

这一次一如既往,亚当斯竭尽全力,坚持自己有权大声朗读一封怀斯写给选民的信,以证明自己的观点。据《国会世界》记载,亚当斯当时"欣喜雀跃",而怀斯并没有表示抗议。"他已经习惯了这位先生将怒火发泄在他的头上,"怀斯解释说,"而他现在真的不在意了。"[75]

亚当斯的措辞值得注意。有人提出关于议会程序的问题来"钳制我(亚当斯)的言论",他们确实是这样做的。可以有无数种方式利用议会的程序规则来钳制言论,人们惯常使用的"反对"(objection)就是其中的一种方式。而讥讽他人或者拒绝给予他人回应的机会则是另一种方式。这是"辉格党的通常做法",言论被钳制的受害者杰西·拜纳姆(北卡罗来纳州民主党)抱怨说:"两三个恶霸抨击一位绅士并且侵犯了他的权利,却拒绝让这位绅士回应他们的抨击。"动议先决问题并且要求立即对其表决,是另一种"禁止言论的方式",正如查尔斯·布朗(Charles Brown,宾夕法尼亚州民主党)所说的那样:"一名成员动议先决问题,具有相同政治意见的另一名成员要求他撤回,他同意了。他们要那位成员更改动议,该成员更改了这项动议。如此一番之后,他在其另一个政治朋友的要求下又撤回了这项动议。"[76] 这是最出色的合作阻碍行动,但对少数派而言十分不利,因为动议先决问题意味着将会立即举行表决,这往往对掌握立法进程的多数派最为有利。[77]

这些禁止言论的措施可以被抵制,亚当斯用一次次的行动证明了这点。但是这需要可靠的人以坚定的胆量和魄力去令那些愤怒地叫嚣着要遵守规程的人退让。1840年,怀斯因为发言离题而被要求遵守秩序规程,而他却宣称自己就是常用这种手段的人:"让我告诉先生们吧,如果他们尝试以辩论离题为由向我施压,我就会将他们扔入一种难以掌控的混乱局面中,一旦进去了可就没那么容易出来啦。当一个有魄力的人决心要守护自己的权利时,这种反抗行为对他而言很容易。"[78] 1841年6月14日,他在一次长达六小时的捍卫钳口律议论中体现了自己的那种魄力。不过,此举也可能让很多人希望怀斯被禁言。[79]

1842年,废奴主义者西奥多·德怀特·韦尔德(Theodore Dwight Weld)见证了这些勇敢的人在抨击奴隶制时面对的是什么。当亚当斯告诉他自己计划第二天把这些奴隶主"投入火里烤"时,韦尔德就前往见证事情的发生。"我从未见过这样的场景!"他告诉妻子安杰利娜(Angelina)和嫂子萨拉·格里姆克(Sarah Grimke)——她们都是废奴主义的领导者:几十个奴隶主大喊大叫地质问议会程序的问题,"每个人都不时以最大的嗓门喊叫道:'那不是真的','我要求议长先生阻止他的发言','我们为什么要坐在这里忍受这样的羞辱？'"一群南部人希望亚当斯闭嘴，他们将他的席位围了起来，怒目而视，但是他们的威胁和打断只换回了亚当斯的嘲弄。亚当斯嘲讽说："我看到小鞋子把那里挤得特别痛啦，议长先生，还会挤得更紧些的。"[80]喧闹声震耳欲聋，所以记者们一个字也没听清。[81]"众议院里发生了一场值得称道的吵闹。"弗伦奇对他的兄弟说："众议院因此而休会，我预料我们今天会有一段美好的时光。"[82]

在这种混乱中，议长在哪呢？他还能不能保持秩序？答案通常是否定的。这在一定程度上是一个数学逻辑问题。在一个大约挤满了240个暴躁易怒的人的房间里担任主持工作，还要设法获得他人的注意力，这不是件简单的事，事态可能瞬间就变得麻烦，令人讨厌。一个警觉的议长可以令一切变得有所不同。有一次，某人侮辱了他人的人格（用词几乎可以说是恶毒了），怀斯看到议长约翰·贝尔摇着头，停下来补充说："先生，我把这张空白的表格（blank）留给众议院来填写。"[83]

议长维持秩序的终极工具理应是众议院的议长权杖（mace），这是一根仪式性的棍杖，当众议院举行会议时权杖就会搁在议长席位底座的右手边。[84]应议长的要求，纠仪长就会拿着权杖来到混乱的人群中间，这应该足以使人们自惭形秽。1841年的一次权杖使用记录很好地说明了这一点。当怀斯和爱德华·斯坦利（北卡罗来纳州辉格党）开始怒拳相向时，众议院中大多数人都冲了过去，一些人是为了干预，一些人是为了同党欢呼叫好，还有一些人则卷入了打斗中。弗伦奇坐在执事的席位上，看到了这一切：议席一片混乱，议长尖叫着要求维持秩序，人群中传出喊叫声"去他的……干倒他"，托马斯·阿诺德（田纳西州辉格党）则幸运地让自己的头部避开了乔治·休斯敦（George Houston，亚拉巴马州民主党）高高举起的手杖。虽然众议院执事冲出来，擎着权杖高喊着："先生们，尊重这权威的象征，尊重你们自己"，却毫无作用。据弗伦奇所言，秩序是由魁梧的狄克逊·刘易斯（Dixon Lewis，亚拉巴马州民主党）恢复的，他站在怀斯和斯坦利中间，"就像一只大象立在一群狗中间，立刻让他们相形见绌"。[85]

在众议院里维持秩序并非易事，而大多数议长在自己的工作中是有点独断专行的，因为他们都有明显的倾向和偏颇，有时是倾向于自己的党派，有时是倾向于自己的地域。[86]偏袒一方的议长们以自己的想法左右众议院的议程。他们在各个委员会中塞入和他们想法相同的人，压制对手处于少数派地位，并且直接将一些人拒之门外。而废奴主义者有时根本就没有供职于各种委员会的机会。他们在辩论中支持盟友：朋友会先被认出，更容易得到发言权，从而可以将雨水般的恶语辱骂倾泻给对手，还更能得到支持。当亚历山大·邓肯（俄亥俄州民主党）因侮辱当选总统威廉·亨利·哈里森（William Henry Harrison）而被要求遵守规则时，他抱怨道："为什么其他成员叫范布伦'蠢蛋'时没有被要求遵守规则呢？"[87]这种偏袒是有限的，国会的可靠性和效用依赖于令人信服的辩论和妥协。但总体而言，议长们使权力的天平发生了倾斜。因此，议长选举会引发争斗并持续好几个星期，[88]而失败的一方则会感到绝望。1849年，当一个南部人获得议长的位置时（就像1827年至1845年的每届国会选举一样），废奴主义者们绝望了。"现在我们所有的委员会都将是支持奴隶制的！"霍勒斯·曼（马萨诸塞州辉格党）哀叹道。果然，在两周内，曼报告说，废奴主义者"彻底湮没"在由南部民主党人组成的委员会里，以至于"他们都无法抬头呼吸"。[89]

通过不强制实施常规规则，担负主持工作的官员产生了巨大的影响力，而通过提出议会程序问题则会令"钳口律运动"更加具有攻击性。查尔斯·布朗（宾夕法尼亚州民主党）认为，他们就像"在向房子扔火把"，必然会"点燃不和的火焰"，并产生"有害的后果"。[90]尽管"杰斐逊手册"（上文的《议会规则手册》）指出，对秩序的呼吁和对先决问题的要求可以停止"敏感的"讨论，但竟没想到这可能会引起这些讨论。[91]

亚当斯在他反对钳口律的斗争中引起了混乱：他是令众议院忽而躁动、忽而沉默的指挥大师，他让会议室陷入狂乱，他坐下时让这种狂乱戛然而止，他站起时使一切又立即重新开始。钳口律的争论已有两年，弗伦奇看不到解决之道。如果维持秩序的规则不能让亚当斯们保持沉默，还有什么可以呢？他预言道："这一切必会结束"，但"只有上帝知道结局会是什么"。[92]

暴力的法则和施暴者：国会中的恶霸

怀斯很清楚，当维持秩序的规则不能奏效时，什么措施可以让大多数的反奴隶制倡导者保持沉默。和许多人一样，在抵抗针对奴隶制的抨击时，他笃信"暴力法则"（law of force）的强大力量。[93]亚当斯能够免于暴力的影响，但大多数人无法如此，而怀斯则是暴力的主要践行者。尽管怀斯非常反对别人称呼他为恶霸，但他就是一名"恶霸"。（他更愿意称呼自己为"制造麻烦的家伙"。）[94]恶霸是那种有某项立法计划的好战分子。作为"政治斗争者"，他们经常策略性地使用威胁、侮辱以及武力的手段来恐吓对手，不让他们提出反对意见，而且还有可能获得他们的选票。亚当斯将这些人称为"破坏分子"（destructives）。[95]国会霸凌频频上演，以至于有人将国会霸凌谴责为一种"恐吓制度"。国会的霸凌开始于19世纪20年代，一直持续到19世纪50年代。1824年，大卫·巴顿（David Barton，密苏里州国家共和党）拒绝了一场决斗挑战，气势汹汹地反抗了国会的"霸凌和动枪制度"——就是这样的制度构成了钳口律辩论的背景。[96]

没人喜欢被称为恶霸,尤其是考虑到这种称呼带有怯懦的意味:因为恶霸的目标往往都是弱者。[97]1836年,在一次与北卡罗来纳州的杰西·拜纳姆的对骂中,怀斯表达了相同的观点。拜纳姆据称乃是民主党的"斗士",而且他本人也的确是一个恶霸,在四年之中,他与一位同事进行了决斗,又至少两次差点引发了决斗,并在议席中煽动了两次斗殴,有一次刀刃都亮出来了。[98]拜纳姆称怀斯为恶霸,怀斯则语带嘲讽地说自己"宁愿考虑去欺负一只苍蝇",然后一切就彻底失控了!两人针锋相对的咒骂从唇间喷涌而出,例如"恶棍"、"流氓",还有"可鄙的小狗"!这些全都是足以激起决斗的辱骂之语。(据弗伦奇所言,怀斯还掏出了一把枪。)为了避免决斗,议会经历了一场紧张的磋商谈判,事后怀斯解释说:"有人使用了侮辱性的称谓,我对这种做法感到鄙视,倘若有人胆敢这么称呼我,那么他必然会收到我应有的反应。"显然,对霸凌指控的特有回应就是……霸凌。[99]

每届国会都有恶霸,而大多数恶霸都像怀斯一样,总是威胁说要殴打指控者,这种威胁明显不是玩笑话。[100]大多数恶霸都是南部人或南部出生的西部人,尽管并非所有的霸凌都围绕着奴隶制,也不是所有的好战分子都是恶霸。(亚当斯将一场辩论形容为"恶霸"与"北方佬"的较量。[101])辉格党和民主党中典型的恶霸数量几乎相当,即使崇尚法律和秩序的辉格党在国会这个交战地带也会被逼入极端。[102]在参议院,同样存在霸凌行为,但是参议院里的霸凌行为较为温和,往往表现为要求决斗或者在街头"约架"的威胁,且暴力行为发生在议会之外。

怀斯是头号恶霸。1841年,他的"天分"就表露无遗,当时他试图让佐治亚州的全体代表支持一项关税法案,用的办法是霸凌他们中最温和的成员尤金尼厄斯·尼斯比特(Eugenius Nisebet,佐治亚州辉格党）——约翰·昆西·亚当斯对他的评论一矢中的："温和，不会冒犯人，并且不会成为决斗者"。[103] 议长詹姆斯·K.波尔克长期都是怀斯的靶子，为了抨击波尔克的密友杰克逊总统，怀斯霸凌了波尔克很多年。[104] 起初，怀斯在辩论中试着公然蔑视他，用他特别的才能频繁地大声反驳波尔克的裁决，且不失风度。正常情况下，每一位议长都会面对零星的质疑，但是波尔克却遭到了 78 次这样的反对，其中大多数来自于怀斯。[105] 当这种方式无法再烦扰波尔克时，怀斯开始当面侮辱他，在众议院门口伏击他，口中吐出一连串的侮辱性言辞，还补充说："我就是侮辱你……去死吧你，你就忍着吧。"[106] 有意的人格侮辱实际上是诱使对方发起决斗的挑战，但波尔克抵制了这种冲动，辉格党媒体就此又羞辱了他。[107] 另一方面，民主党人士在一首为了 1844 年总统竞选而准备的竞选歌曲中歌颂了他，赞扬他反抗了"一个名叫亨利·怀斯的恶棍……这个恶棍试图用侮辱和谎言来击退他"。[108]

显然，霸凌行为可能会适得其反，不仅提升了波尔克在支持者中的形象，而且还刺激波尔克将怀斯塞入了满是杰克逊支持者的委员会里。此外，怀斯的霸凌行为还招惹来更多的报复。1837 年，总统安德鲁·杰克逊宣告这个弗吉尼亚人[1]和他的伙伴——挑唆煽动他人对付波尔克的巴利·佩顿（田纳西州辉格党），"应该……在街道这样的公开场所接受严厉的责罚和批评"，这实际上是号召杰克逊派的斗士们去揍这两个人。杰克逊对这个想法非常着迷，为此还创造了一个术语，说怀斯和佩顿应该被"休斯敦化"。杰克逊指的是山姆·休斯敦五年前曾使用拐杖毒打了威廉·斯坦伯里（William Stanbery，俄亥俄州反杰克逊派）。面对杰克逊的威胁，两人都严肃认真地带上武器，这表明威胁激化为暴力行为的速度往往非常快。[109]

---

〔1〕指亨利·怀斯。——译者注

对北部人的攻击——正是亚当斯所说的"西利事件"（Cilley scenes），展示出霸凌行为最强大的力量。[110] 考虑到议会安全网络上的巨大漏洞，许多北部人宁愿保持沉默，也不愿直面暴力行为，甚至有可能因此蒙受羞辱。一如既往，亚当斯剥开了这种逻辑的外衣："北部软弱、妥协又不愿抵抗的人"令钳口律大行其道，因为他们惧怕"对抗的姿态，'在这里或者在其他地方'他们会因面前突然出现霸凌威胁而被迫表现出对抗的姿态"——这种姿态是引发决斗的一种惯常方式。[111] 由于害怕抵抗的代价，北部人成为了暴力禁制言论行为的受害者。

1838年，乔舒亚·吉丁斯（俄亥俄州辉格党）在国会任职的头几周时间里注意到了地区间的不平衡，这给了他刻骨铭心的记忆。当时民主党代表乔治·W.琼斯——此翁因为参与了西利-格雷夫斯的决斗而失去了席位——索要他不应该得到的旅行费和每日补贴，吉丁斯发现他的北部同事却拒绝提出抗议，"因为琼斯先生爱决斗"，吉丁斯为此感到愤怒。吉丁斯对他们的懦弱目瞪口呆，他采取了相关行动。"我得出了一个真实的结论，事实上，我们的北部朋友们害怕这些南部的恶霸"，他在日记中如此写道：

> 关于这个问题我思虑良久。我做过调查，发现我们中没有一个北部人能够胆大无畏地宣告他对于奴隶制和奴隶贸易的憎恶。这种恐惧我从未体会过，我现在也不会屈服。当我来到这里时，我根本没有想过要参加辩论，但是今年这个特别的冬天除外。因为我看到了我们的北部朋友们如此犹豫和懦弱，所以我决定表达我自己的观点，宣告我自己的意见，并甘愿承担可能产生的后果……我宁愿输掉在家乡的选举，也不愿再忍受这些南部人的傲慢。[112]

吉丁斯赌上了自己的性命、身躯以及可能的连任机会去挑衅奴隶主。

昂首阔步以示勇气之举是吉丁斯的策略之一：以某种意义而言，他是用南部人自己的武器与南部人作战。例如，在1845年，有一次他批评佐治亚州的奴隶主以逃亡奴隶的未出生孩子为由向政府索要赔偿金，爱德华·布莱克（佐治亚州民主党）的辱骂声立马像机关枪一样迸射而出。布莱克走近吉丁斯的席位，威胁要推倒他（并且瞅了瞅楼座，确保没有女士在场）。[113] 吉丁斯回答说：

"废奴主义者的斗牛士"乔舒亚·吉丁斯，摄于1855—1865年期间。（国会图书馆提供）

> 那位先生谈到要把我推倒。他［布莱克］认为我所代表的人民会把一个懦夫送到这里吗？有一位先生曾经拔出鲍伊猎刀，架在我身上，还有人用充满威胁和侮辱的语言招呼了我。先生们是不是以为可以无所畏惧地冒犯北部的自由民，因为我们谦恭且不装腔作势，还不赞同决斗？

当布莱克仍然坚持己见时，吉丁斯回答说，他"从未见过一个内心怯懦的懦夫不大声嚷嚷的"——这是很有火药味的话，因为根据荣誉准则，说对方"懦夫"是一种严重的侮辱，相当于挑衅对方发起决

第四章 秩序规则和暴力规则：危险的措辞和关于钳口律的辩论（1836—1844年） 157

斗或直接的攻击。布莱克选择了后者。《国会世界》描述了接下来发生的事情："在这里，人们看到布莱克先生冲向议院的围栏，走近吉丁斯先生，举起自己的手杖，但被进入围栏的哈米特先生（Hammett，密苏里州民主党人）和其他南部的绅士们抓住并阻止了。"[114]

吉丁斯继续发言，而"气得上蹿下跳"的布莱克则被朋友们控制住了。[115]同年，约翰·道森纠集的一批武装团伙也没有让吉丁斯保持沉默，[116]甚至连差点发生的街头斗殴也没能阻止他。一个朋友确信吉丁斯将会受到袭击，于是给了他一把刀，但这个俄亥俄人谢绝了。[117]

吉丁斯正面反抗奴隶主恶霸，而奴隶主恶霸则积极地予以回应，用一些他们不敢拿来对付亚当斯的方式攻击他。一位国会议员向他的妻子解释说，由于亚当斯议员"太老了，不能成为人身攻击的对象"，所以南部政客的暴虐"主要都轰向了俄亥俄州的吉丁斯先生"。[118]吉丁斯遇到过刻意的回避，遇到过侮辱，遇到过威胁，被人推搡过，也被人用枪、刀和手杖攻击过，但是他坚持了下来，部分原因是为了推动反奴隶制的事业，部分原因是为了揭露南部奴隶主的野蛮行径，部分原因是为了表明北部能够——而且将会——勇敢地面对和反对南部的霸凌，另外还因为吉丁斯很"享受这种最高级的……对抗"。[119]吉丁斯确实是一个反奴隶制的斗牛士，面对着在国会山和其他地方欢呼的人群和发出嘘声的人群，他在国会舞台上演了置生死于度外的壮举。

"南部的奴隶制政体和北部的奴性"

在以后的几年里，弗伦奇也会成为欢呼人群中的一员。但目前，当谈到奴隶制时，他更倾向于钳口律和全面的缄默。尽管吉丁斯经常打破缄默的状态，但弗伦奇大部分的怒火都来自于亚当斯，亚当斯不停地进行干扰,讥讽之言随口而出——往往都会刺激到议员们。亚当斯的行为也令人失望,弗伦奇本来对这个"伟人"期望颇多。[120] 事实上,除了钳口律辩论和辉格党几次处事较为粗野蛮横的时刻外,弗伦奇还是深深地尊敬和爱戴这位老政治家的,他小心翼翼地记录下亚当斯关于同事的看法(没太多看法),关于国会大厦的艺术作品的看法(还不错),以及对安德鲁·杰克逊的看法(不太好)。关于杰克逊,弗伦奇记下了一个亚当斯讲述的故事,一个女人经常称她丈夫为"疯虱子",以至于丈夫把她的头摁在了水中,即使如此,妻子仍然举起她的双手,用手指比画着"疯虱子"的手势。这就像杰克逊对美国银行的态度,亚当斯说:即使卧病在床,即使将要离职,他都强行伸出手,在人潮中最后一次亮出"疯虱子"的手势。[121] 对弗伦奇而言,挽救亚当斯和国会的最好方法是让他的选民把他留在布伦特里(Braintree),在那里可以保全他的尊严,让他快乐地创作诗歌。[122]

很难想象比这更加反亚当斯的形象了:一位消极的诗人从远方眺望这个全国性舞台。无论从哪个角度而言,亚当斯都是一名国会斗士,他对那些作壁上观的"北部政治高音乐器们"(Northern political sopranos)轻蔑不已。[123] 然而,就连亚当斯有时也会被霸凌行为给吓住。1842年,南部人在谴责债权人法时,大谈特谈"自由乃人类的天然属性,乃不可剥夺之权利"——"仿佛在他的州或这个地区没有奴隶似的",亚当斯如此抱怨道。在听南部人的发言时,亚当斯担心,自己只要"说出任何一个关于奴隶制的词,南部的奴隶制和北部奴性产生的双重合力都会压在我身上,带来的只会是争吵打斗,在清教徒先辈的土地上我会被谴责为狂热分子"。所以,即使他满心愤慨厌恶,也保持了沉默,"容许6000名奴隶拖着他们长长的铁链过一辈子"。[124]1844年,在"奴隶主们"为了支持钳口律而以"嚣张跋扈和恃强凌弱的姿态"展开攻势时,他再次保持了沉默。虽然他渴望进行猛烈的抨击,但是他担心可能产生的后果:"毫无回应的置之不理是温顺的屈从。以同样的语气进行回应则可能会引发一场争吵,那么公众会让我对此负责。如果只说出正确的事情,而无须顾虑其他,就需要上苍的指引。但愿真理能大白于天下!"¹²⁵

尽管亚当斯乐于戏弄奴隶主,但刻意引发一场大规模的争吵则明显越过了界线。在这种意义上,亚当斯的身体虽然能够免受对手们的攻击,但公共意见令他保持沉默。所以,即使他,也会在激烈的言论压制行为下保持沉默。

所以,他坚决支持1839年的反决斗法,以反对压制言论的行为。亚当斯认为,"在这个国家的事务中,没有任何一件事比(约束)这种特别的决斗习俗更重要"。为什么呢?因为决斗令"那些来自反对决斗地区的成员……在每个议题讨论中都受到欺侮,而且这种欺侮还不应该受到憎恶,'不应该就此产生争论'。"亚当斯拒绝——

> 作壁上观,眼睁睁地看着那些来自我家乡地区的成员,或者那些可能成为我在此处的继任者们,不得不臣服于那些决斗者的法律……这涉及众议院的独立,这涉及众议院的每一位成员的独立,这涉及众议院中的言论权和辩论的自由。[126]

亚当斯的经历证实了霸凌行为的影响。北部人受到侮辱,身陷咆哮声中不再说话,因为他们太害怕了,不敢进行回击,也不敢面对因回击行为而在家乡产生的后果。亚当斯关于反决斗的豪言壮语是对粗暴的言论压制行为的抨击。

并非仅仅只是国会议员禁止他人言论,美国公众在这方面也出了一份力。亚当斯因为担心遭到家乡民众的非难,所以约束住了自己,那些逃避决斗挑战的北部人亦是如此。而没有回避挑战的人,比如西利,甚至更加担心遭到选民的反对。[127] 吉丁斯则认为他强硬作风的表现可能会令他失去席位。[128] 这些人全都认为北部的听众会责备他们的冒进。

南部国会议员则坚决相信南部的民众有所不同。爱德华·布莱克(佐治亚州民主党)以为,如果吉丁斯在佐治亚州,那么他将因自己的言行而被处以私刑。布莱克难道可以"默不作声地坐着,去接受他的选民不愿接受的事吗"?所以不一会儿,他就挥舞着手杖向吉丁斯冲去。[129] 亚当斯在1842年对选民的演讲中复述了这一观念,他说大多数的南部国会议员都不是坏人。他们的霸凌行为"更多地取决于他们选民的激情和偏见,而不是他们自己的"。[130] 亚当斯的观点令人吃惊,但确实准确。部分霸凌行为是表现给家乡的民众看的,尽管这并不会减轻霸凌行为的现实意义或者破坏性。[131]

怀斯的职业生涯即是显例。他的英勇行为为他赢得了选民的赞扬和投票,选民称赞他是他们在众议院中"专属的捍卫者",并且六次将他选入众议院,而当时是一届任期占主宰的时代。[132] 事实上,对于一个南部人而言避免战斗的行为可能会带来严重的后果,正如爱德华·斯坦利(北卡罗来纳州辉格党)在1842年时所发现的那样。当斯坦利的马在赛马场上撞到怀斯时,他用手杖打了斯坦利。身体上的攻击乃是一种严重的冒犯,但斯坦利却选择协商道歉,而不是提出决斗,因此有人指责他懦弱,而他在北卡罗来纳州的对手充分地利用了这件事。在一份选举声讨中,讥笑了斯坦利的竞选标语"崛起,斯坦利,崛起"(On, Stanly, On)!该标语被"聪明地(Wise-ly)[(1)]改为了'快逃,斯坦利,快逃'(Run, Stanly, Run)"!据一些人说,斯坦利躲避决斗的

---

〔1〕怀斯的英文名为Wise,这里正好巧妙地加以利用,意为在怀斯的驱动下改变了标语。——译者注

行为使他在选举中失败。[133]

北部人劝阻暴力行为,而南部人鼓励暴力行为,因此美国人民自己造成了国会权力的不平衡状态。钳口律的辩论则开始改变这种状态。钳口律的实施令北部人感到震惊,因为它侵害了请愿权、代表权和言论自由权这一系列基本权利,还凸显出暴虐的奴隶主势力对华盛顿权力的掌控程度。北部人做出了回应,要求他们的国会议员为他们的权利而战,尽管是要求他们用言语和投票,而非拳头。

约翰·帕克·黑尔感受到了这种观念的影响力。"杰克"·黑尔(弗伦奇如此称呼他)是弗伦奇在新罕布什尔州议会任职期间的朋友,也是皮尔斯在鲍登学院(Bowdoin College)的同学,他在很多方面都很像弗伦奇:是一个强壮、善良的花岗岩州人,生活也为民主党所彻底改变。黑尔在往后的岁月里回忆到,当他在1843年首次进入众议院时,他"是一个……和世界上其他的民主党人一样优秀的民主党人"。但是钳口律辩论令他因奴隶制和请愿权产生的不安公之于众。[134] 在第28届国会开幕日——黑尔到众议院的第一天,亚当斯提议通过除众议院第21条律令(1)以外的上届国会的所有律令规则,黑尔是唯一支持他的新罕布什尔州的代表。

黑尔的投票为他带来了支持者的信件,信件赞扬了他对"南部支配力量"充满男子气概的抵制,并敦促他坚持下去。[135] 反奴隶制的拥护者阿莫斯·塔克(Amos Tuck)赞扬黑尔"够胆量做男子汉的事情,是一个十足的男子汉"。还有一位作家认为北部人的权利和个性"遭到这群南部恶霸们……的践踏已经足够久了"。还有一个作家则担心这些恶霸们会对黑尔的投票做何回应,他给出建议,"如果南部人那么鲁莽和卑鄙,向新罕布什尔州的代表发出决斗的挑战,我相信新罕布什尔

---

(1) 即关于奴隶制的钳口律,本章前文有述。——译者注

州的男子汉们会有足够的勇气拒绝这种挑战"。[136] 虽然黑尔的选民们希望他能够反对钳口律，但是他们不赞同决斗的态度却成为一种强大的反作用力。

黑尔的选民直到这届会议结束的时候还在敦促他，这让富兰克林·皮尔斯异常惊恐，这位已从国会退休的新罕布什尔州民主党领袖担心党内会出现分裂。1844 年 3 月，两人在康科德镇的一次会议上正面交锋。当时与会者提出支持请愿权的决议，谴责支持钳口律的新罕布什尔州国会议员，并敦促他们和黑尔一起"勇敢地"维护他们的权利，此时，曾经以演说赢得赞誉的皮尔斯却以滔滔不绝的演讲为南部奴隶制肆虐的情况做辩护。在做总结时，皮尔斯指责废奴主义者扰乱了会议，导致他不得不大吼大叫。这时有人回应说，"很遗憾皮尔斯同意接受任何人的领导"，这是对皮尔斯的一记耳光，指责他愿意接受南部人领导的面团脸式心态。[137] 还有人以皮尔斯支持钳口律的投票记录对他进行指责，这项记录在未来的几年中一直困扰着皮尔斯。1846 年，当他在新罕布什尔州民主党会议上发言时，人们大喊："禁言！钳口！"这声音淹没了他的发言。[138] 势力强大的新罕布什尔州民主党正处于分裂中，而造成这种局面的是弗伦奇的老朋友弗兰克[(1)]·皮尔斯和杰克·黑尔（Jack Hale）。对于弗伦奇而言，这是某种潮流到来前的征兆。[139]

钳口律令人震惊，关于这点最有力的证明也许是乔舒亚·吉丁斯在 1842 年受到的公开谴责。两个月之前，有人试图公开谴责亚当斯，但失败了，之所以如此，部分原因是他的地位，部分原因是他的议会技巧，还有部分原因是他援引了请愿权。但是吉丁斯缺少防护，也没有保护人，而且有人巧妙地用了些议会手段，令吉丁斯丧失了为自己辩护的机会。1842 年 3 月 21 日，当吉丁斯提出决议，捍卫一艘奴隶贸

[(1)] 富兰克林的昵称。——译者注

易船上起义奴隶的自由时，一个俄亥俄州的家伙——民主党人约翰·B. 韦勒（John B. Weller），动议公开谴责吉丁斯煽动叛乱和谋杀，然后立即动议先决问题，有效地使吉丁斯禁言。[140]第二天，众议院甚至没有给吉丁斯发言的机会就投票决定公开谴责他，按照亚当斯的说法，讨论这一问题的过程是两个小时的"来回绕弯，众议院先推翻了议长的决议"，尔后"有人动议吉丁斯应该获准进行自我辩护，然后这条动议又被重新考虑审议，接着因为规则而中止，最后却获得一致同意"。[141]同一天，吉丁斯遭受了惩罚，他被传唤到众议院前，接受正式的公开谴责，议长的宣读声音特别大。虽然暴力的法则没能钳制他的言论，但是秩序法则做到了。

自从吉丁斯开启他的国会生涯，亚当斯就建议他坚持自己的权利，"不要被南部人的行动方式吓倒"。[142]在对钳口律的斗争中，两人一直是战友，他们与一群核心成员为反奴隶制游说者的团体共同谋划，以华盛顿为大本营，吉丁斯称这个组织为"奴隶制特别委员会"（Select Committee on Slavery）。[143]在钳口律辩论期间，该委员会致力于引发国会混乱。[144]那些让弗伦奇惴惴不安的危险言论却对反奴隶制的事业大有裨益，当南部人被激起的暴怒和疯狂通过媒体传播到整个国家时，奴隶主权势专横的暴虐就被大白于天下。但正是这些相同的言论，对辉格党和民主党而言却绝对是个麻烦，他们的存在取决于南北之间某种程度的和解，所以产生的结果是对吉丁斯的公开谴责。

老政治家们并没有预见到这个结果。"我找不到任何语言来表达我对这一行动结局的感受"，震惊的亚当斯如此承认。[145]但吉丁斯有最后决定权。在遭受到公开谴责的羞辱后，吉丁斯辞去了席位，回到他的选民身边，选民为他"勇敢"反对"国会暴政"的行为拍手叫好。整个选区的选民会议通过决议，支持他反奴隶制的政治观点，痛斥南部人士对他们权利的侵犯行为，坚持认为对吉丁斯的谴责是在侮辱"整个北部"。¹⁴⁶ 此后，他以 7469 比 393 票的巨大优势战胜了一个支持奴隶制的民主党人，再次当选，带着反奴隶制的选民委托重回国会。他比之前更加强大了。怀斯悲哀地相信这是"众议院议员有史以来最伟大的胜利"。¹⁴⁷

最终，即使是律令最坚定的支持者也发觉它失败了。钳口律并没有扼杀危险的言论，反而引发了危险的言论，引起了分歧，大大增加了反奴隶制请愿书的数量，并激起了北部公众对代表权、请愿权和言论自由的诉求，选举出了有相同信念的国会议员。¹⁴⁸ 弗伦奇看到了这种讽刺的结果，注意到钳口律导致了更多的危险言论出现，骚乱的程度远胜于巴别塔⁽¹⁾"中那七嘴八舌的状况"，同时他也很清楚，更多的危险言论意味着将会有更多的暴力行为来扼杀这些言论。¹⁴⁹ 其实，1827 年至 1861 年间，最暴力的五届国会，有两届正好在钳口律的辩论期间。（另外三届处于内战前五年。）¹⁵⁰

对怀斯和亚当斯来说，强烈情感的表达都是有代价的。怀斯在之后的几年里或多或少受到了惩戒，他承认在国会中的争斗几乎毁了自己。"它将我的身体健康蚕食殆尽，几乎让我失去了声音，给我带来了如此之大的人身危险，将我频繁地卷进暴力冲突中，令我感到极度气愤，我不得不去应对党派和个人的恶意，这使我在这个国家获得了我从未垂涎过的地位，但我现在深感悔恨。我真的感受到一种对公共福祉的驱使，让我确实忘记了自己。"¹⁵¹ 亚当斯那一刻也陷入其中，"来自阿科马克（Accomac）的绅士"的辱骂之声络绎不绝，令他精疲力

---

〔1〕巴别塔又名通天塔，典故出自《圣经·创世记》。据《创世记》所言，一开始人类能说相同语言，互相交流，他们意图合作修建一座高塔，直通天堂。上帝因此恼怒，认为人类过于自大，竟然妄想直通天堂，所以令人类说不同的语言，让他们不能交流，无法合作。后来，"巴别塔"这一典故就用来形容人类语言之间的不通。——译者注

竭。在受到一次特别尖锐的抨击后，他在日记中坦诚道："我的感情创伤到了顶点，到了我的理智几乎无法忍受的地步。我相信是上帝令我克制。"[152]

1843年12月21日，怀斯承认了自己的失败，示意记者仔细聆听，然后戏剧性地宣称："现在，从此刻起，我永远不再涉足那些刻意针对南部的人在众议院挑起的战争。"他解释说，捍卫南部的权利实在是重大的事情，无法仅仅以对议会程序问题的质询来保护南部的权利。他从来没有承认，但肯定明白，钳口律的效力侵犯了权利，从而激起了北部愤怒。但并不是所有的奴隶主同事都赞同他的做法。艾萨克·霍姆斯（Isaac Holmes，南卡罗来纳州民主党）敦促他们立即继承怀斯的衣钵。当怀斯（以爱好打架而臭名昭著）要求回应时，霍姆斯匆忙后退，引发了别人一阵大笑。[153]怀斯一定受到了南部人的批评，因为很快他又回到了自己的位置，成为钳口律的首席捍卫人。但和钳口律一样，他走上了不归之路。1844年2月，他辞去了职位，此时他健康状况不佳，寻求到一个外交职位作为避风港——他于当年1月被任命为驻巴西的外交公使。大约十个月后，也就是12月3日，即第29届国会开幕的第二天，亚当斯提议并最终废除了众议院的第21条律令——很大程度上是由于反对这项规定的北部民主党新人成了议员。[154]"以上帝之名，这是福兆，永远的福兆！"那天晚上，他在日记中如此写道。[155]

长达九年的钳口律斗争就此而止。钳口律的反对者赢下了这场战役——而非整场战争，正如托马斯·马歇尔（Thomas Marshall）在对选民的演说中所指明的。他指责说，奴隶主利益集团达到了一些重要的目的，通过折磨亚当斯，他们告诉人们反对奴隶制的代价是什么。[156]暴力的钳口行动仍然存在。话语仍然是武器，挑衅的话语、危险的话语以及联邦分裂的话语需要被制止，如果无法通过正式的秩序规则达成这一目的，那就通过暴力法则吧。

第五章　为合众国而战：
"1850 年妥协案"与本顿－富特的混战（1850 年）

好运自然而至，弗伦奇走向了他在国会权力和荣耀的顶峰。但此时，新一轮的全国性地方对抗危机却逐渐展开了。当时，弗伦奇的个人生活进展顺利。1837 年，他和贝丝生下了第一个儿子弗兰克。五年后，他在国会山东街 37 号为他的家庭兴建了一所舒适的大房子，配有一个长满了美丽藤蔓的花园，里面有一座三层喷泉，其中金鱼游弋——除了国会大厦的鱼塘，这是华盛顿唯一的金鱼池。他在华盛顿城内的地位在他的家庭装饰中显而易见：客厅的窗帘红艳奢华，镶着金边，这些窗帘来自最高法院——在最高法院重新装饰时被弗伦奇买下。顶楼是他经常使用的舒适书房。[1]

1845 年 12 月，弗伦奇获得了众议院执事的职位（并在 2 月迎来了他的第二个儿子本）。同年，美国吞并了得克萨斯州。1836 年，在南部民兵和新闻媒体的帮助下，得克萨斯人宣布从墨西哥独立，南部移民随后大量涌入该地，奴隶人口随之呈指数级增长。他们的目标是将得克萨斯州变为一个蓄奴州。[2]

决定是否合并得克萨斯的投票即将启动。正如南部人所期待的，得克萨斯并入合众国有着明确的意义，将会促进奴隶制的传播并且提升南部在联邦中的势力。因此反对吞并的反奴隶制请愿书在这一时期如潮水般涌入国会。而亚当斯坚持认为，获得得克萨斯是南部邪恶力量的阴谋，他们意欲扩展奴隶制的版图。³

亚当斯还坚称，吞并得克萨斯是不道德的。墨西哥并没有承认得克萨斯独立，所以吞并它无异于宣战。果然，在得克萨斯州加入合众国不到六个月后，墨西哥与美国的关系就破裂了。新近当选的总统詹姆斯·波尔克是一个狂热的扩张主义分子，他命令军队进入得克萨斯以保护美国的权利，与此同时墨西哥总统马里亚诺·帕雷德斯（Mariano Paredes）也调动了自己的部队进行反击。到1846年5月，一系列的小规模冲突引发了墨西哥战争。

1846年的《威尔莫特附文》（The Wilmot Proviso，以下简称《附文》）是那场冲突的直接结果。众议员大卫·威尔莫特（David Wilmot，宾夕法尼亚州民主党）提出了该《附文》，起初即遭到抵制，之后又两次提出，但每次都未在偏向于南部利益的参议院中获得通过，因为该《附文》禁止在从墨西哥获得的土地上实行奴隶制。尽管未获通过，但《附文》却成为了忠诚的试金石：如果你支持它，你就不是南部的朋友。

在1847年弗伦奇的连任竞选中，辉格党以这种逻辑来抹黑弗伦奇。考虑到辉格党在众议院中有微弱的优势，以及一些北部辉格党已承诺将票投给弗伦奇，所以竞选变得紧张起来。一些辉格党报纸认为，弗伦奇的能力和声望可能会使他保住工作。⁴ 为了防止这一结果，辉格党利用了《附文》，告诉他们的南部成员，弗伦奇支持禁止奴隶制的提案，又告知他们的北部成员，弗伦奇反对提案。⁵

很难说这个计划是否让弗伦奇失去了执事的职位，但不管是什么原因，前众议院议员托马斯·坎贝尔（Thomas Campbell，田纳西州辉格党）以四票的优势获胜。除了一张票以外，辉格党所有承诺给弗伦奇的选票都给了坎贝尔。在很大程度上，弗伦奇从容应对着竞选失败的结果，高兴地卸下了巨大的重担——"肺的磨损和撕裂"将不会再恶化。[6]但令他感到惊讶的是，他的人脉和才能没有让他保住职位。他只能得出这样的结论：失去工作的原因别无其他，只因为自己是民主党。[7]弗伦奇确信自己为了民主党而受到了打击，他认为民主党应该对他心存感激，并期待自己能在下届国会中重新获得执事的职位。

唯一一个忠于诺言的辉格党人是约翰·昆西·亚当斯——尽管他们一直以来意见不合。他告诉弗伦奇，尽管媒体说没有辉格党投票给他，但"我绝对是名辉格党人，而我将选票投给了弗伦奇先生"。[8]选举后，心存感激的弗伦奇对他表示了感谢，没想到那会是他最后一次与亚当斯对话。1848年2月21日，即两个月后，亚当斯在众议院的席位上突然中风。他被抬进了议长的房间，弥留了两日。在此期间，弗伦奇还去看望了呆滞的亚当斯，见面时，弗伦奇不禁泪流满面。不久后，亚当斯就去世了。[9]亚当斯在议会中说的最后一句话是"不"。在弥留之际，他喃喃地感谢了众议院的官员们。[10]于他而言，这是合适的结局，为了那场反对钳口律的战争，他十年来的大部分时间和所有的精力都用来折磨议长、挑战执事。

1849年，当下一届国会开幕时，民主党占据了多数派的优势地位，弗伦奇确信自己能重新获得执事职位，但美国在1848年墨西哥战争中的胜利使事情变得复杂了。美国获得了新的土地，其奴隶制合法性需要得到讨论。另外，国家政府是否有权利限制这些领土上的奴隶制？还有一堆相关的问题摆在眼前：得克萨斯的边界、哥伦比亚特区的奴隶制以及逃奴的问题。国家的扩张将奴隶制问题强加给国会，而这也引发了一系列重大的基本问题：地区权力是否平衡，联邦的性质是什么，以及美国将是什么样的国家。

在这些重大的决议即将出台前，北部和南部的国会议员们纷纷来到华盛顿，渴望抓住任何优势。他们展开一场为期三周的"野蛮辩论"，期间他们不断跺脚，并且在选举议长的讨论中指名道姓地辱骂对方。利害关系似乎太大了，所以难以形成良好的信任基础或妥协。国会议员们试图确定每个候选人的确切忠诚程度，结果令指控之声四起。他们支持《威尔莫特附文》吗？他们是否宁愿分裂，也不愿在奴隶制上达成任何妥协？似乎就连大自然也渴望把国会大厦一分为二。弗伦奇隐晦地开玩笑说，由于担心闪电会击中大楼92英尺高的桅杆，"一击就毁灭国会"，国会已经取下了桅杆。[11]

十天后，众议院达到了分崩离析的程度。[12] 在讨论议长职位时，威廉·杜尔（William Duer，纽约州辉格党）称理查德·基德尔·米德（Richard Kidder Meade，弗吉尼亚州民主党）是一名分裂主义者。而当米德矢口否认时，杜尔称他是骗子，米德向他冲去，会议厅里乱作一团。上届国会的纠仪长跑到杜尔身边，以隔开那些愤怒的奴隶主，但他非常惊慌，赶紧又跑回去拿权杖——这对于阻止愤怒的浪潮而言于事无补。"就算炸弹在大厅里引爆，也不会引发更大的骚动"，他后来如此说道。（据《国会世界》的一位更富诗意的书记员说："众议院的场景就像起伏不定的惊涛骇浪。"[13]）惊恐的国会议员聚集到楼座去保护他们的"家人"，因为还没有选举出官员，所以也没有办法执行规定，人们担心会有一场全面的骚乱爆发，而骚乱也几乎爆发了。（米德和杜尔差一点进行了决斗，不过他们最终解决了他们的分歧。）

过了一段时间，众议院才恢复了秩序。但几分钟后，又出现了关于分裂的话题讨论。北部人将分裂主义者的污名加之于南部人，对于这种想法罗伯特·图姆斯（Robert Toombs，佐治亚州辉格党）感到愤怒，他向合众国宣誓效忠，但是同时宣布，如果众议院计划"让这个国家半数州的国民颜面扫地，那我就支持分裂"。其他南部人也发誓，如果南部受到不公平的对待，他们将永远让众议院陷入混乱。[14] 大卫·奥特洛在"难以形容的混乱"中写给妻子,他只能哀叹:"我真心实意地希望,我现在待在家里。"[15]

北部人以北部人惯常的方式回应南部的威胁:他们要求有序的辩论。但他们中的一些人带着藐视和挑战的心态面对威胁,将威胁视为夸夸其谈的大话,并在议会中坚持自己的权利。爱德华·贝克(Edward Baker,伊利诺伊州辉格党)正面回应图姆斯的最后通牒,拒绝"为暴力威胁所恐吓……我们作为自由人站在这里,为自由人发言;我们将在世界面前,说出与我们相称的言论,做出与我们相称的行为"。[16] 昌西·克利夫兰(Chauncey Cleveland,康涅狄格州民主党)也采取了同样的立场。南部是否希望北部"忘记自己是自由人——自由人的代表"?他们是否认为北部"应该让自己的意见和原则服从他们的指令"?[17] 这两个人都拒绝在暴力威胁中缄默不言。这是过去六年的回声,在北部人民的授权中进一步放大,北部人希望他们的国会议员捍卫他们的权利。更糟糕的是,北部人认为南部的霸凌行为不过是夸夸其谈的大话,所以他们认为南部人在撒谎,并且嘲笑他们的男子气概,这让局势不断升温。

随着国会陷入停顿,米德请求达成妥协。北部有人会接受橄榄枝吗?约瑟夫·鲁特(Joseph Root,俄亥俄州自由土地党)进行了回应:这永远不会发生。在经过一个多星期的南部威胁和引人注意的表演之后,没有一个北部人敢去绥靖一个南部人,否则他的选民们会鄙视他的懦弱行为。(鲁特更为有声有色地评论说,任何北部人都会告诉他的孩子,去"穿上主日的衣服[1],因为他们会想看他们的爸爸最

---

〔1〕主日礼拜是基督徒最重要的活动之一,穿上主日礼拜的衣服意味着将要面对重大的时刻。在这里是夸张的表达,意指北部国会议员做好了赴死的准备,让儿子穿上最重要的衣服来见他们最后一眼。——译者注

后一眼"。)[18] 还有好几个北部人对议长候选人豪厄尔·科布（Howell Cobb，佐治亚州民主党）说了相同的话：虽然他们想要支持他，但是"南部人的威胁和恐吓……将会破坏他们（北部议员）在家乡的地位"；以此暗示他们（北部议员）是在"那些好勇斗狠的奚落中"投了票。[19]

经过三周的争吵，科布当选为议长，众议院的注意力转向了执事的选举。弗伦奇以为，鉴于上次选举的失败，民主党理应对他表示支持，但他惊讶地发现几个民主党人反而与他竞争。他在日记中怒气冲冲地写道："我的荣誉观念可不是要让我自己走上与那些献祭于政治祭坛中的民主党人的相同道路。"即便如此，他还是认为自己能赢。但民主党人选择了宾夕法尼亚州的费城籍编辑约翰·福尼（John Forney）——这位"南部特别忠实的盟友"作为候选人。[20] 弗伦奇感到震惊，政党竟然背信弃义。（弗伦奇有自己的表达方式，他称这种罪行为"福尼罪"。[21]）

尽管弗伦奇很失望，但他还是决定退出，他的政党做出了选择，他就会让一切如期进行。但当他听说一些南部民主党人绝对拒绝给他投票时，他的"北方佬的血液立刻沸腾了"，他宣布自己将作为候选人参选。[22] 可是事后他后悔了，因为自己的北方佬身份分走了民主党对福尼的选票，福尼后来也在报纸上抱怨这件事。[23] 但弗伦奇没法决定选举，尽管他让选举变得一团乱麻。在这场紧张的选举中情势错综复杂，来回反转，选举持续了一周，共进行了20次投票表决，而弗伦奇只获得了少量选票。[24] 八名南部民主党人扭转了局面，他们重新推选田纳西州辉格党人托马斯·坎贝尔，将地区因素置于政党因素之上，把执事职位交给了一个南部人。[25]1847年，弗伦奇因为是民主党人而失去了职位，现在他因为是一个北部人而失去了职位。

于弗伦奇而言，这是一次令人震惊的背叛。弗伦奇一直是个忠诚的"面团脸",长期担任执事,梅森－狄克逊线[1]或者说座席通道两边都有支持他的政治伙伴。十几年来,他一直努力维护南北和西部之间的党派纽带,歌颂合众国和杰克逊,淡化关于奴隶制的言论,而强调各州的权利。他做的这些和其他所有事情都是为了民主党和合众国,将自己的真心实意、灵魂和能量都倾注于一个组织之上,他确信这个组织将国家的,还有他的最大利益都放在心间。可是在弗伦奇需要支持的时候,他的党派背叛了他。民主党对此已经习以为常,轻车熟路:南部人只顾自己,而北部人被迫屈服,然后他们一起抛弃了弗伦奇。[26]

这种明显的权力不平衡状态并非新鲜事,但在1849年,极度针对个人的情况迫使弗伦奇去审视那些丑陋的事实:此时民主党核心的内部腐败交易已经曝光。弗伦奇在失去机会后不久,写信给其兄弟:"我打算记下来我从中了解到的东西,一个北部人在面对伟大超凡的南部人时,如果他不弯下腰,不屈服,不拜倒在尘土中,那么他就没希望获得任何东西。"[27]"面团脸"般的国会议员"被塑造成南部人士想要的任何形状"——他们只是"任人鞭打的小狗",对此他感到愤怒。虽然从来没说出,但他肯定知道,自己早就接受了被他人塑造出的模样。弗伦奇自己有过畏缩不前的经历:"我会看到南部所有的混蛋万劫不复的,在此之前我会弯起我的大拇指和食指,张开我的嘴唇为他们辩护",让南部人向他们"自己奴役的种族"寻求支持吧。[28]所以北部人应该捍卫自己的权利,停止让自己奴化。尽管弗伦奇仍然忠于民主党,但弗伦奇已不再信任南部的民主党盟友了。

---

[1] 梅森－狄克逊线(Mason and Dixon's Line),美国北方和南方的分界线。实际上它是划分宾夕法尼亚州与自马里兰州至西弗吉尼亚州一部分的东西边界线,也是马里兰州和特拉华州之间的北南边界线。在殖民年代,这条线将奴隶殖民地和自由劳动的殖民地分开来;在19世纪上半叶,这条线将自由州和蓄奴州隔离开来。——译者注

他的感情反映了国会的情感倾向。这几周以来的最后通牒为会议定下了基调，地区情绪正达到新的高峰。北部人比以往任何时候都更具对抗性，而公众明显心怀戒备并且小心翼翼。奴隶主和自由州的人民正在走向对抗。

值得注意的是，这届冲突异常的国会却产生了美国历史上最著名的妥协方案之一：所谓的"1850年妥协案"（Compromise of 1850）。[29] 它是一系列法案的拼凑物，占据了整整10个月的会议期讨论——自政府成立以来这是最长的会议期，它缓解但并未解决奴隶制危机。那些互相争斗的人最终为了联邦而团结在一起，因为失控的地区仇恨令全国性妥协的达成变得更加迫切。强烈的地方主义和强烈的国家主义混合在一起，多变无常，将会成为未来几年国会政治的特征。

这次的平局局面的本质是：南部人要求在疆域上获得平等的权利，而北部人则要求在议会中获得平等的权利。两者择一的局面是不可能的——颜面扫地（degradation）是贯穿于妥协案辩论始终的关键词语。[30] 地区荣誉在1850年处于危险的境地，但是并不像往昔的"西利时刻"那样，成为辩论中的工具。在1850年危机中，随着合众国内部势力对比被人不断地讨论，地区的荣誉也就成为辩论的内容，而新近萌芽的北部好战情绪也成了辩论议题之一。

因此，南部的霸凌行为也出现了改变。长期以来南部人一直以针对个人的威胁行为而所向披靡。现在，随着奴隶制的扩张和生存环境的岌岌可危，他们开始以新的手段威胁国会和联邦的体制，他们描绘出联邦解体的情景，清晰地令人惊恐：国会大厅血流成河，分裂，内战，在这次最后通牒式的政治行为中南部人展现了一系列恐怖的场景。[31] 南部的霸凌行为呈指数级升级，对象是整个合众国。

但即使是现在，除非星体爆炸，国会也不会堕入愤怒的深渊而分崩离析。暴力行为愈演愈烈，但在一定程度上令议员更加约束自我。

即使在激烈交锋的危机中，国会议员们互相推搡、殴打和威胁，但他们也都遵守了非正式的战斗规则，保持了战斗的公平性，尽管这些习俗像合众国整体的条款一样扭曲了南部，迫使怯战者进行战斗，否则他们将冒着承受羞辱的风险。[32] 本质上，国会的战斗就像合众国的纽带一样，是建立在以南部为中心的妥协精神上的。而且国会的制度约束力就和合众国一样，如果没有某种程度的合作与相互信任，它就无法存在。

为了了解对抗和公平之间日益加剧的紧张关系，很难想出任何一个案例，能够比 1850 年参议员托马斯·哈特·本顿（密苏里州民主党）和他的同事亨利·富特（密西西比州民主党）之间急剧的冲突更具有代表性。本顿是史上有名的"天定命运论"（manifest destiny）的提倡者，支持美国的疆界扩展到整个大陆，而富特则在名气上逊于本顿。

这两个人很早就互相仇视，在会议开始之前，他们彼此的厌恶情绪在夏天就已经爆发了。1849 年初，参议员约翰·卡尔霍恩（南卡罗来纳州民主党）策划了后来所谓的"南部演说"（Southern Address），一小群南部国会议员签署声明，谴责北部对南部权利的侵害，不承认国会有在新国土上禁止奴隶制的权利，而且威胁要退出联邦。不久后，密苏里州议会正式通过了相同的决议。[33] 本顿因南部的极端主义及其针对联邦的暗示不胜其烦，又急于防止奴隶制问题的激化，几个月来在密苏里州的竞选演讲中抨击这些措施，谴责极端的主张，并淡化分裂的威胁。[34] 他后来打趣道："在没有狼的时候总有狼的叫声。"[35]

有几个南部人对本顿的政策感到震惊，更对他暗暗嘲笑南部威胁的行为感到愤怒，所以他们开始同他展开较量。富特就是其中一员，他对此干劲十足。他受到朋友亨利·怀斯（他现在是一个身在远方的霸凌行为顾问）的怂恿，发表了一封写给本顿的长信，字里行间都是对本顿的辱骂，指责这个密苏里人"为了自己的政治晋升，宁愿牺牲南部的荣誉和繁荣"。他以这样的行文风格写了 20 页之多。[36] 国会召开会议后,他的狙击仍在继续。

富特在这场关于奴隶制的终极对决中发挥了主导性作用。他首要的企图是实现自己梦寐以求的目标,这个目标远超于对付本顿的计划。他威胁说,如果南部一系列友好的妥协方案没法在私下里尽快达成一致,那么国会就会遭受南部人大规模的抨击,并且可能引发内战。这是南部的大规模的霸凌行动——大到很少有人相信它会出现。但有些人做出来了,而且有所意味。他们认为国会山内部不仅有可能发生地区冲突,而且形势迫在眉睫。

在富特未能以大规模的霸凌行动实现自己的目标后,他转而开始进行小范围的霸凌行动,把火力集中在本顿这个喧闹且咄咄逼人的对手身上,以实现自己的目标。富特希望以损害本顿声誉的方式来挫败他的影响力,所以他侮辱了本顿好几个星期,而本顿并没有丧失自制力,坚持以规则和习俗来保护自己,却因此输掉了这场对决。

最后,在1850年4月17日,本顿崩溃了。他把椅子往后一扔,向富特冲去,富特则拔出手枪对准本顿。不出所料,骚乱就此发生。在参议院内,国会议员们蜂拥而上,来制止这场战斗(也有人希望得到更好的观望位置)。本顿和富特的几个同伴在一片惊慌声中嚎叫着,要维持秩序。楼座里爆发了更大规模的混乱。过了一会儿,富特的枪从他手中被夺走,会议室里恢复了些许秩序。

一场危机就此避免,但是本顿不愿意息事宁人。接下来辩论的焦点并非是富特动用手枪这一简单的行为表象,而是富特的动机和意图:他公平地战斗了吗?在《国会世界》所说的"激烈辩论"之后,北部人要正式调查,而南部人却认为此事鸡毛蒜皮,不值得进行调查。副总统米勒德·菲尔莫尔[1](纽约州辉格党)则任命了一个调查委员会。

---

[1] 参议院由副总统负责主持工作。——译者注

第二天，参议院恢复了正常工作，并且终于开始了一项议题——是否接受反奴隶制请愿书的议题。³⁷

参议院委员会随后展开工作。在几周的时间里，它调查了43名证人，包括参议员、国会工作人员、新闻记者、两名斗殴人员的私人朋友，甚至还有卖给富特手枪的店员。这份135页的报告充满了人们关于争斗和争斗者的看法，揭示了复杂且时而矛盾的妥协方案是如何拼凑在一起的，以保证战斗双方的公平并弥合分歧，这点十分类似于"1850年妥协案"。

弗伦奇开始走出执事竞选失败的阴影，生活虽然充满矛盾，却又不得不对此妥协。为了收入，他同时做了几份工作：通过开设索赔办公室来利用他的国会知识牟利；做一些游说工作；担任电报公司的经理和股东，在1847年到1850年间担任总裁。但他的努力工作并没有得到多少回报。在此期间，他的财政状况一直起伏不定，游说和律师工作都不能保证他有稳定的收入。他在1850年12月提到他的索赔办公室时如此写道："我们有很多生意，但都是那种只有在我们成功后才能得到佣金的生意。"³⁸ 他失去了执事职位——他的妻子贝丝说，比起"合众国中的任何人"，丈夫更喜欢这个职位。这确实是一个巨大的损失。³⁹

1849年，弗伦奇的政治事业也变得像个拼缀品。在选举执事时南部民主党人的背叛拓展了他的眼界，虽然他仍然是一名党派活动家，但他不再把民主党视为合众国的锻造厂。从此刻起，宪法将成为弗伦奇的政治试金石。对宪法的忠诚，对弗伦奇而言，是"智慧和妥协的源泉"——凝聚了整个国家，凝聚了不同地区，凝聚了不同的州，凝聚了不同的人。⁴⁰ 美国人的兄弟情感将会确保这股凝聚力不散，在共济会中弗伦奇见证过这种情感的联合力量，一个全国性的兄弟会在他的生活中扮演了越来越核心的角色。⁴¹ 随着地区紧张局势的加剧，弗伦奇急切地寻求他所理解的国家基本精神：妥协和兄弟情谊。

然而，弗伦奇正因联邦烦恼不安时，他将目光投向了北部。他确信南部的统治意味着国家的毁灭，同时认为北部的抵抗是实现权利平衡的唯一途径：北部人需要为自己的权利而战。19世纪50年代，弗伦奇的精神状态焕然一新，将乔舒亚·吉丁斯几乎当成偶像一样崇拜，他非常钦佩这个俄亥俄州人冒着生命危险与奴隶主权势做斗争。弗伦奇对那些反抗南部恶霸的北部人也是钦佩良久，现在他则希望这样的人能够组成一个联盟，去进行战斗。而且他并不是唯一有此想法的人，在"1850年妥协案"的辩论中，为合众国而战的斗争开始呈现令人不安的新维度——对于弗伦奇，对于国会，对于国家而言都是如此。

好战者和他们的战斗

第31届国会在经历过一场混乱的开幕后，尘埃逐渐落定，弗伦奇自然而然地做了一件事：他写了一首诗。他12岁的儿子弗兰克在背诵后认定，这是一首"充满爱国情怀的作品"。[42]弗伦奇对地区间的骚乱忧虑不安（或者如弗伦奇的诗中所写："那似乎是黑暗而阴郁的乌云／包裹了我们的合众国"），他因此发表了《祝福合众国》，呼吁各地给妥协者以支持。他意欲传达的讯息体现在诗的叠句[1]中："我们的合众国不能崩溃——／对每个人而言宁静才是根本的，／上帝肯定会令一切繁荣昌盛。"由于弗伦奇的脑海里开始有一种新观念，认为南部人自私而民主党人不可信任，所以弗伦奇开始宣扬国家的兄弟情谊和忠诚。然而，即使在这首国家主义的颂歌中，他也播下了地方主义的种子，他的诗提到了大西洋北部和中部每个州的名字，甚至包括西部领土，但没有提到弗吉尼亚州以南的州。他的伤口新鲜而深切。

---

〔1〕通常用在诗歌的一节之末。——译者注

弗伦奇有充分的理由感到不安，因为各种政治纽带都在不断破裂。地区冲突日益紧张，在这种局势下不仅辉格党和民主党在逐渐崩溃瓦解，甚至地区盟友也在渐行渐远。国会在奴隶制妥协问题上总共存在四种分歧：自由土地党、北部辉格党和北部民主党反对妥协，认为西部地区不应该存在奴隶制；还有些辉格党支持妥协，并且觉得联邦政府有权决定奴隶制是否能在某些地域存在；还有些民主党（有北部人，也有一些南部人）支持妥协，但是认为新的领土应该自行决定奴隶制问题；还有一些南部民主党人反对妥协，不承认联邦政府有权力决定奴隶制问题，要求奴隶制在西部扩张。[43] 甚至连奴隶主都在"如何最佳地处理奴隶制问题"上分为两派，本顿－富特的冲突将这些分歧通通展露了出来。

从某种意义上说，这两个人必然会形成冲突，因为他们的政治观念不合，而他们的做法却是相同——两人都是国会中的一流恶霸。在弗吉尼亚出生的富特现年46岁，身材瘦小，秃顶，不太强壮，在决斗中受过伤，所以一瘸一拐。[44] 但他是一名斗士，正如他的一个朋友所说，富特"容易卷入纠纷和个人麻烦中"。[45] 这算是种轻描淡写的描述了。富特在进行立法斗争时，会侮辱、贬低和威胁他的敌人，在演说到怒火迸发的高潮时刻，他会不停地跺脚。（在委员会的报告中，几名观察员都指出，在与本顿爆发冲突以前，富特几乎没有时间跺脚。[46]）1848年，他获得了一个绰号——"刽子手富特"（Hangman Foote），当时他告诉激进的反奴隶制主义者约翰·帕克·黑尔，如果黑尔胆敢踏足密西西比州一步，将会被绞死，而他富特将站在一旁帮忙。富特称这个绰号是他一生中"最大的羞辱"，考虑到他在国会中向来诡计多端，他的言论必然有所意含。[47]

富特经常与人争斗，这点无足为奇。在政治生涯中，他进行过四次决斗，其中三次中枪，这表明他嘴巴的火力远胜于他武器的火力。[48] 此外，在参议院任职的五年期间，他至少与其他参议员发生过四次冲突，一次是与杰斐逊·戴维斯（Jefferson Davis，密苏里州民主党人）在他们下榻

亨利·富特，摄于1845—1860年期间。（国会图书馆提供）

的旅店中斗殴，这一事件差点导致两场决斗；一次是与西蒙·卡梅伦（Simon Cameron，宾夕法尼亚州民主党）在参议院中怒拳相向［正如山姆·休斯敦（得克萨斯州民主党）所说，"雄辩而充满激情的绅士们抓住了彼此的头发"[49]］；一次是一拳打在约翰·C.弗里蒙特（John C. Fremont，加利福尼亚州民主党）的身上——他是本顿的女婿，打斗就发生在参议院门外，差点再次引发决斗（弗里蒙特邀请西利的助手乔治·W.琼斯当他的助手）；还有一次是因为与约翰·C.卡尔霍恩的政策分歧，而和索伦·博兰（Solon Borland，阿肯色州民主党人）打在了一起，互相抓挠。[50] 他也经常霸凌北部那些不愿意动手的人。[51] 富特的打架问题可谓臭名昭著，以至于一位新闻记者将其谱写成歌曲，专门作了一首道德"讽刺歌"，送给孩子，还有参议员：

> 认真的参议员们从来不应该
> 让他们怒火喷涌而出，
> 他们微弱的手从来不应该
> 用来插对方的眼睛。[52]

尽管富特经常蓄意伤害他人，但他还算是一个有教养的人，品味高雅。其实很多恶霸也是如此，国会霸凌的艺术远非街头斗殴可比。在接受法律培训之前，富特一直在接受古典学教育，他长篇累牍的演讲稿中多是学识渊博的典故，再搭配上——正如一位记者所描述的——"一只兴奋的青蛙才有的雄辩姿态"。53 众议员大卫·奥特洛（北卡罗来纳州辉格党）在观看富特在参议院中的表现时，将他形容为一个"演说机器"，能够征引"古希腊语、拉丁语、《圣经》、莎士比亚、瓦泰勒，还有那些天才所知道的东西"。奥特洛对他的妻子抱怨富特是个"邪恶的天才"，"我每次去参议院，差不多待半个小时，期间他要么在发表演说，要么在打断别人，经常都是这样"。总之，奥特洛总结道："在我听过的所有人中，他对我来说是最令人讨厌的。"54

很多人觉得 68 岁的本顿也同样不讨人喜欢。弗伦奇认为本顿是他所认识的最虚荣的人，他以一次经历为证：当时他看到本顿指着其在文件上的签名并读了出来（带着一股子"约翰逊博士[1]都无法超越的自命不凡"的口气），好似这是一个世界闻名的名字。但是弗伦奇把本顿列为了这个国家最伟大的政治家之一，所以认为他有权如此自命不凡。55 就个人而言，弗伦奇还是很喜欢他的。在新年之际的礼节性拜访中，弗伦奇一家经常前往本顿府上做客。

本顿出生于北卡罗来纳州，在搬到圣路易斯之前，他在田纳西州从事律师工作。他曾与安德鲁·杰克逊进行过一场臭名远扬的街头斗殴，他们用上了手枪、刀、拳头、鞭子，还有内藏利剑的拐杖。可能是这场斗殴影响本顿离开了此地，因为斗殴事件至少使本顿在田纳西州的政治地位变得复杂。（正如本顿自己所言，"我真的身处地狱里"。）56

---

[1] 所指可能是塞缪尔·约翰逊（Samuel Johnson），他曾编写并出版了《英语大词典》。——译者注

但在密苏里州，本顿也同样好斗。1817年，他在一场法庭案件中与对方律师进行了决斗，并杀死了他。[57]

在国会，本顿的好斗名声给他人留下了第一印象，即使本顿是一个新人，但弗伦奇已经把本顿的好斗本性作为了自己对国会政治考量的一个因素。[58] 因此，西利的朋友们自然而然向本顿寻求决斗的建议。这位密苏里人在参议院的许多年里，除了1850年与富特争斗过，还差点进行了三次决斗，其中一次是指责亨利·克莱撒谎，后者则指责他在说谎。（克莱声称，本顿曾说过，如果安德鲁·杰克逊成为总统，国会议员将随时全副武装——他们将会在议会外解决问题。[59]）在1848年一场关于俄勒冈领土内奴隶制的辩论引发了本顿与参议员安德鲁·巴特勒（Andrew Butler，南卡罗来纳州民主党人）之间的争论，巴特勒与本顿展开了决斗谈判，而富特则是巴特勒的助手。富特传递了巴特勒的一封公开信，信中内容令本顿全家惊恐不已，所以本顿拒绝对此采取行动——部分原因是出于对富特的蔑视。[60] 有传言说，本顿是一个忠诚的顾家男人（会公开地表达他与孩子之间的感情，这一点甚至获得了令人畏惧的约翰·昆西·亚当斯的青睐），所以他曾经向

托马斯·哈特·本顿，摄于1845—1855年期间。（圣路易斯的密苏里历史博物馆提供）

妻子允诺再也不会与人决斗。[61] 在1850年的交锋中，富特语带嘲讽地提及本顿在巴特勒事件中的懦弱，这使情况变得更加糟糕。

从体型上看，本顿与富特截然相反。本顿是一个高大的人，大约有六英尺高，肌肉结实，在愤怒到极点的时候能给人以很强的威严感。而他那火爆的脾气和他的身材十分相符。众议员乔治·朱利安（George Julian，印第安纳州自由土地党）回忆道：他"不仅是一个充满激情的人"，而且"还是一个无与伦比的憎恶者……他的无情是出了名的"。[62] 向来爱冷嘲热讽的亚当斯在看到本顿愤怒的模样时，称他为"戴着厚实围巾的勇敢骑士"，亚当斯的赞美消退了"他男子汉的怒火"。[63] 本顿也变得越来越虚荣，没有人可以在自负的领域内挑战他。当富特气得直跺脚时，本顿则趾高气扬。[64]

作为密苏里州的第一批参议员，本顿在参议院任职了30年，他从未忘记过这一点。1850年，就其任期而言，他已经是资深参议员了。富特则谴责本顿总是摆出一副参议院大家长的做派，还经常以霸凌的方式让他人服从自己，而富特绝非是唯一批评本顿的人。就像富特一样，"老恶棍本顿"（引自亨利·怀斯之语）也慢慢变得爱挖苦人。[65] 一个同代人后来回忆说，"当他想折磨对手时，他有一种方法，提高自己的音量以让讽刺的话语带有刺耳的感觉，让人忍不住要发火，甚至有时想让人发狂"。本顿把"先生"这个词用成了"令人生畏的炮弹"，在与安德鲁·巴特勒的争吵中，"先生"一词就成功引得巴特勒向他发出决斗的挑战。[66] 当巴特勒指控本顿向媒体泄露了一份文件时，本顿宣称："我不会因此与你争吵，先生。先生，我战斗过几次，而且准备好了葬礼，先生，我会战斗至死，但我从来不会与人争吵。"[67]（一如既往，《国会世界》总结了这场激烈的争吵："场面一度令人们的情绪受到异常的刺激。"[68]）

仅从个性而言，两人似乎注定要发生冲突，而他们彼此对立的政策纲领则让冲突成为必然。尽管两人都是希望拯救合众国的南部民主党人，但他们对地方主义、奴隶制和妥协的看法有所不同——在 1850 年，这三个问题纠缠在了一起，引发了一系列的争论。由于担心南部的最后通牒会摧毁联邦，本顿反对将奴隶制扩大到新近获得的领土上，这是富特无法理解的立场。加利福尼亚州的州地位让他们的关系彻底破裂。当该州要求作为自由州加入联邦时，本顿表示支持，但富特则希望将加利福尼亚作为谈判的筹码，在委员会中私下达成一系列的妥协方案——对他来说，这是保护南部权力和利益的最佳方式。[69] 本顿反对这种"组合性"（lump）的立法提议，他不愿让南部少数派的威胁迫使多数派做出让步。

为了消除本顿的影响力，富特开始了霸凌行动，抹黑这位密苏里人的声誉。根据富特的逻辑，为了避免南部颜面扫地，他就不得不让本顿颜面扫地。但正当他的反本顿政治活动开始起势之时，他意图做出一些更加引人注目的事情。富特试图通过威胁国会制度和整个合众国来令他的妥协计划得到接受。

地区羞辱和最后通牒的权术

富特并不是唯一一个使用最后通牒权术的人。整届国会都在讨论分裂和内战的话题，而南部国会议员经常使用此类威胁达成自己的目的。但是在 1850 年，人们开始公开表达对合众国形势的担忧，地区间的敌意达到新的高度，那些威胁行为变得更为具体，充满暴力并且透露出更大的野心。[70] 地区间的霸凌行为大行其道。

几十年来，正如提出决斗的威胁令权力的天平倾向南部人一样，分裂的威胁在 1850 年的危机中保持了天平的这种倾斜。在这两种情况下，南部人并不是真想坚持到底。即使有南部人想要决斗或者解散联邦的话，这些人也是极少数的。在议长职位的争夺中，理查德·基德尔·米德突然冲向威廉·杜尔的行为只是一种暗示。威胁并不需要通过实现才能发挥效果，而威胁的力量恰恰在于其实现的**可能性**，南部人几十年来一直在炫耀他们集体挑衅、羞辱他人的手段。

威胁行为背后的力量正是所有霸凌行为的力量来源：对于屈辱和丧失荣誉的恐惧。事实上，关于羞辱和屈从、荣誉和勇敢、男子气概和权力、反抗和骄傲的讨论贯穿于"妥协案"辩论的始终。[71] 北部人、南部人和西部人眼见他们的权利受到侵犯，谈论权利就成了在谈论荣誉，而那些不做抵抗就放弃权利的人则被视为懦夫。[72] 因此，关于地方权利的讨论对于国会议员和选民而言必然都带有针对他们个人的苦痛。

这种升级的霸凌形式在议长竞选后不久就开始了。1850 年 1 月 22 日，托马斯·克林曼（Thomas Clingman，北卡罗来纳州辉格党）在讨论加州的奴隶制地位时，发表了一篇极端的演说稿，以至于不少报纸编辑以为电报在传输的过程中发生了错误。克林曼宣称，如果北部打算"羞辱并彻底摧毁南部，那么我们就会反抗"。"北部的人民，我们对你们的爱还不足以让我们甘心成为你们的奴隶。"[73] 为了防止南部受到羞辱，他提议南部人要两拳连击（one-two punch）。首先，南部人要像"北部绅士们"那样做斗争，利用休会和表决的呼吁来使政府陷入死寂般的停摆中。如果这些做法失败了，那么他们就要像南部人一样，以暴力来战斗。如果北部人试图驱逐南部那些制造麻烦的人，那么流血冲突就会发生。他警告说："让他们不妨来试一试。"华盛顿是蓄奴区，"我们不打算离开这里"。最终的结果，将是列克星敦战役那般令人震惊的"冲突"，而国会也会随之崩溃。[74] 克林曼描述了一场内战开始时的景象，发出了清晰的警告。

几周后，富特让克林曼的威胁行动更进了一步。2 月 18 日，众议院的自由州国会议员试图利用先决问题来通过一项承认加利福尼亚为自由州的决议。作为回应，南部人做了克林曼所说的他们应为之事：他们使用议会手段让辩论停止，直到午夜才能重新开始，届时就必须等到3月4日才能决定是否通过决议。[75]三天后，富特站上参议院的讲台，提出了解决加利福尼亚僵局的方案：选出一个特别委员会，敲定一系列的"妥协方案"。为了达到他的目的，他发出了最后通牒：如果委员会没有在3月2日（星期六）之前设计出一个妥协方案，那么被推迟的加利福尼亚决议将重回众议院接受讨论，"上帝保佑……在接下来的一个星期里，事态可能将会发生变化，我不再只是对此事略有提及"。他坚持认为，他知道自己正在讨论的是什么样的问题。"我已经仔细思考过这件事，我已经与国会两院议员交谈过。我以自己的名誉来声明，除非我们在这个星期做些什么，否则我毫不怀疑这个问题会脱离我们的权限范围（jurisdiction），而且是永远脱离。"[76]

富特是什么意思？报纸很快就进行了报道。[77]据不愿透露姓名的国会内部人士说，如果在3月2日之前没有制定计划，一群全副武装的南部国会议员将"解散众议院"。有传言说，他们将挑起争端，引发混战。一旦众议院爆发公开的冲突，那就不会再有回头路了。"妥协案"的辩论将会转移到比国会牵扯面更加广泛的战场。富特将克林曼的威胁带进了现实。

在众议院中发生了一场武装冲突：这样的威胁是如此极端，以至于很难严肃对待，特别是，按照一家报纸的说法，说这话的人喜爱"吹牛"（gassing）。[78]因此，《国会世界》对富特可怕的警告不做回应，几乎没有提到他的最后通牒，即使是在可怕的3月4日也没有。在《国会世界》的整体语境中，富特的威胁显得与会议期间其他人充满怒意的话语别无二致。

但深入挖掘的话，威胁的全部影响则显得清晰：一些人的确认真考虑了它的含义，只有少量人选择相信它。即使是那些犹豫不决的国会议员也不能排除出现袭击的可能性。私下里，有人谈论了这样的事情。北卡罗来纳州辉格党威利·曼格姆（Willie Mangum）和大卫·奥特洛计算过他们的同事中会有多少人配备武器。曼格姆认为会有七八十个人——占众议院人数的三分之一。奥特洛认为会少点，尽管他惊讶于一些北部议员装备了武器。[79] 他认为，尽管目前似乎不太可能出现流血事件，但仍然会出现一些"挑衅行为，引发他人抵抗，从而带来危险"。"比起颜面扫地和耻辱，死亡本身更为可取。"[80] 即使是对那些最温和的人而言，侮辱也会激起他们的暴力抵抗。不管富特怎么吹牛，未来都有可能让他的话经受真相的考验。

很多媒体也得出了类似的结论。尽管一些北部报纸对富特的威胁信以为真，但大多数报纸认为虽然有可能爆发枪战，但这不太容易发生。他们认为，全副武装的南部人不会解散众议院，但南部国会议员难道没有一再证明他们有完成此事的能力吗？[81] 这就是霸凌行为最直接的影响力。虽然大多数的威胁都是夸夸其谈，但其中一些并不是，而且很难预测哪次的最后通牒会真的诉诸武力。正如霍勒斯·曼在评价前一届会议结束时发生的三次斗殴事件时所说，"人的斗争心理"难以预料，这一切都"取决于人自己"。（在那三场争斗中，人们的心里十分清楚，每场争斗都是一个南部人攻击一个北部人。[82]）

在国会大厦内部不可能会发生一场全面的战争——国会内部人士和媒体做出如此判断。但公众会怎么认为呢？他们在3月4日之前的几天里表达了各自的想法。人们怀着对"国会审判日"（congressional day of reckoning）的期待，开始涌入华盛顿，并准备好在众议院观看一场南北双方之间的武装战争。事后，奥特洛告诉他的妻子，直到那一天过去，也没有发生流血事件，"那些聚集起来为观看联邦因众议院的一场全面战争而解体的群众"才零零落落地回到家中。[83]

对这些人来说，国会的最后通牒并不是虚张声势，它们显得足够真实，所以他们才会来造访国会山——或者他们需要获得安全感；国会议员在写给朋友和家人的零星的几封信中也会让对方尽可能安心。[84]国会议员们大都注意到了这一点，危险的言论是有影响的。一些人担心他们的极端言论可能会令极端分子产生，从而对整个合众国造成损害。其他人，特别是南部人，认为这样的言论产生的影响是正面的。奥特洛尽管后悔一再说出分裂的威胁言论，但是他希望这些威胁言论会"在一切都太迟以前让北部迷途知返"。[85]

这就是霸凌行为的扩大化（bullying writ large），是国家层面的霸凌，它产生了影响，尽管产生的影响超出了他们的料想。和奥特洛一样，许多南部人也指望威胁的力量能够平息北部的敌对行为和抵抗。在过去的一年中它都起到了作用。约翰·帕克·黑尔告诉他的妻子，在"终止哥伦比亚特区奴隶贸易的决议"通过后，南部人表面威胁要解散联邦，却在私下里讨论"南部应享权利"。惊恐的北部人投票决定重新考虑该决议。黑尔确信，最终的结果将是"一项平淡无味且毫无意义的动议——要求先调查此事是否合宜，而不是通过大胆而有男子气概的决议"。[86]这种情况就像其他情况一样，南部人未出一拳，就已经取得胜利。他们利用了恐惧的力量，利用了有可能分裂的事实，尽管分裂并不容易发生。1850年，南部人不再只是威胁，他们开始谈论解散计划，分裂似乎比以往任何时候都更有可能发生。[87]

尽管最后通牒的政治手段有时发挥了神奇的作用，但在1850年的高风险辩论中，它却适得其反，迫使北部国会议员决不妥协，与南部议员针锋相对。他们以自己面对南部威胁的勇气作为夸耀的资本，他们因为言论自由权的问题而感到愤怒。最重要的是，他们表现出自己是北部权利的捍卫者。他们反抗蓄奴州的人，是为了捍卫北部的利益和荣誉，就像霸道的南部人支持南部一样。在对抗其他地方的对手时，国会议员们在实际行动中和象征意义上都是在为地方权利而战。

在某种程度上，议员在国会中一直在为地方权利而战。乔纳森·西利和威廉·格雷夫斯都觉得他们是在为"他们的人民"和他们的地区而战，西利——这个被他人嘲笑的新英格兰人，也许是最典型的。两人都觉得，他们的荣誉和他们所代表的人民的荣誉交织在了一起。但在1850年，地方荣誉就是辩论的主题。这是一种强大的**述行代表权**，国会议员在议会中表述并且争取地方的权利，他们的行为将塑造地方在合众国中的权利，尽管这一切必须得到他们家乡群众的支持。

弗伦奇则告诉他的兄弟，他指望北部人一旦明白了国会中"正在上演的把戏"，就会选出那些为自己的权利而战的人。[88] 在1850年的辩论中，弗伦奇对北部战士的敬仰程度达到了新的高峰，对乔舒亚·吉丁斯尤其如此。尽管弗伦奇长期以来一直质疑吉丁斯激进的废奴主义论调，但他一直喜欢这个俄亥俄州人脚踏实地的朴实作风，对弗伦奇来说，"脚踏实地"是他能给予对方的最高赞扬。但在"妥协案"危机期间，他对吉丁斯男子气概的赞扬无以复加。吉丁斯是"这个国家最伟大的人物之一"，弗伦奇热情地说，"他是一个高尚无畏的人，我知道，他已经准备好成为正义事业的殉道者"。弗伦奇相信，在"战神"的帮助下，吉丁斯会打败"压迫者"，拯救合众国。[89]

1849年，在关于加利福尼亚奴隶制的辩论中，吉丁斯与南部的"压迫者们"进行了较量。当南部政客威胁要撕裂废奴主义者的心脏时，吉丁斯对此嗤之以鼻。理查德·基德尔·米德（弗吉尼亚州民主党）以吹嘘作为回应，声称管理这些反奴隶制的国会议员的最好办法是让他们为自己的人身安全感到担忧。不愿接受霸凌的吉丁斯当面批评了米德的言论，激得米德抓住了吉丁斯的衣领，举起了拳头——但南部人赶紧把这个弗吉尼亚人拉走了。一位记者看到"几个灰色的脑袋忽上忽下，其中一个直接被推到过道……他的手臂似乎被几个朋友给控制住了"。[90] 在弗伦奇对南部人的暴力行为愤愤不平之际，吉丁斯的表现让他真心感到骄傲。吉丁斯是他理想的捍卫者人选，他能够挺身而出，霸凌南部人，维护合众国的平衡。

参议员约翰·帕克·黑尔也因捍卫北部权利而得到了朋友、选民和媒体的赞扬。当安德鲁·巴特勒（北卡罗来纳州民主党）在反奴隶制请愿书的讨论中称他为"疯子"时，向来心情愉快的黑尔发火了，反唇相讥，让巴特勒可以"说得更大声些，威胁得更厉害点，在能让我闭嘴以前再多多谴责我吧"。他说，北部人不会害怕，"先生，为了我们的权利……就算是那些关系到我们个人人身安全的威胁也不会吓到我们。新罕布什尔州的人会自豪地在国会或者战斗中捍卫自己的权利"，让敌人"随时来，他们想从哪儿来，想以什么方式来，都请随意"。[91] 由于黑尔向来是乐天派，所以他对北部人权利的火药味十足的保护方式得到了媒体的大量报道。

1848 年 5 月 20 日，他再次以妙语讥讽了大吵大闹的南部人。当时他对富特的讥讽做了回应，说要找一本字典，这样他才能找到侮辱一词的含义，如此做法令富特的讥讽显得像个笑话，黑尔从而赢得了满堂喝彩之声。[92] 在第 31 届国会中，富特和黑尔两人不间断的对抗就像亨利·怀斯和约翰·昆西·亚当斯之间的钳口律之战，二人都是擅长讥讽和令他人苦恼的家伙。黑尔也和亚当斯、吉丁斯一样，是一个反奴隶制的斗牛士，但是吉丁斯擅长虚张声势的举动，亚当斯则以讽刺性话语和议会的游戏规则进行作战，而黑尔选择的武器却是幽默。黑尔是让参议院哄堂大笑的大师，以此来挫败南部虚张声势的举动和锐气。

北部富有活力的抵抗行动已然引人注目，相较于此，国会议员对自己在议会内人身安全的强烈担忧则尤甚。由于当时有数百人在国会山内四处走动，约瑟夫·伍德沃德（Joseph Woodward，南卡罗来纳州民主党）认为，如果米德和杜尔之间的斗殴发生在会议开始时，那么情况会变得更加严重，"不到三分钟，三百名陌生人就会冲进这个大厅"，引发一场血腥的混战——混战场面将会十分接近于富特用来进行威胁的"审判日"（doomsday）场景。[93]大卫·奥特洛对此表示同意，他说："在人们情绪亢奋的时刻，比如当涉及奴隶制问题时，配备武器的人员可能会被允许进入这个大厅，如果发生了个人冲突，这个地方可能会一片混乱，而且血流遍地。"[94]媒体得出了同样的结论，"外人"所引发的"血腥争执"随时可能发生，"内战将因此在国会山拉开帷幕"。[95]南部"令人受挫或者阻碍议会行动的新伎俩"不会以其他任何形式告终。[96]南部对内战的威胁终究显得像是一时意气，但美国公众，而不是国会议员，则真有可能将其变为现实。[97]

这届国会会议对流血和地方羞辱的强烈关注提醒了公众，地方权利并不是难以捉摸的抽象概念。权利与个体密切相关，这也赋予了地方权利以一种特殊的力量。正如沃尔尼·霍华德（Volney Howard，得克萨斯州民主党）在1850年所说的那样，如果合众国发生解体，那不是仔细思考后的结果，而是"一个感觉问题"。[98]休戚相关的伙伴情感能将合众国凝聚在一起，而受到羞辱的感觉则可能把合众国撕成碎片。钳口律的辩论已经十分清晰地显示了感情的力量。北部人很少会提到钳口律对奴隶制的影响，却会不厌其烦地陈述它对他们的言论自由权和代表权的侵害，而钳口律的反对者利用这一事实取消了钳口律。

公平、荣誉、权利和感情：合众国是建立在这些危险的主观构想(1)（subjective constructs）之上的，其立法部门的运作也是如此。宪法就是契约，违背奠定国家基础的妥协方案(2)并不妥当，也不光彩。在这方面，

---

〔1〕美国心理学家乔治·凯利（George Kelly）将个人在其生活中经由对环境中人、事、物的认识、期望、评价、思维所形成的观念称为个人构念（personal constructs）。——译者注
〔2〕1787年联邦宪法的产生其实可以说是各方力量妥协的结果。——译者注

各方都达成了一致的意见。但是契约的确切界限和含义在1850年仍有待讨论，因此违反契约的行为经常出现在观察者的眼中。[99]弗伦奇为合众国写的颂歌的内容与这种现实情况针锋相对，弗伦奇在颂歌中请求各州彼此真诚以待。对弗伦奇来说，同胞的感情和诚意是合众国唯一的希望。

但在1850年，同胞感情明显是稀有物品，即使弗伦奇本人也缺乏这种感情，他一直希望北部人能够将"76年精神"[1]（the spirit of '76）铭记在心，并尽一切努力确保"北部的权利不再在别人的欺诈下遭受侵害"。[100]不同地区间的信任感正在消弭，而对合众国解体的恐惧则与日俱增。大卫·奥特洛说："在这个宽容与和解弥足珍贵的时刻，这些对国家的和平和联邦的维存至关重要的基本美德，似乎已经离开了我们的立法大厅。"[101]对合众国契约精神的担忧让人们渐行渐远。

公平战斗的重要性

最终，富特的大规模地区霸凌运动失败了。一如既往，他走得太远了，威胁行动过于极端，以至于让人无法相信威胁能够成为现实——除了那些来到华盛顿目睹"国会末日"的人。但最终，英勇的北部人坚定了立场，"最后审判日"里没有出现意外，而让人痛苦的"妥协案"辩论仍在继续，富特对本顿权威和影响力的持续性攻击也没有停下来。

本顿反对奴隶制的扩张，不赞成富特的幕后妥协方案模式，并讨厌富特个人，所以本顿是富特解决问题过程中的巨大障碍。本顿也是一个令人畏惧的对手。他从来不是一个优雅的演讲者，但他有很强的感染力，而且总能让人回味其演说。他善于收集大量事例和数字，在

---

[1] 即独立精神，美国《独立宣言》起草并公布于1776年。——译者注

辩论中像使用武器一样使用它们。

但本顿是一个容易受人攻击的靶子。长期以来，他对奴隶制的矛盾心理使他在南部人中备受猜疑，此时的南部人处于危急时刻，对于南部的未来他们比以往任何时候都更具戒备心理。在这届议会中，本顿与富特的争斗只是南部人之间众多争斗的一例。[102] 就像弗伦奇一样，本顿关于奴隶制的观点十分矛盾，错综复杂：他很不喜欢这个制度，但又不想对这个问题展开激烈的争辩，他不赞成奴隶制的扩张，但又愿意确保奴隶作为财产的地位。本顿既不是一个完全的自由土地主义者（Free Soiler），也不是一个忠诚的民主党人，他的身上体现出了他的家乡密苏里州的情况。密苏里州处于南北交界之处，正在尝试解决奴隶制的难题，不同的观念在该州相互杂糅。很多南部人认为本顿是个彻头彻尾的叛徒，他也是仅有的两名未获邀参加卡尔霍恩南部政策讨论会的南部参议员之一。他习惯性地将南部的威胁言论当成空洞的夸口之言，而这只会让情况变得更糟。因此，本顿在"妥协案"斗争中的绰号是："叛徒汤米。"[103]

富特在与本顿斗争时利用了这一逻辑，他试图多次证明这个密苏里州人不是南部人，因此不能被赋予南部的权利。如果富特处理得当，他甚至可以破坏本顿连任的机会。[104] 考虑到如此明显的好处，富特也就一往无前地行动起来。正如委员会的报告所言，富特"以最具攻击性和最无礼的态度乐此不疲地诽谤本顿先生，这是为了引发人类心中最强烈的憎恶感"。[105]

对富特来说，这样的表演自然而然，他喜欢激怒本顿。本顿"专横的举止"、"粗鲁的骂声"、"冷嘲热讽的影射"：这一切，富特都讨厌。[106] 3月26日，也就是他与本顿最著名的对峙的两周前，富特加大了赌注。富特急于打断本顿，说出了一连串的侮辱性词汇，表明本顿对巴特勒决斗要求的拒绝侮辱了他，并且暗示自己和本顿之间决斗的可能性，同时指责本顿性格懦弱，总是躲避在辩论特权后肆意地侮辱他人，另外富特还谴责本顿拒不服从"荣誉法则的义务性效力"。[107]

富特的策略很巧妙。他当面侮辱本顿，就是在看本顿敢不敢向他发出决斗挑战书。对本顿来说，这是一个双输（lose-lose）的局面。他不想进行决斗，但拒绝决斗可能会影响他的声誉。大卫·奥特洛（北卡罗来纳州辉格党）也是这样想的。虽然奥特洛讨厌决斗，但他相信个别人在特殊情况下还是需要进行决斗的，而"以我的判断"，本顿"正处于这种情况中"。为了避免"自己颜面扫地"，这位密苏里州人需要"第一时间与任何让他有理由如此做的人进行决斗"。[108] 但考虑到本顿在两年前与安德鲁·巴特勒的决斗中裹足不前，所以富特并不认为本顿将会挑战他。这就是他攻击的力量所在。他试图证明本顿不是一个十足的南部人，因此也不忠于南部。在每次连续的侮辱结束后，他就要不断强调这一点，反复地问本顿：你会遵守荣誉准则吗？[109] 如果答案是肯定的，那么本顿就必须要求富特与他进行决斗。如果答案是否定的，那么本顿就不是一个真正的南部人。显然，南部人也可以像北部人一样备受欺侮。

很长一段时间以来，本顿都没有主动进行挑战。或许他为了参议院而退缩，既然他是一个大家长，那么他就应该维护参议院的地位。或许是因为他已经68岁了，在这个年纪他并不想要决斗，对于一个忠诚的家庭男人而言，也许他热衷暴力的日子已经过去了。或许他是为了能让自己在国会中显得庄重严肃。又或许，他只是在竭尽全力地推进"妥协案"的辩论。

不管出于什么原因，本顿克制住了自己，他以公平争斗（fighting fair）这一历史悠久的国会传统来捍卫自己的声誉。例如，有一次，当本顿忍受不了富特对他过火的侮辱时，他盛气凌人地收拾起斗篷，离开了参议院。对一个不在场的人发动攻击并不公平，容易引起人们的不悦。一位受害者争辩说，这样的攻击"并不符合绅士作风"。[110]本顿离开会议室，试图以此打断富特的发言。[111]但在本顿离开之后很久，富特还在继续对他的"人身攻击"。[112]

在其他场合，本顿以一种"个人解释"为自己辩护。根据惯例，一名四面楚歌的国会议员有权利要求在同事、媒体和国家面前"为自己的荣誉辩护"几分钟。[113]除非有人反对——但这几乎从未发生过，否则要求进行个人解释的人会立即得到发言权，他可以无视所有维持秩序的正式规则，他的发言不能被打断。[114]个人的解释并非不会遭受异议。一位议长抱怨说，当规则被中止时，几乎不可能决定"什么言论是合宜的"。事实上，本顿的解释有时充满了威胁和人身攻击。[115]但考虑到听众遍布全国，国会议员们都想要一个公平的机会为自己的声名辩护。

报纸对国会辩论的报道往往会让议员不得不进行个人解释。国会议员对于报纸的攻击毫无办法，而个人解释则是用来进行反击的安全港湾。本顿开始回击了。3月26日，在富特嘲笑他的第二天，他宣称《国家情报》(*National Intelligencer*)上面对富特观点的报道"从头到尾都是谎言"。据《国家情报》报道，富特指责本顿爱夸夸其谈，因为他不会受到攻击："他的年龄、他对荣誉法则义务性效力的抗拒，以及参议院特权的保护，都是他的盾牌。"富特还称其为懦夫。但是本顿大声咆哮着表示，富特没有说过这样的话——而且，这就是个谎言。他还宣称，他的年纪还没有大到无法动手的程度，如果有人在议会外侮辱他，那么那个人"无须查阅日历"就会知道他的年龄。他逐条地回应了关于自己荣誉的争议。他从来没有隐藏在特权后面，他总结道，如果参议院允许这样的侮辱继续下去，"那么从此刻起我真的会为了保护自己，而不惜一切代价"。

这样的陈述反过来令本顿困扰不已。包括富特在内的很多旁观者在听到这个消息后,认为本顿是在给富特公平的警告,预示着一场街头斗殴将要发生。这完全遵循了传统的形式,是那些想要捍卫自己声名的非决斗者最喜欢的策略。他们通常不会要求进行决斗,而是宣称"在任何地方受到攻击时"都会保护自己。[116] 一旦发出这种公平警告,双方就会给自己和朋友配备武器,等候在街上相遇的机会,相遇后,彼此不免要"推搡和扭打,将枪指向对方,呼喊对方的姓名,并且给不惹事的旁观者们带来巨大的骚乱"。[117]

"不遵循规则"或"非正式的遭遇战"代替了决斗,通常被理解为"非决斗者的最后手段"。在 19 世纪 50 年代,随着北部对南部威胁行为的抵抗,这种手段变得越来越普遍。[118] 在这届会议一开始时,米德(弗吉尼亚州民主党)与杜尔(纽约州辉格党)之间爆发了冲突,在此之后,旁观者预料将会发生一场街头斗殴,因为有一个脾气火爆的北部人参与其中。[119] 街头斗殴是一种地区间的妥协方案,使非决斗者能够在平等的条件下维护自己的声名,从而使战斗变得更加公平。

基于此,听到本顿的声明后,富特猜测街斗将会发生。他告诉一位朋友,他"预料到自己在去参议院或者回来的路上将会遭到袭击,也有可能是在国会山附近"。[120] 另一个人警告他说,本顿是一个"有勇气的人","他会说到做到……富特先生应该做好保护自己的准备"。[121] 之后,本顿和富特的街斗迟迟没有发生,有位参议员同事还因此责备了二人。他斥责道,"参议院外的空间那么大","街道那么长,地方那么宽敞,而且据说,只要绅士们愿意,就肯定会有很不错的战斗场地"。[122]

于是富特带着手枪,时刻留心,准备伺机而动。有几次,他问朋友们他是否应该向本顿提出决斗的要求,公共舆论是不是在要求他这么做?富特这一次也更愿意进行决斗。考虑到"这件事注定不会轻易结束",他宁愿在决斗中光荣地解决问题,不想在街上和人搏斗。若在街头斗殴,富特肯定会是输家,尽管根据富特的历史记录,可能决斗也不会有更好的结果。¹²³ 不过本顿从未攻击过他，即使两人在宾夕法尼亚大道上擦肩而过，也什么都没发生。富特只能断定本顿是"一个胆小的懦夫"。¹²⁴

富特变本加厉地指责本顿懦弱，在他的步步威逼下事态终于一发不可收拾，在4月17日那天本顿再也按捺不住了。就在本顿与之在街上擦肩而过的几天后，富特又开始了对本顿劈头盖脸的指责，但富特的话刚说到一半，本顿就跳了起来，猛然把椅子踢到一边，打翻了桌子上的一个杯子。（楼座里的记者如此描述："杯子碎了一地，桌子东倒西歪，楼座里的人纷纷站了起来"，而"本顿座位附近响起了一片撞击声"。）¹²⁵ 富特看到本顿径直冲了过来，"脸上带着鱼死网破的决绝神情"，便立即沿着过道退向副总统的座席，手中还攥着手枪。不一会儿，"几乎每个参议员都站了起来，大喊着'秩序'（order），要求纠仪长行动，主席和个别参议员请求参议员们坐在自己的原位，请求声一遍接着接一遍"。¹²⁶

亨利·道奇（Henry Dodge，威斯康星州民主党）试图阻止本顿，他戏剧性地露出胸膛，大喊大叫——"'我没有手枪！''让他开枪！''我以携带武器为耻！''别挡路，让行刺者开火！'"¹²⁷ 目击者见到他在吼叫的同时脱下上衣，露出胸膛。就在这时，一名参议员抓过富特的手枪，锁进桌子里，这激情迸发的时刻才暂时结束。

但争议没有结束。富特和本顿立即开始争论他们的动机和意图。富特坚称他的行为是出于自卫。本顿则坚持认为富特是一个寻衅的行刺者——这是一种非常严重的指控，因为这暗示了富特利用的优势很"卑劣"，即他用手枪指着一个手无寸铁的人，他并没有公正公平地进行战斗。¹²⁸（出于此因，本顿敞开自己的上衣以证明他没有枪。¹²⁹）面对这项指控，富特的否认发言近乎咆哮，表明了该指控的严重性。

在辩论中，双方的情绪一旦高涨起来，彼此的议员朋友们通常会本能地检查他们是否带有武器，盯着他们的上衣和背心外套的口袋，看看是否有枪械凸出衣服的印迹，或者是不是有金属的反光。这样做，

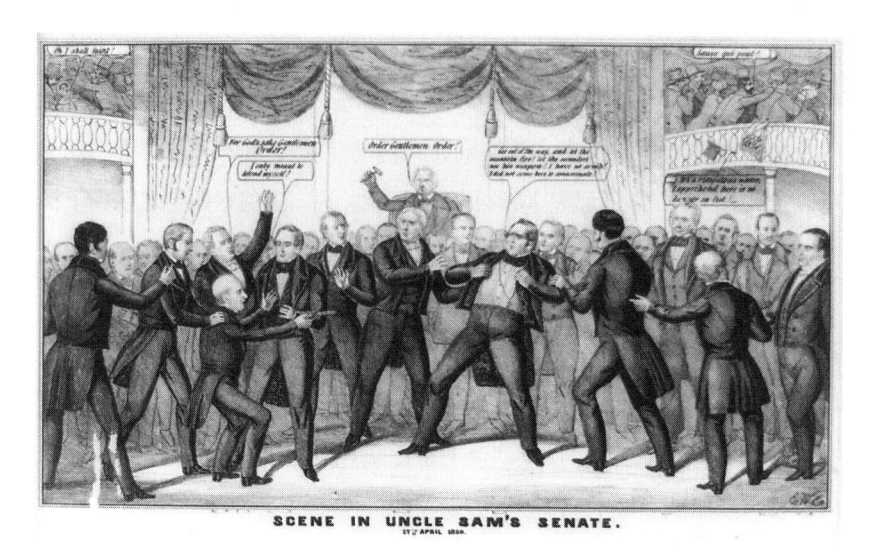

一幅1850年的漫画描绘了本顿和富特扭打在一起的场面。本顿敞开他的外衣,大喊着:"让刺客开火吧!"此时楼座上的人慌忙逃窜。(Edward W.Clay创作,《山姆大叔参议院里的场景,1850年4月17日》。国会图书馆提供)

是为了杜绝不公平的对抗。如果有人手无寸铁(unarmed)[1],那么人们通常会进行干预。而当双方都没有携带武器时,人们就会让双方各凭手段——这样似乎最为公平。1858年,这样的场景曾在众议院里上演,当时奥古斯塔斯·赖特(Augustus Wright,佐治亚州民主党)注意到一个握紧拳头的陌生人站在弗朗西斯·伯顿·克雷奇(Francis Burton Craige,北卡罗来纳州民主党)面前,赖特相信克雷奇更为强壮,所以他就回去工作了——这也表明了,在议会里人们对暴力行为有多么习以为常。但当赖特发现陌生人的外套下有一件武器时,立即跳了起来准备保护克雷奇,以防他被"刺杀"。即使如此,那两人扭打在一起时,赖特还是没有上前,只是做好准备,只有当陌生人伸手拿武器时他才会进行干预。(陌生人有两种武器:一把刀和一把左轮手枪。[130])

---

〔1〕此处疑有书写错误,应为"armed"(有人携带武器)。——译者注

在富特和本顿的冲突中，双方同样并非公平交手，但还是要由一个调查委员会来判定其中的细节并做出裁决。与此同时，参议院恢复了正轨。另外，由于大批的民众在3月份涌入了华盛顿，希望见证一场众议院内发生的全员群架，所以在富特–本顿之乱发生后的第二天，他们挤满了楼座，看看接下来会发生什么。据《波士顿信使报》(Boston Courier)报道，楼座里挤满了人，他们预计"盛大的终章"即将上演。当会议开始时，富特站起来完成了被本顿"粗鲁地打断"的演说，会议室顷刻安静下来，观众们则纷纷前倾。本顿坐在附近，紧张地卷着纸。还会"再出现一次突袭吗？或者会再出现一次混战吗？人们会再次惊慌失措地奔走吗？有人会再次拔出手枪吗？"整个会议室都"陷入惊疑不定的气氛中"。但富特只是让出了演说席，坐了下来，此时本顿深吸了一口气，吸气声都可以听得见。当天晚些时候，他讽刺地写下日记——参议院看起来是多么的"和谐"。[131] 在引发双方不和的问题被移交给调查委员会之后，参议院开始处理其他事情了。

"公共解释是有必要的"

尽管4月17日的事件充满了戏剧性，但并没有产生很大的波澜。调查委员会不过是对"侮辱性言辞"和在国会大厅里携带武器的行为表示了谴责，建议参议院不要采取任何行动，而这正是参议院的作风。[132] 鉴于参议院对于此事不做任何反应，我们很容易把这段插曲当作一出政治秀（political theater）。但在证词中富特指出，他当时计划了一条避开本顿的退离路线，如果他开枪，那么在这条路线上也不会有太多的参议员。很多人都以为，如果本顿抓住了富特，他肯定会痛打富特。[133] 对于斗士和他们的观众来说，流血事件是非常有可能发生的。[134]

全国也在关注这件事。随着电报行业的发展，美国公众正越来越快且越来越有效率地见证着国会中的混战。"华盛顿现在就和我们的外城区牢房一样，离我们很近，"1846年，《纽约快报》(New York Express)过分夸张地渲染道，"我们几乎可以通过电报听到国会议员们正在进行的讲演。"[135] 从1844年在华盛顿进行的一场小规模实验开始，电报技术正在全国传播，大大缩短了全国各地获取新闻的滞后时间，国会议员们不得不去应对电报的影响。[136] 他们不仅没有那么多时间和力量来驾驭自己的语言，而且很难用不同的声音与不同的观众交谈，尽管也不是完全做不到。当废奴主义者本杰明·韦德（Benjamin Wade，俄亥俄州辉格党）和查尔斯·萨姆纳（马萨诸塞州自由土地党）在家乡州谴责奴隶主权势时，克莱门特·克莱（Clement Clay，亚拉巴马州民主党）在华盛顿也知道了他们的冒犯行为：这些在北部"宣称憎恨和蔑视我们"的家伙如何能在华盛顿这里"结交奴隶主"，"平等地和他们致意的"，而且"像朋友一样热情地握住他们的双手"？[137] 在区域性危机期间，电报如网络般覆盖了整个国家，它令国家政治变得复杂。

弗伦奇一直处于历史的十字路口，他也在这次巨大的转变中发挥了作用。从1847年到1850年间，他是磁力电报公司（Magnetic Telegraph Company）的总裁，通过他的朋友F.O.J.史密斯（F.O.J. Smith，弗伦奇的儿子弗兰克的名字即来自于史密斯）发掘到了这个行业。弗伦奇是在电报行业的发展初期由塞缪尔·莫尔斯（Samuel Morse）[1]选中去推广电报的三个人之一。[138] 该公司致力于建立一条从华盛顿到纽约的电报线路，并于1846年6月完成了这项任务。这份工作不仅让弗伦奇为了电报生意而远行，偶尔还需要他去野外接线的工作场地，并且使他成

―――――――
〔1〕电报之父。——译者注

了一个将电报用于政治的革新者。在1848年的总统选举中,所有州第一次在同一天进行投票,电报也第一次被用于收集选票信息。为了做好准备,弗伦奇让华盛顿市、巴尔的摩市、费城市和泽西城的电报局整夜营业,从11月7日一直坚持到11月10日,弗伦奇给工人支付加班费,向他们强调"在这个令人兴奋的时刻……不要带有偏袒之心",不会出现有偏见的报道以及受影响的结果——对新时代出现的新恐惧。[139] 六个月前,他还自掏腰包,支付了关于民主党全国代表大会的电报讯息的传输费用。[140](在政治领域之外,弗伦奇可能也是一位电报先驱,据说,第一首用电报传输的诗歌是B.B.弗伦奇所写。)[141]

当弗伦奇在1843年第一次阅读传输过来的电报文稿后,立即明白了电报的政治影响:无论"华盛顿的心脏地带发生什么,消息都会立刻传至地域广袤的合众国的任何边疆地带"![142] 在富特-本顿冲突结束后的一段时期内,这一意识对人们产生了认知上的冲击。在人们回到席位的几分钟后,亨利·克莱——一直都是一个伟大的调停者,遵循杰斐逊的《议会规则手册》,要求两人"在各自的位置上向参议院发誓,他们不会在这件事上更进一步",意思是他们将承诺不会进行决斗。两人都拒绝了,本顿宣称他宁愿"在监狱里腐烂发臭",也不要发下任何誓言,显得他好像犯下了罪过。而富特坚持认为他没有做错任何事情,不会采取"进一步的补偿措施",而他又是一个"拥有荣誉感的人",别人"正式要求"(invited)他做的事情他不会拒绝——这意味着如果本顿向他发起决斗的挑战,他会接受。威利·曼格姆(北卡罗来纳州辉格党)感觉到出现了僵局,并且希望公众的眼睛最好不要见到这一幕,所以他建议关闭参议院的大门。

"我相信不会的。"富特脱口而出。而参议员们则回应:"哦,不。""当我需要向公众做出解释时,我希望我的朋友们不会坚持这一观点。"黑尔表示同意,他指出,由于电报"闪电般的速度",到了日落时分,在圣路易斯[1]就会有谣言,称"美国参议院发生了一场冲突,几位参议员中了枪,浸泡在血泊中"。这样的场景引发了笑声,不过黑尔是有道理的。正式的调查至关重要,不仅是为了"维护参议院的名声,而且也是为了让历史记录准确,告知公众究竟发生了什么"。如果参议院不立即采取行动,公共舆论就会肆意妄为。(发出指责和质疑的新闻报道像病毒一样散播,已经有了很长久的根基。)

其实,即使参议院立即采取行动,这次冲突的消息也会以闪电般的速度传播开来。第二天,波士顿和纽约的头条新闻好似都在发出歇斯底里的尖叫声,48小时内,《密尔沃基哨兵报和公报》(Milwaukee Sentinel and Gazette)声称:"电报!参议院内发生争吵!富特和本顿之间剧烈冲突!手枪都已拔出!"就像黑尔预测的那样,关于事实真相的报道已然混乱。甚至在4月17日之前,就有新闻在全国传播,声称富特将向本顿发出决斗的挑战。甚至有一家报刊竟然报道本顿死在了富特手中(这份报道缘于愚人节时的电报传输)。这就是无数国会议员所提出问题的答案。如果什么措施和行动都不会采取,为什么还要有单调乏味的调查来令人烦扰呢?因为它将令记录准确可靠,并向公众间接表明国会已在着手处理问题。它将保护国会作为全国达成和解让步的大本营的形象——理想状况下,国会就应该是这样的机构。

公众也正在关注这件事情。其实,这场争端的部分原因是由公众的关注所引起的。最令本顿恼火的是富特对他的公开羞辱。从会议一开始,富特持续的攻击就得到了媒体的大量报道,而本顿正在准备连任。在调查过程中,他就这一点询问了委员会的见证人:他们是否听到富特说的那些把他赶出民主党的话?富特在密苏里州是不是有通信人?他和《密苏里政治家报》(Missouri Statesman)最近对本顿发起的

---

[1] 密苏里州东部城市。——译者注

攻击有关系吗？50多页的报告都围绕着报纸上关于二人冲突的描述。本顿和富特是为了公共意见而战。

事后，二人都同样不安——关于富特侮辱言辞的书面报道令二人心神不宁。本顿告诉委员会，富特篡改了媒体对他们冲突的报道，以让自己的形象显得正面，因为事后私下改写个人侮辱言辞的记录是不良作风。为了更加公正，本顿认为，他本人应该于参议院内在那些听到不实报道并且能够区别是非的人民面前，亲自纠正报纸上那些关于打斗和侮辱的报道。对本顿来说，这是"实现荣誉的唯一方式……对公开的人身攻击进行公开的纠正是文明国土上唯一可以被忍受的事情"。[143]

几秒钟后，富特承认他确实篡改了媒体对他的侮辱言论的报道，但他出于良好的动机："我这几句话说得很快，让人很难听清。"但他在座席上"急匆匆地"完成了修改，并没有改变原先的意思。富特声称，如果说有什么不同的话，那就是他令侮辱性的话语变得柔和很多。本顿曾经在1848年时与安德鲁·巴特勒有一场荣誉纠纷，如今早已得到了友好的解决，在发言席上，富特攻击本顿在1848年的荣誉纠纷中表现得像个懦夫。但是，因为坐在旁边的一名参议员小声告诉富特，提及一起已解决的荣誉纠纷是"轻率之举"，所以富特在记者的笔记中删除了所有相关的言辞——他嗤笑道："尽管我很乐意复原笔记内容。"[144]

而当富特读到《国家情报》对这场混战的描述时，两人的情况倒了过来。这份报纸在全国各地都印刷出版了一份声明，富特在声明中抗议说，他没有"逃避"（retreat）本顿。他只是"滑向"（glide）一种"防守的姿势"（defensive attitude）。[145]这种做法十分愚蠢，但对于富特而言不止是愚蠢而已。两位参议员都警告过他，他不应该逃避本顿：当富特冲过去时，安德鲁·巴特勒立即就发出了忠告。而威拉德·霍尔（Willard Hall，密苏里州民主党）则表示富特的"敌人可能会说他的行动是出于恐惧"。[146]富特不想成为公众眼中的懦夫。

在电报普及的时代里，两人都在应对全国新闻报道所带来的指责。记者们对事情的看法各异，出于不同的原因会做出不同的报道。新闻以难以干预的速度和逻辑进行传播，事实则以闪电般的速度变得零碎混乱。公众们会得出自己的结论，国会议员尽管尝试控制这一过程，但终究还是无能为力。富特和本顿都试图以自己的立场来陈述事实，但在这次的插曲中二人都无法全身而退。[147]

很多报纸都基于本区域的喜好去斥责其中的一名参战者。南部的作家们的焦点在于荣誉准则。一家报刊强调，本顿没有公平地战斗，"在富特先生的行为"并非"完全得体时，他的身体状况也并不良好……'这时却誓死要针对他'"。[148]另一家报刊认为，作为"受攻击的一方"（一个尚待商榷的观点），富特做对了。根据荣誉准则，富特可以选择使用武器，而手枪是最"高贵"的选择。[149]北部报刊的焦点则在于国会制定的规则，它们集体谴责南部的暴力，并坚持认为当时本应有人让富特遵守议会规程。在《纽约论坛报》(New-York Tribune)的报道中，反奴隶制的倡导者简·斯威舍姆（Jane Swisshelm）——第一位进入专用楼座的女性记者——（在混战的当天）赞同本顿的政治主张，但痛惜他"企图伤害他人身体"，她认为这是南部教育的产物。[150]与富特关系向来不错的《里士满调查报》(Richmond Enquirer)表示反对，它打出了性别牌（play the gendre card），谴责斯威舍姆是"女性之耻"，她没有资格对"南部的捍卫者"评头论足。[151]

一些报刊既同时指责了两人，也指责了国会。一家宾夕法尼亚州的报刊以长时段的视角宣称这一事件是"19世纪的耻辱"。[152]佛蒙特州的一家报刊以戏剧的风格添油加醋："哦，参议员和手枪！哦，火药和尊严！哦，立法者和子弹！耻辱啊，耻辱！"[153]新泽西的一家报纸指责道：真正的恶徒是"参议院中的那些恶霸"，"他们——这些庄重严肃的参议员，不将选民的事情记在心里，或许只是偶尔想起！几乎每天都挑衅别人，无异于那些待在校园里的小男孩，看别人敢不敢打落他们帽子上无关紧要的琐碎物件。"[154]《波士顿先驱报》(*Boston Herald*)声称，解决的办法很简单，"如果我们一半的国会议员杀掉另一半，然后自己再自杀，我们觉得国家能从中受益。"[155]

斗殴行为是可悲的，所以有必要做点什么：这显然是一段悲痛的台词。但像这样的绝望之词大多没有建树，即使出现在媒体上也是无用的。就在媒体谴责国会议员斗殴的同时，媒体也全力地向那些参战者发出欢呼声和嘘声。全国性的妥协方案是由这些国会角斗士们促成的，他们受到了全国观众的怂恿和鼓励，观众们遍布北部、南部和西部，而关于奴隶制的全国性辩论持续存在，则让角斗士们的斗争如火如荼。在奴隶制问题上的和事佬们发现自己越来越难以吸引选民。本顿就遭受了这样的命运。由于他对奴隶制的看法前后不一，在任职30年后，他在1851年失去了再次当选参议员的机会，他的失败令人震惊。而坏的时代正在命运的前方迎候着美国人。

然而，当下的时代仍是和平的。在富特－本顿混战四个月后，一系列法案在参议院通过，一个月后又在众议院通过。加利福尼亚以自由州的身份获准加入联邦；当地人民自主决定新墨西哥州和犹他州的奴隶制命运；尽管奴隶贸易被禁止，但奴隶制仍然存留在国家首都中；更为严苛的《逃亡奴隶法》要求所有美国公民协助捕获和归还逃跑的奴隶；得克萨斯放弃了部分西部土地，并获得了补偿。

最终，妥协和一致性（community）还是在华盛顿占了上风——这一事实值得庆祝，在9月7日星期六的晚上，随着加州新近被授予州的地位，华盛顿举行了庆祝仪式。那晚烟花绚烂，礼炮鸣放了一百响。海军乐队沿着宾夕法尼亚大道游行，演奏《星条旗之歌》[1]（*The Star-*

---

〔1〕美国国歌。——译者注

Spangled Banner）和《扬基曲》(Yankee Doodle)。人群从一个家庭旅馆走到另一个家庭旅馆，为国会议员欢呼鼓掌，国会议员全都异常欢喜，高兴到在回应时只有寥寥数语。据一名旁观者所言，"在那晚，每个爱国者的责任是不醉不归"，而国会议员们履行了他们的责任。（第二天，因宿醉而特别难受的亨利·富特把自己胃部的不适归咎于"坏掉的水果"。）乔纳森·福尔茨医生是数位总统和决斗者的主治医生（他出现在了西利和格雷夫斯决斗的现场），他评论道："以前任何法律通过时，我都没有感受到现在这么强烈的激动之情。"[156] 国会里的妥协受到了人们热烈的欢呼，实在太稀罕了，这也表明了此次危机看起来是多么危急。

尽管"妥协案"缓解了地区间的危机，但是它对于不同地区感情的影响是复杂的。南部霸凌性的政治活动持续存在，让北部的旁观者对奴隶主权势占支配地位这一基本事实有了清醒的认识。南部总是骄傲地宣布一项政策，然后将其不断推广，让国会和整个联邦接受。南部的最后通牒和威胁行为完全展现了南部霸凌行为所带来的力量和屈辱。而现在正如弗伦奇所期，北部人发现国会的力量天平正在转向自己——这并非第一次，但是出现了新的力量。他们（北部人）经过了1850年危机，对自己的权利意识更加敏感，也对南部的威胁力量理解得更加深刻。

他们还发现了强大的模范反抗人物。很多人在议会中直言不讳地捍卫北部的权利，让他们家乡的听众对北部人的反抗行为有了感受。1850年4月，一封写给约翰·帕克·黑尔的信显示出，个人为地区权利的斗争对于家乡选民有多大的影响。信的作者赞扬黑尔能够挺身而出，去对抗奴隶主权势，但是作者还是担心"北部会颜面扫地"，而这会引发"自己感到丢脸"的失意感。对选民和国会议员来说，地区荣誉和个人荣誉之间的联系是根深蒂固的，而国会议员是二者之间最重要的纽带,这点在南部和北部都一样。157

1850年妥协案危机所产生的结果是矛盾的。一方面,美国人对合众国及其脆弱性有了更深刻的体会——这种体会来自于脆弱性。另一方面,他们更进一步确信了,是什么因素威胁到了脆弱的合众国,并对这些因素有了更强烈的感觉:奴隶制、地区权利和对地区荣誉受损的恐惧。

1853年,在这个充满危机和矛盾的时候,富兰克林·皮尔斯成为了总统,这对于美国和皮尔斯本人而言都是不幸的。皮尔斯和两个地方阵营都有关系,他是一个北部人,但他为了联邦和他的政党而迎合南部的利益,他成为候选人是彼此最终妥协的结果。在一个危机产生妥协的时刻,他是合乎逻辑的选择。但他的退让被证明是极其有害的。1854年,当关于堪萨斯和内布拉斯加地区奴隶制法律地位引发辩论时,皮尔斯以南部为中心的方略重新点燃了1850年危机的"续集",而且将它的严重性扩大了十倍,酿成了一场国家性危机,更令弗伦奇陷入了多方攻击的困境。

作为皮尔斯的老朋友和支持者,即使艰难万分,弗伦奇也为皮尔斯的竞选活动付出了全部精力。在一个地区冲突激剧的时代里,从事全国性政治活动可谓困难重重,而且弗伦奇是一个理想幻灭的民主党人,挥舞党派大旗对他而言也是个挑战。但他坚信皮尔斯是这个时代的关键人物,坚信民主党的政策可以挽救合众国。弗伦奇擅长写信,还擅长拍肩膀和握手,还能为成功的竞选创作歌曲,因此他致力于这项事业。从某种意义上而言,弗伦奇已经为皮尔斯的竞选活动接受了几十年的训练。

也许皮尔斯凝聚了南北双方;也许在他的掌舵下国家这艘航船可以渡过奴隶制危机;也许他会以一份令人垂涎的工作来奖励弗伦奇。胜利后的战利品会是甜蜜的,而此时的弗伦奇正在勉强度日。(1850年,他落选磁力电报公司的总裁一职。[158])弗伦奇对以上所有这些都抱有希望。但最终，他很失望。他没有得到他所渴望的回报——哥伦比亚特区执法官这一高薪职位。他甚至很难向皮尔斯进言，尽管他做梦都想和皮尔斯交流——他真的做过这样的梦。1852年12月，由于一直担心皮尔斯无法看到华盛顿的"电报线是如何拉出来的"，弗伦奇竟然梦到他和皮尔斯走进了一间牢固的阁楼，"坐在干草上谈论事情"。[159]

最终，皮尔斯灾难性的奴隶制政策也为他和弗伦奇的友谊带来了灾难。1855年底，弗伦奇与皮尔斯30年的友谊沦为了奴隶制危机的牺牲品，而弗伦奇也开始逐渐脱离民主党。

第六章　两出阴谋故事：
媒体的力量和堪萨斯论战（1854—1855 年）

富兰克林·皮尔斯在总统任期内饱受厄运的蹂躏，但没什么事比他唯一的孩子于 1853 年 1 月 6 日死于火车事故更加令他伤感了，当时这位尚未宣誓就职的当选总统和他的家人在假期结束后从家出发，前往康科德。他们的旅途开启后还不到一个小时，一个破碎的车轴使他们的火车车厢从堤坝上翻滚下来，11 岁的本杰明·皮尔斯（Benjamin Pierce）成了唯一当场死亡的人。[1] 于是富兰克林和简·皮尔斯在完全崩溃的状态下入主白宫。当皮尔斯在 3 月 4 日宣誓就职时，几乎没有任何庆祝活动，弗伦奇觉得，典礼的规模小到就像皮尔斯"一个人"参与一样。软心肠的弗伦奇在听到本尼（1）死讯时感到特别悲伤，几个月后，当他在白宫瞥见这个男孩的肖像时——"那张温和又率真的脸庞"，他几乎仍要哭出来。[2] 而弗伦奇"非常疼爱的儿子"本——本后来这么描述自己，当时他只有 7 岁。[3]

皮尔斯是一个悲伤的父亲，他在公众普遍的同情中就职，在一场艰难的竞选后这多少也算是种幸运。辉格党的竞选活动材料不断强调

---

〔1〕本杰明的昵称。——译者注

皮尔斯籍籍无名,反复地询问道:谁是富兰克林·皮尔斯?他们兴高采烈地指出,就连民主党的媒体也不知道他是谁,至少有一份民主党报纸竟然欢呼他们的新候选人是约翰·A.皮尔斯(John A. Pierce)将军,而其他报刊在描述他时用了各种中间名的首字母,可是他没有中间名。⁴ 在回应皮尔斯不知道有"东部、西部、北部和南部"之分的宣言时,辉格党的媒体反唇相讥道:"东部、西部、北部或南部也

178　1852年富兰克林·皮尔斯在总统竞选中的照片。这张图像在制作时没留底片,所以达盖尔银版照片的流传很有限,但是重新以版画的形式再制作时这张图像流传甚广。(Albert S.Southworth 和 Josiah J.Hawes 制作。史密森尼学会,国家肖像画收藏馆提供)

不知道有皮尔斯将军。这真是太巧了!"[5] 皮尔斯的酗酒问题也遭到了攻击,还有他的战争记录——与辉格党候选人温菲尔德·斯科特将军(General Winfield Scott)那远至1812年战争的几十年服役期相比,可谓相形见绌。辉格党的媒体称皮尔斯是"很多嗜好杯中物的人心中的英雄",出版过一本"书"——名为《皮尔斯将军的兵役》,并嘲笑他在墨西哥战争期间在战场上晕倒了(两次),其中一次是由于"自己以为"腹股沟受伤("sense-taking" groin injury)。[6]

但这次竞选活动并不纯粹是针对个人的。辉格党和民主党的报刊

大肆评论各自候选人对"1850年妥协案"的忠诚。关于奴隶制问题的"定性"(Finality)是竞选活动中的流行口号,而皮尔斯在对奴隶制的表态上没有什么问题,他对《逃亡奴隶法》的全面支持明确地表明了他的实际态度。在一封写给参与民主党代表大会的朋友的信中,皮尔斯表示自己以公共事业为重,他说合众国的存亡在于北部是否愿意去激怒南部,因而北部需要避免采用"无必要的冒犯性"决议。他自己"永远不会屈从于懦弱的心态,从政策的角度考虑那也会危及合众国"。[7] 皮尔斯对"懦弱"(craven)一词的使用表明,"面团脸"的政治活动仍然是复杂的。他宣称自己十分勇敢,不会在支持南部的问题上退缩——很多人指出这种特殊的立场是面团脸的懦弱表现。他的辉格党对手温菲尔德·斯科特和他的政党一样,在"妥协案"上模棱两可,给了民主党一个在选举中攻击他们的武器。

事实证明,皮尔斯亲和南部的政治主张对南部辉格党和北部民主党来说尤其成问题,他们呼吁值得信任的人不要沉湎于过去中,要跨越界限,紧急行动起来。北部辉格党谴责皮尔斯是奴隶主权势的奴隶,而南部辉格党则污蔑他是一个秘密的废奴主义者,说他曾在新罕布什尔州的一次演讲中谴责了《逃亡奴隶法》。("又一个北方佬的诡计!"《里士满辉格党报》(Richmond Whig)愤怒地写道。他们指责皮尔斯只在远离南部人消息网络的新罕布什尔州暴露他的废奴主义观念。[8])北部民主党人则接受皮尔斯是废奴主义的指责,并以此大做文章,赞扬皮尔斯在反钳口律的战争中是与约翰·昆西·亚当斯携手并进的战友。[9] 反过来,南部民主党人也引用了北部辉格党批评皮尔斯的言论来证明他忠于南部。从本质上而言,北部和南部的盟友们正在进行一场相互冲突的选举运动,都指望一些地方报纸的影响力有限。[10] 对两党而言,好像都不止一个富兰克林·皮尔斯在竞选总统。对他们而言,南部和北部都有一个皮尔斯,而且政治主张彼此冲突。这种情况准确地反映了国家的状况，反映出将会出现什么样的麻烦。

作为党派的旗手，华盛顿的《联合报》(Union)奉行的路线十分清晰，他们宣传皮尔斯是"为时代而生的人物"———一个适合于所有地区的人物。媒体用含糊的概括性话语来赞美他，反驳辉格党的指责。[11]而弗伦奇则做了大量歌功颂德和反击指责的工作。弗伦奇确实在整个竞选过程中发挥了关键作用，甚至在他的帮助下皮尔斯才得以保住提名。他在日记中写道，他的"整个灵魂都放在了这件事情上"。[12]早在1852年3月，他就开始在任何有关选举的对话中提及皮尔斯的名字，甚至从皮尔斯那里得到了一封较为模糊的意向书（letter of interest）来四处展示。弗伦奇是民主党全国代表大会（Democratic National Convention）的荣誉代表，更加重要的是，他还是大会的宣读秘书——他那异常强

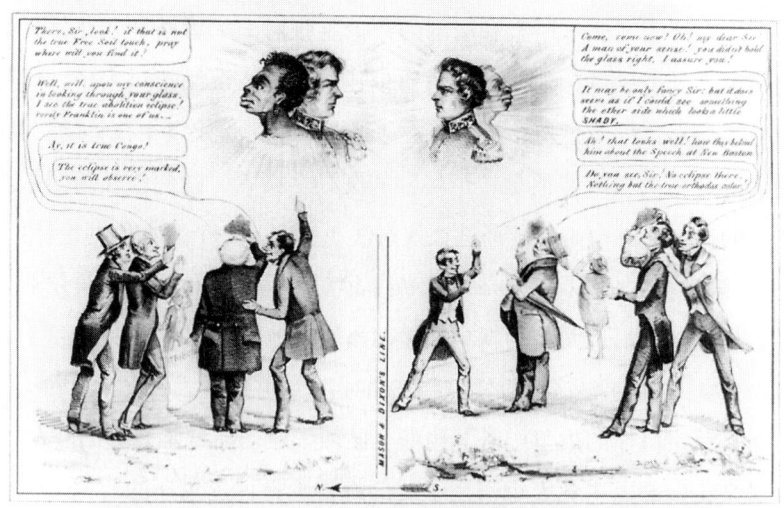

皮尔斯总统竞选时期的一张漫画，讽刺他既支持奴隶制，又反奴隶制。左边是愉快的废奴主义者和自由土地党人看到一个黑人男子头像像日食一样正在逐渐遮盖住皮尔斯的头像。右边是同样愉快的南部人看到皮尔斯的头像正在逐渐遮住一个黑人的头像。（J.Childs创作，《日食&非日食，或者说一体两面》。国家图书馆提供）

壮的肺能够很好地履行这一职责，借此良机弗伦奇游说了合众国中每个州的代表团，甚至下榻于一家住着各个关键代表人员的旅馆，而不是住着新罕布什尔州代表团的旅馆。终于，他劝服了十个州的代表团成员最终支持皮尔斯。

弗伦奇在此事上的最后胜利至关重要。在命运的重大转折点上，他让皮尔斯的前酒友亨利·怀斯令弗吉尼亚代表团做出承诺。怀斯的政治主张和性情都游移不定，他的政治生涯始于自己的民主党人身份，后来却在国会中竭力反对他的政党，变成了一名辉格党，现在随着奴隶制危机的兴起，他又重新回归支持州权的民主党阵营中。为了得到怀斯的支持，弗伦奇不得不面对让怀斯和皮尔斯争吵了14年的事件：乔纳森·西利的死。自1838年以来，皮尔斯就没有和怀斯说过一句友好的话，甚至拒绝与他握手。怀斯怀恨在心吗？弗伦奇如此问道。怀斯并没有恨意，他理解皮尔斯失去朋友后的感受。[13]

在这最终的推动下，弗吉尼亚州开启了提名皮尔斯的程序。弗伦奇得意地欢呼："我真心相信我能够让皮尔斯获得提名，就像我相信我活着一样！"[14]怀斯在给皮尔斯的一封信中给予了弗伦奇应有的赞许，并补充说：1844年我曾帮助另一个人当上了总统，但是他之前却对我很冷淡，这十分"奇怪"——这个人就是詹姆斯·K.波尔克。（怀斯还告诉皮尔斯，他在回应皮尔斯酗酒的问题时，曾向代表们讲述了他们在1836年的醉酒趣事，逗得代表们十分开心，并且宣称这是他唯一一次看到皮尔斯喝醉过。几个月后，怀斯在为皮尔斯竞选活动进行演说时，在讲台上与别人扭打在了一起。[15]得到怀斯的支持其实是件喜忧参半的事。）

得到提名后，弗伦奇全身心地投入进宣传工作中，甚至在家中将一张皮尔斯的画像悬挂在乔治·华盛顿画像的旁边——"第一位总统和最新的一位总统"。[16]正如他所说，"我骑着马，还用脚奔跑；我写信，我做演讲；我接收并且支出了大量的钱款，必要的时候我就拿出自己的钱——事实上，我已经做了一个男人该做的所有事情，还做了一些忠诚的党徒才会做的事情。"[17] 的确，弗伦奇在竞选期间戴了多顶帽子：他是民主党全国委员会（National Democratic Committee）的财务主管，负责从合众国各地收取和分配大量的资金。作为华盛顿杰克逊民主党协会执行委员会（Executive Committe of Washington's Jackson Democratic Association）主席，他试图让全国各地的民主党协会与他通信，希望以此推动"共同行动"。[18] 据他自己的说法，他几乎每天都为华盛顿的《联合报》及其短期的副刊——《竞选》（The Campaign）撰稿。因为他是皮尔斯的密友，他回答了数百个关于候选人的询问，向所有人保证"皮尔斯是一张可靠的牌（a sure card）"。[19] 这份工作无休无止，甚至延续到皮尔斯当选之后，当时数百封为求取皮尔斯政府职位的信件如炮弹般轰向了弗伦奇。在皮尔斯的就职典礼结束后，弗伦奇向他的兄弟抱怨道："我被这些政党中的漂流木（drift-wood）[(1)]们骚扰、麻烦和折磨，既感到好玩，又感到苦恼，在民主的大潮下，这些漂流木都漂到了华盛顿。""每一个曾经为弗兰克·皮尔斯抛过海狸帽子的人"都希望被引导，以通往财富和运气之路。[20]

作为皮尔斯竞选团队的核心报刊作家，弗伦奇精心地为他工作，使皮尔斯成为了一个完美的折中候选人（compromise candidate）——皮尔斯几乎没有这样的公众形象，这一目标令宣传工作变成一项挑战。甚至《联合报》对皮尔斯的赞美都十分微弱无力，显得皮尔斯似乎会以失败告终。竞选初期，报纸上的竞选传记可能出自弗伦奇之手，传记称赞皮尔斯是一个沉默却勤奋的国会议员，因为良好的见识、礼貌和脾气而备受他人的喜爱。弗伦奇还精明地补充道，皮尔斯还对分配

[(1)] 这个单词还有无用的杂物、社会寄生虫等含义。——译者注

资助金这种细致的工作有内幕消息，因而他收到了上百封信件，在未来几个月里备受困扰。[21] 第二篇文章甚至赞扬起了皮尔斯的平凡，文章强调有种观念对于民主政治而言十分危险，这种观念就是"对那些在议会或者战场上表现出众的人来说，总统职位乃是应有之回报"。辉格党媒体迅速指出这是拐弯抹角的讥讽。[22] 皮尔斯的老朋友纳撒尼尔·霍桑——皮尔斯的官方竞选传记作者——并不喜欢他的工作。霍桑承认，"这是一本很难写的书"，"问题的要点在于解释这是如何发生的，他有过如此特别的机会来获取军事上和政治上的殊荣，但是在全国人民的眼中，他在危机中却默默无闻，他也确实如此。由于缺乏可用的材料，我的心情彻底低沉了。"对霍桑来说，只有一位"传奇作家"（romancer）才能写出皮尔斯的传记来。[23] 这本书最终让他失去了几十个北部朋友，因为他支持了皮尔斯对奴隶制那面团脸式的态度。[24]

最终，皮尔斯以压倒性优势获取了更多的选举人团票，但是普选结果十分接近，这是公共意见不一致的明显迹象。[25] 在自由州，投给其他对手的票数比投给皮尔斯的票数多了14000多张。[26] 在北部，民主党正在失去影响力。即便如此，随着对南部友好的北部人当选总统，国家的局面暂时稳定了下来。

可是喘息时间是短暂的。1854年，堪萨斯和内布拉斯加的地方组织再次卷起了地方冲突的大旋涡。参议员斯蒂芬·道格拉斯（Stephen Douglas，伊利诺伊州民主党）提议，由当地人民自行决定这两个州的奴隶制存废，这个提议为一场全面爆发的地区性危机打开了泄洪闸。道格拉斯的提议实质上是在废除"1820年密苏里妥协案"，该协议在大陆上划定了一条分隔蓄奴州和自由州的界线，长期以来抑制着（虽然并没有解决）奴隶制问题的爆发。1854年，"妥协案"已经达到了"神圣契约"的地位，如今有人提议废除它，这表明南北双方之间的任何协议都不值得彼此信任，无论协议有多么神圣。[27] 跨区域的信任纽带遭到腐蚀,这会影响未来几年的国家政治。

道格拉斯的提议震惊了包括弗伦奇在内的很多北部人。为什么要废除"密苏里妥协案"呢?为什么要现在废除呢?弗伦奇认为所谓的"内布拉斯加法案"既危险又不必要,是一个"将会令整个合众国燃烧的火苗"。[28] 此外,他确信该法案会破坏民主党内的秩序,因为如此这般会令北部人疏远南部人,皮尔斯也许可以控制国会,但他无法控制"自由州的人民"。[29] 弗伦奇预测,"任何一个北部人支持这项法案的话,无论是皮尔斯总统,还是最微不足道的政客,都不会再得到自由州人民的支持"![30] 这话言过其实,但并不算过于夸张。在中期选举中,民主党人在众议院失去了75个席位,44名投票支持该法案的北部民主党人只有7个再次当选。两年后,皮尔斯没有被重新提名为总统候选人。[31]

对于该法案所隐含的愤慨在国会内得到了充分体现。在之前的危机解决中联邦的权力天平发生了倾斜[(1)],而倾向于南部的民主党多数派现在很有可能通过该法案,有鉴于此,反"内布拉斯加法案"的北部人立场十分强硬。1850年,北部人用一种新的方式反抗南部的霸凌,四年后,他们更进一步,开始宣布自己愿意动手战斗了。[32]

北部、南部和西部的媒体纷纷响应时局,他们将这场辩论构想为一场生死攸关的战役,目的是防止支持奴隶制或者反对奴隶制的阴谋去偷取合众国的灵魂。[33] 反"内布拉斯加法案"的报纸渲染了南部的霸凌行径,将参议员斯蒂芬·道格拉斯描绘成奴隶主权势的一条气势汹汹的走狗,只会欺负那些不愿意动手打斗的人,并谴责皮尔斯既是一个铁腕的民主党暴君,也是南部顺从的走狗。这些报刊认为,皮尔斯和道格拉斯正在策划一个秘而不宣的计划来推广奴隶制,《逃亡奴隶

---

〔1〕指前文提及的"1850年妥协案"带来的危机。——译者注

法》充分证明了他们的意图。拥护"内布拉斯加法案"的报纸以眼还眼，谴责了那些反"内布拉斯加法案"者的不法手段——他们为了摧毁奴隶制和南部似乎愿意做任何事情，并赞扬了支持该法案的高贵的北部民主党人。[34]

这的确是1850年的回声，但新闻报道的主旨更集中于编造地方正在秘密谋划阴谋的故事。[35] 在此背景下，国会的暴力行为不再只是一种议会斗争的策略，它成了地方阴谋正在进行的铁证：暴力行为是皮尔斯、道格拉斯和飞扬跋扈的奴隶主权势施展控制手段的证据；或者是反奴隶制的北部人有多狂热的证据。随着美国媒体煽动地方主义的火焰，堪萨斯-内布拉斯加的危机将国会的暴力行为转移到了舞台中心。[36]

当然，美国媒体对奴隶制和地方主义前景的预测往往都是悲观的，这俨然成了悠久的历史传统。但到了19世纪50年代，随着新闻传播速度比以往任何时候都要快，媒体悲观心态的影响力也在急剧增长。[37] 蒸汽印刷机以及随后出现的轮转印刷机、铁路、电报和造纸术上的创新让新闻在全国以惊人的速度传播——令那些习惯于自己设计新闻叙事的国会议员感到震惊。同样的技术让更多的外地记者来到了华盛顿，他们可以按自己的喜好发言，因为他们不欠国会议员任何东西。在这期间，以利润为导向的纽约市报纸获得了左右全国局势的影响力，成为国会新闻报道的主要来源，取代了华盛顿长期以来的政党机构，纽约市的编辑也变成了成就或者破坏国会人员职业生涯的权力掮客。

在19世纪50年代的地区危机期间，这些更加独立的媒体产生了严重的后果。为了以最具冲击力的方式表现危机，这些报刊令地区冲突陷入了无休止的循环中：国会议员在发言席上向选民发出团结斗争的号召；媒体则渲染夸大其含义，而公众就会用信件、请愿、示威以及投票来敦促他们的国会议员为他们的权力斗争。这种极端情绪扩散到合众国的速度和效果与日俱增。[38] 正如在西部扩张的刺激下美国奴隶制问题日益尖锐一样，国会大厅里的危险言论和暴力行为的影响逐渐上升，并波及到更远的疆域，点燃了地方的情绪。

咄咄逼人的情绪一环扣一环，其结果显而易见。媒体将国会描绘成一个满是极端事物的机构——充斥着极端的言辞、极端的政策、极端的好斗情绪，是吹牛大王和打斗闹事者的兽穴；一个由地区的好战分子发起地区间冲突的地方——他们借此淡化了议员对妥协和解的诉求乃至可能性。在受到多方面紧急决议的夹击时，国会议员们比以往任何时候都更坚决且更大胆地以地区诉求为先。

备受腐蚀的党派忠诚仍旧阴魂不散，但这只会让事态变得更加糟糕，加剧了议会的压力。在辉格党和民主党人之间没有纯粹的分界线，南部和北部之间亦是如此。在一个接一个人，以及一个接一个选择的推动下，危机不断被向前推进。从多个方面来说，国会大厅变成了冲突之所。丹尼尔·韦伯斯特和亨利·克莱的去世似乎进一步证实了妥协精神的消失，以及一代人（一代议员）的离世。对协议的冒犯和对地区阴谋的讨论将地区间彼此的信任降至历史最低点，正如媒体所描述的那样，南北双方都不再进行公平的战斗了。

随着报纸将这些方面串联起来，火力全开地展现并且谴责国会中的威胁和暴力行径，公众对于国会的信任开始呈螺旋式下降，这种公众怀疑在未来一段时间内持续存在。[39] 各种各样的国家机构都遭到了猛烈的抨击，现在正是他们的影响力能够左右大局的时刻。颇具讽刺意味的是，自由的新闻媒体现在虽然在迫使国会承担职责——新闻人可谓民主政治的试金石，却也加速了这个国家的分裂。民主政治就是一种被统治者和统治者之间持续进行的对话，如今对话的方式则发生了巨大的变化，那么民主本身自然也会因此发生巨大变化，这不足为奇。

在这些变化中，民主党受到了沉重的打击，大量的"面团脸"开始离弃民主党，弗伦奇的经历可谓民主党中的典型。弗伦奇了解国会内幕，还是个资深的新闻编辑，但是他也不能对媒体上的愤怒情绪和与日俱增的地区冲突事件报道免疫。尽管在1852年，弗伦奇还将富兰克林·皮尔斯宣传为一位代表所有地区利益的人物，但不到三年后，他开始咒骂皮尔斯是奴隶主统治集团（slavocrats）的走狗，并指责奴隶主集团有邪恶的阴谋。最终报纸推动弗伦奇穿越了命运的界线，以前他不惜任何代价捍卫合众国，而现在他要让合众国符合他心中的标准，对于一个将大量时间用来为新闻行业添加燃料的人，这或多或少是正常的。

从未存在过的国会

从某种意义上说，作为1852年大选中皮尔斯的支持者，弗伦奇和霍桑一样，是一个文笔老练的"浪漫主义者"，这是皮尔斯赢得总统竞选的一大关键因素，尤其是在地方间彼此猜疑情绪泛滥的情况下。这并不是说弗伦奇公开地撒谎，正如他所言，他试图"站在真理的近旁"。但他并没有说出自己关于皮尔斯所知道的一切，他提醒自己，"当某处阳光太过于强盛"时，那么最好"去有点阴凉的地方旅行"。[40]

"真理的近旁"（hither side of truth）这个概念很好地描绘了19世纪上半叶大部分时间里新闻界对国会的报道。虽然公众对国会的所作所为感兴趣——若通过关于国会专栏文章的数量来判断的话，公众的确对国会很感兴趣，但是读者很难得到关于国会情况的准确描述，尽管并非完全不可能。[41]

这并不是因为新闻报道的缺乏。典型的一期报纸——通常是四页纸——就可能包含参众两院辩论的冗长摘要，几篇关于国会政治的文章，还会刊登一封当地记者寄给主编的书信，里面是关于国会谣言和传闻的辛辣描述。国会议员们还偶尔公开发表书信，为自己辩护或攻击政敌。⁴² 此外，议员们会印刷并且邮寄自己的演说文，通常有几千份，有时可达上万份。总之，公众有大量渠道来了解国会。

一度，关于国会的新闻报道主要由当地企业负责，由两家华盛顿的报纸提供辩论的摘要。《国家情报》（以下简称《情报》）自1800年首都移至华盛顿起就开始报道国会新闻。在1824年到1837年之间，主编小约瑟夫·盖尔斯（Joseph Gales, Jr.）和威廉·西顿（William Seaton）还出版了一份关于国会报道的年度记录，名为《辩论记录》（*Register of Debates*）。每日发行的《世界》（*Globe*）由编辑弗朗西斯·普雷斯顿·布莱尔（Francis Prston Blair）和约翰·库克·里夫斯（John Cook Rives）在1821年创刊。从1833年开始，他们还出版每周的议会辩论记录——命名恰如其分，叫作《国会世界》（尽管大多数人只是简单地称之为《世界》）。⁴³ 虽然这些出版物都不是政府的官方记录，却相当于那个时代的《国会议事录》。它们在全国各地的报纸上转载，也是全国了解国会状况的主要渠道。⁴⁴

但是这些刊物很难做到不偏不倚。首先，作为政党的喉舌，它们无疑是带有党派倾向的。《情报》最初是杰斐逊共和党的刊物，后来变成了辉格党的。《世界》则是民主党人的。《世界》和《情报》通过赞助关系与政客们勾连在一起，并融入政府的运作中（国会印刷商是宣誓就职的官员），他们在一个同伴集团里为同伴工作。不出所料，这两家报纸都经常夸赞朋友，贬低敌人——其愤怒的抗议声会出现在他们的报纸上，不过为了保持报纸作为"日志一般"的公共记录的声誉，他们也不能过于偏袒自己人。弗伦奇喜欢辉格党的《情报》，他每个早上第一件事情就是读它。尽管他不喜欢其政治观点，但他认为这份刊物是"报纸中的马歇尔大法官"——简明、高尚和坦白。而以他的感受而言，《世界》过于"故作高尚"。⁴⁵

两份报刊在报道中都带有选择性："首要"演说会进行报道，而次要的则不会，辩论的梗概则十分不完整。《世界》只保证能呈现出辩论的"大概"（sketches）。立法程序得到详细的记录，可大多数国会混乱的时刻和龌龊行为却遭到遗漏或忽视，除非那些爆炸性的事件大到无法忽视。

辩论中的威胁和暴力行为有很大的影响力，因而其记录的缺乏会引人注意——尽管这合乎逻辑。作为一种国会官方的新闻议事录，两份报刊都需要在一定程度上维护公共机构的信誉。它们还是政党的机构，所以必须安抚国会中的庇护人。虽然一些国会议员渴望展现出斗士的气势，但他们中的大多数人并不愿意让自己看起来像个暴徒。即使恶霸也希望他们最野蛮的霸凌行为能够秘而不宣，因此不止一名记者在报道霸凌行为时上了苦涩的一课。事实上，出于人身安全的考虑，记者们得到了很多的建议，这些建议让他们不要记录任何侮辱行为或言论，因为很容易被卷入旋涡中。正如一位记者所言，辱骂和冒犯行为"对于那些想管闲事的记者来说是危险的"。[46] 这样的报道审查可以换回潜在的巨大回报：政府印刷合同通常意味着苦苦挣扎的政党媒体可以继续生存下去，而国会是主要的资金来源。[47] 直到1861年，政府都还没有关于印刷业的管理机构，所以华盛顿的报纸填补了空白，借此获取利润。

因此，国会的议事录显得国会成员异常彬彬有礼。在《情报》和《世界》中，尽管记录了不少虚张声势的举动，很少有关于人身攻击的报道。肢体冲突如果有被提及的话，则尽最大限度地被压缩成细枝末节。报道中不会出现武器——除非有国会议员提到曾见过一件武器。（弗伦奇在1836年的一场争斗中看到了"有人手里拿着手枪"，但他知道对媒体人不要提起枪。[48]）个人致歉频频地出现在报纸上，而引发致歉的冲突多半消失无踪。[49]

但这并不是说完全没有线索，大量关于暴力的证据存在于模棱两可的表述之中。人身攻击通常被总结为"针对不幸的个人特征的评论";斗殴可能被描述为"愤怒且极度针对个人的争吵";暴力的喧嚣场面可能会用"一场轰动性事件"来进行表述。偶尔会有更为丰富的细节,特别是当数十名国会议员向打斗中的人冲过去时,这些议员据说是为了阻止斗殴,但他们却经常加入其中。这样的失控场面很难遮掩,但即使是这样的情节,通常也被粉饰为"难以形容的混乱以及对秩序的呼吁"。[50]

在充满恶意的堪萨斯辩论中,华盛顿的报纸遭遇了困境,它们再也无法忽视关于暴力行为的报道。因而,它们对议员们怒气冲冲的交锋进行了大量的报道,尽管总是对交锋中过于野蛮的部分加以修饰——几乎一贯如此。《世界》曾在1854年对两个田纳西州人在通道两边对峙的情况进行了描述,这是个值得注意的例子。民主党人威廉·丘奇韦尔(William Churchwell)对辉格党人威廉·卡洛姆(William Cullom)谴责"内布拉斯加法案"的演说感到愤怒,他讥讽说废奴主义者会对此鼓掌欢呼。卡洛姆的反驳十分辛辣,但远没有《世界》对他们的交锋描述得那么辛辣,因为卡洛姆在其中添油加醋。第二天,丘奇韦尔直呼卡洛姆是个骗子。据《世界》报道,此时,"卡洛姆先生从座位上站起来,向丘奇韦尔先生冲去,还做出威胁的手势",引得"有些人高喊着'肃静!'然后是一片大乱"。这是《世界》报道中火爆的部分,但事实更加火爆:丘奇韦尔拔出枪,指向卡洛姆。《世界》的读者们只是在第二天一篇为对此事表示悲痛的演说词中才发现了"蛛丝马迹"。一如既往,对这种事情表示悲痛的结果无非是,一名新人建议将枪支放在中央圆形大厅,让武器远离议员们,而其他人则以哄堂的大笑和喝彩声做出回应。两年后,这位好心好意的新人——普雷斯顿·布鲁克斯(Preston Brooks,北卡罗来纳州民主党),却用拐杖打了参议员查尔斯·萨姆纳(Charles Sumner,马萨诸塞州共和党),这让人看到,在没有枪支的情况下人们可以造成什么样的伤害。[51]

《世界》附录上记载的野蛮行为更少,尽管有的行为也十分极端。附录在每届会议期内出版,上面所包含的演讲词"是由国会成员自己写出来的,所以如果记者无意中有所疏漏,这些错误也能得到纠正"。[52] 换句话说,附录中的演讲稿是国会议员按照自己的意愿编写成的。格外富有争议或者长篇的演讲稿通常只会出现在附录中。《世界》普刊上都是漫谈式的演讲、插话、提问,偶尔还有些笑话或威胁言论。附录则是一首独白的交响乐,主旋律是崇高的情感和英勇的立场。例如,《世界》报道了1844年众议院内一场由钳口律辩论引起的争论,在争论中阿米斯特德·伯特(Armistead Burt,南卡罗来纳州民主党)咆哮着说,他会在"其他任何地方"为那些侮辱言论承担责任——他的意思是愿意进行决斗或者街斗。在附录中,伯特强调:"出于我自己的自尊心和我对选民的应有尊重,我在这里……抑制住自己去做辩解的冲动。"在最初的版本中,伯特的言论是公开的威胁,而附录的记述删除了大多关于霸凌(威胁)的内容。[53] 附录里满是这种精心编写的演讲内容,所以它真的创造了一个从未存在过的国会。

弗伦奇认为,如果公众知道了国会的真相,他们将会让代表担负起职责。[54] 如此一来,闲混的人会更少,滥用公共资金的情况也会更少,甚至偷文具的也会更少。但华盛顿报刊的目的不是讲真话,这些新闻记者和国会议员一起按照他们的需要创造出了一个国会,可以说,华盛顿报纸上关于国会的报道既是国会的记录,也是这种合作关系的记录。

新闻业的合作关系

弗伦奇在他成年后的大部分时间里都处于这种合作关系中,对于他的政治生涯而言,成也新闻,败也新闻。他最初是新罕布什尔州一份杰克逊派报刊的编辑,这份工作让他得以晋升至全国的舞台中心。在舞台中心,他为民主党新闻媒体所付出的自耕农式的努力既表扬了他的政党,也提高了他的声誉。到了19世纪40年代,至少对一些报纸的读者来说,弗伦奇有一定的全国知名度,但在内战前后的动荡岁月中,这种知名度却给他带来了伤害。19世纪50年代中期,新闻披露了弗伦奇对民主党的忠诚摇摆不定,并迫使他做出艰难的选择;战后,媒体再次暴露了他摇摆不定的忠诚,并让他失去了工作。在一个极端的年代,人们很难保持温和的作风,新闻媒体令人蒙羞的能力则会令其难上加难。弗伦奇即使是他所谓的"新闻帮派"(Press gang)中的一员,也经常对新闻的力量感到诧异。[55]

但这并没有阻止他企图获得更多的新闻影响力,所以弗伦奇对新闻行业所投入的时间和努力再怎么夸大也不为过。他为政党效劳时不知疲倦,如果他不是在为报纸写文章,那么就肯定会是在读报纸。在选举期间,他在全国各地的无数报纸中仔细梳理,寻找有用的趣闻轶事和全国对于某事的广泛看法。[56]在皮尔斯竞选总统时,弗伦奇时刻小心翼翼地注意着有哪些"火星"需要赶紧扑灭,而这样的"火星"有很多。(谁是富兰克林·皮尔斯?)他在《联合报》上对这样的诋毁进行过反驳,继而得到其他报刊的转载。

但新闻不仅仅是弗伦奇的政治武器,还是他的公共声音(public voice),让公众知道了他的存在。他对新闻出版物的投入几乎不需要任何理由——他既是政客,也是编辑,双重职业身份的交织为他提供了现成的表达机会。弗伦奇赞扬那些对新闻报道小心翼翼的人。不寻常的暴风雪?在第二天的报纸上,弗伦奇会对已经过去的暴风雪叽叽喳喳地说个不停。[57]不准确的天气预报?弗伦奇会用自己手头上的温度计读数进行纠正。[58]他会驳斥任何对自己名声的攻讦,而且经常是在第二天发起反击。[他的兄弟亨利称之为"突袭"(pouncing)。[59]]仅他为共济会写的文章就有数百页。⁶⁰还有，他爱吟诗，已经发表了好几十首诗作。无论是爱国的、体现共济会精神的、纪念性的还是忧郁的，弗伦奇都在这些文章中与世界分享着自己的情感，证明自己是名作家——他一直对作家身份向往不已。

弗伦奇正在做很多公众人物都会做的事情，几乎做得和他们一样严格：在新闻中塑造和保护自己的形象。然而，国会议员们却面临着特殊的挑战。他们的声誉不仅受到媒体的摆布，而且他们的工作也要依赖于媒体。作为代表，他们需要向选民解释报纸上所呈现出来的他们的言论和行动。因此，他们不得不关注媒体对他们演说的报道。

一位国会议员的言论只能在印刷出版物上得以现实化（substantiated），在此之后言论才是真实的。许多人在挥出拳头或者发出挑战之前，会在报纸上查阅那些尖刻的言论。重要的是公众看到和听到了什么。约翰·昆西·亚当斯有一次做出了一针见血的发言，但是因为发言较为随意，所以没有记录下来，他为此抱怨说，一次演说若未经报道，那么它就"好像从未发生一样"。⁶¹国会围绕着口头发言运转，而当这些话语登上出版的报纸后，话语的表述就获得了生命力。

无怪乎国会议员们长期而勤勉地关注对于自己的新闻报道。⁶²就连丹尼尔·韦伯斯特这样著名的演讲者也经常事先为新闻报道做好准备，提前告知记者演讲内容之梗概，在发表演讲时反复揣摩不同的措辞，然后在编辑过程中删去多余的内容。⁶³但是多余内容偶尔也会出现在出版物上，就像《世界》在1850年的所作所为一样：韦伯斯特以一句话开始了他的演说，"我反对——我犹豫——我怀疑——我拒绝"。⁶⁴

约翰·昆西·亚当斯的一次修改经历十分典型。1835年3月6日，他去《情报》的办公室，想读读他四天前发表的一篇演讲记录，但是并没能获取记录。（当他在那里时，另外两名国会议员也来审查他们的演讲记录）。三天后，亚当斯拿到了笔记，发现内容"非常之不完善"，所以他花了一整天时间加以修改。第二天，他提交了修改文件，并于两天后又出现在了办公室，检查印刷样品。他的演讲于3月17日发表，也就是他发表演讲的两周后。亚当斯非常讨厌自己要"重复地浪费时间"，以至于他发誓要少发表演说。[65]（不过他没做到。）国会议员经常会修改一名记者的笔记，然后再把修正后的副本提交给其他的报刊，这无足为奇，就像亨利·富特在1850年的所作所为一样：他将一篇发表在《联合报》上的反本顿的演说文改得更加辛辣，然后将修改后的文本交给了《情报》。[66]

在新闻记录中插入一些尖刻的回应肯定会引发争斗，这屡见不鲜，对此富特可是深有体会。捍卫自己的声名也往往会引发争斗，而且不仅仅是国会议员们，华盛顿的新闻记者有时也会用新闻记录来进行辩护。当他们在辩论中受到侮辱时，他们会用补充说明为自己辩护。1840年，威廉·邦德（William Bond，俄亥俄州辉格党）痛斥一名《世界》的记者原原本本地报道了自己的侮辱性言论，但该记者在其对邦德演讲稿进行报道的补充说明中坚称，他已令邦德的言论变得温和了。[67]当沃迪·汤普森（南卡罗来纳州辉格党）得寸进尺，指责《世界》的记者威廉·柯伦（William Curran）和小伦德·华盛顿（Lund Washington, Jr.）撒谎时，他们以攻代守，在补充说明中指责汤普森是个爱霸凌的懦夫，通常只在他人无法反击时才会攻击他人。[68]据一名同时代的记者说，汤普森是一个体格"唬人"的男子，总是以霸凌者的方式进行回应：威胁要殴打记者。殴打记者这种做法非常常见，不仅仅是在华盛顿，《问询报》编辑韦伯在纽约时就受过多次殴打。[69]

由于这一传统，柯伦和华盛顿立即武装起来，一个人带着刀，另一个人带着"大棍子"（可能是一根山胡桃手杖），密切警惕着汤普森。[70]此外，他们也采取了其他措施。他们停止了对他的报道。[71]他们把他从新闻议事中抹去了，实际上也就把他从国会里抹去了，这让他别无选择，只能放下自己的傲慢，向他们道歉——在经过媒体四周的沉寂后，他道歉了。[72]肯塔基州的威廉·格雷夫斯是另一个反对《世界》的辉格党干将，他遭受了相同的结果，做出了相同的反应。[73]尽管华盛顿的新闻行业比较退让，却对国会有最终的话语解释权，因而能够霸凌国会中的恶霸。

国会议员和独立新闻媒体的记者有不同的合作关系。独立的报刊并非正式的政党机构。[74]尽管他们中的许多人有党派倾向，但他们是受利润驱动的，靠卖报纸维生。由于没有什么比趣事、丑闻和言过其实的报道更有利于报纸出售了，因此独立报刊的兴起催生了新颖且引人注目的新闻风格。[75]

尽管独立的新闻记者经常与国会议员密切合作，但他们可以按照所理解的合适内容来自由地争论和申斥。随着电报在19世纪40年代末的到来，独立的新闻报刊在华盛顿的数量急剧增长。参众两院的楼座里出现了越来越多的外市记者，国会议员通常不认识他们，也无法控制他们。正是那些加剧了美国区域性奴隶制危机的因素——新技术和国家扩张，使美国新闻业具有了更流畅和更广泛的全国影响力，削弱了华盛顿新闻业的力量，减少了华盛顿新闻业对国会报道的掌控力。在危机鼎沸的时期，华盛顿的政党人员失去了对全国新闻报道的控制。[76]正如《纽约先驱报》(*New York Herald*)在1860年所宣称的那样："在众议院里实际出现的言论记录只能在独立的新闻报刊中发现，因为议员们控制不了这些新闻报刊。"[77]

这并不意味着国会议员**完全**失去了修改和润色自己新闻记录的权力。许多议员与有影响力的纽约市新闻记者实际上成为了笔友，《纽约论坛报》(以下简称《论坛报》)的霍勒斯·格里利(Horace Greeley)、《纽约先驱报》的詹姆斯·戈登·本内特(James Gordon Bennett)和《纽约时报》的亨利·雷蒙德(Henry Raymond)对国会产生了巨大的影响。

国会议员们有求于独立编辑和记者,并和他们一起构思了关于国会辩论的叙事,导致国会政治的叙事部分是事实,部分是虚构,还有部分是为了体现人们的渴望。新闻客观性在19世纪50年代的新闻界尚处于起步阶段。[78] 新闻业在那个时代的主要职责是绝对推测(projection):推测敌人的意图和动机,推测国家的未来,在新闻纸上推测全国各地所有的事情。

在堪萨斯和内布拉斯加州的辩论中,这样的讲故事风格正处于全盛时期,国会暴力在此类叙述中扮演了关键角色。在某种程度上,国会的冲突都带有表演的色彩,任何霸凌一个对手的人都知道全国媒体可能会关注自己。事实上,有时候这就是目的。霸凌者们向选民证明自己是他们权利的捍卫者。极端的花言巧语往往也遵循同样的逻辑。那种挥舞拳头的"邦科姆式演讲"(Buncombe speeches)[1]之所以得名,是因为北卡罗来纳州的一名国会议员声称,他之所以进行如此激烈的谴责,只是为了讨好家乡邦科姆县的民众——他总是在煽风点火,其对象是家乡的听众们。(美国国会留给我们"鬼话"、"废话"这样的词,或多或少还是合乎逻辑的。)但是由于此类谩骂式演说具有很强的公共影响力,所以它也在毒化议会政治,并引发了大量的争斗。大卫·奥特洛憎恨所谓的"邦科姆演说日",认为那种演说"总是令人兴奋,激起人们糟糕的情绪,天都知道糟糕的情绪已经够多的了"。[79]

独立的新闻媒体毫不犹豫地加入了冲突争斗中,并且驱动着北部的国会议员去战斗。《纽约论坛报》的记者詹姆斯·谢泼德·派克(James Sheperd Pike)全心全意地投入其中。一封发表于1854年5月10日的信令派克走向了极端,比《论坛报》的编辑霍勒斯·格里利还有过之而

---

〔1〕指政客为了选票而大发空论。——译者注

无不及，令人不寒而栗地重复着 1850 年南部的审判日言论。[1]"我们正在经历一场革命"，他宣称，这场斗争需要北部国会议员拿出矢志挫败"堪萨斯－内布拉斯加法案"的"坚定决心"。

> 就算混乱将会随之而来；就算纷争将会成为国家议会的主旋律；就算让国会在疯狂的混乱中分裂；不，就算国会山本身被纵火者的火炬点燃，或者倒塌并且将大厦内所有的人埋葬在废墟下；都好过这种背信弃义并且错误的事情最终成为现实。[80]

此后的几周里，派克的话在亲"内布拉斯加法案"的新闻媒体上引起反响，这些新闻媒体将其当成北部侵略行为的缩影。[81]（多年后，派克重新出版了他的信，但他删除了这段话。[82]）

第二天，刘易斯·"卢"·坎贝尔（Lewis "Lew" Campbell，俄亥俄州一无所知党）将派克的鼓吹付诸了实践。[83]当众议院民主党人试图推动"内布拉斯加法案"通过时，坎贝尔领导了一场长达 36 个小时的抵抗运动，直到众议院休会才结束，此时众议员们已然精疲力竭，无法进行投票。

坎贝尔全身心地投入这场战斗中，有时他公然地大吼大叫，以示反抗。无可否认，大吼大叫的反抗风格来自于坎贝尔的天性，他是一个雄心勃勃的政治家，以感情的急剧迸发和暴怒而闻名。[84]5 月 12 日深夜，经过一天的争吵，他咆哮的音量达到了峰值。当一位民主党人试图以先决问题来强制通过该法案时，坎贝尔站起来，发誓要战斗到底，终于众议院的骚乱一发不可收拾。《世界》只是说，成员们围挤在坎贝尔四周，站在桌子上。但毫无疑问，尽管国会议员们脾气暴躁，可

---

[1] 详细内容请参见上一章。——译者注

仅凭坎贝尔的发誓无法引起这样的骚动——是亨利·埃德蒙森（Henry Edmundson，弗吉尼亚州民主党）让人们围挤在坎贝尔四周，亨利接受了坎贝尔的挑战，并脱下短上衣，准备打上一架。[85] 一群人涌向冲突发生的地方，一如既往；一部分国会议员站在桌子上观望，一如既往；霸凌和恐吓产生了效果，还是一如既往。尽管埃德蒙森没有动坎贝尔一根毫毛，但反"内布拉斯加法案"的少数派得偿所愿：休会，任何法案没有得到通过。

但坎贝尔想要取得更大的胜利。几天后，他写信给派克，提出一个请求：他坚毅地站在那些"支持'内布拉斯加法案'者"的左轮手枪和鲍伊猎刀前，挫败了"埃德蒙森意欲攻击我的企图"。然而，公众的回应声寥寥。派克能激起人民的情绪吗？坎贝尔声称，这不是为了他自己，即使没有外部的鼓励他仍能枕戈待旦。但《论坛报》上的几句话也许能鼓舞公众草拟赞同的决议，令反对"内布拉斯加法案"的国会议员们相信公众站在他们这一边，从而使"易屈服"的他们获得信心。[86] 伊斯雷尔·沃什伯恩（Israel Washburn，缅因州辉格党）支持这一提议，要求派克写一篇专栏，提醒北部国会议员们任何"显得胆怯的人都会暴露无遗"。[87] 这就是报纸所展现出的新闻媒体的力量：如果公众的认可是胡萝卜，那么被曝光为一个懦夫的风险就是大棒。[88]

这些信件显示了，在新闻媒体的媒介作用下国会和公众之间的相互影响和反应是怎样的。公众是这种合作关系中的第三方，也是最重要的部分。坎贝尔利用《论坛报》来影响众议院的决议结果，依靠公众意见的力量让国会议员们赞同他的政策。同样，公众意见可以令雄心勃勃的坎贝尔名利双收，成为议长，甚至成为总统。除了坎贝尔以外，没人察觉到这一点，他在未来将有所体会。[89] 1854年，这次事件为他赢得了声誉。在这届国会会议结束时，他返回了俄亥俄州，上百个人对他前呼后拥，他以巨大的优势重新当选，赢了将近60%的选票。[90] 新闻媒体创造出一个反"内布拉斯加法案"的英雄。

坎贝尔的胜利显示了新闻媒体中合作关系的相互作用方式。国会议员在全国观众面前进行表演，借此推动自己的事业和职业生涯，所以他们以雷霆般的声响发出怒吼，带来一场场邦科姆式演讲。在受到此类演讲的公然冒犯时，演讲者的议员同僚们则回之以怒吼，有时他们也会觉得感情受到了伤害。通过阅读报纸，公众体会到了媒体所放大的地区性愤怒，并受到了日益高涨的地区激情的驱使，所以他们敦促国会议员为他们的权利而战。国会议员们身后是家乡的公众意见，身前则是地区性的嘲讽奚落，所以他们根据自己所受的嘱托开展行动。国会则陷入了地区性愤怒的恶性循环之中。

讲述国会中的故事：奴隶主权势和北部的挑衅

《纽约论坛报》在宣传坎贝尔方面做了大量的工作。在建构叙事方面，《论坛报》是一位艺术大师。它是美国主要报纸之一，坚定地反对"内布拉斯加法案"，在"堪萨斯－内布拉斯加危机"期间猛烈抨击奴隶主权势，热情的霍勒斯·格里利是它的先锋官，而像詹姆斯·谢泼德·派克那些热情的记者则在背后支持着它。[91]派克擅长当时最强大的新闻武器之一："书信文"。他发给编辑的现场报告往往被设计成写给编辑的书信，满是内幕信息，这些书信透露出人类政治的真实状况。书信文有聊天式的口吻，像是在针对个人，用语傲慢不敬，文风辛辣尖锐，但正是这赋予了书信文以力量。[92]在书信中，糟糕的演讲看起来很糟糕，争议看起来很具争议，而暴力行为则有时看起来很暴力。《纽约时报》冷言冷语地指摘道，《世界》经常禁止发表披露如此"精彩的议会场景……的精华部分"。[93]对"国会议员行为恶劣"的新闻报道风格与书信文的形式相得益彰，这种风格在19世纪50年代末上升到新的高度（如下一章所示）。[94]

大约在1835年至1838年之间，弗伦奇是《芝加哥民主党人报》的书信之作者，这份刊物的主编是前新罕布什尔州居民、6英尺6英寸高的约翰——"高个子约翰"。温特沃思（伊利诺伊州民主党）。弗伦奇以"旁观者"、"大众中的一员"、"Nominis in Umbra"（一种蹩脚的拉丁文，意为"暗影之名"）为笔名，将注意力集中于国会上，提供一些内部人士的预感，猜测他人的声名是起还是落，详细叙述国会中的争斗，还用自己日记中的条目作为素材。他的书信文轻松亲切，像是在与人对话，语气和善，而且显示出对民主党坚定不移的忠诚，就像弗伦奇本人一样。但不止一位读者说过，这些文章内容"不够尖锐"，而且确实，文章本身缺少辛辣的流言蜚语，弗伦奇没有书信文作家的那种"杀手本能"。在这样的投诉后不到一个星期，格雷夫斯－西利的决斗解决了弗伦奇的问题：由于决斗激起了弗伦奇的报复心理，他那几周的专栏文章溢出了愤怒的情绪。[95]

追求耸人听闻效果的新式新闻报道风格正在获得鲜活的生命力，这自然令国会议员们愤怒不已。他们对书信文作者的尖酸刻薄简直要从《情报》和《世界》的页面上溢出来。[96]他们害怕被曝光，都快到了妄想症的程度。举行闭门会议时，他们有时还不停地搜查着，谨防楼座或者桌子下有鬼鬼祟祟的书信文作者。1859年，议员们展开的搜查竟然让他们发现了一个住着两只黑猫的小斗室，在此之后，"黑猫"成为了国会议员对涉嫌泄密行为的简略代称。[97]所以书信文的落款往往会是笔名，国会文员乃至国会议员在写这些书信文时尤其如此。[98]

尽管书信文可能具有威胁，但国会议员们往往从中受益。在一篇得到大量重印的《论坛报》文章中，坎贝尔获得了高度的赞扬，这篇文章特别强调他在"抵制内布拉斯加暴行时的警惕而又坚定的行动方针",但派克之后的书信文才为坎贝尔奠定了声名。[99]此时,坎贝尔成为了一名英勇的自由战士,致力于反对拥奴派的邪恶阴谋。据派克报道,参议员斯蒂芬·道格拉斯(伊利诺伊州民主党人)和他的亲信们发动了一场霸凌攻势,无视所有规定,强行迫使该法案通过。在阻挠议案通过期间,道格拉斯在发号施令,这还能有什么原因呢?埃德蒙森威胁了不止一个反"内布拉斯加法案"的人,而是三个人——包括弗伦奇的朋友温特沃思,他可能被这个弗吉尼亚人赶出了会议大厅,这还能有什么原因呢?显然,在道格拉斯的全力支持下,埃德蒙森的任务就是在那天晚上当一个拥奴派恶霸。[100]

这种说法具有一定的真实性。道格拉斯和其他民主党人正试图强行通过该法案,而霸凌行为在他们的政治活动中是重要的一环。但《论坛报》将这一事实叙述为一场阴谋,在它的描写下,暴力野蛮的奴隶主正在精心策划一场狡诈且私密的阴谋,要将奴隶制扩展至整个合众国。正如《论坛报》所言,埃德蒙森喝得酩酊大醉,而且"武装到了牙齿"——这实际上是对一个南部人典型形象的夸张描绘——手里拿着刀冲到坎贝尔跟前。反过来,坎贝尔露出胸膛,勇敢地直面埃德蒙森的攻击。这激动人心的情节成为了反"内布拉斯加法案"的北部新闻媒体的主要叙述内容。[101]

古怪的迈克·沃尔什(Mike Walsh,纽约民主党)指责道,大多数反"内布拉斯加法案"的言论都是谎言!沃尔什是一个来自纽约街头的打手,具有插科打诨的幽默能力,他充分发挥这一能力去挖苦《论坛报》对坎贝尔荣耀时刻的描述:据说埃德蒙森"冲了下来……武装到了牙齿,就像参孙(Sampson)屠杀非利士人(Philistines)[(1)]一样",他如

---

〔1〕源自《旧约·士师记》,据其所述,参孙曾轻易屠杀上前来犯的非利士人。沃尔什援引此一典故,讽刺之味溢于言表。——译者注

此打趣道，而坎贝尔"则把双臂甩在身后，那姿势宛若埃阿斯（Ajax）[1]迎接闪电一样。[一阵大笑]"。[102]

新闻媒体对沃尔什的嘲讽进行了大量的报道，不是只有反"内布拉斯加法案"的新闻媒体在编造关于此事的叙述。支持"内布拉斯加法案"的新闻媒体讲述了一个这样的故事，里面有北部的狂热分子和北部的暴力人士，而《论坛报》则具有邪恶的力量，能够向北部国会议员下达指令，派克关于夷平国会的宣言则被放大和聚焦，被当成是"对狂热行为……公开且大胆的承认"。[103] 反"内布拉斯加法案"的国会议员们的威胁和暴力"在美国的立法史上无与伦比"，《里士满辉格党报》如此宣称——这也是南部报纸一贯的论调。[104]

这就是关于国会中"堪萨斯－内布拉斯加法案"危机的两类叙事形式。[105] 全国范围的报纸都将注意力放在了这些以奴隶制为中心的极端意见上，第33届国会给了它们大量的材料来运用，尽管老实说，这届国会并不是特别地暴力。但在新闻媒体的宣传上——尤其是在北部的新闻媒体的宣传上，国会却显得特别暴力。[106] 在这场辩论中，反"内布拉斯加法案"的报纸背后是那些处于劣势的分子，他们有充分的理由放大国会中的暴力行为，以敦促人们采取行动来反对专横的奴隶主权势。在堪萨斯和国会中存在的南部"侵略"中成为了这场辩论的代名词。[107]

在极端的威胁和风险下，北部的战士们却有强大的感染力：正如新闻媒体所描述的那样，他们是英勇的捍卫者，正在为了保护北部的权利而奋力阻止奴隶制的扩张。[108] 弗朗西斯·B.卡廷（Francis B. Cutting，纽约民主党）就是这些北部斗士中的一员，他收获了掌声。他人生中的巅峰时刻发生于1854年3月。虽然他支持"内布拉斯加法案"，但

---

[1]参加过特洛伊战争的战士，矮小而傲慢。——译者注

是在3月27日他提议将法案交给全体委员会（the Committee of the Whole）进行全面的讨论，因此推迟了法案的通过。为此民主党在新闻媒体和国会中痛斥其为叛徒。

约翰·C.布雷肯里奇（John C. Breckenridge，肯塔基州民主党）是个嗓门极大的谴责者。两人在激烈交锋中——这一切始于卡廷试图为自己辩护，反驳《联合报》上面对他的指责——互相称呼对方为骗子，引起了"一阵巨大的骚乱，以及阵阵'秩序'的喊叫声"。那天夜里，卡廷开始了与布雷肯里奇的正式决斗谈判。但是两人都声称自己是遭到侮辱的一方，最后什么都没有发生，在3月31日那天，双方在众议院里用一个道歉结束了这件事情。[109]

国会议员之间差点发生一场决斗，就其本身而言，绝对是头条新闻，所以卡廷–布雷肯里奇之间的争斗带来了大量的头条。一些报刊引起了轰动。《纽瓦克每日广告报》（Newark Daily Advertiser）宣称，**"据报道，卡廷被杀"**，[1]用小字补充说，不知道是否属实。[110]《康涅狄格新闻报》（Connecticut Courant）在4月1日那天巧妙利用了电报的作用：在1时30分刊发了一则报道，称这两人藏了起来；1时45分的报道又称，一场不流血的决斗已经发生；到了晚上又出了报道，否认发生决斗。《亚历山大里亚报》（Alexandria Gazette）对此进行了说明，带有明显的冷嘲热讽的口吻："这个国家的人有一种'令人惊叹的癖好'，喜欢'令人感到刺激的东西'。"[111]

其他报刊则采用了更加传统的方式，责备国会议员的不良行为，尽管带有明显的区域性倾向。《马萨诸塞州间谍报》（Massachusetts Spy）同时指责两个争斗人，表明国会是一个"绅士们交流意见的"场所，不是"冲动的恶霸们交火"的地方。针对如此暴行的唯一解药，就

---

〔1〕原文为大写。——译者注

是"废除奴隶制"。巴吞鲁日（Baton Rouge）的《每日律师报》（*Daily Advocate*）则指责议长，为什么在侮辱言辞四散之际他没能公开表态？他是害怕接到决斗的挑战要求吗？考虑到议长——肯塔基州民主党林·博伊德（Linn Boyd）——是一个南部人，这样的指责就绝不无关痛痒。[112]

这些关于国会冲突的报道并不让人感到意外。但是许多反"内布拉斯加法案"的报刊则超出了界限，将布雷肯里奇-卡廷之争的插曲置入更宏大的奴隶主权势的叙事中。《论坛报》首先开火，宣称此事"乃是周密计划中的一环，意在追击那些胆敢拂逆奴隶主权势指令的北部独立民主党人"。其中的教训十分清楚："要么支持'内布拉斯加法案'，要么准备被欺负或者吃枪子吧。"[113] 其他刊物痛斥皮尔斯总统，指责他是一个横行霸道的谄媚者，对指使布雷肯里奇攻击卡廷的奴隶主权势卑躬屈膝。[114]

如果皮尔斯是这个故事中的坏人，那么卡廷则是英雄。《奥尔巴尼晚报》（*Albany Evening Journal*）写道，南部人有一种"卑劣的作风"，会强迫北部议员们"不得不动手，否则就要受到侮辱"；那些"爱吹牛的暴躁者们……习惯于在众议院里自吹自擂"，现在碰到对手了；卡廷"可不习惯屈从于主人老爷的毒鞭之下"。[115] 而值得称道的是卡廷愿意接受决斗。《波特兰广告周报》（*Portland Weekly Advertiser*）洋洋得意地称，卡廷"是我们枪膛中最有力量的一发子弹，无论他选择的是手枪、步枪、短剑，是近距离交手，还是二十步外的射击，抑或是寻找掩护地的对决，他都会让布雷肯里奇先生对这次争端懊恼不已"。[116] 北部的新闻媒体在将卡廷描述为一位罕见且特殊的人物时不禁得意忘形：一位北部的"斗士"。[117] 参议院的新人威廉·皮特·费森登（William Pitt Fessenden，缅因州辉格党）在差不多同一时期得到了相同的待遇。按照《论坛报》的报道，在3月3日那场满怀"男子气概"的演讲中，他挑衅南部人——谅他们也不敢脱离合众国,尽管脸已涨红的安德鲁·巴特勒(南卡罗来纳州民主党)握紧拳头威胁他。不过现实就没那么具有戏剧性了。[118] "可怜的老巴特勒先生做出了非常愚蠢的动作,"费森登告诉他的妻子,"但他没有想要攻击或者侮辱我的念头,他只不过想要赶紧躲开这件事。"无论事实如何,费森登成了一个反"内布拉斯加法案"的英雄。[119]

费森登、卡廷和坎贝尔并没有动手,但他们比四年前的大多数北部同事更具对抗性,因此收获了热烈的掌声,尤其是当他们的抵制行为被媒体报道出来时。《国家庇护报》(National Aegis)感谢这些北部战士们:"我们非常乐意看到这些硬汉们展现出来的'骑士精神'。"它对此颇为心满意足。[120] 正如新闻媒体上所描述的,这些坚定的北部人不仅在与奴隶主权势斗争,也在用充满男子气概的冒险心理捍卫北部的命运和精神——并不只有南部人懂得如何进行战斗。[121]

不出所料,北部议员的新动向在亲"内布拉斯加法案"的报纸上并没有显得如此正面,这些报纸说北部人是暴力的纵火犯,不尊重法律。[122] 并不是南部人,而是北部人用不公平的手段进行战斗,在国会和北部皆是如此,他们习惯性地违反《逃亡奴隶法》。因为藐视法律,他们不应该再要求以法律手段来保护自己。《联合报》在6月8日如此呼吁道。"那些法外之徒对于这个社会而言,"他们"就像森林里的野兽,所有那些其安全、财产和生命因这些野兽而陷入险境的人,都应该对野兽们展开狩猎,这才是公正的。"[123] 这个宣言与派克的宣言并不相似,但论调很接近。同一天,在众议院,被《联合报》直接点名的乔舒亚·吉丁斯提议将报刊的主编,即众议院的印刷商A.O.P.尼科尔森(A.O.P. Nicholson)驱逐出大厅,因为他怂恿记者攻击国会议员。吉丁斯的提议被列入了议事日程,但在此之后,托马斯·克林曼(北卡罗来纳州民主党)宣布吉丁斯的演讲远比《联合报》的文章更具煽动性。[124] 北部人才是侵略者，而不是南部人，南部人的心灵在整个危机期间都是温和而又节制的——至少，支持"内布拉斯加法案"的媒体是如此描述的。

对方肆无忌惮地策划非法阴谋，**对方**正偷偷摸摸地展开攻击，试图强行获取权力，**对方**将地区利益置于全国利益之上，**对方**想要强占合众国，**对方**侵犯了基本的权利：言论自由的权利、财产权。[125] 反"内布拉斯加法案"的报纸也讲述了同样的故事，只不过主角颠倒了过来。承诺被打破，"妥协案"遭到背叛，议会规则未能得到遵守：双方都指责对方的斗争极不公平公正。地区阴谋论正在侵蚀国会内外的跨地区之间的信任，摧毁了人们对中间立场的所有希望。

参议员爱德华·埃弗里特（Edward Everett，马萨诸塞州辉格党）的命运表明了，议员们难以逃避选边站的困境。在对"内布拉斯加法案"的最后一次投票中，他生病在家，却被反"内布拉斯加法案"的人攻击为懦夫，并在《论坛报》上遭到了嘲笑。他胆怯的自卫和对达成妥协的执着招致了如此大的辱骂，所以他辞去了参议院的席位，一个温和的辉格党就这样被极端情绪摧毁了。[126]

地上十足的地狱

尽管弗伦奇是国会内部人士，但他和其他人一样充满疑虑。他不再是执事，但他仍然在国会的工作圈中。他会在场内观看辩论，几乎每天都和国会议员喋喋不休。1854 年 1 月，他在一场小型晚宴上和几位国会议员度过了愉快的时光，有亨利·埃德蒙森（弗吉尼亚州民主党）、劳伦斯·基特（Laurence Keitt，南卡罗来纳州民主党）以及普雷斯顿·布鲁克斯（南卡罗来纳州民主党），这三位将在两年后上演杖打参议院查尔斯·萨姆纳的一幕。[127]弗伦奇和所谓的奴隶主阴谋者非常亲密，但就连他自己也开始慢慢相信存在一场奴隶主权势策划的邪恶阴谋。这一念头最终毁灭了他与富兰克林·皮尔斯长达23年的友谊。

两人之间的麻烦始于1854年3月。弗伦奇同父异母的兄弟亨利在华盛顿度过了一个冬天，在此期间他公然大胆地谴责"内布拉斯加法案"。[128]皮尔斯对他们集团内部出现的分歧感到愤怒，因其兄弟的过错责怪了弗伦奇。弗伦奇对这样的指责怒火中烧，而且他并不支持这个法案，所以在发表了一些民主党人关于人民主权的陈词滥调后就闭口不谈了。皮尔斯的回应是，要求弗伦奇写一封支持信，并在新英格兰新闻媒体上发表。

一开始，弗伦奇答应了。但到那天晚上，他又重新考虑了这件事情。弗伦奇确信"内布拉斯加法案"是一个"不可原谅的政治错误"，并对皮尔斯支持该法案深感失望，于是他决定不写这封信。[129]这并非一个轻松的决定，他关于此事冗长的日记即是明证。他想支持皮尔斯，并相信人民主权的原则是一个好的民主党人应该具有的信念，但他不能支持一项对合众国和北部构成威胁的法案。弗伦奇意识到他的决定可能会造成严重后果，于是他给皮尔斯写了一封措辞谨慎的信，这封信也载于日记之中，标题就是"这封信"。关于"堪萨斯-内布拉斯加法案"的争论将弗伦奇带到了一个命运的转折点，就像这个国家一样。

弗伦奇在信中表示，他对皮尔斯充满感情，对民主党忠心耿耿，但是他衷心地希望能够阻止奴隶制的扩张，还对合众国以及自己的政治生涯感到惶惶不安，他在这多种的情绪中纠结不已。他解释说，他改变主意的主要原因是为了实际效果：皮尔斯的一个密友发表的信不会说服任何人，只能暴露出皮尔斯在秘密地进行指挥。弗伦奇接着轻描淡写地表达出自己对该法案的怀疑，但承诺会坚定支持该法案，会支持"人民权利这一伟大原则"。弗伦奇再次模棱两可地表达了真实的想法。他没有承认自己对该法案的严重怀疑,即便如此,他还是表露出一个明确的信息,即承认自己对民主党的路线感到不满。

弗伦奇没能对老友祖露心声,这令他在皮尔斯的总统任内困扰不已。尽管两人在那段时期仍然很友好(这对于一位圆滑而又富有魅力的总统而言一点也不难),但皮尔斯没有兴趣倾听弗伦奇的想法。弗伦奇一次又一次地提出建议和警告,或说出自己的观点,但皮尔斯一点也不想听到这些。弗伦奇抱怨道,皮尔斯只是想让他的老朋友"负起责任"。毕竟,弗伦奇为皮尔斯的竞选付出了很多牺牲——他全身心地投入其中,为此还推脱了那些能够给他带来报酬的生意——这是一颗苦药。"他的当选令我感到无比光荣,"弗伦奇抱怨说,"而他对待我的方式好似认为我的重要程度仅仅和他的擦鞋匠与马车夫一样。"[130] 内心受伤又失望的弗伦奇开始称皮尔斯为他的"前朋友"。[131]

"堪萨斯-内布拉斯加法案"于1854年5月通过,这使情况变得更加糟糕,加剧了全国性党派内不同地区党员之间的紧张关系。虽然南部民主党和大多数南部辉格党支持该法案,但北部民主党存在分歧,而北部辉格党则投票反对。皮尔斯于5月30日签署该法案,使其成为法律。随着堪萨斯州的奴隶制地位摇摆不定,成群的自由土地主义者和支持奴隶制的定居者(被废奴主义者和自由土地党冠之以"边境匪徒"的恶名)纷纷涌入该州,争夺在该州的支配地位。在9个月内,该州白人人口增加了10倍。[132] 1855年,该州爆发了多次个人肢体冲突以及欺诈性选举,奴隶主腐化了选举程序,用威胁和恫吓的方式掌握了权力,就像那些蓄奴州的国会议员长期以来以霸凌的方式在国会掌权一样。在经过一场漫长的关于支持和反对奴隶制的宪法之争后,堪萨斯才在1861年获得了自由州的地位。[133]

要把这些点联系起来并不难。对于弗伦奇而言,对于许许多多的北部人而言,堪萨斯的暴力事件揭露了奴隶主权势的一场残酷且秘密的阴谋,而该阴谋的始作俑者是堪萨斯和国会内的南部人,这一点毋庸置疑。弗伦奇在1855年写道:"现在很明显了,废除'密苏里妥协案'是为了让奴隶制在合众国的疆域上扩张。"他现在见到了之前从未见过的事物:"奴隶主统治者的决心","他们坚信只要这片领土上的人们愿意,那么他们就可以让它变成非自由州"。[134]弗伦奇的认识发生了惊人的转变,他现在发现南部人只为自己服务,而他的老朋友助长了他们的气焰。

即便如此,有一段时间,弗伦奇仍然坚持不懈,履行了他作为公共建筑专员的工作,这是他从皮尔斯那里获得的最终回报。他甚至偶尔去白宫,赞美皮尔斯的时尚感,虽然他并不欣赏皮尔斯的常识。("没人能比皮尔斯先生在各个场合的穿着更为得体。"[135])尽管弗伦奇对皮尔斯的政策大加谴责,但是他并没有否认他对皮尔斯的根深蒂固的好感。[136]

然而,弗伦奇对民主党的忠诚已然摇摆不定。1855年6月,他被迫做出了选择。有流言说弗伦奇加入了"一无所知党"(the Konw Nothings),这是一个本土主义组织,也是一个总是秘密集会的新生党派(而他们名字的由来是:当被问及他们的会议成员时,他们说自己一无所知),皮尔斯对此恼怒不已,他要求弗伦奇做出解释。弗伦奇是个脚踩两条船的民主党吗?事实上,弗伦奇已经涉足"一无所知运动",对它的兄弟会式的仪式感到着迷,此外,它对所有美国事物完完全全的挚爱及其反奴隶制倾向——至少在北部——也吸引住了弗伦奇,尽管它的本土主义最终令他脱离了这一运动。[137]和许多北部人一样,"一无所知运动"是他迈向新生共和党的中转站。[138]正如乔舒亚·吉丁斯所说,"一无所知运动"就像"一道屏幕———一堵黑暗的墙,使旧政治组织的成员能够神不知鬼不觉地逃离政党的束缚,并能以自我的判断力和良心选择立场"。[139]弗伦奇在屏幕后面迈出了步子,但还没来得及解释,皮尔斯就开始大声怒斥那些"一无所知党"是叛徒，发誓要把他们全部赶下台。直到第二天，两人才以异常坦率的方式讨论弗伦奇的政治理念，这是皮尔斯成为总统以来两人最长时间的一次谈话，之后他们都宣称感到满意。弗伦奇在结束了这次会面后，想起了以前那个善良的老弗兰克·皮尔斯。[140]

但第二天，民主党人对弗伦奇的政见提出了更多的指责。一如既往，弗伦奇在新闻媒体上对此予以否认，宣称自己是"反一无所知党"的成员。[141] 但此做法激怒了"一无所知党"，他们洋洋得意地在他们的新闻媒体上公开了弗伦奇以前所展露出的忠诚，这份报纸的名字恰如其分，叫作《美国每日喉舌》(*Daily American Organ*，以下简称《喉舌》)。他们的证据是，弗伦奇为支持一个亲戚获取某个职位而为"一无所知党"撰写了三篇文章；《喉舌》仍存有他的原稿。他那一时乱写的冲动让自己深陷其中，现在这份新闻报刊对他展开了狩猎；弗伦奇无法采取中间立场，因为对他而言已经没有中间立场了。媒体上有"一群狂吠的人狗"追击着他，"'一无所知党'和民主党，天主教徒和新教徒，伟大的人和渺小的人，以及许多将要成为伟大人物的渺小人物"都想让他站在自己这一边，弗伦奇宣称自己的公众生活已成了"地上十足的地狱"。[142]

考虑到皮尔斯正在清洗承担政府工作的"一无所知党"，弗伦奇的命运不言自明。6月4日，他辞去了专员职务，对不忠的编辑和不讲理的新闻媒体牢骚满腹。媒体以一种挑拨离间的方式进行回应，不断提及弗伦奇的"离职"，以此嘲笑皮尔斯对所有异议者不宽容的铁腕政策。[143]（他的兄弟亨利对弗伦奇的个性十分清楚，知道弗伦奇会立即阅览报纸，于是恳求他保持冷静。）具有讽刺意味的是，弗伦奇曾与电报行业有很深的渊源，如今电报将弗伦奇的事件变得面目全非，荒谬地谈论着"公共建筑专员弗伦奇"。[144]

弗伦奇的职业生涯就这样土崩瓦解。他的政治立场正在发生转移，他对民主党的忠诚受到了考验。他发现自己已经失去了忠诚之心，对民主党的信仰已无可挽回地动摇了。即便如此，他始终是个性情温和之人，他把对自己苦难经历的记述命名为"一个被狩猎政客的日记"！[145] 他甚至在辞职信中表达了对皮尔斯"最亲切的敬意"。然而，他为皮尔斯在总统任期内对其政党和国家所造成的悲剧性影响感到惋惜。皮尔斯"在两年内的所作所为，抵得上民主党的所有敌人在50年里徒然付出的努力"，弗伦奇愤怒地说。皮尔斯"摧毁了民主党"！而合众国正处于前所未有的危险之中。[146]

弗伦奇做出选择的时刻来临了，他也做出了最终的选择。正如他在信中向皮尔斯解释的那样，他在辞职时已经退出了民主党。他现在是"一个自由的人，不受政党或个人义务的约束——准备做对我的国家而言最有利的事情"。[147] 据《纽约先驱报》报道，弗伦奇——这个人曾经"引人注目，而且十分荒谬"，因为他用"令人作呕的书信文让皮尔斯政府傲慢不已"——如今离开了民主党，与皮尔斯分道扬镳。[148] 他痛苦的转变代表了多数北部民主党人所走过的经历。[149]

弗伦奇如今已是无党派人士。对于一生都忙于竞选活动的他而言，现在这种处境十分陌生。他知道自己失去了什么，他肯定不再会是"华盛顿市的一员，也不是执掌现届政府的民主党人"，他也不用再耍那些"面团脸"政客的伎俩了。他不想"再趋炎附势，也不想再含糊其词"。他也不能再接受原先政党执行的牺牲北部利益和荣誉的常规政策。获取再大的权力也不值得付出这样的牺牲。甚至连民主党人这个词对他也不再有任何意义。[150]

弗伦奇逍遥自在的状态并没能维持多久，他的日记见证了接下来发生的事情。他越来越频繁地提到"奴隶主势力……针对自由的战争"，这反映出他已经选择了立场。[151] 到了1855年8月，他发誓无论如何要站在北部这一边。¹⁵²1856 年 1 月，乔舒亚·吉丁斯（俄亥俄州共和党）在演说中概括了共和党信条，这给他留下了深刻印象。弗伦奇宣布这是他的个人"纲领"，他承诺效忠新生的共和党的准则。¹⁵³此时，弗伦奇开始作为一名共和党活动家忙活起来，一个月后，他被提名为特区共和党协会的主席。同年 5 月，他被任命为共和党全国代表大会的代表。¹⁵⁴不久之后，弗伦奇的妻子贝丝在写给他的信中开起了玩笑，引用了他人对"黑色共和党人"的抨击——"这纯属是为了好玩"。¹⁵⁵在与皮尔斯分道扬镳不到一年内，弗伦奇成为了一名共和党人。¹⁵⁶

他是众多完成这种转变的北部人之一，在《逃亡奴隶法》和"堪萨斯-内布拉斯加法案"之下，奴隶制和奴隶主权势表面上的扩张促成了他们的转变，而他们也逐渐对政治党派失去了幻想。¹⁵⁷对许多这样的人来说，他们的选择并不是源于冷冰冰的精打细算。这是心灵和思想脱离南部的转变，需要他们对合众国及其各部分有新的了解。这些人不再把希望寄托在协议和妥协上。南部的侵犯行为必须被抵抗，北部的权利必须得到保护。共和党是他们选择的武器，也是他们所认为的合众国的唯一希望。许多南部人也面临类似的危机，在时代的洪流下他们不得不背弃北部的盟友，但在离别时不免伤悲。¹⁵⁸

1855 年 12 月，弗伦奇用一首诗来纪念他内心的转变。他有股念头，觉得自己的感情从未如此强烈过——弗伦奇是一个多愁善感的人，生活在一个充满挑战的时代。在当年早些时候的反奴隶制集会上，"一无所知党"、马萨诸塞州众议员纳撒尼尔·班克斯（Nathaniel Banks）进行了演说，发表了惊人的声明：如果南部坚持推进奴隶制的扩张，那么北部应该"让联邦滑落（slide）"。[在观众中，年轻的托马斯·B. 里德（Thomas B. Reed）——后来此人在国会中素有"沙皇"之名——对班克斯讲话所引发的热烈掌声感到震惊。¹⁵⁹]虽然后来班克斯坚持说他描述的乃是事态发展最为糟糕的场景，但他的话引起了轰动。几十年来，南部人一直威胁要进行分裂，而现在这是一个北部人所采取的立场。弗伦奇受到那些接受奴隶主权势挑战的北部人的感召，所以他将班克斯的话铭记在心。实际上，他也许是为了班克斯才创作了这首诗歌，当时班克斯正在竞选议长；弗伦奇从没有为自我晋升表露出特别的自豪感。他的这首诗歌名为《那么让联邦逐渐滑落吧》，既为了表达自豪感，也是一种挑战：

> 这些勇敢的言辞啊，令人畏惧——
> "那么让联邦逐渐滑落吧"——
> 这种想法让人伤感，让人流泪，
> 无论这种言辞以何种方式表达！
> 对于那恐怖又黑暗的声明：
> "联邦不再是原来的联邦了"，
> 没有一位充满生命力的爱国者
> 不会怀有最大程度的悲痛。
>
> 北部备受蹂躏践踏，
> 在南部的铁蹄之下，
> 他们的血肉好像已经模糊
> 而他们的心则不再有感觉。
> 对于这些主子们的高调幻想，
> 他们必须顺从
> 而且必须接受堪萨斯州的奴隶制
> 只是因为南部认为该是如此？
>
> 我们的祖先曾为自由而死。

如果要越过这荣耀的自由，
奴隶制必然将会获取胜利，
"那么让联邦逐渐滑落吧！"
因为已经不再值得保留，
如果在我们父辈的坟墓上，
那个人啊！——戴着镣铐的人啊！——在悲泣
他的一半种族都是奴隶！

那么"让它滑落吧！"那么——这个伟大的联邦——
宣布那个契约已经消失了吧——
南部令我们无法团结，
如果奴隶制仍然必须扩张！
感谢上帝，还有自由的土地
波托马克河[1]奔腾的北部——
让南部继续保有奴隶制，并且培育它吧——
但是这样就让"联邦滑落吧"！

  弗伦奇与那段搪塞敷衍的"面团脸"岁月已经渐行渐远。随着奴隶制危机达到高潮，他歌唱了一首关于解体的歌，尽管像班克斯一样，他认为北部只有在南部的推动下才会越过那最后的、最致命的界限，如果南部固执己见，那就让联邦"滑落"吧。五年后，弗伦奇在废奴主义者创办的《解放者报》(Liberator)上发表了他的诗作——省略了带有安抚性内容的第一节，并将"那么"一词从标题中删除。到了1860年，曾经似乎只是存在可能性的事情现在有可能成为事实，解体就在眼前。[160]

---

[1] 波托马克 (Potomac) 河，是华盛顿特区的一条重要河流。——译者注

班克斯的战斗口号显示了共和党崛起背后的力量和情感。以反奴隶制为原则，以北部利益为取向，这种转变的燃料和火焰都产生于对南部侵犯的义愤。1855年，这种侵犯在两个地方凸显得最为明显：堪萨斯州和国会。因此，当共和党人进入国会后，国会暴力事件会激增，就不足为奇了。共和党的国会议员发誓与奴隶主权势做斗争，他们始终坚持这一承诺。在与奴隶主权势面对面时，他们用强硬的言辞和大胆的行动来提出自己的事业，并且当被迫走向极端时，他们也会使用拳头、利刃和枪支，如此他们得到了北部人的掌声。和弗伦奇一样，他们准备在必要时为北部的权利而战——即使合众国解体也在所不惜。

第七章 共和党与奴隶主权势的交锋：查尔斯·萨姆纳及其之后（1855—1861 年）

弗伦奇是共和党人，但他是共和党人中的温和派。正如他在 1860 年时所言，他是"一个以合众国为重的人"。[1] 尽管他要守卫北部的权利，但是他迫切地想要拯救合众国——按照他对合众国的理解，至少北部不会再受到南部的支配。尽管他真诚地支持共和党的事业，但是如果共和党过于激进，弗伦奇则不会再与之为伍。他在 1859 年写道："当共和党人对国家有一丝丝的反叛之心时，我就不再是共和党人。我所理解的共和主义教导我要忠于我的国家以及国家的宪法。"[2]

弗伦奇的共和主义观念以权利和秩序之间的道德平衡为基础。他将堪萨斯州发生的事件视为充分的证据，证明根深蒂固的奴隶主权势在阴谋传播奴隶制且否认北部权利，但他谴责了废奴主义者约翰·布朗在与敌人的战斗中所采取的极端行动。1856 年，布朗在堪萨斯的波塔瓦托米溪（Pottawatomie Creek）附近屠杀了支持奴隶制的定居者，在 1859 年，他试图夺取弗吉尼亚州哈珀斯渡口（Harpers Ferry）的一个联邦军火库，发动一场奴隶起义，这激怒了弗伦奇。尽管他很钦佩布朗的勇敢，但他"对任何用他们上佳的才能去推翻我国宪法和法律的人都不屑一顾！"[3] 尽管弗伦奇不希望看到奴隶制"在自由的疆域上扩展，哪怕是一寸"，但他同样认为《逃亡奴隶法》应该在北部得到执行，因为这就是法律。1854年，弗伦奇听闻有人在波士顿试图以暴力的方式释放逃亡奴隶时，他对废奴主义者西奥多·帕克（Theodore Parker）和温德尔·菲利普斯（Wendell Phillips）大加挞伐，认为他们的演说点燃了这批群众的愤怒情绪。他告诉他的兄弟："尽管总的来说我反对实行绞刑，但是绳子如果系在那些叛国者的脖子上的话，我真的会喜悦不已——拉紧头罩，蒙住这些叛国者的眼睛，再把那些叛国的灵魂都发配到地狱中，那是唯一适合他们的地方！很凶残，不是吗？"[4]

本质上而言，弗伦奇是个放任南部主义者（leave-the-South-alone school of thought）。尽管他想要维护北部的权利和利益，并且阻止奴隶制扩展到自由疆域上，但是他不想侵犯宪法规定下的南部权利，"哪怕只有毫厘"。[5] 他非常希望奴隶制政权自己解决奴隶制的问题，只要奴隶制政权不越过南部界线。[6]

在共和党成员中持此观念者大有人在。这些人想要压制奴隶主权势，捍卫北部的权利，但是他们并非那么渴望消灭南部的奴隶制。这些人想要在不危及联邦的前提下守卫北部的权利。这些人认为合众国的基础是北部与南部之间订立的契约，必须维护契约。共和党中还有些持其他意见的人：想要为白人保全自由土地（free soil）的种族主义者；想要推动种族平权的激进派；对反美利坚影响（anti-American influences）心存疑虑的本土主义者；不信任"金钱权势"（money-power）的工人阶级和中产阶级。[7]

共和党脱胎于上述持不同观念者的混合，这个过程并非一蹴而就。虽然在1855年12月第35届国会开幕时，有108名反"内布拉斯加法案"者入主众议院，另有15名入主参议院，但是并没有一个独特的政党口号将他们团结于共同事业之中。[8] 一些人是"一无所知党"，在反天主教和反移民运动中凝聚成了美国人党（American Party）；一些人认为自己是自由土地党；一些人称自己为独立民主党（Independent Democrats）；还有一些人是前辉格党成员，由于辉格党在关于奴隶制的辩论中分崩离析，他们也就与之划清界限；还有些人只是单纯地将自己视为民主党多数派的反对者；有些人已经开始采用共和党的称号。无论他们的党派名称为何，这些人中的许多人都反对奴隶制，反对当届政府。

尽管这个新政党仅是初具规模，但是这批旗帜鲜明的北部反对派的到来对国会产生了巨大影响。在1855年后战斗的次数急剧上升，而且战斗的动力发生了根本性变化。共和党宣扬他们是新北部人，愿意以武力进行反击，而且他们说到做到。他们为了让国会和合众国摆脱奴隶主权势的控制而斗争。[9]

毫不奇怪的是，新政党的大多数激进成员是最有对抗精神的。[10]约翰·帕克·黑尔（新罕布什尔州共和党），扎卡赖亚·钱德勒（Zachariah Chandler，密歇根州共和党），本杰明·韦德（俄亥俄州共和党），伊莱休·沃什伯恩（Elihu Washburne，伊利诺伊州共和党），亨利·威尔逊（马萨诸塞州共和党），欧文·洛夫乔伊（Owen Lovejoy，伊利诺伊州共和党），约翰·科沃德（John Covode，宾夕法尼亚州共和党），詹姆斯·莱恩（James Lane，堪萨斯州共和党），加卢沙·格罗（Galusha Grow，宾夕法尼亚州共和党），约翰·波特（John Potter，威斯康星州共和党），威廉·费森登（缅因州共和党），当然，还有永远的斗士乔舒亚·吉丁斯（俄亥俄州共和党），基本上都是北部的斗士。他们想要让党派更加激进，并且希望展示北部人具备的攻击性，希望这样的情绪感染力能振奋公众。他们以极端的言辞和以拳头捍卫原则的意愿来实现自己的目标。他们英勇无畏地谈论反奴隶制的问题，这些言论曾经让吉丁斯至少受到七次袭击，现在也定然会激起南部的强烈反应。

这些斗争相比过去由吉丁斯、亚当斯和黑尔等人所挑起的纠葛有着更为复杂的目的，吉丁斯他们当时批评奴隶制是为了将奴隶主的野蛮公之于众。共和党现在尝试做一些更为具体的事情，他们的人数足以影响到合众国的政策和权力的天平，并且有可能使天平发生大的改变。他们也是一个仅具雏形的政党，迫切需要公众的广泛支持。政党的核心事项——在无数封来自于选民的请愿书和决议中都有所提及，即要与奴隶主权势斗争，挫败他们统治联邦政府并将奴隶制扩展到整个合众国的阴谋。共和党在国会中的进取行为及其挑起的南部人的好战情绪都有益于该党的计划。从某种意义上而言，这是一场政治运动。共和党党员在威胁和狂怒中宣扬自己的奋斗目标，引发敌人的威胁言论和行为，他们这样做不仅仅是为了表明观点，更是在从事政党政治。

诚然，到了1855年，对于国会的奴隶主而言，需要用战斗来回应冒犯的门槛变低了，而且在持续变低。他们也相信自己正与一个强大的敌人作战：北部的进取行为带来了威胁，有可能会抑制——即便不是消除——南部对整个合众国的掌控，甚至有可能渗透进南部内部。[11] 以南部的逻辑而言，他们的利益和荣誉离不开强有力的行动和南部人的战斗方式——通过威胁、侮辱，甚至攻击他们的敌人，他们推动自己的事业并且壮大声势。无论对北部还是南部，暴力即政治。

现在我们看到了1855年之后国会暴力行为中最具戏剧性的革新：北部人开始反击。[12] 当面对那些大声嚷嚷并且挥舞武器的奴隶主时，共和党人立场坚定，经常以牙还牙，有时是仰赖于武器，更多时候是利用人数上的优势。当一个共和党人把南部人激怒时，共和党兄弟们会迅速赶来救援，他们全副武装，准备战斗，这样的情况已经不止一次发生了。

这些北部人在坚持立场时，会蓄意表现出攻击性，会挑衅对手。这样做时他们很清楚，抵抗这一简单的行为能够传递出强有力的讯息，能反映出团结的北部愿意为了自己的利益而战。在抵制时的大声咆哮就是北部的权利宣言，因为咆哮是对议会言论自由权利的坚持，而这一权利长期以来受到南部的破坏。

共和党的言论自由之战不止是象征性的。为了宣传他们的政党，为了完成他们的工作，为了服务他们的选民，为了充分代表北部，为了履行令他们赢得席位的承诺，共和党国会议员们必须亮明观点。他们必须与政敌对峙，要提出要求，要进行谴责。他们承诺要遏止奴隶主权势对联邦政府的控制，并将尽可能地打击那些霸凌他们的南部人。

南部人同样会抵制北部的"侵犯行为"，而共和党人则是北部"侵犯行为"的化身，也是危险言论的源泉；对南部的奴隶主来说，共和党的反奴隶制言论不但侮辱了个人，还羞辱了整个地区，对南部的安全和稳定构成了威胁，所以必须被压制。从1855年至1861年，国会大多数的冲突都集中在这一核心动态上。共和党人提出他们的目标，奴隶主则试图用威胁和暴力来阻止，然后共和党人再进行反击。北部反对派来到国会，标志着一场关于议会言论自由的死斗开始了，这实际上是一场争夺国会控制权的斗争，也就是一场关乎国家命运的斗争。

言论自由是国会军火库中最强大的武器。[13] 任何音量大到足以被新闻媒体听到的言论都能被整个国家听到。言论自由也是一种重要的神圣权利，是代议制民主的关键。一个没有言论自由的国会议员不能充分代表他的选民，霸凌行为的受害者和他们的支持者一次又一次表达过这样的观点。西利在争论中这样说过，亚当斯多年来也一直在捍卫这个真理，将其当作一项神圣的事业。在亚当斯的坚持下和新闻媒体的推动下，北部公众最终意识到他们的权利受到了根本性的侵犯，并对恶化的处境感到愤怒，要求得到他们应有的权利。共和党人紧随亚当斯的脚步，在议会中倡导言论自由，经常行使言论自由的权利，并带有情感，甚至在必要时为之使用武力，不时会明确宣示自己是言论自由权利的捍卫者。旁观的北部公众则赞同他们的做法。[14]

当共和党为权利而战时，也会高调宣示自己在国会中的勇敢言行及其含义，以此来吸引、动员公众。在1859年的另一场有争议的议长竞选中，南部人威胁说，如果共和党人赢取这个职位的话，他们将会动用暴力。素爱讥讽的撒迪厄斯·史蒂文斯（宾夕法尼亚州共和党）说，他不会为这种威胁言论而责怪南部人，"因为他们进行此类尝试已经有50次，在50次中他们都在北部寻找那些受此影响的人，这些人脆弱，怯懦，颤颤发抖。"史蒂文斯的俏皮话让马丁·克劳福德（Martin Crowford，佐治亚州民主党人）跳起来发出威胁，这时史蒂文斯补充说："没错。他们以前就是这样吓倒我们的。"听到这话，克劳福德向史蒂文斯走去，挥舞着拳头，低声咕哝着，但语意十分明确。几秒钟后，共和党人和南部的民主党人冲过走廊，其中几个人拿出了枪。尽管《世界》将其形容为"巨大的混乱"，但是什么也没有发生，人们回到座位上，史蒂文斯形容此事为"片刻的微风"，他的话引来一片笑声。[15]

共和党人宣称他们是与众不同的北部人，他们也必须如此。在这场战斗中，双方都在努力争取支持者，呼吁公众不断给予他们支持。他们的恳求奏效了。越来越多的美国人通过群众会议、私人信件、请愿书、新闻媒体和投票箱向他们的国会议员发出了清晰且一致的讯息：为我们的权利而战，决不退让。

所以在第34届、35届和36届国会中，打斗事件贯穿始终，而独立的新闻媒体也进行了报道。无论在北部还是南部，报纸都强调暴力的浪潮即是明证，证明了关于堪萨斯的辩论引发了地方统治合众国的阴谋——这是十分有力的证据，因为暴力浪潮让人发现了阴谋背后的姓名和面孔。许多美国人看到他们最大的梦魇在国会的议席中化为现实，国会议员们在关于区域权利的斗争冲突中动用了武器，体现出联邦的危机。在这个过程中，美国人对国会的制度失去了信心。

他们也对彼此失去了信心。阴谋论、政策冲突、身体暴力和媒体报道所汇聚的大风暴，全面影响了南北之间的关系，使彼此更加互不信任。不仅仅是公众，就连国会议员也越来越不信任他们的异地敌人。这一时期，大量的国会议员将自己武装起来，这一事实本身就证明了问题的存在。这些人已经准备好在国会大厅里进行区域性战争。他们相信，以牙还牙的猛烈影响可能会引发一场大风暴，使合众国解体——如果事情进展到如此地步，他们认为自己有责任与人民站在一起，为了人民而战。这里可以将一句被广泛引用的格言颠倒过来使用：政治正在通过不同方式变成战争。[16]当国会议员自己对国会机构和同僚失去信心——当他们不再相信该机构足够强大，强大到足以防止国会山内部出现地区性流血事件时，事态的发展已经超出了界限。决定只能来自于国会以外的区域，如果不是调解斡旋的产物，那么只能是公开战争的结果。

在这场地区冲突中，弗伦奇仍然保持着温和的性格，尽管在极端暴力的时期，温和的性质有所变化。一如既往，他为了自己的目标进行政治活动和游行，组织了大规模的共和党小册子邮寄运动，以及总统的竞选运动。一如既往，他为合众国的命运担忧不已。到了1860年时，他依旧宣称自己的目标是"让步与和解"。[17]作为美国共济会的长老，他甚至试图将共济会的兄弟情谊与合众国的事业联系在一起。

但弗伦奇也发表了反奴隶制的诗歌和抗议书。他主要的社交对象现在是共和党人，其中有一些是废奴主义者。乔舒亚·吉丁斯仍然是弗伦奇最喜爱的朋友，他有时会站在吉丁斯的座位旁边聆听其发言。废奴主义者刊物《国家时代》（*National Era*）的编辑加梅利尔·贝利（Gamaliel Bailey）也是弗伦奇的一位好伙伴，还有新罕布什尔州反奴隶制的倡导者阿莫斯·塔克也是，塔克是共和党的创始人之一，他的女儿埃伦在1861年嫁给了弗伦奇的儿子弗兰克。塔克还将弗伦奇引荐给了废奴主义诗人约翰·格林利夫·惠蒂尔（John Greenleaf Whittier）。某天，在谈论了一会儿政治和诗歌后，弗伦奇与塔克二人走到外面去测量了一个巨大树桩。[18] 当然，弗伦奇每天都会和新英格兰共和党人相处好几个小时；有时，他的社交日历读起来像新罕布什尔州代表团的名册，只是现在再也没有民主党人了。[19]

也许这些年来最引人注目的是，弗伦奇开始考虑合众国解体的可能性。尽管他希望避免最终的结果，但他认为一个由奴隶主权势主导的合众国根本不是合众国。他在1860年写道，如果"分裂仅仅是因为南部不能吸吮所有老母牛的乳头"，那么"按照约翰·昆西·亚当斯说法，就只能是'让它来临吧！'"。在这期间，弗伦奇发表了他给班克斯的颂诗，标题中没有条件语"那么"。

和无数人一样，弗伦奇现在坚定地维护北部权利不受奴隶主权势的侵犯，并将此主张视为合众国之根基。而有很多人在要求维护北部权利方面比弗伦奇激进得多。弗伦奇和很多北部人一样，更倾向于反奴隶主权势，而非反对奴隶制。[20] 这些人体会到合众国的危机实际上是一场不同区域关于权力的斗争，而不完全是一场对抗邪恶的斗争，尽管维护道德的正义感推动了他们的抵抗行动。但是，无论北部人如何解释这场危机，它都涉及合众国的权力平衡，对于他们中的大多数人而言都无路可退。

直到1861年4月12日，萨姆特堡（Fort Sumter）响起了枪声[1]，弗伦奇仍然希望合众国能在这次考验中幸存下来，就像它在多次考验中幸存下来一样。但即使他为和平祈祷，他同时也在为战争做准备。

―――――――
〔1〕美国内战的导火索。——译者注

1860年发生的事件甚至把这个温和的人推向了极端，迫使他武装起自己，来守护共和党的事业。

史上最暴力的一届国会

1855年12月，第34届国会将要开幕，在这之前的几个月里，北部、南部和西部的美国人都预料到前路艰辛，造成这种情况的原因有很多。"堪萨斯－内布拉斯加法案"将这个国家划分为两个交战的派系，分裂合众国的阴谋似乎正在暗中进行。堪萨斯所发生的事件就是血腥的证据，印证了阴谋正在进行，令关注此事的全国观众淹没在大量活灵活现的画面中，感受到自由州和蓄奴州的居民公开交战的场面。华盛顿的政客们已经准备好对堪萨斯州成为蓄奴州一事进行猛烈的抨击，一群北部的反对派正在国会中崛起。不过仿佛上苍仍觉得这还不够，因此安排总统选举在明年秋天举行。1855年夏天，弗伦奇与"一些知情者"讨论了堪萨斯问题，他确信合众国很快就会"受到它从未受过的冲击"。如果是这样的话，他准备好"站在北部一边，抵制南部给这个合众国增加更多蓄奴州的非正当企图"。[21]

全国范围内都有人附和弗伦奇的想法。在马萨诸塞州，亨利·威尔逊，一位即将成为共和党的"一无所知党"党员，对即将到来的国会会议做出了可怕的预测。威尔逊之前做过鞋匠、教师和报纸编辑，在19世纪40年代进入政界，那年6月他将整整一周的时间用在了新生的美国人党全国代表大会上，矢志"将一切都抛向诅咒和地狱之中"，除非美国人党采取反奴隶主权势的立场。[22]但是美国人党拒绝了他的提议，威尔逊立即带领反奴隶主权势的北部人退出了大会，同时他们也表示了抗议。在威尔逊的一次演讲中，他受到了一个舞弄枪支的弗吉尼亚人的威胁。他在 7 月份写给废奴主义者西奥多·帕克的信中说道："在费城，有八天我都遇到了奴隶主权势（Black Power）[1]里的那些醉醺醺的恶霸，他们还全副武装，如果必要的话，在下一届国会会议上我也想这么做。"南部必须明白，用分裂、内战或个人暴力进行的威胁不会再有效果了。"下一届国会将是我们历史上最为暴力的一届国会。"威尔逊如此预测，"如果暴力和流血事件发生，我们不要犹豫畏缩，我们要履行自己的责任，哪怕我们会在国会中倒下。"[23] 国会大厅内发生血腥战斗的景象曾经令人惊愕，到了 1855 年，对这类景象的描绘却已成了老生常谈。

而在合众国的另一端，劳伦斯·基特（南卡罗来纳州民主党）也得出了同样的结论。基特形容自己是一个"怒火十足"的人，很快就可以成为国会内的常驻战士，他也的确是一名脾气暴躁的极端分子，热切希望能够捍卫南部的荣誉。[24] 他预测，在即将到来的会议上将会出现一场"大战"，这会是一个"个人能将自己的名字与非凡的事件和政策联系在一起"的良机，也有可能将自己的名字和南部"不朽的未来"联系在一起。基特的朋友，弗吉尼亚人安布罗斯·达德利·曼（Ambrose Dudley Mann）从伦敦写信给他，对他的想法表示赞同。由于"堪萨斯－内布拉斯加法案"，"南部被迫与北部角力的时刻到来了"。如果北部人试图阻止奴隶制在西部地域的发展，令堪萨斯变成一个自由州，或废除《逃亡奴隶法》，那么"占领国会大厦……和驱逐背叛宪法的叛徒都将是南部的使命"。[25]

---

[1] 19 世纪的 Black Power 即为 Slave Power，意为奴隶主权势，其含义不同于 20 世纪民权运动中的 Black Power，参见 Joseph Edwin Roy, *Kansas, her struggle and her defense: a discourse preached in the Plymouth Congregational Church of Chicago, Sabbath afternoon, June 1, 1856*, Chicago: Printed by Wright, Medell, Day & Co., Tribune Office, 1856, p.12。——译者注

同样的言论也弥漫于议长选举中。奴隶主们对候选人纳撒尼尔·班克斯（马萨诸塞州美国人党）就其反奴隶制的观点展开了盘问（他们对班克斯曾经发表过的"让合众国滑落吧"的声明紧咬不放，其实当班克斯在发表这一声明时十分犹豫，而且后来这则声明只是变成了一种战斗口号），同时第二次当选国会议员的普雷斯顿·布鲁克斯（南卡罗来纳州民主党）表明了立场。布鲁克斯说，应该开始抵御北部的"侵犯"了，就从南部在国会中指定的领导人中开始。"我们站在奴隶制的疆域上，周围都是蓄奴州，如果注定一战的话，我们的骄傲、我们的荣誉、我们的爱国主义，这些都要求我们，该在这儿，在这个议会里战斗到底。"[26]

虽然存在这样的言论，但在议长选举期间并没有发生流血事件，只不过出现了太多次的争吵，以及两次袭击事件，这两次都是针对新闻媒体工作人员。[27]12月21日，威廉·"额外的比利"·史密斯（William "Extra Billy" Smith，弗吉尼亚州民主党）——他在当政府承包商时总是收取额外的费用，因而得名——袭击了《晚星报》（*Evening Star*）编辑威廉·"发掘"·沃勒克（William "Dug" Wallach），因为沃勒克在报纸上称史密斯为"一无所知党"。两人在大街上扭打在了一起，虽然沃勒克经常带着"一把大刀，用它来平息这些小争吵"，但这两个人只是互相抓挠，不过史密斯"像个娘儿们一样狠狠地咬住了"沃勒克的一根手指。[28]（英国驻外公使注意到了这件事，他向国内的民众发出警告：任何外国公使——无论在何种情况下——都不应去众议院；国会议员太危险了。[29]）几周后，《纽约论坛报》因为艾伯特·拉斯特（Albert Rust，阿肯色州民主党）试图取消班克斯竞选议长的资格而对其大加谴责，因此拉斯特两次攻击了《论坛报》编辑霍勒斯·格里利，先是在国会大厦用拳头打了他的面部，不久后又在国家酒店附近用手杖打了他。[拉斯特一定曾想过决斗的事，因为在攻击前，他问格里利是否是怯战者（non-combatant）。］格里利做了很多卷入战斗的共和党人在未来多年里会做的事情，把自己描绘成奴隶主权势的敌人，是一位英雄。他在《论坛报》上写道："我来到这里时清醒地认识到，我能被容许活着返回家乡的几率只有一半。"即便如此，他还是会坚持自己的事业，"如果遭到暴徒拦路伏击"，也不会逃跑。[30] 威廉·皮特·费森登相信格里利所说的，"我认为他不会为了保命就逃跑"——在那次意外发生后不久，费森登在和格里利共进晚宴后如此总结道。[31] 随后，格里利和一群"北部战斗人员"武装了起来。（私下里，格里利卸下了他的战士面具，承认他"病得无法下床，神经错乱得睡不着觉，而且……被恐惧所支配"。）[32]

选举进行了两个月，132张无记名投票产生的结果，终究还是令人惊讶：众议院选出了一位反奴隶制的北部议长——马萨诸塞州的纳撒尼尔·班克斯，即将成为共和党的"一无所知党"党员。班克斯的当选对新生的共和党来说是一次惊人的胜利。1856年2月2日晚，当该消息宣布时，众议院内的共和党一方爆发出了胜利的呐喊声，大家彼此热烈地握手，诚挚地相拥在一起。坚如磐石的乔舒亚·吉丁斯（俄亥俄州共和党）是最年长的众议院议员，被授予主持宣誓就职仪式的荣誉使命。他第二天在家中写道："我们集体的胜利才是最光荣的。我已经实现了自己最大的抱负……我很满足。"[33]

即使取得了胜利，共和党的新闻媒体还是如此预测：公众对共和党的试炼将会到来。《纽约时报》欢呼道[34]："感谢上帝，幸好还有北部；它这一次终于维护了宪法赋予它的权利，成为一个有影响力的政治实体"，"我们将看看北部是否能守护好我们的合众国"。鉴于一些南部人的感受，这种担忧有根有据，正如一封写给议长班克斯的信所反映的那样。当选后不久，班克斯收到了一封信，两页纸上写满了侮辱性言辞，署名是"约翰·斯旺森（John Swanson）和其他四万人"。斯旺森咒骂班克斯是"一个能力不足的反动懦夫、**垃圾**、傻瓜",告诉他"如果你不喜欢我们,就离开美国,上帝会诅咒你和你的党派"。(有一句话反映了斯旺森对地狱形象的认知,带来了很有意思的问题——斯旺森发誓说:"地狱里挤满了像你这样的人……太拥挤了,所以他们的脚都伸出了**窗外**。"[35])班克斯一定被逗乐了,或者至少受到了影响,因为他保留了这封信。毫无疑问,这绝非唯一一封对其表达厌恶的信件。这也不是斯旺森对第34届国会的唯一评论,他还赞扬了普雷斯顿·布鲁克斯(南卡罗来纳州民主党),因为布鲁克斯用手杖打了那"该死的骗子——反动分子萨姆纳"。[36]

从布鲁克斯野蛮地挥起手杖的那一刻起,针对废奴主义者参议员查尔斯·萨姆纳(马萨诸塞州共和党)的1856年5月22日杖击事件就具有了意义。在对内战原因的阐释中,以及在对冲突急剧时刻的美国价值理念的研究中,一代又一代的历史学家已经对该事件做过精深的探究。[37]不过由于年代久远,事件的部分语境已然难以还原。萨姆纳遭遇杖击的事件的确很暴力,但该事件并不仅仅因为其暴力程度而令人震惊。杖击事件的暴力性质、发生的时机,及其与掀起轩然大波的阴谋论之间的关联,共同令这次袭击给地方政治造成了冲击,对全国局势产生了影响。这种影响反过来又极大地影响了公众对他们的国会议员的期望,因此也就改变了国会的工作运转。

这次事件的导火索是萨姆纳的演说——"对堪萨斯的犯罪",这次演说极度耗时耗力,在5月19日和20日两天里一共演说了五个小时,演说词填满了112页印刷纸。两个月前,萨姆纳一直渴望与"奴隶主寡头统治集团"(Slave Oligarchy)正面交锋。[38]他的演说实现了这一目标,而且还不止于此。

这并非萨姆纳第一次以演说来攻击奴隶主权势,也不会是最后一次。像他的大多数演说一样,在正式演说以前,演说内容已被打磨得精彩绝伦，当他站起来演讲时，已经印刷好的演说稿便准备被邮寄给大众。萨姆纳习惯于向分布广泛的全国听众发出呼吁，希望能够唤醒公众，以支持他的政治事业。从很多方面而言，劝说都不太可能解决似乎无法解决的奴隶制问题，所以萨姆纳的演说对象其实并非是参议院的议员。

由于萨纳姆志在吸引数量庞大的听众，所以他的演说内容较为随意。他首先讨论了支持奴隶制的力量对堪萨斯的残酷"蹂躏"，谴责南部的"种植园礼仪"，并指责他的南部同事习惯于将国会的规则"践踏于脚下"——这是对约翰·昆西·亚当斯15年前抗议的回响。[39]第二天，他概述了补救堪萨斯问题的计划，要求将它作为一个自由州加入联邦。萨姆纳的演讲是篇杰作，内容辛辣，挑衅意味十足，在很多地方他都以性器官来比喻奴隶主和他们对奴隶制的热爱。演说也满足了他的很多选民与支持者的愿望，他们一直敦促他打击"南部人虚张声势的行为"，并"迫使这些人屈服"。[40]

在整篇演说词中，萨姆纳特意针对了三名参议员，他们都在两年前的内布拉斯加-堪萨斯辩论中攻击过他——詹姆斯·梅森（James Mason，弗吉尼亚州民主党）、斯蒂芬·道格拉斯（伊利诺伊州民

查尔斯·萨姆纳，摄于1855—1865年期间。（国会图书馆提供）

主党)以及普雷斯顿·布鲁克斯的亲戚安德鲁·巴特勒(南卡罗来纳州民主党)——这些人都对他进行了人身攻击和政治攻击。萨姆纳的演说对于很多南部人而言都如芒在背。众议员托马斯·里弗斯(Thomas Rivers,田纳西州美国人党)宣称:"应该把萨姆纳先生打翻在地,然后踩他的脸。"[41] 巴特勒的朋友们觉得他"不得不严厉批评"萨姆纳。[42] 就在萨姆纳演讲即将结束之时,道格拉斯在会议室后面不耐烦地踱来踱去,喃喃地说:"那个该死的傻瓜会让自己被其他的傻瓜打死的。"[43] 考虑到萨姆纳并非好战人士(fighting man),道格拉斯似乎要求南部人"像在街上踹狗一样去踹他"。[44] 由于担心出现安全问题,萨姆纳的几个朋友要求带他回家,但他拒绝了。

第二天,布鲁克斯决定采取行动。一份关于萨姆纳演讲的报道进一步证实,萨姆纳侮辱了巴特勒,侮辱了南卡罗来纳,甚至侮辱了整个南部。布鲁克斯认为自己作为南卡罗来纳州的代表有责任对这种侮辱表示愤慨,便决定去殴打萨姆纳,而不是要求萨姆纳与他进行决斗,因为他知道新英格兰人绝不会接受决斗,而且提出决斗的挑战"会让我容易受到法律上的处罚,比我单纯因为袭击或者殴打他人而受的处罚更为严重"。[45] 这是反决斗法所衍生出的邪恶逻

普雷斯顿·布鲁克斯,大约摄于1856年,据说是在他杖击萨姆纳不久后拍摄的照片。(国会图书馆提供)

辑，直接去袭击萨姆纳，好过因要求与之决斗而承担的法律风险。

5月22日，当萨姆纳伏在参议院的办公桌上，正给那些即将被邮寄的堪萨斯演说副本盖上邮戳时，布鲁克斯走进参议院，手中握着手杖。他注意到房间里有几个女人，便坐了下来，不耐烦地等着她们离开。（他指着最后一位女士问参议院秘书："你不能让她出去吗？"秘书开玩笑说，驱逐她的话就"显得缺少风度了"，她"非常漂亮"。布鲁克斯又看了一眼，回答说："是的，她很漂亮，但我希望她走开。"）最后，时机到了。布鲁克斯走到萨姆纳的办公桌前声明："萨姆纳先生，我仔细地阅读了你的演说稿，在阅读中尽量不带有偏见，现在我觉得我有责任告诉你，你诋毁了我的州，并且诽谤了我的一位亲戚，这位亲戚是位长者，现在不在这里，我来这儿是为此惩罚你的。"说完，他举起

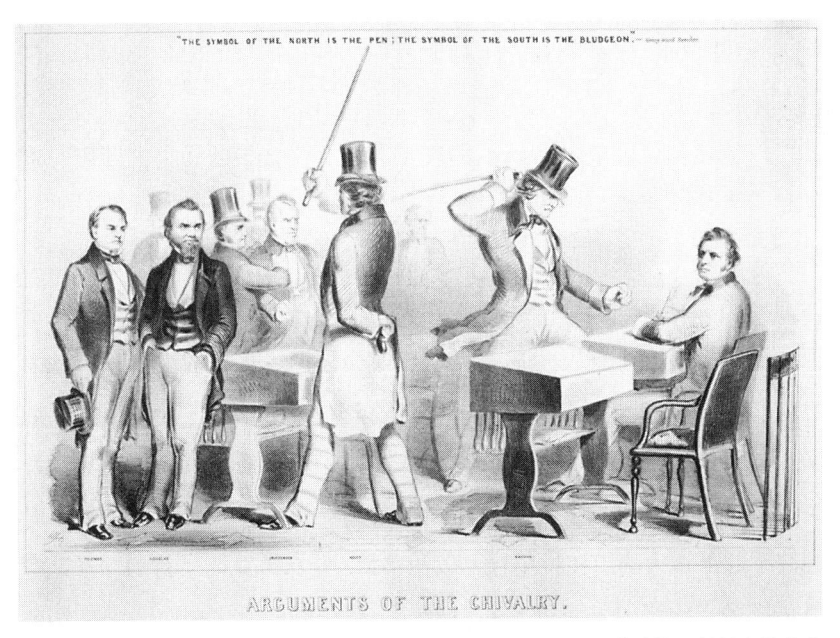

这幅版画抓住了北部人对于杖击萨姆纳事件的愤怒情绪。众议员劳伦斯·基特在他的背后藏了一把枪，站在布鲁克斯和萨姆纳的左边，阻止别人的干预。在后景里，参议员约翰·J. 克里滕登被推了回去。（Winslow Homer 创作，《骑士之争》。国会图书馆提供）

手杖打向萨姆纳的头部,他残酷地打了十多下,直到手杖打断为止,而他的朋友劳伦斯·基特为他排除了任何可能的干预。

萨姆纳惊慌失措,浑身血迹斑斑,奋力想要逃离,但被桌子牢牢地限制住了,而桌子又被固定在地板上,他在倒下前才摆脱了桌子。幸运的是,肯塔基州的老参议员约翰·J.克里滕登——曾在1838年亲眼目睹过乔纳森·西利的去世——碰巧也在参议院,他跑向布鲁克斯并大喊道:"别杀了他!"当他接近萨姆纳时,布鲁克斯已经停了下来。之后萨姆纳被抬出房间,他浑身是血,几乎失去了意识。

虽然布鲁克斯不大可能在袭击之前就想到袭击可能造成的全部影响,但他所做的几次选择将袭击事件的影响力放大了数千倍。最初他打算遵守国会的战斗规则(rules of congressional combat),却以无法原谅的方式违反了这些规则。他最初的反应是正确的:在攻击之前,他从新闻媒体上确认了萨姆纳在侮辱时所用的准确措辞。但从那时起,他就开始频出昏招。

以他在参议院攻击萨姆纳的决定为例。议会中的暴力"冲突"通常是自发的,当愤怒的发言或充满敌意的指控不断升级时才会有人跳起来,心怀不轨地向他的对手走去。在参众两院上演暴力"冲突"的人通常会受到惩罚,在决定与本顿决斗之前,富特就曾因为携带武器而受到惩罚。在冲突发生后,人们普遍会强调,蓄意的攻击只应该发生在街头。1832年,山姆·休斯敦在宾夕法尼亚大道用手杖打了威廉·斯坦伯里(William Stanbery,俄亥俄州反杰克逊派),这是典型的突发性冲突。袭击发生之前,休斯敦来到众议院,在看到斯坦伯里时高高举起那粗大的山核桃手杖,以示预警。[46] 布鲁克斯最初的冲动是符合传统的,他当时的意图是在户外攻击萨姆纳。只是在国会山广场监视了萨姆纳两天无果后,他才决定在参议院与他正面冲突,即使在那时,他最初的计划也是要求萨姆纳走出国会大厦。[47]

一名参议员在参议院被打翻在地,这件事情具有强大的象征意义,也从侧面反映了在户外攻击他人才是明智的。国会山中发生的任何事情都不会显得像是纯粹的个人恩怨,发生的一切都可以被媒体夸大。在19世纪50年代末的背景下尤其如此。在那个时期,一个南部人在国会山对一名北部国会议员发动袭击,而且是在冷静的状态下施以暴行,这似乎体现了奴隶主权势的暴虐和傲慢。甚至一些南部人也觉得这次的行为越界了。火爆脾气的亨利·怀斯有位堂兄亨利,后者的妻子夏洛特·怀斯(Charlotte Wise)写道:"所有人都同意,只要布鲁克斯不在参议院打他,不是打了他的头,那么布鲁克斯无论怎么打他都是正确的。"[48] 布鲁克斯的朋友亨利·埃德蒙森(弗吉尼亚州民主党)曾因与坎贝尔的战斗而出名,现在开始担任这类事的顾问,他有足够的资格去分析参议院里的正面冲突是否明智,并在袭击开始时向一位同事就此事征求了意见。[49]

布鲁克斯没有用公平的手段去战斗。按照规则,他最恶劣的罪行自然是抽打了一个手无寸铁的人,这个人还被桌子束缚住了手脚。毫无预警地攻击他人也是愚蠢行为。布鲁克斯不像休斯敦,他没有警告他的受害者自己怀有施暴的意图,他的密友埃德蒙森和基特也没有,而就人们所知,萨姆纳并没有携带自卫武器。调查委员会的报告建议众议院"发表声明",对埃德蒙森和基特"应受谴责"的过错"表示反对",并建议以杖击事件为由驱逐布鲁克斯。[50](一份少数派报告不建议采取行动,主张此事应提交刑事法庭。)

而当涉及区域之间日趋紧张的关系时,杖击事件出现的时机正好助推了区域间敌意的高涨。一天之后,反奴隶制定居者在堪萨斯建立的劳伦斯镇(Lawrence)被支持奴隶制的攻击者洗劫一空,流血事件的报道遍及新闻媒体。报纸上还大量报道了一名加利福尼亚国会议员在威拉德酒店(Willard's Hotel)谋杀一名服务员的事件。5月8日,在南部出生的菲利蒙·赫伯特（Philemon Herbert，加利福尼亚州民主党）枪杀了一名拒绝为他提供早餐的服务员（在此之前争吵就发生了，双方扔起了盘子和椅子）。在杖击事件发生之前，北部新闻媒体就曾将这次谋杀描述为奴隶主权势"系统性"暴力统治的证据。[51] 布鲁克斯的袭击事件看起来更严重，严重了十倍。正如《新罕布什尔州政治家报》（*New Hampshire Statesman*）所言，对萨姆纳的攻击已经激发了"（公众）对奴隶主权势的敌意，比以往任何时候都更加强烈的敌意"。这是"那条捆住北部的穷凶极恶之链上的一环，在它的束缚下我们的人格永不完整"。[52] 国会和堪萨斯的暴力行为现在已是密不可分了。

从本质上而言，杖击萨姆纳事件是一起野蛮且具有决定性的侮辱事件，它使人彻底明白了一系列冲突事件的意义，北部新闻媒体迅速传播了这样的讯息——非常之迅速。多亏了电报，《纽约时报》在杖击事件发生后45分钟就收到了关于事件的第一手讯息。[53] 这则讯息传给《波士顿地图报》（*Boston Atlas*）时清楚又响亮，该报评论道："我们非常清楚，没有什么能比杀了我们所有人更能带给南部人以美妙的乐趣了。"[54] 《纽约信使及问询报》的主编詹姆斯·沃森·韦布现在成了一名共和党人，他将沃勒克、格里利和萨姆纳被殴打的事件与威拉德酒店的谋杀案联系起来，得出结论："奴隶主权势已经下定决心，要为他们那在当下仅仅是区域性的制度扩张版图，如果可能的话，他们想让这个制度成为国家性的制度，理性的人不应该对此表示怀疑。鲍伊猎刀、手枪和棍棒……都会被用来实现这一结果。"[55] 韦布的专栏文章被广泛地重印和转载，部分原因正如《洛厄尔每日公民报》（*Lowell Daily Citizen*）所解释的，韦布曾经是一个要求保留奴隶制现状的捍卫者，"十分保守"，但是现在却用自己的武器去劝说人们抵抗奴隶主权势。就其本身而言，韦布的"改宗"就是一个非常具有影响力的新闻题材。[56] 他对杖击事件严厉的攻击令他收到了布鲁克斯的来信，信

这幅版画流传于 1856 年的总统选举，它抨击民主党讲台是支持奴隶制、支持南部、支持暴力的，将"堪萨斯流血事件"（左半部分的后景）和杖击萨姆纳事件（左半部分的前景）联系到了一起。（国会图书馆提供）

中有关于进行决斗的暗示性内容。[57]

共和党国会议员同样立即强调杖击事件的意义，萨姆纳也一样，就在他被带出参议院时，他立即抓住了那一时刻的政治含义；被抬出参议院后没过多久，浑身仍旧血迹斑斑的他告诉威廉·苏厄德，希望这样的情景将推进反奴隶制的事业。[58] 而它确实有利于反奴隶制的宏业。萨姆纳的演讲造成了全国轰动。《纽约时报》印刷了 4 万份，到 5 月 28

日时销售一空,当天下午又加印了9万份。[59]共和党国会议员也被卷入了杖击事件掀起的怒涛之中,他们满怀热情地表达了自己的不满,激起了人们对暴力的恐惧。汉尼巴尔·哈姆林(Hannibal Hamlin,缅因州共和党)认为,在本届会期结束前肯定有人会被射杀。他写信给威廉·皮特·费森登:"让它发生吧,如果我们不能在这项事业中勇敢无畏地傲然挺立,我们就应该成为奴隶。"[60]费森登更为乐观,他认为暴力可能会平息一段时间,但不是因为大家冷静了下来。南部人在发起攻击之前可能会三思而后行,因为北部人"已经下定决心","不会再让这样的尝试变得凶险万分,不会让自己被殴打致死,根据判断,这样的决定应该成为担负国事之人的责任,也应该是他们的目标"。[61]这确实是一则严肃的讯息:优秀的共和党国会议员应该将战斗视为自己的爱国义务。布鲁克斯听到后,向他的哥哥承认说,我有极大的可能"遭到暗杀,但你不能告诉母亲"。[62]

　　南部人也勃然大怒,准备采取行动。按照他们的说法,萨姆纳的演说是一种肆无忌惮的冒犯,北部的挑衅行为正如火如荼,一切正逐渐处于失控的状态,而布鲁克斯的应对值得称赞。正如弗吉尼亚州州长亨利·怀斯所言:"我们如何能忍受在各处——国会、布道坛和新闻媒体上——不断出现的挑衅行为?"[63]甚至南部有阴谋这个猜想本身都是一种侮辱。每当听到这一说法,性情向来极端的托马斯·克林曼(北卡罗来纳州民主党)总会站起来宣告:说这种话的北部人都是骗子。因堪萨斯事件而扬名的刘易斯·坎贝尔有一次回应了克林曼,问克林曼说这话时是不是在针对他——这往往是决斗的开端,这时克林曼的气焰就下去了。[64]很多人都认为,布鲁克斯为南部的尊严而战,如果因此受到惩罚的话,那会令人非常不快。在杖击事件一周后,怀斯的堂兄亨利访问了华盛顿,他认为,当众议院讨论是否驱逐布鲁克斯时,众议院可能会"响起一阵阵左轮手枪的枪声"。[65]劳伦斯·基特认为,如果北部人以暴易暴,那么这个国家的首都将会"血流成河"。[66]

正如怀斯所预测的那样,7月份关于是否驱逐布鲁克斯的辩论极具争议。7月10日,一名民主党国会议员给议长班克斯写了一封信,信中表现出议会中弥漫的恐怖情绪,这名议员害怕被曝光,所以没有在信中署上真名,只称自己是"一个好意的祝愿者"。由于议会中的紧张情绪日趋强烈,作者担心一场"灾难即将到来"。

> 你知道吗,先生,在这段时间,近乎要杀人的敌对情绪笼罩着南部和北部的成员,有些同事热爱和平,有一定的影响力,而且令人感到愉快,但是他们很难阻止议会中情绪化的表现。在目前这种人人激愤的时刻,八成会发生一场较大规模的混战,在眨眼之间十几人也许就会殒命。

一些南部人"密切注意着,防止他们这边会首先开火"。班克斯也会在他的朋友们中间这样做吗?当他的朋友们想要利用这场危机,用那种满是辱骂和毁谤的邦科姆式演讲去"挑战对手的忍耐极限"时,他会对此加以阻止吗?[67]显然,国会议员们总是需要向全国观众做出样子,可是议会中的情绪是真实的。[68]并不是每个人都准备去开火,但只要有一小撮人开火,那么混乱就会发生。

尽管存在这样的警告,但是一个又一个共和党人还是谴责了布鲁克斯及其"对萨姆纳犯下的暴行",并愤怒又高昂地表达出对奴隶主权势的蔑视。布鲁克斯见状,发誓说:"如果这样做,那么将会有一个令人兴奋的时刻。"他说到做到。他最初计划要去"羞辱最著名的共和党人",从而"羞辱他们的政党",然后他继续羞辱的狂欢,要求与三个公开反对他的共和党人决斗,还无礼地回绝另一个共和党人,认为这个人不配与自己决斗(据称事前他在威拉德酒店威胁过这名共和党人),

并试图在同一家酒店恫吓两个共和党人,当时他和朋友正喝得酩酊大醉。[69]基特也差点与一名共和党人进行了决斗,据传罗伯特·图姆斯(佐治亚州民主党)也曾考虑过决斗的事情。在众议院中提议进行调查的亚历山大·坎贝尔(Alexander Campbell,俄亥俄州共和党)也受到了暴力威胁。[70]总而言之,在那个会期里,杖击事件引发了至少八次冲突,以及数不胜数的威胁行为。

关于布鲁克斯,最值得注意的是发生在他与马萨诸塞州共和党人亨利·威尔逊以及安森·伯林盖姆(Anson Burlingame)之间的两场争吵。在二人滔滔不绝的演说下,他要求与二人进行决斗。威尔逊知道麻烦来了,所以备了一把左轮手枪。"他是那种会用上手枪的人。"弗伦奇啧啧称奇地说。弗伦奇还预测詹姆斯·沃森·韦布也会遇到麻烦。韦布的报刊文章无疑会"煽动人们选择骑士的法则",而弗伦奇从几年前的"西利事件"中非常清楚地了解到,"韦布是一个愿意战斗的人"。[71]弗伦奇不仅会估算国会发生战斗事件的可能性,也会估算华盛顿其他大部分地区出现决斗事件的可能性。

面对北部国会议员永恒的难题——决斗挑战,威尔逊和伯林盖姆采取了不同的方式。威尔逊谴责了荣誉准则的野蛮之处,但支持"自卫权",按照当时人们的普遍理解,威尔逊的想法其实就是接受街头斗殴。[72]伯林盖姆则为了保护自己,为所说的话道歉(说自己没有针对个人),但随后又撤回了声明,接受了布鲁克斯的挑战,提议将尼亚加拉大瀑布归属加拿大的那部分区域作为他们的决斗场地。(伯林盖姆的助手主张去北部决斗,而且是遥远的北部,因为国会内的知情人士告诉他,乔纳森·西利就是因为在南部进行决斗,才陷入劣势。[73])在这两件事情上,没有人采取更进一步的行动,布鲁克斯没有与伯林盖姆有进一步的接触。这让布鲁克斯显露出一丝怯懦的畏战情绪,尽管他坚持自己有充分的理由这样做。他在新闻上解释说,如果自己前往北部,就会在"敌方区域"被杀。[74]（一年后，弗伦奇在一次前往尼亚加拉的旅行中，还想到这场没发生的决斗，他打趣道："伯林盖姆没出现在那里！"[75]）不止一个南部人注意到，布鲁克斯显然并不想要决斗，但伯林盖姆和他那些无知的北方佬朋友们却没注意到这点，差点就一不小心与布鲁克斯决斗了。[76]

虽然最终威尔逊和伯林盖姆都没有与布鲁克斯决斗，但他们表现出了同时代人所说的"勇气"，并在北部和西北部得到了赞许。威尔逊在没有畏缩的情况下拒绝了挑战，而伯林盖姆则没有拒绝挑战。和以往一样，北部人对荣誉准则和他们的国会议员一直怀有矛盾的心理。尽管有很多人暗暗抱怨伯林盖姆接受了决斗挑战（包括萨姆纳本人在内，认为伯林盖姆是在向"南部野蛮主义"投降，为此表示了遗憾），但鉴于杖击萨姆纳事件是对北部的巨大侮辱，所以人们普遍称赞伯林盖姆能够昂首屹立于奴隶主权势面前而不倒，赞美声也就很快盖过了对他的批评。[77]他收到了大量仰慕者的邮件，他的"男子气概"备受赞扬。[78]他前往西部为选举举行巡回演说，在那里被人们颂扬为英雄。在俄亥俄州、伊利诺伊州、印第安纳州和密歇根州，人们用歌声赞美他，举行游行祝贺他。在他演说时，成千上万的人会蜂拥而至。在印第安纳州，人们则会成群结队地骑马去领略他的风采。有一次活动别具特色，当时妇女穿上了象征着各州的衣服，而男士则装扮成"边界暴徒"。这一活动展现出杖击事件与堪萨斯危机在公众的观念里有密切的关联。伯林盖姆告诉他的妻子，"珍妮，由于布鲁克斯的那件事，人们对我很温柔，这一点对我的内心深有触动"，"西部所有的人在看到你淘气的丈夫时，都显得特别疯狂，因为他没有在布鲁克斯面前逃跑……人们喜欢像我这样的'坏'男人"。[79]威尔逊也得到了人们的欢呼，人们为他举行了盛大而又华丽的仪式。在一次于法纳伊尔大厅（Faneuil Hall）举行的大规模抗议活动上，他被称赞为"一位以捍卫自由和捍卫自我为信念的绅士"。[80]

杖击萨姆纳事件制造出一个又一个共和党人战斗英雄。伯林盖姆是对的：在奴隶主权势阴谋逐渐浮出水面的背景下，杖击萨姆纳事件的发生让自由州的人民感到受辱，所以自由州人民的确喜欢"坏人"。共和党人明显摆出了战斗的架势，以至于民主党人将其当成竞选的创作素材加以嘲笑，一首朗朗上口的竞选歌曲《等待马车》在开头部分就直接攻击了那些趾高气扬的共和党人：

> 那些黑色共和党员玩着逞能示强的游戏，
> 优秀的民主党人，你们会跟我一起吗？
> 团结在我们的旗帜下，
> 去和那些黑色共和党员战斗？[81]

这场完美的事件风暴——一系列的事件似乎证明了奴隶主权势的影响力，共和党人精明地将这些点串联起来，宣传他们的政党可以阻遏阴谋所驱动的潮流。萨姆纳事件显露出令人震惊的暴行，而一批批共和党国会议员站了出来，表现出了战斗意愿。这一系列的因素卷起了大风暴，开拓了共和党通向权力的崛起之路。[82]尽管民主党人詹姆斯·布坎南（James Buchanan）赢得了1856年的总统选举，但共和党作为一个新政党表现得异常突出，获得了33.1%的选举人票。[83]对萨姆纳的攻击以及公众对国会中捍卫萨姆纳的战士们的支持是这一壮举的内在构成。[84]国会中的暴力事件开创了第三政党系统。

推动共和党崛起的动力是情感：对南部统治地位的恐惧，对北部蒙受羞辱的愤怒，对奴隶制残酷现实的憎恶。[85]因此，在萨姆纳受到杖击之后，很多人都会频频参加遍及整个北部的"愤怒会议"。正如马萨诸塞州剑桥镇会议上的一位发言者所言，布鲁克斯犯下了罪孽，他"羞辱了马萨诸塞——那位参议员所代表的主权州"。其他人则认为这次袭击不仅是对马萨诸塞州的侮辱,"而且是对新英格兰和所有自由州的侮辱"。[86] 对许多北部人而言,对萨姆纳的攻击就是对他们所有人的攻击。

愤怒之下是无须讳言的现实,长久以来人们都知道这种情况,但现在不得不公开出来,即:南部人经常令北部国会议员哑口无言。在北部的会议、示威活动和印发的决议中,人们一次又一次地提出了同样的观点:北部的代表没有得到议会辩论的自由,而他们的选民则没能实现自己在国会中的代表权。在联合学院[1]某次"愤怒会议"上,某人的演讲表达出这样的观点:对萨姆纳的攻击是"针对辩论自由的攻击",是"明目张胆地试图恐吓自由人民代表行使宪法权利"。缅因州的一家报纸表示同意:"倾泻于血流不止的萨姆纳肉体上的每次重击都是针对我们的,因为我们使用了我们生命中每天都应享有的权利。"[87] 对这位作者来说,言论自由并不是抽象的,是必须加以捍卫的日常生活的一部分,这一想法在寄给萨姆纳的几十封信中引发了共鸣。

长期以来,国会议员一直是他们所代表的全部人民的代理人,在需要履行职责时,要为他们的选民、州和地区的权利以及荣誉去战斗,甚至牺牲。杖击萨姆纳事件使南部和北部的人民对这一事实的认识达到了新的高度。对无数美国人而言,萨姆纳就是受到南部折磨的北部,布鲁克斯则是强制实行控制的南部。正如一家报纸所言,这次袭击是一种"象征行为"。[88] "我个人失去了代表的能力,"布鲁克斯在杖击事件后如是说,"在很大程度上,我被当成了南部的代表人物,而黑色共和主义正在透过我个人发动针对南部的战争。"[89] 弗伦奇知道,杖击事

---

〔1〕联合学院(Union College),坐落于纽约州斯克内克塔迪市,是一所私立文理学院,始建于1795年,是第一所被纽约州政府特许的高等教育机构。——译者注

件"本身是个人事件"。但他也知道,杖击事件将"在整个合众国点燃一种无法轻易平息下来的情绪"。⁹⁰

西利-格雷夫斯的决斗事件也曾激发了类似的情感。两人都为各自的人民、州、地区和政党的荣誉而战,对西利的死,北部人表现出恐惧和愤怒的情感。但政党所具有的全国性特征缓和了决斗事件的冲击力。虽然一个南部人用南部的武器杀了一个北部人——南部的武器是荣誉准则,但是悲剧被视为持续存在的党争在偶尔发酵时的不幸。此事即便有教训的话,那也是在国会中采取区域中立立场的北部人将会处于不利的地位。

杖击萨姆纳事件的教训则严重得多,布鲁克斯的野蛮攻击给公众留下了深刻的印象。北部的观众了解到北部遭到羞辱的感觉是什么样的,他们从新闻媒体所描述的北部国会议员近乎无言的愤怒中看到了它的力量。北部"愤怒会议"的名称恰如其分,显示了公众强烈的情绪反应,还有很多人的儿子受此情绪影响,迅速前往堪萨斯,支持其作为自由州加入合众国。在杖击事件后,弗伦奇让儿子冷静下来。但威廉·费森登没那么幸运,他的儿子山姆从大学逃出,前往堪萨斯战斗,不过山姆在伊利诺伊州被追踪到,并被带回了家。⁹¹

北部人也了解到了,他们的代表进行反击时的感觉是什么样的——他们很喜欢这种感觉。⁹² 在国会和堪萨斯州目睹了南部的霸凌后,他们发现抵抗能够"令人身心愉悦"。⁹³ 这是北部选民和国会议员在未来几年内都会铭记于心的感觉。因此,《里士满辉格党报》半开玩笑地恳求南部参议员不要用手杖抽打亨利·威尔逊(马萨诸塞州共和党),不要踢他,或朝他吐口水,因为威尔逊"的决心似乎无人可挡",他定要引发一场战斗,确保他能连任。⁹⁴

南部人的感受同样强烈。萨姆纳的演讲,以及杖击事件后共和党国会议员的火药味更为浓烈的长篇大论,让南部人在北部冒犯行为的情感冲击中接受了教训。南部人获悉了北部对南部的指责和侮辱，在新闻纸上了解到他们的代表在承受攻击时面红耳赤，他们了解到这种冒犯带来的前所未有的感觉，但他们想将北部人对他们的冒犯压制下来。实际上，这样的冒犯必须被压制下来。正如两年后的一家南部报纸所说，以南部的安全、利益和荣誉名义，任何这样的冒犯者都应该被"萨姆纳化"。[95] 一个南部人写道，如果萨姆纳没有被打，那么"有种印象就会被证实和肯定，即我们对奴隶的恐惧使我们变成了懦夫，就算有人踹了我们，也可以不受惩罚"。[96]

布鲁克斯也有此想法，他在国会的最后一次演说对此加以合理阐释。尽管最终众议院投票反对北部议员对布鲁克斯的驱逐，但他辞去了席位，返回了家乡——在此之前他发表了演说。布鲁克斯宣称，他用手杖抽打了萨姆纳是为了守卫自己的州和亲属，除此以外别无其他。他并不想开创一个"让这座大厅浸满鲜血"而告终的先例。但布鲁克斯警告说，一个北部人对他进行的一次攻击可能会引发革命。鉴于区域情绪高涨，如有必要，南部会不惜以鲜血来守护荣誉。（事实上，当布鲁克斯演讲至此时，楼座里旁观的南部人欢呼了起来。）布鲁克斯呼吁停火，却也发出了威胁。然后，他离开众议院返回家乡。两天后当劳伦斯·基特受到正式谴责时，基特也选择离开众议院，不过他和布鲁克斯都很快再次当选。[97]

由于国会中的情况不断地曝于人前，公众认知中的国会变得越来越黑暗和阴沉。杖击事件发生之后几天，弗伦奇的儿子弗兰克在哈佛大学给家人写信，称国会为"屠宰场"（slaughter house）。[98] 萨姆纳的同伴、海湾州[(1)]的废奴主义者约翰·特纳·萨金特牧师（Reverend John Turner Sargent）在一封写给萨姆纳的信中将国会形容为"血腥之所"。

---

〔1〕马萨诸塞州别称。——译者注

萨金特牧师十分期望"血腥","在本届会议结束之前,在国会中,在这个血腥之所里,鲜血将会流出——某人的鲜血,要么是你的,或者是威尔逊们的、黑尔们的或者吉丁斯们的。"[99] 前马萨诸塞州国会议员爱德华·埃弗里特也表达了相同的观点,他很早之前就预见到,"华盛顿的几次个人冲突将引发国内政治关系的危机"。[100]

无可否认,这种情感是极端的。在未来几年,国会中的暴力浪潮起起伏伏。但在杖击事件的余波中,极端情绪并没有——其实是无法——一直持续下去。到了7月底,极端情绪已成为过去式。[101] 可是"萨姆纳之怒"和共和党的崛起从根本上改变了公众对他们国会议员的期望,也因此改变了国会的性质。在未来几年,暴力将不仅仅是议会中的一种策略,还会成为一种权利宣言、一面运动的旗帜、一声召集支持者的战斗口号,而国会则比以往任何时候都更像一个战场。

由于这种情绪十分极端,所以我们很容易忽视这点,即并非每个人都有此种情绪。即使在喧嚣中,一些温和的人仍会保持温和,至少在私下里是这样,区域战争的喧嚣声基本压制了公开场合中的温和声音。前马萨诸塞州国会议员罗伯特·温思罗普(Robert Winthrop)对前同事弗吉尼亚州的威廉·卡贝尔·里夫斯(William Cabell Rives)表示了同情,不无担忧地说:"除了谴责和藐视外,公众现在什么都容不下了。"[102] 弗吉尼亚州的亚历山大·里夫斯(Alexander Rives)说:"胆怯的人因为害怕,受到对南部不忠的指控",所以不敢公开发言。爱德华·埃弗里特亦表达了相同的观点:"除了与公众的声音共鸣外,没有人再敢对这个问题大声地发表其他观点。"哪怕没表现出足够的愤慨情绪也会给个人带来危险,埃弗里特曾因没有参加在波士顿举行的一次大型"愤怒会议",即遭到了媒体的抨击。[103] 具有讽刺意味的是,北部人以捍卫言论自由的热情压制了言论自由。

弗伦奇也是一个温和的人,但到了1856年,他温和的脾性发生了变化。对很多北部人而言，保护联邦意味着捍卫北部人的权利。尽管弗伦奇迫切希望妥协与和解，但他对捍卫北部权利的渴望并没有因此减弱，他对共和党的承诺也没有失效。在1856年6月的第一次全国代表大会上，弗伦奇发挥了积极的作用，一如人们所期望的，他作为一名文职人员协助推动了一个全国性组织的开创。他进入了确认代表资格的委员会，而当大会成立一个委员会（每州推选一名成员）起草该党的纲领时，是弗伦奇提醒大会该委员会要包含来自堪萨斯的成员——那时堪萨斯还不是一个州。[104]

但就连弗伦奇本人也被情绪化的浪潮所淹没。1857年1月，36岁的普雷斯顿·布鲁克斯在突发喉咙疼痛之后死于窒息——北部人认为此乃天意。这时弗伦奇想起几年前与布鲁克斯的第一次相遇，他当时就喜欢上了这个家伙。随着时间的推移，弗伦奇对他的喜爱与日俱增。在杖击事件发生的几个月前，弗伦奇发现布鲁克斯正在为一个"可怜的老兵朋友"的养老金寻求支持票，当时他就把布鲁克斯介绍给了阿莫斯·格兰杰（Amos Granger，纽约州共和党），后者帮助布鲁克斯的法案获得了通过。弗伦奇对这位南卡罗来纳人的祝贺成了对其说的最后一句话。在布鲁克斯去世的前十天，他们见过面，当时弗伦奇和一个朋友正在大道上散步，布鲁克斯和弗伦奇的朋友聊了几分钟，但是布鲁克斯和弗伦奇互不理会。[105]虽然弗伦奇很喜欢布鲁克斯，但在当时的情况下，他不能和对方说话，尽管他自己差点没忍住。

从这个意义上说，合众国的危机其实是一场交流危机。北部人正在用危险的语言发起针对南部的战争；南部人则试图强行压制这些言论。彼此的交锋切断了对话渠道，特别是国会这个本来以公开辩论和言论自由为基础的渠道。出于一定的原因，宪法准许国会议员享有言论方面的豁免权，尽管这项权利长期以来一直被那些推行钳口律的恶霸和在荣誉纠纷中摒弃特权的受害者所违背。19世纪50年代的奴隶制危机使理想和现实之间的鸿沟愈发明显了。[106]

对于弗伦奇和无数的北部人而言，弗伦奇所说的"为自由而战"从根本上是与言论自由权联系在一起的。[107]北部的媒体对此大加宣扬，"愤怒会议"也是在言论自由的观念下集结起来的。言论自由被誉为北部民主的荣耀，是民主治理的核心和合众国的灵魂。最重要的是，这是北部人从杖击萨姆纳事件中学到的教训。北部的权利、荣誉和民主治理需要言论自由，而奴隶主权势正在残酷地压制言论自由，以推进其特权，对言论自由的侵犯将会带来极端的抵抗措施。

在国家的中心，他们有能力将国会和国家一分为二，所以越来越多的人对危险言论表示担忧。在写给纳撒尼尔·班克斯的匿名信中，有人明确表明了这一威胁的存在。在国会中人们抵御灾厄的唯一方法是避免发射煽动性的"炮弹"。"让那些可以选择参加这场辩论的先生们小心谨慎，避免说出不必要的严厉语言吧。"[108]伊斯莱尔·沃什伯恩（缅因州共和党）在讨论到布鲁克斯被驱逐一事时也说了同样的话："我们不要激怒彼此。让我们彼此间避免使用不愉快的语言。"[109]富兰克林·皮尔斯几年后退休，并返回新罕布什尔州，他也发出了相同的呼吁，请求议员在国会中发表"温和的言论"。[110]在同一时期，托马斯·哈特·本顿从国会记录中删除了那些危险的言论，希望能缓和集体情绪，拯救"友爱的合众国"。他将生命中最后的年月都花在了编写删减版的1789年至1856年的国会辩论记录上，将那些表示威胁和侮辱的言论、行动都删除了，其中包括了1850年他与亨利·富特之间的那场臭名昭著的冲突。他患有癌症，在剧烈疼痛的状态下完成了工作，他在完成这本记录后的第二天就去世了。[111]本顿十分清楚，如果国会和合众国要想渡过这场危机，甚至有可能进行区域间对话，人们就必须注意自己的言论，否则就会产生令联邦分崩离析的暴力行为。

言论自由和暴力就这样危险地交织在一起。[112]对南部而言，他们向来认为，辖制危险的话语就是在镇压奴隶起义。如今在国会，各种各样的起义即将发生。北部国会议员正在崛起，他们的主要武器就是言论自由权和他们为这一权利而斗争的意愿。1856年6月，当选民目送昌西·纳普（Chauncey Knapp，马萨诸塞州共和党）返回华盛顿时，纳普发表了类似观点。就在纳普上火车之前，一小群人送给他一份临别礼物，供其在国会使用：一把刻着"言论自由"字样的左轮手枪。[113]

地狱般的立法机构

纳普得到的行军令是：为我们的权利而战斗——真正的战斗。这就是1856年的遗产：区域间的紧张状态逐渐加剧，国会暴力事件激增，越来越多的人将情感付之于堪萨斯未来的命运之上。纳普并不是唯一一个被满腔愤懑的北部人赠送武器的人；在这段时间里，北部人将数箱步枪运送给那些致力于将堪萨斯变成自由州的定居者。[114]1858年，弗伦奇注意到参众两院的楼座变得更为拥挤，他认为"在这个政治中心……所产生的紧张情绪将狂热辐射到了合众国所有角落"。弗伦奇在扩散狂热方面也做了自己的分内之事。1857年1月底，他成为了华盛顿共和党全国协会的主席。该协会成立于1855年，当时大约有29名会员（包括广交好友的弗伦奇），在几年内协会会员数就攀升到了几百人。[115]协会的主要目标是：借助国会内部的运作、国会的影响力、邮递目录以及国会免费邮戳所带来的免费邮资优惠，让共和党的政治传单和演讲内容传遍整个国家。根据各种说法来看，该协会的工作令人钦佩，在1856年总统竞选期间，协会声称已经分发了400万份文件。[116]

作为主席，弗伦奇热诚地准备着1858年的中期选举，以期为共和党获得更多的席位。5月份的一份报纸声明展示了该协会的战略。首先，它需要全国各地的共和党人提供丰厚的共和党献金——"自由州的自由民最主动乐意的捐赠"。然后,这笔钱将会用于产生并传播大量的邮件。几个月后,一份报纸上的公告显示了其成果:大量的演讲词和小册子可供出售,定价从每百份75美分到1.75美元不等。除了少数例外,每份出版物都提到了堪萨斯。[117]

弗伦奇在媒体上传播他成为主席的新闻,从而传播了他效忠新政党的消息。在6月份,《奥尔巴尼晚报》注意到了此事:"B.B.弗伦奇少校是来自新罕布什尔州的一名老民主党政治家,在华盛顿任职多年,现在他已经成为首都的共和党全国协会的主席,他的老朋友肯定对此不快。"[118]战争的分界线已经亮了出来。

在国会里,这不仅仅是一种隐喻。当第35届和第36届国会的退伍军人们在内战发生后回顾这段时期时,他们都认为在1857年至1861年这段时间内议会里因区域分歧衍生的暴力行为愈演愈烈。正是这几年的光景令参议员本杰明·韦德(俄亥俄州共和党)、西蒙·卡梅伦(宾夕法尼亚州共和党)和扎卡赖亚·钱德勒(密歇根州共和党)达成协议,不论后果如何都要"战斗到底,哪怕躺进棺材"。那些蓄奴州的同事们对他们进行了"恶劣的人身攻击",令这些男子汉受到侮辱,令他们的选民丧失了信任代表的感觉。然而,由于北部人具有反决斗的情绪倾向,所以北部的国会议员们退缩了,被人当成懦夫。韦德承认:"我经常有这样的感觉。"[119]

迫使他们订立协议的凌辱可能发生在参议院关于堪萨斯州宪法的辩论中。1855年,自由州的倡导者在托皮卡(Topeka)制定了一部反奴隶制的宪法;两年后,奴隶主在堪萨斯州首府勒康普顿(Lecompton)起草了一部与之针锋相对的支持奴隶制的宪法。堪萨斯州人认为这两份宪法的投票过程混乱而又充满腐败,所以他们将两份文件送往华盛顿供国会裁夺。在1858年3月15日的一次通宵会议中,彼此间的敌意达到了顶峰。为了推动勒康普顿宪法生效，罗伯特·图姆斯（佐治亚州民主党）威胁要"粉碎"共和党，此举引发了共和党人的愤怒。[120]

结果，当天深夜卡梅伦指责詹姆斯·格林（James Green，密苏里州民主党）向共和党发号施令，此时共和党的神经已然极度敏感。在随后的辩论中，每个人都对对方撒了谎，卡梅伦表示会对自己说过的话负责，而格林则暗示要进行一场决斗。[121] 卡梅伦随后与韦德和钱德勒进行磋商，他们决定向这些未来的冒犯者发起决斗，从而为对手的嘲弄画上句号。为了还击那些人对于"自由州人民极度的羞辱"，除决斗挑战外似乎别无他法，而在某种程度上这种策略奏效了，他们表现出的战斗意志制止了对手的辱骂。正如他们后来得出的结论那样，名誉、职业生涯甚至生命风险，是他们在国会中对抗奴隶制的代价。[122]

对于撒迪厄斯·史蒂文斯（宾夕法尼亚州共和党）来说，众议院里经历的这几年意味着区域武装冲突的开始。十年后他在讨论南部于内战后重返国会问题时，敦促同事们不要草率。坐在他周围的新国会议员们根本没有国会曾是一个"武装分子集中营"的记忆。他们没有看到罗伯特·图姆斯和他的"帮派"拿着刀和枪来回奔走，"这个团体大嚷大叫"，专门针对那些胆敢谴责奴隶制的北部人，曾让国会大厅变成"地狱般的立法机构"。把南部人带回来吧，但"先重新武装好自己"，史蒂文斯如此建议道，"不过等我先离开再说"。[123]

史蒂文斯讲述的是他的印象，但在提到议会中第一次全面爆发区域间斗争的场景时，他提供了非常具体的细节：1858年2月6日，激进的加卢沙·格罗（宾夕法尼亚州共和党）和同样激进的劳伦斯·基特（南卡罗来纳州民主党）之间的冲突引起了众议院混战，这是第一次发生一群北部人在面对一群南部人时"以暴易暴"。[124] 这次"众议院的乱斗……是议会中首次区域间相互对抗的打斗"，前国会议员、未来的南部邦联副总统——亚历山大·斯蒂芬斯（Alexander Stephens）这

237

劳伦斯·M.基特，摄于1859年。（国会图书馆提供）

加卢沙·格罗，摄于1859年。（国会图书馆提供）

样写道。他还注意到，虽然没有发生流血事件，但是愤怒的情绪洋溢其间。[125] 新闻媒体亦如此认为，《查尔斯顿水星报》（*Charleston Mercury*）宣称："这是国会发生的所有打斗事件中最为重要，也最为意义深长的一次。"这是一次"区域间的争斗，而不是个人间的争斗。这是南北之间的争斗，而不是格罗和基特之间的争斗"。与以往的争斗不同，"这次成员们组团进行战斗，他们没有去一个角落或者大厅交手，也没有像以前那样纠缠于桌椅之间。他们占据了一处宽广的区域——议长席位前的开放空间"。[126]

造成这种变化的原因有很多。最高法院于1857年做出了具有里程碑式的"德雷德·斯科特判决"（Dred Scott decision），该判决规定受奴役的人和他们的后代不是美国公民，联邦政府也不能禁止西部地区的奴隶制,因而区域性情绪被点燃了。这次判决认可了奴隶制的传播,并且间接表明法院是奴隶主权势的工具,北部人对此有深刻的感受。[127]

这场争斗发生于夜间会议之时,夜晚的时间并不利于事情的进展,而且实际上为暴力行为提供了保护。所争论的话题——堪萨斯州支持奴隶制的"勒康普顿宪法"(Lecompton Constitution)——也肯定会点燃人们的情绪,把事情的发展推向极端。由于一些南部人缺席了,而每一票都至关重要,所以民主党人推迟了投票,这让事情变得更糟。酒精一如其在每次晚间会议中的角色,不出意料地发挥了作用,许多缺席的南部人在酒吧里畅饮,酩酊大醉,然后被拖进了众议院,但是他们被安置在了会议室外,轮到他们投票时才让他们进去。[128]

争斗中的两个核心人物就像电棒一样,为了各自的目的而碰撞在一起。好斗的格罗是众议院共和党领袖,辩论时其话语如刀如剑,而且强烈地反对奴隶制;基特则有着近乎滑稽的暴脾气,以捍卫南部的荣誉为己任。[129] 他们的冲突点燃了国会这个危险地带。

基特是点燃火星的人,这不足为奇。凌晨两点左右,格罗正在众议院民主党的区域里和一名宾夕法尼亚州民主党人进行协商。当格罗正准备回到他的座位上时,有人请求提交一份动议,这种做法有违正当程序,所以格罗对此表示反对。基特听闻后异常警觉,冲着格罗大吼大叫,警告他应该去自己的阵营区域表示反对。据有些人所言,基特当时在打瞌睡,也有很多人认为他当时喝醉了。格罗回应道,这是一个自由的议会厅,他可以站在他愿意站的任何区域。听到这话,基特(据说他边走边小声抱怨道"我们走着瞧")怒气冲冲地走到格罗的面前,质问格罗这是什么意思?他也许想当然地以为"自由的议会厅"这个说法是对南部人转弯抹角的斥责,或者——基特就是故意的——他根本没想太多,这种话还不足以触怒他。当格罗又重复了一遍刚才的

MEMBERS OF CONGRESS DISCUSSING THE KANSAS QUESTION.

针对基特－格罗群架的讽刺画（巴克斯代尔的假发掉在了地上）。（美国古物学会提供）

话时，基特抓住格罗的脖子，发誓要给这个"黑人的共和党小狗"一个教训。格罗推开基特的手臂，宣称他可不愿意被一个舞着鞭子的奴隶工头欺负。基特的回应是再次抓住格罗的喉咙，这次格罗狠狠地打了他，将他打倒在地。麻烦就此开始了。

一群南部人立即冲了过去，一些人是为了帮助基特，一些人是为了攻击格罗，还有一些人是为了能让事态平息下来，不过后者最终也被卷入混战中。共和党人一见南部人涌向格罗，就立即集结起来支援他，从自己的阵营区域鱼贯穿过会议厅，跳上桌椅板凳，迫不及待地去救自己的共和党兄弟，此举带动南部人也急速冲了过去。最终的结果是，在议长的席位前发生了一场自由搏击，大约30名汗流浃背且披头散发的议员们大打出手，其中大部分是中年人，这是一场北部对南部的较量。

媒体对这场混斗的报道各不相同，但都普遍认为，约翰·"鲍伊猎刀"·波特（John "Bowie Knife" Potter，威斯康星州共和党）和好斗的沃什伯恩兄弟（Washburn brothers）——卡德瓦拉德（Cadwallader，威斯康星州共和党）、伊斯雷尔（Isreal，缅因州共和党）和伊莱休（Elihu，伊利诺伊州共和党）——在这场群架中"表现出色"。虎背熊腰的波特径直跑进混乱的人群中，试图接近格罗，在此过程中他不断挥出自己的拳头。[130] 其中一拳打到了威廉·巴克斯代尔（William Barksdale，密苏里州民主党）身上，巴克斯代尔被打得晕头转向，随后做出回击，但打到的是伊莱休·沃什伯恩［伊莱休喜欢在他的姓氏沃什伯恩（Washburne）的最末加一个"e"］。波特见状立即扯住巴克斯代尔的头发，准备给他的脸来上一拳，但令他大吃一惊的是巴克斯代尔的头发脱落了，此翁竟然戴的是假发。与此同时，约翰·科沃德（宾夕法尼亚州共和党）举起了一个痰盂，搜索着目标，而面如死灰的议长则竭尽全力地敲击木槌，命令纠仪长拿着权杖去做点什么。几分钟后，人们回到了座位上——在一定程度上这是因为巴克斯代尔的假发脱落，惹得众人哄堂大笑——众议院内争论又重新开始，持续到早上6点半才休会。除了个别几人被打成乌眼青，受了点擦伤和刮伤外，大多数参战人员不过是被搞得衣衫不整而已，有些人伸手拿了武器，但没有人使用。（《国会世界》只不过将这段插曲总结为基特和格罗之间出现了"个人之间的暴力波动"，所以"几名成员似乎参与其中"。[131]）

这场战斗最引人注目的地方在于大量共和党人集体参与了救援行动，他们挥舞着拳头涌向了格罗，因为他们认为南部人进行的袭击是群体性的。这是他们关于奴隶主权势的认知逻辑，他们对南部人的不信任是出于本能，觉得南部人野蛮、专横，总是去威胁北部人，还充满攻击性。他们的猜疑并不是思前想后的研究结果，而是来自于直觉，所以这批共和党人在几秒钟之内就会采取行动。他们还觉得，他们终于给了南部人一个教训。正如格罗所言，南部人长期以来一直"有着一种幻觉，认为北部人不会战斗"。共和党党员从"会议室的一头跑向另一头……扬起手臂，攥紧拳头"，他们已经让南部人知道了"北部男人在有正当理由时就会动手"。[132] 从本质上而言，共和党人是一群独特新锐的北部人。当罗伯特·图姆斯威胁要粉碎共和党人时，在这届国会期间与弗伦奇下榻同一旅店的弗伦奇的好友丹尼尔·克拉克（Daniel Clark，新罕布什尔州共和党人）向图姆斯大声宣告了共和党的与众不同之处。克拉克警告图姆斯，他不会轻易得逞，"现在从北部来的是另一种人……派他们来不是为了让他们卑躬屈膝，而是要挺直腰杆"。[133]

共和党的新闻报刊附和着格罗的观点，以肌肉的展示为自豪，间接从对南部那群吹牛皮的人的重拳出击中品味着乐趣。《波士顿旅行者》（*Boston Traveler*）列出了一系列对北部人"胆量"的"热烈反响"。几家报纸兴高采烈地注意到，鲁本·戴维斯（Reuben Davis，密苏里州民主党）被波特打了个乌眼青，而戴维斯最近刚发表了一篇关于征服北部的狂热演讲。(对于乌青眼,戴维斯声称自己是被一把椅子绊倒了。)[134] 最令他们开心的是妄自尊大的基特被打翻在地,"伟大的南卡罗来纳州[她那勇敢无畏(!)的代表基特先生]四脚朝天地翻倒在尘土里",《弗雷德里克·道格拉斯报》(Frederick Douglass' Paper)如此幸灾乐祸道,还津津有味地补充说,格罗是大卫·威尔莫特选区的代表,现在把一个曾协助布鲁克斯杖击萨姆纳的人打翻在地。[135] 在这次杖击事件的延长赛里,北部赢了。很多报刊都认为,在霸凌北部人多年之后,这次南部人终于被上了一课。他们"在自己的领域,被自己的武器、自己的方式打倒了"。[136]《纽约时报》的一位书信体作者说:"南部被吓住了,我知道我在说什么——**被吓住了**。"[137]〔在强大的压力下,基特不得不做出回应,民主党的《纽约日刊》(New York Day Book)称,基特做出了一个颇有男子气概的道歉。〕[138]

而从南部的媒体报道来看,南部并没有被吓倒。南部媒体的声音是愤怒的,不过采取了防御性的姿态。南部报刊将恨意集中在"黑色共和党"(Black Republican)的媒体报刊上,称其指控之辞蛮横粗暴,此种措辞"必然引起国会中人的效仿"。[139] 南部报刊控诉北部媒体充斥着谎言。挑起争端的是格罗,而非基特;嚣张跋扈的是格罗,而非基特;违反议事规则的是格罗,而非基特。这场打斗也没有什么特别之处,这样的争斗时有发生。[140] 北部的报纸也充满了"粗俗的吹嘘",这同样令人气恼。[141]《弗吉尼亚哨兵报》(Virginia Sentinel,以下简称《哨兵报》)指责道,所有北部报刊过于关注"那区区的拳头力量"和格罗的"侥幸一击"。肌肉无法带来荣誉,他们根本不明白这一点。

其实,《哨兵报》以及其他许多南部报刊都十分关注格罗那一击的细节,他们特意证明格罗绝没有真的揍到基特,基特当时是被一个桌子绊倒的,或者是因为他的脚趾踢到了桌子,或者是当基特从格罗身边被拉开时,脚一打滑跌倒了,而格罗站在一边,吓得呆若木鸡。[142]

而《查尔斯顿水星报》甚至接受这样的观点，格罗可能曾经试图攻击基特，但他肯定没有碰到对方。被一个"黑色共和党"打翻在地，南部的公众可无法轻易容忍这种事情。

南部报刊迫切需要证明基特没有被打倒，因此还催生了一场小规模的创作潮，其中有笑话、双关语和诗歌，都以基特为嘲弄对象。这些作品没有一个来自于南部，南部人见了也不会笑出来。基特也没法笑出来，他为了保住脸面，一开始声称不知道自己是否被打倒了，后来又对此加以否认。[143] 英国人特别喜欢以美国政治中的小题大做和粗俗混乱为乐。一位幽默作家发表了一首名为《南卡罗来纳的基特先生如何碰伤他的脚趾》的诗。[144]《潘趣》(Punch)[(1)] 竟然特别为此刊出了一篇史诗风格的诗歌，这篇诗歌模仿了荷马的《伊利亚特》。[145]

> 女神啊，请歌唱基特的致命愤怒和难以规避的险境——
> 南卡罗来纳州的基特，坚毅果敢，魁梧高大，无所畏惧，
> 他的皮鞭抽打在黑奴的身上，
> 鞭子抽在黑奴身，土豆垒成小山丘
> 直到北部人全都冲向基特。

对基特的荣誉之摔的描述是经典的：

> 基特身似木头般前倾跌倒，钱币在他身边咯咯作响，
> 他的朋友们越过他的躯体；
> 先是巴克斯代尔，头上的假发摇摇欲坠，
> 还有克雷奇、麦奎因和戴维斯，

[(1)] 英国一份老牌的幽默刊物，2002年停刊。——译者注

> 这些狂野的密西西比烈马,
>
> 他们凶猛地聚集在格罗周围,斜着身体
>
> 想要把他当成草一样吃了。

美国人也试着撰写了诗歌。《新伦敦编年报》(*New London Chronicle*)以《格罗对基特》这首诗歌来诉说基特的"光荣时刻":

> 就在这时,他的左耳下方挨了一击;
>
> "来自南卡罗来纳州的绅士"感到一阵眩晕;
>
> (有人轻声耳语,"这一击"是"来自于"格罗,
>
> 但是"骑士精神"却让他幻想着自己只是"磕到了脚趾"。)

有家报纸攻击道:基特是"把头磕到格罗的拳头上了吧?然后摔倒了"。[146] 还有则笑话:"据一名华盛顿记者说,格罗两次打中了基特的脸。先是双眼挨了一下,然后是鼻子挨了一下。"[147] 甚至在争斗发生的几天后,一名演员还在一场戏中即兴地提到了那场争斗。[148]

基特被磕伤的脚趾在国际上引起了不小的轰动,尽管这并非此一时期国会爆出的唯一笑料。伴随着国会暴力冲突的激化,大众文化对国会的抨击更加猛烈,而且从拳击文化中借用了相当多的术语,"侧击(side licks)、反手扣(back handers)和腹部缠绕(stomach winders)"的无数次使用就证明了这一点。[149] 对国会和国会议员无所事事的戏谑已不是什么新鲜事,对人民的分支进行嘲笑的行为历史悠久,而且有大量的记载,甚至可以追溯到共和国的黎明期。19世纪50年代的不同之处则是,嘲笑行为日益增多,更加尖刻,也更加聚焦在暴力行为上。

显然,新型新闻报道风格的最佳践行者是《名利场》(*Vanity Fair*),这是一份总部设在纽约的幽默杂志,它十分幸运地在1859年12月出

版了第一期，那时正值长达数月之久的第36届国会的艰难筹备期，筹备期中的僵局保证了大量材料的供应，一家幽默杂志远远处理不完。[150]有一段时间，几乎杂志的每一期都以扭打在一起的国会议员作为幽默讽刺的对象，都快变成《国会打架季刊》（*Congressional Fights Quarterly*）了。一篇名为《众议院的一天》的文章是这种风格的典型，文章模仿传统的国会媒体报道风格，报道了国会一天的会议记录，包括长时间的互相谩骂，国会中议员的衣服样式（"他没有质疑谢尔曼先生的正直，他说的是绅士们在政治上不适合到三流的洗衣房里熨烫衣衫。"），并以一场战斗达到了高潮：

> 有些爱使坏的人高喊"肃静"！这其实是让混乱瞬间释放的

A SCENE IN CONGRESS—SPECTATOR'S GALLERY.
FIRST PROFESSOR OF THE NOBLE ART OF SELF-DEFENSE. "I tell yer, Bill, them Republicans is the chaps to strike out with their left."
SECOND PROFESSOR OF DITTO. "Vell, Jim, I von't contradict yer; but if ever I seed better play of the Maulies nor them Car'lina chaps is making, vy, I'm an oyster."

一幅漫画将国会里的打斗描绘成一场拳击赛。（《哈珀周刊》，1858年2月20日。《哈珀周刊》提供）

信号……接着有人做出难得一见的立定和踩踏动作,还有无懈可击的扭抱、伴击,还有对心窝和脸部粉刺挥去的左右连击。纠仪长终究发现一个没有经验的新手做出了违规的一击,就进行了干预,说如果骚乱还要继续,他就不得不将记者们驱逐出去。

一周后的一篇文章又将国会描绘为"国家的大马戏团",其中包括飞刀人、吞火人,还有一名骑术师——他同时骑着两匹奔向不同方向的马。随后的一期上面载有一则广告,推销《国会议员名声指南,或:正确骂人词汇宝典》——一本按字母顺序排列的辱骂目录,还有此书的一个使用示例:"难道我们不知道他是一个唠唠叨叨的人吗?喝醉后就唠叨不休,吹牛不止,还气势汹汹,吵吵闹闹!"另一期则出了一段讽刺小品,里面有一个民主党人和一个共和党人,他们在威拉德酒店门前——国会中的好战分子长年钟爱的地方——互相诋毁、辱骂,商量好要在国会筹备期结束后就进行决斗——这意味着,永远不会有决斗。还有一期甚至以打斗场面作为封面画,画中有一把鲍伊猎刀和一把左轮手枪在空中飞舞。[151]

当然,除了暴力行为之外,国会里还有很多可以嘲笑取乐之处。一个华盛顿的通讯记者写了一封讽刺信,取笑国会议员为避免讨论奴隶制而进行的长期努力:

> 科尼岛的斯努克斯先生(民主党人)站起来提出了一些决议——关于合众国现状的决议。
>
> 肯纳贝克的格兰姆斯(共和党)说,他希望在这个时候任何成员都不要讨论那些令人激动的话题。
>
> 南安博伊的琼斯先生(反对派)希望提出一项法案,以更好地保护联邦。

斯康塞特的鲁宾逊先生（共和党）对先生们现在提出这些令人不安的话题表示了悲痛。

这篇文章准确地模仿了新闻媒体上议员们所用的借口，暗示议员们在试图避免争议（以及密布于《名利场》杂志字里行间的打架斗殴）时一无所成。[152]

《名利场》是主要以国会暴力行为作为题材的杂志，但对国会议员争吵斗殴的形象描述却无处不在：诗歌、短文、漫画、剧本都有。[153] 1857年，政府职员亨利·克莱·普罗伊斯（Henry Clay Preuss）出版了《华盛顿生活中的时尚和蠢事》（*Fashions and Follies of Washington Life*），这是一出戏剧，故事的主要人物是一位北部国会议员，还有一名政府文员和一名报刊记者，他们都爱上了寄宿旅店老板的女儿。记者用纽约市一家报刊上的专栏文章来激怒一名南部国会议员，让他向那个北部国会议员提出决斗，并杀死对方。（"昨天往纽约送了一封笔锋凌厉的短信——今天就像炸弹一样落在了众议院里！"）而文员的邪恶计划是：提到最近有两个国会议员发生了口角，还暗示"南部具有骑士精神和进取心"，并"以最可悲的语气痛惜北部缺少胆量"——这的确很真实，文员很担心这个北部人不会上钩，因为他是一个"北方佬——这些北方佬是很难走入竞技场的"。这位北部国会议员担心自己会因为决斗而被驱逐回家乡，这的确是他所遭遇的艰难处境，但同样令其犯难的是他的朋友们的敦促，朋友们认为他既然是国会成员，那么除了战斗外别无选择。总而言之，《华盛顿生活中的时尚和蠢事》很好地描述了北部国会议员的两难之境，以及国会暴力就像回旋镖一样的本质。暴力行为通过媒体管道影响了公众，之后又反弹回来影响国会。[154]

大众文化让公众觉得国会就是一个充满虚张声势举动的拳击赛场，

气氛热烈,但是一切却毫无意义,而这样的做法也使华盛顿成为了笑柄,《纽约时报》里这段俏皮话就是显例:

> 凯洛格法官(Judge Kellogg)是密歇根州一名受人尊重的公民,他在周六晚上抵达了这个城市。这是他第一次来到合众国首都,当车停下来的时候,他有点不确定自己身处何处……而当他走进车站大厅时,他看到一个人用手杖满房间地穷追猛打另一个人。"当我眼见此等情景时,"法官说,"我就知道我到了华盛顿。"[155]

威拉德酒店的情况也好不到哪里去。在一幅经常为人所提及的《潘趣》杂志漫画中,一个惊恐的食客坐在一家"美国酒店"里的桌子旁,被人用枪指着头。标题是什么呢?——"把芥菜递过来!"[156]

对国会的抨击和国会暴力事件的日益激化是同步的,这是有原因的。首先,国会的确有很多方面可以抨击,端庄沉稳的国会议员侧身出拳并且扔掉假发的形象实在是富有诱惑力的嘲笑对象。但更重要的是,幽默是能达到某种目的的。因为国会时常会出现紧张局势,而幽默能够缓和这种局势。如果看似自我毁灭的国会混乱能成为戏弄嘲笑的谈资,也许混乱就不那么具有威胁性了。

幽默也是一种激励——以友好且温和的方式敦促国会议员进行改善。[157] 没有人想被嘲笑,尤其是高傲的国会议员。他们也不想感到自己该被嘲笑,国会议员们非常熟悉公共意见的分量。(基特在1858年一定备受煎熬,尽管他挑起了这场争端,他罪有应得)。

但也许最重要的是,幽默是发泄公众沮丧的一种方式。一个北部人和一个南部人之间的斗殴绝对证明了当前的氛围正势不可挡地左右着国会,可正是在这个时刻,对国会的干预斡旋是急需的。更糟糕的是,北部人和南部人之间数次的群殴将他们本该防止的事态暴露了出来:内

LIFE IN AN AMERICAN HOTEL?

这幅漫画来自英国《潘趣》杂志,在加利福尼亚众议员菲利蒙·赫伯特开枪打中一个威拉德酒店的侍者后不久出版,用来嘲讽美国司空见惯的暴力事件。(John Leech 创作,"一间美国旅店中的生活",1856 年。在潘趣公司的授权下复印。www.punch.co.uk)

战。这不仅仅是不负责任的表现,也像很多喋喋不休的报刊评论员所说的,这是可耻的。

这并不是说国会议员们因愚蠢而铸成大错。他们选择战斗是有原因的:去获取政治权力,来打动选民,从而成就事业,捍卫区域利益,进而塑造整个国家。当字面上的推动涉及真实的推搡行为时,拥有投票权的公众希望他们的国会议员能在这个危急时刻为他们的权利而战。国会议员在互相用拳头、刀刃和枪支进行战斗时,他们其实是在完成工作。当然,并不是所有的国会议员都诉诸暴力。在幕后,在公众的视线之外,热爱和平的国会议员们正在努力强化区域间的纽带。此类协商谈判的显著例子是1861年在威拉德酒店举行的"和平会议",这是避免危机的最后努力。

但不管阻力有多大,争斗所产生的影响都是严重的。通过报刊媒体和流行文化所过滤出来的国会形象难以让人感到欣慰。幽默作家们不遗余力地嘲笑暴力行为,这正显示了暴力行为如此泛滥,甚至可以说不可阻挡。耸人听闻的小报刊也发出了类似的信息:国会是一个乱哄哄的贼窝,用当时流传最广的话来说,就是一个"熊园"(bear garden)。在这里,彼此政见相异的人相互冲突而非妥协;在这里,夺取合众国控制权的阴谋正在一步步地实施;在这里,只有争论,而没有对话;在这里,相互间的不信任正在逐渐腐蚀一切。

在19世纪50年代末,这种情况在很大程度上是真的:国会并没有做太多事情来赢得公众的信任。而暴力事件反映了一个非常真实的问题:国会对奴隶制问题没有立法的能力,甚至可以说议员们根本无法讨论奴隶制问题。但是因为对细节的消除以及对议会中情绪和骚乱的突出,媒体和流行文化有效地过滤了公众对国会的观念,以至于时至今日我们也很难从谎言中分辨真相。[158]

最终的结果是,人们对国会普遍不信任,而且并不只有公众不信任国会。那些在有征兆时就立即卷入冲突中的性急之人,那些引发争斗的邦科姆式演讲和浪潮般的旗帜,争斗所产生的愤怒和暴力之潮,还有真实存在的来自不同区域的对手,对手们不惜一切,甚至以牺牲合众国为代价想要实现的野心:所有这一切综合作用在一起,令国会议员之间互相失去了信任。无论一些国会议员多么温和,无论他们如何愿意妥协,无论他们私下相处得如何,在19世纪50年代末的政治气候下,他们不会,也不能损害他们区域的荣誉、利益和权利,他们非常清楚,他们的对手也有同样的感觉。在这场关系到共和国灵魂的战役中，没有多少人能互谅互让。令人绝望的政策总是被提交讨论，滋生了议员相互间的猜疑。猜疑的最明显迹象是，在19世纪50年代末很多国会议员决定武装起自己，不是因为他们想战斗，而是因为他们担心自己可能不得不这么做。

猜疑和解体

1860年6月，弗伦奇买了一把枪。[159] 他并不是为了狩猎（他一般喜欢在周末进行狩猎），也不是为了儿子们（他教孩子们打猎），也不是为了守护家园（他已经在家里放了一把上了膛的枪以防盗窃），[160] 也不是为了射杀隔壁那只吵得令人心烦的公鸡（后来，弗伦奇从他家窗户里射出一枪，本为警告，没想到真的杀了那只鸡）。[161] 弗伦奇买枪是为了保护自己免遭南部人的伤害。他不想射杀南部人，但他担心自己可能不得不这么做。

导致弗伦奇做出决定的一系列事件及其环境揭示了1859—1860年国会团体内的很多情况。弗伦奇并不是唯一一个决定携带枪支的人。很多国会议员在每天早上前往国会时都会带上刀和枪，而且做此决定之人的人数与日俱增。[162] 自从萨姆纳遭受杖击以来，北部人就一直在鼓励他们的代表装备上武器。在那个时代，议会中弥漫的猜疑和逐渐沸腾的愤怒是极易察觉的。

这样的情况是多年来累积的结果，不过在第36届国会中，暴力行为加剧了。最初议会权能所发挥的作用，以及关于区域权利和荣誉的宣言，现在已经变得有所不同了。至少对一些国会议员来说，争斗已经关乎性命。

气氛的变化在一定程度上是环境和时机所导致的。就在1859年12

月国会开幕之前，发生了几件足以扭转乾坤的事件，而各种各样的阴谋论也发挥了最恶劣的作用。各种事件和证据越来越使各方的人们相信，他们对区域性对手最为悲观的担忧其实是真的。以一种邪恶阴谋论的视角思考和观察的话，仅仅带枪的行为都显得十分危险。为什么共和党人要武装起来？——1860年1月，《纽约先驱报》如此问道。"共和党是否准备在国会和南部的土地上采用暴力和杀戮行为？"[163] 在极端情绪的氛围中，哪怕是自卫，也会显得格外激进。

即使没有那些扭转乾坤的事件，第36届国会也注定会因各种难题而苦恼不已，尤其是在众议院中，没有任何一党在人数上达到了掌控局面的多数：109名共和党人、101名民主党人（其中一些是反对勒康普顿宪法的民主党人）和27名美国人党。就像在1856年一样，出现一位共和党议长的可能性令南部人恼羞成怒。就像在1856年一样，利害关系重大的总统选举即将到来，加剧了局势的紧张——虽然在这种情况下，总统选举很有可能出现需要由众议院来进行最终决定的平局局面。和1850年一样，南部人扬言要踏平国会山，摧毁合众国。但在1859年，他们第一次采取了行动。[164]

新近发生的两起事件点燃了南部人的怒火。在国会开幕前一个月，废奴主义者约翰·布朗对弗吉尼亚州哈珀斯渡口的一个联邦军火库发动了臭名昭著的袭击，使整个国家紧张不安，更令南部人惶恐不已。1859年12月2日，布朗被绞死，三天后国会开幕。在众议院处于艰难筹备期的同时，参议院仍在就布朗的行动展开辩论和调查。

众议院发生了更大的骚动，起因是欣顿·罗恩·海尔珀（Hinton Rowan Helper）富有争议的反奴隶制小册子：《即将到来的危机——如何应对它》(*The Impending Crisis—How to Meet It*)，这本小册子出版于1857年，之后在1859年又有一版简编本出版，以在观念上支持共和党人的秋季选举。作为一个北卡罗来纳州的废奴主义者，海尔珀对于共和党人来说是一位稀罕的奇葩：他是个为了南部而攻击奴隶制的南部人。他的论点很直白：奴隶制对南部的经济和文化繁荣有害，对无法拥有奴隶的贫穷白人不利。在海尔珀的众多煽动性建议中有一条是，他请求那些穷苦白人与奴隶一起对抗专横的奴隶主，废除奴隶制。海尔珀对专横的奴隶主的抨击格外严厉。由于这本书主要提出了阶级战争和奴隶起义的问题，所以在整个南部被禁了。[165]1858年，南部国会议员极度贬低此书的第一个版本，所以海尔珀跑去袭击那些抨击者，以捍卫他的荣誉（此举证明了他内心深处还是一个南部人）。[166]

当国会在1859年12月开幕时，因为短短几周前的一次爆料，海尔珀的书就像重磅炸弹一样落在了众议院中。据《先驱报》报道，68名共和党人签署了一封通函，支持海尔珀的简编版图书，其中包括60名众议院议员和2名共和党议长候选人——约翰·舍曼（John Sherman，俄亥俄州共和党）和加卢沙·格罗（宾夕法尼亚州共和党）。在12月5日，约翰·克拉克（John Clark，密苏里州民主党）提出了一项决议，声明任何支持"煽动"书籍的人都应该被禁止担任议长，然后大声宣读通函上的署名人，众议院内迅即炸开了锅。[167]

南部人暴怒了。"哈珀斯渡口事件"威胁到了南部的安全，海尔珀的书将这些威胁成文出版并加以宣传，而共和党领袖们为这部作品的背书，似乎验证了南部对共和党之真实意图的如噩梦般的幻想。为这本书背书的人怎么能否认他们想要渗透和征服南部呢？对南部人来说，证据已经陈列于印刷品上了。让这样一本书的支持者掌管众议院——服从于一个公然的南部敌人的统治：对于很多南部人而言（尽管并非绝大多数的南部人），这样的结果毫无疑问是羞耻的，其危险性也是难以承受的。

因此，在议长职位的竞争中，南部人的行动和反应是极端的。[168]当然，对许多共和党人来说，那些威胁和恐吓的行为再熟悉不过了。

罗杰·普赖尔（Roger Pryor，弗吉尼亚州民主党人）对南部的落魄抱怨不休；劳伦斯·基特发誓"要将这个共和国从头到尾都毁得一干二净"，以捍卫南部的权利和荣誉。所有这些说辞，北部人以前都已经听过多次。[169] 南部的解体歌已经唱了很久了，以至于它现在变得毫无意义。1860年1月，亨利·威尔逊在参议院说，"这种趾高气扬的态度多么可悲啊"，奴隶主权势常用的一种手段是"吓唬和迷惑胆怯的人，让那些卑躬屈膝之人内心的奴性更加顺从卑微……从而让他们掌握绝对权力"。[170] 撒迪厄斯·史蒂文斯将南部的威胁斥责为"无力的雷声"，说出了很多人的心声。[171]

而事实上，南部人的指责与之前有所不同。南部人感到了前所未有的威胁和侮辱。[172] 仅在第一届会期的前八周中，就发生了九次打斗和好几次"公开吵闹"（非暴力的冲突），其中六场争斗发生在一名共和党人和一名南部民主党人之间。[173] 特别引人注目的是亨利·埃德蒙森（弗吉尼亚州民主党）对约翰·希克曼（John Hickman，宾夕法尼亚州共和党）的攻击，埃德蒙森显然是一位出名的好勇斗狠之辈。在竞争议长的吵闹混乱中，希克曼轻视了南部的恐惧和威胁，笑言约翰·布朗只用几个人就吓坏了整个弗吉尼亚州。这是共和党人的逞能示强之举，他们在以牙还牙。在一次街头偶遇中，埃德蒙森不出所料地攻击了希克曼，来捍卫弗吉尼亚的荣誉。劳伦斯·基特从人群中出来，抓住埃德蒙森的胳膊，把他拉了出去。《里士满辉格党报》半开玩笑地写道，基特力图避免《论坛报》上面出现关于奴隶主权势的残暴阴谋的讨论。[174]

参议院也无法避免骚乱。在1月17日的一次闭门会议中，共和党人反对南部提名的外交官候选人，这引发了激烈的争论，几乎导致一场决斗。共和党人抗议的原因是，这位提名人曾发誓要以摧毁合众国为代价来保卫南部。抗议激怒了南部人，他们坚称所有忠诚的南部人都有这样的想法。在双方随后充满怒火的交流中，罗伯特·图姆斯（佐治亚州民主党）和詹姆斯·杜利特尔（James Doolittle，威斯康星州共和党）都指责对方在说谎。这场争执自始至终都发生于封闭场合，不再仅仅是场表演，而是证明了各方的情绪已经糟糕透顶。[175]

更让人感到惊恐的是南部人在国会之外的行为。在12月，南卡罗来纳州州长威廉·吉斯特（William Gist）告诉本州的国会代表团，如果真到了由一名共和党人当选议长、而他本人又遭到强行驱逐的那一步，他就会向华盛顿派遣武装部队。他准备好了要"在血中跋涉，而不要屈从于不公和羞辱"。[176]但是正如吉斯特所言，州长不能越过这条线。让众议院染满鲜血的最终决定还是必须来自于国会议员。

吉斯特的信件有助于解释基特在议长竞争中的表现，而基特的行为都为他的妻子苏珊娜（Susanna）所目睹。12月，她在惊恐之中写信给她的哥哥。她的丈夫（基特）、托马斯·克林曼（北卡罗来纳州辉格党）、罗杰·普赖尔（Roger Pryor，弗吉尼亚州民主党），还有弗吉尼亚人安布罗斯·达德利·曼，刚刚离开了她的客厅，他们都全副武装，怒气冲冲地提到黑色共和党议长，还发誓说："在国会里战斗到底，哪怕动用刀子。要么占领国会大厦，要么自己倒下。"而且不是只有他们会如此做。苏珊娜·基特苦恼地说，"鲍伊猎刀和左轮手枪是每个南部成员的必带装备"，而且据说怀斯州长手下有一万人，他们全副武装，准备在灾难一有出现的迹象时就向华盛顿进军。紧张的气氛令人无法忍受。"我很紧张，很激动，所以我几乎无法坐在位子上，"她坦白道，"愿上帝保佑我们所有人。"[177]

在危机期间，共和党人并不会沉默地坐着。[178]他们反反复复地发誓说，他们不想入侵也不会伤害南部，有些人甚至收回了他们对海尔珀之书的支持表态。他们只是在得知作者将删掉那些最令人反感的段落后才为这本书背书的，但显然海尔珀没有这样做。[179]但是南部人不信任他们，就像北部人拒绝相信南部人的分裂威胁一样。到了 1859 年，南北之间几乎不存在什么信任了，而且对于双方那些情绪极端的人而言，南北间也不会存在友爱了。

即便如此，最终什么也没发生，即使新人威廉·彭宁顿（William Pennington，新泽西州共和党）在 2 月 1 日赢得了议长一职。彭宁顿不久前还是名保守的辉格党人，后来变成了一个共和党，他在第一个任期内就成为议长，因为他在奴隶制问题上很温和，反对勒康普顿宪法和奴隶制的蔓延，但支持《逃亡奴隶法》作为这个国家的法律，他很像弗伦奇。[180] 眼前的危机终究过去了，尽管议长的选举为这期会议定下了基调：众议院里的每个北部人都投票支持彭宁顿，而每个南部人都投票反对他——除了亨利·温特·戴维斯（Henry Winter Davis，马里兰州美国人党）。几周后，众议院在升起美国国旗时意外地将旗帜倒了过来，或者按弗伦奇所说"合众国倒了"——他把这当作了一个预兆。[181]

在接下来的几个月里，国会内吵闹不休，每隔几周就会爆发暴力冲突，有时甚至更加频繁。总体而言，第 36 届国会发生的暴力冲突超过了 12 起，还有很多次差点酿成暴力冲突。其中最显眼的莫过于罗杰·普赖尔（弗吉尼亚州民主党）和约翰·"鲍伊猎刀"·波特（威斯康星州共和党）之间的冲突，差点造成了一场决斗，也就是这场冲突为波特赢得了他的绰号。[182] 普赖尔是个一流的恶霸，在那届会期中他至少五次被卷进冲突。[183] 而他的一个朋友强调，缅因州土生土长的波特同样是"一个在冲突中最能让对方难受的敌手"。[184] 这两人的正面交锋是一场差点演变为大混斗的事件的余波，那场事件是由欧文·洛夫乔伊（伊利诺伊州共和党）引发的，他是反对奴隶制的报纸编辑伊莱贾·洛夫乔伊（Elijah Lovejoy）的兄弟，伊莱贾在 1837 年死于支持奴隶制的力量之手。洛夫乔伊因自己的演讲主题（"奴隶制的野蛮"）而兴奋不已，忘我地接近了众议院中民主党的一方。他当时还挥着拳头，多位民主党人见状跳了起来,恶狠狠地辱骂起洛夫乔伊,并冲向他。受他们的影响,一群共和党人也如波浪般涌来。普赖尔威胁要让洛夫乔伊闭嘴,波特见状强调共和党的声音必须让人听到,"无论后果如何"。这种话其实是在挑起争斗,而普赖尔没有回避,于是正式的决斗交涉开始了。

波特立即咨询了好勇斗狠的共和党人卡德瓦拉德和伊斯莱尔·沃什伯恩、加卢沙·格罗、扎卡赖亚·钱德勒和本·韦德。为了向南部表明他们"不再接受霸凌了",波特接受了普赖尔的挑战,并选择使用鲍伊猎刀作为武器。当普赖尔拒绝使用这种"粗俗"的武器进行战斗时,共和党人感到高兴,当众赞美波特战士般的魄力和勇气。在一个月后的共和党全国代表大会上,波特获得了一把长达七英尺的"巨型鲍伊猎刀"为奖励,上面刻着一段字:"愿经常碰到普赖尔式的战斗"。[185] 波特的助手弗雷德里克·兰德(Frederick Lander)同样得到人们的颂扬,因为他主动提出代替波特,与普赖尔用手枪进行决斗。当惊讶的兰德问聚集的人群为什么要对自己表示敬意时,有人大声回应道:"因为你有种!"[186] 民主党人断言波特的姿态只是为了即将到来的选举,这样的说法并没有偏离事实。那年秋天,波特轻松获得连任,他好战者的形象发挥了重要作用。[187]

好战分子加卢沙·格罗(宾夕法尼亚州共和党)在这届国会期间也遇到了一次决斗挑战——此后,他再次成功当选。在众议院的一场辩论中,格罗指责劳伦斯·奥布赖恩·布兰奇(Lawrence O'Bryan Branch,北卡罗来纳州民主党)违反了审慎议事机构中"绅士"理应遵循的"礼貌"。布兰奇动了怒,给格罗寄了一封要求决斗的询问信。格罗拒绝接受挑战,但他愿意进行一次街头斗殴,发誓要向南部人证明北部人是会打架的。但这一次,反决斗法发挥了作用。布兰奇被捕,这件事情也以布兰奇在新闻媒体上公开他们的通信而告终。[188] [《名利场》杂志采用了关于"好战的爱尔兰人"的久经考验的陈词滥调",将这一事件总结为盖莱尔希·A. 格罗(Galellshy A. Grow)和奥布拉尼·J. 布兰奇(O'Blarney J. Branch)之间的战斗。[189]]

在北部和南部,好战之人处于聚光灯下。尽管绝大多数的国会议员希望避免冲突,但在紧张的气氛中,冲突很容易被引发。弗伦奇在1860年5月直接体会到了那个时代中充斥的怒气,那时华盛顿共和党协会正在庆祝亚伯拉罕·林肯和汉尼巴尔·哈姆林获得提名,二人将成为1860年总统大选的共和党候选人。作为该协会的主席,弗伦奇是这次仪式的主理人。林肯不在华盛顿,但哈姆林在华盛顿,所以在5月19日晚上,有大约200名共和党人游行到哈姆林的住所,海军乐队演奏了《星条旗永不落》和《向领袖致敬》。在弗伦奇做了介绍以后,哈姆林发表了简短的演说,向这次仪式表示感谢,并赞扬了林肯。此时,人群的规模至少增加了一倍。弗伦奇认为,有数千从事"各种各样政治活动"的人现身了。游行队伍接着转移到参议员莱曼·特朗布尔(Lyman Trumbull,伊利诺伊州共和党)的住所。但在特朗布尔的演讲中,弗伦奇所说的"躁动的灵魂们"开始起哄了,他们为斯蒂芬·道格拉斯欢呼,并询问约翰·布朗现在在哪里。伊莱休·沃什伯恩(伊利诺伊州共和党)刚开始讲话,一群人(弗伦奇认为是"喝醉了的小流氓")就突然冲向人群,还扔出石头,引得人们慌忙逃窜,而乐队则在前面开道。但仍有足够多的人坚守阵地,支持沃什伯恩完成他的演讲,在三次热烈的欢呼声之后,所有人都回了家。[190]但有一点值得注意,共和党九天后召开的认可批准大会得到了警方的保护。[191]华盛顿是一个"南部城市",共和党人必须多加小心。

最为激进的共和党人尤其需要小心,比如查尔斯·萨姆纳,他在1859年12月回归参议院,距离他受到杖击的事件已经过了三年。1860年6月4日,他发表了一篇长达四个小时的反奴隶制演讲,演讲粗鲁无礼，显示出他有多么地激进。演讲的标题为"奴隶制的野蛮主义"——和欧文·洛夫乔伊的演讲题目一样，其内容兑现了标题的含义，以翔实的统计数据和绝妙的大量修辞，点出奴隶制使南部变成了一个低等文明："在起源上很野蛮，在法律上很野蛮，在自命不凡上也很野蛮，它使用的工具很野蛮，结果很野蛮。精神状态也很野蛮，无论奴隶制在哪里出现，它养出的必然是野蛮人。"

对于萨姆纳的南部同僚而言，他的演讲中有部分描述尤其贴近于他们的家乡，即"国会历史上的奴隶主"这一部分。1837年，亨利·怀斯和巴利·佩顿在委员会会议厅中差点枪杀了鲁本·惠特尼，萨姆纳以此为开端，带领他的听众回顾国会会议厅中的恐惧，他所征引的南部威胁行为的史实来自于《国会世界》，他大量的征引都会列出卷数、页数和日期。他提到了约翰·道森的割喉恶名；提到了约翰·昆西·亚当斯多年来所承受的辱骂；提到了乔舒亚·吉丁斯受到的痛苦和谴责；提到了亨利·富特威胁要绞死约翰·帕克·黑尔，及其后来对托马斯·哈特·本顿的攻击，以及富特在参议院的戏剧性结局。萨姆纳没有止步于此，他又读起了两个月前欧文·洛夫乔伊所受到的辱骂言辞。他没有提到自己受到的袭击，当然，他也无须提及。此类事例的数量"无限地成倍增加"，他如此总结道。他们中的每一个人，"每一次的呼吁——无论是要求决斗，还是要求用棍棒或者左轮手枪——每一次针对人身的暴力威胁，每一次言论表现出的怒火，除了暴露出令人憎恶的野蛮主义外，也暴露出了某种事业目标所散发出来的狂热兴奋感，哪怕这种事业目标在辩论中已然遭到彻底否定"。[192] 萨姆纳痛斥奴隶主的野蛮行径，将反奴隶制的斗士们这几十年来内心的想法化成言语，吐露出来。当他结束演讲时，詹姆斯·切斯特纳特（James Chestnut，南卡罗来纳州民主党）站起来解释说，为什么南部人能沉默地忍受这样的毁谤：在见识到软弱的萨姆纳在欧洲阿谀奉承以及哼哼唧唧后，他们不想送给他"来自世界另一端的怒号",不想让他成为殉道者。萨姆纳做出了回应,他保证要将切斯特纳特的发言纳入其出版后的演讲稿的附录中,作为奴隶主野蛮的"额外例证"——他后来履行了自己的承诺。[193]

萨姆纳的发言具有十分强的爆炸性,威力十足,以至于弗伦奇担心他的儿子弗兰克会做何反应。此时弗伦奇的家人正在新罕布什尔州旅行,弗伦奇写信给妻子,请她告诉弗兰克,演讲内容出于个人,不涉及党派。弗伦奇认为,这篇演说"措辞尖锐、可怕且凶恶,极具报复性","布鲁克斯每一次的言语攻击,都是刺向南部的致命之击"。他指出,共和党并不支持演说中的尖锐内容,但承认它的真实性,而且理解萨姆纳的个人逻辑:"上天一开始已为他报了仇,但现在他要开始自己报仇了。"[194]

两天后,弗伦奇在街上遇到了他在共和党协会的同事刘易斯·克莱芬(Lewis Clephane)和一些陌生人,他们显然对某事感到不安。其中一个陌生人是来自堪萨斯州的客人,他问弗伦奇是否可以借他一把枪。当弗伦奇问为什么时,克莱芬把他拉到一边,解释了前一天晚上发生的事情:一些试图暗杀萨姆纳的南部人当晚强行进入萨姆纳的房间,要求私下和他对话,但在遭到拒绝后就跑掉了。事情发生时克莱芬也在那儿,还守着萨姆纳直到凌晨两点,那时萨姆纳终于上床睡觉了。克莱芬解释说,因为萨姆纳的原则是不赞同使用武力,所以他拒绝携带枪支。因此,弗伦奇在街上遇到的这些人决定充当保镖,无论萨姆纳走到哪里,他们都会护送左右,时而走在身侧,时而走在身后,以防其遇到麻烦。弗伦奇借给他们一把左轮手枪,希望如果有人攻击萨姆纳的话,这把枪能够被合理地使用。[195]

弗伦奇的偶遇困扰了他好几个小时,让他心烦意乱,感到恼火,甚至让他感到惊恐。到了下午,他非常不安,也决定武装起来,所以他直奔市中心去买了一支小手枪,每天可以装在口袋里。弗伦奇在向妻子解释他的决定时说,武装自己是为了自卫,"如果我们因为我们的共和党原则而受欺凌,那么我认为我们应该准备好保护自己"。[196]弗伦奇正为在华盛顿街头与南部人发生武装冲突的可能性做准备。

这是一个明智的决定,但弗伦奇在解释时,意图表现出他的行动并没有多么非同寻常。在弗伦奇的信中,那把枪是他那天购买的几样物品之一,他还买了两套内衣。在写这封信时,弗伦奇已经穿上了其中的一套,说它们很舒服。购买内衣和购买枪支,所体现出的日常生活感是值得注意的。虽然他以前没有携带过武器来保护自己,但他并不觉得现在的他正在走向极端。不过,南部政客让弗伦奇感到担忧,而他带着枪,只是防止这些南部人越界而已。

这就是1860年许多携带武器的国会议员的逻辑。他们每天早上武装起来奔向国会山,不是希望用枪杀死别人,只是在保护自己,对抗某个不可预知的敌人。这就是参议员詹姆斯·亨利·哈蒙德(James Henry Hammond,南卡罗来纳州民主党)解释自己在1860年4月"洛夫乔伊情绪爆发"事件后决定武装自己的说辞。哈蒙德确信两院议员几乎都带有武器,即使是最年长、最保守的参议员也拿着左轮手枪,而他自己"最不情愿"在参议院办公桌中放入填满弹药的手枪。他曾向一个朋友坦承道,"我不能带着枪"。他这一生中携带过两次手枪,但两次他都感到非常不安,以至于将手枪弃置不用。但是现在他在自己的席位中正带着一把填满弹药的手枪,因为没有任何迹象表明共和党会说什么,或者会做什么。他认为,他们有能力挑起一场战斗,战斗中流淌出的鲜血将"震撼世界,瓦解政府"。尽管他希望避免这种局面,但如果真发生了,他将站在南部同胞身边直到最后。哈蒙德武装自己是为了"履行服务自己地区的义务",准备和他的同胞在参议院中战斗至死。他绝非孤例。[197]

约翰·哈斯金（John Haskin，纽约州共和党）带枪也是因为类似的原因，这在 1860 年 1 月的议长辩论中成为了全国新闻。在一次针对约翰·克拉克（密苏里州民主党）反"海尔珀决议"的愤怒交流中，哈斯金指责他的同事、纽约人霍勒斯·克拉克（Horace Clark）——一个反"勒康普顿宪法"的民主党人——既支持又反对堪萨斯州的奴隶制，誓言要向世界揭示"这位同事游览马戏团一般的立场"。（毫无疑问，这正是《名利场》杂志创作《国家大马戏团》的灵感来源。）哈斯金用枪指着霍勒斯·克拉克，这引起了轩然大波。随后人群聚涌，互相推搡，而哈斯金的枪被清脆地撞到了地面上。尽管这次并非发生在劳伦斯·基特面前，但是再次典型地表明针对个人的暴力应该发生在外面。（《国会世界》的记述只提到了"混乱"和"拥挤"。）

纠仪长在关键时刻挥舞了权杖后，众议院又重归运转——或者至少是有此迹象。有一些人在开玩笑［托马斯·戴维森（Thomas Davidson，路易斯安娜州民主党）说："如果未来继续发生这样的事情，我有必要带着双管猎枪来众议院。"］，而另一些人则在大声斥责，但没有人具体指名道姓或者描述细节，除了谢拉德·克莱门斯（Sherrard Clemens，弗吉尼亚州民主党）说他看到哈斯金拔枪对着克拉克，并觉得这个纽约人欠他选民一个解释。（克莱门斯强调他对于所目睹的事情感到震惊——**震惊于**在众议院中一把武器没有引发任何笑声，而本来该会是这样的。）众议院立刻掀起一片要求"规则"和"反对"的喧嚣声，淹没了克莱门斯的声音。这样的事情不应该在议会中提及，任何此类的讨论必然会使事态变得更糟。

但几分钟后，哈斯金做出了个人解释。他说，在来华盛顿之前，他一生中从未携带过武器。现在他带着枪，是因为他害怕被攻击；在这期会议中和会议之前，一些北部国会议员遭到了袭击，他必须保护好自己。他坚称，自己绝不会在众议院中使用手枪——除非他"遭到不合理的攻击，才会为了保护自己不得不使用手枪"。[198] 和哈蒙德、弗伦奇一样，面对那些胆大妄为和不可预知的敌人们，哈斯金正在保护自己，而敌人则是他的国会议员同僚们。和哈蒙德一样，他已经充分做好了在国会大厅中使用手枪的准备，尽管他希望自己不需要这么做。"鲍伊猎刀"·波特也是如此。在他前往众议院之前，他会带上一把手枪和一把刀，他向一个朋友解释说，他不知道会发生什么，尤其不清楚楼座里的南部人是否会采取行动。[199]

正如撒迪厄斯·史蒂文斯所言，正是因此美国国会才会变成一个武装营地。（尽管《名利场》敦促国会议员效仿他们的榜样哈斯金，放下武器。[200]）此外，正如史蒂文斯所说，在这个营地里，至少有一些驻扎者准备射杀某人。洛夫乔伊混乱发生几天后，马丁·克劳福德（Martin Crawford，佐治亚州民主党）承认，在混乱中，他扣上衣服口袋内的左轮手枪的扳机，在"暴徒中间"选了一个位置，完全做好了战斗至死的准备。[201] 他向前国会议员亚历山大·斯蒂芬斯（佐治亚州民主党）保证，"我们这边的爷们有足够的魄力将这件事变成流血事件"，在众议院上演械斗。唯一阻碍他们更进一步的是他们对家乡公共意见的担忧。在国会大厦发起一场枪战是需要一位受人尊重的斗士的，他能够让流血事件合理化，还能"引领一场运动"。克劳福德想到，如今亨利·怀斯不在国会了，这太可惜。如果没有这样的人，他担心"人民会对我们感到厌恶，我们则会蒙羞"。[202] 这是多么大的讽刺啊。多年来，南部人用威胁和决斗恫吓北部人，深知公共意见让北部人无法进行反击，如今南部人面临着同样的困境。国会的事件迫使他们要越过选民所希望的界限了。

在基特事件中，无论选民怎么想，像迈尔斯（Miles）、基特、克劳福德、普赖尔和克林曼这样的人已经准备好要进行公开战斗。[203] 然而，即使是这样的极端分子也把他们的暴力倾向定义为"防御行为"。南卡罗来纳州州长吉斯特已经为"在华盛顿发动战争"做好了充分准备，但他希望战争"可以在因挑衅而突然点燃的激情中开始，而不是在是否执行一次暴力行动的审慎决定中展开，那样的话在公众眼中我们可能会遭到偏见"。[204]

在某种意义上，美国正在滑向内战渊薮之中。咄咄逼人的浮夸言辞、威胁和挑衅、血染国会山的讨论、泛滥的刀枪，以及新近在议会中出现的群架：这都是一个国家一分为二的明显迹象。这些迹象也直白地表明人们对国会机构缺乏信心，即使国会议员也是如此。由配备武器的立法者组织起来的群体，就是一群对自己机构的权力和运转失去信心的群体。丧失信心的影响是深远的。如果一个国家的代表机构不能发挥作用，那么这个国家能长久存在吗？除了国会以外，还有什么地方可以以妥协和辩论的方式来处理美国众多区域和选民的利益分歧呢？正如伊利诺伊州共和党人 E.W. 哈泽德（E.W. Hazard）在杖击萨姆纳事件后不久所写的那样："如果我们不能再指望国会……除了诉诸自然之神赋予我们的自保手段之外，我们还能怎样？"[205]

"自保"——哈泽德的措辞值得注意。事实上，大多数国会议员并不想让合众国解体，他们拿起武器是为了保卫自己的选民、自己的州、自己的家乡和他们自己。共和党鼓励他们的国会议员为了自保而战斗。南部人为了自保，要在华盛顿发动一场战争。阴谋论助长了这种魔幻的思维。如果真的有人在酝酿征服北部或南部的阴谋，如果人民的安全和社会的稳定受到侵蚀，那么任何极端措施都可以合理化为正当的自保。[206]事实上，当下局势需要这些措施。然而，即使是目前这种情况，国会也没有出现完全的混乱。人们并不渴望战斗，他们是在担心可能不得不去战斗。

这种"侵略性防御"的理念弥漫于1860年的总统选举中。[207]许多北部人都基于这样的理念开展竞选活动，他们列举出"堪萨斯－内布拉斯加法案"、关于支持奴隶制的"勒康普顿宪法"之争,以及德雷德·斯科特判决这三个南部侵犯行为的事例,认为它们证明了南部人吞并整个合众国的意图,所以有必要将这种意图挫败。反过来,南部人讲述了共和党渗透进南部,从内部摧毁南部的恐怖故事。前共和党代表、亚拉巴马州的威廉·朗兹·扬西(William Lowendes Yancey)在新奥尔良的数百人面前进行了一次热情洋溢的演讲,在演讲中他讲述了各种各样的流言蜚语。他认为,随着林肯的掌权,南部的联邦官员必然都将变成共和党人。因此在南部,"就会存在他们所谓的言论自由,到处都会传播废奴主义的观念。就会存在他们所谓的出版自由,废奴主义的文献就会四处流传。"一旦合众国内有了更多的自由州——共和党人掌权后这是最有可能的趋势——共和党的反奴隶制政权将在整个联邦内废除奴隶制,这是他们坚定不移的目标。对劳伦斯·基特来说,未来很清晰:奴隶起义,奴隶主被毒死,而种植园则会被付之一炬。[208] 他的妻子苏珊娜也有同样的想法。"服从林肯"意味着"本区域的耻辱,意味着本地区将被征服,意味着贫穷、流放和被毁坏的家园"。[209]

对北部和南部来说,1860年的选举显得像是决定奴隶制未来期限的授权,而授权的结果是明确的。林肯不仅当选了总统,共和党人还横扫了国会两院,占据了众议院49.1%的席位和参议院55.5%的席位。在12月份召开的下一届国会会议的开幕式上,选举带来的情感影响显而易见。参议员艾伯特·加勒廷·布朗(Albert Gallatin Brown,密苏里州民主党)谴责这场"胜利",认为"这会是自由的人民所受到的最恶劣的屈辱"。[210] 托马斯·克林曼(北卡罗来纳州民主党)——他在1850年曾威胁要血染国会大厦——现在是名参议员,他发誓这次的结果将会是脱离联邦的行动。参议员老艾尔弗雷德·艾弗森(Alfred Iverson,佐治亚州民主党)甚至在他发言时就看到了脱离联邦的最初迹象。他告诉共和党人，坐在他面前的是"两个怀有敌意的团体"。"你们坐在你们那边，沉默而又阴郁；我们则坐在我们这边，眉头紧锁，阴沉的脸色透露出凶兆。昨天，我注意到，会议厅另一边没有一个人独自来这一边，甚至没人来寒暄或者礼貌性地问候，我们这边也没有人过去你们那边。"[211]

猜疑、防备和丢脸。多年的冲突使国会和整个国家走到了这一步。在如此漫长的冲突中，未来会发生什么呢？几十年来，南部人用他们的言语、行为和拳头来捍卫南部的权利、荣誉和利益，这几年他们又以狂暴的怒火来对抗北部的羞辱，那么现在南部人会屈从于敌人的统治吗？南部国会议员或他们的选民会忍受这种耻辱吗？对许多南部人而言，答案是否定的。

国会暴力并没有引发区域之间的对峙，但它加剧了僵局。在合众国危机期间，国会议员们在国会大厅里上演了区域间的冲突，借此向警惕的全国观众表明，一旦他们的地区蒙羞，会迸发出什么样的情感，合众国危机以拟人化的形式表现出来。在这个过程中，他们拨旺了合众国解体的烈焰。

同时，悠久的霸凌和暴力的历史促使北部淡化了南部分裂的威胁，即使到了1860年也是如此。弗伦奇就是这样的一个典型，他怀疑分裂的威胁不过是精心策划的开场布局——一个让南部人得逞的阴谋。长期以来，这种威胁手段一直有效地为奴隶主所用。也许这次还是一切照旧。他认为，"不久他们都会恢复过来的"。[212] 其他人也表示同意。"马里兰州和弗吉尼亚州都没有要分裂合众国的想法，"《纽约论坛报》写道，"但它们都非常想通过霸凌北部来达到妥协。"[213] 这是个意味深长的讽刺，南部人自己教会了北部人把南部分裂的威胁当作"狼来了"的喊声。[214]

但南部人却说到做到。从1860年12月20日到1861年6月，分裂的事实在众议院和参议院以拟人化的形式上演了。当一个接一个的南部立法机构决定自己的州脱离联邦时,南部的国会议员们一个接一个地站起来,向联邦和他们的同事告别,有些人流下了眼泪。[215] 当三个州的代表团在一天内全部退出时,参议员詹姆斯·梅森(James Mason,弗吉尼亚州民主党)以十分直白的措辞表示,他们令会议厅陷入了沉默。他指着周围空荡荡的座位说:"联邦现在破裂了。"《纽约先驱报》的一名记者目睹了这一过程,他写道:"现在每天都在发生重大事件——联邦解体、政府崩溃以及内战迫在眉睫",它们不可避免地就在眼前。[216]

弗伦奇和其他人一样震惊,但他仍然相信,脱离联邦的州很快就会变成废墟,然后乞求重回联邦。如果不是那样,就更好了。没有它们,北部将会欣欣向荣。他既希望这些州一切顺利,但也希望它们就此离开。[217]

然而,即使弗伦奇对危机的严重程度做出了最低估计,他也在为灾难的到来着手准备。在家庭方面,弗伦奇的妻子贝丝在混乱的政治局势中生病了。她的健康状况恶化,几个月后,医生诊断出她患有乳腺癌并进行了乳房切除术,这让她虚弱无力。[218] 突然之间,在历经35年的婚姻岁月之后,弗伦奇面临着可能失去一生挚爱的可怕结果。

政治方面的问题也是艰难重重。1861年1月,弗伦奇听到谣言说,"一些误入歧途的恶棍"打算动用武力,乃至暗杀,来阻止林肯的就职典礼。尽管他在日记中声称他不敢相信此事为真,但他还是让自己做好准备,保证"警报一响"即可击退攻击者——实际上,在巴尔的摩的确有关于一场阴谋的传闻。[219] 林肯于2月23日抵达华盛顿,立即被送往威拉德酒店,确定他安然无恙后,弗伦奇才松了一口气。[220] 三天后,当林肯访问参众两院时,弗伦奇也在一旁看着。共和党人聚拥在当选总统（president-elect）[1]的周围，弗伦奇怀着前所未有的热情与林肯握手。民主党人虽然没有那么热情，却很友好。一周后，也就是3月4日，林肯的就职典礼顺利举行，仪式由弗伦奇主席主持。[221]

弗伦奇所担心的南部暴力行动又过了一个月才浮出水面。尽管南卡罗来纳州是在1860年12月第一个脱离联邦的州，但四个月后，查尔斯顿港的萨姆特堡仍在联邦政府的手中，此时萨姆特堡急需补给。1861年4月12日，在获悉补给船正在途中的消息后，南部邦联[2]采取了行动。凌晨4点30分，他们向堡垒发动了炮击，持续了34个小时。战斗的声音和暴烈程度引人注目，查尔斯顿人坐在屋顶上观看战斗。两天后，也就是4月14日，萨姆特堡驻军投降并撤离。内战已然开始了。

听到这个消息，弗伦奇做了孤注一掷的尝试，他试图中止危机。作为一名共济会成员，他认为尽其所能阻止内战是他"庄严的职责"，而他身为美国共济会的长老，实际上有这样的权力。因此在4月16日，他就像以前多次做过的那样，为了保卫联邦落笔成文，向"所有真正共济会的爱国者们"发出通告，恳求他们利用影响力来阻止内战。[222]他认为，美国有成千上万的共济会成员，如果每个人都在自己的圈子里尽一份力来支持和平，那么他们就会发挥作用。如果说有什么时刻需要行使共济会兄弟会的力量，就是此时此刻。弗伦奇向读者保证，他并没有要求他们放弃原则，他只是请求他们搁置一下政治分歧。为了让联邦保持平衡，弗伦奇试图让共济会成员们完成似乎国会都做不到的事情：证明人民对国家的情感纽带足以跨越区域的界限。

不到两周，弗伦奇收到了来自弗吉尼亚州大指挥官（Grand Commander）E.H.吉尔（E.H. Gill）的回复。吉尔反问弗伦奇，为什么他要向弗吉尼

---

[1] 即已被选上，但尚未宣誓就职的总统。——译者注
[2] 即退出联邦的南部州组建的政权。——译者注

亚人宣扬和平与兄弟情谊呢？南部人已经尝试了各种避免战争的体面方式，将政治搁置一边，为和平而努力。可是，北部践踏了南部的宪法权利，现在"即将入侵他们的土地、家园和家庭"，北部人才是问题所在。南部人的行为只是出于自卫。吉尔确信，在这场弗吉尼亚人反抗"北部汪达尔人如该隐一般的劫掠性攻击"的战斗中，"战斗之神"将支持弗吉尼亚人。他和他的弗吉尼亚同胞们唯有满心乐意地帮助北部人走向坟墓。随后，吉尔宣布，弗吉尼亚州共济会大营地（Grand Encampment）不再在美国的大营地的管辖之下。弗吉尼亚州已经脱离了共济会的联盟。作为长老，弗伦奇正经历着自己的分裂危机。[223]

几周后，弗伦奇收到了一封来自西弗吉尼亚州的一名指挥官的信，信中说指挥官的上司拒绝脱离联邦。弗伦奇深受感动，充满感激地表达谢意。弗伦奇承认，吉尔的信使他感到吃惊。吉尔似乎有意去伤害弗伦奇的感情。如果吉尔知道弗伦奇是在何时何地撰写了那则通告的话，他很可能会保持沉默；弗伦奇是在午夜于贝丝的病榻前写的，他希望这最后一次绝望的努力，即使无法阻止国家走向内战，但至少能减缓这个步伐。但吉尔并没有感受到弗伦奇真诚的兄弟情谊——吉尔像是不知道有弗伦奇这个人一样。弗伦奇不愿以愤怒的情绪予以回应，他也知道和平的呼吁只会被置若罔闻，所以也就没有回复吉尔的信。[224]

对弗伦奇来说，这是一个转折点，这个国家的沟通危机已经达到了紧要关头。在阴谋论思维的迷雾遮障下，对和平的呼吁甚至会变成对战争的呼吁。这种思维的影响力如此之强，连弗伦奇也无法幸免。就在他撰写通告，抓住挽救合众国最后稻草的同时，他还在日记中痛骂"南部的莽夫"，并向"战斗之神"祈求。"美国不再像个懦夫似的不敢保护自己，任人宰割"，他如此咆哮道，这是他过去几年对北部斗士之赞美的瘆人回声，现在是为了国家的战斗口号。[225]在战斗和屈服于霸道的南部之间，弗伦奇选择了战斗。

如此，弗伦奇看着弗吉尼亚大营地脱离共济会联盟，就像他看着南部各州一个接一个脱离合众国一样。1861年1月1日，从他的日记的第八卷开始，弗伦奇下笔时怀着一种不祥的预感。他写道，"我仍然在'美利坚合众国'的政府所在地开始写这本日记"，而他所展望的未来也许并不真切。27年前，作为一个来到华盛顿的新人，弗伦奇曾凝视着国会大厦，好奇它是否会"是这个幸福国度永恒的国会大厦"。他从未停止过这样的疑惑。现在，回答这个问题的战斗即将到来，而弗伦奇对这场战斗表示欢迎。在经历了一生的妥协、政治运作、歌颂、作诗、否认、躲避，并最终为拯救联邦而战之后，弗伦奇准备"让联邦就此滑落"。

尾章 "我目睹了这一切"

在南部诸州脱离联邦的危机期间，弗伦奇的生活与这个国家的状况很相似。几个月来，他的日记只有两部分内容——对联邦的忧虑和对妻子的忧虑，而他所有最糟糕的担忧都变成了现实。在 1860 年 12 月至 1861 年 6 月间，有 11 个州离开了联邦。1861 年 5 月 6 日，贝丝去世了。尽管那天朋友们蜂拥而至，但他大部分时间都守在她身边或写日记。那天下午，他一遍又一遍地写着，"哦，多么——多么——多么孤独啊"，并以这声哀叹作为日记的结尾。[1]

工作没能让他逃避这一切。1860 年，弗伦奇被任命为众议院索赔委员会的执事，负责评估堪萨斯州公民申请的 487 项损害赔偿。两个月来，他审核了一系列的财物损坏事件：房屋和商店被掠夺和烧毁，庄稼被毁，马匹被偷。他是一个新闻工作者，所以特别注意到劳伦斯的《自由先驱报》（Herald of Freedom）的毁灭。据目击者描述，一群大约 70 名武装人员从毁灭的现场骑马跑出，在头顶挥舞着插入刺刀的书籍，将这当成"战争"的战利品。弗伦奇对自由州州长查尔斯·鲁宾逊（Charlers Robinson）特别慷慨，鲁宾逊声称在他的房子被烧毁时有一份 600 页的加州历史手稿丢失了。弗伦奇准予了鲁宾逊为房屋和丢失

本杰明·布朗·弗伦奇，摄于 1855—1865 年期间。法兰克国王查理曼大帝的铜像毫无隐晦地提示着弗伦奇的姓名。（国会图书馆提供）

的作品所申请的赔偿，从总共约 45 万美元的赔偿金中分配给他近 2.4 万美元。²

这段时期，弗伦奇日记中唯一一束希望之光是亚伯拉罕·林肯。几乎从见到这位谦逊的总统的那一刻起，弗伦奇就喜欢上了他。当时林肯在满是访客的房间里起草一封信件，还大声询问如何拼写"投射物"（missile）这个词，弗伦奇感受到了林肯的魅力。"在整个合众国中，还有第二个人能在成为总统后有相同的举动吗？这显示了他完美的诚实和纯朴，他是一个真正的伟人。"³ 他们似乎都喜欢对方。1861 年 9 月，林肯再次任命弗伦奇为公共建筑委员会专员，这一职位令弗伦奇与总统的接触变得密切又频繁，特别是在战时城市的混乱局势下。⁴

弗伦奇与玛丽·托德·林肯（Mary Todd Lincoln）之间的关系更为复杂。他很钦佩她的独立个性，但作为专员，他不得不应付她的麻烦。他的职责之一是在白宫的招待会上向她介绍客人，他对其"女王"般的举止感到困惑和反感。⁵ 她在白宫的家具上花了超过 2 万美元的预算，而根据法律，总统必须核准这笔花费，所以她要求弗伦奇平息她的丈夫为此产生的怒火。此时弗伦奇的情绪也十分复杂。⁶ 弗伦奇履行了他的"使命",但林肯的怒火爆发了,他咆哮着说,冻僵的士兵们出征时都没毯子,而在此时花出这样一笔钱,"简直是给这片大陆投放恶心的臭气。"⁷林肯发誓说,绝不会为"那座该死的老房子的奢华物品"批准任何账单!"这非常令人不悦,"弗伦奇在那天晚上的日记中写道,"但却部分地让人感到愉快。"几年后,有人请他写一本关于林肯的回忆录,他拒绝了。如果"不以一种令人不悦的方式提及亚伯拉罕夫人……",就无法完成这部回忆录。⁸

伴随着萨姆特堡战火的骤然而起,华盛顿已经做好了应战的准备。1861年4月,弗伦奇看到联邦军队涌入了这座城市,因为马里兰州的脱离联邦分子破坏了铁路轨道,切断了电报线路,阻绝了该地区与外部世界的联系。弗伦奇惊恐地注意到,就连林肯也不知道华盛顿外发生的事情。⁹随着国会进入休会期,数千名士兵驻扎在国会大厦和周边的广场上。¹⁰

在6月的升旗仪式上,弗伦奇将发生的一件事情看成凶兆:当总统抓着升降索往下拉时,国旗被缠住了,林肯见状却"卯足了劲"往下拉,结果把国旗撕成了两半。"看到这面被撕裂的国旗,我感到一股悲伤无以名状。"弗伦奇坦承道。他唯一的慰藉是林肯想要完成这项工作的坚定决心。无论面临什么挑战,他相信林肯都会"以不减的干劲应对它们,带我们走出战争渊薮,尽管那是一面破破烂烂的旗帜,但它终究还飘扬在那里!"¹¹

1861年7月,华盛顿的大坝决堤了:战争逼近国会,而国会走向了战争。林肯于7月4日召开国会特别会议,7月21日,联邦和南部邦联的军队在首战布尔河战役(the First Battle of Bull Run)中相遇,南军离华盛顿不到一天的路程。兴奋的国会议员们冲向战场,一些人是为了见证联邦的胜利,另一些人则想参与其中。部分希望成为士兵的

1861 年 5 月 13 日，内战开始前摄于国会山前的联邦军队。源自弗伦奇为他的儿子弗兰克制作的一部相册。（国会图书馆提供）

人为了证明自己是个战士，将他们的技能带到了新的战场。韦德、钱德勒和战争部长卡梅伦（Cameron）都到了前线，好战的沃什伯恩兄弟也有一人到场，另外至少还有 15 人参与其中。[12] 他们的出现提醒人们，战场上的暴力和日常的政治活动并非无关，战争的爆发和战争的临近也无法割裂。可以说国会议员们多年来一直在排练内战。国会暴力构成了这场战争的序幕。

但在布尔河，国会的战士们无法发出多少欢呼声。当国会议员们接近战场时，他们发现联邦军队正在拼命地全面撤退。韦德和钱德勒看到惊慌失措的士兵如潮水般涌过，他们跳下马车，对从他们身边经过的士兵发出开枪威胁——60 岁的韦德挥舞着从家里带来的步枪，帽子都斜了。[13] 可是他们被人潮挤到了一边。国会中唯一的受害者是艾尔弗雷德·埃利（Alfred Ely，纽约州共和党），他离战场太近，所以被捕，当了6个月的战俘。[14] 那天下午，在国会大厦，弗伦奇明显能感觉到忧郁沮丧的气氛，士兵们四散逃入这座城市，"各种各样的士兵都有。有些人没有枪，有些人有两杆枪，有些人光着脚，有些人没有头盔，所有人都有一段战败的悲伤往事。"[15]

当暴力降临到战时的战场上时，它却在战时的国会中逐渐消散了，尽管在1861年初的联邦危机期间并非如此——当时发生了一系列冲突。在南部国会议员离开国会和联邦的同时，国会发生了六次区域性的争吵，不过只有个别争吵含有暴力成分。脾气火爆的路易斯·维戈夫（得克萨斯州民主党）在当选南部邦联临时国会的议员后仍留在参议院中，他引发了两次令人不快的交谈，一次是与未来的总统安德鲁·约翰逊（Andrew Johnson，田纳西州民主党），另一次是与詹姆斯·杰克逊（James Jackson，肯塔基州辉格党）。杰克逊因为维戈夫侮辱了肯塔基州前参议员约翰·克里滕登而在参议院外扇了维戈夫的耳光。维戈夫留在华盛顿主要是为了制造麻烦，可以说他取得了巨大的成功。[16] 另一场国会外的争吵发生在一次晚宴中，罗伯特·图姆斯（佐治亚州民主党）说，他希望美国政府雇佣的轮船"西方之星号"（1861年1月被派往萨姆特堡以增补物资的船）将会沉没。74岁的温菲尔德·斯科特将军闻声立即冲向图姆斯，但旁人将这二人分开了。[17] 因袭击格里利而获得声名的艾伯特·拉斯特（阿肯色州民主党人）指控共和党人支持约翰·布朗，威廉·邓恩（William Dunn，印第安纳州共和党）责备他在说谎，在他们朋友的居中调停下，后来二人相互道歉了。[18]

还发生了两次袭击事件，一次比一次严重。威廉·凯洛格（William Kellogg，伊利诺伊州共和党）袭击了《芝加哥论坛报》的编辑约瑟夫·梅迪尔（Joseph Medill），因为后者谴责凯洛格在奴隶制问题上持妥协立场。[19]而查尔斯·范·怀克（Charles Van Wyck，纽约州共和党）则受到了更为严重的袭击。在上一届国会会议上，范·怀克发表了一篇振奋人心的反奴隶制演讲，立刻在众议院里惹怒某人，此人立即向其发出决斗挑战的威胁，而且在此后的几个月里，依然有人对他发出死亡威胁。[20]范·怀克在1861年1月29日的一次演讲中又重复了之前的辱骂，几周后，三名男子在国会大厦袭击了他。范·怀克拔出枪，射杀了一名袭击者，而一份折叠好的《国会世界》挡开了刺向范的心脏的一刀。[21]尽管共和党的新闻媒体认为这次袭击是一次被挫败的暗杀，但袭击者的身份从未被确认。这次激情事件是未来一段时间内最后一次的暴力行为。[22]

国会的态势也发生了变化。随着共和党人掌权和分裂主义者的离开，霸凌行为失去了影响力，部分原因是明显带有南部色彩的决斗习俗已经无法赢得赞许之声了。1861年3月，在一场关于脱离州的堡垒的激烈辩论中，当斯蒂芬·道格拉斯（伊利诺伊州民主党）暗示要发起决斗挑战时，威廉·费森登（缅因州共和党）对此嗤之以鼻。费森登宣称，对那些与自己怀有不同"准则"的人实行霸凌乃是懦夫行为。[23]你完全清楚一个人不会按你的条件进行反击，而你却要侮辱他，这种行为是怯懦的。在北部占有绝大多数议席，且在合众国军事力量做好战斗准备的前景下，这种逞强的举动是有可能的。正如弗伦奇所说，联邦中的人不再是懦夫了。北部已经准备好行使自己的霸凌之术。

并不是每个北部的国会议员都像费森登那样大胆，或者那样蔑视决斗。即使在脱离联邦之后，也有一些人在冲突之下，向对方提出决斗的暗示，但几乎都无疾而终。媒体对此类争吵的报道同样简洁；有少部分人关注的是其中有趣的细节，而不是其深远的意义。[24]时过境迁，随着战争的爆发，南部在华盛顿的暴力统治终结了。

人民也都注意到了这一变迁。1862年初，《纽约时报》指出："短短六个月内的变化是最显著的。"在街上,国会议员们不再"匆匆地扫一眼周遭,观察是否有同事进行埋伏……不久前,人们还经常携带隐藏的武器,或者宁可以最张扬的方式携带武器"。战争已经改变了这一切。"大叛乱突然将华盛顿从野蛮人手中解放出来,这些野蛮人现在在主流力量下被迫服从北部的文明……当无法忍受的束缚枷锁被打碎时,解脱感难以言表。"[25] 记者道明了战争的影响。本应是文明的北部其实并不总是文明的,纽约市1863年爆发的征兵骚乱等暴动十足地证明了这点。但北部人在华盛顿经历了向南部人卑躬屈膝的几十年之后,公开的战争所带来的却是甜蜜的解脱。

当然,奴隶主权势的离去并不是平息国会暴力的唯一原因。内战的血腥爆发很可能起到了一定的作用。在一场兄弟阋于墙的战争中,在内部进行冲突是不爱国的举动,甚至是危险的表现,很可能不会赢得厌倦战争的公众的喝彩声。同样值得注意的是,一个去除暴力的国会并不一定能表现良好。事实恰恰相反:随着暴力事件的减少,口头上的辱骂毁谤却在激增。"过去的野蛮程度并没有减轻,"一名记者在1864年如此说:"过去是派系斗争、决斗、暗杀,但是今天,玷污国会山空气的人身攻击的声音比那时更响亮,这种声音所产生的不再是清洁的血液,而是脏话的回击。"[26] **懦夫、骗子、无赖、醉汉、叛徒!** 国会大厅内回荡着这些喊声,在过去的国会,这些喊声会招来血光之灾(至少是拳头)。[27]《纽约先驱报》在1866年进行了抨击:"反奴隶制的野蛮行为"将国会转变为一个"语言恶霸"的巢穴。[28] 充满讽刺的是,一个没有了奴隶主权势的国会证实了长期以来关于荣誉准则的真理:它确实迫使人们注意自己的言论。

但是,不管战时国会的口头激辩如何,国会中肉体间的暴力行为明显消失了,尤其是当与南部邦联的国会相比时,因为南部邦联的国会是绝对不会摆脱暴力的。[29] 值得注意的是,美国国会中之前的那些好战分子现在仍然是南部邦联国会内的好战分子。在众多的荣誉时刻里，有一场混斗发生在佐治亚州参议员本杰明·希尔（Benjamin Hill）和亚拉巴马州前国会决斗者威廉·朗兹·扬西之间，他们互相侮辱对方对邦联不忠，一段言辞交锋后希尔将墨水瓶扔向扬西，然后又拿起一把椅子冲向他。

还有亨利·富特，他一如既往。1864年，《纽约时报》评论道："去了里士满后，他似乎也没有改变他的作风。"毫无疑问，他是南部邦联国会中最经常动手的好战分子，他差点射杀了一名田纳西州同事。在一次特别重要的委员会会议上，他把一名证人撞到角落，撕破了一名成员的衬衫。他还在众议院中被人用鲍伊猎刀袭击，在委员会会议室中被殴打，还被一把雨伞敲了脑壳。[30] 在持刀袭击事件中，他采取了明显的本顿式姿态：当攻击者被几名国会议员压在地上不能动弹时，富特戏剧性地露出胸膛，宣称："我顶得住刺客的刀剑！"[31] 当涉及国会冲突时，他总是成为"研究对象"。到战争结束时，富特被南部和北部同时驱逐，或许很多人事前对此已经有所预料。战争中期，他在逃离邦联后处于流亡状态，后来因为大众的厌恶又被赶出了北部。他曾在英国和蒙特利尔小住过一段时间，在那里，他阻止了一群邦联难民围攻美国领事馆，从而获得了美国政府的赦免。[32]

显然，战场上的流血事件和对爱国主义的担忧并没有阻止南部邦联国会的暴力浪潮，而且那些脱离出去的南部人在重归联邦后，又将争吵带回了华盛顿。第一批州获准重归联邦时，情况即是如此。[33] 当联邦军队在1862年占领新奥尔良时，林肯决定用路易斯安娜州作为他的重建计划的示范州。为了重新得到合众国的接纳，该州选民的十分之一宣誓效忠合众国，而且该州新组织的政府愿意废除奴隶制。国会内的激进共和党人则希望回归条件中包括实行黑人选举权等更为强硬的条款。路易斯安娜州代表于1864年抵达华盛顿，寻求国会席位，而这种僵局对他们而言十分不走运，让他们几个月来无所进展。1865年1月22日，即将成为路易斯安娜州众议员的亚历山大·P.菲尔德（Alexander P. Field）开始行动。他在威拉德酒店的餐厅里——好战分子长年热衷的场所——看到了宾夕法尼亚州激进的共和党党员威廉·凯利（William Kelley）的身影，便询问为什么路易斯安娜州受到"冷落"。经过短暂的激烈交流后，菲尔德离开了。过了一会儿，凯利被躲在走廊等他出现的菲尔德用刀袭击了，凯利为了自卫扬起手，结果手被刺伤。袭击结束后菲尔德在酒店里大摇大摆地炫耀，这是对国会围观者的震慑提醒，要让他们仔细考虑南部重新加入联邦之事。[34]

之后的一次暴力事件更加具有戏剧性，这又是一次南部人对北部人的袭击。自由民局是政府建立的用以援助获释奴隶的机构，1866年2月，在一场关于自由民局的辩论中，洛弗尔·鲁索（Lovell Rousseau，肯塔基州绝对联邦主义党[1]）讥讽道，他会杀死任何一个基于黑人证词而逮捕他的人。来自艾奥瓦州的激进共和党人乔赛亚·格林内尔（Josiah Grinnell）回击了他的讥讽，猛烈抨击鲁索对联邦的忠诚。在接下来的几个月里，两人不断地相互辱骂，6月11日二人的冲突达到了高潮。在一场关于南部代表团席位的辩论中，格林内尔嘲笑肯塔基人内战以来的表现。几天后，鲁索在国会大厦的东门廊里当面质问格林内尔，要求他道歉。格林内尔予以拒绝，鲁索遂以手杖击之，那根头部为铁制的藤杖如暴风雨般击打在格林内尔的头和肩膀上，直到藤杖断了才停止攻击。[35]格林内尔用手臂挡住了大部分打击，只受了轻伤，他立即跨着大步去买枪以实施报复。但当晚他回到家时，有两名在他

---

〔1〕绝对联邦主义党（Unconditional Unionist），是活跃于1852年至1866年的美国政党，在美国内战期间主要由反对脱离联邦的南部民主党人组成，随着战争的进行，绝对联邦主义党反对获释奴和前南部邦联成员拥有投票权利。——译者注

住处等候的杖击专家劝阻他采取暴力行动：他们是参议员亨利·威尔逊和查尔斯·萨姆纳。³⁶

萨姆纳的参与，也许体现了格林内尔受到杖击一事最值得注意的方面，这实际上是萨姆纳十年前杖击事件的重演。和普雷斯顿·布鲁克斯一样，鲁索认为自己是在捍卫自己州的荣誉；和布鲁克斯一样，鲁索在国会山里上演了袭击，尽管他有意避免令众议院会议厅蒙羞；和布鲁克斯一样，鲁索把受害者打倒在地，直到他的手杖被打断为止；和布鲁克斯一样，鲁索身边的朋友阻绝了旁人的干涉，宣扬要进行一场"公平的战斗"，尽管在这点上鲁索超过了他杰出的前辈：劳伦斯·基特用一根手杖作为防御的武器，而鲁索的三个朋友都带着枪。³⁷

国会的反应与其在1856年事件中的处理如出一辙。和以前一样，众议院任命了一个委员会，而委员会做出了相异的决议，多数人建议驱逐鲁索，少数人则提出谴责。和以前一样，这份报告引发了一场杖击事件对国会影响的激烈辩论，温和派共和党人认为，鉴于格林内尔的侮辱太过尖锐，所以驱逐令就显得太过严厉。亨利·雷蒙德（纽约州共和党）称，在长期的争吵和霸凌历史中，众议院从未因暴力行为驱逐过任何人，他还列出了一份有过斗殴却保住国会席位的名单作为证据，其中就有普雷斯顿·布鲁克斯。詹姆斯·加菲尔德（James Garfield，俄亥俄州共和党）反驳说，布鲁克斯之所以幸免于驱逐，是"因为当时众议院有足够多的恶霸让他留住了席位"。在一个新时代的黎明，国会必须采取强有力的行动，"以表明任何人今后都不要寄希望于以恶霸之行来获取荣耀"。³⁸ 加菲尔德警告说，让鲁索还坐在那个席位上的话，他将被馈赠手杖。他是对的。和布鲁克斯一样，鲁索也受到了训斥，他辞去席位，收到了好几根手杖作为礼物（尽管只有几根），然后再次当选。³⁹ 在某些方面，几乎什么也没有改变。国会认可了受到规则约束的暴力，而一名暴力的国会议员则赢得了大众的好评。

但有些事情还是有变化的，在新闻媒体上体现得最为明显。一个南部人在国会大厦的围墙内杖击了一个北部人，而且攻击非常猛烈。但媒体的反应却并不热烈。在北部的报刊里，有些人痛骂"种植园礼仪"和"奴隶制精神"复活了，还有一些人夸口，在奴隶主权势离开后，国会是如何"重建"了它的礼节。在南部报刊上，有人则嘲笑格林内尔所谓的懦弱。[40]但报刊上几乎没有愤怒的表达，也没有可怕的预言。对菲尔德袭击的报道也较为缓和，其中有些报道不友好地提到"旧奴隶制系统中的鲍伊猎刀法则"，但仅此而已。[41]同样引人注目的是，北部对于那些北部非战斗者的支持较少，而格林内尔在北部因没有进行反击而受到贬低。[42]

战争造就了北部、南部和西部人民中的战斗人员，但区域间战斗的怒火不再以国会大厅为中心。南部白人在战争中失败了，在政治上又被剥夺了权力，但他们到了一个新的角斗场上发泄自己的怒气并且维护自己的控制权，对南部重建地区施加暴力统治，再次以恶霸之行获取权力，还利用恐怖主义和《黑人法典》来维护白人至上主义。[43]三K党就诞生于这一时期，它是一个在1865年成立于田纳西州的秘密治安维持组织，然后迅速蔓延到了整个南部。

并不是所有的南部白人都走上了这条路。一直都是异见者的亨利·怀斯在生命的最后几年里变成了共和党人，他意识到在他们的准则中存在和解的可能性。即便如此，他还是太固执了，不愿寻求自己的赦免（甚或承认他需要赦免），他仍然顽固守旧。他于1876年去世，直到人生终点他还在否认"西利－格雷夫斯案"的指控。[44]

在战争期间，弗伦奇当然变得更像一个好战分子。回顾1862年这过去一年所写的日记，他意识到了这种变化。"直到萨姆特堡战役时，我都还赞成让想要离开的南部人离开。我是为了和平。我害怕可怕的战争和血腥。"但是现在呢？一如既往，他把情感上的改变写入了诗文中：

> 如果他们仍然继续前进，
> 轻视友好的警告，
> 那么他们可能会导致，
> 内部满是战火！ ⁴⁵

这些歌词取材于1812年战争期间写的一首歌，这首歌本身能让人回想起美国独立战争，这些好战的词句表明弗伦奇有很大的转变。弗伦奇对弗兰克·皮尔斯的感情也有变化。1863年，弗伦奇听说皮尔斯在7月4日发表了一次演说，谴责林肯和战争，他觉得该把皮尔斯"交到叛变区域的分离主义者手上"。他的老朋友"已经令自己和所背负的姓名蒙羞。"⁴⁶

对弗伦奇而言，战争岁月意味着忙碌。作为公共建筑专员，他必须负责铁路轨道和桥梁的修建，以及监督国会山的扩建。担任专员一个月后，他惊讶地发现他也在监管"老国会山监狱"（Old Capitol Prison），这座监狱在国会山于1812年战争中被焚毁后曾被国会占用，如今用来关押战犯。弗伦奇作为一个接受行政任命的官员，几乎天天进出白宫，所以和林肯的关系越来越好。有一次，弗伦奇还送给林肯一双朋友织的袜子，每只袜子的底部都绣有南部邦联的旗帜，林肯被这双袜子给逗乐了。⁴⁷

随着华盛顿变得到处都是战争的迹象时，弗伦奇却渴望这座城市"再次成为一个平民生活的城市"，不过他也喜欢与驻扎在华盛顿及其周围的新英格兰士兵混在一起。这种感情也必然是双向的：马萨诸塞州第34团准备离开城镇前往火车站时，有两连的士兵为弗伦奇欢呼了三声。⁴⁸1865年4月，当南部邦联首都里士满沦陷时，专员弗伦奇将他的感受张贴在了国会山西门廊挂着的巨大布告牌上，让所有人都可以看得到。上面的题词——"那是上主的所行所为，在我们眼中神妙莫测"——宾夕法尼亚大道上的人都能清楚地看到。[49] 几天后，他与战争联合指挥委员会访问里士满，为胜利感到自豪。他请人在南部邦联总统杰斐逊·戴维斯的钢琴上演奏了《扬基蠢人》。[50]

弗伦奇在战争期间也享受到了些许个人的胜利果实。1862 年，他娶了他兄弟埃德蒙（Edmund）的小姨子玛丽·埃伦·布雷迪（Marry Ellen Brady）。玛丽比弗伦奇年轻 31 岁，她照料过弥留之际的贝丝，从而认识了弗伦奇，并且连续几个月为弗伦奇料理房屋。她高挑、庄重、温柔，为弗伦奇的生活带来了平静。[51] 到了 1862 年 4 月，弗伦奇已经感到没有她就活不下去。他们在 9 月 9 日结了婚，此后他也无须有这样的心态了。

第二次荣耀时刻发生在 1863 年 11 月 19 日，宾夕法尼亚州葛底斯

这张照片记录了 1863 年亚伯拉罕·林肯进行葛底斯堡演说那天，人群在讲台底下拥挤不堪的部分画面。可以看到林肯坐在左边，而弗伦奇站在他的右边。（国会图书馆提供）

堡那里有一场国民士兵公墓的落成典礼，弗伦奇协助当地人组织了这一活动。在几天前的一场策划会议上，弗伦奇得知亨利·沃兹沃思·朗费罗（Henry Wadsworth Longfellow）、约翰·格林利夫·惠蒂尔（John Greenleaf Whittier）和威廉·卡伦·布赖恩特（Wiliam Cullen Bryant）谢绝为这场活动撰写颂歌，于是他决定亲自上阵。第二天早上吃早饭时，他写了一首五节挽诗，结尾是祈求上帝"将人民的自由从坟墓中拯救出来"。52 见到这首挽诗在1万多名观众和政要面前被演唱，弗伦奇倍感自豪。他也为整场仪式所感动。在演说者爱德华·埃弗里特进行那场长达2小时的演说时（林肯接着又进行了一场持续3分钟的出色演说，272字，字字动人），弗伦奇就站在他的身旁，并回想起了一位离世已久的伟人所作的一场伟大演说。1834年，约翰·昆西·亚当斯为拉法耶特侯爵（Marquis de Lafayette）致悼词时，弗伦奇曾站在亚当斯身旁。弗伦奇认为，如果亚当斯今天也在这里，他的"内心一定会涌起爱国之情，这将鼓励他奋力寻求黑人种族的解放，此一宏愿如今即将实现"。53 弗伦奇在政治上的转变是深刻的。

弗伦奇在葛底斯堡的出现表明，他还是那个第一线的历史经历者，尤其是关于林肯的历史。1861年，弗伦奇主持了林肯的就职典礼，欢迎他来到华盛顿。而在林肯的第二次就职典礼上，弗伦奇可能救了林肯的命。正如弗伦奇向儿子解释的那般，当总统的游行队伍穿过圆形大厅时，一名男子从人群中跳出，跟在林肯的后面。弗伦奇立即下令警察逮捕这个闯入者，但此人坚称自己有权出现在那里，这让弗伦奇以为此人乃是新的国会成员，于是放他走了。此时，游行队伍也已经离开。后来约翰·威尔克斯·布斯（John Wilkes Booth）[1]的照片曝光后，震惊的弗伦奇确信他当时阻截的就是这名刺客。54

---

[1] 此人于1865年4月14日刺杀了林肯总统。——译者注

甚至林肯纪念堂都与弗伦奇有所关联。1920年，他的侄子丹尼尔·切斯特·弗伦奇（Daniel Chester French）——他的兄弟亨利的儿子——在纪念堂的中心雕刻了巨大的林肯像。（"丹尼尔是一位雕塑家。我真这么认为。"弗伦奇在看到他年轻侄子的早期作品后，在日记中如此写道。）[55] 对丹尼尔来说，弗伦奇则是"有专业鉴赏力的伯伯"。[56]

而弗伦奇经历的历史在1865年4月15日进入了高潮。那天早上，当他起床的时候，街灯还亮着，他走到街上时听到了夜里发生的可怕事件：林肯遭到枪击，国务卿威廉·苏厄德（William Seward）被砍倒，生命垂危。[57] 由于担心安全问题，弗伦奇立即着手关闭政府办公大楼，他首先关闭了国会大厦。然后他冲到林肯的床边。看到林肯已无法挽救，弗伦奇和玛丽·林肯在床边坐了一会儿，然后他去请了一些她的朋友来。接下来，他又赶紧跑去关闭了白宫。当林肯被带进白宫里面的时候，弗伦奇就在那里，他在林肯的身旁待了很久，注视着他的躯体——"四肢瘫着，却还有温度"——被放置在一块冷冰冰的木板上。然后，他开始安排林肯的葬礼。[58] 在国会山内大家需要穿上丧服，在圆形大厅里必须为林肯的灵柩修建一个灵柩台，而弗伦奇让他的儿子本杰明负责设计。[59]

弗伦奇是自安德鲁·杰克逊以来每位总统的密友，他很高兴安德鲁·约翰逊成为了总统，乐于见到"精力充沛的安德鲁"接替了"好人亚伯拉罕"。[60] 弗伦奇与约翰逊相交多年，可以追溯到约翰逊早年在国会任职时期。弗伦奇很喜欢约翰逊，部分原因是此人乃是一个活跃的共济会成员。在1866年的共济会仪式上，弗伦奇看到约翰逊穿着全套制服，他感到震惊：约翰逊是"我见过的第一个穿这样衣服的总统"。[61] 弗伦奇曾经不支持约翰逊被提名为副总统，也不同意他所有的观点，但在约翰逊与国会里的激进共和党之间的凶猛争论中，他认为那些激进派中的很多人应该成为批评的对象。[62]

其实，弗伦奇并不支持辩论中的任何一方，一如既往，他是个中庸温和之人。激进的共和党人有一套种族改革的平等主义计划，而约翰逊对此强烈反对，弗伦奇则处于两派之间的中立位置。他支持改善美国黑人的权利和生活，但他的支持并没有达到实现种族平等的地步，他还是认为白人更优越。他希望南部邦联为他们的罪行受到完全的惩罚，但受惩罚的对象只是那些拿起武器反对联邦的人；他担心重建政策会侵犯南部白人的宪法权利，或者用弗伦奇自己的话来说，怕他们受到"奴役"。[63] 尽管他仍然是坚定的共和党人，担心约翰逊会反对共和党的政策，但他并不支持所谓的共和党"极端主义"。[64]

在一个政治混乱和两极分化的时代，几乎不用说，弗伦奇的"和稀泥"作风是其垮台的原因。弗伦奇为约翰逊写了一首热情奔放的赞美诗，此事意味着他象征性地站在了辩论的一边。在其 66 岁高龄之时，弗伦奇仍然没有在发表作品上吸取教训。在这件事上，他一定程度上是受到了愚蠢的功利心的驱使。作为一名职业官员，他有充分的理由去讨好当权者，因此，他有为每一位总统书写颂诗的习惯，从杰克逊时代到格兰特时代都是如此。因而，他陷入了与共和党控制的国会之间的麻烦。

弗伦奇为约翰逊所作诗歌的标题清楚地点明了诗意："安德鲁·杰克逊和安德鲁·约翰逊"。一长串的对句将约翰逊称颂为"第二个安德鲁"，但即使依照弗伦奇的标准，这首诗歌也言过其实了。1866 年，他以单页印刷的形式出版了这首诗。八个月后，这令他失去了工作。1867 年 2 月，在一场关于众议院拨款法案的辩论中，公共建筑专员办公室被提到了，激进分子立即抓住机会，通过抨击弗伦奇来攻击约翰逊。他们嘲笑弗伦奇是"行政机构的桂冠诗人"，笑着大声朗读了他的诗作。威廉·凯利（宾夕法尼亚州共和党）夸口说，他曾当着弗伦奇的面嘲笑这首诗，并告诉弗伦奇，"有个流氓"在一首讨厌的诗歌上署了弗伦奇的名字。"他显得十分慌乱",凯利的述说引来会议厅的哄堂大笑。乔赛亚·格林内尔(艾奥瓦州共和党)接着又大声嘲笑了弗伦奇的第二首诗,其诗名为"地狱的高潮,脱离联邦",诗的形式而非主题很容易成为可供攻击的靶子。(它的开头句是"过来!过来![1]恶魔啊——'哈!哈!哈!哈!哈!哈!'")此诗描述的是,因服侍撒旦而受其喜爱的各色人物召开的撒旦委员会会议,其中人物有杰斐逊·戴维斯、亚历山大·斯蒂芬斯、威廉·朗兹·扬西等许多南部邦联成员。[65]此次事件的结局是弗伦奇丢了原职,而国会又给了他担任陆军总工程师的权力和职责。[66]

弗伦奇既羞又怒。"多么一份高尚的工作啊,效力于一个伟大国家的众议院!可怜谦虚的我,仅仅因为敢称赞安德鲁·约翰逊,就被冷落。"[67]尽管他恳求约翰逊进行干预,但总统无能为力(或者也不愿意这么做)。弗伦奇这样描述那些折磨他的人,"我真诚地希望他们下地狱,在那里永受诅咒","哦,我是多么鄙视和憎恨他们啊。我希望他们都不是共济会会员!"[68]这种咒骂对于弗伦奇而言是十分激烈的,他这次是认真的。随着时间的推移,他也越来越讨厌约翰逊。总统曾承诺给他找份工作,但从来没有这样做。[69]虽然弗伦奇本人可能没有意识到,但他的垮台也有正面的意义:他似乎终于吸取了教训。"我写了一些押韵诗来称赞格兰特,"他在1868年1月写道,"但我现在就不出版了。"[70]

一如既往,弗伦奇试图充分利用他起起伏伏的政治命运。他在放下政府的重担后也得到了解脱,于是开始着手自己的事务,希望通过一个像以前那样的索赔机构来养活自己,但他的合伙人是个甩手掌柜,

---

[1] 原文为"Hark! Hark! to the Fiend","Hark"一词常用来表示对猎犬的呼唤声。——译者注

导致他并没有多少生意。[71] 到了 1867 年底，他再次当选为共济会长老，这满足了他的自豪感，但无法填充他的钱包。[72] 因此，1868 年 2 月，他在财政部当起了小办事员，他感觉"自己像被鞭打的猎犬一样卑微，在担任了以前的那些职位后，现在却接受一个四流办事员的职位，这真是令自己极度蒙羞"！[73] 但他需要钱，所以他牺牲了自尊去工作。

从那时起，弗伦奇的生活中心就转移了。虽然他也关注当时的政治潮流，但他并没有参与其中。他在 1868 年格兰特获胜的总统竞选中没有发挥任何作用。他在 1868 年 11 月写道："我再也不用请求他或其他任何人的政治支持了，我的政治生涯已经结束了。"[74] 他的日记页面上越来越多地出现朋友和家人。1868 年 8 月撒迪厄斯·史蒂文斯去世时，很明显弗伦奇有了新的优先事项。弗伦奇很喜欢史蒂文斯，在其最近接受的审判中史蒂文斯一直忠于他。当看到史蒂文斯的尸体被抬入国会山时，弗伦奇渴望见他最后一次，但最终弗伦奇决定不去了。他有太多的事要忙。[75]

那天让他忙碌的一件事是为漫长的假期做准备。随着自己能掌控的时间越来越多，弗伦奇更频繁地前往北部。在 1868 年的旅行中，他了结了一段旧仇：他拜访了富兰克林·皮尔斯。这是弗伦奇自皮尔斯卸任总统以来第一次见到他。尽管皮尔斯躺在病榻上，但他立即示意弗伦奇进入他的卧室聊天。这是他们最后一次会面。一年多后，皮尔斯就去世了。"从富兰克林·皮尔斯年轻时到他最后一次离开华盛顿的那天，没有人比我更了解他了，"弗伦奇在听到皮尔斯去世的消息后沉思道，"他拥有令人性闪耀的诸多最佳品质。'De mortuis nil nisi bonum'（死者为大）。"[76]

弗伦奇明白自己生命的一章已经结束了。在 69 岁时，他开始盘点自己的生涯，依靠他的日记来填补记忆的空白。"对于那些能够与国家大事的洪流或者国家伟人因缘际会的人而言，每个人的责任都是要频繁而又忠实地撰写关于其所见所闻的日记,就像我一直所做的那样。"在翻阅着一生的思想、情感和经历时,他若有所思;看着自己所记录的事件时他感到愉悦,而发现自己遗漏了某事时他又会感到悲伤。[77]

弗伦奇去世时满身病痛,但他至死都表现得坚强和活跃。"我病了,"1870年7月31日,在经历了一周的胸痛和呼吸急促后他在日记中写道:"除非我的病情好转,否则我一定会很快放弃自己的生命。"[78] 弗伦奇的心脏和以强壮而出名的肺正在停止工作。九天后,他给身在波士顿的儿子弗兰克发了封电报,弗兰克第二天晚些时候就到了。弗兰克询问了父亲的状况,在自己的日记中记录了接下来几天发生的事,他注意到弗伦奇看起来又瘦又焦虑,但和他自己一样,一如既往地对一切充满好奇心。

8月11日上午,弗伦奇回复了点元气。他穿好衣服,吃完早餐后,建议玩克里比奇牌戏。他和弗兰克玩了好几轮,在获胜时"再次感到了惯常的热情"。弗伦奇告诉儿子,他自己有个计划。他打算卖掉房子,搬到北部,靠近弗兰克和他的家人。

但在上午11点,事情出现了变化。"痛苦再度袭来",弗伦奇说,但他向弗兰克保证这股痛劲儿很快会过去。但弗兰克却有更清醒的认识,于是跑去找医生。在接下来的14个小时里,弗伦奇遭受的痛苦十分剧烈,以至于楼下的路人都能听到他的呻吟声。8月12日星期五,凌晨1点,他去世了,离他70岁的生日只有几日之遥。在一封匆忙写给妻子的便签中弗伦奇这样写道:"告诉孩子们,让他们知道我对我圈子中的所有人都怀有美好的情感。"[79] 弗伦奇日记里的最后的话语是对圈子中各个成员的致敬。他接着又动笔写道:"弗伦奇太太走过来,说我不能再写信了,我听从了她。"[80]

那天夜里,大量共济会成员来到弗伦奇家,计划举行一场完备的共济会葬礼。虽然弗兰克最初被这场骚乱所困扰,但后来发现自己被他们的关怀和热心所感动,他的父亲在过去五十年里也为那些亲眼目睹的葬礼所感动,这是吸引他加入这个兄弟会的原因。两天后,也就是 8 月 14 日星期日,共济会的游行开始了。人们在弗伦奇的客厅举行了一段简短的仪式,国会山也派人送来一个令人印象深刻的花圈,仪式完毕后弗伦奇的遗体被抬到附近的教堂,葬礼在那里举行。盛大的仪式中也会出现些许失误,这时弗伦奇的小姨子莎丽塔·布雷迪(Sarita Brady)尤其期望弗伦奇能跳起来"拨乱反正"。仪式结束后,游行队伍沿着宾夕法尼亚大道前往国会公墓,海军乐队和共济会带领队伍,专门经过了 B.B. 弗伦奇在华盛顿特区的 15 号住所,以表达敬意。据莎丽塔所言,群众站在街道两旁,形成的"人墙密不透风"。"从林肯(下葬)那天起,就再没有出现这样规模的葬礼了。"[81] 当弗伦奇的棺材经过国会山时,哥伦比亚消防公司(Columbia Fire Company)的钟声开始鸣响。弗伦奇曾游说国会出资重建被烧毁的消防站,该消防公司为感谢他,授予他为公司的荣誉成员——这是他一生中履行的无数公民服务之一。[82]

黄昏时分,游行队伍到达了墓地,弗伦奇被安葬在贝丝旁边,共济会唱诗班的悲伤旋律为仪式进行伴奏,身穿全套制服的共济会成员们用烛光照亮了此地。莎丽塔觉得,这一幕"美得难以形容"。[83] 十天后,共济会举行了一场正式的感伤会向弗伦奇表示敬意,很多与会成员来自于宾夕法尼亚州、马里兰州、弗吉尼亚州和特区。最终有 1500 多人参加了这场仪式。[84]

从他在新罕布什尔州漫无目的的青年时代开始,弗伦奇走了很长的一段路。在大部分的人生时光中他都活在权力的走廊里,他是了解内幕人士中的权威者,他是与众多国会议员打过交道的总统密友。一度,他甚至在全国性的新闻媒体上也维持着一定的曝光度。他在共济会中获得了至高的荣誉,成为最高级别的全国领袖。他的死讯占据了

《纽约时报》的头版头条。[85]

可从那以后，弗伦奇几乎完全被遗忘了，也许这是有一定道理的。虽然他生活在这个国家的统治精英中，但他自己几乎没有权力。他是出类拔萃的幕后之人，是让事情顺利进展的人，他集发起人、组织者和推广人这些身份于一身。但这样的人却不经常见于史书，弗伦奇自己也深知这一点。这也是他重视自己的日记的众多原因之一。他担心，子孙后代们只会看到公共文献中出现的东西。日记传递了不同的真相。日记中充满了生活的琐事，捕捉到了人类过往的现实、普通人的寻常往事和日常生活，这些构成了一个时代的骨干。正如贴在他日记里的剪报所言：一本日记"是过去遥远时光的灵魂"。[86]

那么国会呢？它真正的历史会怎么留存下来呢？弗伦奇对此颇有疑虑。在他去世前几个月，他在特区古老居民协会（Association of Oldest Inhabitants of the District）的一次演讲中提到了这个主题，该协会在几年前就曾欢迎他加入他们的行列。弗伦奇提到了"老国会山监狱"，担心真相会被遗忘。未来的"浪漫主义者"会以牺牲监狱的现实和真相为代价，夸张地讲述监狱的恐怖故事。"我现在预测，迟早有一天，多彩却紊乱的想象力……会制造一出'老国会山的神话'，能令最红润的脸颊都吓得惨白，让午夜的黑暗可怕异常。"[87]他特意强调，他知道自己在说什么。在遥远的将来，有人将会读到他的演说，并宣称他为预言家。

弗伦奇谈到了历史的建构，他确实是个预言家；他知道在时间的推移中，过去的事件将被剥去细节，令真相被掩埋。对于国会，后代们忽视了它丑陋的暗流，将它的历史想象成伟大之人商议伟大议题的历程，填满其中的都是伟大的言论，却没有沾满烟草星子的地毯的一丝痕迹。弗伦奇则更喜欢光与暗交织在一起的历史：烛光下的夜间会议景象庄严，但是那里挤满了眼睛朦胧、脾气暴躁、不刮胡子的国会议员们。

1856年，他试图写一本回忆录，将他的想法付诸实践。回忆录旗帜鲜明地以几行诗为开头，尽管并非弗伦奇自己所作。他引用了罗伯特·伯恩斯（Robert Burns）的诗句：

> 它的主题将何去何从？
> 就让岁月和机缘来决定吧！
> 它也许是歌，
> 也许是启示。[88]

最终的结果既是歌也是启示。弗伦奇称赞了过去的伟人，但也不忘详细描述众议院中的怒火和咆哮，还有一些因争斗和决斗导致的死亡。就像他自己说的那样，"我目睹了这一切"。[89]

弗伦奇知道后代们有时会忘记曾经的事情：国会充满着斑驳交错的故事，值得讲述。对它的审判就是对整个国家的审判。而引爆它的事件将是引爆整个国家的事件。它的力量和成绩是合众国纽带是否强韧的根本证明。它的缺陷揭示了国家统治过程背后的人性现实。而它的失败则是致命的提示，警示人们最强大的国家也会陨落。

但承担失败的责任并不能单单落在国会上，作为一个代表机构，美国国会体现着那个时代整体的情绪。当国家两极分化，公民的共性逐渐变小时，国会会将变化的映像反映给美国人民。互谅互让的政治审议将会失效，在其影响下，指控、人身攻击，乃至暴力将会接连发生。国家政党将会分裂，对国会机构的信任将会减退，对各种国家机构的信任，甚或美国人彼此之间的信任，也都会减退。[90]在这种时候，他们被迫考虑他们的国家是什么样的，它应该是什么样的。国家在此关键时刻，人民的分支失败的意义确实深远。

弗伦奇在他的国会生涯中经历过多次信心丧失的时刻。一如既往，当时的国会是那个时代的晴雨表，它分裂而又暴力。他看到了钳口律未能扼杀关于奴隶制的辩论；看到了民主党未能实现他预想的政党承诺；看到了北部人未能制服奴隶主的权力。然而，尽管国会有缺陷，但弗伦奇仍对它怀有很高的期望。他相信它可以通过谈判达成全国性妥协。当它失败时，他有了一个可以观察灾难性后果的前排座位。

前排的座位表明，国会是，而且一直是个非常人性化的机构。弗伦奇笔下的国会有缺陷，总是爆发出喧嚣声，逗人发笑，偶尔不太稳定，经常不可预料，有时很危险。这是一处满是冲突、激情和妥协的场所，是一处由泥浆和砖块制成的符号。弗伦奇在这座大楼的通道中徘徊了几十年，有时很高兴，有时不高兴，他总是希望参众两院内的利益冲突所能解决的问题比它造成的问题更多。有时它确实能够如此。但更

1861年华盛顿的这幅景观，采取了和本书第24页的插图相同的视角，显示了城市在弗伦奇抵达后的28年里巨大的发展。宾夕法尼亚大道在左边。源自弗伦奇为他儿子弗兰克制作的相册。（国会图书馆提供）

多的时候，它却不是这样。不管怎样，或好或坏，弗伦奇都把国会视为这个国家跳动的心脏。

1869年，也就是在他来到华盛顿、怀着惊奇和忧虑的心情首次凝望国会山的36年后，他写了一首诗来纪念他对国会山和国会的感想和期望。这可以算是一首颂诗，满是对苦难的同理感伤，但能带给人慰藉与解脱。诗题名为《一处幻境》，开头部分描述了弗伦奇从家中窗户所望见的国会山："宏伟的老建筑，配着庄严的圆顶／在高空中赫然耸现。"对弗伦奇而言，这座建筑的意义远不止于此，在国会山的墙壁内度过人生中的如斯光阴后，他这样说。他觉得国会山好像是"我的住所，我的家"。[91]

这首作品的主要内容是诗歌主角在这栋建筑里漫步时所见到的幻象，当时是一个——真正的——夜黑风高的夜晚。当他穿过地下室时，一道霹雳震倒了他，他在毫无知觉的状态中看见一群人——有华盛顿、汉密尔顿、富兰克林、亚当斯、杰伊等数百人：站在他面前的是那些赋予了合众国生命的人。他们一起为内战的结束表达了谢意。再也不会有"叛乱者的手／袭向共和国的生命"。国会山将永远成为合众国的家。这则预言带给弗伦奇的情感力量蕴含在这首诗的最后几行中：

> 当我活着的时候，
> 对在天空之上进行统治的伟大力量啊，
> 我的谢意陡然而生，我坚信，
> 我的国家不会灭亡！

我的国家不会灭亡：这是个惊人的想法，在内战之前无法想象。在经历了与南部大规模的刀兵相见后，北部取得了胜利，不再受到霸凌，而联邦得以重新组建。尽管整个国家及其政治继续充满暴力和冲突，但是新的一天即将到来。

所以弗伦奇相信"我的国家不会灭亡"。他在写完这首诗一个月后将它发表，他感到自己必须这么做：向世界宣告他的政治见解，直到自己临终的那一天。那天，弗伦奇平静地离开人世，而合众国幸存了下来。

附录 A

关于用词的解释：
党派缩写和地区忠诚

在这样一个政治不稳定的时期，给政党标签进行分类乃是一项挑战。数个政党在19世纪30至50年代里，有时是在几次选举期间来来去去、起起落落。甚至连所谓的政党制度也会起伏不定。鉴于这个名册不断变化，所以本书以某位政客在特定时期对特定团体的忠贞来区分其派别，依据的基础是《美国国会的传记名录》（bioguide.congress.gov）和《国会官员名册及其人物经历》（ICPSR 7803），不过略作保留。这两种材料来源都不完全与政党分类相一致；两者有时都会弄错国会议员变换门庭的时间。《美国国会的传记名录》和《国会官员名册及其人物经历》上的不同记述都有史料作为证据。各个党派的缩写请参见下文。

以正确的言辞来描述议员对地方的忠诚相对而言简单不少，不过该时期国家的积极扩张却使问题复杂化了。当时的人们经常把西部人分为两类："南部出生的西部人"和"北部出生的西部人"——这清楚地表明了那个时期普遍存在着一种意识，自由的北部和蓄奴的南部相互间争斗不息。我在各种情况下都使用过这些名称；而有时候，我只指"西部人"；还有些时候，"南部"或"北部"的分类方式就囊括了西部在内。就像政党一样，在确定某人对何地区效忠时，我会根据地点、时间和环境来探求真相，还会根据他们发言时的措辞。

A——American Party——美国人党

AJ——Anti-Jacksonian Party——反杰克逊派

D——Democratic Party——民主党

FS——Free Soil Party——自由土地党

ID——Independent Democratic Party——独立民主党

J——Jacksonian Party——杰克逊派

KN——Know Nothing Party——一无所知党

L——Liberty Party——自由党

N——Nullifier——赞同州有权拒绝执行联邦法令者

O——Opposition Party——反对党

R——Republican Party——共和党

SRD——State's Rights Democrat——州权党

UU——Unconditional Unionist——绝对联邦主义者

W——Whig Party——辉格党

附录 B

研究方法札记：
建构争斗和解构情感

本书关于争斗的大部分核心内容藏匿于公共记录的字里行间，或者偶见于私人的通信和日记之中。找寻和证实这些内容就引发了关于证据可信度的有趣问题。当然，历史的技艺在于寻找、解释和评价长期不为人所知的事物，这并非新鲜事。但从拟定写作计划开始，我所披露的大量国会暴力事件就引发了一个明显问题：我如何寻到并且证实一个被有意禁制的故事片段？

发现这个故事是带有很强偶然性的。我在思考我的第一本书——《荣誉事务：新共和国国家政治》(Affairs of Honor: National Politics in the New Republic) 时，对 18 世纪 90 年代后的荣誉文化的命运产生了兴趣，我研究了几十年后的一起政治荣誉纠纷事件——1838 年西利 - 格雷夫斯决斗，想借此理解语气或逻辑的转变。我从西利的缅因州同事、众议员约翰·费尔菲尔德的信件开始这项工作。幸运的是，费尔菲尔德经常给他的妻子写信，有时甚至可以达到每天一封的程度，他在很多信件里都提到了国会的暴力。国会议员们卷起袖子就是一拳，拳打脚踢十分常见。亨利·怀斯就是亨利·怀斯，他经常那么行事，精力十足。（费尔菲尔德把他描述为"一吃过东西就会打架的人之一"。[1]）出于好奇，我开始研究其他国会议员的信件。在国会图书馆进行的三个月的研究中，我在打开每位国会议员的文集时都会发现至少一场争斗或冲突。显然，这是个值得讲述的故事。

个人信件和日记是重要的切入点。它们不仅显露出国会内的冲突，而且还涉及了细节：冲突的原因，发言时的语气和情绪，冲突对个人和政治的影响。一些国会议员也会坦诚地提到自己对于一场冲突的感受，这种感受通常是出现在写给妻子的信中。这些个人的见解对于试图理解一个人或一个机构的文化是无价的。注意过去的行为模式是一回事，而理解人们如何理解和体验这些行为模式则是另一回事。

但正是赋予了这种证据价值（其主观性）的事物也带来了挑战。我怎么判断它的真实性呢？费尔菲尔德故意编造了一个故事来逗乐自己的老婆吗？（我确实有这个想法。）他是在渲染还是在淡化发生的事情？个人信件和日记还存在片断性的问题。它们只是自己与另一个人或与自己对话的部分再现——其含义的解读需要依赖语境和背景。"据说，弗里蒙特'打算'在这里挑战图姆斯"，这是一个让我心痒难耐的证据，尤其是它附加在一封信上，（出自亨利·怀斯！）是信末附言中一段有趣的八卦。但它本身意义不大。多年后，我在一些写给《纽约晚间邮报》（New-York Evening Post）的编辑约翰·比奇洛（John Bigelow）的信中偶然发现了这则附言的背景故事。俄亥俄州国会议员蒂莫西·戴（Timothy Day）在给比奇洛的信中敦促他去说服著名探险家和共和党人约翰·C. 弗里蒙特向图姆斯发出挑战，要求进行一场决斗。图姆斯之前侮辱了弗里蒙特，后者正在决定如何进行回应。这将会是"弗里蒙特的成功因素，"戴坚持说，"他如果逃避则会丧失荣誉。"他不能听格里利（Greeley）这样的傻瓜或者听比彻（Beecher）这样虔诚的人的话。大众喜爱一个勇敢的人。[2] 戴看重的是群众，因为弗里蒙特刚刚在1856年的总统选举中失利，他没有得到蓄奴州的支持。决斗者在南部很吃得开，戴是在考虑弗里蒙特的未来。弗里蒙特和图姆斯的事件（似乎已经破裂）与选举政治联系在了一起。

考虑到我证据的主观性、不完整性和大海捞针的偶然性，我不得不更进一步深入研究。《国会世界》是我的下一步。支撑起这本著作内容的大多数冲突事件在《国会世界》上都没有详细描述。这些事件在《国会世界》中往往被掩饰为"突然的骚动"或"不愉快的个人讨论"。考虑到《国会世界》巨大的体量——每届国会都会产生大约6000页索引不明的内容，每页大概有三栏，字都密密麻麻的——就会很容易明白暴力是如何在暗中进行的。你必须清楚你要去寻找这样的证据，你需要发掘证据，而你想要的很多证据都不存在。

我对信件和日记的研究解决了这个问题。当我将材料中搜集而来的日期与姓名和《国会世界》进行交叉比对时，我发现平淡的表象下隐藏着"不愉快的个人冲突"。我还发现该如何在《国会世界》中寻找到冲突，这很有必要，因为文本体量巨大。在冗长的演讲中间经常穿插着偶然的快速交流：就一句话。一个非常简短的回答。同样简短的反驳。经证明，部分交流意味着冲突的发生。随着时间的推移，我越来越擅长瞬间发现有关冲突的证据，我在巴黎博物馆浏览19世纪中期法国议会的记录时就迅速发现了一个；当我将文本翻译出时，发现里面的确充满着谩骂。

这样的搜寻让我明白了国会的记录是可以用于研究历史的文献。历史学家并不经常用文化研究的视角挖掘《国会世界》或《国家情报》。他们用这些文献来梳理具体辩论的细节，判断政治事务和个人的政治活动，溯清国家政治的进程，研究国会制度的运作。但就像国会的暴力活动一样，国会的文化亦藏匿在直白的表象之后。什么样的话会招致异议？什么样的行动会引起抗议？国会议员们是如何在演讲和投票之间相互交谈的？他们交谈的语气是什么，这又有什么变化？他们是如何讨论他们的选民的？新闻媒体呢？个别记者为何被提及，又是在什么样的情况下和方式下被提及？什么样的媒体报道会让国会议员们感到不安？什么又让他们高兴不已？他们是如何与编辑和记者互动的？所有这些以及更多的内容都藏匿在《国会世界》中，揭示了战前国会的特性，以及国会中的习惯、进展和情绪，为了解那个时期的政治文化提供了一扇窗口。

报纸也提供了关于国会文化的类似材料，但有重要的不同。鉴于政治媒体辣评风格的兴起（以及奴隶制危机的爆发），报纸上出现了越来越多的私人交流和人身攻击的材料。更好的是，有时报纸上还载有编辑权衡事件利弊的评论。还有时，报纸甚至会做出自我评判。但我该如何评估它们的真实性呢？媒体上报道的事件不止一次被国会明确否认。真的像《南部阿古斯报》（*Southern Argus*）所言，约翰·赖特（John Wright，田纳西州民主党）在1858年3月踹了约翰·"鲍伊猎刀"·波特（威斯康星州共和党）吗？（《南部阿古斯报》声称，赖特"非常敏捷地运用了腿部"。）在众议院，波特亲自进行了解释，对此矢口否认。那么它发生了吗？[3] 我并不知道。

这就是我的研究步骤，三个步骤就如同三角体一样。在大多数情况下，这本书中的事件至少出现在下列三种主要材料中的两种之中：报纸、国会记录、个人信件和日记；或者该事件在一种材料中被广泛地记载。（基于此，赖特－波特的踹人事件并没有被采用。）

当探究过去历史中的情感时，举证责任变得特别具有挑战性。你该如何证明一种情感的存在呢？你该如何在其时代的背景下探索它？你该如何评估其影响？你是如何将这种影响融入到历史叙事中来的呢？这是我在写本书时最大的挑战之一。情感让国会中的欺凌和暴力行为充满力量。屈辱、恐惧、羞耻、颜面丧尽：当这些情绪暴露在同事、朋友、选民和更广泛的公众面前时，会让一个人撕心裂肺。对于国会议员们来说尤其如此，他们的生计以他们的声誉为基础，他们的荣誉与他们所代表的所有人的荣誉联系在一起。情绪也具有传染性，通过媒体在国家中心和公众之间传播，它既是事件的产物，也是事件的原因。当时和现在一样，强烈的情绪对人民的分支具有塑造作用，或者说对政治整体具有塑造作用。

但它们并不是唯一的塑造因素。20世纪中期的修正主义历史学家提出过类似的观点，认为内战是由战前政治"澎湃的情感"引起的，并将这些情绪归咎于"那一代笨拙的"政治家和政客们。[4]但这本书所主张的观点有所不同。情感只是这本书中讲述故事的一部分。个人的权利遭到侵犯而致此人丢尽颜面，这确实会引发强烈而深刻的连锁情绪反应。但情绪反应并没有导致战争，只构成了当时区域冲突的背景，为国家情感和区域忠诚之间日益增长的裂痕带来了人性方面深刻的影响，从而产生了政治后果。弗伦奇和他同时代的人并不是因为盲目的情感而陷入内战的。但是，强烈的情感凸显并塑造了区域冲突，削弱了将合众国凝聚为一的信任纽带。

这已经不是我第一次在自己的学术研究中以情感为透镜了。在《荣誉事务》这本书中，情感是梳理18世纪90年代国家中心政治文化规范的重要材料来源。[5]但在本书中，情绪不仅仅是工具，而是这个故事的一个基本组成部分，揭示了国家立法者之间失和的情感逻辑，或者更确切地说，是联邦分裂的情感逻辑，是这个被撕成两半的国家谋划政治出路的痛苦经历。分裂是一种政治状态。退出联邦则是达到这种状态的切实体验，而对情感变化的深入研究有助于讲述这个故事。

本杰明·布朗·弗伦奇是我寻找有关史料证据的重要起点。找到一个能够见证我所讲述故事的人，其价值无可比拟。而找到一个如此乐意在纸上表达自己的想法和感情的目击者是幸运的。当然，一个人对事件的经历并不具有代表性，但它具有很强的独特性，足以显示因时间推移而产生的变化对个人的影响。对因时间推移而变化的生活现实进行感知需要双重视角，要将对偶发事件的感觉与事后产生的信息结合起来。弗伦奇在他的作品中所描述的感受有助于我以此视角进行研究。将情感的研究合理地融入过去历史的背景中，超越单一的轶闻趣事，将能显示人们在特定的时空中对事件做出的反应，提供他们如何理解和体验这些事件的洞察。[6]特别是，在研究一个处于内战阴影下的历史时期时，情感的即时性和力量对于理解人们如何感知偶发性事件而言意义非凡，而人们对偶发性事件的感知则塑造了当时人们所经历的重大事件。

尽管国会议员们以分裂相要挟，对分裂感到恐惧，有时也会期待分裂，但他们并不认为战争是不可避免的。他们尽力发挥自己的作用。而当时的偶然事件点燃了他们的情绪。[内战前（antebellum）这个术语——字面意思是"战前"——仅仅因为这个原因就很有问题，尽管如果没有这个术语就很难讨论19世纪30年代、40年代和50年代的美国历史。]为了充分掌握他们决策的逻辑，我们需要了解他们的演变过程。我们需要理解他们所经历事件的发展情况。[7]我们需要进入一个正在迈向内战的国家，这个国家正在走上一条漫长而曲折的道路，而没有明确的目的地。

注 释

缩写词

BBFFP　Benjamin Brown French Family Papers, Library of Congress（本杰明·布朗·弗伦奇家族文集，国会图书馆）

DOP　David Outlaw Papers, UNC（大卫·奥特洛文集，北卡罗来纳大学）

GPO　Government Printing Office（政府复印局）

JER　Journal of the Early Republic（早期共和国期刊）

LC　Library of Congress（国会图书馆）

LSU　Louisiana State University（路易斯安娜州立大学）

MHS　Massachusetts Historical Society（马萨诸塞州历史协会）

NHHS　New Hampshire Historical Society（新罕布什尔州历史协会）

NYPL　New York Public Library（纽约公共图书馆）

NYT　The New York Times（纽约时报）

UNC　University of North Carolina（北卡罗来纳大学）

UVA　University of Virginia（弗吉尼亚大学）

作者前言

1. Tim Alberta, "John Boehner Unchained," *Politico*, November/December 2017, www.politico.com/magazine/story/2017/10/29/john-boehner-trump-house-republican-party-retirement-profile-feature-215741; Jacqueline Thomsen, "GOP Lawmaker Once Held a Knife to Boehner's Throat," *The Hill*, October 29, 2017, thehill.com/blogs/in-

the-know/in-the-know/357743-gop-lawmaker-once-held-a-knife-to-boehners-throat; Martha Brant, "The Alaskan Assault," *Newsweek*, October 1, 1995, www.newsweek.com/alaskan-assault-184084. Accessed on December 14, 2017. For video of Young twisting the arm of a staffer who tried to keep him from entering a room, see www.youtube.com/watch?v=VmSXqn2xxS4.

2. 关于19世纪50年代政治体系崩溃下势不可挡的文化与政治影响，参见 John L. Brooke, "Party, Nation, and Cultural Rupture: The Crisis of the American Civil War," 载于 *Practicing Democracy: Popular Politics in the United States from the Constitution to the Civil War*, eds. Daniel Pearl and Adam I. P. Smith (Charlottesville: UVA Press, 2015). 塞林格（Selinger）认为长期固定的两党制系统能够替代暴力。参见 Jeffrey S. Selinger, *Embracing Dissent: Political Violence and Party Development in the United States* (Philadelphia: University of Pennsylvania, 2016).

3. 这本书里的时间开始于19世纪30年代，因为那10年间暴力情绪处于上升状态。国会的记录可以支持这一观察；在1789年至1956年所记录的不礼貌行为中有40%发生在1831年至1860年这个时间段。参见 Eric M. Uslaner, *The Decline of Comity in Congress*, (Ann Arbor: University of Michigan, 1993), 40. 这种转变部分是因为第二政党体系的分崩离析，部分是因为持续不断的奴隶制危机，部分是由于新闻出版物数量的上升，以及传播范围的扩张。对《国会世界》和国会成员通信的仔细分析显示出，在那10年中，人们对新闻媒体的曝光和影响力的兴趣逐渐上升。也请注意：*Register of Debates in Congress* 起始于1824年；*Congressional Globe* 起始于1833年；*Annals of Congress* 起始于1834年。Mildred L. Amer, "The Congressional Record: Content, History and Issues," January 14, 1993, CRS Report for Congress (93–60 GOV). 如果想要了解19世纪30年代和40年代新闻报刊数量的激增，参见 Judith R. Blau and Cheryl Elman, "The Institutionalization of U.S. Political Parties: Patronage Newspapers," *Sociological Inquiry* (Fall 2002): 576–99, 图片在第590页。

4. 这种现象有时被称为"芬诺悖论"（Fenno's Paradox）。参见 Richard F. Fenno, "If, as Ralph Nader Says, Congress Is the 'Broken Branch,' How Come We Love Our Congressmen So Much?," 载于 *Congress in Change: Evolution and Reform*, ed. Norman J. Ornstein (New York: Praeger, 1979); idem., *Home Style: House Members in Their Districts* (Boston: Little, Brown, 1978).

5. 对于政府功能的常规信任的重要性，参见 Josh Chafetz, *Congress's Constitution: Legislative Authority and the Separation of Powers* (New Haven: Yale University Press, 2017), 特别是第一章。

6. 关于"排他性国族主义"（exclusionary nationalism）相互竞争的思想，参见 Michael E. Woods, "What Twenty-First Century Historians Have Said about the Causes of Disunion: A Civil War Sesquicentennial Review of the Recent Literature," *JAH* (September 2012): 415–39; quote at 427; Robert E. Bonner, *Mastering America: Southern Slaveholders and the Crisis of American Nationhood* (New York: Cambridge University Press, 2009). 邦纳（Bonner）注意到南部人在涉及奴隶制和国族主义方面时是忠于国族价值观的；自建国以来，奴隶制就被融入到美国的国族认同中。关于美国主义、非美国主义和对美国民主的矛盾观点，参见 Shearer Davis Bowman, *At the Precipice: Americans North and South during the Secession Crisis* (Chapel Hill: UNC Press, 2010); Sean Wilentz, *The Rise of American Democracy: Jefferson to Lincoln* (New York: Norton, 2005)。

7. 关于1874年的备忘录，参见上述引文中西蒙·卡梅伦（Simon Cameron）的论文。这三人写声明可能是由于最近一项促进黑人民权的法案的失败。在最终的计票结果中，79名参议员中只有45人投票；钱德勒和卡梅伦都没有投票，因为他们的选民希望他们投反对票。William Gillette, *Retreat from Reconstruction, 1869–1879* (Baton Rouge: LSU Press, 1982), 193–94, 204–207; *Journal of the Senate of the USA*, 43rd Cong., 1st Sess., May 22, 1874, vol. 69, 605–609.

8. 这三人各自在机密文件上放了一份声明，供将来阅读。关于这份声明的引用，参见 Albert T. Vollweiler, "The Nature of Life in Congress (1850–1861)," *Quarterly Journal of the University of North Dakota 6:1* (October 1915), 145–58; Wilmer C. Harris, *The Public Life of Zachariah Chandler, 1851–1875* (Lansing: Michigan Historical Publications, 1917), 48; Lately Thomas, *The First President Johnson: The Three Lives of the Seventeenth President of the United States of America* (New York: William Morrow, 1968), 126; William Parker, *The Life and Public Services of Justin Smith Morrill* (Boston: Houghton Mifflin, 1924), 92; Albert Gallatin Riddle, *Life of Benjamin Franklin Wade* (Cleveland: Williams, 1888), 250–51; Arthur Tappan Pierson, *Zachariah Chandler: An Outline Sketch of His Life and Public Services* (Detroit: Post and Tribune, 1880), 146; Hans L. Trefousse, *The Radical Republicans: Lincoln's*

Vanguard for Racial Justice (New York: Knopf, 1969), 116–17; Eric Foner, *Free Soil, Free Labor, Free Men: The Ideology of the Republican Party Before the Civil War* (New York: Oxford University Press, 1995), 146.

9. 尤其可以参见 Norman Ornstein and Thomas E. Mann, *The Broken Branch: How Congress Is Failing America and How to Get It Back on Track* (New York: Oxford University Press, 2008), 这本著作认为国会议员本身拒绝遵守规范, 并且缺乏对国会制度的尊重, 这种现象可以追溯到20世纪90年代——包括监督的消失、对改革的冷漠、制度认同的弱化、对行政保密的宽容, 以及所谓的核方案, 这些都导致了国会的衰落。也可参见 Juliet Eilperin, *Fight Club Politics: How Partisanship Is Poisoning the House of Representatives* (New York: Rowman & Littlefield, 2006); Burdett A. Loomis, ed., *Esteemed Colleagues: Civility and Deliberation in the U.S. Senate* (Washington, D.C.: Brookings Institution, 2000); Sunil Ahuja, *Congress Behaving Badly: The Rise of Partisanship and Incivility and the Death of Public Trust* (Westport, Conn.: Praeger, 2008); Uslaner, *Decline of Comity in Congress*.

导言

1. Charles Dickens, *American Notes for General Circulation*, 2 vols. (London: Chapman and Hall, 1842), 1:272.
2. 同上, 1:294–95. 关于狄更斯在议会大厅的荣誉座位, 参见 French, diary entry, March 13, 1842, eds. Donald B. Cole and John J. McDonough, *Witness to the Young Republic: A Yankee's Journal, 1828–1870* (Hanover, N.H.: University Press of New England, 1989), 138.
3. 关于吐烟草星子的评论——这样的例子有很多 (尤其是很多英国人有这样的评论) ——参见 N. A. Woods, *The Prince of Wales in Canada and the United States* (London: Bradbury & Evans, 1861), 342; Frederick Marryat, *A Diary in America: With Remarks on Its Institutions* (New York: William H. Colyer, 1839), 91; Adam Hodgson, *Remarks During a Journey Through North America in the Years 1819, 1820, and 1821*, 91; Rubio [Thomas Horton James], *Ramble in the United States and Canada During the Year 1845, With a Short Account of Oregon* (London: Samuel Clarke, 1846), 117; Frances Trollope, *Domestic Manners of the Americans*, 30–31; William Howard

Russell, *My Diary North and South* (New York: Harper & Brothers, 1863), 144–45; George Combe, *Notes on the United States of North America, During a Phrenological Visit in 1838–39–40*, 2 vols. (Edinburgh: Maclachlan, Stewart, 1841), 2:95. 也可以参见 Ella Dzelzainis, "Dickins, Democracy, and Spit," 载于 *The American Experiment and the Idea of Democracy in British Culture, 1776–1914*, eds. Ella Dzelzainis and Ruth Livesey (London: Routledge, 2013), 45–60.

4. Christian F. Eckloff, *Memoirs of a Senate Page, 1855–1859* (New York: Broadway Publishing Company, 1909), 19–20. 也可参见 Grace Greenwood, *Greenwood Leaves: A Collection of Sketches and Letters* (Boston: Ticknor, Reed, and Fields, 1852), 307.

5. 1871 年，众议院有 148 个痰盂，参议院有 43 个痰盂。"Inventory of Public Property. Letter From the Architect of the United States Capitol," December 18, 1871 (Washington: GPO, 1871), 6, 18.

6. David Outlaw to Emily Outlaw, May 28, 1850, DOP.

7. David Outlaw to Emily Outlaw, February 20, 1848, DOP.

8. Benjamin Brown French to Harriette French, January 31, 1839, BBFFP. 也可参见 William Cabell Rives to his wife, June 2, 1838, William Cabell Rives Papers, LC.

9. David Grimsted, *American Mobbing, 1828–1861: Toward the Civil War* (New York: Oxford University Press, 1998), 4.

10. 关于暴力和第二政党体系之间关联的观察，参见 Mark E. Neely, Jr., "Apotheosis of a Ruffian: The Murder of Bill Pool and American Political Culture," 载于 *A Political Nation: New Directions in Mid-Nineteenth Century American Political History*, ed. Gary W. Gallagher and Rachel A. Shelden (Charlottesville: UVA Press, 2012), 36–63.

11. "子弹丑男"（Plug Uglies）是巴尔的摩的一个帮派，他们和华盛顿的"大块头"（Chunkers）与"罪犯流氓"（Rip-Raps）一起掀起了暴乱；在市长的敦促下，布坎南总统派出了海军陆战队。[Baltimore] *Sun*, June 2 and 5, 1857; Constance McLaughlin Green, *Washington: Village and Capital, 1800–1878*, 2 vols. (Princeton, N.J.: Princeton University Press, 1962), 1:216–17. 也请参见同上，159–61, 215; French, diary entry, June 9, 1857, BBFFP. 1858 年，参见 French, diary entry, June 13, 1858, *Witness*, 293.

12. *New York Daily Times*, January 13, 1857.

13. *NYT,* March 20, April 2, 1858. 关于缅因州立法机构的混战，参见 *Charleston*

Mercury, March 10, 1841, 报纸称这次混战 "几乎和国会的情况一样糟糕"。

14. Ted R. Worley, "The Control of the Real Estate Bank of the State of Arkansas, 1836–1855," *Mississippi Valley Historical Review* 37:3 (December 1950): 403–26, 410–11; Jeannie M. Whayne, Thomas A. Deblack, George Saba III, Morris S. Arnold, *Arkansas: A Narrative History* (Fayetteville: University of Arkansas, 2002), 113.

15. 鉴于南北战争前关于国会暴力规模认知的缺乏，暴力的模式很少被理解，大多数的研究聚焦于杖击萨姆纳事件，并指出暴力在 19 世纪 50 年代有所增加。关于国会暴力，参见 Ollinger Crenshaw, "The Speakership Contest of 1859–1860: John Sherman's Election as a Cause of Disruption?" *Mississippi Valley Historical Review* 29 (December 1942): 323–38; James B. Stewart, "Christian Statesmanship, Codes of Honor, and Congressional Violence: The Antislavery Travails and Triumphs of Joshua Giddings," 载于 Finkelman and Kennon, *In the Shadow of Freedom*, 36–57; Eric M. Uslaner, "Comity in Context: Confrontation in Historical Perspective," *British Journal of Political Science 21* (1991): 45–77; Katherine A. Pierce, "Murder and Mayhem: Violence, Press Coverage, and the Mobilization of the Republican Party in 1856," *Words at War: The Civil War and American Journalism*, eds. David B. Sachsman, S. Kittrell Rushing, Roy Morris, Jr. (West Lafayette, Ind.: Purdue University Press, 2008): 85–100; Donald C. Bacon, "Violence in Congress," 载于 *The Encyclopedia of the United States Congress*, ed. Donald C. Bacon, Roger H. Davidson, and Morton Keller (New York: Simon and Schuster, 1995): 2062–66; R. Eric Petersen, Jennifer E. Manning, and Erin Hemlin, "Violence Against Members of Congress and Their Staff: Selected Examples and Congressional Responses" (CRS Report, 7-5700, R41609, January 25, 2011); Nancy E. Marion and Willard M. Oliver, *Killing Congress: Assassinations, Attempted Assassinations, and Other Violence Against Members of Congress* (London: Lexington Books, 2014). Corey M. Brooks. *Liberty Power: Antislavery Third Parties and the Transformation of American Politics* (Chicago: University of Chicago, 2016) 是一部少见的著作，它注意到在国会中存在着有策略和有政治倾向的挑衅行为。

16. 关于这本书中使用的战斗（fight）一词：在这本书的核心部分里，大约有 100 次争吵涉及了肢体冲突——殴打、拍打、杖击、猛击、推搡、决斗谈判、决斗、挥舞武器、掀桌子、打破窗户，诸如此类。这些事情发生在国会大厦的围墙之内，或者发生在国会开会时期的华盛顿及其周边地区。大多数的战斗行为都有不止一种形式的材料可供查阅。（证实战斗的发生比原以为的更棘手；关于验证材料的三段论，请参阅关于本书的研究方法部分的内容。）

17. Caroline Healey Dall, diary entry, December 26, 1842, 载于 Helen R. Deese, ed., *Daughter of Boston: The Extraordinary Diary of a Nineteenth-Century Woman: Caroline Healey Dall* (Boston: Beacon Press, 2005), 67–68. 也可参见 *The Huntress*, December 7, 1839, September 18, 1847. 关于弗伦奇和他的日记，参见 Cole and McDonough, *Witness*, 1–11, 里面随处可见；"The Biography of Benjamin Brown French," 载于 Ralph H. Gauker, *History of the Scottish Rite Bodies in the District of Columbia* (Washington, D.C.: Mithras Lodge of Perfection, 1970), 5. 我要感谢彼得·S. 弗伦奇（Peter S. French）让我注意到上述作品。

18. French, diary entry, November 27, 1836, *Witness*, 65.

19. 同上，September 13, 1841, 124–25.

20. 同上，May 1, 1829, 18.

21. 同上，December 21, 1833, 35.

22. 同上，September 10, 1835, 45.

23. 同上，October 18, 1835, 52.

24. Francis O. French, diary entry, February 7, 1850, ed. John J. McDonough, *Growing Up on Capitol Hill: A Young Washingtonian's Journal, 1850–1852* (Washington, D.C.: LC, 1997), 7.

25. French, diary entry, January 1, 1854; December 12, 1858; January 1, 1859; June 1, 1860, BBFFP. 弗伦奇和他的妻子从1838年开始租了一所房子；1842年，他们建造了自己的房子。

26. 例如，弗伦奇的朋友F. O. J. 史密斯（F. O. J. Smith，缅因州民主党）在数次长时间的访问中都和弗伦奇待在一起，在凯莱布·库欣（Caleb Cushing，马里兰州辉格党）的国会生涯结束时，他不断变化的政治立场令他被赶出寄宿公寓，于是他在弗伦奇那里待了一段时间。French, diary entries, February 25, 1842; July 16, 19, 30, 31, 1843; *Witness*, 137, 151–52.

27. French to Henry Flagg French, April 9, 1853, BBFFP. 弗伦奇在1833年至1845年间是众议院的办事员；在1845年至1847年间是众议院的执事；在1860年至1861年间是众议院索赔委员会的办事员。他在19世纪50年代当过说客，在19世纪 60 年代也短暂地当过说客。关于他失败的游说生涯，参见 French, diary entry, December 21, 1850; French to Bessie French, August 1, 15, 20, 21, 1852; French to Henry Flagg French, January 17, 1853, BBFFP; Kathryn Allamong Jacob, *King of the Lobby: The Life and Times of Sam Ward, Man-about-Washington in the Gilded Age* (Baltimore: Johns Hopkins, 2010), 19–20; and Margaret Susan Thompson, *The "Spider Web": Congress and Lobbying in the Age of Grant* (Ithaca: Cornell, 1985). 关于弗伦奇成为替补办事员的事例，参见 French to Bessie French, August 17, 1856, BBFFP.

28. 最近大量的研究凸显出南部的权力及其对全国性政府的控制程度。关于在国会中奴隶主权势的情况，参见 Alice Elizabeth Malavasic, *The F Street Mess: How Southern Senators Rewrote the Kansas-Nebraska Act* (Chapel Hill: UNC Press, 2017). 关于南部对于联邦政府的控制，尤其可以参见 Don E. Fehrenbacher, *The Slaveholding Republic: An Account of the United States Government's Relations to Slavery* (New York: Oxford University Press, 2001); George William Van Cleve, *A Slaveholders' Union: Slavery, Politics, and the Constitution in the Early Republic* (Chicago: University of Chicago Press, 2010); Matthew Karp, *This Vast Southern Empire: Slaveholders at the Helm of American Foreign Policy* (Cambridge: Harvard University Press, 2016).

29. 我并不是说美国内战是基于非理性的行为，也不是说情绪是战争爆发的主要原因。但作为一种迹象，情感——基于非常真实的长期历史原因——对于理解引发合众国危机的行为和心态至关重要。关于在荣誉和暴力的研究中使用情感作为证据，参见 *Honour, Violence and Emotions in History*, ed. Carolyn Strange, Robert Cribb, and Christopher E. Forth (London: Bloomsbury, 2014); 还有具开创性的 William M. Reddy, *The Navigation of Feeling: A Framework for the History of Emotions* (New York: Cambridge University Press, 2001). 关于如何运用情感研究内战前的历史，可参见 Michael E. Woods, *Emotional and Sectional Conflict in the Antebellum United States* (New York: Cambridge University Press, 2014); 伍兹的导论（1—20）在解释情感、政治和内战研究的学术史方面意义非凡。也可参见 Anna Koivusalo, "'He Ordered the First Gun Fired & He Resigned First': James Chesnut, Southern Honor, and Emotion," 载于 *The Field of Honor: Essays on Southern Character and American Identity*, eds. John Mayfield and Todd Hagstette (Columbia: University of South Carolina, 2017), 196–212; Stephen W. Berry II, *All That Makes a*

Man: Love and Ambition in the Civil War South (New York: Oxford University Press, 2003); Bertram WyattBrown, *The Shaping of Southern Culture: Honor, Grace, and War, 1760s–1880s*(Chapel Hill: UNC Press, 2001), 177–202; William W. Freehling, *The Road to Disunion* (New York: Oxford University Press, 2007), 2 vols.

30. 例如可以参见 Stanley Harrold, *Border War: Fighting over Slavery Before the Civil War* (Chapel Hill: UNC Press, 2010).

31. 关于南部的国家主义，尤其可以参看 Bonner, *Mastering America*. 关于内战前合众国的概况，参见 Gary W. Gallagher, *The Union War* (New York: Cambridge University Press, 2011).

32. Joel H. Silbey, *The American Political Nation, 1838–1893* (Stanford, Calif.: Stanford University Press, 1991), passim.

33. 关于政治野心和民众激情的点燃——"愚蠢一代"的一群政客——如何导致了美国内战，参见 J. G. Randall, "The Blundering Generation," *Mississippi Valley Historical Review* 27, no. 1 (June 1940), 3–28; Avery Craven, *The Coming of the Civil War* (Chicago: University of Chicago Press, 1957). 关于战争不可以避免的研究，可参见 Kenneth M. Stampp, "The Irrepressible Conflict," 载于 *The Imperiled Union: Essays on the Background of the Civil War* (New York: Oxford University Press, 1980), 191–245. 关于这场辩论的讨论研究，尤其可以参见 Edward L. Ayers, *What Caused the Civil War? Reflections on the South and Southern History* (New York: Norton, 2005); Woods, "What Twenty-First Century Historians Have Said About the Causes of Disunion."

34. 例如可以参见 *Chicago Press and Tribune*, March 31, 1860; *Lowell Daily Citizen*, June 6, 1856; *Salem Register*, June 9, 1856. 一个朋友在1863年送给弗伦奇一把手枪以让他自保；Samuel Strong to French, September 17, 1863, BBFFP.

35. 例如可以参见 *Charleston Mercury*, February 11, 1858; *NYT*, February 8, 1858.

36. Edward L. Ayers, *The Thin Light of Freedom: The Civil War and Emancipation in the Heart of America* (New York: Norton, 2017), xxi. 在使用这种研究方法方面，其他值得注意的例子有 David M. Potter, *The Impending Crisis: 1848–1861*(New York: Harper, 1976); Freehling, *Road to Disunion*.

37. French to Bess French, April 25, 1838, BBFFP.

38. French, diary entry, June 21, 1831, *Witness*, 23.

39. 弗伦奇在切斯特、萨顿、纽波特和康科德这些地方都住过。French to Henry Flagg French, September 28, 1829, and March 3, 1833, BBFFP.

40. French, diary entry, June 5, 1833, *Witness*, 26–27.

41. Martha Derthick, ed., *Dilemmas of Scale in America's Federal Democracy* (New York: Cambridge University Press, 1999), 尤其是 2–3; Brian Balogh, *A Government out of Sight: the Mystery of National Authority in Nineteenth-Century America* (New York: Cambridge University Press, 2009).

42. Timothy Dwight, *Travels in New-England and New-York*, 4 vols. (New Haven, Conn.: Published by Author, S. Converse, Printer), 2:247.

43. *Witness*, 1; Benjamin Chase, *History of Old Chester from 1719 to 1869* (Auburn, N.H.: Published by Author, 1869), 247, 412, 527; [Concord] *The Farmer's Monthly Visitor*, November 30, 1840, 174.

44. 讣告参见 [Portsmouth, N.H.] *United States Oracle*, March 20, 1802.

45. John Carroll Chase, *History of Chester New Hampshire Including Auburn* (Derry, N.H., 1926), 444–45; Charles H. Bell, *The Bench and Bar of New Hampshire* (Boston: Houghton, Mifflin, 1894), 383. 这段文字引自美国新罕布什尔州的参议员和州长查尔斯·贝尔（Charles Bell）。

46. French, diary entry, October 9, 1866, *Witness*, 520–21. 弗伦奇当时正在帮忙把一幢外屋搬到离房子更近的地方，房主用一个铜茶壶给他的助手们倒了"最好的杜松子酒"。

47. French, diary entry, February 17, 1867, *Witness*, 530. On French's life, 同上，1–11.

48. French, diary entry, October 25, 1840, 同上, 103.

49. John Adams Vinton, *The Richardson Memorial: Comprising a Full History and Genealogy of the Posterity of the Three Brothers, Ezekiel, Samuel, and Thomas Richardson* (Portland, Maine: Brown, Thurston & Co., 1876), 114–17; French, diary entry, March 29, 1838, *Witness*, 77.

50. Margaret French Cresson, *Journey into Fame: The Life of Daniel Chester French* (Cambridge: Harvard University Press, 1947), 17.

51. 同上，15–17; August Harvey Worthen, *The History of Sutton, New Hampshire*, 2 vols. (Concord, N.H.: Republican Press Association, 1890), 1:236.

52. The *Spectator* 创刊于 1825 年，是新罕布什尔州第一份报刊，也是至 1831 年为止唯一一份报刊。关于新罕布什尔州的传媒，参见 Jacob B. Moore, "History of Newspapers Published in New Hampshire, From 1756 to 1840," *The* [Boston] *American Quarterly Register* 13 (1841); Simeon Ide, "History of New Hampshire Newspaper Press, Sullivan County," *Proceedings of the Annual Meeting of the New Hampshire Press Association* (January 1874), 56–64; H. G. Carleton, "The Newspaper Press in Newport," 载于 Edmund Wheeler, *The History of Newport, New Hampshire: From 1766 to 1878* (Concord, N.H.: Republican Press Association, 1879).

53. 关于希尔在新罕布什尔州政治活动最详细的记载，以及内战前新罕布什尔州的政治状况，参见 Donald B. Cole, *Jacksonian Democracy in New Hampshire* (Cambridge: Harvard University Press, 1970). 也可以参见 Cyrus P. Bradley, *Biography of Isaac Hill* (Concord, N.H.: Published by John Brown, 1835). 关于内战前新罕布什尔州的政治，还可以参见 Richard H. Sewell, *John P. Hale and the Politics of Abolition* (Cambridge: Harvard University Press, 1965); Jonathan H. Earle, *Jacksonian Antislavery & the Politics of Free Soil, 1824–1854* (Chapel Hill: UNC Press, 2004), 78–102; Richard P. McCormick, *The Second American Party System: Party Formation in the Jacksonian Era* (New York: Norton, 1966), 54–62.

54. French, draft of memoir, BBFFP.

55. French, diary entry, February 17, 1834, *Witness*, 38.

56. Cole, *Jacksonian Democracy*, 60–61.

57. 同上，3–6, 69.

58. 同上，61. 还可以参见 Richard R. John, *Spreading the News: The American Postal System from Franklin to Morse* (Cambridge: Harvard University Press, 1995), 尤其是 208–13; Steven P. McGiffen, "Ideology and the Failure of the Whig Party in New Hampshire, 1834–1841," *New England Quarterly* 59 (September 1986): 387–401.

59. 关于这一时期的新闻和政治，尤其可以参见 Michael Schudson, *Discovering the News: A Social History of American Newspapers* (New York: Basic Books, 1981); Katherine A. Pierce, "Networks of Disunion: Politics, Print Culture, and the Coming of the Civil War" (Ph.D. dissertation, University of Virginia, 2006); Thomas C. Leonard, *The Power of the Press: The Birth of American Political Reporting* (New York: Oxford University Press, 1986); Lorman A. Ratner and Dwight L. Teeter, Jr., *Fanatics & Fire-Eaters: Newspapers and the Coming of the Civil War* (Urbana: University of Illinois,

2003); Craig Miner, *Seeding Civil War: Kansas in the National News, 1854–1858* (Lawrence: University of Kansas, 2008); Richard B. Kielbowicz, *News in the Mail: The Press, Post Office, and Public Information, 1700–1860s* (Westport, Conn.: Greenwood, 1989); Sachsman, Rushing, and Morris, Jr., eds., *Words at War.*

60. Jefferson to James Madison, February 5, 1799, founders.archives.gov/documents/Jefferson/01-31-02-0005; accessed June 8, 2015.

61. Jeffrey Pasley, "Printers, Editors, and Publishers of Political Journals Elected to the U.S. Congress, 1789–1861," pasleybrothers.com/newspols/congress.htm; accessed June 8, 2015.

62. "Biography of Benjamin Brown French," 载于 Gauther, *History of the Scottish Rite Bodies*, 35. For a listing of his Masonic activities, 同上, 73–74.

63. French, diary, *Witness*, June 10, 1831, 21.

64. 同上, April 24, 1853, 238–39. 关于皮尔斯, 参见 Roy Franklin Nichols, *Franklin Pierce: Young Hickory of the Granite Hills* (Philadelphia: University of Pennsylvania Press, 1931); Michael F. Holt, *Franklin Pierce* (New York: Henry Holt, 2010); Peter A. Wallner, *Franklin Pierce: New Hampshire's Favorite Son* (Concord, N.H.: Plaidswede, 2004); idem., *Franklin Pierce: Martyr for the Union* (Concord, N.H.: Plaidswede, 2007); Larry Gara, *The Presidency of Franklin Pierce* (Lawrence: University Press of Kansas, 1991).

65. Horatio Bridge to Nathaniel Hawthorne, December 25, 1836, 载于 Julian Hawthorne, *Nathaniel Hawthorne and His Wife: A Biography*, 2 vols. (New York: Houghton, Mifflin, 1884), 1:148.

66. French, diary entry, June 18, 1831, *Witness*, 23.

67. *New Hampshire Sentinel*, June 27, 1833. 也可以参见 French, diary entry, June 10, 1831.

68. French, diary entry, June 18, 1831, *Witness*, 23.

69. 同上, June 3, 1831, 20.

70. 同上, June 2, 1831, 19.

71. 同上, December 18, 1843, 157.

72. Steven C. Bullock, *Revolutionary Brotherhood: Freemasonry and the Transformation of the American Social Order, 1730–1840* (Chapel Hill: UNC Press, 1996); Mark C.

Carnes, *Secret Ritual and Manhood in Victorian America* (New Haven: Yale University Press, 1989); idem., "Middle-Class Men and the Solace of Fraternal Ritual," 载于 *Meanings for Manhood: Constructions of Masculinity in Victorian America*, eds. Marc C. Carnes, Clyde Griffen (Chicago: University of Chicago Press, 1990), 37–52.

73. French, diary entry, September 15, 1828, *Witness*, 16. 关于这一时期国会政治研究的卓越著作，可以参见 Silbey, "Congress in a Partisan Political Era," 载于 *The American Congress: The Building of Democracy*, ed. Julian Zelizer (New York: Houghton Mifflin, 2004), 139–51.

74. French, diary entry, September 15, 1828, *Witness*, 16.

75. French to Henry Flagg French, May 22, 1832, BBFFP.

76. 弗伦奇指的是休斯敦在4月13日杖打威廉·斯坦伯里（William Stanbery，俄亥俄州反杰克逊派），摩根·A. 赫德（Morgan A. Heard）上校意图谋杀托马斯·阿诺德（Thomas Arnold，田纳西州反杰克逊派）；以及那段时期发生的一场在E. S. 戴维斯（E. S. Davis）和厄拉瑟诺斯·库克（Eleutheros Cooke，俄亥俄州反杰克逊派）之间的决斗。

77. 艾萨克·希尔可能在弗伦奇的晋升之路上提供了帮助；他经常会用可能会有的工作机会为杰克逊派吸收年轻血液。Cole, *Jacksonian Democracy*, 165.

78. French, diary entry, July 20, 1833, *Witness*, 29–34. 接下来的几段内容都基于以上同一文献。

79. 同上；*New Hampshire Sentinel*, July 18, 1833. 关于康科德庆典的庆祝，参见 Grace P. Amsden, "A Capital for New Hampshire," NHHS, www.concordnh.gov/Library/concordhistory/concordv2.asp?siteindx=L20,08,05, 访问日期：August 18, 2012.

80. French to Daniel French, January 30, 1835, BBFFP.

81. 关于杰克逊的形象，尤其可以参见 John William Ward, *Andrew Jackson: Symbol for an Age* (New York: Oxford University Press, 1955); Thomas Brown, "From Old Hickory to Sly Fox: The Routinization of Charisma in the Early Democratic Party," *JER* 3 (Autumn 1991): 339–69; Andrew Burstein, *The Passions of Andrew Jackson* (New York: Random House, 2007); James C. Curtis, *Andrew Jackson and the Search for Vindication* (Boston: Little, Brown, 1976).

82. French, diary entries, December 13, 1836, and January 9, 1844, *Witness*, 69, 158.

83. Cole, *Jacksonian Democracy*, 167. 关于投票参与率的提升，参见 Aldrich, *Why*

Parties?, 122–26. 关于范布伦的宣传论点，参见同上，113–14; Donald B. Cole, *Martin Van Buren and the American Political System* (Princeton, N.J.: Princeton University Press, 1984); Robert V. Remini, *Martin Van Buren and the Making of the Democratic Party* (New York: Columbia University Press, 1959); Joel H. Silbey, *Martin Van Buren and the Emergence of American Popular Politics* (Lanham, Md.: Rowman & Littlefield, 2002). 关于1828年选举和杰克逊民主党的组织起源，除了上述外，还可以参见 Ralph M. Goldman, *The National Party Chairmen and Committees: Factionalism at the Top* (Armonk, N.Y.: M. E. Sharpe, 1990); Donald B. Cole, *Vindicating Andrew Jackson: The 1828 Election and the Rise of the Two-Party System* (Lawrence: University Press of Kansas, 2009); Robert Remini, *The Election of Andrew Jackson* (New York: J. B. Lippincott, 1963); idem., "Election of 1828," 载于 Arthur M. Schlesinger and Fred L. Israel, *History of American Presidential Elections* (New York: Chelsea House, 1971), 1:413–92; Lynn Hudson Parsons, *The Birth of Modern Politics: Andrew Jackson, John Quincy Adams, and the Election of 1828* (New York: Oxford University Press, 2009).

第一章

1. French, diary entry, December 21, 1833, and September 10, 1835, *Witness*, 34, 45. In November 1835, 弗伦奇这趟旅途中乘坐了马车、船，并第一次乘坐了火车。
2. French to Bess French, January 1834, 载于 Gauker, *History of the Scottish Rite Bodies in the District of Columbia*, 7.
3. French, diary entry, December 21, 1833, *Witness*, 34.
4. Adams, *The Education of Henry Adams*, 44; Seward, *Reminiscences*, 68–69; J. S. Buckingham, *America, Historical, Statistic, and Descriptive*, 3 vols. (London: Fisher, Son, & Co., 1841) 1:293–94, 319, 321; George Augustus Sala, *My Diary in America in the Midst of War*, 2 vols. (London: Tinsley Brothers, 1865), 2:68. 关于内战前华盛顿更早的记载，参见 Wilhelmus B. Bryan, *A History of the National Capital from Its Foundation Through the Period of the Adoption of the Organic Act*, 2 vols. (New York: Macmillan, 1914); John C. Proctor, *Washington Past and Present: A History*, 5vols. (New York: Lewis Historical Publishing, 1930). 在这项研究中特别有用的是 Barbara

G. Carson, *Ambitious Appetites: Dining, Behavior, and Patterns of Consumption in Federal Washington* (Washington: American Institute of Architects, 1990), 1–23; Young, *Washington Community*; Howard Gillette, Jr., ed., *Southern City, National Ambition: The Growth of Early Washington, D.C., 1800–1860* (Washington, D.C.: George Washington University Center for Washington Area Studies, 1995); Carl Abbott, *Political Terrain: Washington, D.C., from the Tidewater to Global Metropolis* (Chapel Hill: UNC Press, 1999); David C. Mearns, "A View of Washington in 1863," *Records of the Columbia Historical Society, Washington, D.C.* 63/65 (1963/1965): 210–20; Kenneth J. Winkle, *Lincoln's Citadel: The Civil War in Washington, D.C.* (New York: Norton, 2014); Guy Gugliotta, *Freedom's Cap: The United States Capitol and the Coming of the Civil War* (New York: Hill and Wang, 2013); 以及 Constance McLaughlin Green, *Washington: Village and Capital, 1800–1878*, 2 vols. (Princeton, N.J.: Princeton University Press, 1962), 1:23–229.

5. Seward, *Reminiscences*, 69. 1851 年，政府接受了对宾夕法尼亚大道、国会山、总统居所和"其他公共场所"照明灯的投标。第一份合同于 1852 年批准。1854 年，宾夕法尼亚大道上的灯花费了近 2000 美元。"Report of the Commissioner of Public Buildings," October 5, 1854, 599.

6. Green, *Washington*, 1:255. 关于"全国性旅馆病"，参见 Jean H. Baker, *James Buchanan* (New York: Henry Holt, 2004), 78; Eric H. Walther, *The Shattering of the Union: America in the 1850s* (Lanham, Md.: Rowman & Littlefield, 2004), 118; M. C. Meigs, diary entry, March 7, 1857, 载于 Senate Document 106-20, "Capitol Builder: The Shorthand Journals of Montgomery C. Meigs, 1853–1859, 1861," ed. Wendy Wolff (Washington: GPO, 2000), 496. 也可参见 Michael A. Cooke, "Physical Environment and Sanitation in the District of Columbia, 1860–1868," *Records of the Columbia Historical Society, Washington, D.C.*, 52 (1989): 289–303.

7. French, diary entry, May 11, 1838; August 24, 1844; *Witness*, 82, 162.

8. Green, *Washington*, 1:354. 华盛顿有 54% 是街道和小巷，与之相比，纽约是 35%，费城则是 29%。戈德菲尔德（Goldfield）指出，贫穷的街道和城市服务的缺乏更多地反映了南部城市特征，而不是北部或者西部的城市。David R. Goldfield, "Antebellum Washington in Context: The Pursuit of Prosperity and Identity," *Southern City, National Ambition: The Growth of Early Washington, D.C., 1800–1860*, ed.

Howard Gillette, Jr. (Washington, D.C.: George Washington University Center for Washington Area Studies), 16.

9. Green, *Washington*, 1:211; Charles Billinghurst to his wife, December 15, 1855, 同上。也可参见 French, diary entry, June 18 and November 6, 1863, *Witness*, 423, 431; Mary Jane Windle, *Life in Washington: and Life Here and There* (Philadelphia: J. B. Lippincott, 1859), 158. 消费者消费价格计算表见 www.measuringworth.com, May 12, 2011.

10. Nicholas Trist to Virginia Jefferson Randolph Trist, May 8, 1829, Nicholas P. Trist Papers, UNC. 特里斯特（Trist）是国务院的一名办事员。

11. "Population of States and Counties of the United States: 1790–1990," compiled and edited by Richard L. Forstall (Department of Commerce, U.S. Bureau of the Census), 4.

12. "The Metropolis," *The Yale Literary Magazine, Conducted by the Students of Yale University*, 3 (February 1838): 139–43. 也可参见 Harriet Martineau, *Retrospect of Western Travel* (New York: Harper and Brothers, 1838), 1:238; Susan Keitt to Carrie, February 2 [ca. 1860], Laurence Massillon Keitt Papers, Duke University.

13. *Globe*, 28th Cong., 1st Sess., February 6, 1844, 231.

14. French, diary entry, May 30, 1841, *Witness*, 116.

15. 同上，December 21, 1833, 同上，35. 亨利·哈伯德（Henry Hubbard，新罕布什尔州杰克逊派）是弗伦奇的另一名向导。

16. 同上，34–35.

17. 同上，December 21 and 30, 1833, 35.

18. 在关于国会山建筑艺术的大量学术研究成果中，对于本书研究而言特别有用的是 Donald R. Kennon, *American Pantheon: Sculptural and Artistic Decoration of the United States Capitol* (Athens: Ohio University, 2004); idem., *The United States Capitol: Designing and Decorating a National Icon* (Athens: Ohio University, 2000); idem., ed. *A Republic for the Ages: The United States Capitol and the Political Culture of the Early Republic* (Charlottesville: UVA Press, 1999); Henry Hope Reed, *The United States Capitol: Its Architecture and Decoration* (New York: Norton, 2005); Pamela Scott, *Temple of Liberty: Building the Capitol for a New Nation* (New York: Oxford University Press, 1995); House Document 108–240, 108th Cong., 2nd Sess., January 18, 2008, *Glenn Brown's History of the United States Capitol;* William C.

Allen, *History of the United States Capitol: A Chronicle of Design, Construction, and Politics* (Washington: GPO, 2001).

19. George Watterston, *New Guide to Washington* (Washington: Robert Farnham; New-York: Samuel Colman, 1842), 20–22. 沃特斯顿（Watterston）那份备受欢迎的指南系列被多次重印；一份副本甚至被保存在华盛顿纪念碑的基石上。*National Monument Society, Oration Pronounced by the Honorable Robert C. Winthrop, Speaker of the House of Representatives of the United States . . . on the Occasion of Laying the Corner-Stone of the National Monument to the Memory of Washington* (Washington, D.C.: J. & G. S. Gideon, Printers, 1848). 沃特斯顿的观察作品一开始是由威廉·埃利奥特（William Elliott）收集和出版，题目是 *The Washington Guide* (Washington City: Franck Taylor, 1837). 埃利奥特于1840年逝世之后，沃特斯顿出版了自己的作品：*A Picture of Washington* (Washington: William M. Morrison, 1840). 他关于自己不同版出版物的说明，参见 Watterson, Picture of Washington, introduction.

20. 关于国会山油画的历史，可以参见 Kent Ahrens, "Nineteenth Century History Painting and the United States Capitol," *Records of the Columbia Historical Society, Washington, D.C.,* 50 (1980): 191–222; Vivien Green Fryd, "Representing the Constitution in the US Capitol Building: Justice, Freedom, and Slavery," 载于 *Constitutional Cultures: On the Concept and Representation of Constitutions in the Atlantic World,* eds. Silke Hensel, Ulrike Bock, Katrin Dircksen, and HansUlrich Thamer (New York: Cambridge University Press, 2012), 227–50; Vivien Green Fryd, *Art & Empire: The Politics of Ethnicity in the United States Capitol, 1815–1860* (Athens: Ohio University Press, 2001); Ann Uhry Abrams, "National Paintings and American Character: Historical Murals in the Capitol's Rotunda," 载于 *Picturing History: American Painting, 1770–1930,* ed. William Ayres (New York: Rizzoli, 1993), 65–78. 关于众议院内特朗布尔以外的油画作品，可以参见 *Globe,* 23rd Cong., 2nd Sess., December 15, 1834, 37–40.

21. Margaret B. Klapthor, "Furniture in the Capitol: Desks and Chairs Used in the Chamber of the House of Representatives, 1819–1857," *Records of the Columbia Historical Society, Washington, D.C.,* 69/70 (1969–70): 192–93.

22. 关于这一时期众议院和参议院的会议室，参见 House Document No. 108–240,

Glenn Brown's *History of the United States Capitol*, 183–213; Robert Mills, *Guide to the Capital of the United States Embracing Every Information Useful to the Visiter, Whether on Business or Pleasure* (Washington: n.p., 1834), 31–38, 43–45.

23. French to Catherine French Wells, March 13, 1834, BBFFP.
24. French, diary entry, April 2, 1837, *Witness*, 71–72.
25. Samuel Kernell and Gray C. Jacobson, "Congress and the Presidency as News in the Nineteenth Century," *Journal of Politics* 49 (November 1987): 1016–35. 根据伊莱恩·斯威夫特（Elaine Swift）的说法，在第 17 届国会上（1822–1823 年），《华盛顿情报》的专栏有 33% 的版面给了众议院，10% 给了参议院，而 [巴尔的摩] 的《尼尔斯周报》（*Niles' Weekly Register*）分别将 32% 和 8% 的版面分给了众议院和参议院。在第 20 届国会第二会期（1828–1829 年）和第 23 届国会第二会期（1834–1835 年）中，数字相似，尽管最终对参众两院的报道持平。Swift, *The Making of an American Senate: Reconstitutive Change in Congress*, 1787–1841 (Ann Arbor: University of Michigan, 1996), 193–94.
26. Alexander Stephens to Linton Stephens, January 19, 1848, eds. Richard Malcolm Johnston and William Hand Browne, *Life of Alexander H. Stephens* (Philadelphia: J. B. Lippincott, 1878), 183–84. 约翰斯通（Johnston）和布朗（Browne）错以为这封信的年代为 1845 年。关于这篇演说的记录，参见 [Baltimore] *Sun*, January 19, 1848, 还有份特别生动的记录，见 *The New York Herald*, January 21, 1848.
27. Newspaper clipping in scrapbook, Fisher Family Papers, UNC. 关于内战前的演说术，参见 Kenneth Cmiel, *Democratic Eloquence: The Fight over Popular Speech in Nineteenth-Century America* (Berkeley: University of California, 1990); Barnet Baskerville, "19th Century Burlesque of Oratory," *American Quarterly* 20, no. 4 (Winter 1968): 726–43; Edward G. Parker, *The Golden Age of American Oratory* (Boston: Whittemore, Niles, and Hall, 1857); James Perrin Warren, *Culture of Eloquence: Oratory and Reform in Antebellum America* (University Park: Pennsylvania State University Press, 1999).
28. French, diary entry, May 11, 1838, *Witness*, 82.
29. 同上 , December 2, 1836, 68; French, "Congressional Reminiscences," [Washington] *National Freemason* 2 (July 1863), 23. 还可参见 French, diary entry, December 30, 1833, *Witness*, 35.
30. Hale to Lucy Hale, January 8, 1844, John Parker Hale Papers, NHHS.

31. *Globe*, 27th Cong., 3rd Sess., February 27, 1843, 357, 359. 本顿驳斥了休会的请求，睡在了众议院的沙发上，此事例可参见 Adams, diary entry, May 31, 1838, *Memoirs*, 9:551.

32. French, diary entry, April 2, 1837, *Witness*, 72. 还可参见 1837 年 9 月 29 日弗伦奇发表在《芝加哥民主党人报》上的专栏文章。还有一场晚间会议精确地遵循这一剧情，参见 Adams, diary entry, June 7, 1836, *Memoirs*, 294–95.

33. 想要了解人来人往的情况，参见 House Journal, 23rd Cong., 2nd Sess., March 3, 1835, 516–32 passim. 当晚开始时，大约有 200 人在投票；当民主党的权力游戏开始时，大约有 110 人在投票。

34. French to Harriette French, March 8, 1835, BBFFP.

35. *Globe*, 23rd Cong., 2nd Sess., March 3, 1835, 332.

36. 长期担任参议院工作人员的艾萨克·巴西特（Isaac Bassett）指出："通宵会议从来都不是一件值得称道的事情。" Isaac Bassett Papers, Office of the Curator of the United States Senate, 5c134–37. 为这份文献我要特别感谢斯科特·斯特朗（Scott Strong）。

37. *Globe*, 23rd Cong., 2nd Sess., March 3, 1835, 331–32.

38. *National Era*, January 28, 1847; *The Huntress*, August 8, 1846.

39. *National Era*, January 7, 1847.

40. Darryl Gonzalez, *The Children Who Ran for Congress: A History of Congressional Pages* (Santa Barbara, Calif.: Praeger, 2010), 15. 还可参见 Harriet Prescott Spofford, "The Messenger Boys at the Capitol," *Harper's Young People* 63 (January 11, 1881), 162–63.

41. French, diary entry, November 18, 1841, *Witness*, 129

42. 座位在 1832 年更换过，又在 1838 年换了回来。顶上曾经罩了一层布，用来阻挡回声，但它挡住了光线，就被移走了。William Charles Allen, *History of the United States Capitol*, 180. 在声效方面，还可以参见 John Morrill Bryan, *Robert Mills: America's First Architect* (Princeton, N.J.: Princeton Architectural Press, 2001), 217; H. Doc. 108–240, *Glenn Brown's History of the United States Capitol*, 210–13.

43. [Buffalo, NY] *The Western Literary Messenger: A Family Magazine of Literature, Science, Art, Morality and General Intelligence* 12 (1849), 223. 约翰·温特沃思（John Wentworth，伊利诺伊州民主党）写了这篇文章。

44. French to Harriette French, April 6, 1840, BBFFP.

45. House Report No. 1980, "Sanitary Condition of the Capitol Building," 53rd Cong., 3rd Sess., March 2, 1895, 16. 如果想看一份早期相同（但是不太精彩）的描述，可以参见 House Report No. 65, "Ventilation of the Hall of the House of Representatives," 40th Cong., 2nd Sess., June 20, 1868, 2.

46. 同上，1; Forrest Maltzman, Lee Sigelman, Sarah Binder, "Leaving Office Feet First: Death in Congress," *Political Science and Politics 29* (December 1996): 665–71, 670 note 7. 这篇文章包含的关于死亡的双关语和委婉说法比我所知道的更多。

47. House Report No. 116, "Ventilation of the Hall of the House of Representatives," 45th Cong., 3d Sess., February 21, 1879, 3, 8, 18.

48. French to Henry Flagg French, December 18, 1857, BBFFP.

49. House Report No. 1970, "Method of Heating, Lighting, and Ventilating the Hall of the House of Representatives," 48th Cong., 1st Sess., June 24, 1884, 11.

50. *Globe*, 26th Cong., 1st Sess., March 14, 1840, 268.

51. Adams, diary entry, January 3, 1840, *Memoirs*, 10:183. 类似事件，参见 "Report . . . Foote Benton," 119.

52. Adams, *Memoirs*, December 13, 1837, 9:450–51. 在马萨诸塞州的一次演讲中，弗莱彻曾暗示，民主党人正受到杰克逊总统的影响。亚当斯解释说，为了辩护，弗莱彻不得不宣布他的攻击者是骗子（因为他们"直接撒谎"），而这几乎肯定会导致暴力。《世界》没有报道那些让弗莱彻不安的"粗俗和辱骂"的语言。*Globe*, 25th Cong., 2nd Sess., December 13, 1837, 21–24. 还可参见 "Mr. Fletcher's Address to His Constituents, Relative to the Speech Delivered by him in Faneuil Hall," December 23, 1837; Charles Francis Adams, diary entry, December 18 and 19, 1837, 载于 eds. Marc Friedlaender et al., *Diary of Charles Francis Adams* (Cambridge: Harvard University Press, 1986), 7:363–64.

53. French, diary entry, November 23, 1835, *Witness*, 61. 关于议院内参议员行为的记录，参见 Greenwood, *Greenwood Leaves*, 314; Windle, *Life in Washington*, 31.

54. Anson Burlingame to his wife, July 13, 1856, Anson Burlingame and Family Papers, LC; *Globe*, 36th Cong., 1st Sess., January 21, 1859, 507.

55. Susan Hill to her children, February 28[?], 1832, Isaac Hill Papers, NHHS.

56. Adams, *Memoirs*, February 20, 1832, 8:476–77. 还可参见 Robert Remini, *Henry*

Clay: Statesman for the Union (New York: Norton, 1991), 383; *Register of Debates*, 22nd Cong., 1st Sess., February 6, 1832, 296–97.

57. 参议员之间偶尔也会发生激烈的对骂，比如 1860 年，托马斯·克林曼（Thomas Clingman，北卡罗来纳州民主党）和克莱门特·克莱本·克莱（Clement Claiborne Clay，亚拉巴马州民主党）在参议院就斯蒂芬·道格拉斯（Stephen Douglas，伊利诺伊州民主党）总统竞选问题激烈交锋；最终克林曼的眼睛被打肿了。*Chicago Press and Tribune*, March 31, April 6, 1860; NYT, April 5, 1860.

58. 参见 Jacob, *King of the Lobby*, 19–20.

59. 参见 George B. Galloway, *History of the House of Representatives* (New York: Thomas Y. Crowell, 1961), 64–67; Nelson W. Polsby, "The Institutionalization of the House of Representatives," *American Political Science Review* 62 (March 1968): 144–68. 关于委员会的影响，参见 Joseph Cooper, *Congress and Its Committees: A Historical Approach to the Role of Committees in the Legislative Process* (New York: Garland, 1988); idem., "The Origins of Standing Committees and the Development of the Modern House," (Houston, Tx.: Rice University Press, 1970); Gerald Gamm and Kenneth Shepsle, "Emergence of Legislative Institutions: Standing Committees in the House and Senate, 1810–1825," *Legislative Studies Quarterly* 14:1 (February 1989): 39–66; Thompson, *The" Spider Web,"* 93–96.

60. *Globe*, 23rd Cong., 1st Sess., December 10, 1833, 19. 关于内战前和当代委员会的对比，参见 Jeffrey A. Jenkins and Charles Stewart III, *Fighting for the Speakership: The House and the Rise of Party Government* (Princeton, N.J.: Princeton University Press, 2013), 38–39.

61. Senate Doc. 100–20, 100th Cong., 1st Sess., Wendy Wolff, ed., Robert C. Byrd, *The Senate, 1789–1989: Addresses on the History of the United States Senate*, 2 vols. (Washington: GPO, 1991), 2:220–37; French, diary entry, December 25, 1851, *Witness*, 224. 当查尔斯·萨姆纳接管参议院外交关系委员会时，他搬走了所有的酒水。我非常感谢詹姆斯·希恩（James Shinn）提供的这些信息。

62. *Globe*, 26th Cong., 2nd Sess., February 13, 1841, 173.

63. 关于委员会中的少数派成员无法影响由多数人修改的报告的最终版本，存在许多争议。同上，26th Cong., 1st Sess., March 14, 1840, 268–69.

64. 同上，26th Cong., 1st Sess., May 14, 1840, 397.

65. 同上，March 11 and 14, 1840, 260–61, 268. 丹尼尔·詹尼弗（Daniel Jenifer，马里兰州辉格党）在 3 月 11 日、12 日、13 日和 14 日对民主党的欺凌行为大发雷霆，同上，260, 263, 267–68. 欺负辉格党的两个人是纽约州的米勒德·菲尔莫尔（Millard Fillmore）和康涅狄格州的杜鲁门·史密斯（Truman Smith）。该委员会一直在调查新泽西州一场有争议的选举；民主党人在委员会中强制通过他们的决议，然后通过呼吁立即投票来压制辉格党反对者的发言。也可参见 "Address and Suppressed Report of the Minority of the Committee on Elections on the New Jersey Case" (Washington: Madisonian Office, 1840); [Baltimore] *Sun*, March 13, 1840.

66. 同上，March 11 and 14, 1840, 260–61, 268.

67. *Globe*, 25th Cong., 1st Sess., September 21 and 22, 1837, 46–78, 52, 56. 怀斯提到这一事件是为了鼓励通过投票的方式任命一个特别委员会，而不是由民主党议长詹姆斯·k. 波尔克（James K. Polk）来任命。一名少数派委员会成员对一份被夸大的多数派报告感到愤怒，他威胁要抨击任何胆敢向众议院提交报告的人。该委员会将调查佛罗里达战争的原因和行为。

68. *The New World* (N.Y.), January 8, 1842, 29. 惠特尼否认他的手在口袋里，并声称他需要两只手来保护自己。参见 ["The affair between Mr. Peyton, and myself"], undated, HR 24A–D24.1, National Archives, Washington, D.C. 同一文件里还有一份日记，里面贴着惠特尼对委员会审讯的回答；他作证时不被允许说话（因为佩顿对他非常厌恶），他不得不把他的证词记录在纸片上。关于惠特尼事件，参见 John M. McFaul and Frank Otto Gatell, "The Outcast Insider: Reuben M. Whitney and the Bank War," *Pennsylvania Magazine of History and Biography* 91 (April 1967): 115–44. 关于曝光惠特尼事件的众议院调查报告，参见 *Register of Debates*, 24th Cong., 1st Sess., February 15–20, 1837, 1767–1878, 157–89 appendix; *Globe*, 24th Cong., 2nd Sess., February 15–20, 1837, 184–91, 222–39.

69. French to Henry Flagg French, January 31, 1839, BBFFP.

70. *Globe*, 25th Cong., 1st Sess., September 22, 1837, 56.

71. 同上，40th Cong., 1st Sess., March 8, 1867, 30.

72. 同上，30–31; "The National Metropolis," *De Bow's Review* 1 (April 1859), 389.

73. *Hinds' Precedents*, vol. 5, chapter CXLVII, section 7244, note 4. 到 1867 年，这两个"洞"都消失了，委员会房间里的酒似乎也更少了——至少国会议员在媒体面前发言时是这么说的。还可参见 *Globe*, 40th Cong., 1st Sess., March 8, 1867, 30–32.

74. Marryat, *A Diary in America*, 1:166.

75. Remini, *Daniel Webster: The Man and His Time*, 287.

76. *Globe*, 40th Cong., 1st Sess., March 8, 1867, 30.

77. Senate Report 475, 43rd Cong., 1st Sess., "Report of the Committee to Audit and Control the Contingent Expenses of the Senate," June 22, 1874, 3. 这种"糖浆"是在1809–1810年用或有基金购买的。

78. *Alexandria Herald*, July 27, 1818; *City of Washington Gazette*, February 6, 1821. 该报刊的文章是从本杰明·富兰克林的"穷人理查德年鉴"中获取了材料。(January 13, 1737, *Pennsylvania Gazette*) and Mason Locke Weems, *The Drunkard's Looking Glass* (Printed for the author, 1818).

79. 参见 Ian R. Tyrell, *Sobering Up: From Temperance to Prohibition in Antebellum America, 1800–1860* (Westport, Conn.: Greenwood Press, 1979); W. J. Rorabaugh, *The Alcoholic Republic: An American Tradition* (New York: Oxford University Press, 1979).

80. 南北战争前的国会禁酒协会成立于1833年，1834年可谓步履蹒跚，1842年短暂地复兴。"Congressional Temperance Society," 载于 *Alcohol and Temperance in Modern History: A Global Encyclopedia*, eds. Jack S. Blocker, David M. Fahey, and Ian R. Tyrrell, 2 vols. (Santa Barbara, Calif.: ABC–Clio, 2003), 1:171–72; Keith L. Springer, "Cold Water Congressmen: The Congressional Temperance Society Before the Civil War," *Historian* 27, no. 4 (1965): 498–515.

81. 1837年，两院通过了联合第19条："不得在国会大厦或附近的公共场所出售或展出烈酒。"在1844年的众议院和1867年的参议院，人们试图通过精确定义"烈酒"和列出所有禁止饮酒的国会空间来强化这一法令。参见 *Hinds' Precedents of the House of Representatives of the United States*, 5 vols. (Washington: GPO, 1907), 5:1090–91, note 3. 也可参见 *Cincinnati Weekly Herald and Philanthropist*, March 6, 1844, 批准了禁止所有酒精饮料的修正案（不是"只有烈性酒"，而是所有含酒精饮料）。

82. *Hinds' Precedents of the House of Representatives of the United States*, vol. 5, Chapter CXLVII, #7244:1091 footnote.

83. 19世纪60年代，共和党人试图让国会大厦彻底禁酒，但没有完全成功，人们继续喝酒。对于20世纪对醉酒的国会议员的评论，参见 *Watson's Magazine 5*

(September 1906): 341–42; Raymond Clapper, "Happy Days," *American Mercury Magazine* (January 1927): 25–29; "The Committee Era: 1910s–1960s," introduction, *American Congress*, ed. Zelizer, 313; Robert T. Mann, *Legacy to Power: Senator Russell Long of Louisiana* (New York: Paragon House, 2003 ed.), 287–88; Ron F. Smith, *Groping for Ethics in Journalism* (Ames: Iowa State University, 2003), 226–29.

84. *Globe*, 40th Cong., 1st Sess., March 8, 1867, 30.
85. 同上, 24th Cong., 1st Sess., January 22, 1836, 761 appendix.
86. 同上, 25th Cong., 2nd Sess., April 5, 1838, 284. 辩论的话题是在国会引发的决斗。乔纳森·西利（Jonathan Cilley, 缅因州民主党）在一场决斗中死于众议员威廉·格雷夫斯（William Graves, 肯塔基州辉格党）之手。关于这场决斗，参见第三章。
87. 在1857年新开的众议院会议室中，楼座最多可以容纳1250人。48th Cong., 1st Sess., Report No. 1970, "Method of Heating, Lighting, and Ventilating the Hall of the House of Representatives," June 24, 1884, 18.
88. John Parker Hale to Lucy Hale, January 2, 1845, John Parker Hale Papers, NHHS.
89. French, diary entry, May 24, 1838, *Witness*, 86.
90. Harriet Martineau, *Retrospect of Western Travel*, 3 vols. (London: Saunders and Otley, 1838), 1:300.
91. "Scenic and Characteristic Outlines of Congress, I," *The National Magazine and Republican Review* 1 (January 1839): 83–84. 更多的头部图像，参见 "A Peep at Washington," *The Knickerbocker; or New York Monthly Magazine*, June 1834, 443; Greenwood, *Greenwood Leaves,* 326; 而综合的头部记录，参见 Combe, *Notes on the United States of North America, During A Phrenological Visit in 1838–39–40*, 2:95–98.
92. "A Peep at Washington," *The Knickerbocker*, June 1834, 443.
93. "The Desultory Speculator No. IV. Sketches," *Southern Literary Messenger* 5 (May 1839): 316–18.
94. Dickens, *American Notes*, 286–93.
95. 关于颅相学，参见 Charles Colbert, *A Measure of Perfection: Phrenology and the Fine Arts in America* (Chapel Hill: UNC Press, 1998).
96. French, diary entry, November 18, 1841, *Witness*, 128–29. 他在60多岁时形容自己"很胖"; 同上, June 11, 1861, 360; 卡罗琳·多尔（Caroline Dall）称他"又肥又

胖"。Dall, diary entry, December 26, 1842, *Daughter of Boston*, 67–68.

97. George R. McFarlane [?] to Robert Barnwell Rhett, June 6, 1841, Robert Barnwell Rhett Papers, UNC.

98. 对华盛顿媒体和战前国会关系特别有用的研究有 Donald A. Ritchie, *Press Gallery: Congress and the Washington Correspondents* (Cambridge: Harvard University Press, 1991); Culver H. Smith, *The Press, Politics, and Patronage: The American Government's Use of Newspapers, 1789–1875*(Athens: University of Georgia, 1977); William E. Ames, *A History of the National Intelligencer* (Chapel Hill: UNC Press, 1972); Elizabeth G. McPherson, "Major Publications of Gales and Seaton," *Quarterly Journal of Speech 31* (December 1945): 430–39; idem., "Reporting the Debates of Congress," *Quarterly Journal of Speech* 28 (April 1942): 141–48; F. B. Marbut, *News from the Capital: The Story of Washington Reporting* (Carbondale: Southern Illinois University, 1971); J. Frederick Essary, *Covering Washington: Government Reflected to the Public in the Press*, 1822–1926 (Boston: Houghton Mifflin, 1927); Leonard, *Power of the Press*, 特别是第三章。关于之后时间段的研究，参见 Mark W. Summers, *The Press Gang: Newspapers and Politics, 1865–1878* (Chapel Hill: UNC Press, 1994). 关于国会和媒体之间的关系，参见第六章。

99. *Globe*, 26th Cong., 1st Sess., March 14, 1840, 268.

100. 同上，23rd Cong., 1st Sess., April 18, 1834, 328. 参议院一直在讨论杰克逊总统对参议院谴责他的动议的抗议；当提到杰克逊和亨利·克莱时，人们则发出欢呼声和嘘声。

101. A Traveller [Henry Cook Todd], *Notes upon Canada and the United States from 1832 to 1840* (Toronto: Rogers and Thompson, 1840), 33, 471. 也可参见 Edward T. Coke, *A Subaltern's Furlough, descriptive of Scenes in various parts of the United States, Upper and Lower Canada, New Brunswick, and Nova Scotia, during the Summer and Autumn of 1832* (London: Saunders and Otley, 1833), 89.

102. 参见 McDonough, *Growing Up on Capitol Hill*.

103. 参见 United States Senate Commission on Art and Antiquities, "Manners in the Senate Chamber: 19th Century Women's Views" (Washington, D.C.); Ritchie, *Press Gallery*, 146.

104. Francis Lieber, *Letters to a Gentleman in Germany: Written After a Trip from*

Philadelphia to Niagara (Philadelphia: Carey, Lea & Blanchard, 1834), 75. 关于在杰克逊担任总统期间，女性在华盛顿的政治影响，参见 Catherine Allgor, *Parlor Politics: In Which the Ladies of Washington Help Build a City and a Government* (Charlottesville: UVA Press, 2000).

105. 伦道夫（Randolph）攻击丹尼尔·韦伯斯特（Daniel Webster，马萨诸塞州辉格党），后者当时正在众议院里。他接着攻击了议长约翰·W. 泰勒（John W. Taylor）；当他发完言时，他语带讥讽地问泰勒的妻子是否也在楼座上。Benjamin Perley Poore, *Perley's Reminiscences of Sixty Years in the National Metropolis*, 2 vols. (Philadelphia: Hubbard Brothers, 1886), 1:69.

106. 女性以无数种方式影响了华盛顿的政治，但在国会暴力领域，她们的影响却不那么直接。她们时而见到暴力行为，有时会对此加以劝阻，到19世纪50年代末，她们经常作为记者为媒体记录它。但国会的霸凌和暴力在很大程度上是一种男人间的事情，通过低语的侮辱和幕后威胁施行，有时也在众议院和参议院大张旗鼓进行，脱离公众视线的一群人基于荣誉立场进行谈判。即便如此，女性的影响还是出现在了这本书之中。她们不仅是积极的观察者、知己、有影响力的人、说客和请愿者，而且国会议员和他们妻子之间的信件也提供了迄今为止对国会混乱及其影响最具情感表达的观点。如果没有这些文字，就不可能完全理解欺凌的情感影响——而它的情感影响就是它的力量。关于这个时期的妇女和政治间的关系，参见 Melanie Susan Gustafson, *Women and the Republican Party, 1854–1924* (Chicago: University of Illinois, 2001); Elizabeth R. Varon, *We Mean to Be Counted: White Women and Politics in Antebellum Virginia* (Chapel Hill: UNC Press, 1998); Jean Harvey Baker, "Public Women and Partisan Politics, 1840–1860," *A Political Nation*, 64–81; Allgor, *Parlor Politics*. 奥尔戈尔（Allgor）认为，随着杰克逊民主主义的兴起，女性越来越远离政治行为。

107. *Senate Journal*, December 7, 1835, 5. 参议院在 1835 年时准备了女士席位，众议院则是在 1833 年时。

108. French to Henry Flagg French, September 12, 1841, BBFFP. 也可参见 French, diary entry, September 13, 1841, *Witness*, 124–25; *House Journal*, September 9, 1841, 488.

109. Jean H. Baker, *Affairs of Party: The Political Culture of Northern Democrats in the Mid-Nineteenth Century* (Ithaca, N.Y.: Cornell University Press, 1983), 287–306. 也可参见 Robert W. Johannsen, *To the Halls of the Montezumas: The Mexican War*

in the American Imagination (New York: Oxford University Press, 1985); Marcus Cunliffe, *Soldiers and Civilians: The Martial Spirit in America, 1775–1865* (Boston: Little, Brown, 1968); Albrecht Koschnik," *Let a Common Interest Bind Us Together"*: *Associations, Partisanship, and Culture in Philadelphia, 1775–1840* (Philadelphia: University Press of Virginia, 2007), 尤其是 90–152; Glenn C. Altschuler and Stuart M. Blumin, *Rude Republic: Americans and Their Politics in the Nineteenth Century* (Princeton, N.J.: Princeton University Press, 2000); Silbey, *The American Political Nation*, 尤其是 90–108; Mary Ryan, *Civic Wars: Democracy and Public Life in the American City During the Nineteenth Century* (Berkeley: University of California, 1997), 94–131; Mark W. Brewin, *Celebrating Democracy: The Mass-Mediated Ritual of Election Day* (New York: Peter Lang, 2008); Mark E. Neely, Jr., *The Boundaries of American Political Culture in the Civil War Era* (Chapel Hill: UNC Press, 2005); Feldberg, *Turbulent Era*, 56–57; Grimsted, *American Mobbing, 181–217*; Gilje, *Road to Mobocracy*.

110. Michael E. McGerr, T*he Decline of Popular Politics: The American North, 1865–1928* (New York: Oxford University Press, 1988), 24–25; Altschuler and Blumin, *Rude Republic*, 63.
111. French to Harriette French, December 10, 1839, BBFFP.
112. 同上。

第二章

1. 关于当地大多数美国人的生活，参见 Franklin, *Southern Odyssey*, 1–44, 58–75; Richard H. Gassan, *The Birth of American Tourism: New York, the Hudson Valley, and American Culture, 1790–1830* (Amherst: University of Massachusetts Press, 2008).
2. 关于政党和合众国的关系，参见 Selinger, *Embracing Dissent*.
3. 关于战前国会的人口统计信息来源，见注释 220。关于人数变化，参见 Rosemarie Zagarri, "The Family Factor: Congressmen, Turnover, and the Burden of Public Service in the Early American Republic," *JER* 2 (Summer 2013): 283–316; Morris P. Fiorina, David W. Rohde, and Peter Wissel, "Historical Change in House Turnover," *Congress in Change: Evolution and Reform*, ed. Norman J. Ornstein (New York: Praeger, 1975),

24–46; Stephen Erickson, "The Entrenching of Incumbency: Reflections in the U.S. House of Representatives, 1790–1994," *Cato Journal* 3 (Winter 1995): 397–420, 尤其是 404–407; Robert Struble, Jr., "House Turnover and the Principle of Rotation," *Political Science Quarterly* 4 (Winter 1979–80): 649–67; Ronald P. Formissano, *The Transformation of Political Culture: Massachusetts Parties, 1790s–1840s* (New York: Oxford University Press, 1983), 41–54; H. Douglas Price, "Careers and Committees in the American Congress: The Problem of Structural Change," 载于 *The History of Parliamentary Behavior,* ed. William O. Ayedelotte (Princeton, N.J.: Princeton Legacy Library, 2015: orig. pub. 1977), 3–27.

4. Kernell, "Toward Understanding 19th Century Congressional Careers," 673.

5. French, diary entry, December 29, 1842, February 11, 1848, *Witness*, 198–99. 弗伦奇在 1848 年的灵感来自于众议员乔治·P. 马什（George P. Marsh，佛蒙特州辉格党）的一次演讲，马什认为，历史学家应该超然于"一个国家的伟大和显赫的公共行为"之外。Marsh, "The American Historical School: A Discourse Delivered Before the Literary Societies of Union College" (Troy, N.Y.: Steam Press, 1847). 关于达盖尔银版照相在内战前美国的影响，参见 Alan Trachtenberg, *Lincoln's Smile and Other Enigmas* (New York: Hill and Wang, 2007); Stephen John Hartnett, *Democratic Dissent & the Cultural Fictions of Antebellum America* (Chicago: University of Illinois Press, 2002), 132–72.

6. Frederic Hudson, *Journalism in the United States from 1690 to 1872* (New York: Harper & Brothers, 1873), 252.

7. 关于众议院的统计数据，参见 Allan G. Bogue, Jerome M. Clubb, Carroll R. McKibbin, and Santa A. Traugott, "Members of the House of Representatives and the Process of Modernization, 1789–1960," *Journal of American History* 63 (September 1976): 275–302; Samuel Kernell, "Toward Understanding 19th Century Congressional Careers: Ambition, Competition, and Rotation," *American Journal of Political Science* 21 (November 1977): 669–93; Nelson W. Polsby, "The Institutionalization of the U.S. House of Representatives," *American Political Science Review* 62 (March 1968): 144–68. 关于参议院，参见 Allan G. Bogue, *The Congressman's Civil War* (New York: Cambridge University Press, 1989), 1–28; Susan Radomsky, "The Social Life of Politics: Washington's Official Society and the Emergence of a National Political

Elite, 1800–1876," 2 vols. (Ph.D. dissertation, University of Chicago, 2005), 尤 其 是 vol. 2; Elaine K. Swift, *The Making of an American Senate: Reconstitutive Change in Congress, 1787–1841* (University of Michigan Press, 2002). 也可参见 Matthew Eric Glassman, Erin Hemlin, and Amber Hope Wilhelm, CRS Report R41545, "Congressional Careers: Service Tenure and Patterns of Member Service, 1789–2011," Congressional Research Service, January 7, 2011; H. Douglas Price, "Congress and the Evolution of Legislative 'Professionalism,'" *Congress in Change*, 14–27; Silbey, *American Political Nation*, 185: Congressional Biographical Directory (H. Doc. 108–222); Roster of Congressional Officeholders and Biographical Characteristics (ICPSR 7803). 其中一些数据很不可靠，因为国会传记目录（Congressional Biographical Directory）关于每个国会议员的信息前后并不一致，而 ICPSR 7803 也包含了一些错误。

8. Haskell M. Monroe, Jr., and James T. McIntosh, eds., *The Papers of Jefferson Davis: Volume 1, 1808–1840* (Baton Rouge: LSU Press, 1991 revised ed.), 1:327 footnote.

9. 在 1789 年到 1810 年间，大多数受过大学教育的国会议员都就读于常春藤盟校，因为几乎没有其他选择。在 1811 年到 1860 年间，就读于其他私立大学的国会议员人数急剧增加，部分原因是国会的民主化，部分原因是更多的私立大学建立。也是在那时期，上州立学校的国会议员的数量从 3.8% 达到了 7.1%。Bogue et al., "Members of the House," 282. 在 19 世纪 30 年代的众议院，61.1% 的人没有上过大学；在 19 世纪 40 年代，这个比例是 55.9%；在 19 世纪 50 年代，该比例是 48.5%。众议院 15% 的人接受过常春藤盟校教育，这个数字在几十年里一直相对不变。在 19 世纪 30 年代末和 40 年代初，大约 65% 的参议员受过大学教育。Bogue et al., "Members of the House," 282; Daniel Wirls, "The 'Golden Age' Senate and Floor Debate in the Antebellum Congress," *Legislative Studies Quarterly* 2 (May 2007): 193–222, 引自 207. 关于公立学校，参见 Donald H. Parkerson and Jo Ann Parkerson, *The Emergence of the Common School in the U.S. Countryside* (Lewiston, N.Y.: Edwin Mellen Press, 1998); Carl F. Kaestle, *Pillars of the Republic: Common Schools and American Society, 1780–1860* (New York: Hill and Wang, 1983); Gerald F. Moran and Maris A. Vinovskis, "Schools," 载于 *An Extensive Republic: Print, Culture, and Society in the New Nation, 1790–1840*, eds. Robert A. Gross and Mary Kelley, vol. 2 载于 *A History of the Book in America* (Chapel Hill: UNC Press, 2010), 286–303.

10. French, diary entry, February 17, 1867, *Witness*, 530–31.
11. 内战前，只有北卡罗来纳州和肯塔基州合理地在全州范围内建立了稳固的教育系统。John Hope Franklin, *A Southern Odyssey: Travelers in the Antebellum North* (Baton Rouge: LSU Press, 1976; 1991 printing), 53.
12. 这种分类来自于 Bogue et al., "Members of the House," 284. 此项研究还有种分类方式："受教育的"、"其他" 和 "未知"。
13. 参见 Jeffrey Pasley's "Printers, Editors, and Publishers in Congress, 1789–1861," pasleybrothers.com/newspols/congress.htm. 招募年轻人来编辑党派报纸相对比较常见。例如，1835 年，在亚拉巴马州民主党的要求下，他们迫切想要一个党派报纸，田纳西州编辑塞缪尔·拉夫林（Samuel Laughlin）开始寻找 "一个年轻人来负责一家报社……他们会给他买下这家报社"。Laughlin to James K. Polk, December 16, 1835, *Correspondence of James K. Polk*, ed. Herbert Weaver and Kermit L. Hall (Kingsport, Tenn.: Vanderbilt University, 1975), 3:397.
14. Alfred Zantzinger Reed, *Training for the Public Profession of the Law: Historical Development and Principal Contemporary Problems of Legal Education in the United States with Some Account of Conditions in England and Canada* (Boston: Merrymount Press, 1921), 87. 到 1860 年，39 个州中只有 9 个州需要一段明确的法律学习期。同上，86. 也可参见 Gary B. Nash, "The Philadelphia Bench and Bar, 1800–1861," *Comparative Studies in Society and History* 7, no. 2 (January 1965): 203–220; Charles Warren, *A History of the American Bar* (Boston: Little, Brown, 1911); Maxwell Bloomfield, *American Lawyers in a Changing Society, 1776–1876* (New York: Cambridge University Press, 1976); Gerald W. Gawalt, *The Promise of Power: The Emergence of the Legal Profession in Massachusetts, 1760–1840* (Westport, Conn.: Greenwood Press, 1979); AntonHermann Chroust, *The Rise of the Legal Profession in America: The Revolution and the Post-Revolutionary Era* (Norman: University of Oklahoma Press, 1965); Michael Grossberg, Christopher Tomlins, eds., *The Cambridge History of Law in America: The Long Nineteenth Century 1789–1920* (New York: Cambridge University Press, 2008); Steve Sheppard, ed., *The History of Legal Education in the United States: Commentaries and Primary Sources*, 2 vols. (Pasadena, Calif.: Salem Press, 1999).
15. 在 19 世纪 30 年代，63.5% 的众议院议员是律师；在 19 世纪 40 年代，该比例是 66.9%；在 19 世纪 50 年代，这个比例是 66.1%。在第 23 届国会期间，263 名众议院议员中有 176 人是律师；52 名参议员中有 43 人是律师。这些数字包括中期离职或在任职期间死亡的男性。关于律师作为政治领袖的观点，还可参见 Altschuler and Blumin, *Rude Republic*, 97–105; Bogue et al., "Members of the House," 284–85.

16. French, diary entry, February 17, 1833, *Witness*, 38.

17. 除了国会传记目录，还可参见 Benjamin Franklin Morris, ed., *The Life of Thomas Morris: Pioneer and Long a Legislator of Ohio, and U.S. Senator from 1833 to 1839* (Cincinnati: Moore, Wilstach, Keys & Overend, 1856), 15; Earle, *Jacksonian Antislavery*, 37–44.

18. Lynch, "Washington City Forty Years Ago," *Memoirs of Anne C. L. Botta Written By Her Friends* (New York: J. Selwin Tait & Sons, 1894), 438.

19. George P. Marsh, *Lectures on the English Language* (New York: Charles Scribner, 1863), 671. 马什于 1858–1859 年在哥伦比亚大学发表了这些演讲。

20. 在设计了这个术语之后，我发现了罗伊·F. 尼科尔斯的论点，即文化联邦主义——一个有着根本不同文化观点的人的联盟——是内战的根本原因，尽管他的文化集群不一定分区域；"南部主义"、"新英格兰主义"和"废奴主义"是组成文化联邦主义的十种不同的"态度"之一。Nichols, *The Disruption of American Democracy* (New York: Collier Books Edition, 1962; orig. pub. 1948), 34–53. See also James C. Malin, *The Nebraska Question, 1852–54* (Michigan: Edwards Brothers, 1953), 426. 关于城市内的放纵生活，这种事例可以参见 Daniel Dickinson to Lydia Dickinson, February 12, 1858, 载于 *Speeches, Correspondence, Etc., of the Late Daniel S. Dickinson of New York*, John R. Dickinson, ed., 2 vols. (New York: G. P. Putnam & Son, 1867), 509; Dickinson to Mary Dickinson, February 12, 1858, 同上；John Parker Hale to Lucy Hale, 1837, 载于 Sewell, *John P. Hale*, 36; Duncan McArthur (NR–OH) to Mrs. McArthur, February 6, 1824, 载于 Earman, "Boarding Houses," 105; David Outlaw to Emily Outlaw, January 30, 1848, DOP.

21. 关于酗酒与政治之间的关系，参见 Rachel A. Shelden, *Washington Brotherhood: Politics, Social Life, and the Coming of the Civil War* (Chapel Hill: UNC Press, 2013), 125–30.

22. 美国禁酒协会的一份报告指出，仅在 1830 年，华盛顿市就授予了 60 个酒馆执照、

34 个烈酒店执照、4 个甜品店执照和 126 个许可证来销售"数量不少于一品脱的烈酒"。*Permanent Documents of the American Temperance Society*, 2 vols. (Boston: Seth Bliss, 1835), 1:76.

23. French to Henry Flagg French, December 1, 1855, BBFFP, LC. "邪恶的气味"是引用莎翁戏剧中福斯塔夫（Falstaff）说的一句话，*Shakespeare's The Merry Wives of Windsor*, Act III, Scene v.

24. "Temperance," *The Independent*, January 7, 1869, 21; Robert McClelland to John Parker Hale, January 20, 1844, John Parker Hale Papers, NHHS. [我要感谢新罕布什尔州历史学家协会的比尔·库普里（Bill Copeley）帮我找到了这位作者。] 詹金斯的杂货店位于宾夕法尼亚大道上，位于第三街和第四街半（Four-and-a-half Streets）之间，离国会大厦只有几个街区，能看到很多政治活动。卢修斯·埃尔默（Lucius Elmer，新泽西州民主党）在他将有可能剥夺约翰·帕克·黑尔（John Parker Hale，新泽西州民主党）的众议院席位时被带到那里。1850 年的博伊德目录（*Boyd's Directory*）列出了 8 个小酒馆，分别在宾夕法尼亚大道 253、369、391、420、460、490、528 和 538 号，但不包括其他类型的饮酒场所的清单。根据《牛津英语词典》，小酒馆出售黑啤酒和其他麦芽酒；沙龙供应各种酒水；饮料商店和杂货店供应少量的酒。

25. French, diary entry, December 15, 1835, *Witness*, 64.

26. Daniel French to French, December 31, 1833, BBFFP.

27. 事例参见 Buckingham, *America*, 1:358.

28. Robert McClelland to John Parker Hale, January 20, 1844, John Parker Hale Papers, NHHS.

29. 同上；Henry Watterson, *Marse Henry: An Autobiography*, 2 vols. (New York: George H. Doran Company, 1919), 1:40; French, diary entry, *Witness*, February 15, 1846, 184–85. 也可参见麦康奈尔在 1846 年的行为，当时他被加勒特·戴维斯（Garret Davies，肯塔基州辉格党）称为"喝醉酒的恶棍"。Adams, diary entry, *Memoirs*, January 10, 1846, 12:234–35. 以下（非常糟糕的）双关语要归功于与麦康奈尔同时代的记者乔治·普伦蒂斯（George Prentice）："华盛顿的一名写信人说，麦康奈尔先生曾经是一名校长。如果他教他的学生模仿他自己的醉酒习惯，那一定是一所高中。"（原文中为强调）。G. W. Griffin, ed., *Prenticeana: or, Wit and Humor in Paragraphs* (Philadelphia: Claxton, Remsen & Haffelfinger, 1871), 133.

30. Robert McClelland to John Parker Hale, January 20, 1844, John Parker Hale Papers, NHHS.
31. Peter A. Wallner, *Franklin Pierce: New Hampshire's Favorite Son* (Concord, N.H.: Plaidswede, 2004), 62–63; Nichols, Franklin Pierce, 86–87.
32. David Outlaw to Emily Outlaw, February 20, 1848, DOP. 也可参见 Edwin Morgan to his brothers, January 10, 1856, "A Congressman's Letters on the Speaker Election in the Thirty-Fourth Congress," Temple R. Hollcroft, *Mississippi Valley Historical Review* 43, no. 3 (December 1956): 444–58, 引自 454.
33. Adams, diary entry, December 26, 1843, *Memoirs*, 11:461. 想要知道更多关于醉酒国会议员的事情，参见 diary entry, March 1849, *Joshua R. Giddings: A Sketch*, ed. Walter Buell (Cleveland: William W. Williams, 1882), 190; "Temperance in High Places," *Saturday Evening Post*, March 23, 1850.
34. "Proceedings of the Congressional Total Abstinence Society," (New York: Office of the American Temperance Union, 1842), 28.
35. French, diary entry, August 29, 1841, *Witness*, 121–22; Adams, diary entry, August 23 and 25, 1841, *Memoirs*, 10:539, 542. 关于马歇尔之后几年的可悲的酗酒状态，以及他"奇怪的半被抛弃的生活方式"，参见 John Wilson Townsend, *Kentucky in American Letters, 1784–1912*, 2 vols. (Cedar Rapids, Iowa: Torch Press, 1913), 1:339–41.
36. *Globe*, 27th Cong., 1st Sess., August 25, 1841, 387.
37. Adams, diary entry, July 17, 1840, and September 13, 1841, *Memoirs*, 10:337, 11:17–18.
38. Samuel Cox, *Eight Years in Congress*, 19–20. 关于维戈夫（Wigfall）在 1860 年 3 月那篇据说是喝醉后（但可以肯定是胡言乱语）的演讲，参见 Beman Brockway, *Fifty Years in Journalism: Embracing Recollections and Personal Experiences With an Autobiography* (Watertown, N.Y.: Daily Times Printing and Publishing House, 1891), 223–24; *NYT*, March 28, 1860.
39. Adams, diary entry, September 13, 1841, *Memoirs*, 11:17–18. See also French, diary entry, August 19 and 29, 1841, *Witness*, 86, 122.
40. Oscar Fitzgerald, *California Sketches* (California: Southern Methodist Publishing House, 1882), 106–107. 还可参见 "Manhood Suffrage and the Ballot in America,"

Blackwood's Edinburgh Magazine 101 (April 1867): 461–78, 引自 470; George Rothwell Brown, ed., *Reminiscences of Senator William M. Stewart, of Nevada* (New York: Neale Publishing Company, 1908), 207–12; Russell Buchanan, "James A. McDougall: A Forgotten Senator," *California Historical Society Quarterly* 15 (September 1936): 199–212.

41. 转引自 John B. Gough, *Sunlight and Shadow or, Gleanings from My Life Work* (London: R. D. Dickinson, 1881), 272. 也可参见 *History of St. Joseph County, Indiana* (Chicago: Chas. C. Chapman & Co., 1880), 314–15; Federal Writers Project, *Indiana: A Guide to the Hoosier State* (New York: Oxford University Press, 1941), 353–54; John Wesley Whicker, "Edward A. Hannegan," *Indiana Magazine of History* 14 (December 1918): 368–75. 据称，汉尼根（Hannegan）在醉酒时杀死了他的姐夫，并死于吗啡过量。两名有问题的酗酒者被赶出了家庭旅馆：副总统丹尼尔·汤普金斯（Daniel Tompkins）和律师路德·马丁（Luther Martin）。Earman, "Boarding Houses," 55.

42. Adams, *Memoirs*, April 2, 1834, 9:118–19. 也可参见 J. Marion Sims, *The Story of My Life,* ed. H. Marion Sims (New York: D. Appleton, 1894), 95–96.

43. Diary entries, September 8 and 10, 1846, 载于 *The Diary of James K. Polk During His Presidency, 1845 to 1849*, ed. Milo Milton Quaife, 4 vols. (Chicago: A. C. McClurg, 1910), 2:123, 130–33. 也可参见 Perley Poore, *Perley's Reminiscences*, 1:300.

44. *Merchant's Magazine* (1848), 373.

45.《宪法》第 1 条第 6 款规定，参议员和众议员"在所有情况下，除叛国罪、重罪和违反治安外，在出席本院会议和回国期间享有不被逮捕的特权；他们不得因在各自议院发表的任何演讲或辩论而在任何其他地方受到质问"。还可参见 Thomas Jefferson, *A Manual of Parliamentary Practice for the Use of the Senate of the United States* (Georgetown: Joseph Milligan, 1812), 载于 *Jefferson's Parliamentary Writings: " Parliamentary Pocket-Book" and A Manual of Parliamentary Practice,"* ed. Wilbur Samuel Howell (Princeton, N.J.: Princeton University Press, 1988), 358–63.

46. French, diary entry, April 27, 1838, *Witness*, 79–80.

47. 参见 Radomsky, "Washington's Official Society;" Shelden, *Washington Brotherhood*; Earman, "Boarding Houses"; 关于较早时期的情况，参见 Allgor, *Parlor Politics*.

48. Robert McClelland to John Parker Hale, January 20, 1844, John Parker Hale Papers, NHHS.

49. Anne C. Lynch, "Washington City Forty Years Ago," 437–38; Annie C. Lynch to Lydia and Daniel Dickinson, January 7, 1853, *Speeches, Correspondence, Etc., of the Late Daniel S. Dickinson of New York,* ed. John R. Dickinson, 2 vols. (New York: G. P. Putnam & Son, 1867), 2:473. 关于林奇，还可参见 Edward T. James, Janet Wilson James, and Paul S. Boyer, eds., *Notable American Women: A Biographical Dictionary* (Cambridge: Radcliffe College, 1971), 212–14; *NYT*, December 31, 1893.

50. French, diary entry, December 15, 1835, *Witness*, 64. 关于城市的骚动不安状态，参见 Daniel Dickinson to Mary Dickinson, February 12, 1858, 载于 *Speeches, Correspondence, Etc., of the Late Daniel S. Dickinson*, 2:509; John Parker Hale to Lucy Hale, March 6, 1837, 载于 Sewell, *John P. Hale*, 36; Duncan McArthur (NR–OH) in Earman, "Boarding Houses," 105.

51. Francis J. Grund, "Society in the American Metropolis," [Philadelphia] *Sartain's Union Magazine of Literature and Art*, vol. VI (January–June 1850), 17–18.

52. French to Harriette French, May 12, 1834, BBFFP.

53. French, diary entry, December 15, 1836, 同上。

54. French, diary entry, May 7, 1838, *Witness*, 81.

55. Albert Gallatin Riddle, *Recollections of War Times* (New York: G. Putnam's Sons, 1895), 9. 里德尔（Riddle，俄亥俄州共和党）从 1861–1862 年就在众议院里。关于华盛顿南部社会的精神状态，还可参见 [Address at dedication of a monument to Joshua Giddings], July 25, 1870, *The Works of James Abram Garfield*, ed. Burke A. Hinsdale (Boston: James Osgood, 1882), 1:606.

56. 大约 17% 的黑人是自由的，12% 是被奴役的。William Darby and Theodore Dwight, Jr., *A New Gazetteer of the United States of America* (Hartford: Edward Hopkins, 1833), 112; 22nd Cong. 1st Sess., H. Doc. No. 269, Abstract of the Returns of the Fifth Census (Washington: Duff Green, 1832); Goldfield, "Antebellum Washington in Context," 9. 关于华盛顿作为一个边沿城市的状况，可以参见 Robert Harrison, *Washington During the Civil War and Reconstruction: Race and Radicalism* (New York: Cambridge University Press, 2011), 6–12; Carl Abbott, *Political Terrain*, 57–92; Stanley Harrold, *Subversives: Antislavery Community in Washington, D.C., 1828–1865* (Baton Rouge: LSU Press, 2003), 1–12; Goldfield, "Antebellum Washington in Context," 1–20.

57. Bernard L. Herman, "Southern City, National Ambition: Washington's Early Town Houses," *Southern City, National Ambition*, 21–46. 赫尔曼称其为"城市种植园"。

58. 参见 Henry Adams, *The Education of Henry Adams*, 44; Seward, *Reminiscences*, 69. 亚伯拉罕·林肯（Abraham Lincoln，伊利诺伊州共和党）和乔舒亚·吉丁斯（Joshua Giddings，俄亥俄州自由土地党）在众议院任职时都注意到了奴隶围栏。Lincoln, Speech on Kansas-Nebraska Act at Peoria, Illinois, October 16, 1854, *Speeches and Writings: Abraham Lincoln*, ed. Don E. Fehrenbacher (New York: Library of America, 1989), 313; Giddings, Speech on Relation of the Federal Government to Slavery, in Giddings, *Speeches in Congress* (Boston: John P. Jewett, 1853), 348. 参见 Paul Finkelman and Kennon, *In the Shadow of Freedom*; Walter C. Clephane, "The Local Aspect of Slavery in the District of Columbia," March 6, 1899, 记录于 *Records of the Columbia Historical Society* 3 (1900): 224–5; Letitia W. Brown, *Free Negroes in the District of Columbia, 1790–1846* (New York: Oxford University Press, 1972); Constance M. Green, *The Secret City: A History of Race Relations in the Nation's Capital* (Princeton, N.J.: Princeton University Press, 1967); Harrold, *Subversives*; Harrison, *Washington During the Civil War*, 6–12; Golfield, "Antebellum Washington in Context"; Fehrenbacher, *The Slaveholding Republic*, 49–88.

59. Horace Mann to Reverend A. Craig [?], December 5, 1852, *Life of Horace Mann by His Wife*, ed. Mary T. P. Mann (Boston: Lee & Shepard, 1904), 389.

60. James Brewer Stewart, *Joshua R. Giddings and the Tactics of Radical Politics* (Cleveland: Press of Case Western Reserve University, 1970), 41.

61. "Abstract of the Returns of the Fifth Census," 4. 奴隶制的幽灵一直纠缠着新罕布什尔州，正如在新英格兰的几个州一样；新罕布什尔州直到1857年才通过了最终的废奴法案。Joanne P. Melish, *Disowning Slavery: Gradual Emancipation and Race in New England, 1780–1860* (Ithaca, N.Y.: Cornell University Press, 1998), 76. 梅利什（Melish）指出，在州宪法宣布所有人自由平等时，这是否意味着奴隶制的终结，新罕布什尔州人在这一问题上存在着分歧。同上，66. 也可参见 Leon Litwack, *North of Slavery: The Negro in the Free States, 1790–1860* (Chicago: University of Chicago Press, 1961), 91–92; Sewall, *John Parker Hale*, 28–31; Cole, *Jacksonian Democracy in New Hampshire*, 178–80; Earle, *Jacksonian Antislavery*, 82–83.

62. French to Bess French, 载于 Gauker, *History of the Scottish Rite Bodies in the District of Columbia*, 5. 主要引自一封 1833 年 12 月 26 日的信。也可参见 Hale to Lucy Hale, December 24, 1843, 载于 Sewell, *John P. Hale*, 38.

63. Melish, *Disowning Slavery*, 22–23.

64. 关于奴隶制在新英格兰的存废，参见 Melish, *Disowning Slavery*. 关于新罕布什尔州奴隶制的存废，参见 Earle, *Jacksonian Antislavery*, 78–102. 关于奴隶制在殖民地时期新英格兰的建立，参见 Wendy Warren, *New England Bound* (New York: Liveright, 2016).

65. *Globe*, 34th Cong., 1st Sess., June 12, 1856, 34:1, 626 app. 也可参见 James L. Huston, "The Experiential Basis of the Northern Antislavery Impulse," *Journal of Southern History* 4 (November 1990): 609–40; Horace Mann to E. W. Clap, January 28, 1850, Mann, ed., *Life of Horace Mann*, 287–88.

66. Maria Weston Chapman, ed., *Harriet Martineau's Autobiography*, 3 vols. (Boston: Houghton, Mifflin, 1877), 1:342–43.

67. Hale to Lucy Hale, January 8, December 6 and 12, 1844, John Parker Hale Papers, NHHS. 黑尔（Hale）与理查德·辛普森（Richard Simpson，南卡罗来纳州民主党）和大卫·利维（David Levy，佛罗里达州民主党）交谈，利维是第一位犹太人参议员，并在 1846 年将自己的名字改为尤利（Yulee）。

68. Sewell, *John P. Hale*, 120.

69. 关于亨利·哈伯德（Henry Hubbard，新罕布什尔州民主党）经常去附近种植园的评论，以及威廉·苏厄德（William Seward，纽约州共和党）在 1857 年的访问的评论，参见 *Globe*, 24th Cong., 1st Sess., March 7, 1836, 168 app.; Frederick William Seward, *Autobiography: Seward at Washington, as Senator and Secretary of State* (New York: Derby and Miller, 1891), 331.

70. 关于卡罗尔（Carroll）的共济会情结，参见 Edward T. Schultz, *History of Freemasonry in Maryland of All the Rites Introduced into Maryland from the Earliest Time to the Present*, 2 vols. (Baltimore: J. H. Medairy, 1885), 528.

71. French, diary entry, July 27, 1851, *Witness*, 220–21.

72. 同上，September 4, 1851, 221; *National Intelligencer*, September 5, 1851.

73. *Chicago Democrat*, dateline January 12, 1838, BBFFP.（弗伦奇把他的"信件"剪下来贴在剪贴簿上，没有列出这些《芝加哥民主党人报》的日期。）

74. French, diary entry, January 21, 1849, *Witness*, 207–208.

75. French, "To the Hon. J. R. Giddings, upon reading his great speech in the H of Reps U.S. on Presidential nominations," July 11, 1852, BBFFP. 吉丁斯于1852年6月23日发表演说；参见 Stewart, Joshua Giddings, 211–13.

76. 关于华盛顿民主党协会是如何进行训练的，参见 "Circular from the Executive Committee of the Democratic Association of Washington City," Septembe1844, memory.loc.gov/cgi-bin/query/h?ammem/rbpebib:@field%28NUMBER+@band%2Brbpe+1970400a%29%29；访问于2013年7月29日。关于政党政治的地方化属性，参见 Daniel Klinghard, *The Nationalization of American Political Parties, 1880–1896* (New York: Cambridge University Press, 2010), 25–32; John H. Aldrich, *Why Parties: A Second Look* (Chicago: University of Chicago Press, 2011), 119–29; William E. Gienapp, " 'Politics Seem to Enter into Everything': Political Culture in the North, 1840–1860," 载于 *Essays on American Antebellum Politics, 1840–1860*, ed. Stephen E. Maizlish and John J. Kushma (College Station: University of Texas at Arlington, 1982), 15–69, 48–50; Formisano, *Transformation of Political Culture*; Silbey, *American Political Nation*.

77. Silbey, *American Political Nation*, 59–70; Formisano, *Transformation of Political Culture*, 258–60; James S. Chase, *Emergence of the Presidential Nominating Convention, 1789–1832* (Urbana: University of Illinois Press, 1973). 关于政党政治对于暴力行为的消除，参见 Selinger, *Embracing Dissent*.

78. 关于俚语，参见 John Russell Bartlett, *Dictionary of Americanisms: A Glossary of Words and Phrases Usually Regarded as Peculiar to the United States* (Boston: Little, Brown, 1977), 602.

79. 弗伦奇似乎在1834年为《芝加哥民主党人报》写过文章；芝加哥的第一份报纸在1833年出版，霍拉肖·希尔（Horatio Hill）和同样来自新罕布什尔州的"长人约翰"——约翰·温特沃思（John Wentworth）——共同拥有这份民主党报纸。弗伦奇认识他们。温特沃思后来在众议院成为伊利诺伊州代表。

80. Holt, *Rise and Fall of the Whig Party*, xiii; Howe, *Political Culture of the American Whigs*. 关于反政党情绪的学术研究渊博深厚。在国会研究中特别有用的是 Edward L. Mayo, "Republicanism, Antipartyism, and Jacksonian Party Politics: A View from the Nation's Capital" *American Quarterly* 31 (Spring 1979): 3–20;

Silbey, *American Political Nation*; Formisano, *Transformation of Political Culture*; idem., "Political Character, Antipartyism and the Second Party System," *American Quarterly* 21 (Winter 1969): 683–709; William Shade, "Political Pluralism and Party Development: The Creation of a Modern Party System, 1815–1852," 载于 *The Evolution of American Electoral Systems*, eds. Paul Kleppner, Walter Dean Burnham, Ronald P. Formisano, Samuel P. Hays, Richard Jensen, and William G. Shade (Westport, Conn.: Greenwood Press, 1981), 77–111; Richard McCormick, *The Second American Party System: Party Formation in the Jacksonian Era* (Chapel Hill: UNCPress, 1966); Christopher J. Olsen, *Political Culture and Secession in Mississippi: Masculinity, Honor, and the Antiparty Tradition, 1830–1860* (New York: Oxford University Press, 2000), 55–69. 关于辉格党和反政党政治，尤其可以参见 Daniel Walker Howe, *The Political Culture of the American Whigs* (Chicago: University of Chicago Press, 1979), 51–54; Gerald Leonard, *The Invention of Party Politics: Federalism, Popular Sovereignty, and Constitutional Development in Jacksonian Illinois* (Chapel Hill: UNC Press, 2002).

81. *Chicago Democrat*, dateline December 11, 1834, BBFFP; French, diary entry, September 15, 1828; November 16, 1840; August 15, 1841, *Witness*, 16, 105, 121. 在后来的竞选中，弗伦奇对1840年的总统选举感到愤怒。迈克尔·霍尔特（Michael Holt）指出，尽管辉格党是一个多元化的群体，由他们对杰克逊及其所代表（之物）的仇恨聚集在一起，但他们有着更广泛的意识形态纽带：他们对"行政暴政的仇恨是建立在原则之上的"。Holt, *The Rise and Fall of the American Whig Party: Jacksonian Politics and the Onset of the Civil War* (New York: Oxford University Press, 1999), 28–29. "辉格党"这个词第一次出现，是用来描述反杰克逊派的，可以追溯到1834年。Howe, *Political Culture of the American Whigs*, 88, 332 n73; Steven P. McGiffen, "Ideology and the Failure of the Whig Party in New Hampshire, 1834–1841," *New England Quarterly* 3 (September 1986): 387–401, 引自 390. 也可参见 Holt, *Rise and Fall of the Whig Party*, 20.

82. 事例参见 French, diary entry, January 9, 1844, *Witness*, 158.

83. 弗伦奇写了无数的竞选活动歌曲。关于他的歌曲创作，参见 French, diary entry, January 9, 1844, *Witness*, 158.

84. *Baltimore Sun*, June 16, 1842; French, diary entry, January 10, 1852, *Witness*, 226.

关于宴会的完整记录以及请柬照片，参见 "Proceedings at the Banquet of the Jackson Democratic Association, Washington, Eighth of January, 1852" (Washington, D.C., 1852). 关于另一场晚宴，参见 *New Hampshire Sentinel*, January 29, 1835; [N.Y.] *Evening Post*, January 16, 1835; Franklin Pierce to his brother, January 9, 1835, Franklin Pierce Papers, LC.

85. *Salem Gazette*, January 8, 1828; *Salem Register*, March 30, 1833. 这篇匿名文章可能是由未来将担任国会议员的小罗伯特·兰图尔（Robert Rantoul Jr., 马里兰州民主党）所写。*Globe*, 32nd Cong., 1st Sess., March 6, 1852, 248 app.; 同上，March 9, 1852, 293 app. 这句话最终变成了空洞华丽的陈词滥调，在几十年里有了无数的变化；例如 "tunjo" 变成了 "tonjon"、"tonton"、"tomjohn" 和 "tom-tom"。直到 1916 年，一位小说家借一个快乐的矿工之口说出这句话："准备好打倒哈加格吧，打倒 tom-tom。这次我们能赢！" Francis Lynde, *After the Manner of Men* (New York: Charles Scribner's Sons, 1916), 252.

86. Joel Mitchell Chapple, "Affairs at Washington," *National Magazine* (October 1903), 20.

87. 关于弗伦奇活动的一些列表，参见 *Witness*, xv–xvi; [Hudson, N.Y.] *Rural Repository*, March 31, 1849; 他的讣告在 *NYT*, August 14, 1870. 弗伦奇参与创立了监护人协会，以改善该市的少年犯问题。Charles Moore, ed. and comp., *Joint Select Committee to Investigate the Charities and Reformatory Institutions in the District of Columbia* (Washington: GPO, 1898),154; French, diary entry, August 24, 1862, *Witness*, 405. 关于女子学校，参见 French, diary entry, January 10, 1852, *Witness*, 226.

88. French, diary entry, June 23, 1840. *Witness*, 101. 弗伦奇和宾夕法尼亚州的乔治·M. 菲利普斯（George M. Phillips）——财政部律师办公室的一名职员，以及两名众议院职员——宾夕法尼亚州的霍拉肖·N. 克拉布（Horatio N. Crabb）和马萨诸塞州的西蒙·布朗（Simon Brown），一起去了布莱登斯堡（Bladensburg）。

89. 事例参见 *Alexandria Gazette*, October 3, 1844, 描述了辉格党和民主党在西部的竞争。

90. French to M. P. Wilder, October 29, 1849, 载于 *Festival of the Sons of New Hampshire... Celebrated in Boston, November 7, 1849* (Boston: James French, 1850), 134.

91. French, "A Song," 载于 *Festival of the Sons of New Hampshire*, 108–10.

92. *Daily National Intelligencer*, March 29, 1843.

93. French, diary entry, November 6, 1841, *Witness*, 127–28. 还可以参见弗伦奇在 1864 年 10 月 14 日于共济会新的会堂奠基仪式上的演讲。*Freemason's Monthly Magazine* 24 (November 1, 1864): 23–25.

94. French, diary entry, March 13, 1842, *Witness*, 138.

95. 参见 Cephas Brainerd and Eveline Warner Brainerd, eds., *The New England Society Orations: Addresses, Sermons, and Poems Delivered Before the New England Society in the City of New York, 1820–1885*, 2 vols. (New York: The Century Co., 1901), 1:6; New England Society in the City of New York, www.nesnyc.org/about-us/history. 访问于 2013 年 6 月 14 日。

96. Dall, diary entry, December 26, 1842, Daughter of Boston, 67–68.

97. [Hudson, NY] *Rural Repository,* March 31, 1849.

98. 参见 Susan-Mary Grant, *North over South: Northern Nationalism and American Identity in the Antebellum Era* (Lawrence: University Press of Kansas, 2000), passim, 尤其是 64–65.

99. Martin F. Tupper, "On the Union," *Littell's Living Age*, March 22, 1851, 575.

100. David Outlaw to Emily Outlaw, January 30, 1848; July 27 and February 14, 1850, DOP. 奥特洛觉得北部的"男人婆"安妮·林奇没有吸引力。同上, July 3, 1850. 关于奥特洛和女性, 还可以参见 Berry, *All That Makes a Man*, 118–36, 158–60.

101. Notes for a speech, ca. 1844–45, Fisher Family Papers, UNC. 费希尔于 1817 至 1820 年间以及 1839 至 1840 年间在国会任职。

102. George C. Rable, *Damn Yankees!: Demonization and Defiance in the Confederate South* (Baton Rouge: LSU Press, 2015).

103. 关于北部人对南部人的无知, 尤其可以参见 Grant, *North over South*. 关于北部如何在思想上摒弃奴隶制, 参见 Melish, *Disowning Slavery*. 关于北部民主党的反奴隶制小群体, 参见 Earle, *Jacksonian Antislavery*.

104. 参见 French to Henry Flagg French, November 1846, BBFFP.

105. French, diary entry, July 1, 1855, *Witness*, 260.

106. John Russell Bartlett, *Dictionary of Americanisms: A Glossary of Words and Phrases Usually Regarded as Peculiar to the United States* (Boston: Little, Brown, 1848), 128. 1860 年这套词典的第三版将"面团脸"定义为"对奴隶主权势的谄媚"。

同上，128. 巴利特（Barlett）向《纽约商业广告商》(*New York Commercial Advertiser*) 的编辑约翰·英曼（John Innman）寻求帮助，界定关于政治词汇的定义；英曼在附录中改进了巴利特对"面团脸"的定义。同上，397.

107. William Plumer, Jr., "Reminiscences of Daniel Webster," 载于 *The Writings and Speeches of Daniel Webster,* National Edition, 18 vols. (Boston: Little, Brown, 1903), 17: 553–55. 普卢默（Plumer，新罕布什尔州共和党）注意到了本顿的举止，猜到发生了什么，后来向韦伯斯特（Webster）证实了这一点。他的假设只是基于本顿的肢体语言，这在很大程度上说明了国会中荣誉纠纷时常发生。

108. *Connecticut Courant*, March 15, 1809.

109. [Keene] *New-Hampshire Sentinel*, April 1, 1820. 关于面团脸和北部民主党之间的关系，尤其可以参见 Landis, *Northern Men with Southern Loyalties*; Leonard L. Richards, *The Slave Power: The Free North and Southern Domination, 1780–1860* (Baton Rouge: LSU Press, 2000), 85–88, 109–16; Joshua A. Lynn, "HalfBaked Men: Doughface Masculinity and the Antebellum Politics of Household," M.A. Thesis, UNC, Chapel Hill, 2010; Earle, *Jacksonian Antislavery*; Nicholas Wood, "John Randolph of Roanoke and the Politics of Slavery in the Early Republic," *Virginia Magazine of History and Biography* 2 (Summer 2012): 106–43, 尤其是129–30. 伍德（Wood）认为，伦道夫是在嘲笑那些纯粹以商业原因（而不是道德原因）而主张限制奴隶制的北部人；其他人则认为他是在嘲笑北部的盟友。为了讨论这个词的起源和含义，参见 Lynn, "Half-Baked Men," 15–18; Hans Sperber and James N. Tidwell, "Words and Phrases in American Politics," *American Speech 2* (May 1950): 91–100, 尤其是95–100. 在杖击查尔斯·萨姆纳事发不久后舆论愤然，参见 "A Former Resident of the South" [Darius Lyman], *Leaven for Doughfaces; or Threescore and Ten Parables Touching Slavery* (Cincinnati: Bangs and Company, 1856).

110. Whitman, "Song for Certain Congressmen," 1850, 载于 *Whitman: Complete Poetry and Collected Prose* (New York: Library of America, 1982), 1076. 也可参见 Betsy Erkkila, *Whitman the Political Poet* (New York: Oxford University Press, 1989); Martin Klammer, *Whitman, Slavery, and the Emergence of Leaves of Grass* (University Park: Pennsylvania State University Press, 1995); Edward L. Widmer, *Young America: The Flowering of Democracy in New York City* (New York: Oxford University Press,

1999), 81–85. 关于把面团脸当成是胆小鬼，参见 Lynn, "Half-Baked Men," 尤其是 15–18.

111. Seward, *Reminiscences*, 83. 也可参见 Henry Wilson, *History of the Rise and Fall of the Slave Power in America* (Boston: Houghton Mifflin, 1874), 2:295. 在 1848 年哥伦比亚特区关于奴隶制的投票中，乔舒亚·吉丁斯（Joshua Giddings，俄亥俄州辉格党）看到躲避者们走了，在下一次投票中才返回。参见 Giddings to Charles Sumner, December 1848, 载于 George Washington Julian, *The Life of Joshua R. Giddings* (Chicago: A. C. McClurg, 1892), 260. 也可参见 Landis, *Northern Men*, 312.

112. *Globe*, 31st Cong., 1st Sess., September 12, 1850, 1807. 21 名参议员没有投票支持逃亡奴隶法案。没有北部辉格党投赞成票；8 人投票反对，5 人缺席。3 名北部民主党人投了反对票，3 人投了赞成票，9 人缺席。Sean M. Theriault and Barry R. Weingast, "Agenda Manipulation, Strategic Voting, and Legislative Details in the Compromise of 1850," 载于 *Party, Process, and Political Change in Congress*, ed. David Brady and Matthew McCubbins, 2 vols. (Stanford, Calif.: Stanford University, 2002), 1:375; James L. Sundquist, *Dynamics of the Party System: Alignment and Realignment of Political Parties in the United States* (Washington, D.C.: Brookings Institute, 1983), 69 footnote; Holman Hamilton, *Prologue to Conflict: The Crisis and Compromise of 1850* (Lawrence: University of Kansas Press, 1964), 161–64; Landis, *Northern Men with Southern Loyalties*, 31–32.

113. Jeffrey A. Jenkins and Charles Stewart III, "The Gag Rule, Congressional Politics, and the Growth of Anti-Slavery Popular Politics," 论文提交于 "Congress and History" conference, MIT, May 30–31, 2003, 27–28.

114. Fessenden to Ellen Fessenden, June 15, 1841, William P. Fessenden Papers, Bowdoin College. 吉丁斯也说了同样的话，他在辩论中抱怨说，自由州的人在受到侮辱时一直保持沉默，因为他们想做成事情（并通过规则的采纳）。*Globe*, 27th Cong., 1st Sess., June 15, 1841, 54.

115. Fessenden to Samuel Fessenden, July 29, 1841, William P. Fessenden Papers, Bowdoin College.

116. *Globe,* 27th Cong., 3rd Sess., February 13, 1843, 195 appendix; Giddings, diary entry, December 14, 1838, 载于 Julian, *Life of Joshua R. Giddings*, 52.

117. Hale to Lucy Hale, June 10, 1844, John Parker Hale Papers, NHHS. 也可参见 Amos Tuck to John Parker Hale, January 15, 1845, 同 上; Charles D. Cleveland to Hale, March 24, 1844; S. Hale to Hale, April 12, 1850; W. Claggett to Hale, March 7, 1844, 同上; Giddings, diary entry, December 14, 1838, 载于 Julian, *Life of Joshua Giddings*, 52.

118. *Globe*, 25th Cong., 2nd Sess., January 11, 1838, 71 app. 在讨论佛罗里达州的奴隶制时, 卡尔霍恩赞扬了伦道夫对废奴主义的坚决反对; 克莱敦促卡尔霍恩"更冷静地处理联邦的各个方面问题"。

119. 同上, 27th Cong., 3rd Sess., February 13, 1843, 195 app.

120. Hale to Lucy Hale, June 10, 1844, John Parker Hale Papers, NHHS.

121. 约瑟夫·鲁特（Joseph Root, 俄亥俄州辉格党人）做了评论。*Globe*, 29th Cong., 2nd Sess., February 5, 1847, 333; Hale to Lucy Hale, June 10, 1844, John Parker Hale Papers, NHHS.

122. "Northern Truckling," [Cincinnati] *Philanthropist*, March 1, 1843. 也可参见同上, February 8, 1843. 菲尔莫尔的攻击者是亨利·怀斯（弗吉尼亚州辉格党）。

123. 也可参见 Brie Anna Swenson Arnold, "'Competition for the Virgin Soil of Kansas': Gendered and Sexualized Discourse About the Kansas Crisis in Northern Popular Print and Political Culture, 1854–1860" (Ph.D. dissertation, University of Minnesota, 2008), 194–233; Lynn, "Half-Baked Men"; Thomas J. Balcerski, "Intimate Contests: Manhood, Friendship, and the Coming of the Civil War" (Ph.D. dissertation, Cornell University, 2014).

124. Benton, *Thirty Years' View*, 2:618; *Globe*, 24th Cong., 1st Sess., February 12, 1836, 89–93 app.; 同上, February 29, 1836, 149 app. 金谈到了卡尔霍恩的失态, 以及几天后由约翰·布莱克（John Black, 密苏里州反杰克逊派）犯的类似错误。

125. 关于这一时期的女性请愿者, 尤其可以参见 Zaeske, "'The South Arose as One Man'"; idem., *Signatures of Citizenship: Petitioning, Antislavery, and Women's Political Identity* (Chapel Hill: UNC Press, 2003); Jennifer Rose Mercieca, "The Culture of Honor: How Slaveholders Responded to the Abolitionist Mail Crisis of 1835," *Rhetoric & Public Affairs* 10.1 (2007): 51–76.

126. *Globe*, 24th Cong., 1st Sess., February 12, 1836, 89–93 app.; 同上, February 15, 1836, 185–86. 这篇文章载于 [Concord] *Herald of Freedom*. Holt, *Franklin Pierce*, 18–19;

Cole, *Jacksonian Democracy in New Hampshire*, 180–82; Nichols, *Franklin Pierce*, 83–86; Benton, *Thirty Years' View*, 2:615–18.

127. John Fairfield to Ann Fairfield, February 15, 1836, Papers of John Fairfield, LC. 不幸的是，弗伦奇从 1836 年 1 月到 3 月没有"写日记"。French, diary entry, March 20, 1836, *Witness*, 64. 关于皮尔斯"兴奋"的长篇大论，也可参见 [Massachusetts] *New-Bedford Mercury*, February 26, 1836.

128. *Connecticut Courant*, February 22, 1836.

129. *New Hampshire Patriot*, March 14, 1836.

130. French to Henry Flagg French, June 8, 1834, BBFFP.

131. French, *Chicago Democrat*, dateline January 4, 1837, BBFFP.

132. 事例参见安德鲁·斯图尔特（Andrew Stewart，宾夕法尼亚州辉格党）的评论。*Globe*, 28th Cong., 1st Sess., January 20, 1844, 173; David Outlaw to Emily Outlaw, March 20, 1848, DOP.

133. Dawson to William S. Hamilton, June 29, 1824, 载于 Joseph G. Dawson, III, *The Louisiana Governors, from Iberville to Edwards* (Baton Rouge: LSU Press, 1990), 114; Elrie Robinson, *Early Feliciana Politics* (St. Francisville, La.: St. Francisville Democrat, 1936), 29. 关于道森，参见同上，12–32, 57–64. 道森几乎是用一把能够割破喉咙的利剑进行了决斗，他那个选择枪支的对手说，那把剑有三尺长。同上，29.

134. *Globe*, 27th Cong., 2nd Sess., January 28, 1842, 183. 也可参见 [N.Y.] *The New World*, January 29, 1842; [Boston] *Liberator*, February 14, 1845; *Globe*, 27th Cong., 3rd Sess., February 13, 1843, 277.

135. *Globe*, 29th Cong., 1st Sess., December 10 and 11, 1845, 41–42.

136. 同上，27th Cong., 3rd Sess., February 13, 1843, 277.

137. 站在吉丁斯旁边的是约翰·考辛（John Causin，马里兰州辉格党）、所罗门·富特（Solonmon Foot，佛蒙特州辉格党）、肯尼斯·雷纳（Kenneth Rayner，北卡罗来纳州辉格党）和查尔斯·赫德森（Charles Hudson，马萨诸塞州辉格党）；吉丁斯说，两个南部人考辛和雷纳都有武器。站在道森旁边的是约翰斯·斯莱德尔（Johns Slidell，路易斯安娜州民主党）、威廉·亨利·斯泰尔斯（William Henry Stiles，佐治亚州民主党）和两位不愿透露姓名的民主党人。吉丁斯说，道森和考辛一直站在他旁边，直到他说完为止。Giddings, *History of the*

Rebellion, 241; George Washington Julian, *The Life of Joshua R. Giddings* (Chicago: A. C. McClurg, 1892), 174; [N.Y.] *Commercial Advertiser*, February 8, 1845; *Salem Register*, February 10, 1845; [Norwalk] *Huron Reflector*, February 25, 1845.

138. 在 "The Culture of Honor" 这篇文章中，默西卡（Mercieca）展示了邮件危机和荣誉文化之间的联系。也可参见 Bertram Wyatt-Brown, "The Abolitionists' Postal Campaign of 1835," *Journal of Negro History* 50 (October 1965): 227–38; idem., *Lewis Tappan and the Evangelical War Against Slavery* (Cleveland: Case Western 1969), 149–66; Leonard Richards," *Gentlemen of Property and Standing": Anti-Abolition Mobs in Jacksonian America* (New York: Oxford University Press, 1970); Susan Wyly-Jones, "The 1835 Anti-Abolition Meetings in the South: A New Look at the Controversy over the Abolition Postal Campaign," *Civil War History* 47 (2001): 289–309; Lacy K. Ford, *Deliver Us from Evil: The Slavery Question in the Old South* (New York: Oxford University Press, 2009), 481–504; Mitchell Snay, *Gospel of Disunion: Religion and Separatism in the Antebellum South* (Chapel Hill: UNC Press, 1997).

139. *Globe*, 24th Cong., 1st Sess., January 7, 1836, 81.

140. Grimsted, *American Mobbing*, passim.

141. 同上，15, 133–34. 关于南部荣誉和暴力之间联系的研究十分多；在比较研究和国会研究中特别有用的是 Dickson D. Bruce, Jr., *Violence and Culture in the Antebellum South* (Austin: University of Texas, 1979); " 'Let Us Manufacture Men': Educating Elite Boys in the Early National South," 收录于 *Southern Manhood: Perspectives on Masculinity in the Old South* (Athens: University of Georgia, 2004), 22–48; Nisbett and Cohen, *Culture of Honor*; Bowman, *At the Precipice, Chapter Three;* Edward L. Ayers, *Vengeance & Justice: Crime and Punishment in the 19th-Century American South* (New York: Oxford University Press, 1984); Franklin, *Militant South*.

142. William S. Powell, ed., *Dictionary of North Carolina Biography* (Chapel Hill: UNC Press, 1994), 5:133; Ernest G. Fischer, *Robert Potter: Founder of the Texas Navy* (Gretna, La.: Pelican Publishing, 1976), 22–25; Eric H. Walther, *William Lowndes Yancey and the Coming of the Civil War* (Chapel Hill: UNC Press, 2006), 47–48; Grimsted, *American Mobbing*, 90, 93.

143. Grimsted, *American Mobbing*, 99.
144. 关于南部荣誉文化的总貌，尤其可以参见 Bertram Wyatt-Brown, *Southern Honor: Ethics and Behavior in the Old South* (New York: Oxford University Press, 1982); Greenberg, *Honor and Slavery*; Ayers, *Vengeance and Justice*.
145. 关于在决斗中证明勇气而不流血的重要性，尤其可以参见 Joanne B. Freeman, *Affairs of Honor: National Politics in the New Republic* (New Haven: Yale, 2001), 159–198.
146. 关于北部荣誉文化，参见 Lorien Foote, *The Gentlemen and the Roughs: Manhood, Honor, and Violence in the Union Army* (New York: NYU, 2010), 96 and passim; Kanisom Wongsrichanalai, *Northern Character: College-Educated New Englanders, Honor, Nationalism, and Leadership in the Civil War* (New York: Fordham, 2016); Robert S. Levine, "'The Honor of New England': Nathaniel Hawthorne and the Cilley-Graves Duel of 1838," 载于 Mayfield and Hagstette, *The Field of Honor*, 158–59; Freeman, *Affairs of Honor*.
147. "A Looker On" [French], *Chicago Democrat*, dateline February 13, 1835, BBFFP.
148. "Letter of Leonard Jarvis to his constituents of the Hancock and Washington District, in Maine" (n.p.), 15. 也可参见 H. W. Greene, "Letters Addressed to Francis O. J. Smith, Representative in Congress from Cumberland District, (Me.) Being a Defence of the Writer Against the Attacks Made on Him by That Individual—And a Sketch of Mr. Smith's Political Life" (n.p., 1839), 13–14; *History of Penobscot County, Maine, With Illustrations and Biographical Sketches* (Cleveland: Williams, Chase & Co., 1882), 673–74; William Leo Lucey, *Edward Kavanagh: Catholic, Statesman, Diplomat from Maine, 1795–1844* (Worcester, Mass.: College of the Holy Cross, 1946), 114–15; "Mr. Smith's Review of the Letter of Leonard Jarvis, to his Constituents" (n.p.); *Daily Pittsburgh Gazette*, February 27, 1835. news.google.com/newspapers?nid=1125&dat=18350227&id=JzYPAAAAIBAJ&sjid=04UDAAAAIBAJ&pg=4187,6604027. 访问于 2012 年 6 月 13 日。还可参见 Thomas Todd to F. O. J. Smith, January 17, 1835, F. O. J. Smith Papers, NYPL.
149. Grimsted, *American Mobbing*, 86, 13.
150. Adams, *Memoirs*, April 21, 1840, 10:271.
151. 关于不同地区的暴力行为"系统"，参见 Grimsted, *American Mobbing*; Ayers,

Vengeance & Justice. 许多关于不同地区的男子气概的研究赞同艾米·格林伯格（Amy Greenberg）开创性的著作 *Manifest Manhood*，它描述了内战前的两种形式的男子气概——克制的和军事的，前者在北部人中更常见，后者在南部人中更常见。国会的斗争证实了这一想法，但更加复杂。在国会的舞台上，个人战斗的舒适感给了南部人胜过北部人优势，他们充分地利用了这一点。但随着时间的推移，北部人变得更加暴力，使他们的男子气概适应了当下的要求——让人们注意到男子气概易变和好斗的本质。Greenberg, *Manifest Manhood and the Antebellum American Empire* (New York: Cambridge University Press, 2005), esp. 11–14, 272–75. 关于不同地区的情感，参见 Woods, *Emotional and Sectional Conflict*.

152. Grimsted, *American Mobbing*, ix. On fighting men. 关于安德鲁·斯图尔特的评论，参见 *Globe*, 28th Cong., 1st Sess., January 20, 1844, 173; David Outlaw to Emily Outlaw, March 20, 1848, DOP.

153. Harriet Martineau, *Retrospect of Western Travel,* 2 vols. (London: Saunders and Otley, 1838), 1:145. 对她的评论应该谨慎一点，因为她可能是在向那些面团脸发泄其对于反奴隶制事业的沮丧。

154. Harriet Martineau, *Society in America* (Paris: Baudry's European Library, 1837), 2:92. 尤其可以参见 Ayers, *Vengeance & Justice*. 格里姆斯特德（Grimsted）恰当地总结了南部的正义模式："当你成为一个南部的暴徒时，也就意味着很少有人要向你道歉。" Grimsted, *American Mobbing*, 13–16. 关于某种政治环境下的暴力，参见 Dickson Bruce, *Violence and Culture in the Antebellum South* (Austin: University of Texas Press, 1979); John Hope Franklin, *The Militant South, 1800–1861* (Cambridge: Harvard University Press, 1956); Sheldon Hackney, "Southern Violence," *American Historical Review* 74 (1969): 906–25; John S. Reed, "Below the Smith and Wesson Line: Southern Violence," 载于 *One South: An Ethnic Approach to Regional Culture* (Baton Rouge: LSU Press, 1982), 139–53; Kenneth Greenberg, *Masters and Statesmen: The Political Culture of American Slavery* (Baltimore: Johns Hopkins, 1985); Olsen, *Political Culture and Secession in Mississippi*; Woods, *Emotional and Sectional Conflict*; 还有怀亚特-布朗（Wyatt-Brown）关于南部荣誉的著名作品；Wyatt-Brown., *Shaping of Southern Culture*. 关于北部的集体暴力和制度应对，参见 Weinbaum, *Mobs and Demagogues*.

155. *Globe*, 30th Cong., 1st Sess., March 10, 1848, 454–55; *National Era*, March 16, 1848, 43. 这两份出版物对威克的演讲有相同的描述，但只有《国家时代》对这场战斗进行了完整的描述。乔治·琼斯（George Jones，田纳西州民主党）和休·哈拉尔森（Hugh Haralson，佐治亚州民主党）是两名好战者。

156. 我非常感谢托尼·罗通多（Tony Rotundo）提出这样的建议。

157. 在内战前夕，奴隶约占边沿州人口的 12.7%；占中南部地区的 30%；占深南部地区的 58.5%。边沿州 21.2% 的黑人是自由的，与之相对，深南部地区只有 1.5% 的黑人是自由的，Freehling, *South Against the South*, 18–19, 24; idem., *Road to Disunion*, 33–35.

158. 这一部分的内容主要应该感谢 Freehling, *South Against the South*, 23.

159. 关于辉格党人和暴力行为间的关系，也可参见 Howe, *Whigs*, 128. 特拉华州和肯塔基州是辉格党占主导的，而马里兰州则时常是摇摆州。

160. 这些妥协者包括约翰·克里滕登（John Crittenden，肯塔基州辉格党）、科斯特·约翰逊（Cost Johnson，马里兰州辉格党）、路易斯·麦克莱恩（Louis McLane，得克萨斯州杰克逊派）、"伟大的和平主义者"查尔斯·芬顿·默瑟（Charles Fenton Mercer，弗吉尼亚州辉格党）和"伟大的妥协者"亨利·克莱（Henry Clay，肯塔基州辉格党）。关于克莱、妥协和文化，也可参见 Howe, *Whigs*, 123–49. 想要看他如何四处进行调解，参见 *Brattleboro Messenger*, March 7, 1834, and *Connecticut Gazette*, March 12, 1834，其中描述了乔治·波因德克斯特（George Poindexter，密苏里州反杰克逊派）和约翰·福赛思（John Forsyth，佐治亚州杰克逊派）之间差点发生的一场决斗。默瑟住在离华盛顿不远的劳登县（Loudon）。关于伟大的"和平主义者"，参见 *The Liberator*, May 13, 1836; "Funeral Oration Delivered at the Capitol in Washington over the Body of Hon. Jonathan Cilley, With a Full Account of the Late Duel, Containing Many Facts Never Before Published" (New York: Wiley & Putnam, 1838), 24; 以及 "Nominis in Umbra" [French], *Chicago Democrat*, dateline February 23, 1838, BBFFP，这篇文章注意到，在似乎"可能以决斗告终"的争端中，默瑟在"众议院里一般都是和平缔造者"。关于约翰逊，参见 "The Polite Duel," Thomas William and Folger McKinsey, *History of Frederick County Maryland*, 2 vols. (Baltimore: Genealogical Publishing Co., 1979), 1:308–309. 关于边沿州的调停者，还可参见 Freehling, *Road to Disunion*, 432.

161. 参见 French, diary entry, January 22, 1838, *Witness*, 74.
162. French to Henry Flagg French, March 9, 1834, BBFFP; Journal of the Senate, 23rd Cong., 1st Sess., February 28, 1834, 163; *Globe*, 23rd Cong., 1st Sess., February 28, 1834, 208; *Salem Gazette*, March 7, 1834; [Pittsfield] *Sun*, March 13, 1834. 波因德克斯特反对杰克逊从密西西比州一家银行转移资金。
163. "Nominis in Umbra" [French], "Washington Correspondence, No. 4," *Chicago Democrat*, dateline January 19, 1838, clipping in BBFFP. 乔纳森·西利告诉他的妻子，人们期待着一场决斗；Cilley to Deborah Cilley, January 16, 1838, 载于 Eve Anderson, *A Breach of Privilege: Cilley Family Letters, 1820–1867* (Spruce Head, Maine: Seven Coin Press, 2002), 146.
164. 关于党派作为一种均衡力量，尤其可以参见 Michael F. Holt, *The Political Crisis of the 1850s* (New York: Norton, 1978).

第三章

1. John Wentworth, *Congressional Reminiscences: Adams, Benton, Calhoun, Clay, and Webster* (Chicago: Fergus Printing Company, 1882), 13.
2. French to Henry Flagg French, April 24, 1844, BBFFP. 枪是在约翰·怀特（John White，肯塔基州民主党）和乔治·拉思本（George Rathbun，纽约州民主党）的打斗中发射的，他们正在争论总统竞选人亨利·克莱。*Globe*, 28th Cong., 1st Sess., April 23, 1844, 551–54, 577–80; 28th Cong., 1st Sess., H. Rpt. 470, May 6, 1844, "Rencounter Between Messrs. White and Rathbun." 众议院最后投票决定给沃特 150 元的赔偿，但是他再也没有从伤痛中完全恢复过来。34th Cong., 3rd Sess., H. Rpt. 29, December 19, 1856, "John L. Wirt."
3. 除了弗伦奇的各种作品和 H. Rpt.825（下文将会提及）之外，关于当时对格雷夫斯-西利决斗的叙述，参见 *Niles' National Register*, July 27, 1839; "Funeral Oration Delivered . . . Over the Body of Hon. Jonathan Cilley"; "Autobiography," 载于 John Carl Parish, *George Wallace Jones* (Iowa City: State Historical Society of Iowa, 1912), 157–70; E. M. Boyle, "Jonathan Cilley of Maine and William J. Graves of Kentucky, Representatives in Congress. An Historical Duel, 1838, as Narrated by Gen. Geo. W. Jones, Cilley's Second," *Maine Historical and Genealogical Recorder* 6 (1889), 392;

西利的大学同学记述，Horatio King: "History of the Duel Between Jonathan Cilley and William J. Graves," *Collections and Proceedings of the Maine Historical Society* 2 (April 1892), 127–48，还有 King, *Turning on the Light: A Dispassionate Survey of President Buchanan's Administration, from 1860 to Its Close* (Philadelphia: J. B. Lippincott, 1895), 287–316; "Death of Cilley," *United States Magazine and Democratic Review* 4 (November/December 1840): 196–200. 也可参见 Bruce R. Kirby's，"The Limits of Honor: Party, Section, and Dueling in the Jacksonian Congress" (M.A. Thesis, George Mason University, 1997), 133–84; Don C. Seitz, *Famous American Duels* (New York: Thomas Y. Crowell, 1929), 251–83; Myra L. Spaulding, "Dueling in the District of Columbia," *Records of the Columbia Historical Society 29–30* (1928): 186–210; Lorenzo Sabine, *Notes on Duels and Duelling* (Boston: Crosby, Nichols, and Co., 1855), 89–108; Eve Anderson, *A Breach of Privilege: Cilley Family Letters, 1820–1867* (Spruce Head, Maine: Seven Coin Press, 2002); Jeffrey L. Pasley, "Minnows, Spies, and Aristocrats: The Social Crisis in Congress in the Age of Martin Van Buren," *JER* 27 (Winter 2007): 599–653; Ryan Chamberlain, *Pistols, Politics and the Press: Dueling in 19th-Century American Journalism* (Jefferson, N.C.: McFarland, 2009), 55–62; Robert S. Levine, "'The Honor of New England:' Nathaniel Hawthorne and the Cilley-Graves Duel of 1838," 载于 John Mayfield and Todd Hagstette, eds., *The Field of Honor: Essays on Southern Character and American Identity* (Columbia: University of South Carolina Press, 2017), 147–62; Roger Ginn, *New England Must Not Be Trampled On: The Tragic Death of Jonathan Cilley* (Camden, Maine: DownEast Books, 2016). 我要感谢金先生（Mr. Ginn）送给我这本书。

4. French, diary entry, February 28, March 10 and 12, April 4 and 27, 1838, *Witness*, 75–80. 弗伦奇的绘画出现在 diary entry of April 4, BBFFP.

5. [Washington, D.C.] *The National Freemason*, vol. 2, no. 6 (November 1864); 同上, 8 (February 1865).

6. 关于"粗野游戏"，参见 Richard Stott, *Jolly Fellows: Male Milieus in Nineteenth-Century America* (Baltimore: Johns Hopkins, 2009).

7. 25th Cong., 2nd Sess., H. Rpt. 825, April 21, 1838, "Death of Mr. Cilley—Duel." (Hereafter H. Rpt. 825).

8. French, diary entry, February 28, 1838, *Witness*, 75.

9. French to Daniel French, January 30, 1835, BBFFP.

10. French, diary entry, March 18, 1842, *Witness*, 139.

11. 同上，February 22, 1848, 199.

12. 同上，April 15, 1865, 469–71. 同上，April 15, 1866, 507.

13. 弗伦奇认为他目睹了西利接受格雷夫斯的挑战，但西利是在他的寄宿公寓接受的挑战书。French, "Congressional Reminiscences," [Washington, D.C.] *National Freemason*, vol. 2, no. 6 (November 1864).

14. 这段大部分细节来自上一注释里的文献；同上，8 (February 1865); French, diary entry, February 28, March 10, April 4, 1838, *Witness*, 75–76, 78–79; "Nominis in Umbra" [French], Washington Correspondent No. 10 and No. 12, dateline February 23, 1838, and undated, *Chicago Democrat*, BBFFP.

15. French, "Congressional Reminiscences," *National Freemason*, vol. 2, no. 6 (November 1864); Caleb Cushing to John Cushing, July 7, 1836, 载于 John M. Belohlavek, *Broken Glass: Caleb Cushing and the Shattering of the Union* (Kent, Ohio: Kent State University, 2005), 92.

16. "Washington Correspondence No. 12," *Chicago Democrat*, [April 1838], BBFFP; French, "Congressional Reminiscences," *National Freemason*, vol. 2, no. 6 (November 1864).

17. 西利是在1837年9月4日到10月16日，以及1837年12月4日到1838年2月24日任职的。French, "Congressional Reminiscences," vol. 2, no. 6 (November 1864); 同上，8 (February 1865); Cilley to Deborah Cilley, September 24, 1837, *Breach of Privilege*, 120. 关于西利，参见 Anderson, *Breach of Privilege*; Nathaniel Hawthorne, "Biographical Sketch of Jonathan Cilley," *The United States Magazine and Democratic Review* 3 (September 1838): 69–77; King, *Turning On the Light*, 287–316; Cyrus Eaton, *History of Thomaston, Rockland, and South Thomaston, Maine, from Their First Exploration A.D. 1605; With Family Genealogies*, 2 vols. (Hallowell: Masters, Smith, 1865), 1: passim, 尤其是391–93; *Memoirs and Services of Three Generations* (Rockland, Maine, Reprint from *Courier-Gazette*, 1909). 关于这次打斗的氛围，也可参见 John Ruggles to F. O. J. Smith, August 17, 1833, F. O. J. Smith Papers, NYPL (提到了西利这次辱骂的"凶狠"和"怨恨")；在鲍登学院图书馆所藏的西利传记档案中，还有一个匿名的当代传记素描，其中提到了西利"严

厉的性格"和"几乎可怕的活力"。

18. 约瑟夫·西利将军出现在特朗布尔的文章"The Surrender of General Burgoyne"中，关于这幅肖像画，参见 Cilley to Deborah Cilley, January 16, 1838, *Breach of Privilege*, 144. 布拉德伯里·西利（Bradbury Cilley，新罕布什尔州自由土地党）从 1813 年到 1815 年一直担任代表；乔纳森的哥哥约瑟夫（新罕布什尔州自由党）于 1846 年 6 月 13 日至 1847 年 3 月 3 日担任参议员，填补了利瓦伊·伍德伯里（Levi Woodbury）辞职造成的空缺。也可参见 *Memoirs and Services of Three Generations*.

19. Cilley to Deborah Cilley, January 13, 1833, *Breach of Privilege*, 84.

20. Hawthorne, journal entry, July 28, 1837, 转引自 *American Note-Books of Nathaniel Hawthorne*, 9 卷本的 *The Works of Nathaniel Hawthorne*, 12 vols. (Boston: Houghton, Mifflin, 1883), 9:75–77. 同样的，在决斗之后，西利的姐夫小赫齐卡亚王子（Hezekiah Prince, Jr.）将他描述为"迅速、独立、甚至固执"，并指出理解他的行为的唯一方法就是理解他的性格。Prince to Franklin Pierce, undated, 载于 F. B. Wilkie, "Geo. W. Jones," *Iowa Historical Record* 2 (April 1887), 446.

21. French, "Congressional Reminiscences," *National Freemason*, vol. 2, no. 6 (November 1864).

22. Cilley to Deborah Cilley, September 24, 1837, *Breach of Privilege*, 120.

23. Cilley to Deborah Cilley, January 12, 1838, 同上，143.

24. 关于怀斯，参见 Simpson, *A Good Southerner*; Barton H. Wise, *The Life of Henry A. Wise of Virginia, 1806–1876* (New York: Macmillan, 1899); James Pinkney Hambleton, "A Biographical Sketch of Henry A. Wise, with a History of the Political Campaign in Virginia in 1855" (Richmond, Va.: J. W. Randolph, 1856); Clement Eaton, "Henry A. Wise, a Liberal of the Old South," *Journal of Southern History* 7, no. 4 (November 1941), 482–94; Clement Eaton, "Henry A. Wise and the Virginia Fire Eaters of 1856," *Mississippi Valley Historical Review* 21, no. 4 (March 1935), 495–512; Henry A. Wise, *Seven Decades of the Union* (Philadelphia: J. B. Lippincott, 1872); William A. Link, *Roots of Secession: Slavery and Politics in Antebellum Virginia*. 关于怀斯不同形象的描述，参见 Clayton Torrence, ed., "From the Society's Collections: Letters of Mrs. Ann (Jennings) Wise to Her Husband, Henry A. Wise," *Virginia Magazine of History and Biography* 58, no. 4 (October 1950), 492–515; John Sergeant Wise（怀斯的儿子），

The End of an Era (New York: Houghton, Mifflin, 1902).

25. French, diary entry, July 12, 1838, *Witness*, 90.

26. Wise, *Life of Henry Wise*, 13.

27. Ann Jennings Wise to Wise, January 4(?), 1836, 载于 Torrence, ed., "Letters of Mrs. Ann (Jennings) Wise to Her Husband, Henry A. Wise," 512.

28. Buckingham, *America*, 2:324; [Memorandum of life in Washington], 21, Daniel R. Goodloe Papers, UNC.

29. *Globe*, 26th Cong., 2nd Sess., February 24, 1841, 206.

30. French, diary entry, March 12, 1838, *Witness*, 77.

31. Cilley to Deborah Cilley, January 16, 1838, *Breach of Privilege*, 146.

32. Dickens to Albany Fonblanque, March 12, 1842, *The Pilgrim Edition of the Letters of Charles Dickens,* 12 vols. (Oxford, U.K.: Clarendon Press, 1974), 3:118.

33. "Address of Mr. Wise, Representative in Congress from the State of Virginia, to His Constituents," 载于 [Washington] *Intelligencer*, March 16, 1838.

34. *Daily National Intelligencer*, March 9, 1839, 报道了怀斯 2 月 21 号的演说。

35. [Washington] *Daily National Intelligencer*, January 25, 1838; *Globe*, 25th Cong., 1st Sess., January 23, 1838, 127; Adams, *Memoirs*, January 23, 1838, 9:475.

36. *Globe*, 25th Cong., 2nd Sess., February 12, 1838, 173. 应该是参议员约翰·拉格尔斯（John Ruggles，缅因州民主党），是西利的前赞助人和邻居，现在变成了西利在缅因州的敌人。拉格尔斯和他的支持者们确信西利不会支持拉格尔斯竞选参议员，于是他们致力于破坏西利的职业生涯。当时，拉格尔斯被指控利用他的影响力帮助一个朋友获得专利，以换取利润分成。关于拉格尔斯的争论，参见 Ginn, *New England Must Not Be Trampled On*, 65–74, 140–45; U.S. Congressional Serial Set, Vol. No. 317, Session [???] Vol. No. 4, 25th Cong., 2nd Sess., Senate Document 377, April 12, 1838.

37. *Globe*, 25th Cong., 2nd Sess., February 12, 1838, 174–75.

38. 同上，176.

39. "Nominis in Umbra" [French], "Washington Correspondence," *Chicago Democrat*, dateline February 12, 1838, clipping in BBFFP.

40. Silbey, *American Political Nation*.

41. Greenleaf Cilley to Jonathan Cilley, January 21, 1838; Jonathan Cilley to Greenleaf

Cilley, January 26, 1838, *Breach of Privilege*, 107–108.

42. French, diary entry, January 10, 1842, *Witness*, 135. 尽管泰勒是辉格党人，但他否决了一项银行法案，因为它侵犯了他对各州的权利的意识。关于"泰勒上尉的听证"，参见 Dan Monroe, *The Republican Vision of John Tyler* (College Station: Texas A&M, 2003), 101–106.

43. [Washington] *Niles' National Register*, August 4, 1838; [Washington] *Extra Globe*, July 16, 1838.

44. [Washington] *Niles' National Register*, August 4, 1838; [Washington] *Extra Globe*, July 16, 1838; [Hartford] *The Times*; [Portsmouth] *New Hampshire Gazette*, July 24, 1838.

45. *Globe*, 26th Cong., 1st Sess., April 27, 1840, 362–63. Black had attacked Whigs for insisting on reduction, reform, and less government spending, and then squawking when a Whig committee chair's salary would be reduced as a result.

46. 关于男子气概、忠诚和"群体荣誉"，参见 Patricia Roberts Miller, *Fanatical Schemes: Proslavery Rhetoric and the Tragedy of Consensus* (Tuscaloosa: University of Alabama Press, 2009), 194.

47. John Fairfield to Anna Fairfield, June 1, 1838, John Fairfield Papers, LC. 关于他们之间的战斗，参见 *Globe*, 25th Congress, 2nd Sess., June 1, 1838, 422–23; William Cabell Rives to his wife, June 2, 1838, William Cabell Rives Papers, LC; Isaac Fletcher to General E. B. Chase, June 5, 1838, MSS 838355, Dartmouth College; Kirby, "Limits of Honor," 199–200.

48. Balie Peyton to Henry Wise, June 17, 1838, 载于 *The Collector: A Magazine for Autograph and Historical Collectors* 20 (January 1907), 26–27.

49. 这并不是说男子汉的荣誉是南部的观念，也不是说非南部人不是男子汉，或者无视荣誉文化，或者有非暴力的天性。相反，战斗的方式和男子气概的观念在北部、南部和西部是不同的，而决斗法则——一套围绕着决斗展开的明确仪式和规则——在19世纪的大部分时间里被明确视为属于桀骜不驯的南部人的。在同一时期，北部人越来越多地发现这种准则既陌生又极端，尽管并非完全陌生；事实上，北部人在道德心理和地域文化上对决斗的不适感，以及他们对决斗含义的理解，才在国会舞台上为荣誉准则赋予了能量。参见第二章中的注释147、152和155。

50. [Washington, D.C.] *Daily National Intelligencer*, February 16, 1838; "Washington Correspondent," *Chicago Democrat*, undated [April 1838], BBFFP.

51. 关于男子气概在南部人豪言壮语中的重要性，参见 Roberts-Miller, *Fanatical Schemes*, 103–26; 关于怀斯作为一个男子气概十足的南部守卫者，参见同上，203.

52. 琼斯（Jones）告诉调查委员会，西利收到一篇来自《巴尔的摩太阳报》2 月 22 日或 23 日的文章。根据他的总结，这一次似乎很有可能。[Baltimore] *Sun*, February 22, 1838; H. Rpt. 825, 49. 也可参见 [Baltimore] *Sun*, February 23, 1838.

53. *Register of Debates*, 25th Cong., 1st Sess., September 23, 1837, 766.

54. *Globe*, 25th Cong., 2nd Sess., December 4, 1837, 284.

55. H. Rpt. 825, 邓肯的证词（转引自皮尔斯），102–103; 同上，testimony of Pierce, 121. 关于这一时期北部人对决斗的模棱两可，参见 Foote, *Gentlemen and the Roughs*, 93–118.

56. 例如，1849 年，在理查德·基德尔·米德（Richard Kidder Meade，弗吉尼亚州民主党）挑战威廉·杜尔（William Duer，纽约州辉格党）后，杜尔求得了查尔斯·康科德（Charles Concord，路易斯安娜州辉格党）的支持；1838 年，威廉·格雷夫斯（肯塔基州辉格党）挑战乔纳森·西利时，西利接受了杰西·拜纳姆（Jesse Bynum，北卡罗来纳州民主党）等人的建议，乔治·克雷默（George Kremer，宾夕法尼亚州民主党）在 1825 年陷入与亨利·克莱的荣誉纠纷时，得到了乔治·麦克达菲（George McDuffie，肯塔基州辉格党）等人的建议；伦纳德·贾维斯（Leonard Javis，缅因州杰克逊派）在 1835 年向 F. O. J. 史密斯（F. O. J. Smith，缅因州杰克逊派）发出决斗挑战时，选择了罗伯特·莱特尔（Robert Lytle，俄亥俄州杰克逊派）——此人在肯塔基州度过了成年时光——作为自己的副手。在 1835 年有过一场决斗，史密斯选择了詹姆斯·洛夫（James Love，肯塔基州反杰克逊派）作为他的副手；肯塔基出生的弗朗西斯·布莱尔（Francis Blair，密苏里州共和党）给了纽约州出生的查尔斯·詹姆斯（Charles James）以建议，詹姆斯是安森·伯林盖姆（Anson Burlingame）在 1856 年与普雷斯顿·布鲁克斯（Preston Brooks）差点发生的决斗中的副手。詹姆斯几乎拒绝了这份工作，因为他"对准则几乎一无所知"。"Passing of a Remarkable Man," *The Washington Post*, October 27, 1901, 29.

57. Bertram Wyatt-Brown, "Andrew Jackson's Honor," 载于 Wyatt-Brown, *Shaping of Southern Culture*, 56–80; John William Ward, *Andrew Jackson: Symbol for an Age*

(New York: Oxford University Press, 1955). 关于反决斗法律的难以执行的问题，尤其可以参见 Matthew A. Byron, "Crime and Punishment: The Impotency of Dueling Laws in the United States" (Ph.D. dissertation, University of Arkansas, 2008); Harwell Wells, "The End of the Affair? Anti-Dueling Laws and Social Norms in Antebellum America," *Vanderbilt Law Review* 54, 1805–47, 尤其是 1831–37.

58. *Globe*, 25th Cong., 2nd Sess., April 5, 1838, 282. 关于决斗作为一种文化力量，参见 John Hope Franklin, *The Militant South: 1800–1861* (Chicago: University of Illinois, 2002; orig. ed. 1956), 59–62; Wyatt-Brown, *Southern Honor*, 353.

59. *Daily National Intelligencer*, March 9, 1839, reporting February 21, 1839, speech of Wise.

60. Franklin, *Militant South*, 61.

61. Frederic Hudson, *Journalism in the United States, from 1690 to 1872* (New York: Harper & Brothers, 1873), 353–54; W. Stephen Belko, *The Invincible Duff Green: Whig of the West* (Columbia: University of Missouri Press, 2006), 245–46. 两年后，格林在他的文章中提出了这件事，当时他发表（并嘲笑）了韦布讨论这件事的私人信件。韦布试图向格林发起一场决斗挑战，但当格林拒绝韦布的第二场比赛时（但当格林鞭打了韦布的助手时），韦布把格林称为"华盛顿内随处可见的那种恶棍和懦夫"。参见 Webb, "To the Public" (Washington, D.C., 1832), American Broadsides and Ephemera, infoweb.newsbank.com/iw-search/we/HistArchive/?p_product=ABEA&p_theme=abea&p_nbid=C4AB50NEMTMyMDUwODM2OS40MzY1MTE6MToxMzoxMzAuMTMyLjIxLjc3&p_action=doc&p_queryname=4412&p_docref=v2:0F2B1FCB879B099B@ABEA-10F453EC151070D8@4412-10DEEFA6F1F28B78@1, 访问于 2011 年 11 月 5 日。

62. *Daily National Intelligencer*, September 12 and 13, 1837; *Globe*, September 13, 1837; [N.Y.] *Morning Herald*, September 13, 1837; *Pennsylvania Inquirer and Daily Courier*, September 14, 1837.

63. Report, testimony of Schaumburg, 86.

64. "The Cilley Duel," *Niles' National Register*, July 27, 1839. 转引自决斗后格雷夫斯对他选民的一篇演说。

65. H. Rpt. 825, testimony of Wise, 55.

66. 同上，testimony of Bynum, 66.

67. 同上, testimony of Graves, 127; *Niles' National Register*, July 27, 1839. 关于评论, 参见 H. Rpt. 825, 40; 格雷夫斯把信交给了委员会, 格雷夫斯的助手怀斯在信的背面指证, 直到格雷夫斯试图将信交给西利之后, 他才知道格雷夫斯携带了这封书信。
68. 这段的细节来自于 H. Rpt. 825。第五章能看到北部将街斗作为决斗形式的更多内容。
69. Adams, diary entry, June 29, 1840, *Memoirs*, 10:324.
70. H. Rpt. 825, 126–27.
71. Shelden, *Washington Brotherhood*, 详细地进行了讨论。
72. 同上, 105; Thomas Hart Benton to Editor of *Globe*, March 6, 1838, *Washington Globe*, March 7, 1838; *Niles' Weekly Register*, March 10, 1838; [Amherst, N.H.] *Farmer's Cabinet*, March 16, 1836. 西利的三位顾问——乔治·琼斯（George Jones, 威斯康星州代表）、亚历山大·邓肯（Alexander Duncan, 俄亥俄州民主党）和杰西·拜纳姆（Jesse Bynum, 北卡罗来纳州民主党）——在前往决斗的路上寻求本顿的建议; 本顿认为, 因为西利和格雷夫斯是有家室的男人, 他们之间没有恶意, 这件事应该不需要枪战, 或者最多只能交一次火。H. Rpt. 825, 105.
73. 关于克莱如何卷入此事, 参见 Melba Porter Hay, "Henry Clay and the Graves-Cilley Duel," 载于 *A Mythic Land Apart: Reassessing Southerners and Their History*, eds. John David Smith, Thomas H. Appleton, and Charles Pierce Roland (Westport, Conn.: Greenwood Press, 1997), 57–80; 还有怀斯之后的声明以及因此产生的回信。更多细节可阅读第四章。
74. Jones, "Autobiography," 载于 Parish, *George Wallace Jones*, 158.
75. Graves to Henry Clay, February 16, 1842, *The Papers of Henry Clay: The Whig Leader, January 1, 1837–December 31, 1843*, ed. Robert Seager II (Lexington: University Press of Kentucky, 1988), 9:657.
76. 关于辩论特权, 参见 Joseph Story, *Commentaries on the Constitution of the United States*, ed. Thomas M. Cooley, 2 vols. (Clark, N.J.: Lawbook Exchange, 2008: orig. ed. 1833), 1:610–12.
77. 关于他们之间的通信, 参见 *Daily National Intelligencer*, September 13, 1837, 还有同一天的 *Globe*.
78. H. Rpt. 825, 10; 同上, testimony of Wise, 59, 64; 同上, testimony of Jones, 46–47.

79. 同上。

80. Webb to unknown, February 28, 1836, *Niles' National Register*, March 10, 1838.

81. 关于羞辱格雷夫斯的复杂情况，参见 Chamberlain, *Pistols, Politics and the Press*, 57–58.

82. H. Rpt. 825, testimony of Duncan, 103.

83. 同上，testimony of Schaumburg, 87.

84. Boyle, "Jonathan Cilley of Maine and William J. Graves of Kentucky," *Maine Historical and Genealogical Recorder* 6 (1889), 391.

85. Cilley to Deborah Cilley, February 22, 1838, *Breach of Privilege*, 154.

86. Graves to Cilley, February 23, 1838; Cilley to Graves, February 23, 1838, *Congressional Globe*, 25th Cong. 2nd Sess., 330.

87. 卡尔霍恩和霍斯作证说，选择克里滕登是因为他"全国闻名"；因为"他比我们更有可能调停成功"；即使没有达成妥协，他的出现将表明已经做了一切来保护格雷夫斯的生命。H. Rpt. 825, testimony of Calhoon and Hawes, 131–32.

88. Graves to Henry Clay, February 16, 1842, *Papers of Henry Clay*, 9:656–57.

89. 关于琼斯的决斗，参见他的讣告，载于 [New Orleans] *Daily Picayune*, July 27, 1896. 关于绍姆堡作为一个臭名昭著的决斗者，参见 H. Rpt. 825, 170; "Ye Ancient Chivalry," *Macon Telegraph and Messenger*, June 14, 1882; John Augustin, "The Oaks. The Old Duelling–Grounds of New Orleans" (1887) 载于 *The Louisiana Book: Selection from the Literature of the State*, ed. Thomas M'Caleb (New Orleans: R. F. Straughan, 1894), 80; 关于皮尔斯在街上遇到他，参见 H. Rpt. 825, testimony of Pierce, 122. 根据琼斯所说，刘易斯·林（Lewis Linn，密苏里州民主党）推荐琼斯当西利的副手；Jones's autobiography, Parish, *George Wallace Jones*, 160.

90. [William Graves's address to his constituents], *Niles' National Register*, July 27, 1839.

91. George W. Jones to H. Prince, March 17, 1838, *Breach of Privilege*, 178.

92. 接下来的几段描述了决斗的不同参与者的证词 H. Rpt. 825.

93. 同上，testimony of Menefee, 79.

94. 同上，58, 79.

95. 同上，testimony of Wise, 60.

96. 同上，9.

97. 同上，testimony of Bynum, March 11, 1838, 71.

98. 同上，testimony of Duncan, 107.

99. 同上。

100. Wise to Pierce, June 22, 1852, Franklin Pierce Papers, LC; John C. Wise, *Recollections of Thirteen Presidents* (New York: Doubleday, Page, 1906), 35–39.

101. Nominus in Ombra [French], "Washington Correspondence," dateline February 23, 1838, *Chicago Democrat*, BBFFP.

102. Adams to Charles Francis Adams, March 19, 1838, *Proceedings of the Massachusetts Historical Society* (Boston, 1899), June Meeting, 1898, 288–92, 引自 289.

103. H. Rpt. 825, testimony of Fairfield, 144.

104. French, "Congressional Reminiscences," *National Freemason*, vol. 2, no. 8 (February 1865).

105. 他们的朋友是查尔斯·金（Charles King）和雷弗迪·约翰逊（Reverdy Johnson）。Statement of Charles King, February 4, 1842, 载于 *Clay Papers*, 9:644 footnote; Clay to Webb, January 30, 1842, 同上，9:643–44; Clay to Wise, February 28, 1842, 同上，9:662–63. 格雷夫斯的一些顾问放慢了他寻找步枪的速度，希望能做出调解，但可悲的是琼斯帮忙提供了枪支，搅乱了这个计划。H. Rpt. 825, testimony of Wise, 57.

106. 这段的大部分细节都来自上一注释里的文献；同上，8 (February 1865); French, diary entry, February 28, March 10, April 4, 1838, *Witness*, 75–76, 78–79; "Nominis in Umbra" [French], Washington Correspondent No. 10 and No. 12, dateline February 23, 1838, and undated, *Chicago Democrat*, BBFFP.

107. "Funeral Oration Delivered at the Capitol," 13.

108. French, diary entry, February 28, 1838, *Witness*, 75.

109. 一年后，怀斯谴责西利葬礼的虚伪，他说："如果我作为众议院议员倒在荣誉的战场上，我现在恳求我的朋友们……不要允许别人为我的尸体举行政治游行。" Speech of February 21, 1839, *Daily National Intelligencer*, March 9, 1839.

110. [Washington] *Niles' National Register*, March 24, 1838. 我要感谢 R. B. 伯恩斯坦（R. B. Bernstein）让我注意到这份文献。也可参见 John Quincy Adams to Charles Francis Adams, March 19, 1838, *Proceedings of the Massachusetts Historical Society*, 291.

111. John Quincy Adams to Charles Francis Adams, March 19, 1838, *Proceedings of the*

Massachusetts Historical Society, 290.

112. "Nominis in Umbra" [French], "Washington Correspondent," dateline March 3, 1838, *Chicago Democrat,* March 21, 1838, 摘自 BBFFP.

113. Dolley Madison to Elizabeth Coles, February 21 and 26, 1838, *The Papers of Dolley Madison Digital Edition*, ed. Holly C. Shulman (Charlottesville: UVA Press, 2008), rotunda.upress.virginia.edu/founders/DYMN-01-05-02-0344. 访问于 2011 年 10 月 5 日。

114. [N.Y.] *Courier and Enquirer*, February 26, 1838; [Belfast, Maine] *Waldo Patriot*, March 9, 1838.

115. 他们在特拉华州战斗过。纽约州的反决斗法适用于离开该州的纽约人。根据拜伦的说法，该法律下只有两次起诉，可以追溯到 1817 年；两名罪犯都被赦免了。Byron, "Crime and Punishment," 86–88. 关于决斗，也可参见 Seitz, *Famous American Duels*, 283–309; James L. Crouthamel, *James Watson Webb: A Biography* (Middletown, Conn.: Wesleyan, 1969), 74–76; Henry Clay to James Watson Webb, February 7, 1842, *Papers of Henry Clay*, 9:648; correspondence in the Webb Papers; 还有州长威廉·苏厄德（William Seward）送给韦布的一本非凡的纪念册，里面有对韦布的审判和释放他的请愿书。James Watson Webb Papers, Sterling Memorial Library, Yale University.

116. Frederick Marryat, *A Diary in America, with Remarks on its Institutions*, 3 vols. (London: Longman, Orme, Brown, Green, & Longman's, 1839), 2:16.

117. 1841 年 2 月，威廉·金（William King，亚拉巴马州民主党）向亨利·克莱（肯塔基州辉格党）提出决斗，克莱接受了，但此事得到了秘密调解，不过调解发生在两人被捕并被保释以后。*The New Yorker*, March 13, 1841; Adams, diary entry, March 9, 1841, *Memoirs*, 10:441–42; Gobright, *Recollection of Men and Things*, 44–49; Forney, *Anecdotes*, 300; Perley, *Reminiscences*, 1:259–60; *The New World*, March 13, 1841; 关于克莱的保释金，参见 *Churchman's Weekly Herald and Philanthropist*, September 4, 1844.《国会世界》只是提到发生了一起非常"不愉快的冲突"。*Globe*, 26th Cong., 2nd Sess., March 14, 1841, 256–57; 关于这场冲突，参见同上，March 9, 1841, 248. 下一场决斗发生在 1842 年春天，当时托马斯·马歇尔（Thomas Marshall，肯塔基州辉格党）挑战了詹姆斯·沃森·韦布（James Watson Webb）。接下来的一场决斗发生在 1838 年 6 月 1 日，由霍普金斯·特

尼（Hopkins Turney，田纳西州民主党）对阵约翰·贝尔（John Bell，田纳西州辉格党）。

118. Henry Flagg French to Benjamin Brown French, March 4, 1838, BBFFP.
119. J. Emery to John Fairfield, March 19, 1838, John Fairfield Papers, LC.
120. 请愿书中的样本，参见 H. Rpt. 825, 161–62, 174–75.
121. [Concord] *New-Hampshire Patriot and State Gazette,* March 5, 1838.
122. *United States Magazine and Democratic Review* 1 (March 1838): 493–508. 也可参见 Robert Sampson, *John L. O'Sullivan and His Times* (Kent, Ohio: Kent State University Press, 2003), 54–57.
123. [Concord] *New Hampshire Patriot and State Gazette,* March 5, 1838; [Belfast, Maine] *Waldo Patriot,* March 9, 1838; [Portsmouth, N.H.] *Portsmouth Journal of Literature and Politics,* March 10, 1838.
124. Crittenden to Leslie L. Coombs, March 20, 1838, 载于 *The Life of John J. Crittenden, with Selections from His Correspondence and Speeches,* ed. Chapman Coleman, 2 vols. (Philadelphia: J. B. Lippincott, 1871), 1:107–108.
125. Franklin, *Militant South,* 61–62.
126. 怀斯坚持说，他已经尽其所能阻止一场战斗；他认为是西利的民主党朋友阻止他把当面说给格雷夫斯的话写下来。
127. Thomas Hart Benton to Editor of the *Globe,* March 6, 1838, *Washington Globe,* March 7,1838; *Niles' Weekly Register,* March 10, 1838; [Amherst, N.H.] *Farmer's Cabinet,* March 16, 1836. 也可参见 H. Rpt. 825, 105. 本顿的参与可能比他承认的更多。在琼斯多年后写的自传中，琼斯回忆起自己看到皮尔斯和本顿在刘易斯·林（Lewis Linn，密苏里州民主党）的房间里商议，并听到本顿说："他们不能反对使用步枪，你可以让他们参考肯塔基州的穆尔（Moore）和莱彻（Letcher）或者其他人的情况。"林和琼斯是好朋友。Jones's autobiography, 载于 Parish, *George Wallace Jones,* 160.
128. "Address of Mr. Wise," *National Intelligencer,* March 16, 1838; "The Cilley Duel," *Niles' National Register,* July 27, 1839; "Letter from Col. Webb," February 28, 1838, *Niles' National Register,* March 3, 1838, 18; Pierce to Isaac Toucey, March 12, 1838, 出版名为 "Mr. Pierce's Letter," *New Hampshire Statesman and State Journal,* March 31, 1838; and *Niles' National Register,* March 24, 1838 (among other places).

129. "Address of Mr. Wise," *National Intelligencer*, March 16, 1838; "The Cilley Duel," *Niles' National Register*, July 27, 1839.

130. Crittenden to Leslie L. Coombs, March 20, 1838, 载于 Coleman, *Life of John J. Crittenden*, 108.

131. 我在这里的推理受到了汉娜·F. 皮特金（Hanna F. Pitkin）的启发, *The Concept of Representation* (Berkeley: University of California Press, 1972).

132. H. Rpt. 825, testimony of Pierce, 121–22; 同上，testimony of Schaumburg, 86–87; 同上，testimony of Williams, 142.

133. "Nominis in Umbra" [French], "Washington Correspondence" [ca. February 1838], *Chicago Democrat*, BBFFP; French, diary entry, February 28, 1838, *Witness*, 75; "Washington Correspondent," dateline February 12 and 23, 1838, *Chicago Democrat*, 摘自 BBFFP; [Baltimore] *Age*, February 24, 1838.

134. French to unknown correspondent, January 29, 1837, BBFFP. 也可参见 *Globe*, 24th Cong., 2nd Sess., January 27, 1837, 135.

135. French, diary entry, March 10, 1838, *Witness*, 76.

136. Adams to Charles Francis Adams, February 12, 1838, 载于 Kirby, "Limits of Honor," 145. 亚当斯赞扬了缅因州出生的萨金特·史密斯·普伦蒂斯（Seargent Smith Prentiss，密歇根州辉格党）。

137. Francis Pickens to James Henry Hammond, March 5, 1838, 载于 Kirby, "Limits of Honor," 175. 富兰克林·埃尔莫尔（Franklin Elmore，南卡罗来纳州州权民主党）同样赞美过西利是"南部的真朋友"。Elmore to James Henry Hammond, April 2, 1838, 同上，147.

138. 事例参见 J. Emery to John Fairfield, March 19, 1838, John Fairfield Papers, LC. 也可参见 Levine, "Honor of New England," 153–60.

139. *Globe*, 25th Cong., 2nd Sess., February 26, 1838, 199, 200. 约翰·费尔菲尔德（John Fairfield，缅因州民主党）在众议院宣布了西利的死亡；鲁埃尔·威廉斯（Reuel Williams，缅因州民主党）在参议院宣布了这一消息。

140. Adams to Charles Francis Adams, March 19, 1838, *Proceedings of the Massachusetts Historical Society* (Boston, 1899), June Meeting, 1898, 288–92, 引自 292.

141. "Nominis in Umbra" [French], "Washington Correspondence," dateline March 15, 1838, 摘自 BBFFP; [Concord] *New Hampshire Patriot*, April 9, 1838.

142. [French], dateline March 15, 1838, 摘自 BBFFP.

143. 照片参见 www.findagrave.com/cgi-bin/fg.cgi?page=gr&GRid=39386650. 访问于 2011 年 10 月 2 日。

144. *Globe*, 25th Cong., 2nd Sess., February 28, 1838, 200–202.

145. 罗得岛州唯一的辉格党人是罗伯特・B. 克兰斯顿（Robert B. Cranston）。在 49 张否决票中，5 张来自北部人（除了克兰斯顿外，3 张来自纽约州，1 张来自新泽西州），7 张来自西北各州（伊利诺伊州和印第安纳州），8 张来自南部的票是民主党投的。*Journal of the House*, vol. 32, February 28, 1838, 506–507.

146. 有趣的是，在将暴力当成一种手段时，现代南部人比北部人更有可能赞成暴力手段。Nisbett and Cohen, *Culture of Honor*, 28, 38.

147. 除了委员会成员外，格雷夫斯、怀斯、琼斯、梅尼菲和皮尔斯也都出席了，并被允许盘问证人。H. Rpt. 825, 2.

148. 这四名国会议员分别是伊萨克・托西（Issac Toucey，康涅狄格州民主党）、威廉・波特（William Potter，宾夕法尼亚州民主党）、安德鲁・D. W. 布勒因（Andrew D. W. Bruyn，纽约州民主党）和西顿・格兰特兰（Seaton Grantland，佐治亚州辉格党）。

149. 乔治・格伦内尔（George Grennell，马萨诸塞州辉格党）和詹姆斯・拉瑞登（James Rariden，印第安纳州辉格党）。

150. 富兰克林・H. 埃尔莫尔（Franklin H. Elmore，南卡罗来纳州民主党）。

151. 这对亚当斯来说是最佳结果，他对民主党委员会的多数派偏袒任何一方都感到愤怒。Adams, diary entry, May 10, 1838, *Memoir*, 10:527; 关于委员会的辩论和提出惩罚决定的记述，参见 *Hinds' Precedents*, Chapter LII, "Punishment of Members for Contempt," #1644, 2:1116–19.

152. 参议院在 1838 年 4 月 6 日通过这项法案，众议院则是在 1839 年 2 月 13 日通过这项法案。还可参见 Wells, "End of the Affair," 尤其是 1805–808.

153. *Globe*, 25th Cong., 2nd Sess., March 30, 1838, 278.

154. 同上，April 5, 1838, 284.

155. House Journal, February 13, 1839, 539. 该法案以 110 票通过，其中 16 票为否决票（几乎全都来自南部人）；93 人在城里，但是并未出席，其中只有 23 人给出了正当理由。

156. French, diary entry, April 27, 1838, *Witness*, 79–80; French, diary entry, April 28,

1838, BBFFP. 空白处的日期是 1847 年。

157. Parish, *George Wallace Jones*, 27; Joseph Schafer, "Sectional and Personal Politics in Early Wisconsin," *Wisconsin Magazine of History* 4 (June 1935): 456–57; Shelly A. Thayer, "The Delegate and the Duel: The Early Political Career of George Wallace Jones," *Palimpsest* 5 (September/October 1984): 178–88. 梅尼菲没有再参与竞选了。

第四章

1. *Festival of the Sons of New Hampshire*, 108–110. 弗伦奇告诉组织者，即便他们不喜欢这首歌，至少它"可以让很多人点燃雪茄"。French to M. P. Wilder, October 29, 1849, 同上, 134.

2. French, "Congressional Reminscences," *National Freemason* 6 (November 1864), 93.

3. 关于钳口律的辩论，参见 William Lee Miller, *Arguing About Slavery: The Great Battle in the United States Congress* (New York: Knopf, 1996); Freehling, *Road to Disunion*, 1:287–352; James McPherson, "The Fight Against the Gag Rule: Joshua Levitt and Antislavery Insurgency in the Whig Party, 1839–1842," *Journal of Negro History* 48 (1963):177–95; Robert Ludlum, "The Antislavery 'Gag-rule': History and Argument," *Journal of Negro History* 26 (1941): 203–43; George C. Rable, "Slavery, Politics, and the South: The Gag Rule as a Case Study," *Capitol Studies* 3 (1975), 69–87; Scott Meinke, "Slavery, Partisanship, and Procedure: The Gag Rule, 1836–1845," *Legislative Studies Quarterly* 1 (February 2007): 33–58; Jeffrey A. Jenkins, Charles Stewart III, "The Gag Rule, Congressional Politics, and the Growth of Anti-Slavery Popular Politics," 论文提交于 Congress and History Conference, MIT, May 30–31, 2002; Russell B. Nye, *Fettered Freedom: Civil Liberties and the Slavery Controversy, 1830–1860* (East Lansing: Michigan State, 1963); Samuel Flagg Bemis, *John Quincy Adams and the Union* (New York: Knopf, 1956), 326–51; Leonard L. Richards, *The Life and Times of Congressman John Quincy Adams* (New York: Oxford University Press, 1986), 115–31; David C. Frederick, "John Quincy Adams, Slavery, and the Disappearance of the Right of Petition," *Law and History Review* 9, no. 1 (Spring 1991): 115–55; Stephen Holmes, "Gag Rules, or the Politics of Omission," eds. Jon

Elster and Rune Slagstad, *Constitutionalism and Democracy* (New York: Cambridge University Press, 1988), 19–58; Stewart, *Joshua R. Giddings*, 39–42, 69–78. 关于公共意见如何塑造辩论的精彩分析，参见 Edward B. Rugemer, "Caribbean Slave Revolt and the Origins of the Gag Rule: A Contest Between Abolitionism and Democracy, 1797–1835," *Contesting Slavery: The Politics of Slavery in the New American Nation*, eds. John Craig Hammond and Matthew Mason (Charlottesville: UVA Press, 2011), 94–113; Zaeske, *Signatures of Citizenship*, 71–104. 关于钳口律投票的大致时间线，参见 Jenkins and Stewart, "Gag Rule," 34.

4. 在 1837 年至 1838 年，众议院收到了大约 130200 份在哥伦比亚特区反对奴隶制的请愿书，32000 份反对钳口律的请愿书，21200 份反对该领域内奴隶制的请愿书，23160 份反对奴隶贸易的请愿书，以及 22160 份反对建立蓄奴州的请愿书。Nye, *Fettered Freedom*, 46; Bemis, *John Quincy Adams and the Union*, 340. 也可参见 Owen W. Muelder, *Theodore Dwight Weld and the American Anti-Slavery Society* (Jefferson, N.C.: McFarland, 2011). 但是在议会展现的请愿书则少之又少。Jenkins and Stewart, "Gag Rule," 39.

5. Adams, diary entry, February 14, 1838, *Memoirs*, 9:496; *Globe*, 25th Cong., 2nd Sess., February 14, 1838, 180.

6. French, *Chicago Democrat*, April 11, 1838, BBFFP.

7. Dale W. Tomich, ed., *The Politics of the Second Slavery* (Albany: State University of New York, 2016); idem., *Through the Prism of Slavery: Labor, Capital, and World Economy* (Lanham, Md.: Rowman & Littlefield, 2004), Chapter Three. 关于废奴主义在 19 世纪 50 年代并非无可避免，参见 James Oakes, *The Scorpion's Sting: Antislavery and the Coming of the Civil War* (New York: Norton, 2014).

8. Corey Brooks, "Stoking the 'Abolition Fire in the Capitol': Liberty Party Lobbying and Antislavery in Congress," *JER* (Fall 2013): 523–47; idem., *Liberty Power*, Chapter Two.

9. "Nominis in Umbra" [French], dateline January 12, 1838, *Chicago Democrat*, BBFFP.

10. Fairfield to Ann Fairfield, December 20 and 22, 1837, Papers of John Fairfield, LC. 出席会议的有佐治亚州、南卡罗来纳州和弗吉尼亚州的全体代表团，以及来自马里兰州、北卡罗来纳州、田纳西州和肯塔基州的大批人。包括约翰·C. 卡尔霍恩（John C. Calhoun）和约翰·C. 克里滕登（John J. Crittenden）在内的几位参议员也出席了会议。

11. 作为试图挽救国会功能的论述，参见 Douglas Dion, *Turning the Legislative Thumbscrew: Minority Rights and Procedural Change in Legislative Politics* (Lansing: University of Michigan, 1997), 81; Holmes, "Gag Rules or the Politics of Omission."

12. 关于 1836 年至 1844 年党派在钳口律投票上的比例，参见 Jenkins and Stewart, "Gag Rule," 41, 43. 在 1836 年，82% 的北部民主党和 28% 的北部辉格党支持这种言论；到 1841 年，这一数字已经下降到 53% 和 14%；在 1844 年，35% 的北部民主党和 16% 的北部辉格党支持第 21 条律令。

13. French, ca. December 1837, *Chicago Democrat*, BBFFP.

14. *Globe*, 27th Cong., 2nd Sess., July 22, 1842, 780. 也可参见同上，26th Cong., 2nd Sess., February 4, 1841, 324 appendix.

15. Adams, diary entry, July 22, 1842, *Memoirs*, 11:216; 也可参见 www.masshist.org/jqadiaries/php/doc?id=jqad43_212&year=1842&month=07&day=22&entry=entry&start=0.

16. Giddings to Laura Giddings, February 13, 1843, 载于 Stewart, "Joshua Giddings," 185. 关于吉丁斯，尤其可以参见 Stewart, *Joshua R. Giddings*; and idem., "Joshua Giddings."

17. 关于议会中的混乱对于废奴主义的作用，参见 Brooks, "Stoking the 'Abolition Fire'"; idem., *Liberty Power*, Chapter Two.

18. French, *Chicago Democrat*, dateline January 12, 1838, BBFFP. 关于请愿权，尤其可以参见 Ronald J. Krotoszynsi, *Reclaiming the Petition Clause: Seditious Libel,"Offensive" Protest, and the Right to Petition the Government for a Redress of Grievances* (New Haven: Yale University Press, 2012), 81–123; Zaeske, *Signatures of Citizenship*.

19. *Register of Debates*, 24th Cong., 2nd Sess., February 7, 1837, 1628–39.

20. *Globe*, 33rd Cong., 1st Sess., May 10, 1854, 976 app., 载于 Foner, *Free Soil*, 101.

21. 同上，24th Cong., 2nd Sess., February 6, 1837, 162.

22. Daniel Wirls, "'The Only Mode of Avoiding Everlasting Debate': The Overlooked Senate Gag Rule for Antislavery Petitions," *JER* (Spring 2007): 115–38; Earle, *Jacksonian Antislavery*, 44. 亨利·克莱和众议院一样，支持钳口律。*Globe*, 27th Cong., 1st Sess., August 7, 1841, 188 app.

23. Stephen M. Feldman, *Free Expression and Democracy in America: A History*, 134–35; Michael Ken Curtis, *Free Speech,"The People's Darling Privilege": Struggles for*

Freedom of Expression in American History (Durham, N.C.: Duke University Press, 2000), 55–181.

24. Wirls, "'The Only Mode of Avoiding Everlasting Debate,'" 133.
25. French, diary entry, February 6, 1842, *Witness*, 136.
26. 例如，在1843年12月21日的辩论中，南部人声称有人提出动议，要将一份反奴隶制的请愿书提交讨论，亚当斯大声喊道："看看你的日志！说实话！" *Portsmouth Journal of Literature and Politics*, December 30, 1843; *Globe*, 28th Cong., 1st Sess., December 21, 1843, 59.
27. 决议得到讨论。31st Cong., 1st Sess., Journal of the House of Representatives, September 3, 1850, 1363. 弗伦奇启动了这一程序。French to Henry Flagg French, August 21, 1850, BBFFP.
28. [Hudson, N.Y.] *Rural Repository* (March 1849), 106. The *Repository* 的编辑威廉·B. 斯托达德（William B. Stoddard）就议会问题询问了弗伦奇。
29. 事例参见 French, *Chicago Democrat*, February 22, 1837, BBFFP.
30. Emerson, journal entry, 1843, *Journals of Ralph Waldo Emerson with Annotations*, eds. Edward Waldo Emerson and Waldo Emerson Forbes, 10 vols. (New York: Houghton Mifflin, 1910–14), 6:349. 关于国会中的亚当斯，尤其可以参见 Richards, *Life and Times of Congressman Adams*; Bemis, *Adams and the Union*; Daniel Walker Howe, *The Political Culture of the American Whigs* (Chicago: University of Chicago Press, 1979), 43–68; Miller, *Arguing About Slavery*; Charles N. Edel, *Nation Builder: John Quincy Adams and the Grand Strategy of the Republic* (Cambridge: Harvard University Press, 2014), Chapter Five.
31. Giddings, diary entry, February 12, 1839, 载于 Miller, *Arguing About Slavery*, 347. 以及 Julian, *Life of Giddings*, 70.
32. Giddings, diary entry, December 13, 1838, 载于 Julian, *Life of Giddings*, 52. 吉丁斯补充说，沃迪·汤普森（Waddy Thompson，南卡罗来纳州辉格党）"很有智慧，他让大家对于议长的慌张举措大笑不已"，在议长呼吁帮助后，他走到亚当斯跟前，非常认真地说："我在这里，议长先生；我准备帮忙了。我该怎么办呢？"此话引起一阵哄堂大笑。亚当斯说，他拒绝投票是因为他认为众议院的诉讼程序违宪，这引起了轩然大波。也可参见 Adams, diary entry, December 14, 1838, *Memoirs*, 10:65; http://www.masshist.org/jqadiaries/php/doc?id=jqad33_689.

33. *Globe*, 28th Cong., 2nd Sess., February 6, 1845, 255.

34. Adams, diary entry, December 22, 1836; May 2, 1838; *Memoirs*, 9:331, 521–23; 也可参见 www.masshist.org/jqadiaries/php/doc?id=jqad33_470&year=1838&month=05&day=02&entry=entry&start=0.

35. Richards, *Congressman John Quincy Adams*, 131. 关于废奴主义者的游说，参见 Brooks, "Stoking the 'Abolition Fire in the Capitol.'"

36. 根据《但以理书》第五章，上帝将这句话写在伯沙撒王的宫殿的墙上，预言伯沙撒的灭亡。

37. *Globe*, 27th Cong., 2nd Sess., January 25 and February 19, 1842, 168, 209; Adams, diary entry, May 21, 1842; May 2, 1838; *Memoirs*, 11:159, 9:523.

38. Adams, diary entry, December 25, 1839; *Memoirs*, 10:175–76; 也可参见 www.masshist.org/jqadiaries/php/doc?id=jqad42_312&year=1839&month=12&day=25&entry=entry&start=0.

39. 关于统治着联邦政府的奴隶主权势的存在，尤其可以参见 Fehrenbacher, *The Slaveholding Republic*; Richards, *Slave Power*; Van Cleve, *A Slaveholders' Union*. 也可参见导言注释 28；第六章注释 108。

40. 这就是所谓的哈弗希尔（Haverhill）请愿书。

41. *Globe*, 27th Cong., 2nd Sess., January 25, 1842, 168.

42. Fessenden to unknown correspondent, January 23, 1843, Fessenden, *Life and Public Service of W. P. Fessenden*, 24. 费森登只谈到了几天来展开的辩论。亚当斯虽然有点极端，但费森登认为，考虑到对亚当斯的挑衅，亚当斯的做法也是合理的。

43. French, diary entry, February 6, 1842, *Witness*, 136.

44. *Globe*, 27th Cong., 2nd Sess., January 25 and 26, 1842, 170, 176.

45. 乔舒亚·吉丁斯听到马歇尔告诉了坐在他旁边的约翰·坎贝尔（John Campbell，南卡罗来纳州民主党）这句话。Giddings, *History of the Rebellion: Its Authors and Cases* (New York: Follet, Foster, 1864), 167; *Harpers New Monthly Magazine* (November 1885), 970.

46. *Harper's New Monthly Magazine* (November 1885), 970. 事件发生几天后，马歇尔发誓再也不去面对"那该死的老公牛"了。Hugh McCulloch, "Memories of Some Contemporaries," *Scribner's Magazine* 3 (September 1888): 280.

47. *Globe*, 27th Cong., 2nd Sess., January 26, 1842, 176; 怀斯说，从来没有人提议要因

谋杀罪而审判他,而是以违反特权罪审判他。他给格雷夫斯寄去了一份针对亚当斯指控的长篇辩护草稿,该草稿发表在包括《国家情报》(*National Intelligencer*)在内的几家报纸上。怀斯的文集包括大量的信件和论文草稿,驳斥了亚当斯后来的指控。

48. *Globe*, 29th Cong., 1st Sess., January 7, 1846, 157.

49. Adams, diary entry, January 1, 1844; *Memoirs*, 11:467; Wentworth, *Congressional Reminiscences*, 12.

50. "Impious Scene in Congress," *Zion's Herald*, April 6, 1836. 怀斯的这句话没出现在《国会世界》上,但《先驱报》的报道却与《国会世界》的版本比较贴近。*Globe*, 24th Cong., 1st Sess., March 26, 1836, 298.

51. Adams, *Memoirs*, June 11, 1841, 10:478; Leverett Saltonstall to Mary Elizabeth Sanders Saltonstall, June 11, 1841, *The Papers of Leverett Saltonstall*, 1816–1845, ed. Robert E. Moody, 5 vols. (Boston: Massachusetts Historical Society, 1984), 3:108; 也可参见 www.masshist.org/jqadiaries/php/doc?id=jqad41_366&year=1841&month=06&day=11&entry=entrycont&start=0.

52. *Globe*, 26th Cong., 1st Sess., July 15, 1840, 528.

53. 同上, 27th Cong., 2nd Sess., January 27, 1842, 183. 也可参见同上, 27th Cong., 1st Sess., June 16, 1841, 62.

54. B. B. French, "Application of Parliamentary Law to the Government of Masonic Bodies," *American Quarterly Review of Freemasonry and Its Kindred Sciences* 3 (January 5858 [i.e., 1857]): 320–25.

55. John W. Simons, *A Familiar Treatise on the Principles and Practice of Masonic Jurisprudence* (New York: Masonic Publishing and Manufacturing Co., 1869), 158–65.

56. 该手册是为参议院编写的,但从 1837 年开始,只有众议院将其作为实践准则予以通过。Jefferson, "Manual of Parliamentary Practice," preface, *Jefferson's Parliamentary Writings:" Parliamentary Pocket-Book" and A Manual of Parliamentary Practice*, ed. Wilbur Samuel Howell, *The Papers of Thomas Jefferson,* Second Series (Princeton, N.J.: Princeton, 1988), 356; De Alva Stanwood Alexander, *History and Procedure of the House of Representatives* (Boston: Riverside Press, 1916), 180–82. 关于杰斐逊的手册,参见 *Jefferson's Parliamentary Writings*, 3–38, 339–48.

57. Jefferson, "Manual," 载于 *Jefferson's Parliamentary Writings*, 374–76. 宪法对不当行为的处理很简单：每个议院都可以惩罚行为不检的议员，并以三分之二的多数驱逐议员。美国《宪法》第 1 条第 5 款。关于与决斗的联系，参见杰斐逊的原始材料：Anchitell Grey, ed., *Debates of the House of Commons*, 10 vols. (London: D. Henry and R. Cave, 1763), 3:293, 316.

58. *Globe*, 26th Cong., 1st Sess., April 1, 1840, 301.

59. Jefferson, "Manual," 载于 *Jefferson's Parliamentary Writings*, 357.

60. Sarah A. Binder, *Minority Rights, Majority Rule: Partisanship and the Development of Congress* (New York: Cambridge University Press, 1997), 84–85, 178–83.

61. 这种阻碍在 19 世纪 30 年代成为辩论的战略武器，并在 1889 年随着议长托马斯·布拉克特·里德（Thomas Brackett Reed）规则（所谓的里德规则）的建立而结束。Jeffrey A. Jenkins and Charles Stewart III, *Fighting for the Speakership: The House and the Rise of Party Government* (Princeton, N.J.: Princeton, 2013), 41.

62. Gregory J. Wawro and Eric Schickler, *Filibuster: Obstruction and Lawmaking in the U.S. Senate* (Princeton, N.J.: Princeton, 2006); Sarah A. Binder and Steven S. Smith, *Politics or Principle? Filibustering in the United States Senate* (Washington, D.C.: Brookings Institution Press, 1997); Sarah A. Binder and Steven S. Smith, "Political Goals and Procedural Choice in the Senate," *The Journal of Politics* 60, no. 2 (May 1998): 396–416. 瓦夫罗（Wawro）和席克勒尔（Schickler）指出，参议院的诸多辩论特权是由于缺乏限制辩论的规则；他们还指出——例如宾德（Binder）和史密斯（Smith）所言——现代意义上的阻挠始于 19 世纪后期。

63. 随着时间的推移，这一点变得更加真实。最初，参众两院关于先决问题的原则一致，但参议院开始将自身视为一个以无限辩论为基础原则的宪政机构。Binder, *Minority Rights*, 39–40.

64. *Globe*, 31st Cong., 1st Sess., April 3, 1850, 632. 菲尔莫尔正在讨论需要加强副总统召集参议员执行命令的权力；在有此必要之前，他一直避免讨论这个问题，但"现在是时候了"。参见 George P. Furber, *Precedents Relating to the Privileges of the Senate of the United States* (Washington, D.C.: GPO, 1893), 122.

65. *Globe*, 27th Cong., 2nd Sess., February 8, 1842, 217. 林（Linn）讨论了如何对纳撒内尔·塔尔梅奇（Nathaniel Tallmadge，纽约州辉格党）和托马斯·哈特·本顿（Thomas Hart Benton，密苏里州民主党）之间的粗鲁交流做出恰当回应。

66. Adams, *Memoirs*, February 13, 1843, 11:318; *Globe*, 27th Cong., 2nd Sess., January 27, 1842, 182–83.

67. *Globe*, 27th Cong., 2nd Sess., January 28, 1842, 183–84. 也可参见 [N.Y.] *New World*, January 29, 1842. 阿诺德让肯尼斯·雷纳（Kenneth Rayner，北卡罗来纳州辉格党）遵守秩序。另一个来到阿诺德座位上的南部人是威廉·佩恩（William Payne，亚拉巴马州民主党）。

68. James F. Hopkins, ed., *The Papers of Henry Clay*, 8:513; *Niles Weekly Register*, May 19, 1832. 在1832年的一次众议院辩论中，阿诺德侮辱了杰克逊的朋友兼盟友山姆·休斯敦（Sam Houston）。休斯敦的朋友摩根·赫德少校（Major Morgan Heard）为他和杰克逊辩护，用棍棒打了阿诺德，然后试图射杀他；阿诺德用剑杖打败了赫德。

69. 同上，14; Douglas Dion, *Turning the Legislative Thumbscrew*, 11. 关于消失的法定人数，参见 French to Harriette French, March 8, 1836, BBFFP. 先决问题的要求相当于在问："现在不提出主要问题吗？"无论如何决定，对先决问题的呼吁都使辩论停止，通常都需要进行全面投票。参见 Alexander, *History and Procedure of the House of Representatives*, 180–81.

70. 事例参见 David Outlaw to Emily Outlaw, December 1849, DOP; William Cabell Rives, Jr., to William Cabell Rives, May 26, 1856, William Cabell Rives Papers, LC. 也可参见 Eric M. Uslaner, "Is the Senate More Civil Than the House?," 载于 Burdett A. Loomis, ed., *Esteemed Colleagues: Civility and Deliberation in the U.S. Senate* (Washington, D.C.: Brookings Institution, 2000), 32–55. 根据《牛津英语词典》，"野熊的花园"是"原本专门用来引诱熊的地方，有很多粗鲁的运动"，或者更一般地说，是"冲突和骚乱的场景"。

71. Adams, diary entry, March 28, 1842, *Memoirs*, 11:101–102.

72. French, memoir, BBFFP.

73. *Globe*, 28th Cong., 1st Sess., December 21, 1843, 62.

74. 同上，27th Cong., 2nd Sess., January 21 and 22, 1841, 158, 162.

75. 同上，January 22, 1841, 163.

76. 同上，27th Cong., 1st Sess., June 15 and 16, 1841, 54, 58. 先决问题经常被形容为"钳口"，事例参见 *Portland Weekly Advertiser*, February 16 and 23, and October 24, 1837; [Concord] *New Hampshire Patriot*, May 2, 1836.

77. Binder, *Minority Rights*, 43–67, 92–99. 参议院在 1806 年放弃了这种做法，部分原因是它很少被使用。Richard R. Beeman, "Unlimited Debate in the Senate: The First Phase," *Political Science Quarterly* 83, no. 3 (September 1968): 419–34.

78. *Globe*, 26th Cong., 1st Sess., April 2, 1840, 301.

79. 同上，27th Cong., 1st Sess., June 14, 1841, 51.

80. Theodore Weld to his wife and sister-in-law, January 22, 1842, *Letters of Theodore Dwight Weld, Angelina Grimke Weld and Sarah Grimke, 1822–1844*, 2 vols. (New York: D. Appleton-Century Company, 1934), 999.

81. *Globe*, 27th Cong., 2nd Sess., January 22, 1842, 163.

82. French to Henry Flagg French, January 25, 1842, BBFFP.

83. *Register of Debates*, 23rd Cong., 2nd Sess., December 16, 1834, 795.

84. 关于权杖，参见 Silvio A. Bedini, "The Mace and the Gavel: Symbols of Government in America," *Transactions of the American Philosophical Society* 87, no. 4 (1997):1–84.

85. French, diary entry, September 13, 1841, *Witness*, 124.

86. 研究 19 世纪的议长的作品中，特别有用的是 Jenkins and Stewart, *Fighting for the Speakership*，让我们看到这个职位是怎么党派化的。

87. *Globe,* 26 Cong., 2nd sess., January 25, 1841, 126.

88. 关于议长选举的反奴隶制内涵，参见 Brooks, *Liberty Power*.

89. Horace Mann to E. W. Clap, December 23, 1849, January 7, 1850, Mann, ed., *Life of Horace Mann*, 284. 还可参见 Mann to E. W. Clap, February 7, 1850, 同上，286.

90. *Globe*, 27th Cong., 1st Sess., June 16, 1841, 58. 关于暴力和一个松懈的议长之间的关系，参见同上，26th Cong., 1st Sess., May 14, 1840, 396; 同上，28th Cong., 1st Sess., January 26, 1844, 196.

91. Jefferson, "Manual of Parliamentary Practice," Sec. XXXIV, 载于 *Jefferson's Parliamentary Writings*, 395.

92. "Nominis in Umbra" [French], dateline January 1, 1838, *Chicago Democrat*, January 24, BBFFP.

93. S. Rpt. 170, 31st Cong., 1st Sess., July 30, 1850. 讲述了亨利·富特（Henry Foote，密歇根州民主党）与托马斯·哈特·本顿（Thomas Hart Benton，密苏里州民主党）在 1850 年 4 月 17 日的冲突。

94. *Globe*, 24th Cong., 2nd Sess., February 17, 1837, 222.

95. Adams, diary entry, April 9, 1840, *Memoirs*, 5:258.

96. *Niles' National Register*, July 10, 1824, vol. 26, 298. 在公共土地委员会中，巴顿（Barton）提交了一些文件，这些文件很好地反映了阿肯色州代表亨利·W. 康韦（Henry W. Conway）挑战巴顿的情况。将"恶霸"当成"政治斗士"，参见 Adams, diary entry, January 3, 1840, *Memoirs*, 10:183.

97. Wyatt-Brown, *Southern Honor*, 358.《牛津英语词典》将"恶霸"定义为"一个'虚张声势的勇武之人'；傲慢、喧闹，经常'挥舞着盾牌'；现在，则指一个残暴的懦夫，他使自己成为弱者的恐怖分子"。

98. 众议院的其他恶霸有爱德华·斯坦利（Edward Stanley，北卡罗来纳州辉格党）、丹尼尔·詹尼弗（Daniel Jennifer，马里兰州民主党）、约翰·道森（John Dawson，路易斯安娜州民主党）、詹姆斯·贝尔瑟（James Belser，亚拉巴马州民主党）和约翰·B. 韦勒（John B. Weller，俄亥俄州民主党）、巴利·佩顿（Balie Peyton，田纳西州民主党）、约翰·贝尔（John Bell，田纳西州辉格党）、霍普金斯·L. 特尼（Hopkins L. Turney，田纳西州民主党）、查尔斯·唐宁（Charles Downing，佛罗里达州民主党代表）、威廉·B. 坎贝尔（William B. Campbell，田纳西州辉格党）、艾布拉姆·莫里（Abram Maury，田纳西州辉格党）、乔治·麦克达菲（George Mcduffie，南卡罗来纳州民主党）、费利克斯·格伦迪·麦康奈尔（Felix Grundy McConnell，亚拉巴马州民主党）、查尔斯·英格索尔（Charles Ingersoll，宾夕法尼亚州民主党）、威廉·科斯特·约翰逊（William Cost Johnson，马里兰州辉格党）、塞缪尔·戈尔森（Samuel Gholson，密西西比州民主党）、罗杰·普赖尔（Roger Pryor，弗吉尼亚州民主党）、劳伦斯·基特（Laurence Keitt，南卡罗来纳州民主党）和亚历山大·邓肯（Alexander Duncan，俄亥俄州民主党）。关于斯坦利，参见 Norman D. Brown, *Edward Stanly: Whiggery's Tarheel "Conquerer"* (Tuscaloosa: University of Alabama Press, 1974), 45 and passim; John H. Wheeler, *Reminiscences and Memoirs of North Carolina and Eminent North Carolinians* (Columbus, N.C.: Columbus Printing Works, 1884), 17; "The Campaigns of a 'Conqueror'; or, The Man 'Who Bragged High for a Fight," undated, UNC. 关于贝尔和特尼，参见 Balie Peyton to Henry Wise, June 17, 1838, 载于 *The Collector: A Magazine for Autograph and Historical Collectors 3* (January 1907): 26–27. 特尼——"一个野狼般的人物，长相狡猾的恶棍"——当选的理由

是他会在"众议院里里外外制造各种各样的混乱",并渴望与怀斯(Wise)来一场"显赫且独特的争吵"。Peyton to Wise, August 15, 1837, Henry A. Wise Papers, UNC. 关于麦克达菲,参见 Louis McLane to unknown recipient, December 23, 1821, Louis McLane Papers, LC; William Greenhow to Henry Wise, February 5, 1844, Henry A. Wise Papers, UNC. 关于普赖尔和基特,参见 Samuel S. Cox, *Eight Years in Congress, from 1857–1865: Memoir and Speeches* (New York: Appleton, 1865), 23–25. 关于邓肯,参见 Adams, diary entry, June 29, 1840, *Memoirs*, 10:323. 参议院的恶霸有亨利·克莱(Henry Clay,肯塔基州辉格党)、托马斯·哈特·本顿(密苏里州民主党)、亨利·富特(密苏里州民主党)、约翰·斯莱德尔(John Slidell,路易斯安娜州民主党)、刘易斯·维戈夫(Lewis Wigfall,得克萨斯州民主党)和罗伯特·奥古斯塔斯·图姆斯(Robert Augustus Toombs,佐治亚州辉格党)等。怀斯认为克莱在1839年恶劣的霸凌行为让他失去总统候选人提名,当时他"太任性,脾气太坏,太过于放纵自己的政治行为"。Wise, *Seven Decades*, 172. 关于斯莱德尔,参见 Cox, *Eight Years*, 20. 关于图姆斯,参见 John Bell to W. B. Campbell, August 10, 1854, *Tennessee Historical Magazine* 3 (September 1917): 223–24. 图姆斯在19世纪20年代时就是个臭名昭著的"学校恶霸"。James H. Justus, *Fetching the Old Southwest: Humorous Writing from Longstreet to Twain*, 439. 所有这些参众两院的恶霸在报纸上都赫赫有名。

99. *Globe*, 24th Cong., 1st Sess., 298; "Riots in Congress," *Niles' Weekly Register*, April 2, 1836; French, diary entry, April 10, 1836, *Witness*, 64; "A Night in the House of Representatives," *The New-Yorker*, April 2, 1836.

100. 例如,可以看看詹姆斯·贝尔瑟(James Belser,亚拉巴马州民主党)在1844年被称为恶霸的反应;如果他的指责者在场,贝尔瑟"会让此人成为一个例子,显示出他可以记恨一个人有多久"。*Globe*, 28th Cong., 1st Sess., February 3, 1844, 224. 我根据其霸凌行为的模式和受到的指控,将一批人归类为是恶霸。希尔兹(Shields)在1836年至1860年间将国会议员分为"特立独行者"和"墨守成规者",这很有启发性,但很大程度上是基于投票模式和悼词,所以我所谓的一些恶霸不是特立独行的,她所谓的许多特立独行者也不是恶霸。Johanna Nicol Shields, *The Line of Duty: Maverick Congressmen and the Development of American Political Culture, 1836–1860* (Westport, Conn.: Greenwood Press, 1985).

101. Adams, diary entry, January 16, 1845, *Memoirs*, 12:148. 这场辩论涉及是否任命一

个委员会来调查一场国会的决斗。

102. 学者们普遍轻视了辉格党的傲慢之风。可以参见豪（Howe）那本有名的 *Political Culture of the American Whigs*, 尤其是 128–29.

103. Adams, diary entry, July 22, 1841, *Memoirs*, 10:512.

104. 关于佩顿（Peyton）的努力，参见 Powell Moore, "James K. Polk: Tennessee Politician," *Journal of Southern History* 17 (November 1951): 497; Walter T. Durham, *Balie Peyton of Tennessee: Nineteenth Century Politics and Thoroughbreds* (Franklin, Tenn.: Hillsboro Press, 2004). 波尔克（Polk）认为，他的攻击者是为了"田纳西州的市场"。Polk to William R. Rucker, February 22, 1836, *Correspondence of James K. Polk*, 513. 关于田纳西州政治语境下的波尔克，参见 Jonathan M. Atkins, *Parties, Politics, and the Sectional Conflict in Tennessee, 1832–1861* (Knoxville: University of Tennessee, 1997). 怀斯后来说，他攻击议长波尔克，不是出于个人恩怨，而是因为他被侵犯了代表权利。Wise to unknown, December 2, 1846, Henry A. Wise Papers, UNC. 也可参见 Henry A. Wise, "Opinions of Hon. Henry A. Wise, Upon the Conduct and Character of James K. Polk, Speaker of the House of Representatives, with Other 'Democratic' Illustrations" (Washington, D.C., 1844).

105. Jenkins and Stewart, *Fighting for the Speakership*, 41n12. 关于某次挑衅的事例，参见 *Globe*, 24th Cong., 1st Sess., February 29, 1836, 214.

106. Charles G. Sellers, *James K. Polk: Jacksonian, 1795–1843* (Norwalk, Conn.: Easton Press, 1987), 307–10, from an 1836 letter from Balie Peyton. 也可参见 Polk, diary entry, October 14, 1847, 载于 *The Diary of James K. Polk During His Presidency, 1845–1849*, ed. Milo Milton Quaife, 4 vols. (Chicago: A. C. McClurg, 1910), 3:191. 波尔克指出，在他的总统任期内，"有点尴尬"的怀斯拜访了他，但"没有提到……他以前对我的敌意，还有我在 1836 和 1837 年担任众议院议长时他对我无理的攻击"。

107. 事例参见 "A Coward", 载于 *Louisville Daily Journal*, June 5, 1844; 同上，September 11, 1844. 还可参见 Kirby, "Limits of Honor," 121–22, 130.

108. "True-Hearted Statesman," 载于 George S. Jackson, *Early Songs of Uncle Sam* (Boston: Bruce Humphries, Publishers, 1962), 115.

109. *Globe*, 24th Cong., 2nd Sess., February 20, 1837, 239; 同上，25th Cong., 1st Sess.,

October 13, 1837, 326 app. 也可参见 Thornton, *An American Glossary*, 456. 杰克逊在发生杖击事件的 1832 年发明了这个词，参见 Jackson to Francis Preston Blair, May 26, 1832, *Jackson Papers*, 10:487–88. 我要感谢丹·费勒（Dan Feller）为我指出这一点，并分享了他的材料。

110. *Globe*, 26th Cong., 2nd Sess., February 4, 1841, 321 app.

111. Adams, "Address of John Quincy Adams to Constituents" (Boston: J. H. Eastburn, 1842), 55. 扎斯克（Zaeske）对国会请愿中的性别层面进行了有趣的研究，认为口头决斗取代了枪战决斗，但这是不可能的，她的结论是错的。Susan Zaeske, "'The South Arose as One Man': Gender and Sectionalism in Antislavery Petition Debates, 1835–1845," *Rhetoric & Public Affairs* 12 (2009): 341–68.

112. Giddings, diary entry, December 14, 1838, 载于 Julian, *Giddings*, 52.

113. *Liberator*, February 14, 1845; *Salem Register*, February 10, 1845; [Vermont] *Bellows Falls Gazette*, February 15, 1845.

114. *Globe*, 28th Cong., 2nd Sess., February 6, 1845, 256.

115. [N.Y.] *Commercial Advertiser*, February 8, 1845.

116. Giddings, *History of the Rebellion*, 210; Julian, *Life of Giddings*, 174; [N.Y.] *Commercial Advertiser*, February 8, 1845; Adams, diary entry, February 6, 1845, *Memoirs*, 12:162; *Globe*, 34th Cong., 1st Sess., July 11, 1856, 1121 app.; [Norwalk] *Huron Reflector*, February 25, 1845. 也可参见第二章。

117. [Norwalk] *Huron Reflector*, February 25, 1845.

118. Jacob Collamer (W–VT) to Mary Collamer, February 4, 1844, University of Vermont Libraries' Center for Digital Initiatives, cdi3.uvm.edu/collections/item/collamerC01f015i002&view=transcript.

119. Giddings to Laura Giddings, January 23, 1842, 载于 Stewart, *Joshua R. Giddings*, 71.

120. French, diary entry, December 9, 1836, *Witness*, 69.

121. 同上。

122. 同上，January 6, 1843, *Witness*, 146.

123. Adams, diary entry, January 2, 1843, *Memoirs*, 11:285.

124. 同上，June 18, 1842, 11:180.

125. 同上，February 22, 1844, 11:516–17.

126. 同上，26th Cong., 2nd Sess., February 4, 1841, 322 app. 关于这种演讲辞令的透

彻分析，参见 Patricia Roberts-Miller, "Agonism, Wrangling, and John Quincy Adams," *Rhetoric Review* 25, no. 2 (2006): 141–61. 正如罗伯茨 – 米勒（Roberts-Miller）所指出的，那些认为这篇演讲是"非理性和不合理的"的学者们完全忽略了亚当斯关于暴力及其在国会之影响的评论的有效性。同上，143. 理查兹（Richards）指出，反决斗的法律是北部在对钳口律的怒潮中取得的道德胜利。*Congressman John Quincy Adams*, 131–35.

127. 事例参见 *New Hampshire Sentinel*, February 28, 1844, 这表明南部人挑战北部人的原因是，他们知道北部人接受挑战只会让自己声誉受损。

128. Giddings, diary entry, December 14, 1838, 载于 Julian, *Giddings*, 52.

129. *Globe*, 28th Cong., 2nd Sess., February 6, 1845, 256. 关于妇女提交的反奴隶制请愿书中固有的辱骂，参见 Zaeske, "'The South Arose as One Man'"; Jennifer Rose Mercieca, "The Culture of Honor: How Slaveholders Responded to the Abolitionist Mail Crisis of 1835," *Rhetoric & Public Affairs* 10.1 (2007): 51–76.

130. "Address of John Quincy Adams," 58–59.

131. 谢尔登（Shelden）认为，霸凌和虚张声势只是为了作秀，但正是观看这场秀的全国观众赋予了这种作秀以力量。在公众面前受辱可能会破坏声誉和职业生涯。此外，人们还非常害怕流血事件。*Washington Brotherhood*, 39–40 and passim.

132. Washington Greenhow to Wise, February 5, 1844, Henry A. Wise Papers, UNC. 也可参见 G. S. Henry to Robert L. Caruthers, August 5, 1841, Robert L. Caruthers Papers, UNC.

133. Doctrine Davenport to Ebenezer Pettigrew, August 10, 1843, 载于 Brown, *Edward Stanly*, 91; Thomas S. Hoskins to William Graham, May 9, 1842, 同上, 83. 关于指责斯坦利懦弱的竞选素材，参见同上，90; "The Campaigns of a 'Conqueror,'" undated, UNC. 关于措辞谨慎的道歉，参见 [Norfolk, Ohio] *Huron Reflector*, May 31, 1842. 斯坦利和怀斯一直不停地相互抱怨，至少打了两次架，有三次几乎要进行决斗了。1841 年，他们的打斗引发了一场众议院的骚乱，几乎导致了一场决斗。8 个月后，尖锐的言辞（懦夫！野狗！）差点引发一场决斗。几天后，杖击事件引发了一场关于决斗的讨论。Fight #1: *Globe*, 27th Cong., 1st Sess., September 9–11, 1841, 444–45, 447, 451; French, diary entry, September 13, 1841, *Witness*, 124–25; Adams, diary entry September 9, 1841, *Memoirs*, 11:11; House Journal, 27th Cong., 1st Sess., 513–14. Fight #2: *Globe*, 27th Cong., 2nd Sess., May 4,

1842, 476–78; Adams, diary entry, May 4, 1842, *Memoirs*, 11:148; French to Henry Flagg French, May 13, 1842, BBFFP. Fight #3: Adams, diary entry, May 7, 1842, *Memoirs*, 11:151; Brown, *Edward Stanly*, 83–86.

134. *Globe*, 34th Cong., 1st Sess., June 26, 1856, 1476. 关于黑尔，尤其可以参见 Sewell, *John P. Hale*; Earle, *Jacksonian Antislavery*, 78–102. 关于黑尔如何从一个忠诚的民主党变成了废奴主义支持者，厄尔（Earle）的论述十分精彩。

135. 关于废奴主义者和男子气概，参见 Amy S. Greenberg, *Manifest Manhood*; Stanley Harrold, *American Abolitionists* (London and New York: Routledge, 2001), 44–46; Donald Yacovone, "Abolitionists and the 'Language of Fraternal Love,'" 载于 *Meanings for Manhood,* Mark C. Carnes, Clyde Griffen, eds. (Chicago: University of Chicago Press, 1990), 85–95.

136. W. Claggett to Hale, March 7, 1844; Charles D. Cleveland to Hale, March 24, 1844; Amos Tuck to Hale, January 15, 1845; James Peverly to Hale, January 16, 1845, 载于 John Parker Hale Papers, NHHS.

137. 在喧嚣中，会议终于在休会前通过了决议；反奴隶制的编辑纳撒尼尔·罗杰斯（Nathaniel Rogers）侮辱了皮尔斯。*Boston Courier*, March 21, 1844; "Proceedings of the Annual Town Meeting in Concord, March 12, 13, 14, 15, 1844," 21–22, 访问于 2012 年 8 月 18 日，载于 www.onconcord.com/books/2histcity_reports/1844.pdf; *History of Concord, New Hampshire*, 1:415; Nichols, *Franklin Pierce*, 125–29; Cole, *Jacksonian Democracy*, 217. 关于其他面团脸的自卫，参见查尔斯·阿瑟顿（Charles Atherton, 新罕布什尔州民主党）的演说：*Globe*, 27th Cong., 2nd Sess., December 23, 1841, 36 app.; 雅各布·汤普森（Jacob Thompson，密歇根州民主党）的演说：同上, 31st Cong., 1st Sess., June 5, 1850, 661 app.

138. Cole, *Jacksonian Democracy*, 230; Wallner, *New Hampshire's Favorite Son*, 128; [Concord] *New Hampshire Patriot and State Gazette*, October 22, 1846.

139. 关于奴隶制和新罕布什尔州的民主党，参见 Cole, *Jacksonian Democracy*, 216–33.

140. 吉丁斯的决议涉及克里奥尔人（Creole）的叛乱。约翰·博茨（John Botts, 弗吉尼亚州辉格党）最初提出了惩罚吉丁斯的决议，当有人反对时，韦勒又重新措辞提出动议，然后提出先决问题。*Globe*, 27th Cong., 2nd Sess., March 21, 1842, 343.

141. Adams, diary entry, March 22, 1842, *Memoirs*, 11:114. 关于公开谴责，参见 Jack Maskell, "Expulsion, Censure, Reprimand, and Fine: Legislative Discipline in the House of Representatives" (CRS Report No. RL31382) (Washington, D.C.: Congressional Research Service, June 27, 2016), 12. fas.org/sgp/crs/misc/RL31382.pdf, 访问于 2017 年 5 月 15 日。

142. Giddings, diary entry, February 12, 1839, 载于 Miller, *Arguing About Slavery*, 347; Julian, *Life of Giddings*, 70.

143. 关于吉丁斯、威廉·斯莱德（William Slade）、塞思·盖茨（Seth Gates）和其他人的共同努力——他们中的许多人都住在安·斯普里格（Ann Sprigg）的寄宿公寓里，这里有个称号是"废奴主义者之家"——参见 Brooks, "Stoking the 'Abolition Fire in the Capitol,'" 541; idem., *Liberty Power*, Chapter Two; Gilbert Hobbs Barnes, *The Antislavery Impulse, 1830–1844* (New York: Harbinger, 1933), 179–80. 关于这个关系网的影响，也可参见 James B. Stewart, *Joshua R. Giddings and the Tactics of Radical Politics, 1795–1864* (Cleveland, Ohio: Case Western Reserve, 1970).

144. 布鲁克斯透露了自由党的说客是如何促使国会议员在议会上制造关于反奴隶制议题的麻烦，以告诉人们奴隶主权势的存在。

145. Adams, diary entry, March 22, 1842, *Memoirs*, 11:114.

146. 事例参见 *Painesville Telegraph*, April 13, 1842; *Weekly Ohio State Journal*, April 20 and 27, 1842.

147. Giddings to Joseph Addison Giddings, May 19, 1842, 载于 Stewart, *Giddings*, 76.

148. Jenkins and Stewart, "Gag Rule," 29–31.

149. *Chicago Democrat* [undated], BBFFP.

150. 并非 1836 年到 1844 年之间的每一场战斗都是由钳口律的争论引起的，但钳口律毒化了整体的氛围，从而产生了影响。斗争最激烈的五届国会（依次）是：第 34 届、第 35 届、第 36 届、第 26 届和第 27 届。

151. Wise to unknown, December 2, 1846, Henry A. Wise Papers, UNC. 怀斯谈论的是他在国会的争斗。

152. Adams, *Memoirs*, February 5, 1841, 10:413–14; 以及 www.masshist.org/jqadiaries/php/doc?id=jqad41_240&year=1841&month=02&day=05&entry=entrycont&start=0.

153. *Globe*, 28th Cong., 1st Sess., December 21, 1843, 62; Adams, diary entry, December

21, 1843, *Memoirs*, 11:455, 457.
154. Jenkins and Stewart, "Gag Rule," 22, 27–28.
155. Adams, diary entry, December 3, 1844, *Memoirs*, 116. 更为间接的钳口律在参议院又持续了 6 年。Wirls, "Overlooked Senate Gag Rule," 133.
156. Adams, "Address to Constituents," 57; Thomas F. Marshall, "Speeches of Thomas F. Marshall of Kentucky on the Resolutions to Censure John Q. Adams" (Washington: Blair & Rives, 1842), 5. 马歇尔为了解释他这篇言说的重要性，专门写了前言。

第五章

1. Cresson, *Journey into Fame*, 17–18, 107.
2. 得克萨斯作为西部一个蓄奴共和政体对于南部人的重要性，参见 Karp, *Vast Southern Empire*, 82.
3. 关于得克萨斯州，参见 Karp, *Vast Southern Empire*, 82–102; Joel H. Silbey, *Storm over Texas: The Annexation Controversy and the Road to Civil War* (New York: Oxford University Press, 2005); Mark J. Stegmaier, *Texas, New Mexico, and the Compromise of 1850: Boundary Dispute & Sectional Crisis* (Kent, Ohio: Kent State University, 1996); Morrison, *Slavery and the American West*; and Potter, *Impending Crisis*, passim.
4. 辉格党的报刊预言倍受喜爱的弗伦奇能够保住他的工作；民主党的报刊本来是嘲笑辉格党的——因为辉格党声称自己要超越党派分歧——现在却为了驱逐弗伦奇，转而支持辉格党。*Richmond Whig*, May 28, 1847; *Albany Evening Journal*, May 29, 1847.
5. E. C. Cabell to the Editors of the *Daily National Intelligencer*, January 15, 1848; French to the Editors of the *Daily National Intelligencer*, January 24 and 26, 1848. 关于国会与这篇《附文》关系的研究，特别有用的著作是 Michael F. Holt, *The Fate of Their Country: Politicians, Slavery Extension, and the Coming of the Civil War* (New York: Hill and Wang, 2004).
6. French to Henry Flagg French, December 12, 1847, BBFFP; French, diary entry, December 16, 1847, *Witness*, 197.
7. French, diary entry, November 27 and December 30, 1849, *Witness*, 210–12.
8. French, diary entry, May 23, 1848, *Witness*, 202. 1848 年 2 月 25 日，弗伦奇在市

议员委员会的一次会议上为亚当斯发表了悼词。"Proceedings in the Board of Aldermen and Board of Common Council, of the City of Washington, on the Occasion of the Death of John Quincy Adams" (Washington: John T. Towers, 1848), 5–8. 访问于 2014 年 2 月 23 日，www.mocavo.com/Proceedings-of-the-Corporation-and-Citizens-of-Washington-on-the-Occasion-of-the-Death-of-John-Quincy-Adams-Who-Died-in-the-Capitol-on-Wednesday-Evening-February-23-1848-Volume-2/269014/13#13.

9. French, diary entry, February 22, 1848, *Witness*, 199.
10. Richards, *Life and Times of Congressman John Quincy Adams*, 202–203.
11. French to unknown correspondent, 1847, 载于 Robert R. Hershman, "Gas in Washington," *Columbia Historical Society* 50 (1948/50): 146. 1847 年秋天，弗伦奇拜访了普林斯顿的约瑟夫·亨利（Joseph Henry）教授——他是电力行业和电报方面的著名专家——同时和他讨论了桅杆的事情。桅杆于 1848 年 6 月 18 日被拆除。也可参见 William Charles Allen, *History of the United States Capitol: A Chronicle of Design, Construction, and Politics* (Washington, D.C.: GPO, 2000), 179–80.
12. 投了 63 次票，用了将近三周时间才选出一名议长，又花了一周时间，进行了两次投票才选出一名执事。如需详细说明，参见 Jenkins and Stewart, *Fighting for the Speakership*, 155–74. 关于打斗，参见 *Globe*, 31st Cong., 1st Sess., December 13, 1849, 27; Nathan Sargent, *Public Men and Events from the Commencement of Mr. Monroe's Administration, in 1817, to the Close of Mr. Fillmore's Administration, in 1853*, 2 vols. (Philadelphia: J. B. Lippincott, 1875), 2:351; David Outlaw to Emily Outlaw, December 13 and 16, 1849, DOP; [Norfolk, Ohio] *Huron Reflector*, January 1, 1850; [Washington] *National Era*, December 20, 1849.
13. 众议院当时还没有选出新的纠仪长内森·萨金特（Nathan Sargent），他曾在上一届国会中任职。现在他继续在第 31 届国会担任这个岗位，当时精疲力竭的众议院投票决定保留前几届国会的几名官员，而不是花更多的时间重新组织。Sargent, *Public Men and Events*, 2:351; *Globe*, 31st Cong., 1st Sess., December 13, 1849, 27.
14. *Globe*, 31st Cong., 1st Sess., December 13, 1850, 28.
15. Outlaw to Emily Outlaw, December 13, 1850, DOP.
16. *Globe*, 31st Cong., 1st Sess., December 13, 1850, 28–29.

17. 同上，29.
18. 同上，26.
19. Cobb to Amelie Cobb, December 20, 1849, *The Correspondence of Robert Toombs, Alexander H. Stephens, and Howell Cobb*, ed. Ulrich B. Phillips, 2 vols. (Washington: GPO, 1913), 2:179, 载于 *Annual Report of the American Historical Association for 1911*.
20. [N.Y.] *Evening Post*, January 8, 1850.
21. French diary entry, January 6, 1850, *Witness*, 213. 福尼是詹姆斯·布坎南（James Buchanan）有力的支持者，关于福尼对南部的偏爱，参见 *New York Evening Post*, January 8, 1850; George W. Julian, *Political Recollections 1840 to 1872* (Chicago: Jansen, McClurg, 1884), 78. 朱利安（Julian）给弗伦奇投了票。
22. French, diary entry, January 6, 1850, *Witness*, 213; idem., "To the Editors," January 14, 1850, 载于 [Washington] *Daily Union*, January 15, 1850; Forney, "To the Editors," *Daily Union*, January 19, 1850.
23. Forney, "To the Editors," *Daily Union*, January 19, 1850. 第二年，坎贝尔去世后，福尼成为执事，并将政府印刷合同交给了他在《合众国日闻》(*Daily Union*) 的合作伙伴 A. 博伊德·汉密尔顿（A. Boyd Hamilton），从而避免了这份报纸的破产。Elwyn Burns Robinson, "The 'Pennsylvanian': Organ of the Democracy," *Pennsylvania Magazine of History and Biography* 3 (1938): 350–60; 引自 350.
24. 弗伦奇获得了来自一批西部民主党和一些北部辉格党的选票，还有众议院 6 名自由土地党中的 3 张选票，最多获得 18 张选票。见第六章。
25. 背叛的民主党人包括南卡罗来纳州人威廉·科尔科克（William Colcock）、约翰·麦奎因（John McQueen）、约瑟夫·伍德沃德（Joseph Woodward）、詹姆斯·奥尔（James Orr）和丹尼尔·华莱士（Daniel Wallace）；安德鲁·尤因（Andrew Ewing，田纳西州人）；大卫·哈伯德（David Hubbard，亚拉巴马州人）；和亚伯拉罕·维纳布尔（Abraham Venable，北卡罗来纳州人）。维纳布尔说，他们支持坎贝尔，因为他们认为福尼无法获得足够的选票获胜，他们想认真对待此事。Letter to the editor, *Daily Union*, January 13, 1850. 福尼的主要支持者詹姆斯·布坎南对福尼的失败"深感羞愧"，对南部民主党人的"背叛"感到震惊。
26. 关于反奴隶制的民主党，他们中的多数人都支持自己的党派，尤其可以参见 Earle, *Jacksonian Antislavery*.
27. French to Henry Flagg French, January 20, 1850, BBFFP.

28. 同上。

29. 关于 1850 年妥协案，特别有用的研究有 Holman Hamilton, *Prologue to Conflict: The Crisis and Compromise of 1850* (Lexington: University Press of Kentucky, 1964); Holt, *Political Crisis of the 1850s; Stegmaier, Texas, New Mexico, and the Compromise of 1850*; Landis, *Northern Men*, Chapter One; Paul Finkelman and Donald R. Kennon, eds., *Congress and the Crisis of the 1850s* (Athens: Ohio University, 2012); Freehling, *Road to Disunion, 1*:487–510; Michael A. Morrison, *Slavery and the American West: The Eclipse of Manifest Destiny and the Coming of the Civil War* (Chapel Hill: UNC, 1997), 96–125; Varon, *Disunion!*, 199–231.

30. 关于地区荣誉、羞辱和内战的联系，参见 Bertram Wyatt-Brown, "Honor, Humiliation, and the American Civil War," 载于 *A Warring Nation: Honor, Race, and Humiliation in America and Abroad* (Charlottesville: UVA Press, 2014), 80–105; idem., "Shameful Submission and Honorable Secession," 载于 *The Shaping of Southern Culture: Honor, Grace, and War, 1760s–1880s* (Chapel Hill: UNC, 2001), 177–202; Varon, *Disunion!*; and Olsen, *Political Culture and Secession in Mississippi*; Bowman, *At the Precipice*, Chapter Three.

31. 这些威胁与瓦罗纳（Varon）对 19 世纪 50 年代早期分裂言论的兴起"过程"的描述相吻合。Varon, *Disunion!*.

32. 堪萨斯州支持奴隶制和反奴隶制的居民之间的冲突也有类似的逻辑，参见 Kristen T. Oertel, *Bleeding Borders: Race, Gender, and Violence in Pre-Civil War Kansas* (Baton Rouge: LSU Press, 2009), 87–108.

33. 124 名南部国会议员中只有 48 名在"南部演说"中签了字。Holt, *Rise and Fall of the Whig Party,* 386–87. 关于演说对地区危机和南部权利的影响，尤其可以参见 Silbey, *Storm over Texas*, 144–46; Holt, *Fate of Their Country*, 51–55; Freehling, *The Road to Disunion: Secessionists at Bay, 1776–1854* (New York: Oxford University Press, 1990), passim, 尤其是 473–86. 关于密苏里决议——所谓的杰克逊决议，由克莱本·福克斯·杰克逊（Claiborne Fox Jackson）提出——参见 Chambers, *Old Bullion Benton*, 340–43.

34. 1849 年 5 月 26 日，本顿在密苏里州杰斐逊城（Jefferson City）的一次演讲中谴责了卡尔霍恩、"南部演说"和这些决议。富特在 1849 年 6 月 23 日写给怀斯的信中进行了回复，信刊登在几家报纸上。参见 *Washington Union*, June 24,

1849; *Richmond Enquirer*, July 3, 1849; [Baltimore] *Sun*, June 25, 1849. 关于本顿和卡尔霍恩之间的冲突，还可参见 Joseph M. Hernon, *Profiles in Character: Hubris and Heroism in the U.S. Senate, 1789–1990* (New York: M. E. Sharpe, 1997), 尤其是第二章，"Thomas Hart Benton vs. John C. Calhoun"; Clyde N. Wilson, Shirley Bright Cook, and Alexander Moore, eds., *The Papers of John C. Calhoun: 1848–1849* (Columbia: University of South Carolina Press, 2001), vol. 26. 关于竞选活动和激励了本顿的政治原则的结合，参见 John D. Morton, "'A High Wall and a Deep Ditch': Thomas Hart Benton and the Compromise of 1850," *Missouri Historical Review* 94 (October 1999): 1–24; Benjamin C. Merkel, "The Slavery Issue and the Political Decline of Thomas Hart Benton, 1846–1856," *Missouri Historical Review* 38 (July 1944): 3–88; Clarence McClure, *Opposition in Missouri to Thomas Hart Benton* (Warrensburg: Central Missouri State Teachers College, 1926); Robert E. Shalhope, "Thomas Hart Benton and Missouri State Politics: A Re-Examination," *Bulletin of the Missouri Historical Society* 25 (April 1969): 171–91.

35. *Globe*, 31st Cong., 1st Sess., July 30, 1850, 1480.
36. Benton-Foote Report, 93–113; 引自 99. 关于怀斯对富特的怂恿，参见 A.Y.P. Garnett to Muscoe Russell Hunter Garnett, June 29, 1849, Papers of the Hunter-Garnett Family, UVA. A.Y.P. 加尼特（A.Y.P. Garnett，怀斯的女婿）对本顿针对卡尔霍恩和南部的攻击愤慨不已，请富特"反击本顿"，然后请怀斯敦促富特"站出来，并且把信寄给怀斯"，这样怀斯也可能有借口公开攻击本顿。当时的一些人认为，富特是由南部人选出来攻击本顿的。参见 Meigs, *Life of Thomas Hart Benton*, 401; 梅格斯（Meigs）说，他是从本顿在参议院的一名同事詹姆斯·布拉德伯里（James Bradbury，缅因州民主党）那里得知这一指控的。
37. *Globe*, 31st Cong., 1st Sess., April 18, 1850, 773.
38. French, diary entry, December 21–22, 1850, *Witness*, 215.
39. Bess to French, August 11, 1852, BBFFP.
40. French, diary entry, January 8, 1844, BBFFP.
41. 关于内战前的共济会，参见 Ann Pflugrad-Jackisch, *Brothers of a Vow: Secret Fraternal Orders and the Transformation of White Male Culture in Antebellum Virginia* (Athens: University of Georgia, 2010); Steven C. Bullock, *Revolutionary Brotherhood: Freemasonry and the Transformation of the American Social Order,*

1730–1840 (Chapel Hill: UNC, 1998).

42. Francis O. French, diary entry, April 3 and 5, 1850, *Growing Up on Capitol Hill*, 10. 弗伦奇于 1850 年 2 月 22 日写下了这首诗；它出现在 3 月和 4 月的报纸上。Scrapbook, BBFFP; [Ebensburg, Pa.] *Mountain Sentinel*, April 18, 1850.

43. Hamilton, *Prologue to Conflict*, 33; John C. Waugh, *On the Brink of Civil War: The Compromise of 1850 and How It Changed the Course of American History* (Wilmington: Scholarly Resources, 2003), 8.

44. 关于富特，参见 Jon L. Wakelyn, "Disloyalty in the Confederate Congress: The Character of Henry Stuart Foote," 载于 *Confederates Against the Confederacy: Essays on Leadership and Loyalty*, ed. Jon L. Wakelyn (Westport, Conn.: Praeger, 2002), 53–76; John E. Gonzales, "The Public Career of Henry Stuart Foote, 1804–1880" (Ph.D. dissertation, UNC, 1957); George Baber, "Personal Recollections of Senator H. S. Foote," *Overland Monthly* 26 (July–December 1895): 162–71; James P. Coleman, "Two Irascible Antebellum Senators: George Poindexter and Henry S. Foote," *Journal of Mississippi History* 46 (February 1984): 17–27; John E. Gonzales, "Henry Stuart Foote: A Forgotten Unionist of the Fifties," *Southern Quarterly* 1 (January 1963): 129–39; Henry S. Foote, *Casket of Reminiscences* (Washington: Chronicle, 1874); idem, *The Bench and Bar of the South and Southwest* (St. Louis: Thomas Wentworth, 1876). 富特是历史学家谢尔比·富特（Shelby Foote）的"远房表亲"。William C. Carter, ed., *Conversations with Shelby Foote* (Jackson: University Press of Mississippi, 1989), 154.

45. 密西西比州的卢克·利（Luke Lea）做了证人；他说他认识富特有 10 年左右了。Benton–Foote Report, 33.

46. 同上，7, 10–11, 26, 129. 也可参见 J.[ames] S.[hepherd] P.[ike], "Benton, Clay, Foote," April 18, 1850, 载于 *Littell's Living Age* 25 (April 1850): 331.

47. Foote, *Casket of Reminiscences*, 76.

48. 参见同上，187. 有人说，在富特与 S. S. 普伦蒂斯（S. S. Prentiss）的两次决斗中，当富特的一颗子弹越过普伦蒂斯的头部时，普伦蒂斯对一个从树上观看的小男孩说："我的孩子，你最好小心；富特将军的射击相当疯狂。" *Encyclopedia of Mississippi History: Compromising Sketches of Counties, Towns, Events, Institutions and Persons*, ed. Dunbar Rowland, 2 vols. (Madison, Wis.: Selwyn A. Brant, 1907),

2:469.

49. Dyer, *Great Senators of the United States Forty Years Ago* (1848 and 1849), 140.

50. 关于戴维斯的纠纷，参见 James T. McIntosh, ed., *The Papers of Jefferson Davis, 1856–1860* (Baton Rouge: LSU Press, 1974), 2:86, note 38; and Felicity Allen, *Jefferson Davis: Unconquerable Heart* (Columbia: University of Missouri Press, 1999), 163, 引用了戴维斯的一封信，描述了他如何"把富特打趴在地上，并跳到他身上开始揍他"。关于卡梅伦的纠纷，参见 Dyer, *Great Senators*, 140. 关于弗里蒙特的纠纷，参见 Foote, *Casket of Reminiscences*, 340–43; Jones, "Personal Recollections," 载于 Parish, *George Wallace Jones*, 273. 关于与博兰的打斗，参见 *Saturday Evening Post*, March 23, 1850; [Boston] *Daily Evening Transcript*, March 16, 1850; *Boston Daily Atlas*, March 16, 1850; [Middletown, Conn.] *Constitution*, March 20, 1850; *Washington Union*, 载于 *The Independent*, March 28, 1850; *Alexandria Gazette*, March 16, 1850; [St. Louis] *Missouri Republican,* March 19, 1850; *New-York Tribune*, March 16, 1850.

51. *Savannah Daily Republican*, April 23, 1850.

52. *Boston Evening Transcript*, April 23, 1850; [Philadelphia] *Saturday Evening Post*, March 23, 1850. 这首诗模仿了经常被重印的艾萨克·沃茨（Isaac Watts）的 *Divine and Moral Songs for Children*———一首首次出版于1715年的赞美诗。关于博兰的打斗，参见 Steven Teske, *Unvarnished Arkansas: The Naked Truth about Nine Famous Arkansans* (Little Rock: Butler Center Books, 2013), 49–57.

53. [Port Gibson, Miss.] *Herald*, July 4, 1844, 载于 *The Papers of Jefferson Davis: June 1841–July 1846*, ed. James T. McIntosh, 2:176.

54. David Outlaw to Emily Outlaw, January 9, 1850, DOP.

55. French, diary entry, April 11, 1858, *Witness*, 291. 当被告知他的对手称他虚荣时，本顿回答说："去他们的，我有些方面值得虚荣和自负。我知道的比他们知道的加起来都多。" Jones, "Personal Recollections," 载于 Parish, *George Wallace Jones*, 271.

56. Benton to unknown correspondent, 1813, 载于 Robert V. Remini, *Andrew Jackson: The Course of American Empire, 1767–1821* (Baltimore: Johns Hopkins, 1998), 184–86; Dick Steward, *Duels and the Roots of Violence in Missouri* (Columbia: University of Missouri Press, 2000), 62; *Huron Reflector*, June 4, 1844.

57. 本顿与对方律师查尔斯·卢卡斯（Charles Lucas）卷入了三场纠纷。卢卡斯称本顿是个骗子，本顿要与他进行决斗，但卢卡斯辩称，这侵犯了他在律师事务所的权利。9个月后，当他们再次发生冲突时，本顿喊卢卡斯是一只狗，卢卡斯提出和他决斗；卢卡斯中枪了，然后康复了。不久之后，卢卡斯的朋友们开始嘀咕说，本顿当时太害怕了，不敢缩短在决斗场地上的两个人之间的距离；于是两人又决斗了一次，这一次本顿杀了卢卡斯。Smith, *Magnificent Missourian*, 59–65; Steward, *Duels and the Roots of Violence in Missouri*, 58–78.

58. French to Harriette French, April 24, 1834, BBFFP. 弗伦奇认为他的妹妹"一定听说过本顿上校……那个在纳什维尔（Nashville）打过仗的人"。

59. William Nisbet Chambers, *Old Bullion Benton: Senator from the New West* (Boston: Little, Brown, 1956), 185–86.

60. 大卫·奥特洛（David Outlaw）告诉他的妻子，当本顿没有对巴特勒的挑战做出回应时，参议员雷弗迪·约翰逊（Reverdy Johnson，马里兰州辉格党）发出了一封"强制性通知"，要求在下午5点之前做出回应，否则此事就此告终。Outlaw to Emily Outlaw, August 17, 1848, DOP. For a detailed account of the negotiations, 参见 *The New York Herald*, August 15 and 19, 1848; 以及 Chambers, *Old Bullion Benton*, 329.

61. David Outlaw to Emily Outlaw, January 17, 1850, DOP; [Keene] *New Hampshire Sentinel*, April 25, 1850; Adams, diary entry, April 8, 1840, *Memoirs*, 10:257. 在一个参议员葬礼上，亚当斯坐在本顿旁边，看着本顿膝盖上坐着他的一个女儿。

62. George Julian, *Political Recollections*, 92.

63. Adams, *Memoirs*, August 16, 1841, 10:533.

64. 关于本顿的独断专行、咄咄逼人的个性和密苏里州对"战斗领袖"的渴望，参见 Perry McCandless, "The Political Philosophy and Political Personality of Thomas H. Benton", *Missouri Historical Review* 2 (January 1956): 145–58, 尤其是 153–54. 关于本顿，参见 Elbert B. Smith, *Magnificent Missourian: The Life of Thomas Hart Benton* (New York: J. B. Lippincott, 1958); Chambers, *Old Bullion Benton*; Thomas Hart Benton, *Thirty Years View*; or, *A History of the Working of the American Government for Thirty Years, from 1820 to 1850*, 2 vols. (New York: D. Appleton, 1856).

65. Henry A. Wise, *Seven Decades of the Union: The Humanities and Materialism* (Philadelphia: J. B. Lippincott, 1872), 137. 有些地方提到了"恶霸本顿"，事例参

见 [Columbus] *Ohio State Journal*, November 16, 1842; [Washington, D.C.] *Daily Madisonian*, March 22, 1843; [Baltimore] *Sun*, March 5, 1847; *Trenton State Gazette*, March 8, 1847.

66. Oliver Dyer, *Great Senators of the United States Forty Years Ago* (New York: Robert Bonner's Sons, 1889), 203.

67. *Albany Evening Journal*, August 17, 1848; *The New York Herald*, August 15, 1848; [Brattleboro, Vt.] *Semi-Weekly Eagle*, August 17, 1848. 关于本顿和巴特勒之间的谈判以及其后的逮捕，参见 *The New York Herald*, August 19, 1848. 也可参见 Dyer, *Great Senators*, 203, 200.

68. *Globe*, 30th Cong., 1st Sess., August 12, 1848, 1077.

69. Holt, *The Fate of Their Country*, 71–73; Stegmaier, *Texas, New Mexico, and the Compromise of 1850*, 103, 373n13. 关于富特的一些提议，参见 Stegmaier, *Texas, New Mexico, and the Compromise of 1850*, 93–96; Holt, *Political Crisis*, 86.

70. 尤其可以参见 Varon, *Disunion!*.

71. Varon, *Disunion!*, 199–231; 参见 Mark E. Neely, Jr., "The Kansas–Nebraska Act in American Political Culture: The Road to Bladensburg and the Appeal of the Independent Democrats," 载于 *The Nebraska-Kansas Act of 1854*, ed. John R. Wunder and Joann M. Ross (Lincoln: University of Nebraska Press, 2008), 13–46, 尤其是 13–23; Amy S. Greenberg, "Manifest Destiny's Hangover: Congress Confronts Territorial Expansion and Martial Masculinity in the 1850s," 载于 Finkelman and Kennon, eds., *Congress and the Crisis of the 1850s*, 97–119; Olsen, *Political Culture and Secession*, 44–54; Kenneth A. Deitreich, "Honor, Patriarchy, and Disunion: Masculinity and the Coming of the American Civil War" (Ph.D. dissertation, Western Virginia University, 2006).

72. 关于地区权利（尤其是南部权利）与个人之间的关系，参见 Paul D. H. Quigley, "Patchwork Nation: Sources of Confederate Nationalism, 1848–1865" (Ph.D. dissertation, UNC, 2006), 113–37; Wyatt-Brown, *Shaping of Southern Culture*, 177–202; Olsen, *Political Culture and Secession in Mississippi*, 169–95.

73. *Globe*, 31st Cong., 1st Sess., January 22, 1850, 205. [纽约]《商业广告报》表示，有时电报"在传播言行记录方面十分有效，但有时我们不知道它的来源是什么"。在克林曼的例子中，"不知道是这位先生说了一大堆不可思议的废话，还是电报的传输与他说出的话完全不同"。*Commercial Advertiser*, January 23, 1850.

74. *Globe*, 31st Cong., 1st Sess., January 22, 1850, 205.
75. 同上，February 18, 1850, 375–85.
76. 同上，February 21, 1850, 418.
77. 参见 [Washington] *Daily Union*, March 1 and 19, 1850; *Trenton State Gazette*, March 1, 1850; *Richmond Whig*, March 1, 1850; [Baltimore] *Sun*, February 27, 1850; *Philadelphia Inquirer*, March 4, 1850; *Albany Evening Journal*, March 4, 1850.
78. *Philadelphia Inquirer*, March 4, 1850.
79. David Outlaw to Emily Outlaw, March 3, 1850, DOP.
80. David Outlaw to Emily Outlaw, January [?] 1850, DOP.
81. *Philadelphia Inquirer*, March 4, 1850. 对此的一系列的意见，参见 *Journal of Commerce*, March 4, 1850; *Trenton State Gazette*, March 1, 1850; *Daily Union*, March 1, 1850; *Boston Evening Transcript*, February 28, 1850.
82. Horace Mann to Charles Sumner, March 4, 1849, Mann, ed., *Life of Horace Mann*, 277. 1849 年 3 月 4 日晚上有三起斗殴事件：罗伯特·沃德·约翰逊（Robert Ward Johnson，阿肯色州民主党）和奥兰多·菲克林（Orlando Ficklin，伊利诺伊州民主党）之间；理查德·基塞尔·米德（弗吉尼亚州民主党）和乔舒亚·吉丁斯（俄亥俄州辉格党）之间；亨利·富特（密歇根州民主党）和西蒙·卡梅伦（宾夕法尼亚州民主党）之间。约翰逊把菲克林推倒，带翻了几张桌子；米德向吉丁斯冲去；富特一拳打在卡梅伦身上。
83. David Outlaw to Emily Outlaw, March 4, 1850, DOP. 奥特洛将这群人描述成"外来客"，意味着他们并不是华盛顿本地人。
84. David Outlaw to Emily Outlaw, March 1, 2, and 3, 1850, 同上；Horace Mann to Samuel Downer, August 17, 1852, Mann, ed., *Life of Horace Mann*, 380; Mann to E. W. Clap, February 14, 1850, 同上 , 289.
85. David Outlaw to Emily Outlaw, December 16, 1849, 同上。
86. John Parker Hale to Lucy Hale, December 22, 1848, John Parker Hale Papers, NHHS.
87. Varon, *Disunion!*, 210. 关于在议会内利用合众国解体的威胁来"控制政府"，参见同上 , 7–10.
88. French to Henry Flagg French, January 20, 1850, BBFFP. 关于几年前类似的氛围，参见 William Pitt Fessenden to Ellen Fessenden, February 6, 1842, 载于 *Life and*

Public Services of William Pitt Fessenden, 23; Robert J. Cook, *Civil War Senator: William Pitt Fessenden and the Fight to Save the American Republic* (Baton Rouge: LSU Press, 2013), 55.

89. French, diary entry, January 21, 1849, *Witness*, 207–8; French, "To the Hon. J. R. Giddings, upon reading his great speech in the Ho Reps U. S. on Presidential nominations," July 11, 1852, BBFFP.

90. *Liberator*, March 6, 1849; Giddings's diary, March 2–4, 1849, 载于 Stewart, "Joshua Giddings, Antislavery Violence, and Congressional Politics of Honor," 184; *Boston Herald*, March 6, 1849; *Louisville Daily Journal*, March 10, 1849; Walter Buell, *Joshua R. Giddings: A Sketch* (Cleveland: William W. Williams, 1882), 189–90; [Schenectedy, N.Y.] *Cabinet*, March 13, 1849.

91. *Globe*, 31st Cong., 1st Sess., February 13, 1850, 343–44. 媒体注意到了黑尔不寻常的爆发；例如参见 *Milwaukee Sentinel*, February 16, 1850; *Newark Daily Advertiser*, February 13, 1850.

92. *Globe*, 30th Cong., 1st Sess., May 20, 1848, 511–12.

93. 同上，31st Cong., 1st Sess., December 14, 1850, 32.

94. David Outlaw to Emily Outlaw, December 15, 1850, DOP; *Globe*, 31st Cong., 1st Sess., December 15, 1850, 36. 根本上讲，众议院投票支持第30届国会的看门人和纠仪长来执行国会的第17条规则。David Outlaw to Emily Outlaw, January 14, 1850, DOP. 随着议长的当选，众议院正在就其规则进行辩论。*Globe*, 31st Cong., 1st Sess., January 14, 1850, 146–48.

95. *Alexandria Gazette*, April 19, 1850.

96. [N.Y.] *Commercial Advertiser*, April 19, 1850.

97. *Boston Recorder*, April 25, 1850.

98. *Globe*, 31st Cong, 1st Sess., January 22, 1850, 205. 关于扩张，以及地方权利乃是与个人相一致的实际权利，而非抽象概念，也可参见 Morrison, *Slavery and the American West;* Woods, *Emotional and Sectional Conflict*.

99. 关于地方主义的模棱两可以及与国家团结和民族主义相关的情感，参见 Rogan Kersh, *Dreams of a More Perfect Union* (Ithaca: Cornell University Press, 2001), 尤其是 141–52; Morrison, *Slavery and the American West*. 关于"合众国的情感理论"的概念，参见 Woods, *Emotional and Sectional Conflict*, 21–31.

100. French to Henry Flagg French, January 20, 1850, BBFFP.

101. David Outlaw to Emily Outlaw, [January 1850,] DOP.

102. 并不是所有的对抗都涉及这两个南部人。当托马斯·杰斐逊·拉斯克（Thomas Jefferson Rusk，得克萨斯州民主党）因威廉·苏厄德（William Seward，纽约州辉格党）违背了一个关系到得克萨斯州的承诺而向其发出威胁时，后者离开了小镇。Walter Stahr, *Seward: Lincoln's Indispensable Man* (New York: Simon and Schuster, 2012), 130–31. 苏厄德向拉斯克保证，得州可以在一项与综合法案区分开的法案中获得更远的边界，他请拉斯克起草一份法案，但不要提交，不要采取行动。不久之后，苏厄德投票反对了另一项得州法案。愤怒的拉斯克威胁要揭露苏厄德是个骗子，并可能用决斗来挑战他。苏厄德找了一些含糊其词的借口离开了小镇。我要感谢沃尔特·施塔尔（Walter Stahr）提醒我这件事。

103. John Raven Mathewes to John C. Calhoun, October 7, 1849, *The Papers of John C. Calhoun*, ed. Robert L. Meriwether and Clyde N. Wilson (Columbia: University of South Carolina Press, 1959–2003): 27:77. 关于富特的忏悔，请参见 Foote, *Casket of Reminiscences*, 337. 本顿的忠诚已经在国会受到怀疑；他是仅有的两名没有被邀请参加约翰·C. 卡尔霍恩的南部党团会议的南部参议员之一。山姆·休斯敦（Sam Houston）也没有被邀请，但他希望能缓和极端主义。关于本顿是叛徒的讨论，参见 *Mississippi Free Trader*, June 6 and September 9, 1849; *Richmond Enquirer*, June 8 and 29, November 6, 1849; [Rusk, Tex.] *Rusk Pioneer*, July 25, 1849; *Macon Weekly Telegraph*, August 14, 1849.

104. 索伦·博兰（Solon Borland）称本顿对卡尔霍恩的攻击是"对整个南部的攻击"。Borland to Calhoun, August 5, 1849, *Papers of John C. Calhoun* (Columbia: University of South Carolina Press, 2003), 27:13. 也可参见 John Raven Mathewes to Calhoun, October 7, 1849; Fitzwilliam Byrdsall to Calhoun, February 11, 1850, 同上, 27:77, 171; and A. Y. P. Garnett to Muscoe Russell Hunter Garnett, June 29, 1849, Papers of the Hunter-Garnett Family, UVA; 加内特发誓，对于本顿对卡尔霍恩先生和整个南部的攻击，要做出"山呼海啸"般的回应。

105. Benton–Foote Report, 4.

106. Henry Stuart Foote, *The Bench and Bar of the South and Southwest* (St. Louis: Soule, Thomas & Wentworth, 1876), 161.

107. *Globe*, 31st Cong., 1st Sess., March 26, 1850, 602–603.

108. David Outlaw to Emily Outlaw, January 17, 1850, DOP.

109. Benton-Foote report, Senate Rep. Com. No. 170, 31st Cong., 1st Sess., July 30, 1850, 45, 50, 56, 57, 80, 87, 88, 121.

110. 同上, 26th Cong., 1st Sess., January 18, 1840, 128. 费希尔（Fisher）被查尔斯·米切尔（Charles Mitchell, 纽约州辉格党）攻击。关于其他例子, 参见同上, June 23, 1840, 481; January 23, 1846, 29th Cong., 1st Sess., 236; 26th Cong., 1st Sess., 128, 269, 313; 26th Cong., 2nd Sess., 328; 27th Cong., 3rd Sess., 277; 29th Cong., 1st Sess., 661. 为了避免攻击缺席的人, 一些人预先警告他们的受害者即将到来的袭击。参见 *Globe*, 26th Cong., 2nd Sess., 172; 26th Cong., 1st Sess., 492; 27th Cong., 2nd Sess., 401; 29th Cong., 2nd Sess., 351.

111. 关于本顿离开会议室, 参见 David Outlaw to Emily Outlaw, January 17, 1850, DOP; testimony of Hannibal Hamlin (D-ME), June 20, 1850, Benton-Foote Report, 126.

112. Testimony of Hannibal Hamlin (D-ME), June 20, 1850, Benton-Foote Report, 126.

113. 同上, 26th Cong., 1st Sess., March 14, 1840, 269. 也可参见同上, 28th Cong., 1st Sess., January 13, 1844, 139; 以及参见同上, March 18, 1846, 29th Cong., 1st Sess., 521–22. 关于个人解释, 也可参见 Hinds, 5:5064–74, 79; Shelden, *Washington Brotherhood*, 31.

114. 作为议长, 约翰·W. 戴维斯（John W. Davis, 印第安纳州民主党）说：“任何归罪为某一成员的问题, 如果涉及他的正直, 都必然是一个涉及其议会立法特权的问题, 不同于其他问题。” *Globe*, 29th Cong., 1st Sess., January 10, 1846, 177.

115. *Globe*, 29th Cong., 1st Sess., April 27, 1846, 731.

116. 事例参见 T. P. Chisman to Frederick Lander, April 13, 1860, Frederick W. Lander Papers, LC; *The New York Herald*, March 1 and April 14, 1860.

117. 匿名报纸文章, Scrapbook, ca. 1859–60, Frederick W. Lander Papers, LC.

118. David Outlaw to Emily Outlaw, December 13 and 16, 1849, DOP. 关于国会的街斗, 参见亨利·威尔逊（Henry Wilson, 马萨诸塞州共和党）的事例, 1858年威廉·格温（William Gwin, 加利福尼亚州民主党）向他提出决斗。Wilson to the editors of the *Saturday Evening Post*, July 7, 1858, 重印于 *NYT*, July 10, 1858. 同样, 威廉·蒙哥马利（William Montgomery, 宾夕法尼亚州民主党）在1858年与威廉·英格利希（William English, 印第安纳州民主党）发生冲突后, 提出在街

上与其作战（"不携带武器"）；他们最终用手杖（英格利斯）和砖头（蒙哥马利）进行了战斗。1850 年发生了多次战斗，其中一次发生在威廉·比斯尔（William Bissell，伊利诺伊州民主党）和杰斐逊·戴维斯（Jefferson Davies，密苏里州民主党）之间，起因是他们在争论墨西哥战争中谁的军团更加英勇。这次战斗之后，《纽约先驱报》预测，由于该地区有反决斗法，这里将会爆发"街头冲突"。*Herald*, March 1, 1850. 此外，当 1860 年在约翰·波特（John Potter，威斯康星州共和党）和罗杰·普赖尔（Roger Pryor，弗吉尼亚州民主党）之间发生争执时，T.P. 奇斯曼（T. P. Chisman）认为，作为一个北部人，波特可能会选择街头斗殴的方式。T. P. Chisman to Frederick Lander, April 13, 1860, Frederick W. Lander Papers, LC; *The New York Herald*, March 1 and April 14, 1860. 在杖击萨姆纳事件之后，霍勒斯·瑟金特（Horace Sergent）宣称街斗是不愿决斗的人的最佳替代方式。Sergent to Sumner, May 23, 1856, Charles Sumner Papers, LC. 萨姆纳宣称，街斗是南部的一种习俗。Sumner, *The Barbarism of Slavery* (N.Y.: Young Men's Republican Union, 1863 reprint with new introduction by Sumner), 43, 55–56. 也可参见 Wyatt-Brown, *Southern Honor*, 353.

119. David Outlaw to Emily Outlaw, December 13 and 16, 1849, DOP. 在助手的帮助下，杜尔和米德进行了协商，并公开在议会里相互致歉，得到了掌声。*Globe*, 31st Cong., 1st Sess., December 19, 1850; *Huron Reflector*, January 1, 1850.

120. Benton–Foote Report, 22, 28. 也可参见 Foote, *Casket of Reminiscences*, 339; 富特说，参议员托马斯·普拉特（Thomas Pratt，马里兰州辉格党）告诉他，考虑到公众的威胁，富特应该武装自己。

121. Benton–Foote Report, 30.

122. 同上，63. 也可参见 *Globe*, 31st Cong., 1st Sess., April 17, 1850, 763. 是亨利·道奇（Henry Dodge，威斯康星州民主党）的发言。

123. Testimony of General Edny, June 7, 1850, Benton–Foote Report, 118.

124. 同上。

125. [Boston] *Liberator*, May 3, 1850. 也可参见 *New-York Tribune*, April 19, 1850.

126. *Globe*, 31st Cong., 1st Sess., April 17, 1850, 762.

127. 同上；[Baltimore] *Sun*, April 18, 1850.

128. Testimony of Albert Gallatin Brown (D-MI), June 24, 1850, 同上，129.

129. Testimony of Elbridge Gerry, May 3, 1850, 同上，16. 格里（Gerry，缅因州民主党）

和詹姆斯·布拉德伯里（James Bradbury，缅因州民主党）检查了本顿，看他有没有装备武器．

130. *New York Herald*, April 15, 1858, 重印自 *Washington Union*, April 13, 1858. 也可参见 David Brown, *Southern Outcast: Hinton Rowan Helper and The Impending Crisis of the South* (Baton Rouge: LSU Press, 2006), 135–37. Helper was fighting with Francis Burton Craige (D-NC). 海尔珀（Helper）与弗朗西斯·伯顿·克雷奇（北卡罗来纳州民主党）打了起来。布朗（Brown）指出，赖特指责海尔珀先挑事，但海尔珀说克雷奇才是首先挥拳的"恶霸"。海尔珀是《南部即将到来的危机》（*The Impending Crisis of the South*）的作者，他来到众议院捍卫自己的声名，反对阿萨·比格斯（Asa Biggs，北卡罗来纳州民主党）的辩论中对他的个人攻击；海尔珀认为克雷奇给比格斯提供了破坏性的个人信息。有关这场冲突的更多信息，请参阅第七章。

131. *Boston Courier*, April 18, 1850, 重印于 *Littell's Living Age*, April 1850, 331. 署名是 J.S.P. [James Shepherd Pike（詹姆斯·谢泼德·派克）].

132. 本顿要求美国地方检察官菲利普·芬德尔（Philip Fendall）将此案提交地区刑事法院。*Alexandria Gazette*, April 20, 1850; [N.Y.] *Commercial Advertiser*, April 23, 1850.

133. Benton-Foote report, 16–17, 89.

134. 历史学家通常把富特－本顿的混战当成一场轰动事件，它活灵活现地展现了这一时期的政治紧张状态；或者把它当成富特给家乡父老观看的一场"政治秀"，认为国会议员知道这只是为了表演。但事实上，委员会的报告显示，国会议员们预计会发生身体暴力（人们预计富特会被打，富特担心如果他在议会里开枪会伤害参议员），富特和本顿在华盛顿和家乡的声誉会受到牵连。一些霸凌事件针对的是国会同事和家乡观众；事实上，国会议员也知道，这二者是交织在一起的。

135. *New York Express*, June 17, 1846, 载于 Menahem Blondheim, *News over the Wires: The Telegraph and the Flow of Public Information, 1844–1897* (Cambridge: Harvard University Press, 1994), 191.

136. 关于电报，尤其可以参见 Blondheim, *News over the Wires;* Richard R. John, *Spreading the News: The American Postal System from Franklin to Morse* (Cambridge: Harvard University Press, 1995); Daniel Walker Howe, *What Hath God*

Wrought, 1–4, 690–98; Richard B. Kielbowicz, "News Gathering by Mail in the Age of the Telegraph: Adapting to a New Technology," *Technology and Culture* 28 (January 1987): 26–41; David W. Bulla and Gregory A. Borchard, *Journalism in the Civil War Era* (New York: Peter Lang Publishing, 2010), 90–94; Richard R. John, "Recasting the Information Infrastructure for the Industrial Age," 载于 *A Nation Transformed by Information: How Information Has Shaped the United States from Colonial Times to the Present*, eds. Alfred D. Chandler, Jr., and James W. Cortada (New York: Oxford University Press, 2000), 65; idem., *Network Nation: Inventing American Telecommunications* (Cambridge: Harvard University Press, 2010); Baldasty, *Commercialization of News*.

137. *Globe*, 34th Cong., 1st Sess., April 21, 1856, 286 app.

138. Blondheim, *News over the Wires*, 39. 史密斯的全名是弗朗西斯·奥曼德·乔纳森·史密斯（Francis Ormand Jonathan Smith）；弗伦奇给他的儿子取名为弗朗西斯·奥曼德（Francis Ormand）。

139. French, letter to the editor, October 31, 1848, 载于 *Daily Union*, November 1, 1848.

140. French, "To the Editors," *Daily National Intelligencer*, May 31, 1848. 他向一名记者支付了 20 美元来报道这次大会，以及 10.50 美元的电报费。

141. 这首诗题为 "On the Changes of the World," 其中有一段是关于电报的。John Thomas Scharf, *History of Baltimore City and County, from the Earliest Period to the Present Day* (Philadelphia: Louis H. Everts, 1881), 505.

142. French, diary entry, June 18, 1843, *Witness*, 149.

143. Benton–Foote Report, 53–54, 82–83.

144. 同上，54–57.

145. Testimony of Jesse Bright, June 8, 1850, 同上, 70. 本顿明确地问杰西·布赖特（Jesse Bright，印第安纳州民主党），富特是"偷偷走的"还是"正常离开的"？布赖特回答说："我应该说是正常离开的。"同上，119. 也可参见 Foote's footnote in the *Globe*, 31st Cong., 1st Sess., April 17, 1850, 762.

146. 同上，132, 128.

147. 事例参见 *Daily Missouri Republic*, April 29, 1850; *Trenton State Gazette*, April 20, 1850; [Washington] *National Era*, April 25, 1850; [New Orleans] *Daily Picayune*, April 20, 1850; *Savannah Republican*, April 23, 1850; [Cleveland, Ohio] *Plain*

Dealer, May 1, 1850. 也可参见 Daily Ohio State Journal, April 23, 1850.

148. [Baltimore] Sun, June 24, 1850, 载于 Daily Missouri Republican, July 1, 1850.

149. Richmond Enquirer, April 26, 1850.

150. New-York Tribune, 载于 Wisconsin Democrat, May 4, 1850. 关于斯威舍姆获准进入记者座位区，参见 Donald A. Ritchie, American Journalists: Getting the Story (New York: Oxford University Press, 1997); Jane Gray Cannon Swisshelm, Half a Century: The Memoirs of the First Woman Journalist in the Civil Rights Struggle, ed. Paul D. Sporer (Chester, N.Y.: Anza Publishing, 2005), 87–88. 在斯威舍姆对这场争吵的描述中，这位威斯康星州的民主党人写道："只有一个普通的女性，才能把这样的场景描述得如此有趣。这种激动、紧张、半喘不过气来的兴奋，会给男人的叙述造成难堪，却会给女人的叙述增加活泼和优雅——她们总是能够表达出自己的想法，也对自己所描述的有想法。"

151. Richmond Enquirer, April 26, 1850.

152. [Pennsylvania] Washington Reporter, April 24, 1850.

153. St. Albans [Vermont] Messenger, April 25, 1850.

154. Trenton State Gazette, April 20, 1850; [Boston] Evening Transcript, April 23, 1850. 这篇文章题为"Yankee Sullivan, New York Hyer, Mississippi Foote, Missouri Benton."沙利文（Sullivan）和海尔（Hyer）是著名的拳击手。

155. Boston Herald, April 19, 1850.

156. Hamilton, Prologue to Conflict, 160.

157. Salma Hale to John Parker Hale, April 12, 1850, John Parker Hale Papers, NHHS.

158. Articles of Association and Charter from the State of Maryland, of the Magnetic Telegraph Company, Together with the Office Regulations and the Minutes of the Meetings of Stockholders and Board of Directors (New York: Chatterton & Crist, 1847), 231.

159. French to Henry Flagg French, December 27, 1852, BBFFP

第六章

1. 另一个乘客重伤而亡。Boston Herald, January 7, 1853; New Hampshire Patriot, January 12, 1853.

2. French, diary entry, March 27, April 24, 1853, *Witness*, 233, 239.

3. Ben to French, August 9, 1852, BBFFP.

4. [Hartford] *Connecticut Courant*, July 10, 1852; *Richmond Whig*, July 9, 1852; *Trenton State Gazette*, June 25 and 26, 1852; *Albany Evening Journal*, June 10, 1852; *Kalamazoo Gazette*, June 11, 1852; [Galveston] *Weekly Journal*, June 11, 1852. 关于民主党的辩护，参见 *Trenton State Gazette*, June 7, 1852.

5. [Worcester, Mass.] *National Aegis*, July 7, 1852. 皮尔斯的最初说法是：“没有北部，没有南部，没有西部，也没有东部。” *Daily Union*, June 6, 1852.

6. *New-York Tribune*, June 10, 1852; *Litchfield Republican*, June 17, 1852; [Tallahassee] *Floridian and Journal*, June 26, 1852; *Daily Alabama Journal*, June 18, 1852; [Boston] *Daily Atlas*, July 23, 1852; Wallner, *Franklin Pierce: New Hampshire's Favorite Son*, 147–48; Nichols, *Franklin Pierce*, 161–63. 据尼科尔斯（Nichols）说，皮尔斯的马站了起来，皮尔斯的腹股沟撞到了马鞍鞍头，让他"痛苦和失去知觉，虽然没有造成永久性的伤害"，之后马儿摔倒在皮尔斯身上，伤了他的膝盖；在那时候，皮尔斯昏倒了。第二天，皮尔斯虽然仍很痛苦，但他坚持在丘鲁布斯科战役中战斗；在炮火下前进时，他扭动着受伤的膝盖，再次昏倒，当他清醒后，据说他坚持让他的人离开他所在的地方，留他自己暴露在敌人的火力下。关于"杯中物"的指控源于《纽约论坛报》，遭到强烈谴责，所以格里利收回了指控。*Tribune*, June 10 and 11, 1852.

7. Nichols, *Franklin Pierce*, 201–202. 里士满的一位编辑一直在询问候选人对《逃亡奴隶法案》的立场。虽然皮尔斯不是正式的候选人，但他知道他自己的黑马候选资格取决于他在这个关键问题上的明确表态，所以他给缅因州代表团的陆军老朋友 F. T. 拉利（F. T. Lally）少校写了一封信，清楚地阐述了他的观点。

8. *Connecticut Courant*, July 24, 1852; *Salem Register*, July 15, 1852; *Richmond Whig*, July 16, 1852; *Alexandria Gazette*, July 14, 1852. 为皮尔斯的辩护，参见 [Richmond] *Enquirer*, July 20 and 26, 1852; Macon *Weekly Telegraph*, June 29, 1852. 也可参见 Stephen John Hartnett, "Franklin Pierce and the Exuberant Hauteur of an Age of Extremes: A Love Song for America in Six Movements," *Before the Rhetorical Presidency,* ed. Martin J. Medhurst (College Station: Texas A&M University, 2008), 117–20.

9. [N.Y.] *Evening Post*, June 8, 1852. 反对北部民主党的声明，参见 Whig *Albany*

Evening Journal, June 10 and 14, 1852; [Richmond] Enquirer, June 15, 1852. 至于南部民主党，参见 Connecticut Courant, July 17 and 24, 1852. 所谓的演讲是在 1852 年 1 月。关于南部民主党人引用北部辉格党的言论来证明皮尔斯对南部友好的一个例子，参见 Macon Weekly Telegraph, June 29, 1852; 以及参见同上，June 15, 1852, 是有关于反奴隶制请愿书的指控的。关于皮尔斯的亲南部态度，也可参见 Mississippi Free Trader, June 23, 1852; [Richmond] Enquirer, June 25, July 20 and 26, 1852; Macon Weekly Telegraph, July 6, 1852; Enquirer, July 20, 1852.

10. 例如，尽管北部民主党报纸赞扬皮尔斯反对钳口律，而民主党的《里士满调查报》却赞扬皮尔斯反对接受奴隶制请愿；Enquirer, June 15, 1852.

11. Daily Union, June 8, 1852.

12. French, diary entry, January 2, 1853, Witness, 227.

13. Wise to Franklin Pierce, June 22, 1852, Franklin Pierce Papers; French to F. O. J. Smith, November 21, 1852, Collection 38, F. O. J. Smith Papers, Collections of the Maine Historical Society.

14. 同上。弗伦奇说，他住在印第安纳州、伊利诺伊州、纽约州和佐治亚州代表下榻的一家酒店。关于这次会议，参见 Landis, Northern Men, 63–71.

15. Wise to Pierce, June 22, 1852, Franklin Pierce Papers. 怀斯还称赞凯莱布·库欣（Caleb Cushing）影响了他和弗吉尼亚代表团。兰迪斯（Landis）详细介绍了新罕布什尔州政治家埃德蒙·伯克（Edmund Burke）热情的工作。Landis, Northern Men, 61–69. 关于怀斯对这场战斗的描述，参见怀斯给《朴茨茅斯民主党报》（Portsmouth Democrat）写的卡片，重印于 [Baltimore] American and Commercial Daily Advertiser, October 5, 1852; William A. Link, Roots of Secession: Slavery and Politics in Antebellum Virginia (Chapel Hill: UNC Press, 2003), 69–70.

16. French to Bess French, July 26, 1852, BBFFP.

17. French to F. O. J. Smith, November 21, 1852, Coll. 38, F. O. J. Smith Papers, Collections of the Maine Historical Society.

18. Daily Union, June 19, 1852.

19. French to Henry Flagg French, October 10, 1852, BBFFP. 关于弗伦奇竞选方面的工作，参见 French to Pierce, July 15 and 23, August 4, 1852, Franklin Pierce Papers.

20. French to Henry Flagg French, March 13, 1853, BBFFP.

21. [Washington] Union, June 15, 1852.

22. *Connecticut Courant*, July 10, 1852; *Milwaukee Daily Sentinel*, June 16, 1852; *Alexandria Gazette*, June 17, 1852.

23. Hawthorne to Horatio Bridge, October 13, 1852, *The Letters, 1843–1853*, ed. Thomas Woodson, L. Neal Smith, and Norman Holmes Pearson (Columbus: Ohio State University Press, 1985), 16:605.

24. 同上。

25. 皮尔斯获得254张选举团票，赢了获得42票的温菲尔德·斯科特（Winfield Scott），普选票上，皮尔斯获得1601474票，胜过斯科特的1386580票。自由土地党候选人约翰·黑尔（John Hale）获得了155825张选票，而丹尼尔·韦伯斯特（Daniel Webster）虽然已经去世，却获得了7425张选票，这可能是出于妥协而投出的绝望的票。Hartnett, "Franklin Pierce," 121. 关于皮尔斯的竞选和忠诚，参见 Landis, *Northern Men*, 66–84.

26. Nichols, *Franklin Pierce*, 216.

27. 弗伦奇将"妥协案"称为一项协议；July 1, 1855, *Witness*, 262. 关于将这一协议当成是一种背叛，参见 Etcheson, *Bleeding Kansas*, chapter 1; Miner, *Seeding Civil War*, chapter 2. 关于堪萨斯－内布拉斯加法案，参见 Malavasic, *The F Street Mess*; Wunder and Ross, *The Nebraska-Kansas Act of 1854*; Roy F. Nichols, "The Kansas–Nebraska Act: A Century of Historiography," *Mississippi Valley Historical Review* 43 (September 1956): 187–212; Varon, *Disunion!*, 251–66; Landis, *Northern Men*, 106–121; 以及 Michael Woods 做了梗概性的论述：*Bleeding Kansas: Slavery, Sectionalism, and Civil War on the Missouri-Kansas Border* (New York: Routledge, 2016).

28. French, diary entry, July 1, 1855, 260. 也可参见 August 3, 1855, 265.

29. 同上，March 5, 1854, 249.

30. 同上，January 29, 1854, 244–45.

31. Landis, *Northern Men*, 133.

32. 关于以面团脸为中心视角看待堪萨斯－内布拉斯加的辩论，参见 Landis, *Northern Men*, 106–121.

33. 关于这场辩论中的构想，参见 Craig Miner, *Seeding Civil War: Kansas in the National News, 1854–1858* (Lawrence: University of Kansas Press, 2008); Hartnett, *Democratic Dissent*; Gunja SenGupta, *For God and Mammon: Evangelicals and*

Entrepreneurs, Masters and Slaves in Territorial Kansas, 1854–1860 (Athens: University of Georgia, 1996).

34. *Macon Weekly Telegraph*, May 30, 1854. 关于新闻媒体对堪萨斯的报道，尤其可以参见 Miner, *Seeding Civil War*. 正如迈纳（Miner）所指出的，堪萨斯辩论双方并没有完全按照地域划分；全国性政党的忠诚仍然存在影响。这对媒体和国会来说都是如此。

35. 尤其可以参见 Michael William Pfau, *The Political Style of Conspiracy: Chase, Sumner, and Lincoln* (East Lansing: Michigan State University, 2005); Miner, *Seeding Civil War*.

36. 关于新闻媒体为公众提供一个观察国会冲突和运作的"前排座位"，参见 Miner, *Seeding Civil War*, 239–51.

37. 关于报纸的激增，参见 John, *Spreading the News*, 38; Brooke, "To be 'Read by the Whole People'"; Swift, *The Making of an American Senate*, 167.

38. 关于全国性媒体对于地区抗议的曝光，参见 Ratner and Teeter, *Fanatics & Fire-Eaters*; Leonard, *Power of the Press*, 90–96; Miner, *Seeding Civil War*, 37–39; Schudson, *Discovering the News*, Chapter 3; Pierce, "Networks of Disunion;" Kielbowicz, *News in the Mail*.

39. 也可参见 Miner, *Seeding Civil War*, 240–41, 246–49.

40. French to F. O. J. Smith, November 21, 1852, Coll. 38, F. O. J. Smith Papers, Collections of the Maine Historical Society.

41. Samuel Kernell and Gray C. Jacobson, "Congress and the Presidency as News in the Nineteenth Century," *Journal of Politics* 49 (November 1987): 1016–35.

42. 关于华盛顿的报道，尤其可以参见 McPherson, "Reporting the Debates"; Essary, *Covering Washington*; Ritchie, *Press Gallery*; Culver H. Smith, *The Press, Politics, and Patronage*; Marbut, *News from the Capital*; Leonard, *Power of the Press*, Chapter Three; Ames, *A History of the National Intelligencer*.

43. 《国会世界》每周出一份，定期的《世界》使用固定的印刷活字。《辩论记录》在每届会议结束时出版，直到1837年停止出版。1848年，参议院聘请了记者来报道其辩论过程；速记技术的改进使他们能够大致实现逐字记录。1850年，众议院也进行了效仿。Amer, "The Congressional Record."

44. Baldasty, *Commercialization of News*, 42–43. 《国会议事录》最初出版于1873年。

其他的华盛顿报刊，像《联合报》和《电报》也起到了记录作用，特别是那些被选为总统"喉舌"的报刊。

45. French, diary entry, June 19, 1843, *Witness*, 150.

46. *Globe*, 26th Cong., 1st Sess., April 9, 1840, 313. 为了避免这个问题，一些记者以第一人称报道了辱骂言论，表示他们自己对此负责。例如，当布莱克问尼斯比特是否说自己是个骗子时，尤金尼厄斯·尼斯比特（Eugenius Nisbet，佐治亚州辉格党）和爱德华·布莱克（Edward Black，佐治亚州民主党）之间的交流记录就以第一人称被报道出来。同上，26th Cong., 2nd Sess., February 18, 1841, 187.

47. 想要了解印刷费用，参见 Smith, *Press, Politics, and Patronage*, 250–55. 还可参见 Robert C. Byrd, *The Senate: 1789–1989: Historical Statistics* (Washington: GPO, 1993), 675; idem., "Reporters of Debate and the Congressional Record," 同上，311–26; Hearing Before the Subcommittee on Government Management, Information, and Technology of the Committee on Government Reform, House of Representatives, May 24, 1999, N. 106–91, 4; Jenkins and Stewart, *Fighting for the Speakership*, 48–54. 1846 年，国会开始颁发低价印刷奖。Gerald J. Baldasty, *The Commercialization of News in the Nineteenth Century* (Madison: University of Wisconsin Press, 1992), 42.

48. French to unknown correspondent, March 28, 1836, BBFFP. 也可参见 French, diary entry, April 10, 1836, *Witness*, 64.

49. 关于《世界》和《情报》的不准确性，参见 Alexander, *History and Procedure of the House of Representatives*, 101; McPherson, "Reporting the Debates;" *NYT*, April 10, 1860.

50. 参见 *Globe*, 31st Cong., 1st Sess., December 13, 1849, 27.

51. 同上，33rd Cong., 1st Sess., June 20 and 21, 1854, 1451, 1466.

52. 同上，27th Cong., 3rd Sess., February 27, 1843, 353. 也可参见同上，27th Cong. 1st Sess., 1，解释了《附录》里"会有国会成员自己撰写的长篇大论的演说词"。

53. 同上，28th Cong., 1st Sess., February 21, 1844, 303–304; 同上，January 1844, 534 app.

54. French, diary entry, May 24, 1838, *Witness*, 86.

55. 同上，July 17, 1870, 621.

56. 同上，June 19, 1843, 150. 关于弗伦奇的书写和阅读习惯，参见 French to Henry Flagg French, July 3, 1853, BBFFP; French to R. J. Walker, July 31, 1844.

57. *Alexandria Gazette*, June 17, 1854.

58. *Daily National Intelligencer*, July 22, 1854.《情报》称当日的平均温度是 94 度。而弗伦奇的三个温度计——一个在前门，一个在他的书房，一个在客厅——显示的温度都更高。

59. French to Henry Flagg French, December 12, 1847. 弗伦奇对辉格党媒体的指控感到恼怒，他被认为不仅是"突袭"，而且是诽谤。

60. Sir John Edwin Mason, "Sir Benjamin Brown French," *Proceedings of the Grand Encampment 18th Triennial Session* (Davenport, Iowa: Griggs, Watson & Day, 1871), 27 app.

61. Adams, diary entry, February 18, 1845, Diary, 12:170. 亚当斯说的是他前天的演说。

62. Leonard, *Power of the Press*, 78–80; McPherson, "Reporting the Debates," 144; Ritchie, *Press Gallery*, 24.

63. 在他职业生涯的后期，韦伯斯特喜欢《纽约时报》记者亨利·雷蒙德（Henry Raymond）："没有人能比他报道我的演讲报道得更好。" Webster to Simeon Draper, undated [post-1851], Henry J. Raymond Papers, NYPL. 韦伯斯特请《情报》编辑约瑟夫·盖尔斯（Joseph Gales）记录了他的一篇演说，然后花了一个月的时间修改，以便出版。Benjamin Perley Poore, *Perley's Reminiscences*, 1:116–18; McPherson, "Reporting the Debates," 145. 也可参见雷蒙德在 1847 年末或 1848 年初的一次谈话笔记，他提前概述了韦伯斯特在 1848 年 1 月 27 日向美国最高法院提交的关于罗得岛州多尔叛乱（Dorr Rebellion）的论点。Notes, undated, Henry J. Raymond Papers, NYPL. 托马斯·哈特·本顿也做了同样的事情。John Wentworth, *Congressional Reminiscences: Adams, Benton, Calhoun, Clay, and Webster, an Address: Delivered at Central Music Hall, Thursday Eve., March 16, 1882, Before the Chicago Historical Society* (Chicago: Fergus Printing Company, 1882), 47–48.

64. *Globe*, 31st Cong., 1st Sess., March 25, 1850, 592. 也可参见 Ritchie, *Press Gallery*, 24; George F. Hoar, *Autobiography of Seventy Years*, 2 vols. (New York: Charles Scribner's Sons, 1903), 144.

65. Adams, diary entry, March 6–17, 1835, Diary, 9:216–20; 同上，December 13, 1831, 8:437.

66. Benton-Foote report, 56. Similarly, 亚当斯把《波士顿地图报》(*Boston Atlas*) 的一篇报道转给了《情报》; Adams, diary entry, October 16, 1837, Diary, 9:414.

67. *Globe*, 26th Cong., 1st Sess., April 2 and 9, 1840, 301, 313–14. 这个脚注的日期是 1840 年 4 月 10 日，也可参见同上，May 1, 1840, 372.

68. 同上，March 31, 1840, 297; McPherson, "Reporting the Debates," 145. 汤普森的攻击是辉格党集体攻击《世界》的一部分，此外还有众议院的爱德华·斯坦利（Edward Stanley，北卡罗来纳州辉格党），威廉·格雷夫斯（肯塔基州辉格党）和威廉·邦德（William Bond，俄亥俄州辉格党），以及参议院的亨利·克莱（肯塔基州辉格党）。

69. Gobright, *Recollections of Men and Things*, 402; 戈布莱特（Gobright）在 1840 年冬天成了《世界》的一名记者，参见 John Nerone, *Violence Against the Press: Policing the Public Sphere* (New York: Oxford University Press, 1994); Ford Risley, *Abolition and the Press: The Moral Struggle Against Slavery* (Evanston, Ill.: Northwestern University, 2008), 尤其是第三章。

70. Gobright, *Recollection of Men and Things*, 401–402.

71. 汤普森在 1840 年 3 月 31 日至 5 月 1 日期间鲜被报道过，参见 *Globe*, 26th Cong., 1st Sess., 297, 370–71.

72. 同上，May 1, 1840, 371.

73. *Globe*, 26th Cong., 1st Sess., January 18, 1840, 128; McPherson, "Reporting the Debates," 145.

74. Baldasty, *Commercialization of News*, 48–49.

75. 同上，42–43, 49.

76. 同上，42–43; Leonard, *Power of the Press*, 92–95; Ratner and Teeter, 8–33.

77. *New York Herald*, April 13, 1860.

78. Hazel Dicken-Garcia, *Journalistic Standards in Nineteenth-Century America* (Madison: University of Wisconsin Press, 1989), 98, 175–78; Ratner and Teeter, *Fanatics and Fire-Eaters*, 21.

79. David Outlaw to Emily Outlaw, February 18, 1850, DOP.

80. *New-York Tribune*, May 10, 1854.

81. *Washington Sentinel*, May 12, 1854; [Washington] *Daily Union*, May 14, 1854. 南部的国会议员也在咆哮。也可参见同上，33rd Cong., 1st Sess., June 8, 1854, 1363.

82. Pike, *First Blows of the Civil War: The Ten Years of Preliminary Conflict in the United States, From 1850 to 1860* (New York: American News, 1879), 230–33. 关于派克，

参见 Ritchie, *Press Gallery*, 46–54.

83. *Ohio State Journal*, May 16, 1854.
84. 关于坎贝尔，参见 William E. Gienapp, *The Origins of the Republican Party, 1852–1856* (New York: Oxford University Press, 1987), 242; Robert J. Zalimas, Jr., "'Contest MY seat sir!': Lewis D. Campbell, Clement L. Vallandigham, and the Election of 1856," *Ohio History Journal* (Winter–Spring 1997), 5–30.
85. *Globe*, 33rd Cong., 1st Sess., May 11–12, 1854, 1854; [Coldwater, Mich.] *Coldwater Sentinel*, May 19, 1854; [Providence, R.I.] *Manufacturers' and Farmers' Journal*, May 15, 1854; Morrison, *Slavery and the American West*, 153–54.
86. Campbell to Pike, May 14, 1854, 载于 Pike, *First Blows of the Civil War*, 230. 关于此类决议的事例，参见 "THE VOICE OF NEW YORK!," *Massachusetts Spy*, May 17, 1854.
87. Washburn to Pike, May 13, 1854, Pike, *First Blows of the Civil War*, 226.
88. 俄亥俄州的坎贝尔、乔舒亚·吉丁斯和萨蒙·蔡斯（Salmon Chase）也在煽风点火，发起了一场全州范围反"内布拉斯加法案"的"民众大会"运动，他们希望人民能够响应。Chase to William Schouler, May 25, 1855, 载于 Reinhard H. Luthin, "Salmon P. Chase's Political Career Before the Civil War," *Mississippi Historical Review* 29 (March 1943): 517–40, 引自 524.
89. Gienapp, *Origins of the Republican Party*, 242.
90. *Ohio State Journal*, November 25, 1854. 坎贝尔在巴特勒县（Butler County）赢得 2463 票，在普雷布尔县（Preble County）赢得 2414 票，在蒙哥马利县（Montgomery County）赢得 4181 票，总共获得 9058 票；民主党人克莱门特·瓦兰迪加姆（Clement Vallandigham）分别赢得 2755 票、966 票和 2772 票，总共获得 6493 票。也可参见 Morrison, *Slavery and the American West*, 155–56; Potter, *Impending Crisis*, 175–76.
91. Hudson, *Journalism in the United States*, 522–73.
92. 关于信件作者，参见 Timothy E. Cook, "Senators and Reporters Revisited," 载于 Loomis, *Esteemed Colleagues*, 169–72; Ritchie, *Press Gallery*, 20–32 and passim; Wilmer, *Our Press Gang*; Essary, *Covering Washington*, 22–26; Miner, *Seeding Civil War*, 378–79. 关于之后一段时期，参见 Ralph M. McKenzie, *Washington Correspondents Past and Present: Brief Sketches of the Rank and File* (New York:

Newspaperdom, 1903). 国会议员很难分清是信件作者还是记者。*Globe*, 28th Cong., 1st Sess., January 26, 1844, 194; *Hinds' Precedents*, 5:CXLVIII, 7306–308.

93. "Congressional Manners," *NYT*, April 10, 1860.

94. 关于这种关联性，参见 Frank Luther Mott, "Facetious News Writing, 1833–1883," *Mississippi Valley Historical Review* 29 (June 1942): 35–54.

95. "Nominis in Umbra" [French], dateline February 23, 1838, *Chicago Democrat*, BBFFP.

96. 关于国会对信件作者的怒火，参见 *Globe*, 28th Cong., 2nd Sess., March 3, 1845, 388; 同上，23rd Cong., 1st Sess., March 31, 1834, 280.

97. 是詹姆斯·格林（James Green，密苏里州民主党）的发言。同上，35th Cong., 2nd Sess., January 25, 1859, 574. 也可参见 "Black Cats in the Gallery—How Does the Herald Obtain News," *New York Herald*, January 26, 1859. 一年后，成员们在说到告密时，嘲笑这些人是"黑猫"。*Globe*, 36th Cong., 1st Sess., January 12, 1860, 430; *New York Herald*, January 13, 1860. 关于搜查，参见 *Globe*, 36th Cong., 1st Sess., January 12, 1860, 430.

98. 通过与费城新闻编辑约翰·W. 福尼（John W. Forney）的密切关系，国务卿（未来的总统）詹姆斯·布坎南（James Buchanan，宾夕法尼亚州民主党）——一名前新闻记者——偶尔会写书信体文章。Forney, *Public Men*, 195. 当布坎南被指责以通信的方式向媒体《先驱报》泄露墨西哥条约时，波尔克总统认为这场争议对布坎南而言是"一个有利可图的教训，和华盛顿无原则的书信体作家有任何联系或交往都是危险的"。Diary entry, March 27, 1848, *Diary of James K. Polk*, 3:410. 布坎南还在准许俄勒冈加入联邦的辩论中攻击过本顿。Meigs, *Life of Benton* (Philadelphia: J. B. Lippincott, 1904), 300–301.

99. *New-York Daily Tribune*, May 15, 1854. 事例参见 *Trenton State Gazette*, May 15, 1854; *Albany Evening Journal*, May 15, 1854; *Ohio State Journal*, May 23, 1854.

100. *New-York Daily Tribune*, May 15, 1854.

101. 事例参见 *Ohio State Journal*, May 17–18, 1854.

102. *Globe*, 33rd Cong., 1st Sess., May 19, 1854, 1230.

103. [Washington] *Daily Union*, May 12, 1854.

104. *Richmond Whig*, May 16, 1854.

105. 关于群众对于 19 世纪 50 年代存在一种奴隶主权势的信念的强化，尤其可以参见 Pfau, *Political Style of Conspiracy*, 1–45; Miner, *Seeding Civil War*.

106. 六起事件包括杰里迈亚·克莱门斯（Jeremiah Clemens，亚拉巴马州民主党）和威利·P. 哈里斯（Willey P. Harris，密西西比州民主党）在一家餐馆的斗殴；弗朗西斯·卡廷（Francis Cutting，纽约州民主党）和约翰·C. 布雷肯里奇（John C. Breckinridge，肯塔基州民主党）的决斗谈判；丘奇韦尔（Churchwell）和卡洛姆（Cullom）的持枪冲突；迈克·沃尔什（Mike Walsh，纽约州民主党）和詹姆斯·苏厄德（William Seward，佐治亚州民主党）之间关于印第安人政策的混战；莱恩（Lane）和伊弗雷姆·法利（Ephraim Farley，缅因州辉格党）由于推迟对遥远西部领土的讨论而产生的斗争；以及坎贝尔（Campbell）和埃德蒙森（Edmundson）之间的争斗。至少还有五次差点发生的争斗，包括一次几乎无法避免的决斗挑战，两次谎言的非难（造成"巨大的混乱——议员们在众议院奔跑"，还有些人在挥舞着手杖），埃德蒙森对温特沃思（Wentworth）的威胁，以及刘易斯·坎贝尔（Lewis Campbell）和议长之间由于众议院休会而产生的面对面的冲突。

107. 关于堪萨斯辩论和南部的冒犯，参见 Arnold, "'Competition for the Virgin Soil of Kansas'"; James L. Huston, *The British Gentry, the Southern Planter, and the Northern Family Farmer: Agriculture and Sectional Antagonism in North America* (Baton Rouge: LSU Press, 2015).

108. 关于这一时期奴隶主权势的叙述，尤其可以参见 Miner, *Seeding Civil War*, 174–75; Fehrenbacher, *Slaveholding Republic*, Chapter Six; David Brion Davis, *The Slave Power Conspiracy and the Paranoid Style* (Baton Rouge: LSU Press, 1969); Richards, *The Slave Power*; Foner, *Free Soil*, passim, 尤其是 90–102; Larry Gara, "The Slave Power and Slavery: A Crucial Distinction," *Civil War History* 15 (March 1969): 5–18; Adams Rothman, "The 'Slave Power' in the United States, 1783–1865," *Ruling America: A History of Wealth and Power in a Democracy*, eds. Steve Fraser and Gary Gerstle (New York: Cambridge University Press, 2005); Richard H. Sewell, *Ballots for Freedom: Antislavery Politics in the United States, 1837–1860* (New York: Oxford University Press, 1976), 257–65 and passim.

109. *Globe*, 33rd Cong., 1st Sess., March 27 and 31, 1854, 761–64, 825. 关于决斗之间的通信，参见 [N.Y.] *Weekly Herald*, April 8, 1854.

110. *Newark Daily Advertiser*, March 29, 1854.

111. *Connecticut Courant*, April 1, 1854 (printing reports of March 29); *Alexandria Gazette*, March 29, 1854.

112. *St. Albans* [Vt.] *Messenger*, April 6, 1854; [Worcester] *Massachusetts Spy*, April 5, 1854; *Salem Register*, April 10, 1854; [Baton Rouge] *Daily Advocate*, April 8, 1854.

113. *Philadelphia Inquirer*, March 31, 1854; *Massachusetts Spy*, April 5, 1854; *Albany Evening Journal*, April 3, 1854; *Portland Weekly Advertiser*, April 4, 1854; *Vermont Journal*, April 7, 1854. 关于媒体中奴隶主权势的阴谋，参见 Miner, *Seeding Civil War*, 174–75.

114. *Weekly Herald*, April 1 and 8, 1854; *Trenton State Gazette*, April 10, 1854. 对民主党友好的《先驱报》曾指责皮尔斯放弃了忠于 1850 年妥协案的承诺。

115. *Albany Evening Journal*, April 3, 1854; *National Democrat*, 转引自 *Portland Weekly Advertiser*, April 4, 1854; *Vermont Journal*, April 7, 1854. 关于好战者卡廷，参见 *New York Mirror*, 转引自 *Alexandria Gazette*, April 1, 1854; *Portland Weekly Advertiser*, April 4, 1854.

116. *Portland Weekly Advertiser*, April 4, 1854.

117. *Alexandria Gazette*, April 1, 1854.

118. *New-York Daily Tribune*, March 7, 1854. 派克曾敦促费森登赶快到华盛顿发表一场令人震惊的演讲，他承诺会大肆宣传。Ritchie, *Press Gallery*, 48.

119. Fessenden to Elizabeth Warriner, March 26, 1854; Fessenden to Ellen Fessenden, March 11, 1854, 载于 Cook, *Civil War Senator*, 88.

120. *National Aegis*, May 17, 1854.

121. 卡廷在媒体上的讣告几乎一致地提到了他与布雷肯里奇之间的"摩擦"，除此之外，他的国会生涯几乎没有其他内容。一些人指出，他之所以成名，是因为他证明了"北部人可以战斗"。例如 *San Francisco Bulletin*, June 18, 1870.

122. *Macon Weekly Telegraph*, June 20, 1854; *Richmond Whig*, June 6, July 11, October 10, and December 5, 1854.

123. [Washington] *Union*, June 8, 1854.

124. "Obsolete Ideas.—No. 6. By an Old Fogy," *Daily Union*, June 8, 1854; *Boston Courier*, June 12, 1854; *Globe*, 33rd Cong., 1st Sess., June 8, 1854, 1361. 也可参见 *Hinds' Precedents of the House of Representatives of the United States*, 3:2641.

125. 关于北部对卡廷捍卫言论自由的赞颂，例如 *Newark Daily Advertiser*, April 12,

1854.

126. Ratner and Teeter, *Fanatics and Fire-Eaters*, 117–18; Stanley Harrold, *Border War: Fighting over Slavery Before the Civil War*, 161. 也可参见 Pfau, *The Political Style of Conspiracy*. 关于埃弗里特的辞职，参见 Ritchie, Press Gallery, 48; Matthew Mason, *Apostle of Union: A Political Biography of Edward Everett* (Chapel Hill: UNC Press, 2016). 埃弗里特和他太太糟糕的健康状况让他不得不辞职。

127. French, diary entry, January 1, 1854, BBFFP. 也可参见 Henry Flagg French to French, May 25, 1856, 同上；French, diary entry, February 1, 1857, *Witness*, 276.

128. 关于他们不同的观点，可以参见 French to Henry Flagg French, June 4, 1854, BBFFP; *New York Evening Post*, March 1, 1854.

129. French, diary entry, July 1, 1855, *Witness*, 260–63.

130. 同上，March 13, 1855, 255.

131. 同上，May 7, 1854, March 13, 1855, July 1, 1855, 250, 255, 260.

132. Etcheson, *Bleeding Kansas*, 29.

133. 在起草了一系列支持和反奴隶制的宪法后，堪萨斯州于1859年批准了自由州的宪法，并于1861年获得州地位。哈罗德（Harrold）指出，1855年堪萨斯州爆发的暴力事件是一场边境战争的扩张，该战争由密苏里人试图阻止奴隶逃到堪萨斯州而引发。Harrold, *Border War*, 164–65, passim. 也可参见 Etcheson, *Bleeding Kansas*; Jeremy Neely, *The Border Between Them: Violence and Reconciliation on the Kansas-Missouri Line* (Columbia: University of Missouri Press, 2007); Michael Fellman, "Rehearsal for the Civil War: Antislavery and Proslavery at the Fighting Point in Kansas," 载于 Lewis Perry and Fellman, eds., *Antislavery Reconsidered: New Perspectives on the Abolitionists* (Baton Rouge: LSU Press, 1979), 287–309.

134. French, diary entry, July 1, 1855, *Witness*, 262.

135. 同上，January 2, 1855, 253.

136. 同上，May 25, 1856, 269.

137. 同上，June 5, 1855, 256.

138. Ronald P. Formisano, *For the People: American Populist Movements from the Revolution to the 1850s* (Chapel Hill: UNC Press, 2008), 198–212; Tyler Anbinder, *Nativism & Slavery: The Northern Know Nothings & the Politics of the 1850s* (New York: Oxford University Press, 1992); Michael Holt, *Political Parties and*

American Political Development: From the Age of Jackson to the Age of Lincoln (Baton Rouge: LSU Press, 1992), 112–50; Gienapp, *Origins of the Republican Party*, 69–166; Stephen E. Maizlish, "The Meaning of Nativism and the Crisis of the Union: The Know-Nothing Movement in the Antebellum North," *Essays on American Antebellum Politics, 1840–1860*, eds. Maizlish and Kushma (College Station: Texas A&M University, 1982).

139. *National Era*, April 19, 1855, 引自一封他给选民的信。

140. French, diary entry, June 10, 1855, *Witness*, 257–58.

141. [Washington] *Evening Star*, June 2, 1855.

142. French, diary entry, June 10, 1855, *Witness*, 256–59.

143. *Alexandria Gazette*, June 8, 1855; [Boston] *Daily Atlas*, June 8, 1855; *Evening Star*, June 5, 1855; *Ohio State Journal*, May 30, 1855; [Shreveport, La.] *The Southwestern*, May 30, 1855; *NYT*, June 5 and 9, 1855; *Philadelphia Inquirer*, June 9, 1855. 关于弗伦奇坚持辞职，参见 *Intelligencer*, July 16, 1855.

144. *Ohio State Journal*, June 13, 1855; Henry Flagg French to French, June 5, 1855, BBFFP. 弗伦奇一定把这个消息电报给了他的兄弟；亨利在信中说他会打电报回来。

145. French to Pierce, June 30, 1855, BBFFP.

146. French, diary entry, March 13, 1855, *Witness*, 254–55.

147. French to Pierce, June 30, 1855, BBFFP.

148. *Weekly New York Herald*, April 8, 1854.

149. 关于变换党派的痛苦情绪，参见 Woods, *Emotional and Sectional Conflict*, 145; Gienapp, *Origins of the Republican Party*, 7–8.

150. French, diary entry, July 1, 1855, *Witness*, 259–61.

151. 同上，and June 7, 1856, 262, 271.

152. 同上，July 1, 1855, August 5, 1855, and June 7, 1856, 259–60, 265, 271.

153. 同上，January 2, 1856, 267. 弗伦奇指的是吉丁斯在 1855 年 12 月 18 日的演讲，吉丁斯在演讲中说他是在定义政党的术语。*Globe*, 34th Cong., 1st Sess., 42–45 app.

154. *Boston Traveler*, February 22, 1856; *New York Herald*, May 30, 1856.

155. Bess to French, October 9, 1856, BBFFP.

156. 在弗伦奇的转变过程中，西利的儿子乔纳森·普林斯（Jonathan Prince，以 Prin 之名为人所熟知）分别拜访了皮尔斯和弗伦奇。Prin Cilley to Julia Draper Cilley, [December] 1856, *Breach of Privilege*, 387.

157. Thomas R. Bright, "The Anti-Nebraska Coalition and the Emergence of the Republican Party in New Hampshire: 1853–1857," *Historical New Hampshire* 27 (Summer 1972): 57–88. 奴隶主权势的挑衅行为让他人变得越来越激进，关于此影响，参见 Foner, *Free Soil*, 209–10.

158. 事例参见佐治亚州人霍普金斯·霍尔西（Hopkins Holsey）在 1850 年危机时期写给前国会议员豪厄尔·科布（Howell Cobb，佐治亚州民主党）的一系列情绪化的信件。不止一次，霍尔西指出，他的"心因为不可避免的分离而流血"。Holsey to Cobb, February 13 and 24, 1849, *Correspondence of Toombs, Stephens, and Cobb*, 151, 153. 也可参见 Woods, *Emotional and Sectional Conflict*.

159. James G. Hollandsworth, Jr., *Pretense of Glory: The Life of General Nathaniel P. Banks* (Baton Rouge: LSU Press, 1998), 25. 媒体报道的班克斯的话是："……让我说，尽管我不是那种为合众国的存续而哭泣的人，尽管我愿意在某种情况下'让它滑落'，但我并不担心它的延续。不过我想说，如果这个国家的人民的主要目标是永远保留和传递人身财产——换句话说，也就是人类的奴隶制——则合众国不能成立，也不应该成立下去。（长时间的掌声。）*Portland Advertiser*, August 21, 1855.

160. [Memorandum on French's poetry,] undated, BBFFP; *Liberator*, November 30, 1860.

第七章

1. French, diary entry, November 27, 1860, *Witness*, 336.

2. 同上，December 4, 1859, 318.

3. 同上。

4. French to Henry Flagg French, June 4, 1854, BBFFP.

5. French, diary entry, April 25, 1857, *Witness*, 280.

6. 事例参见同上，April 25, 1857, 280.

7. 关于共和党的各个成分，参见 Foner, *Free Soil*; Hans L. Trefousse, *The Radical Republicans: Lincoln's Vanguard for Racial Justice* (New York: Alfred A. Knopf, 1969).

关于种族主义和共和党，参见 Sewell, *Ballots for Freedom*, Chapter 13. 关于一些废奴主义者的自利动机，参见 Gara, "Slavery and the Slave Power."

8. Larry Gara, "Antislavery Congressmen, 1848–1856: Their Contribution to the Debate Between the Sections," *Civil War History* (September 1986): 197–207, 投票共计 207 票。关于共和党的信息以及国会的突然转变，尤其可以参见同上；William E. Gienapp, *The Origins of the Republican Party, 1852–1856* (New York: Oxford University Press, 1987); Allan G. Bogue, *The Earnest Men: Republicans of the Civil War Senate* (Ithaca: Cornell University Press, 1981); Trefousse, *Radical Republicans*; Foner, *Free Soil*; Holt, *Political Crisis*; Michael A. Morrison, *Slavery and the American West* (Chapel Hill: UNC Press, 1997); Sewell, *Ballots for Freedom*; Joel Silbey, "The Surge in Republican Power: Partisan Antipathy, American Social Conflict, and the Coming of the Civil War," 载于 *Essays on American Antebellum Politics, 1840–1860*, ed. Stephen E. Maizlish and John J. Kushkia (College Station: Texas A&M University, 1982), 199–229; Heather Cox Richardson, *To Make Men Free: A History of the Republican Party* (New York: Basic Books, 2014).

9. Fehrenbacher, *Slaveholding Republic*, 295–338.

10. Trefousse, *Radical Republicans*; Michael Les Benedict, *A Compromise of Principle: Congressional Republicans and Reconstruction, 1863–1869* (New York: Norton, 1974); Edward Gambill, "Who Were the Senate Radicals?," *Civil War History* (September 1965): 237–44; David H. Donald, *The Politics of Reconstruction* (Cambridge: Harvard University Press, 1984).

11. 尤其可以参见 Oakes, *The Scorpion's Sting*.

12. 格林伯格（Greenberg）认为，激进的扩张主义导致了军事气概的"意想不到的胜利"，加剧了 19 世纪 50 年代的地区冲突。虽然她没有直接处理这个问题，但值得注意的是，共和党及其暴力的国会议员也符合这种模式。Greenberg, *Manifest Manhood*, 17.

13. 尤其可以参见 Kenneth Ira Kersch, *Freedom of Speech: Rights and Liberties Under the Law*; Michael Kent Curtis," *The People's Darling Privilege*": *Struggles for Freedom of Expression in American History* (Durham: Duke University Press, 2000).

14. Varon, *Disunion!*, 283; Foner, *Free Soil*, 146.

15. *Globe*, 36th Cong., 1st Sess., December 6, 1859, 24–25; *August Chronicle*, December

10, 1859; *National Intelligencer*, December 7, 1859; *New-York Tribune*, December 9, 1859; *Albany Evening Journal*, December 9, 1859; *Ohio State Journal*, December 13, 1859; *Massachusetts Spy*, December 14, 1859. 只有独立媒体提到了武器，特别提到了劳伦斯·基特（Laurence Keitt，北卡罗来纳州民主党）和爱德华·麦克弗森（Edawar McPherson，宾夕法尼亚州辉格党），他们是史蒂文斯的门生和朋友。也可参见 Hans L. Trefousse, *Thaddeus Stevens: Nineteenth-Century Egalitarian* (Chapel Hill: UNC Press, 1997), 98–99; idem., *Radical Republicans*, 131.

16. 最初的原话是出自卡尔·菲利普·戈特弗里德·冯·克劳塞维茨（Carl Philipp Gottfried von Clausewitz）："战争只不过是政治的延续和其他手段的混合。" Clausewitz, *On War* (1832–34).

17. French, diary entry, November 27, 1860, *Witness*, 336.

18. 同上，January 19, 1857, August 25, 1858, March 2, 1861, 275–76, 299–300, 342.

19. 特别的朋友包括梅森·塔潘（Mason Tappan，新罕布什尔州共和党）、阿伦·克拉金（Aaron Cragin，新罕布什尔州共和党）、约翰·帕克·黑尔（John Parker Hale，新罕布什尔州共和党）和丹尼尔·克拉克（Daniel Clark，新罕布什尔州共和党）等。

20. 关于反奴隶制和反奴隶主权势之间区别的研究，特别有用的是 Gara, "Slavery and the Slave Power."

21. French, diary entry, August 5, 1855, *Witness*, 265. 弗伦奇在切斯特与一些扬基"知情者"的交谈。他可能指的是州长安德鲁·里德的免职以及可能导致的暴力事件。

22. *Boston Daily Bee*, September 26, 1855.

23. Wilson to Parker, July 23, 1855, 载于 *Life and Correspondence of Theodore Parker*, ed. John Weiss, 2 vols. (New York: D. Appleton, 1864), 2:211; John L. Myers, *Henry Wilson and the Coming of the Civil War* (Lanham, Md.: University Press of America, 2005), 288. 关于相同的预兆，参见 Hunt to Samuel B. Ruggles, November 22 and December 23, 1855, 载于 Gienapp, "The Crime Against Sumner: The Caning of Charles Sumner and the Rise of the Republican Party," *Civil War History* 3 (September 1979): 218–45, 引自 218–19; Convers Francis to Sumner, May 29, 1856, Charles Sumner Papers, LC.

24. Keitt to Susanna Sparks, June 6, 1855, 载于 Eric H. Walther, *The Fire-Eaters* (LSU,

1992), 180. 关于基特，参见 Walther, *The Fire-Eaters;* Stephen W. Berry II, *All That Makes a Man: Love and Ambition in the Civil War South* (New York: Oxford University Press, 2003), 45–80; Holt Merchant, *South Carolina Fire-Eater: The Life of Laurence Massillion Keitt, 1824–1864* (Columbia: University of South Carolina Press, 2014). 根据沃尔瑟（Walther）的定义，怒火十足的人致力于南部独立，趋向于使用暴力和政治表演，但不是所有南部的激进分子都是怒火十足的人。Walther, *Fire-Eaters*, 2. 有趣的是，并不是所有宣称自己怒火十足的人都在国会中使用暴力。

25. Keitt to Susanna Sparks, July 11, 1855; A. Dudley Mann to Keitt, August 24, 1855, Laurence Massillon Keitt Papers, Perkins Library, Duke University.

26. *Globe*, 34th Cong., 1st Sess., December 24, 1855, 77. 关于班克斯竞选议长，参见 Fred Harvey Harrington, "The First Northern Victory," *Journal of Southern History* 5 (1939): 186–205; Joel H. Silbey, "After 'The First Northern Victory': The Republican Party Comes to Congress, 1855–56," *Journal of Interdisciplinary History* 20 (Summer 1989): 1–24.

27. 在投票期间议会中的争吵，参见 Anson Burlingame to Jennie Burlingame, January 10, 1856, Anson Burlingame & Family Papers, LC.

28. *Daily Picayune*, January 2, 1856; [Schenectady] *Cabinet*, December 25, 1855; *Chicago Daily Tribune*, December 27, 1855; *Daily Dispatch*, December 24, 1855; Poore, *Reminiscences*, 1:466. "额外的比利"·史密斯有一份邮件合同，并通过增多邮件路线获取了一大笔额外的费用。

29. John F. T. Crampton to Lord Clarendon, December 24, 1855, *Private and Confidential: Letters from British Ministers in Washington to the Foreign Secretaries in London, 1844–67*, eds. James J. Barnes and Patience P. Barnes (Selinsgrove, Pa.: Susquehanna University Press, 1993), 144.

30. *New-York Daily Tribune*, January 31, 1856. 也可参见 *National Era*, February 7, 1856; *New York Daily Times*, January 30, February 13, and June 30, 1856; *Saturday Evening Post*, April 19, 1856; Horace Greeley, *Recollections of a Busy Life* (New York: J. B. Ford, 1869), 348–50; L. D. Ingersoll, *The Life of Horace Greeley* (Philadelphia: E. Potter, 1874), 303.

31. Fessenden to unknown, ca. 1856, 载于 *Life and Public Service of William Pitt Fessenden*,

78–79.

32. Greeley to Charles Dana January 30, 1856, 载于 *Greeley on Lincoln With Mr. Greeley's Letters to Charles A. Dana and a Lady Friend*, ed. Joel Benton (New York: Baker & Taylor, 1893), 107; Robert Chadwell Williams, *Horace Greeley: Champion of American Freedom* (New York: NYU Press, 2006), 183.

33. *Globe*, 34th Cong., 1st Sess., February 2, 1856, 342–43; Giddings to Laura Giddings, February 3, 1856, 载于 Stewart, *Giddings*, 237.

34. *NYT*, February 6, 1856. 关于"北部"生存的情绪，参见 Edwin Morgan to his brothers, January 26, 1856, 载于 Hollcroft, "Congressman's Letters," 455.

35. John Swanson to Banks, undated, Nathaniel Banks Papers, LC.

36. Swanson to Brooks, May 30 1856, 载于 Gradin, "Losing Control," 31. 格拉丁（Gradin）误以为作者是"劳森"（Lawson）。

37. 关于杖击萨姆纳事件，最好的原始材料是《世界》和国会委员会调查报告里大量的相关辩论记录：House Report, No. 182, 34th Cong., 1st Sess., 1856, "Alleged Assault Upon Charles Sumner." 尤其有用的二手记述包括 David Herbert Donald, *Charles Sumner* (New York: Da Capo Press, 1996), 1:278–311; Harlan Joel Gradin, "Losing Control: The Caning of Charles Sumner and the Breakdown of Antebellum Political Culture" (Ph.D. dissertation, UNC, 1991); Brooks D. Simpson, "'Hit Him Again': The Caning of Charles Sumner," 载于 *Compromise of 1850*, eds. Finkelman and Kennon, 202–220; T. Lloyd Benson, *The Caning of Senator Sumner* (Greenville, S.C.: Furman University, 2004); Williamjames Hull Hoffer, *The Caning of Charles Sumner: Honor, Idealism, and the Origins of the Civil War* (Baltimore: Johns Hopkins, 2010). 将杖击事件作为一种专题进行研究的有：Gregg M. McCormick, "Personal Conflict, Sectional Reaction: The Role of Free Speech in the Caning of Charles Sumner," *Texas Law Review* 85 (May 2007): 1519–52; David Tatham, "Winslow Homer's 'Arguments of the Chivalry,'" *American Art Journal* 5 (May 1973): 86–89; James Corbett David, "The Politics of Emasculation: The Caning of Charles Sumner and Elite Ideologies of Manhood in the Mid-Nineteenth Century United States," *Gender and History* 19 (August 2007): 324–45; Manisha Sinha, "The Caning of Sumner: Slavery, Race, and Ideology in the Age of the Civil War," *JER* 23 (Summer 2003): 233–62.

38. Sumner to Henry Raymond, March 2, 1856, Charles Sumner Papers, LC. 有趣的是，萨姆纳并不关心他交锋的主题是什么，他指出："此时此刻，堪萨斯州是不可避免的点。"但他"沉迷"于堪萨斯州的事件，他急于"不浪费口舌地揭露整个罪行"。Sumner to William Jay, May 6, 1856; Sumner to Salmon P. Chase, May 15, 1856, 同上。

39. Sumner, "The Crime Against Kansas" (Boston: John P. Jewett, 1856), 5, 17; *Globe*, 34th Cong., 1st Sess., May 20, 1856, 547 app. 关于亚当斯，参见 *Globe*, 26th Cong., 2nd Sess., February 4, 1841, 322 app.

40. Le Baron Russell to Sumner, May 11, 1856, 载于 *The Works of Charles Sumner* (Boston: Lee and Shepard, 1873), 4:129.

41. Donald, *Charles Sumner*, 1:289.

42. Preston Brooks to John Hampden Brooks, May 23, 1856, 载于 Robert L. Meriwether, ed., "Preston S. Brooks on the Caning of Charles Sumner," *The South Carolina Historical and Genealogical Magazine* LII (1951): 2.

43. Donald, *Charles Sumner*, 1:286; James Buffington testimony, Committee Report, 66–67.

44. Donald, *Charles Sumner*, 1:286; *Globe*, 26th Cong., 2nd Sess., February 4, 1841, 322 app. 在调查杖击事件期间，众议员约翰·宾厄姆（John Bingham，俄亥俄州反对党）说明道格拉斯的评论被许多人认为是在请求有人去打萨姆纳。Committee Report, 44.

45. *Globe*, July 14, 1856, 34th Cong., 1st Sess., 832 app.

46. 关于斯坦伯里，参见 House Journal, April 21, 1832, 625, 以及同上，April 16, 17, 19, and 23 and May 11, 14.

47. Edmundson testimony, Committee Report, 59–60.

48. Wise to Edward Everett, May 26, 1856, Edward Everett Papers, LC. 也可参见 James Mason to George M. Dallas, June 10, 1856, 载于 Gienapp, "The Crime Against Sumner," 221.

49. Committee Report, 60. 埃德蒙森认为，由于参议院已经休会，这次袭击不会那么令人反感。

50. 同上，3–4, 19. 豪厄尔·科布（Howell Cobb，佐治亚州民主党）和艾尔弗雷德·格林伍德（Alfred Greenwood，阿肯色州民主党）签署了少数派报告；刘易斯·坎贝尔（Lewis Campbell，俄亥俄州反对党）、弗朗西斯·斯平纳（Francis Spinner，纽约州民主党）和 A. C. M. 彭宁顿（A.C. M. Pennington，新泽西州反对党）签署了多数派报告。

51. *NYT*, May 23 and 27, 1856; New York *Courier and Inquirer*, 重印于 *NYT*, May 28, 1856; New York *Commercial Advertiser*, 重印于 *Richmond Daily Dispatch*, May 30, 1856. 也可参见 Pierce, "Murder and Mayhem: Violence, Press Coverage, and the Mobilization of the Republican Party in 1856."

52. *New Hampshire Statesman*, May 31, 1856. 也可参见 *New-York Daily Tribune*, May 24 and 25, 1856. 关于萨姆纳和堪萨斯州暴力事件的联系，参见 Gienapp, *Origins of the Republican Party*, 295–303; Miner, *Seeding Civil War*. 几年后，艾伯特·加勒廷·里德尔（Albert Gallatin Riddle，俄亥俄州共和党）更明目张胆地暴露这种联系："参议院会议室是堪萨斯州的一部分。" Riddle, *Life of Wade*, 24. 关于奴隶主势力有计划地进行一系列袭击，参见 Pierce, "Murder and Mayhem."

53. *NYT*, May 22, 1856. 关于全国媒体对杖击事件的报道，参见 Lorman A. Ratner and Dwight L. Teeter, Jr., *Fanatics and Fire-eaters: Newspapers and the Coming of the Civil War* (Chicago: University of Illinois, 2003), chapter 2, 34–48; David, *Charles Sumner*, 303–307; Manisha Sinha, "The Caning of Charles Sumner: Slavery, Race, and Ideology in the Age of the Civil War," *JER* 23, no. 2 (Sumner 2003): 233–62; Michael D. Pierson, "'All Southern Society Is Assailed by the Foulest Charges': Charles Sumner's 'The Crime Against Kansas' and the Escalation of Republican Anti-Slavery Rhetoric," *New England Quarterly* 68, no. 4 (December 1995): 531–57; David, "The Politics of Emasculation; Hoffer, *Caning of Sumner*, 85–95.

54. 重印于 *The Liberator*, June 13, 1856.

55. 参见 *New York Courier and Enquirer*, 引自 [Boston] Daily Atlas, May 30, 1856. 关于"血腥堪萨斯"、"血腥萨姆纳"和共和党崛起之间的关系，参见 Gienapp, "Caning of Sumner," 230–31.

56. *Lowell Daily Citizen and News*, May 29, 1856. 关于韦布和奴隶制，参见 Crouthamel, *James Watson Webb*, 55–56, 99–100.

57. Brooks to Webb, May 26, 1856, James Watson Webb Papers, Sterling Library, Yale University. 关于韦布改入共和党，参见 Crouthamel, *James Watson Webb*, 125–35; Gienapp, *Origins of the Republican Party*, 267–68.

58. Frances Seward to her children, May 22, 1856, 载于 Walter Stahr, *Seward: Lincoln's Indispensable Man* (New York: Simon and Schuster, 2012), 161.

59. *NYT*, May 28, 1856. 按照南部风格，安德鲁·巴特勒（Andrew Butler，南卡罗来纳州民主党）担心这次演讲会损害他的声誉；如果他的演讲被传到"大陆各个角落，在那里的人不了解情况"，他就无法为自己辩护。*Globe*, 34th Cong., 1st Sess., June 12, 1856, 630 app.

60. Hamilton to Fessenden, May 28, 1856, 载于 *The Life and Times of Hannibal Hamlin*, ed. Charles E. Hamlin (Cambridge: Riverside Press, 1899), 284.

61. Fessenden to Frank, June 15, 1856.

62. Preston Brooks to John Hampden Brooks, June 21 and May 23, 1856, 载于 Meriwether, "Preston S. Brooks on the Caning of Charles Sumner," 4, 3.

63. *Richmond Daily Dispatch*, May 30, 1856.

64. *Globe*, 34th Cong., 1st Sess., May, 23, 1856, 1289–90. 当克林曼坚持认为坎贝尔的暗示是错误的，坎贝尔立即问道："这位绅士是针对我个人吗？"同上，1290.

65. Wise to Edward Everett, May 31, 1856, Edward Everett Papers, LC.

66. Keitt to Sue Sparks, May 29, 1856, Laurence Massillon Keitt Papers, Duke University.

67. "A Well Wisher" to Banks, July 10, 1856, Nathaniel Banks Papers, LC.

68. 谢尔登（Shelden）领导的《华盛顿兄弟会》(*Washington Brotherhood*) 巧妙地探讨了国会议员之间的关系，将国会描绘成一个充满良好感情的"园区（bubble）"（5,68）。然而，正如国会议员自己所证明的那样，虽然他们可以跨越地域进行社交，但他们仍然幻想"北部"或"南部"试图主导联邦政府，羞辱他们的地区，因此必须不惜任何代价进行制止，哪怕在国会中使用暴力。社交能力和敌意并不是水火不容的，少数的火爆分子可能会以某种方式将国会议员逼向极端。以这样的逻辑，班克斯也没有任命一个温和的委员会来调查杖击萨姆纳事件，因为杖事件对国会议员而言并不是什么大事；恰恰相反，若班克斯任命一个温和的委员会，则是因为杖击事件意义非凡。*Washington Brotherhood*, 142–43.

69. Brooks to Hamilton Brooks, June 21, 1856, 载于 Benson, *The Caning of Senator Sumner*, 133–34. 布鲁克斯与亨利·威尔逊（马萨诸塞州共和党）、安森·伯林盖姆（马萨诸塞州共和党）、纽约人詹姆斯·沃森·韦布进行了正式的决斗通信，布鲁克斯有一个朋友问约翰·伍德拉夫（John Woodruff，康涅狄格州美国人党）他是否会打架。布鲁克斯还侮辱性地认为卡尔文·查菲（Calvin Chaffee，马萨诸塞州美国人党）不值得与之战斗，并去威拉德酒店寻找拉塞尔·塞奇（Russell Sage，纽约州共和党）和埃德温·摩根（Edwin Morgan，纽约州反对党），发誓要伤害他们，尽管他从来没有找到他们。据称，当布鲁克斯第二天被追问其行动时，布鲁克斯声称自己"对葡萄酒很兴奋"。*New-York Tribune*, August 22, 1856; *National Aegis*, August 27, 1856; *Liberator*, August 29, 1856; *Chicago Daily Tribune*, August 25, 1856.

70. 6月21日，基特和伯林盖姆在交谈中言辞激烈，引发了决斗，但没有采取行动；据称，图姆斯计划攻击本杰明·韦德（Benjamin Wade，俄亥俄州共和党），因为他对杖击事件和图姆斯发表了尖锐言论，图姆斯宣布萨姆纳罪有应得。Myers, *Henry Wilson and the Coming of the Civil War*, 326. 关于坎贝尔，参见同上，324.

71. French to Henry Flagg French, June 29, 1856, BBFFP. 也可参见 Myers, *Henry Wilson and the Coming of the Civil War*, 324.

72. *Albany Evening Journal*, June 7, 1856. 关于他们之间的通信，参见 *Daily Union*, May 31, 1856.

73. John Bigelow, *Retrospections of an Active Life*, 1817–1863, 5 vols. (New York: Baker & Taylor, 1909), 1:166. 刘易斯·坎贝尔（Lewis Campbell，俄亥俄州共和党），是伯林盖姆的助手，从弗朗西斯·P. 布莱尔（Francis P. Blair，密苏里州共和党）那里得知西利现在的尴尬处境，布莱尔声称西利的北部朋友不会像在南部的朋友那样回避他。

74. *New York Herald*, July 23, 1856, 转引自 *Boston Traveler*, July 23, 1856. 也可参见 Lawrence O'Bryan Branch to Nannie Branch, July 30, 1856, Papers of Lawrence O'Bryan Branch, UVA; "The Carolinian Fire-Eater" 是一首将布鲁克斯描绘成懦夫的有趣的诗，*Liberator*, August 1, 1858; 而布鲁克斯的"Canada Song"最初发表于 *New York Evening Post*, 载于 Benson, *Caning of Senator Sumner*, 200–201. 关于伯林盖姆和布鲁克斯之间的事件，参见 *National Era*, July 31, 1856; Burlingame, "A Card," *National Intelligencer*, July 21, 1856; 有关伯林盖姆关于这场争论的记述，参见 [Washington] *Daily Union*, July 23, 1856; James E. Campbell, "Sumner—Brooks—Burlingame, or, The Last Great Challenge," *Ohio Archeological and Historical Quarterly* 34 (October 1925): 435–73.

75. French to Henry Flagg French, July 17, 1857, BBFFP.

76. Jessie Benton Fremont to Elizabeth Blair Lee, July 23, 1856, *The Letters of Jessie*

Benton Fremont, ed. Pamela Herr and Mary Lee Spence (Urbana: University of Illinois Press, 1993), 120.

77. Sumner to Joshua Giddings, July 22, 1856, Charles Sumner Papers, LC. 关于负面报道，例如参见 *Boston Herald*, July 21, 1856; *Lowell Daily Citizen*, July 23, 1856; *Boston Herald*, September 13, 1856.

78. 事例参见 Rollin H. Neale to Burlingame, July 29, 1856; William Winter to Burlingame, July 28, 1856, Anson Burlingame and Family Papers, LC. 也可参见 *New Hampshire Patriot*, October 15, 1856; *Boston Herald*, November 4, 1856，为什么伯林盖姆能被选入国会，因为马萨诸塞州不会输送一个"温吞水的人"。这件事发生后，南部人对伯林盖姆几乎没有多少尊重了。例如参见 Lawrence O'Bryan Branch to unknown, June 13, 1856, Papers of Lawrence O'Bryan Branch, UVA.

79. Burlingame to Jennie Burlingame, July 13, August 1, 3, 6, and 10, September 1, 1856, Anson Burlingame and Family Papers, LC.

80. *New York Herald*, June 5, 1856. 也可参见 Resolutions of citizens of Marshfield, June 2, 1856; Albert Browne to Sumner, June 6, 1856; L. D. Johnson to Sumner, June 7, 1856; Edward Everett to Charles Eames, June 21, 1856, Edward Everett Papers, LC.

81. Irwin Silber, ed., *Songs of the Civil War* (New York: Dover, 1995), 169–70.

82. 关于共和党的崛起和这一时期暴力事件的联系，参见 David Grant, *Political Antislavery Discourse and American Literature of the 1850s* (Newark: University of Delaware, 2012), 102–105; McKivigan and Harrold, eds., *Antislavery Violence*; Pierce, "Murder and Mayhem"; Gienapp, *Origins of the Republican Party*, 348–52; Woods, *Emotional and Sectional Conflict*, Chapter Five.

83. Gienapp, *Origins of the Republican Party*, 414. 1856 年竞选被视为共和党"胜利的败局"，参见同上，Chapter 13.

84. 尤其可以参见 idem., "Crime Against Sumner."

85. 关于情感在共和党崛起中发挥的作用，参见 Michael E. Woods, "'The Indignation of Freedom-Loving People': The Caning of Charles Sumner and Emotion in Antebellum Politics," *Journal of Social History* 44 (Spring 2011): 689–705; idem., *Emotional and Sectional Conflict*.

86. "The Sumner Outrage. A Full Report of the Speeches at the Meeting of Citizens in Cambridge, June 2, 1856" (Cambridge: John Ford, Printer, 1856), 6; Seth Webb, Jr., to

Charles Sumner, May 23, 1856, Charles Sumner Papers, LC; [Petition and resolutions], Fitchburg, Mass., May 24 and 26, 1856, 同上。

87. "The Sumner Outrage," 6; Students of Union College to Sumner, May 27, 1856, Sumner Papers, LC; [Portland, Maine] *Advertiser*, June 3, 1856.

88. 同上。关于布鲁克斯藤杖的象征意义，参见 Michael E. Woods, "Tracing the 'Sacred Relics': The Strange Career of Preston Brooks's Cane," *Civil War History* (June 2017): 113–32.

89. Brooks to John Hampden Brooks, June 21, 1856, *South Carolina Historical and Genealogical Magazine* 52 (1951): 1–4. 也可参见 Henry Ward Beecher's article in the *Washington Star*, June 12, 1856: "With the exception of one or two papers, the whole South has accepted the act and made it representative! It is no longer Brooks that struck Sumner! He was the arm, but the whole South was the body!"

90. French, diary entry, May 25, 1856, *Witness*, 269.

91. French to Bess French, June 8, 1856, 载于 *Witness*, 327. 关于山姆的冒险和费森登的恐慌反应，参见 Fessenden to Sam, June 15, 1856; James Fessenden to Sam, June 16, 1856; idem. to Fessenden, June 25, 1856; Fessenden to Ellen Fessenden, July 6, 1856, 全部载于 William Fessenden Papers, Bowdoin College; Cook, *Civil War Senator*, 98. 关于山姆对其体验的叙述，参见 Francis Fessenden, *Life and Public Services of William Pitt Fessenden*, 2 vols. (Cambridge: Riverside Press, 1907), 71–78.

92. 福纳（Foner）注意到北部人开始准许共和党勇敢地使用肢体行动。*Free Soil*, 146.

93. [Boston] *New England Farmer*, July 19, 1856. "愤怒会议" 通过的一些决议特别提到了南部在国会长期以来的 "傲慢"。例如参见那些在新罕布什尔州曼彻斯特 1856 年 5 月 28 日的会议上通过的决议，Charles Sumner Papers, LC. 对北部战斗者的支持，也可参见 Thomas Hicks to Wade, February 2, 1856, and J. H. Baker to Wade, June 2, 1856, Benjamin Franklin Wade Papers, LC. 关于"愤怒会议"和共和党的崛起，参见 Woods, "Indignation of Freedom-Loving People"; idem., *Emotional and Sectional Conflict*, Chapters 4 and 5.

94. *Richmond Whig*, February 16, 1858.《里士满辉格党报》对 [Oswego, N.Y.] *Daily Palladium* on February 10, 1858 上面的一篇题为 "Don't Kick Him" 的文章做了评论，绘声绘色地描述了威尔逊想要被 "萨姆纳化" ——"被踢或者被打" ——而重新当选。

95. *Richmond Whig*, February 16, 1858.

96. Unknown to Lawrence O'Bryan Branch, June 13, 1856, Papers of Lawrence O'Bryan Branch, UVA.

97. *Globe*, 34th Cong., 1st Sess., July 14 and 16, 1856, app. 831, 838.

98. F. O. J. French to Bess French, May 25, 1856, BBFFP.

99. Sargent to Sumner, May 25, 1856, Charles Sumner Papers, LC.

100. Everett to Charles Eames, June 21, 1856, Edward Everett Papers, LC.

101. 事例参见 Lawrence O'Bryan Branch to Nannie Branch, July 30, 1856, Papers of Lawrence O'Bryan Branch, UVA.

102. Winthrop to William Cabell Rives, June 5, 1856, William Cabell Rives Papers, LC.

103. Everett to Charles Eames, June 21, 1856, Edward Everett Papers.

104. 弗伦奇修改了这份决议，增加了来自各地区的代表数量。*Proceedings of the First Three Republican National Conventions of 1856, 1860, and 1864, Including Proceedings of the Antecedent National Convention Held at Pittsburg, in February, 1856, as Reported by Horace Greeley* (Minneapolis: Charles W. Johnson, 1893), 21–22.

105. French, diary entry, February 1, 1857, *Witness*, 276–77.

106. 《宪法》第1条第6款规定："两院议员在议院内所发表之演说及辩论，在其他场合不受质询。"

107. McCormick, "Personal Conflict, Sectional Reaction"; Curtis, *Free Speech*," The People's Darling Privilege."

108. Unknown to Banks, July 10, 1856, Nathanial Banks Papers, LC.

109. *Globe*, 1856, 1056, 载于 Gradin, "Losing Control," 188. 关于这段时期的危险言论，也可参见 Miner, *Seeding Civil War*, passim.

110. Pierce to Horatio King, November 28, 1860, 载于 Horatio King, "Buchanan's Loyalty," *The Century Magazine* 23 (December 1881): 289–97, 引自 292; Pierce to Jacob Thompson, November 26, 1860, [Washington] *Constitution*, December 1, 1860.

111. Leonard, *Power of the Press*, 81–82; Chambers, *Old Bullion Benton*, 425, 431, 436, 438.

112. 尤其可以参见 McCormick, "Personal Conflict, Sectional Reaction," 1519–52.

113. *Lowell Daily Citizen*, June 6, 1856; *Salem Register*, June 9, 1856. 布鲁克斯在辞职演讲中还提到了纳普的左轮手枪，以及莱纳斯·科明斯（Linus Comins，马萨诸塞州共和党）携带武器的事实。*Globe*, 34th Cong., 1st Sess., July 14, 1856, 833 app.

114. Harlow, *Rise and Fall of Kansas Aid*, 16–20.

115. Lewis Clephane, *Birth of the Republican Party, with a Brief History of the Important Part Taken by the Original Republican Association of the National Capital* (Washington: Gibson Bros., 1889), 31. 该组织遵循华盛顿自由土地党协会的模式，并可能由此发展而来。这两个组织都在国会山有一个阅览室。Jonathan Earle, "Saturday Nights at the Baileys," *In the Shadow of Freedom*, 94–95.

116. "To Republicans," May 8, 1858, *New-York Tribune*. 这份要求全国各地的共和党人寄来金钱的声明被广泛印刷出版，参见 *Lowell Daily Citizen and News*, May 22, 1858; *National Era*, May 20, 1858.

117. *National Era*, August 5 and September 3, 1858.

118. *Albany Evening Journal*, June 4, 1858.

119. *Globe*, 36th Cong., 1st Sess., March 7, 1860, 161 app. 韦德在声明之后表示，"在极端情况下"，他会毫不犹豫地进行决斗。

120. *Globe*, 35th Cong., 1st Sess., March 15, 1858, 101, 105, 109–10 app. 当晚的共和党抗议者包括威廉·皮特·费森登（William Pitt Fessenden，缅因州共和党）、丹尼尔·克拉克（Daniel Clark，新罕布什尔州共和党）和威廉·苏厄德（William Seward，纽约州共和党），他们抱怨说在过去 8 年里一直被"压一头"。

121. 同上，35th Cong., 1st Sess., March 15, 1858, 101, 105, 109–10 app. 也可参见 Trefousse, *Wade*, 110–11.

122. [Memorandum], May 26, 1874, Simon Cameron Papers [microfilm]. 也可参见 *Zachariah Chandler: An Outline Sketch of His Life and Public Services* (Detroit: Post and Tribune Co., 1880), 145–47.

123. [Speech on the Fourteenth Amendment], May 10, 1866, 载于 *The Selected Papers of Thaddeus Stevens, April 1865–August 1868*, 2 vols. (Pittsburgh: University of Pittsburgh Press, 1997–98) 2:137–42. 引文来自《世界》对史蒂文斯演说的报道，以及史蒂文斯的一份 8 页纸的草稿，草稿提到了那些人的名字，还有更多的细节。也可参见 Stevens's speech of January 13, 1865; 同上，1:522.

124. [Speech on the Fourteenth Amendment], May 10, 1866, 载于 *Selected Papers of Thaddeus Stevens*, 2:137–42.

125. Alexander Stephens to Linton Stephens, February 5, 1858, *Life of Alexander Hamilton Stevens*, 329–30. 也可参见 *Charleston Mercury*, February 11, 1858. 斯蒂芬斯记录道:"我相信没有人受伤,甚至被挠被抓;但它产生了不好的情绪……这里的一切都会让我得出这样的结论:合众国不能或不会维持太久。"

126. *Charleston Mercury*, February 11, 1858. 也可参见 *Boston Traveler*, February 11, 1858.

127. Fehrenbacher, *Slaveholding Republic*, passim.

128. Alexander Stephens to Linton Stephens, March 12, 1858, 载于 Richard Malcolm Johnston and William Hand Browne, *Life of Alexander H. Stephens* (Philadelphia: J. B. Lippincott, 1878), 331.

129. 关于格罗,参见 James T. Dubois and Gertrude S. Mathews, *Galusha A. Grow: Father of the Homestead Law* (New York: Houghton Mifflin, 1917); Robert D. Ilisevich, *Galusha A. Grow: The People's Candidate* (Pittsburgh: University of Pittsburgh, 1989). 关于他粗鲁的方式,参见同上, 158. 关于基特,参见 Stephen W. Berry II, *All That Makes a Man: Love and Ambition in the Civil War South* (Pittsburgh: University of Pittsburgh, 1989); Walther, *Fire-Eaters*, 160–94; Marchant, *Laurence Massillion Keitt*.

130. 关于沃什伯恩兄弟,参见 Gaillard Hunt, *Israel, Elihu, and Cadwallader Washburn: A Chapter in American Biography* (New York: Macmillan, 1925).

131. *Globe*, 35th Cong., 1st Sess., February 5, 1858, 603. 也可参见 Alexander Hamilton Stephens to Linton Stephens, February 5, 1858, 载于 Richard Malcolm Johnston and William Hand Browne, *Life of Alexander H. Stephens* (Philadelphia: J. B. Lippincott, 1883), 329–30; *NYT*, February 8, 11, and 19, 1858; *New York Herald*, February 13, 1858; [Atchison, Kans.] *Weekly Champion*, March 6, 1858. 尽管后来的报道指出,卡德瓦拉德·沃什伯恩掀掉了威廉·巴克斯代尔(密西西比州民主党)的假发,但查尔斯·W. 马什(Charles W. Marsh)认为是波特,他似乎是从波特那里听到这个故事。Charles W. Marsh, *Recollections, 1837–1910* (Chicago: Farm Implement News Co., 1910), 119–20.

132. Grow to unnamed relative, February 9, 1858, 载于 Dubois and Matthews, *Galusha A.*

Grow, 181–82. 也可参见 *NYT*, February 8 and April 15, 1858.

133. *National Era*, March 25, 1858; Globe, 35th Cong., 1st Sess., March 15, 1858, 107 app.
134. *Philadelphia Inquirer*, February 8, 1858; *Boston Traveler*, February 11, 1858.
135. *Frederick Douglass' Paper*, February 12, 1858. 也可参见 *NYT*, February 8, 1858; *Philadelphia Inquirer*, February 8, 1858; *Boston Evening Transcript*, February 11, 1858; *Milwaukee Sentinel*, February 17, 1858.
136. *Boston Traveler*, February 11, 1858.
137. *NYT*, February 11, 1858.
138. 载于 [Baton Rouge] *Daily Advocate*, February 22, 1858.
139. *Charleston Mercury*, February 11, 1858.
140. *Virginia Sentinel*, 载于 *Annapolis Gazette*, June 24, 1858; *Columbus [Georgia] Enquirer*, February 11, 1858; *Charleston Mercury*, February 13, 1858.
141. *Annapolis Gazette*, June 24, 1858.
142. *Virginia Sentinel*, June 24, 1858; *Charleston Mercury*, February 13, 1858; *Columbus [Georgia] Enquirer*, February 11, 1858.
143. Laurence Keitt to Ellison Keitt, February 17, 1858, 载于 "Autograph Letters and Portraits of the Signers of the Constitution of the Confederate States," Charles Colcock Jones, Jr., Papers, Duke University.
144. Thomas Hood, *Quips and Cranks* (London: Routledge, Warne, and Routledge, 1861), 48–54.
145. "The Fight over the Body of Keitt," 引自 *Punch*, 载于 *Tribune*, March 22, 1858. 也可参见 *Massachusetts Spy*, March 24, 1858.
146. *Albany Evening Journal*, February 25, 1858.
147. *Lowell Daily Citizen*, February 20, 1858.
148. [Cleveland] *Plain Dealer*, February 11, 1858. 在约翰·布鲁厄姆（John Brougham）的戏剧 *Pocahontas* 中有一句话提到了一场战斗，它写道："坚持住了！你认为你在华盛顿吗？"（这句话本身就说明了一些东西）。布鲁厄姆补充说："有些攻击不得进行，哪怕是政府也不行。"
149. *Lowell Daily Citizen*, March 17, 1858; *Frank Leslie's Illustrated Newspaper*, February 20, 1858. 拳击是19世纪50年代美国最耀眼的运动项目。Elliott J.

Gorn, *The Manly Art: Bare-Knuckle Prize Fighting in America* (Ithaca: Cornell University Press, 1986), 129.

150. 关于《名利场》, 参见 Frank Luther Mott, *A History of American Magazines, 1850–1865* (Cambridge: Harvard University Press, 1938), 520–29; Edward L. Gambill, "Vanity Fair: 1859–1863" 载于 Ronald Lora and William Henry Longton, eds., *The Conservative Press in Eighteenth and Nineteenth Century America* (Westport, Conn.: Greenwood Press, 1999), 139–45.

151. *Vanity Fair,* January 21 and 28, April 7, February 4, and January 14, 1860.

152. 同上, December 15, 1860.

153. *New York Herald,* February 14, 1845.

154. Henry Clay Preuss, "Fashions and Follies of Washington Life. A Play. In Five Acts" (Washington, D.C.: Published by the Author, 1857). 也可参见 Walter J. Meserve, "Social Awareness on Stage: Tensions Mounting, 1850–1859," 载于 *The American Stage,* eds. Ron Engle and Tice L. Miller (New York: Cambridge University Press, 1993), 87–88. 有趣的是, 在 1862 年, 普罗伊斯因对政府不忠而受到众议院委员会的调查。37th Cong., 2nd Sess., House Report No. 16, "Loyalty of Clerks and Other Persons Employed by Government," January 28, 1862, 5, 8. 普罗伊斯在工程局工作。

155. *NYT,* June 26, 1856. 也可参见 *The United States Magazine* (July–December 1856): 186; [San Francisco] *The Wide West,* August 17, 1856; *Brooklyn Daily Eagle,* June 30, 1856; [London, U.K.] *The Magnet,* September 29, 1856.

156. "Life in an American Hotel?," *Punch,* June 28, 1856, 258; *Boston Evening Transcript,* July 12, 1856; *Alexandria Gazette,* July 17, 1856; [Baton Rouge] *Daily Advocate,* July 26, 1856; [Pa.] *Washington Reporter,* August 27, 1856; [Madison] *Weekly Wisconsin Patriot,* August 30, 1856; [San Francisco] *Alta California,* September 5, 1856.

157. 关于幽默作为一种改革的工具, 参见 Barnet Baskerville, "19th Century Burlesque of Oratory," *American Quarterly* 20 (Winter 1968): 726–43.

158. 大卫·奥特洛论述了国会暴力如何削弱公众对于国会的信心。Outlaw to Emily Outlaw, April 18, 1850, DOP.

159. French to Bess, June 10, 1860, *Witness,* 327–28.

160. French to Bess, July 25, 1852, BBFFP
161. French to Henry Flagg French, May 2, 1852, 同上。
162. 事例参见斯普林菲尔德高等学校（Springfield High School）在 1856 年 5 月 30 日的决议；George Nourse to Sumner, June 4, 1856; Albert Browne to Sumner, June 6, 1856, 全部载于 Charles Sumner Papers, LC.
163. *New York Herald*, January 16, 1860.
164. 关于这场竞争，参见 David Brown, *Southern Outcast: Hinton Rowan Helper and the Impending Crisis of the South* (Baton Rouge: LSU Press, 2006), 尤其可以参见 152–70; Freehling, *Road to Disunion: Secessionists Triumphant*, 250–58, 265–66; Crenshaw, "Speakership Contest"; idem., *The Slave States in the Presidential Election of 1860* (Baltimore: Johns Hopkins, 1945); Manisha Sinha, *The Counterrevolution of Slavery: Politics and Ideology in Antebellum South Carolina* (Chapel Hill: UNC Press, 2000), 208–10; Mary R. Campbell, "Tennessee's Congressional Delegation in the Sectional Crisis of 1859–1860," *Tennessee Historical Quarterly* 19 (December 1960): 348–71.
165. 关于海尔珀的书，尤其可以参见 David Brown, "Attacking Slavery from Within: The Making of 'The Impending Crisis of the South,'" *Journal of Southern History* 70 (August 2004): 541–76; idem., Brown, *Southern Outcast*.
166. 海尔珀试图攻击阿萨·比格斯（Asa Biggs，北卡罗来纳州民主党），但他不在，所以海尔珀袭击了弗朗西斯·克雷奇（Francis Craige，北卡罗来纳州民主党）。Brown, *Southern Outcast*, 134–36.
167. *Globe*, 36th Cong., 1st Sess., December 5, 1859, 3. 关于众议院对海尔珀的回复，尤其可以参见 Brown, *Southern Outcast*, 152–70; Freehling, *Secessionists Triumphant*, 240–45, 250–53. 弗里林写道："就好像奴隶主对着子孙后代大喊大叫：阅读我们在《纲要》上的演讲，而不是用你们的政治科学模式来辨别我们的意图。然后你就会明白为什么我们认为共和党人对海尔珀的支持既危险又具有侮辱性。"同上，251.
168. 关于选举议长的激烈斗争，参见 Landis, *Northern Men*, 218–19; Jenkins and Stewart, *Fighting for the Speakership*, 212–24.
169. [Montgomery, Ala.] *Daily Confederation*, December 13, 1859.
170. *Globe*, 36th Cong., 1st Sess., January 25, 1860, 572. 威尔逊提到了《地方奴隶法

典》(Territorial Slave Code)。"可悲的趾高气扬(tragic strut)"是一种戏剧术语。参见 Paul Kuritz, *The Making of Theatre History* (Englewood Cliffs, N.J.: Prentice Hall, 1989), 206.

171. *Globe*, 36th Cong., 1st Sess., January 25, 1860, 586. 相同的情感可见于 Edwin Morgan to his brothers, December 22, 1855; Schuyler Colfax to Charles Heaton, December 25, 1855, 载于 Hollcroft, "Congressmen's Letters," 451; David M. Potter, *Lincoln and His Party in the Secession Crisis* (New Haven: Yale University Press, 1967).

172. 关于意识到个人受到侮辱对于退出联邦决定的影响,参见 Wyatt-Brown, *Shaping of Southern Culture*, 177–202; idem., *Yankee Saints and Southern Sinners* (Baton Rouge: LSU Press, 1985), 183–213; Kenneth Greenberg, *Masters and Statesmen: The Political Culture of American Slavery* (Baltimore: Johns Hopkins, 1985), 107–46; Sinha, *Counterrevolution of Slavery*, 207–20.

173. 互有争斗的事例包括:约翰·洛根(John Logan,伊利诺伊州民主党)和威廉·凯洛格(William Kellogg,伊利诺伊州共和党)之间;罗伯特·图姆斯(Robert Toombs,佐治亚州民主党)和詹姆斯·杜利特尔(William Doolittle,威斯康星州共和党)之间;罗伯特·图姆斯(佐治亚州民主党)和查尔斯·斯科特(Charles Scott,加利福尼亚州民主党)之间;罗杰·普赖尔(Roger Pryor,弗吉尼亚州民主党)和《纽约先驱报》编辑詹姆斯·戈登·本内特(James Gordon Bennett)的儿子小詹姆斯(James Jr.)之间;撒迪厄斯·史蒂文斯(Thaddeus Stevens,宾夕法尼亚州共和党)和马丁·克劳福德(Martin Crawford,佐治亚州民主党)之间;约翰·哈斯金(John Haskin,纽约州民主党)和霍勒斯·克拉克(Horace Clark,纽约州民主党)之间;加卢沙·格鲁(Galusha Grow,宾夕法尼亚州共和党)和劳伦斯·奥布赖恩(Laurence O'brayan,北卡罗来纳州民主党)之间;罗杰·普赖尔(弗吉尼亚州民主党)和约翰·舍曼(John Sherman,俄亥俄州共和党)之间;约翰·希克曼(John Hickman,宾夕法尼亚州共和党)和亨利·埃德蒙森(Henry Edmundson,弗吉尼亚州民主党)之间。1860年4月12日,《纽约时报》指出,国会已经出现了15出这样的"场景"。在后来的几年里,约翰·舍曼写道:"很多迹象表明岌岌可危的战争似乎会在众议院里爆发。" Sherman, *Recollections*, 172.

174. *Richmond Whig*, February 17, 1860. 也可参见 Pike, *First Blows of the Civil War*,486–

89; *New-York Tribune*, February 13, 1860.

175. [Providence, R.I.] *Manufacturers' and Farmers' Journal*, January 19, 1860.
176. Gist to William Porcher Miles, December 20, 1859，载 于 Crenshaw, "Speakership Contest," 335. 罗伯特·巴恩韦尔·雷特（Robert Barnwell Rhett）、D. H. 汉密尔顿（D. H. Hamilton）、基特、迈尔斯（Miles），可能还有其他人与吉斯特的密谋都有联系。Brown, *Southern Outcast*, 171. Susanna Keitt's March 4, 1861, letter to Mrs. Frederick Brown 暗示罗杰·普赖尔（Roger Pryor）和托马斯·克林曼（Thomas Clingman）也被牵扯其中。Laurence Massillon Keitt Papers, Duke University. 关于吉斯特，参见 Manisha Sinha, *The Counterrevolution of Slavery: Politics and Ideology in Antebellum South Carolina* (Chapel Hill: UNC Press, 2000); Steven A. Channing, *Crisis of Fear: Secession in South Carolina* (New York: Norton, 1974).
177. Susanna Keitt to Alexander Sparks, [December 1859], Laurence Massillon Keitt Papers, Duke University. 这封信没有注明日期，但表明苏珊娜和基特已经结婚了；他们于1859年5月结婚，并于12月从欧洲旅行回来。感谢杜克大学的伊丽莎白·邓恩（Elizabeth Dunn）帮助我确定了这个日期。关于怀斯的威胁，也可参见 *Lincoln and His Party*, 254–55.
178. 尤其可以参见 Brown, *Southern Outcast*, 167–68.
179. 同上，158–59.
180. 关于彭宁顿的竞选，参见 Jenkins and Stewart, *Fighting for the Speakership*, 220–23.
181. French, diary entry, February 9, 1860, BBFFP.
182. 关于波特和普赖尔之间的冲突，尤其可以参见 [Rockford, Ill.] *Daily Register*, December 26, 1882; *Chicago Tribune*, December 24, 1882; *Harper's Weekly*, April 21, 1860; *New York Herald*, April 14 and 16, 1860; *Daily Dispatch*, April 16, 1860; *Charleston Mercury*, April 18, 1860; *Chicago Press and Tribune*, April 18, 1860; *NYT*, April 12, 1860; Ben A. Riley, "The Pryor–Potter Affair: Nineteenth Century Civilian Conflict as Precursor to Civil War," *Journal of West Virginia Historical Association* (1984): 30–39; William Hasseltine, "The Pryor–Potter Duel," *Wisconsin Magazine of History* (June 1944): 400–409; Potter to Pryor, April 11, 1860; Gary L. Ecelbarger, *Frederick W. Lander: The Great Natural American Soldier* (Baton Rouge:

LSU Press, 2000), 56–61; T. P. Chisman to Frederick Lander, April 12, 1860; Pryor to Potter, April 12, 1860; Potter to Pryor, April 12, 1860; Lander to Chisman, April 12, 1860; Chisman to Lander, April 12, 1860; Pryor to Potter, April 12, 1860; Chisman to Lander, April 13, 1860; 载于 Papers of Frederick W. Lander, LC; W. A. Sugrue[?] to John Porcher Miles, May 22, 1860; contents of Folder 28, John Porcher Miles Papers, UNC.

385 183. 普赖尔和《纽约先驱报》的编辑詹姆斯·戈登·本内特的儿子小詹姆斯、约翰·舍曼（俄亥俄州共和党）、约翰·希克曼（宾夕法尼亚州共和党）、欧文·洛夫乔伊（伊利诺伊州共和党）和约翰·波特（威斯康星州共和党）纠缠不清。

184. Carl Schurz, *The Reminiscences of Carl Schurz*, 3 vols. (New York: McClure, 1907–1908), 2:166.

185. *NYT*, May 16, 1860.

186. Scrapbook, Papers of Frederick Lander, LC; *New York Herald*, April 21, 1860.

187. 事例参见 *Milwaukee Sentinel*, November 6, 1860.

188. Anonymous undated statement, January 1860, Lawrence O'Bryan Branch Papers, UVA; *Boston Evening Transcript*, January 2, 1860; [Washington] *Constitution*, January 4, 1860. 也可参见 Boston Traveler, January 2, 1860; [N.Y.] *Commercial Advertiser*, January 3, 1860; *New Albany Daily Ledger*, January 5, 1860; *Frank Leslie's Illustrated Newspaper*, January 14, 1860; *Augusta Chronicle*, January 1, 1860. 詹姆斯·沃森·韦布在《信使及问询报》(*Courier and Enquirer*)上对决斗的罪恶进行了说教，激怒了《先驱报》，其中详细描述了韦布的决斗历史，还提到了格雷夫斯－西利的决斗。*New York Herald*, January 15, 1860.

189. *Vanity Fair*, "Jonathan's Idees," January 14, 1860, 40.

190. French, diary entry, May 20 and 28, 1860, *Witness*, 322–24; *NYT*, May 21, 1860; *Daily National Intelligencer*, May 22, 1860; *New York Herald*, May 20, 1860.

191. 同上，May 28, 1860, 324.

192. *Globe*, 36th Cong., 1st Sess., June 4, 1860, 2600; Sumner, *The Barbarism of Slavery. Speech of Hon. Charles Sumner, on the Bill for the Admission of Kansas as a Free State, in the United States Senate*, June 4, 1860 (Boston: Thayer and Eldridge, 1860), 117–18.

193. Sumner, "The Barbarism of Slavery" (New York: Young Men's Republican Union, 1863), 79–80.
194. French to Bess French, June 8, 1860, 载于 the July 8, 1860, diary entry, *Witness,* 327. 7月8日，弗伦奇又详细描述了6月5日到27日之间的日记内容，将一系列写给妻子的信件加进日记中，当时她和孩子们在新罕布什尔。
195. French to Bess French, June 10, 1860, 载于 diary entry, July 8, 1860, *Witness,* 327; Donald, *Charles* Sumner, 357.
196. French to Bess French, June 10, 1860, 载于 diary entry, July 8, 1860, *Witness,* 328.
197. Hammond to Francis Lieber, April 19, 1860, *The Life and Letters of Francis Lieber*, ed. Thomas Sergeant Perry (Boston: James R. Osgood, 1882), 310–11. 也可参见 William Porcher Miles to C. G. Memminger, January 23, 1860, 载于 Crenshaw, "Speakership Contest," 332. 迈尔斯说，他目前不能离开众议院，因为如果发生了"碰撞"，他想与南部作战。
198. *Globe,* 36th Cong., 1st Sess., January 12, 1860, 434–35. 也可参见 *National Era,* January 19, 1860; *Chicago Times and Tribune,* January 13, 1860; *New York Herald,* January 13, 14, and 16, 1860.
199. Schurz, *Reminiscences,* 2:163–4.
200. *Vanity Fair,* January 28, 1860, 76; Schurz, *Reminiscences,* 2:164. 也可参见 William Cullen Bryant, "Proof of Our Progress in Civilization," January 19, 1860, 载于 *Power for Sanity: Selected Editorials of William Cullen Bryant, 1829–1861*, ed. William Cullen Bryant II (New York: Fordham University Press, 1994), 370–73.
201. Crawford to Alexander Stevens, April 8, 1860, 载于 Crenshaw, "Speakership Contest," 335–36.
202. 克伦肖（Crenshaw）指出，南部的政客们在公众意见方面的立场存在分歧；一些人觉得人民已经准备好接受任何事情，另一些人则觉得他们已经越过了选民。同上。
203. 同上。
204. Gist to W. P. Miles, December 20, 1859, 同上，334–5.
205. E. W. Hazard to Lyman Trumbull, May 23, 1856, Lyman Trumbull Papers, LC.
206. 在另一个政治极化的时期——18世纪90年代——也存在着相同的逻辑，参见 Joanne B. Freeman, "The Election of 1800: A Study in the Process of Political

Change," *Yale Law Journal* 108 (June 1999): 1959–94.

207. Freehling, *Road to Disunion*, 2:338.
208. 同上，337–38, 371; Walther, *Yancey*, 270–71.
209. Susanna Sparks Keitt to Mrs. Frederick Brown, March 4, 1861, Laurence Massillon Keitt Papers.
210. *Globe*, 36th Cong., 2nd Sess., December 5, 1860, 10.
211. 同上，12.
212. French, diary entry, May 14, 1861, *Witness*, 356.
213. *New-York Tribune*, January 21, 1861.
214. 尤其可以参见 Potter, *Lincoln and His Party*; Daniel W. Crofts, *Reluctant Confederates: Upper South Unionists in the Secession Crisis* (Chapel Hill: UNC Press, 1989). 把"分裂"作为一种预言、一种威胁、一种指控、一种过程，然后是一种方案。相关分析参见 Varon, *Disunion!*
215. 关于这些演说的范例，参见 *Globe*, 36th Cong., 2nd Sess., January 21, 1861, 484–87.
216. *New York Herald*, January 22, 1861.《世界》并没有提到这些措辞，但梅森的演讲自始至终都明确地说明了这一点。*Globe*, 36th Cong., 2nd Sess., January 22, 1861, 503.
217. French, diary entries, November 27, 1860, February 3 and April 19, 1861, *Witness*, 336–37, 340–41, 351.
218. 同上，November 11, 1860, 335.
219. 关于巴尔的摩暗杀威胁的可信度，参见 Harold Holzer, *Lincoln President-Elect: Abraham Lincoln and the Great Secession Winter, 1860–1861* (New York: Simon and Schuster, 2008), 403–405.
220. 同上，January 1, February 24, and March 1,1861, 339, 341–43.
221. 同上，February 26 and March 6, 1861, 343, 348.
222. 弗伦奇的本能并非没有道理。关于南部邦联和联邦的共济会成员越过战线互相提供帮助，参见 Michael A. Halleran, *The Better Angels of Our Nature: Freemasonry in the American Civil War* (Tuscaloosa: University of Alabama, 2010); Allen E. Roberts, *House Undivided: The Story of Freemasonry and the Civil War* (Richmond: Macoy Publishing and Masonic Supply, 1990).

223. 双方的通信收录于 *Proceedings of the Regular Conclave of the Grand Commandery of Knights Templar of the State of Michigan, Held at Detroit Michigan, June 4, A.D. 1861, A. O. 743* (Detroit: H. Barns & Co., Printers, 1861), 22–24. 也可参见 "The Voice of the Templars of Pennsylvania," *The Masonic Review* 25 (September 1861): 341–46.

224. W. J. Bates to French, May 27, 1861; French to Bates, June 18, 1861, 载于 "The Virginia Templar Secession," *Freemason's Monthly Magazine* 20 (August 1861): 307–309.

225. French, diary entry, March 6, 1861, *Witness*, 348.

尾章

1. 同上，May 6, 1861, 354–55.

2. 在堪萨斯州索赔人要求的总计 454001.70 美元中，弗伦奇判给了 449498.11 美元。他授予 5 项索赔 1 万美元以上：《先驱报》的所有者乔治·布朗（George Brown）；一个商铺的老板们——哥伦布·霍恩斯比（Columbus Hornsby）、威廉·霍恩斯比（William Hornsby）和托马斯·费雷尔（Thomas Ferrell）；自由州立酒店老板沙伦·W. 埃尔德里奇（Shalron W. Eldridge）；五金店老板盖厄斯·詹金斯（Gaius Jenkins）；以及查尔斯·鲁宾逊（Charles Robinson）。36th Cong., 2nd Sess., Rpt. No. 104, Kansas Claims, March 2, 1861, 3 vols., 108–23, 403, 900. 也可参见 Dale E. Watts, "How Bloody Was Bleeding Kansas? Political Killings in Kansas Territory, 1854–1861," *Kansas History* 18 (Summer 1995): 116–29.

3. French to Catherine Wells, June 3, 1862, 载于 Michael Spangler, "Benjamin Brown French in the Lincoln Period," *White House History* 8 (Fall 2000), 12. 关于林肯，也可参见 French, diary entry, April 14 and November 24, 1861; January 8, 1862; July 8, 1863, *Witness*, 350, 381, 384, 426.

4. 林肯一开始任命威廉·伍德（William Wood）为专员，但陪同玛丽·托德·林肯的购物之旅让弗伦奇得到了"任命"，伍德失宠了，弗伦奇取代了他。*Witness*, 361 note 1.

5. 同上，December 18, 1861, 383. 也可参见同上，September 8, 1861, and May 24, 1865, 375, 479; French to Henry Flagg French, October 13, 1861, BBFFP.

6. French, diary entry, December 16, 1861, *Witness*, 382.

7. 同上。也可参见弗伦奇在 1861 年 12 月 24 日写给帕梅拉·弗伦奇（Pamela French）的信件，French to Pamela French, December 24, 1861, BBFFP; and Jean H. Baker, *Mary Todd Lincoln: A Biography* (New York: Norton, 2008), 187–90. 贝克（Baker）注意到，弗伦奇最终将这些费用掺进了他的专员预算和国会拨款中。Baker, *Lincoln*, 189–90.

8. French, diary entry, December 26, 1869, *Witness*, 608. 随着时间的推移，弗伦奇似乎不再那么欣赏玛丽·托德·林肯了。在他们最早认识的时候，他指出她"轻率"，是一个"善于社交……爱打听事"的人，但很多关于她的流言都是不真实的。French to Pamela French, December 24, 1861, BBFFP. 也可参见 French, diary entry, May 24, 1865, *Witness*, 479.

9. French, diary entry, April 23, 1861, *Witness*, 352.

10. 关于战时的华盛顿，尤其可以参见 Winkle, *Lincoln's Citadel*. 关于国会，参见 Bogue, *Congressman's Civil War*; David M. Potter, *Lincoln and His Party*.

11. French, diary entry, June 30, 1861, 361–62.

12. 这组人包括（但不限于）：威廉·理查森（William Richardson，伊利诺伊州民主党）、J. R. 莫里斯（J. R. Morris，俄亥俄州民主党）、约翰·A. 格利（John A. Gurley，俄亥俄州共和党）、艾尔弗雷德·埃利（Alfred Ely，纽约州共和党）、伊莱休·沃什伯恩（Elihu Washburne，伊利诺伊州共和党）、哈里森·布莱克（Harrison Blake，俄亥俄州共和党）、查尔斯·B. 霍华德（Charles B. Howard，纽约州共和党）、艾伯特·里德尔（Albert Riddle，俄亥俄州共和党）、威廉·邓恩（William Dunn，印第安纳州共和党）、本杰明·韦德（Benjamin Wade，俄亥俄州共和党）、扎卡赖亚·钱德勒（Zachariah Chandler，密歇根州共和党）、西蒙·卡梅伦（Simon Cameron，宾夕法尼亚州共和党）、亨利·威尔逊（Henry Wilson，马萨诸塞州共和党）、拉斐特·福斯特（Lafayette Foster，康涅狄格州反对党）、亚历山大·赖斯（Alexander Rice，马萨诸塞州共和党）、查尔斯·德拉诺（Charles Delano，马萨诸塞州共和党）、约翰·洛根（John Logan，伊利诺伊州民主党）和参议院纠仪长乔治·T. 布朗（George T. Brown）。艾伯特·里德尔声称，他曾向俄亥俄州的一个志愿步兵连承诺，如果在华盛顿附近发生一场战斗，他将与他们并肩作战。Riddle, *Recollections of War Times: Reminiscences of Men and Events in Washington, 1860–1865* (New York: G. P. Putnam's Sons, 1895),

44–45; Samuel Sullivan Cox, *Union-Disunion-Reunion: Three Decades of Federal Legislation, 1855 to 1885* (Providence: A. & R. A. Reid, 1885), 156–59.

13. Riddle, *Recollections*, 52–53.

14. Charles Lanman, ed., *Journal of Alfred Ely, a Prisoner of War in Richmond* (New York: D. Appleton, 1862). 也可参见 William H. Jeffrey, *Richmond Prisons, 1861–1862* (St. Johnsbury, Vt.: Republican Press, 1893), 尤其是 75–82.

15. French, diary entry, July 22, 1861, *Witness*, 366.

16. Walther, *Fire-Eaters*, 187–89. 关于这两场战斗，参见 Hans L. Trefousse, *Andrew Johnson: A Biography* (New York: Norton, 1989), 404–405 note18; *Alexandria Gazette*, February 12, 1861; [Baltimore] *Sun*, February 9, 1861; *San Francisco Bulletin*, April 1, 1861; [Cleveland] *Plain Dealer*, March 13, 1861.

17. Virginia Jeans Laas, ed., *Wartime Washington: The Civil War Letters of Elizabeth Blair Lee* (Urbana: University of Illinois Press, 1999), 23; *Boston Herald*, January 12, 1861; [Cleveland] *Plain Dealer*, January 12, 1861.

18. [Baltimore] *Sun*, January 29, 1861; [Cleveland] *Plain Dealer*, January 25, 1861; *Charleston Mercury*, January 25 and 28, 1861; William Wesley Woolen, *William McKee Dunn: Brigadier-General, U.S.A.: A Memoir* (New York: Knickerbocker Press, c. 1887–92), 44–48. 伍伦（Woolen）引用邓恩的话说，如果他（邓恩）在决斗中杀死了拉斯特，"他会有种好像在战场上杀死对方的那样的感觉"。Woolen, *Dunn*, 47–48.

19. *Chicago Tribune*, February 20, 1861; *NYT*, February 16, 1861.

20. *Globe*, 36th Cong., 1st Sess., March 7, 1860, 1027–34. 关于决斗，参见同上，1032.

21. *Massachusetts Spy*, February 27, 1861; *New-York Tribune*, February 25, 1861; *Salem Register*, February 25, 1861; *Vermont Journal*, March 2, 1861; *Jamestown Journal*, March 1, 1861; *Sandusky Register*, February 25, 1861; *Alexandria Gazette*, February 25, 1861. 关于范·怀克的第二篇演说，参见 *Globe*, 36th Cong., 2nd Sess., January 29, 1861, 629–32.

22. 求证负面新闻尽管并非不可能，也是困难的；同样，暴力事件的总数不可能确定，也很难确定它们不存在。大量类似情况的发现揭露了构成这本书的种种事件，这些事件产生了尖锐的言辞，还有扬言要决斗的挑战，在1863年就差点发生一次，当时丹尼尔·沃里斯（Daniel Voorhees，印第安纳州民主党）跟着约翰·希克曼（John Hickman，宾夕法尼亚州共和党）进入议会大厅后遭到侮辱，但这场决斗被朋友阻止了。*New York Herald*, February 20, 1863.

23. *Globe*, 37th Cong., 4th Sess., March 15, 1861, 1464.

24. 例如参见：1861 年 12 月，马丁·康韦（Martin Conway，堪萨斯州共和党）和菲利普·福克（Philip Fouke，伊利诺伊州民主党）之间的冲突；1861 年 7 月，亨利·伯内特（Henry Burnett，肯塔基州民主党）和威廉·理查森（William Richardson，伊利诺伊州民主党）之间的冲突；1862 年 5 月，罗斯科·康克林（Roscoe Conkling，纽约州共和党）和伊莱休·沃什伯恩（Elihu Washburne，伊利诺伊州共和党）之间的冲突；1862 年 5 月，克莱门特·瓦兰迪加姆（CLement Vallandigham，俄亥俄州民主党）和本杰明·韦德（Benjamin Wade，俄亥俄州共和党）的冲突；1863 年 2 月，詹姆斯·穆尔黑德（James Moorhead，宾夕法尼亚州共和党）和艾伯特·加勒廷·里德尔（Albert Gallatin Riddle，俄亥俄州共和党）的冲突。

25. *NYT*, March 16, 1862. 也可参见 *The Round Table*, June 16, 1864.

26. *The Round Table*, June 18, 1864, 2–3. 也可参见 *New York Herald*, February 15, 1863.

27. 关于此类措辞，参见 *Globe*, 37th Cong., 2nd Sess., April 26, 1862, 1829. 也可参见 "Congressional Trifling and Truculence," *Springfield Republican*, May 3, 1862; "Unparliamentary Conduct in Both Houses of Congress," *New York Herald*, June 16, 1866. 毫不奇怪，一些南部报纸以此为荣："The Lincoln Senate" and "Rows in the Lincoln House," *Macon Telegraph*, June 17, 1862, and January 17, 1863.

28. *New York Herald*, June 16, 1866.

29. 南部邦联国会举行了闭门会议；这场所谓的典型战斗也许只是碰巧。

30. Wilfred Buck Yearns, *The Confederate Congress*, 15–16. 亚拉巴马州的埃德蒙·达根（Edmund Dargan）用刀刃进行了袭击。密苏里州的托马斯·汉利（Thomas Hanly）在委员会房间里打了人，威廉·斯旺（William Swan）用伞抽打了他人。也可参见 E. Merton Coulter, *The Confederate States of America, 1861–1865*, vol. 7 of *A History of the South* (Baton Rouge: LSU Press, 1950), 143.

31. Wilfred Yearns, *The Confederate Congress* (Athens: University of Georgia Press, 1960), 15–16; Edward A. Pollard, "The Confederate Congress: A Chapter in the History of the Late War," *The Galaxy* 6 (July 1, 1868, to January 1, 1869): 749–58.

32. *NYT*, October 2, 1864; John E. Gonzales, "Henry Stuart Foote: Confederate

Congressman and Exile," *Civil War History* 11 (December 1965): 384–95; idem., "Henry Stuart Foote in Exile," *Journal of Mississippi History* (April 1953): 90–98.

33. 1863 年，在第 37 届国会结束前 15 天，有两名来自路易斯安娜州的国会议员就座，当时他们的任期届满。Joseph G. Dawson, *Army Generals and Reconstruction: Louisiana, 1862–1877* (Baton Rouge: LSU Press, 1982), 15.

34. 关于一些细节记述，参见 38th Cong., 2nd Sess., House Report No. 10, "Assault Upon Hon. William D. Kelley," February 7, 1865. 引自第 1 页。

35. 39th Cong., 1st Sess., H. Rpt. 90, July 2, 1866, "Breach of Privilege." 关于这件事情，也可参见 Address of Hon. Lovell H. Rousseau to His Constituents (1866); Reply of Gen. Rousseau to Wendell Phillips, *NYT*, May 10, 1867; Josiah B. Grinnell, *Men and Events of Forty Years: Autobiographical Reminiscences of an Active Career from 1850 to 1890* (Boston: D. Lothrop, 1891), 163–70; Marion and Oliver, *Killing Congress*, 208–27; Paul R. Abrams, "The Assault Upon Josiah B. Grinnell by Lovell H. Rousseau, *Iowa Journal of History* 3 (July 1912): 383–402; Dan Lee, *Kentuckian in Blue: A Biography of Major General Lovell Harrison Rousseau* (Jefferson, N.C.: McFarland, 2010), 181–89; Charles Payne, *Josiah Bushnell Grinnell*; *Globe*, 39th Cong., 1st Sess., July 17, 1866, 3882，詹姆斯·加菲尔德（James Garfield，俄亥俄州共和党）总结了这场战斗的序幕。

36. Grinnell, *Men and Events*, 169–70. 两人是艾奥瓦州的同事，当晚也在格林内尔的住处，给了格林内尔一根沉重的铁顶手杖。鲁索只有三次打中了他。鲁索后来说："我不想伤害你；我想羞辱你，你这个该死的政客。"并且说，他只是要求一个道歉，以此警告格林内尔，"提醒他注意我在做什么"。H. Rpt. No. 10, 6, 22, 25.

37. 关于众议院发生的羞辱，参见 H. Rpt. No. 10, 26; 关于"公平战斗"的要求，参见同上，20–24, 36.

38. *Globe*, 39th Cong., 1st Sess., July 17, 1866, 3882, 3885.

39. 肯塔基州的路易斯维尔（Louisville）和密苏里州的圣路易斯（St. Louis）的妇女送给他手杖。*Alexandria Gazette*, August 4, 1866; *Providence Evening Press*, July 26, 1866; [N.Y.] *Commercial Advertiser*, August 3, 1866.

40. [Baton Rouge] *Daily Advocate*, July 9, 1866; *Macon Weekly Telegraph*, July 9, 1866.

41. *Lowell Daily Citizen and News*, January 25, 1865; *New Orleans Times*, February 3, 1865; *Chicago Tribune*, January 29, 1865; *Christian Advocate and Journal*, February 2,

1865.

42. Grinnell, *Men and Events*, 163; *Cincinnati Daily Gazette*, April 17, 1872; *Daily Iowa State Register*, September 28, 1867. 格林内尔在他的回忆录中讨论了这一事件，是为了反对"公众草率的判断，公众认为我应该与攻击我的人战斗，并在没有他道歉的情况下，夺走一个罪犯的生命"。在战争中，北部逐渐将男子气概作为新的北部军事化的理想，参见 Arnold, "Virgin Soil of Kansas," 246.

43. 尤其可以参见 George C. Rable, *But There Was No Peace: The Role of Violence in the Politics of Reconstruction* (Athens: University of Georgia Press, 2007; orig. ed. 1984); Wyatt-Brown, *Shaping of Southern Culture*, 270–95.

44. Simpson, *Good Southerner*, 287–93. 怀斯在世的两个最年长的儿子成为了共和党国会议员；其长子在战争期间死于怀斯的指挥之下。1870 年，怀斯因在西利-格雷夫斯决斗中所扮演的角色而受到媒体的攻击；他认为这是为了攻击他所支持的格兰特（Grant）。Wise to unknown correspondent, January 27, 1870, Henry A. Wise Papers, UNC.

45. French, diary entry, March 9, 1862, *Witness*, 390. 塞缪尔·伍德沃思（Samuel Woodworth）的歌曲"The Patriotic Diggers"，内容是关于挖战壕抗英军的，Gerry Silverman, *New York Sings: 400 Years of the Empire State in Song* (New York: Excelsior Editions, 2009), 38–39. 提到革命的歌词是："想想我们的父辈曾经狠狠地揍了你一顿。"

46. French, diary entry, July 17, 1863, *Witness*, 427; Wallner, *Martyr*, 350–51; Nichols, *Pierce*, 522–23.

47. 同上，March 20, 1864, 447.

48. 同上，September 25, 1864, and July 10, 1863, 457, 427.

49. 同上，April 6, 1865, 469.

50. 同上，April 17, 1865, 474.

51. Cresson, *Journey into Fame*, 108. 丹尼尔（Daniel）的女儿克雷森（Cresson）和她的父亲一样，也是一位著名的雕塑家。

52. French to George McLaughlin, December 5, 1863, 载于 *History of the Great Western Sanitary Fair* (Cincinnati: C. F. Vent, 1864), 165–66. 麦克劳克林（McLaughlin）请弗伦奇为义卖会也写一首诗，弗伦奇拒绝了，但他附上了他的葛底斯堡赞美诗的原始草稿。

53. French, diary entry, November 22, 1863, BBFFP; French, "Hymn Composed at Gettysburg for the Consecration, Nov. 19, 1863," BBFFP.

54. French to Francis O. French, April 24, 1865, BBFFP; Affidavit of Robert Strong, March 20, 1876, 载于 Ward Hill Lamon, *Recollections of Abraham Lincoln, 1847–1865*, ed. Dorothy Lamon Teillard (Washington: Published by editor, 1911), 272–73.

55. French, diary entry, June 17, 1869, *Witness*, 596.

56. Cresson, *Journey into Fame*, 19.

57. 细节参见 Stahr, *Seward*, 435–38.

58. French, diary entries, April 15, 1865 and 1866, 469–71, *Witness*, 507. 那天的某个时间，弗伦奇给左轮手枪上了膛；参见同上，July 5, 1865, 482. 也可参见他关于那天的记述，"Address Delivered at the Dedication of the Statue of Abraham Lincoln, Erected in Front of the City Hall, Washington, D.C." (Washington: McGill & Witherow, 1868), 12–15. 在演说中，弗伦奇说他不能"离开那没有生气的躯体，那具躯体我见过那么多次，他活着的时候我又多么深爱着他"。同上，10.

59. French to Francis O. French, April 24, 1865, BBFFP.

60. 同上。

61. French, diary entry, November 23, 1866, and February 6, 1867, *Witness*, 525, 528.

62. 同上，February 6, 1867, 528.

63. 同上，July 17, 1866, and May 26, 1867, 511, 539.

64. French, diary entry, February 21, 1866, *Witness*, 502–503; French to Andrew Johnson, February 8, 1866, *The Papers of Andrew Johnson: February–July 1866*, ed. Paul H. Bergeron, vol. 10 (Knoxville: University of Tennessee Press, 1992), 57–58.

65. *Globe*, 39th Cong., 2nd Sess., February 23, 1867, 1523–26. 弗伦奇在 1861 年 4 月写下这首诗，关于这首诗，参见 repository.library.brown.edu/studio/item/bdr:282409/. 访问于 2015 年 6 月 4 日。

66. Act of March 2, 1867, Section 2 (14 Stats., p. 466).

67. French, diary entry, February 24, 1867, 531. 也可参见同上，February 6, March 3 and 11, 1867, 528, 533.

68. 同上，May 12, 1867, 539. 也可参见同上，December 8, 1867, 549. 关于专员的罢黜，参见 William C. Allen, *History of the United States Capitol: A Chronicle of Design, Construction, and Politics* (Washington: GPO, 2001), 342–43.

69. French, diary entry, March 8, 1868, *Witness*, 560.
70. 然而，即使是现在，弗伦奇也考虑过将来出版这首诗。同上，January 31, 1868, 553. 他在 1867 年 8 月写了这首诗。
71. 同上，April 2, July 10, and August 2, 1867, 535, 539, 543.
72. 弗伦奇从 1847 年到 1853 年一直占据着这个职位。同上，November 10, 1867, 548.
73. 同上，February 10, 1868, 556. 也可参见同上，June 6, 1869, 594–95.
74. 同上，November 8, 1868, 584.
75. 同上，August 15, 1868, 576–77.
76. 同上，August 26, 1868, 以及 October 10, 1869, 580, 604.
77. 同上，November 13, 1869, 605–606.
78. 同上，July 31, 1870, 622.
79. Frank O. French, diary entry, ca. August 14, 1870; F. O. French to Ellen French, August 12, 1870, BBFFP.
80. French, diary entry, August 8, 1870, *Witness*, 622–23.
81. Sarita Brady to Anne Ransford French, August 15, 1870, typescript, BBFFP.
82. *The Evening Star*, August 12, 1870; *National Intelligencer*, August 15, 1870; [Baltimore] *Sun*, August 15, 1870; *Daily National Intelligencer*, March 28, 1851.
83. Sarita Brady to Anne Ransford French, August 15, 1870, typescript, BBFFP.
84. *National Republican*, August 24, 1870（根据 BBFFP 上的打印稿）. 关于感伤会，参见 "Lodges of Sorrow," *The Masonic Monthly* 2 (November 1864): 379–80.
85. *NYT*, August 14, 1870.
86. 引自 *The Home Journal*, November 23, 1861, BBFFP.
87. French, "Reminiscences of Washington: The Old Capitol," *Washington Sunday Herald* and *Weekly National Intelligencer*, March 13, 1870, 载于 Curtis Carroll Davis, "The 'Old Capitol' and Its Keeper: How William P. Wood Ran a Civil War Prison," *Records of the Columbia Historical Society* 52 (1989): 206–34, 引自 206.
88. [Washington, D.C.] *The National Freemason* 1 (October 1863): 68–69. 弗伦奇的开篇段落讲述了他要描述他所目睹的一切的意图。1856 年 5 月 5 日，他开始写作回忆录；1863 年至 1865 年，《全国共济会》(*National Freemason*) 以"国会回忆录"(Congressional Reminiscences) 的名称连续出版了这本书。但是叙述范围并没有超过弗伦奇在华盛顿的头 5 年。同上，1 (June 1863); 2 (July 1863); 4 (September

1863); 5 (October 1863); 6 (November 1863); 7 (December 1863); 1 (June 1864); 2 (July 1864); 5 (October 1864); 6 (November 1864); 8 (February 1865); 11 (April 1865).

89. French, "Address Delivered at the Dedication of the Statue of Abraham Lincoln, Erected in Front of the City Hall, Washington, D.C." (Washington: McGill & Witherow, 1868), 14.

90. 自 20 世纪 80 年代涌现的一批关于国会礼仪衰落的研究都在强调：国会就是美利坚合众国。Loomis, *Esteemed Colleagues*; Uslaner, *Decline of Comity*; Eilperin, *Fight Club Politics*; Ahuja, *Congress Behaving Badly*; Mann and Ornstein, *The Broken Branch*.

91. French, "A Vision," June 13, 1869, BBFFP. 这首诗出现在 1869 年 7 月 31 日的《公民服务期刊》(*Civil Service Journal*) 上。

附录 B

1. John Fairfield to Ann Fairfield, January 29, 1836, John Fairfield Papers, LC.
2. Henry A. Wise to Henry A. Wise, December 10, 1856, Wise Family Papers, LC; T. C. Day to John Bigelow, November 25, 1856, John Bigelow Papers, NYPL. 也可参见同上, December 1, 1856, 一份"十分机密"的回忆录——据说是杰西·B. 弗雷蒙特（Jessie B. Fremont）的回忆录——十分详细地描述了 F. B. 布莱尔（F. B. Blair）和她父亲托马斯·哈特·本顿（Thomas Hart Benton）之间谈话的细节。John Bigelow Papers, NYPL.
3. 波特试图反驳报纸上关于他踢人的记述，参见 *Globe*, 35th Cong., 1st Sess., February 26, 1858, 889–90; [Chicago] *Daily Tribune*, March 6 and 8, 1858; *Sandusky Register*, March 12, 1858.
4. 关于这段历史十分有价值的讨论，参见 Woods, *Emotional and Sectional Conflict*, 4–7; Ayers, "What Caused the Civil War," 131–44.
5. 参见 "Note on Method," Freeman, *Affairs of Honor*, 289–93.
6. 对于理解情感的历史语境特别有帮助的是 Strange, Cribb, and Forth, *Honour, Violence and Emotions in History*, 1–22. 关于强烈情绪对于政治的作用，极具吸引力的研究有 Martha C. Nussbaum, *Political Emotions: Why Love Matters for Justice*

(Cambridge: Harvard University Press, 2013); and *Anger and Forgiveness: Resentment, Generosity, Justice* (New York: Oxford University Press, 2016). 努斯鲍姆（Nussbaum）强调宽恕和礼貌对愤怒的重要性；*The Field of Blood* 讲了一个愤怒如何带来正义的故事。

7. Ayers, *The Thin Light of Freedom*, xxi

参考书目

MANUSCRIPT COLLECTIONS

BOWDOIN COLLEGE
Jonathan Cilley Biographical File
William Pitt Fessenden Papers

DUKE UNIVERSITY
Charles Colcock Jones, Jr., Papers
Laurence Massillon Keitt Papers

LIBRARY OF CONGRESS
Nathaniel Banks Papers
John Bell Papers
Blair Family Papers
Breckenridge Family Papers
Anson Burlingame and Family Papers
Simon Cameron Papers
John Jordan Crittenden Papers
Edward Everett Papers
John Fairfield Papers
Benjamin Brown French Family Papers
James Henry Hammond Papers
Frederick W. Lander Papers
Lee-Palfrey Family Papers
Louise McLane Papers
Amasa Junius Parker Papers
Franklin Pierce Papers
Thomas Ritchie Papers

William Cabell Rives Papers
Samuel Lewis Southard Papers
Charles Sumner Collection
Charles Sumner Papers
Robert Augustus Toombs Papers
Nicholas Trist Papers
Lyman Trumbull Papers
Benjamin Franklin Wade Papers
Henry Wilson Papers
Wise Family Papers

MAINE HISTORICAL SOCIETY
F.O.J. Smith Papers

MASSACHUSETTS HISTORICAL SOCIETY
William Schouler Papers

NATIONAL ARCHIVES
24th Cong., 2nd Sess. H. Rpt. No. 24A-D24.1, "R. M. Whitney."

NEW HAMPSHIRE HISTORICAL SOCIETY
Benjamin Brown French to Henry Flagg French Correspondence
John Parker Hale Papers
Isaac Hill Papers
Tristram Shaw Papers

NEW YORK PUBLIC LIBRARY
James Gordon Bennett Papers
Bigelow Family Papers
John Bigelow Papers
James A. Hamilton Papers
George Jones Papers
Henry J. Raymond Papers
F.O.J. Smith Papers

OFFICE OF THE CURATOR OF THE U.S. SENATE
Isaac Bassett Papers

UNIVERSITY OF NORTH CAROLINA
Robert L. Caruthers Papers

Fisher Family Papers
Daniel R. Goodloe Papers
William Porcher Miles Papers
David Outlaw Papers
Robert Barnwell Rhett Papers
Nicholas P. Trist Papers
Henry A. Wise Papers

UNIVERSITY OF VIRGINIA
Lawrence O'Bryan Branch Papers
Hunter-Garnett Family Papers

YALE UNIVERSITY
James Watson Webb Papers

GOVERNMENT DOCUMENTS

Annals of Congress
Biographical Directory of the United States Congress, 1774–Present (Washington, D.C.: GPO), bioguide.congress.gov/biosearch/biosearch.asp
Congressional Globe
Hinds' Precedents of the House of Representatives of the United States, 5 vols. (Washington, D.C.: GPO, 1907).
House Journal
National Intelligencer
Register of Debates
Roster of Congressional Officeholders and Biographical Characteristics (ICPSR 7803)
Senate Executive Journal
Senate Journal
22nd Cong. 1st Sess., H. Doc. No. 269, "Abstract of the Returns of the Fifth Census" (Washington: Duff Green, 1832).
24th Cong., 2nd Sess., H. Rpt. No. 156, "Memorial of Reuben M. Whitney."
24th Cong., 2nd Sess., H. Rpt. No. 24A-D24.1, "R. M. Whitney."
25th Cong., 2nd Sess., H. Rpt. No. 825, April 21, 1838, "Death of Mr. Cilley—Duel."
28th Cong., 1st Sess., H. Rpt. No. 470, May 6, 1844, "Rencounter Between Messrs. White and Rathbun."
31st Cong., 1st Sess., S. Rpt. No. 170, July 30, 1850, "Thomas H. Benton of Missouri and Henry S. Foote of Mississippi."
34th Cong., 1st Sess., 1 H. Rpt. No. 182, 1856, "Alleged Assault upon Charles Sumner."
34th Cong., 3rd Sess., H. Rpt. No. 29, December 19, 1856, "John L. Wirt."
36th Cong., 2nd Sess., H. Rpt. No. 104, March 2, 1861, "Kansas Claims."
38th Cong., 2nd Sess., H. Rpt. No. 10, February 7, 1865, "Assault upon Hon. William D. Kelley."

39th Cong., 1st Sess., H. Rpt. No. 90, July 2, 1866, "Breach of Privilege."
40th Cong., 2nd Sess., H. Rpt. No. 65, June 20, 1868, "Ventilation of the Hall of the House of Representatives."
108th Cong., 2nd Sess., H. Doc. No. 108-240, January 18, 2008, *Glenn Brown's History of the United States Capitol.*

PUBLISHED PRIMARY SOURCES

"'The Campaigns of a 'Conqueror'; or, 'The Man 'Who Bragged High for a Fight.'" [undated broadside].
"Circular from the Executive Committee of the Democratic Association of Washington City," September 1844.
"Death of Cilley," *United States Magazine and Democratic Review* 4 (November–December 1840): 196–200.
The Diaries of John Quincy Adams: A Digital Collection. Massachusetts Historical Society. www.masshist.org/jqadiaries/php/how.
Festival of the Sons of New Hampshire . . . Celebrated in Boston, November 7, 1849. Boston: James French, 1850.
"Manhood Suffrage and the Ballot in America," *Blackwood's Edinburgh Magazine* 101 (April 1867): 461–78.
Memoirs and Services of Three Generations. Rockland, Maine, reprint from *Courier-Gazette*, 1909.
"The National Metropolis," *De Bow's Review* 1 (April 1859).
"A Peep at Washington," *The Knickerbocker; or New York Monthly Magazine*, June 1834.
Permanent Documents of the American Temperance Society, 2 vols. Boston: Seth Bliss, 1835.
"Proceedings of the Annual Town Meeting in Concord, March 12, 13, 14, 15, 1844."
"Proceedings at the Banquet of the Jackson Democratic Association, Washington, Eighth of January, 1852." Washington, D.C., 1852.
"Proceedings of the Congressional Total Abstinence Society." New York: Office of the American Temperance Union, 1842.
Proceedings of the First Three Republican National Conventions of 1856, 1860, and 1864, Including Proceedings of the Antecedent National Convention Held at Pittsburg, in February, 1856, as Reported by Horace Greeley. Minneapolis: Charles W. Johnson, 1893.
Proceedings of the Massachusetts Historical Society, June Meeting, 1898. Boston, 1899.
Proceedings of the Regular Conclave of the Grand Commandery of Knights Templar of the State of Michigan, Held at Detroit Michigan, June 4, A.D. 1861, A. O. 743. Detroit: H. Barns & Co., 1861.
"Scenic and Characteristic Outlines of Congress, I," *National Magazine and Republican Review* 1 (January 1839).
"The Sumner Outrage. A Full Report of the Speeches at the Meeting of Citizens in Cambridge, June 2, 1856." Cambridge: John Ford, Printer, 1856.
"Washington City Forty Years Ago." In *Memoirs of Anne C. L. Botta Written by Her Friends.* New York: J. Selwin Tait & Sons, 1893.
The Works of Charles Sumner, 12 vols. Boston: Lee and Shepard, 1870–83.

Zachariah Chandler: An Outline Sketch of His Life and Public Services. Detroit: Post and Tribune Co., 1880.

Adams, Charles Francis. *Memoirs of John Quincy Adams, Compromising Portions of His Diary from 1795 to 1848*, 12 vols. Philadelphia: J. B. Lippincott & Co., 1874–77.

Adams, John Quincy. "Address of John Quincy Adams to Constituents." Boston: J. H. Eastburn, 1842.

Anderson, Eve, ed. *A Breach of Privilege: Cilley Family Letters, 1820–1867*. Spruce Head, Maine: Seven Coin Press, 2002.

Baber, George. "Personal Recollections of Senator H. S. Foote," *Overland Monthly* 26 (July–December 1895), 162–71.

Barnes, Gilbert H., and Dwight L. Dumond, eds. *Letters of Theodore Dwight Weld, Angelina Grimke Weld and Sarah Grimke, 1822–1844*, 2 vols. New York: D. Appleton-Century Co., 1934.

Barnes, James J., and Patience P. Barnes, eds. *Private and Confidential: Letters from British Ministers in Washington to the Foreign Secretaries in London, 1844–67*. Selinsgrove, Pa.: Susquehanna University Press, 1993.

Bartlett, John Russell. *Dictionary of Americanisms: A Glossary of Words and Phrases Usually Regarded as Peculiar to the United States*. Boston: Little, Brown, 1848.

Benton, Joel, ed. *Greeley on Lincoln with Mr. Greeley's Letters to Charles A. Dana and a Lady Friend*. New York: Baker & Taylor, 1893.

Benton, Thomas Hart. *Thirty Years, View; or, A History of the Working of the American Government for Thirty Years, from 1820 to 1850*, 2 vols. New York: D. Appleton and Co., 1856.

Bigelow, John. *Retrospections of an Active Life, 1817–1863*, 5 vols. New York: Baker & Taylor, 1909.

Boyle, E. M., ed. "Jonathan Cilley of Maine and William J. Graves of Kentucky, Representatives in Congress. An Historical Duel, 1838, as Narrated by Gen. Geo. W. Jones, Cilley's Second." *Maine Historical and Genealogical Recorder* 6 (1889).

Brainerd, Cephas, and Eveline Warner Brainerd, eds. *The New England Society Orations: Addresses, Sermons, and Poems Delivered Before the New England Society in the City of New York, 1820–1885*, 2 vols. New York: The Century Co., 1901.

Brockway, Beman. *Fifty Years in Journalism: Embracing Recollections and Personal Experiences with an Autobiography*. Watertown, N.Y.: Daily Times Printing and Publishing House, 1891.

Brown, George Rothwell, ed. *Reminiscences of Senator William M. Stewart, of Nevada*. New York: Neale Publishing Company, 1908.

Browne, William Hand. *Life of Alexander H. Stephens*. Philadelphia: J. B. Lippincott & Co., 1878.

Bryant, William Cullen II, ed. *Power for Sanity: Selected Editorials of William Cullen Bryant, 1829–1861*. New York: Fordham University Press, 1994.

Buckingham, J. S. *America, Historical, Statistic, and Descriptive*, 3 vols. London: Fisher, Son & Co., 1841.

Chapman, Maria Weston, ed. *Harriet Martineau's Autobiography*, 3 vols. Boston: Houghton, Mifflin and Co., 1877.

Chapple, Joel Mitchell. "Affairs at Washington," *National Magazine*, October 1903.

Clephane, Lewis. *Birth of the Republican Party, with a Brief History of the Important Part Taken by the Original Republican Association of the National Capital*. Washington, D.C.: Gibson Bros., 1889.

Cole, Donald B., and John J. McDonough, eds. *Witness to the Young Republic: A Yankee's Journal, 1828–1870*. Hanover, N.H.: University Press of New England, 1989.

Coleman, Chapman, ed. *The Life of John J. Crittenden, with Selections from His Correspondence and Speeches*, 2 vols. Philadelphia: J. B. Lippincott & Co., 1871.

Cox, Samuel S. *Eight Years in Congress, from 1857–1865: Memoir and Speeches*. New York: D. Appleton and Co., 1865.

———. *Union-Disunion-Reunion: Three Decades of Federal Legislation, 1855 to 1885*. Providence: A. & R. A. Reid, 1885.

Darby, William, and Theodore Dwight, Jr. *A New Gazetteer of the United States of America*. Hartford: Edward Hopkins, 1833.

Deese, Helen R., ed. *Daughter of Boston: The Extraordinary Diary of a Nineteenth-Century Woman: Caroline Healey Dall*. Boston: Beacon Press, 2005.

Dickens, Charles. *American Notes for General Circulation*, 2 vols. London: Chapman and Hall, 1842.

Dickinson, John R., ed. *Speeches, Correspondence, Etc., of the Late Daniel S. Dickinson of New York*, 2 vols. New York: G. P. Putnam & Son, 1867.

Dwight, Timothy. *Travels in New-England and New-York*, 4 vols. New Haven, Conn.: Published by author, S. Converse, Printer.

Dyer, Oliver. *Great Senators of the United States Forty Years Ago*. New York: Robert Bonner's Sons, 1889.

Eckloff, Christian F. *Memoirs of a Senate Page, 1855–1859*. New York: Broadway Publishing Company, 1909.

Feller, Dan, Thomas Coens, and Laura-Eve Moss, eds., *The Papers of Andrew Jackson*, 10 vols. Knoxville: University of Tennessee, 1980–.

Fessenden, Francis. *Life and Public Services of William Pitt Fessenden*, 2 vols. Cambridge, Mass.: Riverside Press, 1907.

Foote, Henry S. *The Bench and Bar of the South and Southwest*. St. Louis: Thomas Wentworth, 1876.

———. *Casket of Reminiscences*. Washington: Chronicle, 1874.

Forney, John Wien. *Anecdotes of Public Men*, 2 vols. New York, 1873–81.

French, Benjamin Brown. "Address Delivered at the Dedication of the Statue of Abraham Lincoln, Erected in Front of the City Hall, Washington, D.C. Washington: McGill & Witherow, 1868.

———. "Application of Parliamentary Law to the Government of Masonic Bodies," *American Quarterly Review of Freemasonry and Its Kindred Sciences* 3 (January 5858 [i.e., 1857]).

———. "Congressional Reminiscences," *National Freemason* (1863–65).

———. [Eulogy for John Quincy Adams]. In "Proceedings in the Board of Aldermen and Board of Common Council, of the City of Washington, on the Occasion of the Death of John Quincy Adams." Washington: John T. Towers, 1848.

———. "Reminiscences of Washington: The Old Capitol," *Washington Sunday Her-*

ald and Weekly National Intelligencer, March 13, 1870, in "The 'Old Capitol' and Its Keeper: How William P. Wood Ran a Civil War Prison," Curtis Carroll Davis, ed. *Records of the Columbia Historical Society* 52 (1989): 206–34.

Friedlaender, Marc, et al., eds., *Diary of Charles Francis Adams*. Cambridge, Mass.: Harvard University Press, 1986.

Furber, George P. *Precedents Relating to the Privileges of the Senate of the United States*. Washington, D.C.: GPO, 1893.

Garfield, James A. [Address at dedication of a monument to Joshua Giddings], July 25, 1870, in *The Works of James Abram Garfield*, ed. Burke A. Hinsdale. Boston: James Osgood and Co, 1882.

Giddings, Joshua. *History of the Rebellion: Its Authors and Causes*. New York: Follet, Foster & Co., 1864.

———. [Speech on Relation of the Federal Government to Slavery]. *Speeches in Congress*. Boston: John P. Jewett and Co., 1853.

Gobright, Lawrence. *Recollection of Men and Things at Washington During the Third of a Century*. Philadelphia: Claxton, Remson & Haffelfinger, 1869.

Gough, John B. *Sunlight and Shadow, or, Gleanings from My Life Work*. London: R. D. Dickinson, 1881.

Graf, Leroy P., Ralph W. Haskins, and Paul H. Bergeron, eds. *The Papers of Andrew Johnson*, 16 vols. Knoxville: University of Tennessee Press, 1992.

Greeley, Horace. *Recollections of a Busy Life*. New York: J. B. Ford & Co., 1869.

Greene, H. W. "Letters Addressed to Francis O. J. Smith, Representative in Congress from Cumberland District, (Me.) Being a Defence of the Writer Against the Attacks Made on Him By That Individual—And A Sketch of Mr. Smith's Political Life." N.p., 1839.

Griffin, G. W., ed. *Prenticeana: or, Wit and Humor in Paragraphs*. Philadelphia: Claxton, Remsen & Haffelfinger, 1871.

Grinnell, Josiah B. *Men and Events of Forty Years: Autobiographical Reminiscences of an Active Career from 1850 to 1890*. Boston: D. Lothrop Co., 1891.

Grund, Francis J. "Society in the American Metropolis." *Sartain's Union Magazine of Literature and Art*, vol. 6 (January–June 1850): 17–18.

Hambleton, James Pinkney. "A Biographical Sketch of Henry A. Wise, with a History of the Political Campaign in Virginia in 1855." Richmond, Va.: J. W. Randolph, 1856.

Hawthorne, Nathaniel. "Biographical Sketch of Jonathan Cilley." *United States Magazine and Democratic Review* 3 (September 1838): 69–77.

———. *Passages from the American Note-Books of Nathaniel Hawthorne*. In *The Works of Nathaniel Hawthorne*, 12 vols. Boston: Houghton, Mifflin, & Co., 1883.

Herr, Pamela, and Mary Lee Spence, eds. *The Letters of Jessie Benton Fremont*. Champaign: University of Illinois, 1993.

History of the New England Society. New England Society of New York. www.nesnyc.org/overview.

Hollcroft, Temple R., ed. "A Congressman's Letters on the Speaker Election in the Thirty-fourth Congress," *Mississippi Valley Historical Review* 43, no. 3 (December 1956): 444–58.

Hood, Thomas. *Quips and Cranks*. London: Routledge, Warne, and Routledge, 1861.
House, Madeline, Graham Storey, Kathleen Tillotson, et al., eds. *The British Academy Pilgrim Edition, The Letters of Charles Dickens*, 12 vols. Oxford: Clarendon Press, 1965–2002.
Howell, Wilber S., ed. *Jefferson's Parliamentary Writings: "Parliamentary Pocket-Book" and a Manual of Parliamentary Practice*. Princeton, N.J.: Princeton University Press, 1988.
Ingersoll, L. D. *The Life of Horace Greeley*. Philadelphia: E. Potter, 1874.
Johnston, Richard Malcolm, and William Hand Browne. *Life of Alexander H. Stephens*. Philadelphia: J. B. Lippincott & Co., 1878.
Jones, George Wallace. "Autobiography." In John Carl Parish, ed. *George Wallace Jones*. Iowa City: State Historical Society, 1912.
———. [Funeral Oration . . . over the Body of Hon. Jonathan Cilley]. *George Wallace Jones*, John C. Parish, ed., Iowa City: State Historical Society, 1912.
Julian, George W. *The Life of Joshua R. Giddings*. Chicago: A. C. McClurg and Co., 1892.
———. *Political Recollections 1840 to 1872*. Chicago: Jansen, McClurg & Co., 1884.
King, Horatio. "History of the Duel Between Jonathan Cilley and William J. Graves." *Collections and Proceedings of the Maine Historical Society* 2 (April 1892): 127–48.
———. *Turning On the Light: A Dispassionate Survey of President Buchanan's Administration, from 1860 to Its Close*. Philadelphia: J. B. Lippincott Co., 1895.
Laas, Virginia Jeans, ed. *Wartime Washington: The Civil War Letters of Elizabeth Blair Lee*. Champaign: University of Illinois, 1999.
Lanman, Charles, ed. *Journal of Alfred Ely, a Prisoner of War in Richmond* (New York: D. Appleton and Co., 1862.
Lieber, Francis. *Letters to a Gentleman in Germany: Written After a Trip from Philadelphia to Niagara*. Philadelphia: Carey, Lea & Blanchard, 1834.
[Lyman, Darius]. "A Former Resident of the South." *Leaven for Doughfaces; or Threescore and Ten Parables Touching Slavery*. Cincinnati: Bangs and Co., 1856.
Mann, Mary T. P., ed. *Life of Horace Mann by His Wife*. Boston: Lee & Shepard, 1904.
Marryat, Frederick. *A Diary in America, with Remarks on Its Institutions*, 3 vols. London: Longman, Orme, Brown, Green & Longman's, 1839.
Marsh, Charles W. *Recollections, 1837–1910*. Chicago: Farm Implement News Co., 1910.
Marshall, Thomas F. "Speeches of Thomas F. Marshall of Kentucky on the Resolutions to Censure John Q. Adams." Washington: Blair & Rives, 1842.
Martineau, Harriet. *Retrospect of Western Travel*. New York: Harper and Brothers, 1838.
———. *Society in America*. Paris: Baudry's European Library, 1837.
McCulloch, Hugh. "Memories of Some Contemporaries." *Scribner's Magazine* 3 (September 1888).
McDonough, John J., ed. *Growing Up on Capitol Hill: A Young Washingtonian's Journal, 1850–1852*. Washington, D.C.: LC, 1997.
McIntosh, James T., Lynda L. Crist, and Haskell M. Monroe, Jr., eds. *The Papers of Jefferson Davis*. Baton Rouge: LSU Press, 1971–2014.

Meriwether, Robert L., ed. "Preston S. Brooks on the Caning of Charles Sumner." *South Carolina Historical and Genealogical Magazine* 52 (1951).

Meriwether, Robert L., and Clyde N. Wilson, eds. *The Papers of John C. Calhoun.* Columbia: University of South Carolina, 1959–2003.

Mills, Robert. *Guide to the Capital of the United States Embracing Every Information Useful to the Visiter, Whether on Business or Pleasure.* Washington, n.p., 1834.

Monroe, Haskell, M. Monroe, Jr., and James T. McIntosh, eds. *The Papers of Jefferson Davis: Volume 1, 1808–1840.* Baton Rouge: LSU Press, 1991 rev. ed.

Moody, Robert E., ed. *The Papers of Leverett Saltonstall, 1816–1845,* 5 vols. Boston: Massachusetts Historical Society, 1984.

Moore, Charles, ed. and comp. *Joint Select Committee to Investigate the Charities and Reformatory Institutions in the District of Columbia.* Washington, D.C.: GPO, 1898.

Palmer, Beverly Wilson, and Holly Byers Ochoa, eds. *The Selected Papers of Thaddeus Stevens, April 1865–August 1868,* 2 vols. Pittsburgh: University of Pittsburgh Press, 1997–98.

Perry, Thomas Sergeant, ed. *The Life and Letters of Francis Lieber.* Boston: James R. Osgood & Co., 1882.

Phillips, Ulrich B., ed. *The Correspondence of Robert Toombs, Alexander H. Stephens, and Howell Cobb,* 2 vols., in *Annual Report of the American Historical Association for 1911.* Washington, D.C.: GPO, 1913.

Pike, James Shepherd. *First Blows of the Civil War: The Ten Years of Preliminary Conflict in the United States, from 1850 to 1860.* New York: American News, 1879.

Plumer, William, Jr. "Reminiscences of Daniel Webster," in *The Writings and Speeches of Daniel Webster,* National Edition, James W. McIntyre, ed., 18 vols. Boston: Little, Brown, 1903.

Poore, Benjamin Perley. *Perley's Reminiscences of Sixty Years in the National Metropolis,* 2 vols. Philadelphia: Hubbard Brothers, 1886.

Preuss, Henry Clay. "Fashions and Follies of Washington Life. A Play. In Five Acts." Washington, D.C.: Published by the author, 1857.

Quaife, Milo Milton, ed. *The Diary of James K. Polk During His Presidency, 1845 to 1849,* 4 vols. Chicago: A. C. McClurg & Co., 1910.

Riddle, Albert Gallatin. *Recollections of War Times: Reminiscences of Men and Events in Washington, 1860–1865.* New York: G. P. Putnam's Sons, 1895.

Sabine, Lorenzo. *Notes on Duels and Duelling.* Boston: Crosby, Nichols, and Co., 1855.

Sala, George A. *My Diary in America in the Midst of War,* 2 vols. London: Tinsley Brothers, 1865.

Sargent, Nathan. *Public Men and Events from the Commencement of Mr. Monroe's Administration, in 1817, to the Close of Mr. Fillmore's Administration, in 1853,* 2 vols. Philadelphia: J. B. Lippincott & Co., 1875.

Schultz, Edward T. *History of Freemasonry in Maryland of All the Rites Introduced into Maryland from the Earliest Time to the Present,* 2 vols. Baltimore: J. H. Medairy & Co., 1885.

Schurz, Carl. *The Reminiscences of Carl Schurz,* 3 vols. New York: McClure, 1907–1908.

Seager, Robert II, James F. Hopkins, and Mary W. M. Hargreaves, et al., eds. *The Papers of Henry Clay*, 11 vols. Lexington: University Press of Kentucky, 1959–92.

Seward, Frederick William. *Autobiography: Seward at Washington, as Senator and Secretary of State.* New York: Derby and Miller, 1891.

———. *Reminiscences of a War-Time Statesman and Diplomat, 1830–1915.* New York: G. P. Putnam's Sons, 1916.

Shanks, Henry Thomas, ed. *The Papers of Willie Person Mangum.* Raleigh: State Department of Archives and History, 1950.

Sherman, John. *John Sherman's Recollections of Forty Years in the House, Senate and Cabinet: An Autobiography.* New York: Werner Co., 1896.

Shulman, Holly C., ed. *The Papers of Dolley Madison Digital Edition.* Charlottesville: UVA Press, 2008.

Simons, John W. *A Familiar Treatise on the Principles and Practice of Masonic Jurisprudence.* New York: Masonic Publishing and Manufacturing Co., 1869.

Sporer, Paul D., ed. *Half a Century: The Memoirs of the First Woman Journalist in the Civil Rights Struggle.* Chester, N.Y.: Anza Publishing, 2005.

Staples, Arthur G., ed. *The Letters of John Fairfield.* Lewiston: Lewiston Journal Co., 1922.

Sumner, Charles. *The Barbarism of Slavery.* New York: Young Men's Republican Union, 1863 reprint with new introduction by Sumner.

———. "The Crime Against Kansas." Boston: John P. Jewett & Co., 1856.

———. *Speech of Hon. Charles Sumner, on the Bill for the Admission of Kansas as a Free State, in the United States Senate, June 4, 1860.* Boston: Thayer and Eldridge, 1860.

Teillard, Dorothy Lamon, ed. *Recollections of Abraham Lincoln, 1847–1865.* Washington: Published by editor, 1911.

Torrence, Clayton, ed. "From the Society's Collections: Letters of Mrs. Ann (Jennings) Wise to Her Husband, Henry A. Wise," *Virginia Magazine of History and Biography* 58, no. 4 (October 1950): 492–515.

Watterston, George. *New Guide to Washington.* Washington: Robert Farnham, 1842.

———. *A Picture of Washington.* Washington: William M. Morrison, 1840.

Weaver, Herbert, and Kermit L. Hall, eds. *Correspondence of James K. Polk*, 10 vols. Nashville: Vanderbilt University, 1969–2004.

Weiss, John, ed. *Life and Correspondence of Theodore Parker,* 2 vols. New York: D. Appleton & Co., 1864.

Wentworth, John. *Congressional Reminiscences: Adams, Benton, Calhoun, Clay, and Webster, an Address: Delivered at Central Music Hall, Thursday Eve., March 16, 1882, Before the Chicago Historical Society.* Chicago: Fergus Printing Company, 1882.

Wheeler, John H. *Reminiscences and Memoirs of North Carolina and Eminent North Carolinians.* Columbus: Columbus Printing Works, 1884.

Whitman, Walt. "Song for Certain Congressmen." In *Whitman: Complete Poetry and Collected Prose,* ed. Justin Kaplan. New York: Library of America, 1982.

Wilkie, F. B. "Geo. W. Jones." *Iowa Historical Record* 2 (April 1887).

Wilmer, Lambert A. *Our Press Gang; or, A Complete Exposition of the Corruptions and Crimes of the American Newspapers.* Philadelphia: J. T. Lloyd, 1860.

Wilson, Clyde N., Shirley Bright Cook, and Alexander Moore, eds. *The Papers of John C. Calhoun*, 28 vols. Columbia: University of South Carolina Press, 2001.
Wilson, Henry. *History of the Rise and Fall of the Slave Power in America*. Boston: Houghton Mifflin, 1874.
Wiltse, Charles M., and Michael J. Birkner, eds. *The Papers of Daniel Webster*. Hanover, N.H.: University Press of New England, 1974–85.
Windle, Mary Jane. *Life in Washington: and Life Here and There*. Philadelphia: J. B. Lippincott & Co., 1859.
Wise, Barton H. *The Life of Henry A. Wise of Virginia, 1806–1876*. New York: Macmillan, 1899.
Wise, Henry A. "Opinions of Hon. Henry A. Wise, Upon the Conduct and Character of James K. Polk, Speaker of the House of Representatives, With Other 'Democratic' Illustrations." Washington, D.C., 1844.
———. *Seven Decades of the Union*. Philadelphia: J. B. Lippincott & Co., 1872.
Wise, John Sergeant. *The End of an Era*. New York: Houghton, Mifflin and Co., 1902.
———. *Recollections of Thirteen Presidents*. New York: Doubleday, Page & Co., 1906.

MAGAZINES

The Century Magazine
DeBow's Review
Freemason's Monthly Magazine
The Galaxy
Harper's New Monthly Magazine
The Knickerbocker; or New York Monthly Magazine
Littell's Living Age
The Masonic Monthly
The Masonic Review
Merchant's Magazine
The National Freemason
The National Magazine and Republican Review
The New-Yorker
Punch
Rural Repository
Scribner's Magazine
United States Magazine and Democratic Review
Vanity Fair

SECONDARY SOURCES

Blocker, Jack S., David M. Fahey, and Ian R. Tyrrell, eds. "Congressional Temperance Society," in *Alcohol and Temperance in Modern History: A Global Encyclopedia*, 1:171–72. Santa Barbara, Calif.: ABC-Clio, 2003.
United States Senate Commission on Art and Antiquities. "Manners in the Senate Chamber: 19th Century Women's Views." Washington, D.C.: GPO, 1980.

Abbott, Carl. *Political Terrain: Washington, D.C. from the Tidewater to Global Metropolis*. Chapel Hill: UNC Press, 1999.

Abrams, Ann Uhry. "National Paintings and American Character: Historical Murals in the Capitol's Rotunda," in *Picturing History: American Painting, 1770–1930*, ed. William Ayres. New York: Rizzoli, 1993.

Abrams, Paul R. "The Assault upon Josiah B. Grinnell by Lovell H. Rousseau." *Iowa Journal of History* 3 (July 1912): 383–402.

Ahuja, Sunil. *Congress Behaving Badly: The Rise of Partisanship and Incivility and the Death of Public Trust*. Westport, Conn.: Praeger, 2008.

Alberta, Tim. "John Boehner Unchained," *Politico*, November/December 2017, www.politico.com/magazine/story/2017/10/29/john-boehner-trump-house-republican-party-retirement-profile-feature-215741.

Aldrich, John H. *Why Parties?: A Second Look*. Chicago: University of Chicago Press, 2011.

———. *Why Parties? The Origin and Transformation of Political Parties in America*. Chicago: University of Chicago Press, 1995.

Alexander, DeAlva Stanwood. *History and Procedure of the House of Representatives*. Boston: Riverside Press, 1916.

Allen, Felicity. *Jefferson Davis: Unconquerable Heart*. University of Missouri, 1999.

Allen, William C. *History of the United States Capitol: A Chronicle of Design, Construction, and Politics*. Washington, D.C.: GPO, 2001.

Allgor, Catherine. *Parlor Politics: In Which the Ladies of Washington Help Build a City and a Government*. Charlottesville: UVA Press, 2000.

Altschuler, Glenn C., and Stuart M. Blumin. *Rude Republic: Americans and Their Politics in the Nineteenth Century*. Princeton, N.J.: Princeton University Press, 2000.

Amer, Mildred L. "The Congressional Record: Content, History and Issues," January 14, 1993, CRS Report for Congress (93-60 GOV).

Ames, William E. *A History of the National Intelligencer*. Chapel Hill: UNC Press, 1972.

Anbinder, Tyler. *Nativism & Slavery: The Northern Know Nothings & the Politics of the 1850s*. New York: Oxford University Press, 1992.

Arenson, Adam. *The Great Heart of the Republic: St. Louis and the Cultural Civil War*. Cambridge, Mass.: Harvard University Press, 2011.

Arnold, Brie Anna Swenson. "'Competition for the Virgin Soil of Kansas': Gendered and Sexualized Discourse about the Kansas Crisis in Northern Popular Print and Political Culture, 1854–1860." Ph.D. dissertation: University of Minnesota, 2008.

Atkins, Jonathan M. *Parties, Politics, and the Sectional Conflict in Tennessee, 1832–1861*. Knoxville: University of Tennessee Press, 1997.

Ayers, Edward L. *The Thin Light of Freedom: The Civil War and Emancipation in the Heart of America*. New York: Norton, 2017.

———. *Vengeance & Justice: Crime and Punishment in the 19th-Century American South*. New York: Oxford University Press, 1984.

———. *What Caused the Civil War? Reflections on the South and Southern History*. New York: Norton, 2005.

Bacon, Donald C. "Violence in Congress," in *The Encyclopedia of the United States Congress*, ed. Donald C. Bacon, Roger H. Davidson, and Morton Keller. New York: Simon and Schuster, 1995, 2062–66.

Baker, Jean H. *Affairs of Party: The Political Culture of Northern Democrats in the Mid-Nineteenth Century.* Ithaca: Cornell University Press, 1983.

———. *Mary Todd Lincoln: A Biography.* New York: Norton, 2008.

Baldasty, Gerald J. *The Commercialization of News in the Nineteenth Century.* Madison: University of Wisconsin Press, 1992.

Balogh, Brian. *A Government Out of Sight: The Mystery of National Authority in Nineteenth-Century America.* New York: Cambridge University Press, 2009.

Barnes, Gilbert Hobbs. *The Antislavery Impulse, 1830–1844.* New York: Harbinger, 1933.

Baskerville, Barnet. "19th Century Burlesque of Oratory," *American Quarterly* 20 (Winter 1968): 726–43.

Bedini, Silvio A. "The Mace and the Gavel: Symbols of Government in America," *Transactions of the American Philosophical Society* 87, no. 4 (1997): 1–84.

Beeman, Richard R. "Unlimited Debate in the Senate: The First Phase," *Political Science Quarterly* 83, no. 3 (September 1968): 419–34.

Belko, W. Stephen. *The Invincible Duff Green: Whig of the West.* Columbia: University of Missouri Press, 2006.

Belohlavek, John M. *Broken Glass: Caleb Cushing and the Shattering of the Union.* Kent, Ohio: Kent State University, 2005.

Bemis, Samuel Flagg. *John Quincy Adams and the Union.* New York: Knopf, 1956.

Benedict, Michael Les. *A Compromise of Principle: Congressional Republicans and Reconstruction, 1863–1869.* New York: Norton, 1974.

Benson, T. Lloyd. *The Caning of Senator Sumner.* Greenville, S.C.: Furman University Press, 2004.

Berry, Stephen W., II. *All That Makes a Man: Love and Ambition in the Civil War South.* New York: Oxford University Press, 2003.

Binder, Sarah A. *Minority Rights, Majority Rule: Partisanship and the Development of Congress.* New York: Cambridge University Press, 1997.

Binder, Sarah A., and Steven S. Smith. "Political Goals and Procedural Choice in the Senate," *Journal of Politics* 60, no. 2 (May 1998): 396–416.

———. *Politics or Principle? Filibustering in the United States Senate.* Washington, D.C.: Brookings Institution Press, 1997.

Blau, Judith R., and Cheryl Elman. "The Institutionalization of U.S. Political Parties: Patronage Newspapers," *Sociological Inquiry* (Fall 2002): 576–99.

Blondheim, Menahem. *News over the Wires: The Telegraph and the Flow of Public Information, 1844–1897.* Cambridge, Mass.: Harvard University Press, 1994.

Bogue, Allan G. *The Congressman's Civil War.* New York: Cambridge University Press, 1989.

———. *The Earnest Men: Republicans of the Civil War Senate.* Ithaca: Cornell University Press, 1981.

Bogue, Allan G., Jerome M. Clubb, Carroll R. McKibbin, and Santa A. Traugott. "Members of the House of Representatives and the Process of Modernization, 1789–1960," *Journal of American History* 63 (September 1976): 275–302.

Bonner, Robert E. *Mastering America: Southern Slaveholders and the Crisis of American Nationhood.* New York: Cambridge University Press, 2009.

Bowman, Shearer Davis. *At the Precipice: Americans North and South During the Secession Crisis.* Chapel Hill: UNC Press, 2010.

Bradley, Cyrus P. *Biography of Isaac Hill*. Concord, N.H.: Published by John Brown, 1835.
Brant, Martha. "The Alaskan Assault," *Newsweek*, October 1, 1995, www.newsweek.com/alaskan-assault-184084.
Brewin, Mark W. *Celebrating Democracy: The Mass-Mediated Ritual of Election Day*. New York: Peter Lang, 2008.
Bright, Thomas R. "The Anti-Nebraska Coalition and the Emergence of the Republican Party in New Hampshire: 1853–1857," *Historical New Hampshire* 27 (Summer 1972): 57–88.
Brooke, John L. "Party, Nation, and Cultural Rupture: The Crisis of the American Civil War," in *Practicing Democracy: Popular Politics in the United States from the Constitution to the Civil War*, ed. Daniel Pearl and Adam I. P. Smith. Charlottesville: UVA Press, 2015.
———. "To Be 'Read by the Whole People': Press, Party, and Public Sphere in the United States, 1789–1840," *Proceedings of the American Antiquarian Society* 110, no. 11 (2002): 41–118.
Brooks, Corey M. *Liberty Power: Antislavery Third Parties and the Transformation of American Politics*. Chicago: University of Chicago Press, 2016.
———. "Stoking the 'Abolition Fire in the Capitol': Liberty Party Lobbying and Antislavery in Congress," *JER* (Fall 2013): 523–47.
Brown, David. "Attacking Slavery from Within: The Making of 'The Impending Crisis of the South,'" *Journal of Southern History* 70 (August 2004): 541–76.
———. *Southern Outcast: Hinton Rowan Helper and the Impending Crisis of the South*. Baton Rouge: LSU Press, 2006.
Brown, Letitia W. *Free Negroes in the District of Columbia, 1790–1846*. New York: Oxford University Press, 1972.
Brown, Norman D. *Edward Stanly: Whiggery's Tarheel "Conquerer."* Tuscaloosa: University of Alabama Press, 1974.
Brown, Thomas. "From Old Hickory to Sly Fox: The Routinization of Charisma in the Early Democratic Party," *JER* 3 (Autumn 1991): 339–69.
Bruce, Dickson. *Violence and Culture in the Antebellum South*. Austin: University of Texas Press, 1979.
Bryan, Wilhelmus B. *A History of the National Capital from Its Foundation Through the Period of the Adoption of the Organic Act*, 2 vols. New York: Macmillan, 1914.
Buell, Walter, ed. *Joshua R. Giddings: A Sketch*. Cleveland: William W. Williams, 1882.
Bulla, David W., and Gregory A. Borchard. *Journalism in the Civil War Era*. New York: Peter Lang Publishing, 2010.
Bullock, Steven C. *Revolutionary Brotherhood: Freemasonry and the Transformation of the American Social Order, 1730–1840*. Chapel Hill: UNC Press, 1996.
Burstein, Andrew. *The Passions of Andrew Jackson*. New York: Random House, 2007.
Byrd, Robert C. *The Senate: 1789–1989: Historical Statistics*. Washington, D.C.: GPO, 1993.
Byron, Matthew A. "Crime and Punishment: The Impotency of Dueling Laws in the United States." Ph.D. dissertation, University of Arkansas, 2008.
Campbell, James E. "Sumner—Brooks—Burlingame, or, The Last Great Challenge," *Ohio Archeological and Historical Quarterly* 34 (October 1925): 435–73.

Campbell, Mary R. "Tennessee's Congressional Delegation in the Sectional Crisis of 1859–1860," *Tennessee Historical Quarterly* 19 (December 1960): 348–71.
Carnes, Mark C. "Middle-Class Men and the Solace of Fraternal Ritual," in *Meanings for Manhood: Constructions of Masculinity in Victorian America*, ed. Marc C. Carnes and Clyde Griffen. Chicago: University of Chicago Press, 1990, 37–52.
———. *Secret Ritual and Manhood in Victorian America*. New Haven: Yale University Press, 1989.
Carson, Barbara G. *Ambitious Appetites: Dining, Behavior, and Patterns of Consumption in Federal Washington*. Washington: American Institute of Architects, 1990.
Chafetz, Josh. *Congress's Constitution: Legislative Authority and the Separation of Powers*. New Haven: Yale University Press, 2017.
Chamberlain, Ryan. *Pistols, Politics and the Press: Dueling in 19th-Century American Journalism*. Jefferson, N.C.: McFarland, 2009.
Chambers, William Nisbet. *Old Bullion Benton: Senator from the New West*. Boston: Little, Brown, 1956.
Channing, Steven A. *Crisis of Fear: Secession in South Carolina*. New York: W. W. Norton, 1974.
Chase, James S. *Emergence of the Presidential Nominating Convention, 1789–1832*. Urbana: University of Illinois Press, 1973.
Clephane, Walter C. "The Local Aspect of Slavery in the District of Columbia," March 6, 1899, in *Records of the Columbia Historical Society* 3 (1900).
Cole, Donald B. *Jacksonian Democracy in New Hampshire*. Cambridge, Mass.: Harvard University Press, 1970.
———. *Martin Van Buren and the American Political System*. Princeton, N.J.: Princeton University Press, 1984.
———. *Vindicating Andrew Jackson: The 1828 Election and the Rise of the Two-Party System*. Lawrence: University Press of Kansas, 2009.
Coleman, James P. "Two Irascible Antebellum Senators: George Poindexter and Henry S. Foote," *Journal of Mississippi History* 46 (February 1984): 17–27.
Cook, Robert J. *Civil War Senator: William Pitt Fessenden and the Fight to Save the American Republic*. Baton Rouge: LSU Press, 2013.
Cook, Timothy E. "Senators and Reporters Revisited," in *Esteemed Colleagues: Civility and Deliberation in the U.S. Senate*, ed. Burdick Loomis. Washington, D.C.: Brookings Institution, 2000, 169–72.
Cooper, Joseph. *Congress and Its Committees: A Historical Approach to the Role of Committees in the Legislative Process*. New York: Garland, 1988.
———. *The Origins of Standing Committees and the Development of the Modern House*. Houston, Tex.: Rice University Press, 1970.
Coulter, E. Merton. *The Confederate States of America, 1861–1865*, vol. 7 of *A History of the South*. Baton Rouge: LSU Press, 1950.
Crenshaw, Ollinger. *The Slave States in the Presidential Election of 1860*. Baltimore: Johns Hopkins, 1945.
———. "The Speakership Contest of 1859–1860: John Sherman's Election as a Cause of Disruption?" *Mississippi Valley Historical Review* 29 (December 1942): 323–38.

Cresson, Margaret French. *Journey into Fame: The Life of Daniel Chester French.* Cambridge, Mass.: Harvard University Press, 1947.
Crofts, Daniel W. *Reluctant Confederates: Upper South Unionists in the Secession Crisis.* Chapel Hill: UNC Press, 1989.
Crouthamel, James L. *James Watson Webb: A Biography.* Middletown, Conn.: Wesleyan, 1969.
Cunliffe, Marcus. *Soldiers and Civilians: The Martial Spirit in America, 1775–1865.* Boston: Little, Brown, 1968.
Curtis, James C. *Andrew Jackson and the Search for Vindication.* Boston: Little, Brown, 1976.
Curtis, Michael␊en. *Free Speech, "The People's Darling Privilege": Struggles for Freedom of Expression in American History.* Durham: Duke University Press, 2000.
David, James Corbett. "The Politics of Emasculation: The Caning of Charles Sumner and Elite Ideologies of Manhood in the Mid-Nineteenth Century United States," *Gender and History* 19 (August 2007): 324–45.
Davis, David Brion. *The Slave Power Conspiracy and the Paranoid Style.* Baton Rouge: LSU Press, 1969.
Deitreich, Kenneth A. "Honor, Patriarchy, and Disunion: Masculinity and the Coming of the American Civil War." Ph.D. dissertation, Western Virginia University, 2006.
Derthick, Martha, ed. *Dilemmas of Scale in America's Federal Democracy.* New York: Cambridge University Press, 1999.
Dicken-Garcia, Hazel. *Journalistic Standards in Nineteenth-Century America.* Madison: University of Wisconsin Press, 1989.
Dion, Douglas. *Turning the Legislative Thumbscrew: Minority Rights and Procedural Change in Legislative Politics.* East Lansing: University of Michigan, 1997.
Donald, David Herbert. *Charles Sumner.* New York: Da Capo Press, 1996.
———. *The Politics of Reconstruction.* Cambridge, Mass.: Harvard University Press, 1984.
Dubois, James T., and Gertrude S. Mathews. *Galusha A. Grow: Father of the Homestead Law.* New York: Houghton Mifflin, 1917.
Durham, Walter T. *Balie Peyton of Tennessee: Nineteenth-Century Politics and Thoroughbreds.* Franklin, Tenn.: Hillsboro Press, 2004.
Dzelzainis, Ella. "Dickins, Democracy, and Spit," in *The American Experiment and the Idea of Democracy in British Culture, 1776–1914,* ed. Ella Dzelzainis and Ruth Livesey. London: Routledge, 2013.
Earle, Jonathan H. *Jacksonian Antislavery and the Politics of Free Soil, 1824–1854.* Chapel Hill: UNC Press, 2004.
———. "Saturday Nights at the Baileys," in *In the Shadow of Freedom: The Politics of Slavery in the National Capital,* ed. Paul Finkelman and Donald Kennon. Athens: Ohio University Press, 2011.
Earman, Cynthia D. "Boardinghouses, Parties, and the Creation of a Political Society, Washington City, 1800–1830." M.A. thesis, LSU, 1992.
———. "A Census of Early Boardinghouses," *Washington History* 12 (2000): 118–12.
Eaton, Clement. "Henry A. Wise, a Liberal of the Old South," *Journal of Southern History* 7, no. 4 (November 1941): 482–94.

———. "Henry A. Wise and the Virginia Fire Eaters of 1856," *Mississippi Valley Historical Review* 21, no. 4 (March 1935): 495–512.
Ecelbarger, Gary L. *Frederick W. Lander: The Great Natural American Soldier*. Baton Rouge: LSU Press, 2000.
Edel, Charles N. *Nation Builder: John Quincy Adams and the Grand Strategy of the Republic*. Cambridge, Mass.: Harvard University Press, 2014.
Erickson, Stephen. "The Entrenching of Incumbency: Reflections in the U.S. House of Representatives, 1790–1994," *Cato Journal* 3 (Winter 1995): 397–420.
Erkkila, Betsy. *Whitman the Political Poet*. New York: Oxford University Press, 1989.
Essary, J. Frederick. *Covering Washington: Government Reflected to the Public in the Press, 1822–1926*. Boston: Houghton Mifflin, 1927.
Etcheson, Nicole. *Bleeding Kansas: Contested Liberty in the Civil War Era*. Lawrence: University Press of Kansas, 2004.
Fehrenbacher, Don E. *The Slaveholding Republic: An Account of the United States Government's Relations to Slavery*. New York: Oxford University Press, 2001.
Fellman, Michael. "Rehearsal for the Civil War: Antislavery and Proslavery at the Fighting Point in Kansas," in *Antislavery Reconsidered: New Perspectives on the Abolitionists*, ed. Lewis Perry and Fellman. Baton Rouge: LSU Press, 1979.
Fenno, Richard F. *Home Style: House Members in Their Districts*. Boston: Little, Brown, 1978.
———. "If, as Ralph Nader Says, Congress Is the 'Broken Branch,' How Come We Love Our Congressmen So Much?" in *Congress in Change: Evolution and Reform*, ed. Norman J. Ornstein. New York: Praeger, 1975.
Finkelman, Paul, and Donald R. Kennon, eds. *Congress and the Crisis of the 1850s*. Athens: Ohio University, 2012.
———. *In the Shadow of Freedom: The Politics of Slavery in the National Capital*. Athens: Ohio University Press, 2011.
Fiorina, Morris P., David W. Rohde, and Peter Wissel. "Historical Change in House Turnover," in *Congress in Change: Evolution and Reform*, ed. Norman J. Ornstein. New York: Praeger, 1975, 24–46.
Foner, Eric. *Free Soil, Free Labor, Free Men: The Ideology of the Republican Party Before the Civil War*. New York: Oxford University Press, 1995.
Foote, Lorien. *The Gentlemen and the Roughs: Manhood, Honor, and Violence in the Union Army*. New York: NYU Press, 2010.
Ford, Lacy K. *Deliver Us from Evil: The Slavery Question in the Old South*. New York: Oxford University Press, 2009.
Formissano, Ronald P. *For the People: American Populist Movements from the Revolution to the 1850s*. Chapel Hill: UNC Press, 2008.
———. "Political Character, Antipartyism and the Second Party System," *American Quarterly* 21 (Winter 1969): 683–709.
———. *The Transformation of Political Culture: Massachusetts Parties, 1790s–1840s*. New York: Oxford University Press, 1983.
Franklin, John Hope. *The Militant South, 1800–1861*. Cambridge, Mass.: Harvard University Press, 1956.
———. *A Southern Odyssey: Travelers in the Antebellum North*. Baton Rouge: LSU Press, 1976; 1991 printing.

Frederick, David C. "John Quincy Adams, Slavery, and the Disappearance of the Right of Petition," *Law and History Review* 9, no. 1 (Spring 1991): 115–55.

Freehling, William W. *The Road to Disunion*, 2 vols. New York: Oxford University Press, 2007.

———. *The South Against the South: How Anti-Confederate Southerners Shaped the Course of the Civil War*. New York: Oxford University Press, 2001.

Freeman, Joanne B. *Affairs of Honor: National Politics in the New Republic*. New Haven: Yale University Press, 2001.

———. "The Election of 1800: A Study in the Process of Political Change," *Yale Law Journal* 108 (June 1999): 1959–94.

Fryd, Vivien Green. *Art and Empire: The Politics of Ethnicity in the United States Capitol, 1815–1860*. Columbus: Ohio University Press, 2001.

———. "Representing the Constitution in the US Capitol Building: Justice, Freedom, and Slavery," in *Constitutional Cultures: On the Concept and Representation of Constitutions in the Atlantic World*, ed. Silke Hensel, Ulrike Bock, Katrin Dircksen, and Hans-Ulrich Thamer. New York: Cambridge University Press, 2012, 227–50.

Gallagher, Gary W. *The Union War*. New York: Cambridge University Press, 2011.

Galloway, George B. *History of the House of Representatives*. New York: Thomas Y. Crowell Company, 1961.

Gambill, Edward. "Vanity Fair: 1859–1863," in *The Conservative Press in Eighteenth and Nineteenth Century America*, ed. Ronald Lora and William Henry Longton. Westport, Conn.: Greenwood Press, 1999, 139–45.

———. "Who Were the Senate Radicals?," *Civil War History* (September 1965): 237–44.

Gamm, Gerald, and Kenneth Shepsle. "Emergence of Legislative Institutions: Standing Committees in the House and Senate, 1810–1825," *Legislative Studies Quarterly* 14, no. 1 (February 1989): 39–66.

Gara, Larry. "Antislavery Congressmen, 1848–1856: Their Contribution to the Debate Between the Sections," *Civil War History* (September 1986): 197–207.

———. *The Presidency of Franklin Pierce*. Lawrence: University Press of Kansas, 1991.

———. "Slavery and the Slave Power: A Crucial Distinction," *Civil War History* 15 (March 1969): 5–18.

Gauker, Ralph H. *History of the Scottish Rite Bodies in the District of Columbia*. Washington, D.C.: Mithras Lodge of Perfection, 1970.

Gienapp, William E. "The Crime Against Sumner: The Caning of Charles Sumner and the Rise of the Republican Party," *Civil War History* 3 (September 1979): 218–45.

———. *The Origins of the Republican Party, 1852–1856*. New York: Oxford University Press, 1987.

———. "'Politics Seem to Enter into Everything': Political Culture in the North, 1840–1860," in *Essays on American Antebellum Politics, 1840–1860*, ed. Stephen E. Maizlish and John J. Kushma. College Station: University of Texas at Arlington, 1982, 15–69.

Gilje, Paul A., *Rioting in America*. Bloomington: Indiana University Press, 1996.

Gillette, Howard, Jr., ed. *Southern City, National Ambition: The Growth of Early Washington, D.C., 1800–1860*. Washington, D.C.: George Washington University Center for Washington Area Studies, 1995.

Gillette, William. *Retreat from Reconstruction, 1869–1879*. Baton Rouge: LSU Press, 1982.

Ginn, Roger. *New England Must Not Be Trampled On: The Tragic Death of Jonathan Cilley*. Camden, Maine: DownEast Books, 2016.

Glassman, Matthew Eric, Erin Hemlin, and Amber Hope Wilhelm. CRS Report R41545, "Congressional Careers: Service Tenure and Patterns of Member Service, 1789–2011," Congressional Research Service, January 7, 2011.

Glover, Lorri. "'Let Us Manufacture Men': Educating Elite Boys in the Early National South," in *Southern Manhood: Perspectives on Masculinity in the Old South*, ed. Lorri Glover and Craig Thompson Friend. Athens: University of Georgia Press, 2004.

Goldfield, David R. "Antebellum Washington in Context: The Pursuit of Prosperity and Identity," in *Southern City, National Ambition: The Growth of Early Washington, D.C., 1800–1860*, ed. Howard Gillette, Jr. Washington, D.C.: George Washington University Center for Washington Area Studies.

Goldman, Ralph M. *The National Party Chairmen and Committees: Factionalism at the Top*. Armonk, N.Y.: M. E. Sharpe, 1990.

Gonzalez, Darryl. *The Children Who Ran for Congress: A History of Congressional Pages*. Santa Barbara, Calif.: Praeger, 2010.

Gonzales, John E. "Henry Stuart Foote: A Forgotten Unionist of the Fifties," *Southern Quarterly* 1 (January 1963): 129–39.

———. "Henry Stuart Foote in Exile—1865," *Journal of Mississippi History* 5 (April 1953): 90–98.

———. "The Public Career of Henry Stuart Foote, 1804–1880." Ph.D. dissertation, UNC, 1957.

Gorn, Elliott J. *The Manly Art: Bare-Knuckle Prize Fighting in America*. Ithaca: Cornell University Press, 1986.

Gradin, Harlan Joel. "Losing Control: The Caning of Charles Sumner and the Breakdown of Antebellum Political Culture." Ph.D. dissertation, UNC, 1991.

Grant, David. *Political Antislavery Discourse and American Literature of the 1850s*. Newark: University of Delaware, 2012.

Grant, Susan-Mary. *North over South: Northern Nationalism and American Identity in the Antebellum Era*. Lawrence: University Press of Kansas, 2000.

Green, Constance McLaughlin. *The Secret City: A History of Race Relations in the Nation's Capital*. Princeton, N.J.: Princeton University Press, 1967.

———. *Washington: Village and Capital, 1800–1878*, 2 vols. Princeton, N.J.: Princeton University Press, 1962.

Greenberg, Amy. "Manifest Destiny's Hangover: Congress Confronts Territorial Expansion and Martial Masculinity in the 1850s," in *Congress and the Crisis of the 1850s*, ed. Paul Finkelman and Donald R. Kennon. Athens: Ohio University, 2012.

———. *Manifest Manhood and the Antebellum American Empire*. New York: Cambridge University Press, 2005.

Greenberg, Kenneth S. *Honor and Slavery: Lies, Duels, Noses, Masks, Dressing as a Woman, Gifts, Strangers, Humanitarianism, Death, Slave Rebellions, the Proslavery Argument, Baseball, Hunting, and Gambling in the Old South*. Princeton, N.J.: Princeton University Press, 1996.

———. *Masters and Statesmen: The Political Culture of American Slavery*. Baltimore: Johns Hopkins, 1985.

Grimsted, David. *American Mobbing, 1828–1861: Toward the Civil War.* New York: Oxford University Press, 1998.

Groosberg, Michael, and Christopher Tomlins, eds. *The Cambridge History of Law in America: The Long Nineteenth Century, 1789–1920.* New York: Cambridge University Press, 2008.

Gugliotta, Guy. *Freedom's Cap: The United States Capitol and the Coming of the Civil War.* New York: Hill and Wang, 2013.

Gustafson, Melanie Susan. *Women and the Republican Party, 1854–1924.* Chicago: University of Illinois Press, 2001.

Hackney, Sheldon. "Southern Violence," *American Historical Review* 74 (1969): 906–25.

Halleran, Michael A. *The Better Angels of Our Nature: Freemasonry in the American Civil War.* Tuscaloosa: University of Alabama Press, 2010.

Hamilton, Holman. *Prologue to Conflict: The Crisis and Compromise of 1850.* Lawrence: University of Kansas Press, 1964.

Hamlin, Charles E., ed. *The Life and Times of Hannibal Hamlin.* Cambridge, Mass.: Riverside Press, 1899.

Harrington, Fred Harvey. "The First Northern Victory," *Journal of Southern History* 5 (1939): 186–205.

Harris, Wilmer C. *The Public Life of Zachariah Chandler, 1851–1875.* Michigan Historical Publications, 1917.

Harrison, Robert. *Washington During the Civil War and Reconstruction: Race and Radicalism.* Cambridge, Mass.: Cambridge University Press, 2011.

Harrold, Stanley. *American Abolitionists.* London and New York: Routledge, 2001.

———. *Border War: Fighting over Slavery Before the Civil War.* Chapel Hill: UNC Press, 2010.

———. *Subversives: Antislavery Community in Washington, D.C., 1828–1865.* Baton Rouge: LSU Press, 2003.

Hartnett, Stephen John. *Democratic Dissent and the Cultural Fictions of Antebellum America.* Chicago: University of Illinois Press, 2002.

———. "Franklin Pierce and the Exuberant Hauteur of an Age of Extremes: A Love Song for America in Six Movements," in *Before the Rhetorical Presidency*, ed. Martin J. Medhurst. Texas A&M University Press, 2008.

Hasseltine, William. "The Pryor-Potter Duel," *Wisconsin Magazine of History* (June 1944): 400–409.

Hay, Melba Porter. "Henry Clay and the Graves-Cilley Duel," in *A Mythic Land Apart: Reassessing Southerners and Their History*, ed. John David Smith, Thomas H. Appleton, and Charles Pierce Roland. Westport, Conn.: Greenwood Press, 1997.

Herman, Bernard L. "Southern City, National Ambition: Washington's Early Town Houses," in *Southern City, National Ambition: The Growth of Early Washington, D.C., 1800–1860*, ed. Howard Gillette, Jr. Washington, D.C.: George Washington University Center for Washington Area Studies, 1995.

Hernon, Joseph M. *Profiles in Character: Hubris and Heroism in the U.S. Senate, 1789–1990.* New York: M. E. Sharpe, 1997.

Hoffer, Williamjames Hull. *The Caning of Charles Sumner: Honor, Idealism, and the Origins of the Civil War.* Baltimore: Johns Hopkins, 2010.

Hollandsworth, James G., Jr. *Pretense of Glory: The Life of General Nathaniel P. Banks.* Baton Rouge: LSU Press, 1998.

Holmes, Stephen. "Gag Rules, or the Politics of Omission," in *Constitutionalism and Democracy,* ed. Jon Elster and Rune Slagstad. New York: Cambridge University Press, 1988.

Holt, Michael F. *The Fate of Their Country: Politicians, Slavery Extension, and the Coming of the Civil War.* New York: Hill and Wang, 2004.

———. *Franklin Pierce.* New York: Henry Holt, 2010.

———. *The Political Crisis of the 1850s.* New York: Norton, 1978.

———. *Political Parties and American Political Development: From the Age of Jackson to the Age of Lincoln.* Baton Rouge: LSU Press, 1992.

———. *The Rise and Fall of the American Whig Party: Jacksonian Politics and the Onset of the Civil War.* New York: Oxford University Press, 1999.

Holzer, Harold. *Lincoln President-Elect: Abraham Lincoln and the Great Secession Winter, 1860–1861.* New York: Simon and Schuster, 2008.

Howe, Daniel Walker. *The Political Culture of the American Whigs.* Chicago: University of Chicago Press, 1979.

———. *What Hath God Wrought: The Transformation of America, 1815–1848.* New York: Oxford University Press, 2007.

Hudson, Frederic. *Journalism in the United States from 1690 to 1872.* New York: Harper & Brothers, 1873.

Hunt, Gaillard. *Israel, Elihu, and Cadwallader Washburn: A Chapter in American Biography.* New York: Macmillan, 1925.

Huston, James L. *The British Gentry, the Southern Planter, and the Northern Family Farmer: Agriculture and Sectional Antagonism in North America.* Baton Rouge: LSU Press, 2015.

———. "The Experiential Basis of the Northern Antislavery Impulse," *Journal of Southern History* 4 (November 1990): 609–40.

Ilisevich, Robert D. *Galusha A. Grow: The People's Candidate.* Pittsburgh: University of Pittsburgh, 1989.

Jackson, George S. *Early Songs of Uncle Sam.* Boston: Bruce Humphries, Publishers, 1962.

Jacob, Kathryn Allamong. *King of the Lobby: The Life and Times of Sam Ward, Man-About-Washington in the Gilded Age.* Baltimore: Johns Hopkins, 2010.

Jenkins, Jeffrey A., and Charles Stewart III. *Fighting for the Speakership: The House and the Rise of Party Government.* Princeton, N.J.: Princeton University Press, 2013.

———. "The Gag Rule, Congressional Politics, and the Growth of Anti-Slavery Popular Politics," paper presented at "Congress and History" conference, MIT, May 30–31, 2003.

Johannsen, Robert W. *To the Halls of the Montezumas: The Mexican War in the American Imagination.* New York: Oxford University Press, 1985.

John, Richard R. *Network Nation: Inventing American Telecommunications.* Cambridge, Mass.: Harvard University Press, 2010.

———. "Recasting the Information Infrastructure for the Industrial Age," in *A Nation Transformed by Information: How Information Has Shaped the United States from Colonial Times to the Present,* ed. Alfred D. Chandler, Jr., and James W. Cortada. New York: Oxford University Press, 2000.

———. *Spreading the News: The American Postal System from Franklin to Morse.* Cambridge, Mass.: Harvard University Press, 1995.

Kaestle, Carl F. *Pillars of the Republic: Common Schools and American Society, 1780–1860.* New York: Hill and Wang, 1983.

Karp, Matthew. *This Vast Southern Empire: Slaveholders at the Helm of American Foreign Policy.* Cambridge, Mass.: Harvard University Press, 2016.

Kennon, Donald R. *American Pantheon: Sculptural and Artistic Decoration of the United States Capitol.* Athens: Ohio University, 2004.

———, ed. *A Republic for the Ages: The United States Capitol and the Political Culture of the Early Republic.* Charlottesville: UVA Press, 1999.

———. *The United States Capitol: Designing and Decorating a National Icon.* Athens: Ohio University, 2000.

Kernell, Samuel. "Toward Understanding 19th-Century Congressional Careers: Ambition, Competition, and Rotation," *American Journal of Political Science* 21 (November 1977): 669–93.

Kernell, Samuel, and Gray C. Jacobson. "Congress and the Presidency as News in the Nineteenth Century," *Journal of Politics* 49 (November 1987): 1016–35.

Kersch, Kenneth Ira. *Freedom of Speech: Rights and Liberties Under the Law.* Santa Barbara, Calif.: ABC-CLIO, 2003.

Kersh, Rogan. *Dreams of a More Perfect Union.* Ithaca: Cornell University Press, 2001.

Kielbowicz, Richard B. "News Gathering by Mail in the Age of the Telegraph: Adapting to a New Technology," *Technology and Culture* 28 (January 1987): 26–41.

———. *News in the Mail: The Press, Post Office, and Public Information, 1700–1860s.* Westport, Conn.: Greenwood Press, 1989.

Kirby, Bruce R. "The Limits of Honor: Party, Section, and Dueling in the Jacksonian Congress." M.A. thesis, George Mason University, 1997.

Kirkpatrick, Jennet. *Uncivil Disobedience: Studies in Violence and Democratic Politics.* Princeton: Princeton University Press, 2008.

Klammer, Martin. *Whitman, Slavery, and the Emergence of Leaves of Grass.* University Park: Pennsylvania State University, 1995.

Klapthor, Margaret B. "Furniture in the Capitol: Desks and Chairs Used in the Chamber of the House of Representatives, 1819–1857," *Records of the Columbia Historical Society, Washington, D.C.,* 69–70 (1969–1970): 192–98.

Klinghard, Daniel. *The Nationalization of American Political Parties, 1880–1896.* New York: Cambridge University Press, 2010.

Koivusalo, Anna. "'He Ordered the First Gun Fired & He Resigned First': James Chesnut, Southern Honor, and Emotion," in *The Field of Honor: Essays on Southern Character and American Identity*, ed. John Mayfield and Todd Hagstette, 196–212. Columbia: University of South Carolina, 2017.

Koschnik, Albrecht. *"Let a Common Interest Bind Us Together": Associations, Partisanship, and Culture in Philadelphia, 1775–1840.* Charlottesville: UVA Press, 2007.

Krotoszynsi, Ronald J. *Reclaiming the Petition Clause: Seditious Libel, "Offensive" Protest, and the Right to Petition the Government for a Redress of Grievances.* New Haven: Yale University Press, 2012.

Landis, Michael T. *Northern Men with Southern Loyalties: The Democratic Party and the Sectional Crisis.* Ithaca: Cornell University Press, 2014.

Lee, Dan. *Kentuckian in Blue: A Biography of Major General Lovell Harrison Rousseau*. McFarland, 2010.
Leonard, Gerald. *The Invention of Party Politics: Federalism, Popular Sovereignty, and Constitutional Development in Jacksonian Illinois*. Chapel Hill: UNC Press, 2002.
Leonard, Thomas C. *The Power of the Press: The Birth of American Political Reporting*. NY: Oxford, 1986.
Levine, Robert S. "'The Honor of New England': Nathaniel Hawthorne and the Cilley-Graves Duel of 1838," in *The Field of Honor: Essays on Southern Character and American Identity*, ed. John Mayfield and Todd Hagstette. Columbia: University of South Carolina Press, 2017.
Link, William A. *Roots of Secession: Slavery and Politics in Antebellum Virginia*. Chapel Hill: UNC Press, 2003.
Litwack, Leon. *North of Slavery: The Negro in the Free States, 1790–1860*. Chicago: University of Chicago Press, 1961.
Loomis, Burdett A., ed. *Esteemed Colleagues: Civility and Deliberation in the U.S. Senate*. Washington, D.C.: Brookings Institution, 2000.
Ludlum, Robert. "The Antislavery 'Gag-rule': History and Argument," *Journal of Negro History* 26 (1941): 203–43.
Lynn, Joshua A. "Half-Baked Men: Doughface Masculinity and the Antebellum Politics of Household." M.A. thesis, UNC, Chapel Hill, 2010.
Maizlish, Stephen E. "The Meaning of Nativism and the Crisis of the Union: The Know-Nothing Movement in the Antebellum North," in *Essays on American Antebellum Politics, 1840–1860*, ed. Stephen E. Maizlish and John J. Kushma. College Station: Texas A&M University Press, 1982.
Malavasic, Alice E. *The F Street Mess: How Southern Senators Rewrote the Kansas-Nebraska Act*. Chapel Hill: UNC Press, 2017.
Malin, James C. *The Nebraska Question, 1852–54*. Michigan: Edwards Brothers, 1953.
Maltzman, Forrest, Lee Sigelman, and Sarah Binder, "Leaving Office Feet First: Death in Congress," *Political Science and Politics* 29 (December 1996): 665–71.
Marbut, F. B. *News from the Capital: The Story of Washington Reporting*. Carbondale: Southern Illinois University, 1971.
Marion, Nancy E., and Willard M. Oliver. *Killing Congress: Assassinations, Attempted Assassinations, and Other Violence Against Members of Congress*. London: Lexington Books, 2014.
Maskell, Jack. "Expulsion, Censure, Reprimand, and Fine: Legislative Discipline in the House of Representatives," CRS Report No. RL31382 (Washington, D.C.: Congressional Research Service, June 27, 2016).
Mason, Sir John Edwin. "Sir Benjamin Brown French," *Proceedings of the Grand Encampment 18th Triennial Session*. Davenport, Iowa: Griggs, Watson & Day, 1871.
Mason, Matthew. *Apostle of Union: A Political Biography of Edward Everett*. Chapel Hill: UNC Press, 2016.
Mayo, Edward L. "Republicanism, Antipartyism, and Jacksonian Party Politics: A View from the Nation's Capital," *American Quarterly* 31 (Spring 1979): 3–20.
McCandless, Perry. "The Political Philosophy and Political Personality of Thomas H. Benton," *Missouri Historical Review* 2 (January 1956): 145–58.
McClure, Clarence. *Opposition in Missouri to Thomas Hart Benton*. Warrensburg: Central Missouri State Teachers College, 1926.

McCormick, Gregg M. "Personal Conflict, Sectional Reaction: The Role of Free Speech in the Caning of Charles Sumner," *Texas Law Review* 85 (May 2007): 1519–52.

McCormick, Richard P. *The Second American Party System: Party Formation in the Jacksonian Era*. New York: Norton, 1966.

McCurry, Stephanie. *Confederate Reckoning: Power and Politics in the Civil War South*. Cambridge, Mass.: Harvard University Press, 2010.

McFaul, John M., and Frank Otto Gatell. "The Outcast Insider: Reuben M. Whitney and the Bank War," *Pennsylvania Magazine of History and Biography* (April 1967): 115–44.

McGerr, Michael E. *The Decline of Popular Politics: The American North, 1865–1928*. New York: Oxford University Press, 1988.

McGiffen, Steven P. "Ideology and the Failure of the Whig Party in New Hampshire, 1834–1841," *New England Quarterly* 59 (September 1986): 387–401.

McKenzie, Ralph M. *Washington Correspondents Past and Present: Brief Sketches of the Rank and File*. New York: Newspaperdom, 1903.

McKivigan, John R., and Stanley Harrold, eds. *Antislavery Violence: Sectional, Racial, and Cultural Conflict in Antebellum America*. Knoxville: University of Tennessee, 1999.

McPherson, Elizabeth G. "Major Publications of Gales and Seaton," *Quarterly Journal of Speech* 31 (December 1945): 430–39.

———. "Reporting the Debates of Congress," *Quarterly Journal of Speech* 28 (April 1942): 141–48.

McPherson, James. "The Fight Against the Gag Rule: Joshua Levitt and Antislavery Insurgency in the Whig Party, 1839–1842," *Journal of Negro History* 48 (1963): 177–95.

Mearns, David C. "A View of Washington in 1863," *Records of the Columbia Historical Society, Washington, D.C.*, 63–65 (1963–1965): 210–20.

Meigs, William Montgomery. *The Life of Thomas Hart Benton*. Philadelphia: J. B. Lippincott Co., 1904.

Meinke, Scott "Slavery, Partisanship, and Procedure: The Gag Rule, 1836–1845," *Legislative Studies Quarterly* 1 (February 2007): 33–58.

Melish, Joanne P. *Disowning Slavery: Gradual Emancipation and Race in New England, 1780–1860*. Ithaca: Cornell University Press, 1998.

Merchant, Holt. *South Carolina Fire-Eater: The Life of Laurence Massillion Keitt, 1824–1864*. Columbia: University of South Carolina Press, 2014.

Mercieca, Jennifer Rose. "The Culture of Honor: How Slaveholders Responded to the Abolitionist Mail Crisis of 1835," *Rhetoric & Public Affairs* 10, no. 1 (2007): 51–76.

Merkel, Benjamin C. "The Slavery Issue and the Political Decline of Thomas Hart Benton, 1846–1856," *Missouri Historical Review* 38 (July 1944): 3–88.

Miller, William Lee. *Arguing About Slavery: The Great Battle in the United States Congress*. New York: Knopf, 1996.

Miner, Craig. *Seeding Civil War: Kansas in the National News, 1854–1858*. Lawrence: University Press of Kansas, 2008.

Monroe, Dan. *The Republican Vision of John Tyler*. College Station: Texas A&M University Press, 2003.

Moore, Powell. "James K. Polk: Tennessee Politician," *Journal of Southern History* 17 (November 1951): 493–516.
Morrison, Michael A. *Slavery and the American West: The Eclipse of Manifest Destiny and the Coming of the Civil War*. Chapel Hill: UNC Press, 1997.
Morton, John D. "'A High Wall and a Deep Ditch': Thomas Hart Benton and the Compromise of 1850," *Missouri Historical Review* 94 (October 1999): 1–24.
Mott, Frank Luther. "Facetious News Writing, 1833–1883," *Mississippi Valley Historical Review* 29 (June 1942): 35–54.
———. *A History of American Magazines, 1850–1865*. Cambridge, Mass.: Harvard University Press, 1938.
Muelder, Owen W. *Theodore Dwight Weld and the American Anti-Slavery Society*. Jefferson, N.C.: McFarland & Co., 2011.
Myers, John L. *Henry Wilson and the Coming of the Civil War*. Lanham, Md.: University Press of America, 2005.
Nash, Gary B. "The Philadelphia Bench and Bar, 1800–1861," *Comparative Studies in Society and History* 7, no. 2 (January 1965): 203–20.
Neely, Jeremy. *The Border Between Them: Violence and Reconciliation on the Kansas-Missouri Line*. Columbia: University of Missouri Press, 2007.
Neely, Mark E., Jr. "The Kansas-Nebraska Act in American Political Culture: The Road to Bladensburg and the *Appeal of the Independent Democrats*," in *The Nebraska-Kansas Act of 1854*, ed. John R. Wunder and Joann M. Ross. Lincoln: University of Nebraska Press, 2008.
———. *The Boundaries of Political Culture in the Civil War Era*. Chapel Hill: UNC Press, 2005.
Nerone, John. *Violence Against the Press: Policing the Public Sphere*. New York: Oxford University Press, 1994.
Nichols, Roy Franklin. *Franklin Pierce: Young Hickory of the Granite Hills*. Philadelphia: University of Pennsylvania Press, 1931.
———. *The Disruption of American Democracy*. New York: Collier Books Edition, 1962; orig. pub. 1948.
———. "The Kansas-Nebraska Act: A Century of Historiography," *Mississippi Valley Historical Review* 43 (September 1956): 187–212.
Nisbett, Richard E., and Dov Cohen. *Culture of Honor: The Psychology of Violence in the South*. Boulder, Colo.: Westview Press, 1996.
Nussbaum, Martha C. *Anger and Forgiveness: Resentment, Generosity, Justice*. New York: Oxford University Press, 2016.
———. *Political Emotions: Why Love Matters for Justice*. Cambridge, Mass.: Harvard University Press, 2013.
Nye, Russell B. *Fettered Freedom: Civil Liberties and the Slavery Controversy, 1830–1860*. East Lansing: Michigan State University Press, 1963.
Oakes, James. *Freedom National: The Destruction of Slavery in the United States, 1861–1865*. New York: Norton, 2014.
———. *The Scorpion's Sting: Antislavery and the Coming of the Civil War*. New York: Norton, 2015.
Oertel, Kristen T. *Bleeding Borders: Race, Gender, and Violence in Pre–Civil War Kansas*. Baton Rouge: LSU Press, 2009.

Olsen, Christopher J. *Political Culture and Secession in Mississippi: Masculinity, Honor, and the Antiparty Tradition, 1830–1860*. New York: Oxford University Press, 2000.

Ornstein, Norman, and Thomas E. Mann. *The Broken Branch: How Congress Is Failing America and How to Get It Back on Track*. New York: Oxford University Press, 2008.

Parkerson, Donald H., and Jo Ann Parkerson. *The Emergence of the Common School in the U.S. Countryside*. Lewiston, N.Y.: Edwin Mellen Press, 1998.

Parsons, Lynn Hudson. *The Birth of Modern Politics: Andrew Jackson, John Quincy Adams, and the Election of 1828*. New York: Oxford University Press, 2009.

Pasley, Jeffrey. "Minnows, Spies, and Aristocrats: The Social Crisis in Congress in the Age of Martin Van Buren," *JER* 27 (Winter 2007): 599–653.

———. "Printers, Editors, and Publishers of Political Journals Elected to the U.S. Congress, 1789–1861," pasleybrothers.com/newspols/congress.htm.

Payne, Charles E. *Josiah Bushnell Grinnell*. Iowa City: State Historical Society of Iowa, 1938.

Peterson, R. Eric, Jennifer E. Manning, and Erin Hemlin, "Violence Against Members of Congress and Their Staff: Selected Examples and Congressional Responses," CRS Report, 7-5700, R41609 (Washington, D.C.: Congressional Research Service, January 25, 2011).

Pfau, Michael William. *The Political Style of Conspiracy: Chase, Sumner, and Lincoln*. East Lansing: Michigan State University Press, 2005.

Pflugrad-Jackisch, Ann. *Brothers of a Vow: Secret Fraternal Orders and the Transformation of White Male Culture in Antebellum Virginia*. Athens: University of Georgia, 2010.

Pierce, Katherine A. "Murder and Mayhem: Violence, Press Coverage, and the Mobilization of the Republican Party in 1856," in *Words at War: The Civil War and American Journalism*, ed. David B. Sachsman, S. Kittrell Rushing, and Roy Morris, Jr. West Lafayette, Ind.: Purdue University Press, 2008, 85–100.

———. "Networks of Disunion: Politics, Print Culture, and the Coming of the Civil War." Ph.D. dissertation, University of Virginia, 2006.

Pierson, Arthur Tappan. *Zachariah Chandler: An Outline Sketch of His Life and Public Services*. Detroit: Post and Tribune, 1880.

Pierson, Michael D. "'All Southern Society Is Assailed by the Foulest Charges'": Charles Sumner's 'The Crime Against Kansas' and the Escalation of Republican Anti-Slavery Rhetoric," *New England Quarterly* 68, no. 4 (December 1995): 531–57.

Pitkin, Hanna F. *The Concept of Representation*. Berkeley, University of California Press, 1972.

Polsby, Nelson W. "The Institutionalization of the U.S. House of Representatives," *American Political Science Review* 62 (March 1968): 144–68.

Potter, David M. *The Impending Crisis: 1848–1861*. New York: Harper, 1976.

———. *Lincoln and His Party in the Secession Crisis*. New Haven: Yale University Press, 1967.

Price, H. Douglas. "Careers and Committees in the American Congress: The Problem of Structural Change," in *The History of Parliamentary Behavior*, ed.

William O. Ayedelotte Princeton, N.J.: Princeton Legacy Library, 2015; orig. pub. 1977, 3–27.

———. "Congress and the Evolution of Legislative 'Professionalism,'" in *Congress in Change* New York: Praeger, 1975, 14–27.

Proctor, John C. *Washington Past and Present: A History*, 5 vols. New York: Lewis Historical Publishing Co., 1930.

Quigley, Paul D. H. "Patchwork Nation: Sources of Confederate Nationalism, 1848–1865." Ph.D. dissertation, UNC, 2006.

Rable, George C. *But There Was No Peace: The Role of Violence in the Politics of Reconstruction*. Athens: University of Georgia Press, 2007; orig. ed. 1984.

———. *Damn Yankees!: Demonization and Defiance in the Confederate South*. Baton Rouge: LSU Press, 2015.

———. "Slavery, Politics, and the South: The Gag Rule as a Case Study," *Capitol Studies* 3 (1975): 69–87.

Radomsky, Susan. "The Social Life of Politics: Washington's Official Society and the Emergence of a National Political Elite, 1800–1876," 2 vols. Ph.D. dissertation, University of Chicago, 2005.

Ratner, Lorman A., and Dwight L. Teeter, Jr. *Fanatics and Fire-Eaters: Newspapers and the Coming of the Civil War*. Urbana: University of Illinois Press, 2003.

Reddy, William M. *The Navigation of Feeling: A Framework for the History of Emotions*. New York: Cambridge University Press, 2001.

Reed, Henry Hope. *The United States Capitol: Its Architecture and Decoration*. New York: Norton, 2005.

Reed, John S. "Below the Smith and Wesson Line: Southern Violence," in *One South: An Ethnic Approach to Regional Culture*. Baton Rouge: LSU Press, 1982, 139–53.

Remini, Robert V. *Andrew Jackson: The Course of American Empire, 1767–1821*. Baltimore: Johns Hopkins, 1998.

———. *The Election of Andrew Jackson*. New York: J. B. Lippincott, 1963.

———. *Martin Van Buren and the Making of the Democratic Party*. New York: Columbia University Press, 1959.

———. *Henry Clay: Statesman for the Union*. New York: Norton, 1991.

Richards, Leonard L. *"Gentlemen of Property and Standing": Anti-Abolition Mobs in Jacksonian America*. New York: Oxford University Press, 1970.

———. *The Life and Times of Congressman John Quincy Adams*. New York: Oxford University Press, 1986.

———. *The Slave Power: The Free North and Southern Domination, 1780–1860*. Baton Rouge: LSU Press, 2000.

Richardson, Heather Cox. *To Make Men Free: A History of the Republican Party*. New York: Basic Books, 2014.

Riddle, Albert Gallatin. *Life of Benjamin Franklin Wade*. Cleveland: Williams Publishing Co., 1888.

Riley, Ben A. "The Pryor-Potter Affair: Nineteenth Century Civilian Conflict as Precursor to Civil War," *Journal of West Virginia Historical Association* (1984): 30–39.

Risley, Ford. *Abolition and the Press: The Moral Struggle Against Slavery*. Evanston, Ill.: Northwestern University Press, 2008.

Ritchie, Donald. *American Journalists: Getting the Story*. New York: Oxford University Press, 1997.

———. *Press Gallery: Congress and the Washington Correspondents*. Cambridge, Mass.: Harvard University Press, 1991.

Roberts, Allen E. *House Undivided: The Story of Freemasonry and the Civil War*. Richmond: Macoy Publishing and Masonic Supply, 1990.

Roberts-Miller, Patricia. "Agonism, Wrangling, and John Quincy Adams," *Rhetoric Review* 25, no. 2 (2006): 141–61.

———. *Fanatical Schemes: Proslavery Rhetoric and the Tragedy of Consensus*. Tuscaloosa: University of Alabama Press, 2009.

Robinson, Elwyn Burns. "The 'Pennsylvanian': Organ of the Democracy," *Pennsylvania Magazine of History and Biography* 3 (1938): 350–60.

Rorabaugh, W. J. *The Alcoholic Republic: An American Tradition*. New York: Oxford University Press, 1979.

Rothman, Adam. "The 'Slave Power' in the United States, 1783–1865," in *Ruling America: A History of Wealth and Power in a Democracy*, ed. Steve Fraser and Gary Gerstle. New York: Cambridge University Press, 2005.

Rugemer, Edward B. "Caribbean Slave Revolt and the Origins of the Gag Rule: A Contest between Abolitionism and Democracy, 1797–1835," in *Contesting Slavery: The Politics of Slavery in the New American Nation*, ed. John Craig Hammond and Matthew Mason. Charlottesville: UVA Press, 2011.

Ryan, Mary. *Civic Wars: Democracy and Public Life in the American City During the Nineteenth Century*. Berkeley: University of California Press, 1997.

Sachsman, David B., S. Kittrell Rushing, and Roy Morris Jr., eds. *Words at War: The Civil War and American Journalism*. West Lafayette, Ind.: Purdue University Press, 2008.

Sampson, Robert. *John L. O'Sullivan and His Times*. Kent, Ohio: Kent State University Press, 2003.

Schudson, Michael. *Discovering the News: A Social History of American Newspapers*. New York: Basic Books, 1981.

Scott, Pamela. *Temple of Liberty: Building the Capitol for a New Nation*. New York: Oxford University Press, 1995.

Seitz, Don C. *Famous American Duels*. New York: Thomas Y. Crowell Co., 1929.

SenGupta, Gunja. *For God and Mammon: Evangelicals and Entrepreneurs, Masters and Slaves in Territorial Kansas, 1854–1860*. Athens: University of Georgia Press, 1996.

Sewell, Richard H. *Ballots for Freedom: Antislavery Politics in the United States, 1837–1860*. New York: Oxford University Press, 1976.

———. *John P. Hale and the Politics of Abolition*. Cambridge, Mass.: Harvard University Press, 1965.

Shade, William. "Political Pluralism and Party Development: The Creation of a Modern Party System, 1815–1852," in *The Evolution of American Electoral Systems*, ed. Paul Kleppner, Walter Dean Burnham, Ronald P. Formisano, Samuel P. Hays, Richard Jensen, and William G. Shade. Westport, Conn.: Greenwood Press, 1981, 77–111.

Shalhope, Robert E. "Thomas Hart Benton and Missouri State Politics: A Re-Examination," *Bulletin of the Missouri Historical Society* 25 (April 1969): 171–91.
Shelden, Rachel A. *Washington Brotherhood: Politics, Social Life, and the Coming of the Civil War*. Chapel Hill: UNC Press, 2013.
Sheppard, Steve, ed. *The History of Legal Education in the United States: Commentaries and Primary Sources*, 2 vols. Pasadena, Calif.: Salem Press, 1999.
Shields, Johanna Nicol. *The Line of Duty: Maverick Congressmen and the Development of American Political Culture, 1836–1860*. Westport, Conn.: Greenwood Press, 1985.
Silbey, Joel H. "After 'The First Northern Victory': The Republican Party Comes to Congress, 1855–56, *Journal of Interdisciplinary History* 20 (Summer 1989): 1–24.
———. *The American Political Nation, 1838–1893*. Stanford, Calif.: Stanford University Press, 1991.
———. *Martin Van Buren and the Emergence of American Popular Politics*. Lanham, Md.: Rowman & Littlefield, 2002.
———. *Storm over Texas: The Annexation Controversy and the Road to Civil War*. New York: Oxford University Press, 2005.
———. "The Surge in Republican Power: Partisan Antipathy, American Social Conflict, and the Coming of the Civil War," in *Essays on American Antebellum Politics, 1840–1860*, ed. Stephen E. Maizlish and John J. Kushkia. College Station: Texas A&M University Press, 1982.
Simpson, Brooks D. "'Hit Him Again': The Caning of Charles Sumner," in *Congress and the Compromise of the 1850s*, ed. Paul Finkelman and Donald R. Kennon. Athens: Ohio University Press, 2012.
Simpson, Craig M. *A Good Southerner: The Life of Henry A. Wise of Virginia*. Chapel Hill: UNC Press, 1985.
Sinha, Manisha. "The Caning of Sumner: Slavery, Race, and Ideology in the Age of the Civil War," *JER* 23 (Summer 2003): 233–62.
———. *The Counterrevolution of Slavery: Politics and Ideology in Antebellum South Carolina*. Chapel Hill: UNC Press, 2000.
———. *The Slave's Cause: A History of Abolition*. New Haven: Yale University Press, 2016.
Smith, Culver H. *The Press, Politics, and Patronage: The American Government's Use of Newspapers, 1789–1875*. Athens: University of Georgia Press, 1977.
Smith, Elbert B. *Magnificent Missourian: The Life of Thomas Hart Benton*. New York: J. B. Lippincott, 1958.
Snay, Mitchell. *Gospel of Disunion: Religion and Separatism in the Antebellum South*. Chapel Hill: UNC Press, 1997.
Spangler, Michael. "Benjamin Brown French in the Lincoln Period," *White House History* 8 (Fall 2000), 4–17.
Spofford, Harriet Prescott. "The Messenger Boys at the Capitol," *Harper's Young People* 63 (January 11, 1881).
Springer, Keith L. "Cold Water Congressmen: The Congressional Temperance Society Before the Civil War," *Historian* 27, no. 4 (1965): 498–515.
Stahr, Walter. *Seward: Lincoln's Indispensable Man*. New York: Simon and Schuster, 2012.

Stegmaier, Mark J. *Texas, New Mexico, and the Compromise of 1850: Boundary Dispute and Sectional Crisis*. Kent, Ohio: Kent State University Press, 1996.

Steward, Dick. *Duels and the Roots of Violence in Missouri*. Columbia: University of Missouri Press, 2000.

Stewart, James Brewer. "Christian Statesmanship, Codes of Honor, and Congressional Violence: The Antislavery Travails and Triumphs of Joshua Giddings," in Paul Finkelman and Donald R. Kennon, eds., *In the Shadow of Freedom: The Politics of Slavery in the National Capital*. Athens: Ohio University Press, 2011.

———. *Joshua R. Giddings and the Tactics of Radical Politics*. Cleveland: Press of Case Western Reserve University, 1970.

Stott, Richard. *Jolly Fellows: Male Milieus in Nineteenth-Century America*. Baltimore: Johns Hopkins, 2009.

Strange, Carolyn, Robert Cribb, and Christopher E. Forth, eds. *Honour, Violence and Emotions in History*. London: Bloomsbury, 2014.

Struble, Robert Struble, Jr. "House Turnover and the Principle of Rotation," *Political Science Quarterly* 4 (Winter 1979–80): 649–67.

Summers, Mark W. *The Press Gang: Newspapers and Politics, 1865–1878*. Chapel Hill: UNC Press, 1994.

Sundquist, James L. *Dynamics of the Party System: Alignment and Realignment of Political Parties in the United States*. Washington, D.C.: Brookings Institute, 1983.

Swift, Elaine K. *The Making of an American Senate: Reconstitutive Change in Congress, 1787–1841*. East Lansing: University of Michigan Press, 2002.

Tatham, David. "Winslow Homer's 'Arguments of the Chivalry,'" *American Art Journal* 5 (May 1973): 86–89.

Thayer, Shelly A. "The Delegate and the Duel: The Early Political Career of George Wallace Jones," *Palimpsest* 5 (September–October 1984): 178–88.

Theriault, Sean M., and Barry R. Weingast. "Agenda Manipulation, Strategic Voting, and Legislative Details in the Compromise of 1850," in *Party, Process, and Political Change in Congress*, ed. David Brady and Matthew McCubbins, 2 vols. Stanford, Calif.: Stanford University Press, 2002.

Thompson, Margaret Susan. *The "Spider Web": Congress and Lobbying in the Age of Grant*. Ithaca: Cornell University Press, 1985.

Thomsen, Jacqueline. "GOP Lawmaker Once Held a Knife to Boehner's Throat," *The Hill*, October 29, 2017, thehill.com/blogs/in-the-know/in-the-know/357743-gop-lawmaker-once-held-a-knife-to-boehners-throat.

Tilly, Charles. *The Politics of Collective Violence*. New York: Cambridge University Press, 2003.

Tomich, Dale W., ed. *The Politics of the Second Slavery*. Albany: State University of New York Press, 2016.

———. *Through the Prism of Slavery: Labor, Capital, and World Economy*. Lanham, Md.: Rowman & Littlefield, 2004.

Trachtenberg, Alan. *Lincoln's Smile and Other Enigmas*. New York: Hill and Wang, 2007.

Trefousse, Hans L. *Andrew Johnson: A Biography*. New York: Norton, 1989.

———. *The Radical Republicans: Lincoln's Vanguard for Racial Justice*. New York: Knopf, 1969.

———. *Thaddeus Stevens: Nineteenth-Century Egalitarian*. Chapel Hill: UNC Press, 1997.

Tyrell, Ian R. *Sobering Up: From Temperance to Prohibition in Antebellum America, 1800–1860*. Westport, Conn.: Greenwood Press, 1979.

Uslaner, Eric M. "Comity in Context: Confrontation in Historical Perspective," *British Journal of Political Science* 21 (1991): 45–77.

———. *The Decline of Comity in Congress*. Ann Arbor: University of Michigan Press, 1993.

———. "Is the Senate More Civil Than the House?" in *Esteemed Colleagues: Civility and Deliberation in the U.S. Senate*, ed. Burdett A. Loomis. Washington, D.C.: Brookings Institution, 2000, 32–55.

Van Cleve, George William. *A Slaveholders' Union: Slavery, Politics, and the Constitution in the Early Republic*. Chicago: University of Chicago Press, 2010.

Varon, Elizabeth R. *We Mean to Be Counted: White Women and Politics in Antebellum Virginia*. Chapel Hill: UNC Press, 1998.

Vollweiler, Albert T. "The Nature of Life in Congress (1850–1861)," *Quarterly Journal of the University of North Dakota* 6, no. 1 (October 1915): 145–58.

Wakelyn, Jon L. "Disloyalty in the Confederate Congress: The Character of Henry Stuart Foote," in *Confederates Against the Confederacy: Essays on Leadership and Loyalty*, ed. Jon L. Wakelyn. Westport, Conn.: Praeger, 2002.

Wallner, Peter A. *Franklin Pierce: Martyr for the Union*. Concord, N.H.: Plaidswede, 2007.

———. *Franklin Pierce: New Hampshire's Favorite Son*. Concord, N.H.: Plaidswede, 2004.

Walther, Eric H. *The Fire-Eaters*. Baton Rouge: LSU Press, 1992.

———. *The Shattering of the Union: America in the 1850s*. Lanham, Md.: Rowman & Littlefield, 2004.

Ward, John William. *Andrew Jackson: Symbol for an Age*. New York: Oxford University Press, 1955.

Wawro, Gregory J., and Eric Schickler. *Filibuster: Obstruction and Lawmaking in the U.S. Senate*. Princeton, N.J.: Princeton University Press, 2006.

Weinbaum, Paul O. "Mobs and Demagogues: The New York Response to Collective Violence in the Early Nineteenth Century." Ph.D. dissertation, University of Rochester, 1974.

Wells, Harwell. "The End of the Affair? Anti-Dueling Laws and Social Norms in Antebellum America," *Vanderbilt Law Review* 54: 1805–47.

Widmer, Edward L. *Young America: The Flowering of Democracy in New York City*. New York: Oxford University Press, 1999.

Wilentz, Sean. *The Rise of American Democracy: Jefferson to Lincoln*. New York: Norton, 2005.

Williams, Robert Chadwell. *Horace Greeley: Champion of American Freedom*. New York: NYU Press, 2006.

Winkle, Kenneth J. *Lincoln's Citadel: The Civil War in Washington, D.C.* New York: Norton, 2013.

Wirls, Daniel. "The 'Golden Age' Senate and Floor Debate in the Antebellum Congress," *Legislative Studies Quarterly* 2 (May 2007): 193–222.

———. "'The Only Mode of Avoiding Everlasting Debate': The Overlooked Senate Gag Rule for Antislavery Petitions," *JER* (Spring 2007): 115–38.

Wongsrichanalai, Kanisom. *Northern Character: College-Educated New Englanders,*

Honor, Nationalism, and Leadership in the Civil War. New York: Fordham University Press, 2016.

Wood, Nicholas. "John Randolph of Roanoke and the Politics of Slavery in the Early Republic," *Virginia Magazine of History and Biography* 2 (Summer 2012): 106–43.

Woods, Michael E. *Emotional and Sectional Conflict in the Antebellum United States*. New York: Cambridge University Press, 2014.

———. "'The Indignation of Freedom-Loving People': The Caning of Charles Sumner and Emotion in Antebellum Politics," *Journal of Social History* 44 (Spring 2011): 689–705.

———. "Tracing the 'Sacred Relics': The Strange Career of Preston Brooks's Cane," *Civil War History* (June 2017): 113–32.

———. "What Twenty-First-Century Historians Have Said About the Causes of Disunion: A Civil War Sesquicentennial Review of the Recent Literature," *JAH* (September 2012): 415–39.

Wunder, John R., and Joann M. Ross., eds. *The Nebraska-Kansas Act of 1854*. Lincoln: University of Nebraska Press, 2008.

Wyatt-Brown, Bertram. "The Abolitionists' Postal Campaign of 1835," *Journal of Negro History* 50 (October 1965): 227–38.

———. "Andrew Jackson's Honor." *Journal of the Early Republic* 17 (Spring 1997): 1–35.

———. "Honor, Humiliation, and the American Civil War," in *A Warring Nation: Honor, Race, and Humiliation in America and Abroad*, ed. Bertram Wyatt-Brown. Charlottesville: UVA Press, 2014.

———. *The Shaping of Southern Culture: Honor, Grace, and War, 1760s–1880s*. Chapel Hill: UNC Press, 2001.

———. *Southern Honor: Ethics and Behavior in the Old South*. New York: Oxford University Press, 1982.

———. *Yankee Saints and Southern Sinners*. Baton Rouge: LSU Press, 1985.

Wyly-Jones, Susan. "The 1835 Anti-Abolition Meetings in the South: A New Look at the Controversy over the Abolition Postal Campaign," *Civil War History* 47 (2001): 289–309.

Yacovone, Donald. "Abolitionists and the 'Language of Fraternal Love,'" in *Meanings for Manhood*, ed. Mark C. Carnes and Clyde Griffen. Chicago: University of Chicago Press, 1990, 85–95.

Yarwood, Dean L. *When Congress Makes a Joke: Congressional Humor Then and Now*. New York: Rowman & Littlefield, 2004.

Yearns, Wilfred. *The Confederate Congress*. Athens: University of Georgia Press, 1960.

Young, James Sterling. *The Washington Community, 1800–1828*. New York: Harcourt, 1966.

Zaeske, Susan. *Signatures of Citizenship: Petitioning, Antislavery, and Women's Political Identity*. Chapel Hill: UNC Press, 2003.

———. "'The South Arose as One Man': Gender and Sectionalism in Antislavery Petition Debates, 1835–1845," *Rhetoric & Public Affairs* 12 (2009).

Zagarri, Rosemarie. "The Family Factor: Congressmen, Turnover, and the Burden of Public Service in the Early American Republic," *JER* 2 (Summer 2013): 283–316.

Zalimas, Robert J., Jr. "'Contest MY Seat Sir!': Lewis D. Campbell, Clement L. Vallandigham, and the Election of 1856," *Ohio History Journal* (Winter–Spring 1997): 5–30.

Zelizer, Julian, ed. *The American Congress: The Building of Democracy*. New York: Houghton Mifflin, 2004.

致　谢

撰写这部著作的最大悖论是，由友谊和帮助汇聚而成的关系网支撑了我对暴力和龌龊的研究。由始至终，朋友、家人和同事们都无私地给予了他们的支持、建议和智慧。在这里我所表达的谢意根本无法匹配他们所给予的帮助。

当我第一次探求构思（并发现）我的研究问题时，美国历史协会和国会图书馆的 J.Franklin Jameson 研究基金起到了关键作用；它让我能够在图书馆里花几个月的时间仔细浏览国会议员的文件，以发现关于暴力的材料，并获知其中大量细节，这是本书的核心内容。对于这段支持，我心永记。德克森国会中心（The Dirksen Congressional Center）也在研究的关键节点上提供了资金。美国学识协会理事会（American Council of Learned Societies）和纽约公共图书馆的多萝西和刘易斯·B. 卡尔曼学者和作家中心（Dorothy and Lewis B. Cullman Center for Scholars and Writers）提供的帮助足以改变我的研究，他们不仅资助和指导了我一年的研究和写作，也向我介绍了一群热心和奇妙的作家与学者，他们中的一些人如今是我的密友。Adrien LeBlanc 和 Joel Kaye 提供了明智的建议，并且这么多年来一直以局外人的身份激励我；在中心里，Mark Stevens 是智力犯罪方面的好搭档，还有 Jennifer Vanderbes 和 Han Ong 也是好搭档，我和 Jim Oakes 吃过几顿午餐，期间给我带来诸多想法。

我们无所畏惧的"领袖"Jean Strouse 不仅聪明、善于激励和培养他人，而且精通写作，这些优点集于一身。我感谢他们在智力和情感上慷慨地提供支持（还有在一天的写作结束之后伴随着苏格兰威士忌的闲聊）。

许多图书馆员和馆长都不吝惜自己的时间和智慧，在这本书的起点华盛顿尤其如此。在国会图书馆的手稿部门，内战和重建史专家 Michelle Krowl 帮助我查阅和利用弗伦奇的作品（而且他似乎和我一样沉浸于对弗伦奇的了解）。负责编号的图书馆员 Bruce Kirby 不仅帮助我进行研究，还给了我一份他关于西利-格雷夫斯决斗的优秀硕士论文副本，并陪我到"山顶"（"mountaintop"，即史密森尼协会枪支储藏室）参观了西利-格雷福斯决斗用过的步枪。向我们展示那些枪支的 David Miller——美国国家历史博物馆军事史部门的负责人——特意展示并且解读了一系列很受国会议员欢迎的武器；许多年后，他又提供了其中一些武器的照片作为插图。参议院荣誉历史学家 Don Ritchie 带我参观了国会山的开放和封闭的空间，当时我喋喋不休地说着谁在哪个角落出于什么原因打了谁。来自美国参议院艺术委员会的 Diane Skvarla 馆长提供了视觉上的素材，Scott Strong 则慷慨地给我发了一系列关于国会背景的资料。来自于众议院历史学家协会办公处的准历史学会会员 Kenneth Kato，历史学家协会正式成员 Matthew Wasniewski 和名誉成员 Ray Smock 在我翻看他们那里的档案时，都十分友好殷勤。如果没有这些了不起的华盛顿人，我不可能发现内战前国会的基本情况。

国会图书馆收藏的宝贵的弗伦奇日记缩略版——《年轻共和国的见证人：一个北方佬的日记，1828—1870》，由 Donald B. Cole 和 John J. McDonough 编辑——让我找到了帮我窥探弗伦奇世界的人。Peter S. French，这本书的核心人物的玄孙，不仅回答了我的问题，还欢迎我到他家里，给我看了一些弗伦奇的物件，并提供了家谱。非常感谢彼得多年前把弗伦奇的作品赠给了国会图书馆。当我们第一次见面的时候，他简直不敢相信会有人读到它们。希望这本书能向他展示出，当有人读到这些作品的时候他所作所为的意义何在。也感谢 Roger Ginn，他给我寄了一份关于乔纳森·西利的研究。

还有很多人在关键时刻出现，解惑答疑。国会公墓的 Dayle Dooley 很好心地拍下了弗伦奇坟墓的照片，让我能够看到上面的文字。在我离开新罕布什尔州历史协会之后很久，相隔万里的图书馆员 William Copeley 还帮我解读了一封信件。杜克大学的大卫·M.鲁本斯坦珍稀书卷和手稿图书馆（David M. Rubenstein Rare Book and Manuscript Library）的图书馆员 Elizabeth Dunn 帮助我回溯了劳伦斯·基特生活中的一些细节。衷心的谢意还要送给马萨诸塞州历史学会、达特茅斯学院的劳纳特别收藏图书馆（Rauner Special Collections Library）、国家档案馆、北卡罗来纳大学教堂山分校的南部历史收藏室（Southern Historical Collection）、大英图书馆、鲍登学院图书馆的特别收藏和档案室（Special Collections and Archives）以及亨廷顿图书馆（Huntington Library）中的人。在这个数字化的时代，这些由专业图书馆员和档案馆员任职的档案室和图书馆仍然是不可替代的研究中心，里面有经常在任何数据库中都找不到的宝贵财富。出于这些以及更多的原因，他们理应获得掌声。在一次非常增长见闻的午餐中，前众议院执事 Sir Malcolm Jack 和我谈了很多关于议会执事的事情。在我前往北卡罗来纳州去做长期研究的旅中，Kathy White 十分热情地招待了我，她带我游览风景，告诉我有哪些美食。教堂山富兰克林酒店的总经理 Michael Donaldson 怀着极大的善意让我居住得更加舒适便利。对所有这些人，我都表示衷心的感谢。

我还欠了多年来众多为我提供深刻见解的历史学家和学者的恩情。Michael Les Benedict、Dan Feller、Michael Grow、Pauline Maier、Joseph Meisel、Randy Roth、Tony Rotundo、Walter Stahr 和 Julian

Zelizer 大方地贡献了他们的时间和知识。（Dan 慷慨地向我提供了关于亨利·怀斯的信息，在取笑他的罪恶中也是我的好伙伴。）我要特别感谢 Peter Onuf、Edward Ayers、John Demos、James Brewer Stewart、Frank Cogliano 和 R. B. Bernstein，他们阅读了初稿并提供了必要的反馈，这些反馈都是真知灼见。Peter 读了不止一次，一如既往地给出具体的反馈意见，并且不停地鼓励我。他影响我工作和思考的方式比他所意识到的更多。Ed 在给予我极大支持、帮助的同时，一直让我在南北部内容之间保持平衡。John 从一开始就充满热情，以无数种方式支持这个项目，并指导我怎么进行叙事。Jim 不仅在这个项目上付出了难以言表的支持，而且在他称之为我的"人类学式"政治史研究方法上给予了极大的帮助；我过去和现在都对他的热情非常感激。几年前，Frank 就提出要读这本书，在我快结稿的时候，也就是最紧要的关头他大方地读了书稿。多年来，Richard 在听我谈论这本书时（偶尔我会感到恐慌），他的声音永远都能抚慰我并使我冷静，还总是提出明智的建议和劝告。我非常感激这些朋友和同事的支持。他们表现出了历史学这个专业中的美好，是最好的朋友。

我在耶鲁大学的同事们也一直对我的研究很有兴趣，并且时刻对我进行鼓励。在历史系，Dan Kevles、David Blight、Ed Rugemer 和 Naomi Lamoreaux 激励着我；Alejandra Dubcovsky 和 Joanne Meyerowitz 提供的道义支持十分重要（另外，作为一名美国早期史研究的同行，Alejandra 和 Ed 都给了我很好的反馈信息）。David Mayhew 和我在几次午餐中就国会问题大谈特谈。Akhil Amar 问出了几个关键的问题。法律理论研讨会、耶鲁美国早期史研讨会（YEAH）、种族和奴隶制工作组和吉尔德·莱尔曼中心（Gilder Lehrman Center）为本书的部分内容召开过研讨会（YEAH 多次召开），这本书因此变得更佳。此外，三位美国史图书馆员伸出了援手：Greg Eow 和 David Gary 在搜索模糊材料方面的贡献无可估量，James Kessenides 和研究型数据库的支持专家 Joshua Dull 则花时间向我展示了如何使用 ICPSR 数据库。

由此，我想起了耶鲁大学里杰出的学生。我要怎样感谢他们呢？他们对这个项目的重要性远超于他们所知。本科生和研究生多年来一直在课堂里听这本书中的部分内容，并在此过程中有着精彩的见解。当我的动力放缓或我的能量减弱时，他们的兴趣敦促我继续前进。研究生 Michael Blaakman、Zach Conn 和 James Shinn 尤其需要提及。精通于美国早期历史和内战前的历史的学者都习惯和钢笔打交道，他们读了这本书的早期版本，并给出了篇幅不短的反馈笔记（当然是就着纽黑文的披萨）。James 还额外多付出了一些，在项目快结束时他又读了一遍书稿。我非常感谢他们的投入和支持。与 MI、Zach 和 James 这样的人一起工作，让耶鲁大学的教学工作成为一种乐趣。

在耶鲁之外，还有其他一些团体组织了这本书的研讨会。普林斯顿大学的美国政治史研讨会、哥伦比亚美国早期史研讨会、麻省理工学院的国会与历史会议、国家历史教育委员会和哈佛大学的查尔斯·沃伦中心（Charles Warren Center）帮助我讨论了一些具体难题。参加了我在沃伦中心举行的会议的 Pauline Maier 给了我特别的鼓励。多年来，她一直是一位深受人们喜爱的导师和朋友。我真希望能给她看看最终的作品。同时，非常感谢我所在小峰会的其他成员：Amy Chazkel、Seth Fein、Chris Hill 和 Pablo Piccato。他们敏锐的洞察力和建议在这个项目的早期阶段产生了巨大的影响；他们的友谊和鼓励也让这个阶段趣味非凡。OpEd 项目的优秀人员——致力于促进女性在公众评论领域的发展——在这个项目的关键节点上发挥了巨大的作用；Katie Orenstein、Chloe Angyl 和 Mary Curtis 帮助我寻找到将我关于过去的研究应用于对现代的评论的最佳方式，我要感谢她们。

在我写这本书的 17 年里，我并不总是开怀大笑，我隐居写作时给一些朋友造成不便，我对他们奉上真诚的谢意和歉意。感谢"幕后故事"（BackStory）[1]中所有鼓励我以及保持耐心的人，你们给了我"完成这本书"的持续动力。也要感谢那些多年来一直听我谈论国会议员不当行为的朋友们。Janice Norian、Kristen Walters、Anne Marie Alino、Lisa Bloom、Donna Saleh 和 Alan Mowatt 一直不停地鼓励我。Honor Sachs 支持我度过了几段艰难的时光，并用严厉的方式敦促我写作。无论在我的低潮期还是高潮期，Beth Wrightson 和 Kelly Allgaier 都是最真诚的朋友。Ted Weinstein 给了我明智的出版建议。如果没有他们的友谊和支持，我就不可能写出这本书。我在诺斯黑文形塑健身房（In-Shape）的"健身老鼠"同伴们——尤其是 Bob Strathdee——同样充满热情，即使在举重的时候也是如此。Rudy Williams、Tony Delfi、Emir Graciano、Adam Ufret 和 Efrain Burgos 都是我写书过程中的好朋友，他们听了很多打斗的故事，就不断催促我写书。Muffie Meyer 和 Ron Blumer 也鼓励我不断推进这本书的写作，即使我闭门写作而消失不见时依然如此，Gloria Sesso 也是这样的朋友。Mel McCombie、Harris Friedman 和小 Dickens 都是忠实的支持者和朋友。Helen Lankenau 说过许多充满智慧的话。在很多方面，Doris Silverman 的建议和支持是我写作过程中的支柱。最后，纽约州金斯顿市梅雷迪思面包店（Meredith's Bread）的人们值得我大赞特赞。他们的"魔力脆饼"（我如此称呼这种饼干）是我写作前的仪式性早餐，虽然我已经在许多个周六早上的当地农贸市场中感谢过他们了，但现在我将此写进书中，这是正式感谢。

在写这本书的最后阶段，有两个人值得特别提及和感谢。当我的项目变成一本书，需要一个"收容所"时，我的代理人 Wendy Strothman 作为一个不知疲倦的推动者和顾问，在我写作的最后一周，她慷慨地

---

[1] 作者所开设的播客。——译者注

审阅了最后一遍。我的编辑 Alex Star 从一开始就非常关心我的作品，提供了重要的编辑建议和鼓励；和他一起工作是一种乐趣。我衷心感谢法勒、斯特劳斯和吉鲁出版社（Farrar, Straus and Giroux）中的所有了不起的家伙，包括装帧设计本书的 Dominique Lear、Stephen Weil 和 Jonathan Lippincott。

我也要感谢我的家人，他们永远对我充满信心。我的兄弟 Richard 和 Marc，以及我的嫂子 Joanne Keegan 都是王牌顾问；Marc 以他独有的方式鼓励我讲一个好故事。我的母亲热情地听我大声朗读这本书的片段，赞赏有加，这对我而言意义重大。我的父亲，他是一个市场研究员，迫不及待地想为最终的成品做广告。我的侄女 Olivia 在写作本书方面并没有真正帮到我，但我爱她——所以她出现在这里。

最后，我非常喜欢我的鹦鹉 Boo，他在我写作时一直不停地陪着我。当我开始写这本书时，他进入了我的生活，当我结束这本书时，他去世了。在整个过程中，他都坐在我身边，斜着眼睛，可疑地盯着我的手稿，当我发现一场特别严重的骚乱时，他会跟着我一起大笑。尽管在致谢中称赞宠物显得很愚蠢，但 Boo 值得如此。他亲眼目睹了这一切。

索 引

（索引页码为英文原版页码，即本书边码，斜体页码代表插图）

Abolitionism, see antislavery advocacy, 废奴主义，参见反奴隶制倡议

Adams, John Quincy, 约翰·昆西·亚当斯, 75, *119*

    and alcohol, 和酒精, 52

    and anti-dueling law, 和反决斗法, 109, 135–136

    and bullying, 和霸凌, 33, 35, 128, 131, 134, 135–136, 141, 255

    and Cilley–Graves duel, 和西利-格雷夫斯的决斗, 82, 100, 101, 107–108, 109, 121

    on Dawson, 评论道森, 68, 70

    death of, 其逝世, 77, 144

    and dueling, 和决斗, 107–108, 135–136

    and disunion threats, 和解体威胁, 214

    and Duncan, 和邓肯, 92

    and free speech, 和言论自由, 212

    and French, 和弗伦奇, 134–135, 143–144, 276

    gag rule debate motivation of, 钳口律辩论的动机, 114–115

    and Giddings, 和吉丁斯, 119, 139

    on Northern appeasement of Southerners, 评论北部对南部人的妥协, 107–108

    and Northern cowardice, 和北部人的懦弱, 107, 132, 135

    and opinion of Congress, 关于国会的意见, 92, 100, 107–108

    as political combatant, 作为一个政治斗士, 114–115, 118–120, 121, 127–129, 135

    and press, 和传媒, 190, 191

    and rules of order, 和秩序规则, 71, 114, 118, 121, 126–127

    slaveholder attacks on, 奴隶主对他的攻击, 120, 121, 127–128

    on slavery, 评论奴隶制, 114–115,

120

and Texas annexation，和得克萨斯的合并，143

see also gag rule debate，也可参见钳口律辩论

Albany Evening Journal，《奥尔巴尼晚报》，199

alcohol，酒精，38–39，50–52，238，309nn81、83

Alexandria Gazette，《亚历山大里亚报》，198

Allen, William，威廉·艾伦，30–31

American Anti-Slavery Society，美国反奴隶制协会，112–113

American Party，美国人党，209，215

American people, see national landscape，美国人民，参见国家景观

"Andrew Jackson and Andrew Johnson" (French)，"安德鲁·杰克逊和安德鲁·约翰逊"（弗伦奇），278

anti-dueling laws，反决斗法，102–103，105，109–110，113，135–136，219–220

antislavery advocacy，反奴隶制倡议：

and bullying，和霸凌，132–133

French's participation in，弗伦奇的参与，56–57，202–203，205–207，213

and Giddings，和吉丁斯，115–116，134，138–139

and Northern appeasement of Southerners，和北部对南部人的妥协，66，67

and presidential election (1852)，和总统选举（1852年），180

and presidential election (1860)，和总统选举（1860年），260

and press，和传媒，193，197

and Republican Party，和共和党，205–207，250–251，252

slaveholder anger at，奴隶主对其的愤怒，68，70，89，114，119–120，128

violent actions in，其中的暴力行为，208–209，250

antislavery petition campaigns, see gag rule debate 反奴隶制请愿行动，参见钳口律辩论

"antislavery toreadors"，"反奴隶制斗牛士"，116，134，162，255

see also slavery, petitions，也可参见奴隶制、请愿

armed combat in Congress (late 1850s)，国会中的械斗（19世纪50年代末），37，68–70，125，149

British responses to，英国人对此的反应，242，*247*

Keitt-Grow fight，基特-格罗的争斗，236，238，*239*，240–243

and popular culture，和大众文化，242–243，246–247

press coverage of，媒体的报道，241–

246

public response to，公众的反应，173，246–248

threats of，其威胁，158–160，162

and weapon-wearing，和携带武器，248–249，252，256–259

Arnold, Thomas，托马斯·阿诺德，125，128

Bailey, Gamaliel，加梅利尔·贝利，213

Baker, Edward，爱德华·贝克，145

Baltimore Sun，《巴尔的摩太阳报》，87

Banks, Nathaniel，纳撒尼尔·班克斯，205–206，214，216，217，226，233

Barksdale, William，威廉·巴克斯代尔，240

Barton, David，大卫·巴顿，130

Baton Rouge *Daily Advocate*，巴吞鲁日的《每日律师报》，198

Beaty, Martin，马丁·比蒂，49

Bell, John，约翰·贝尔，85，86，106

Bell-Turney conflict，贝尔–特尼的冲突，85–86

Bennett, James Gordon，詹姆斯·戈登·本内特，192

Benton-Butler conflict，本顿–巴特勒的冲突，154–155，156，165，172

Benton, Thomas Hart，托马斯·哈特·本顿，*155*

　Butler conflict and，和巴特勒的冲突，154–155，156，165，172

character of，其性格，154–156

and Cilley-Graves duel，和西利–格雷夫斯的决斗，92–93，105，154

and duels，和决斗，64，154，355*n*57

and electioneering，和选举，148–189

and free speech，和言论自由，233

and Northern appeasement of Southerners，和北部对南部人的妥协，67

as political combatant，作为政治上的好战者，154，163

on press，评论新闻界，41–42

reelection loss of (1851)，没有重新当选（1851年），174

and slavery，和奴隶制，164

and working conditions，和工作环境，29

see also Benton-Foote conflict，也可参见本顿–富特的冲突

Benton-Foote conflict，本顿–富特的冲突，152–156，163–169，*168*

and Benton's character，和本顿的性格，154–156

and Benton's politics，和本顿的政治主张，163–164

and bullying，和霸凌，149，152–153，155–156，255

and dueling，和决斗，164–167，171

and Foote's character，和富特的性格，152–154

and honor code，和荣誉准则，173

investigation of，对此的调查，149–

索引 533

150, 169, 171–172, 222

press coverage of, 报刊对此的报道, 171, 172–174, 191

public response to, 公众对此的反应, 171–172

scuffle (April 17, 1850), 混战（1850 年 4 月 17 日）, 149, 167–169, *168*

and Southern Address, 和南部人的举止, 148–149

violent nature of, 关于此的暴力本性, 169, 361*n134*

and Wise, 和怀斯, 353

Black, Edward, 爱德华·布莱克, 85, 133–134, 136

Blair, Francis P., 弗朗西斯·P. 布莱尔, 46, 92

Blair, James, 詹姆斯·布莱尔, 52

Bleeding Kansas, 流血的堪萨斯：

claims for, 索赔, 265

and congressional combat, 和国会中的战斗, 230, 257

constitution debate, 宪法辩论, 235, 238, 253

and French's political transition, 和弗伦奇的政治转变, 201–205, 202, 232

and predictions of congressional violence, 和对国会暴力事件的预料, 215

and press, 和传媒, 193–197, 234

and Sumner caning, 和杖击萨姆纳事件, 223, *224*, 230

Sumner's "Crime Against Kansas" speech, 萨姆纳的演说"对堪萨斯的犯罪", 218–219

and violence in Kansas, 在堪萨斯中的暴力, 202

see also conspiracy theories, 还可参见阴谋论

Bodle, Charles, 查尔斯·博德尔, 48

Bond, William, 威廉·邦德, 191

Boon, Ratliff, 拉特利夫·布恩, 48–49, 82, 119–120

Booth, John Wilkes, 约翰·威尔克斯·布斯, 277

border-state congressmen, 边沿州国会议员, 72, 92–93, 100*n160*

Borland, Solon, 索伦·博兰, 152

Boston Atlas, 《波士顿地图报》, 223

Boston Courier, 《波士顿信使报》, 169

Boston Herald, 《波士顿先驱报》, 173

Bouldin, James W., 詹姆斯·W. 博尔丁, 82

Boyd, Linn, 林·博伊德, 198

Brady, Sarita, 莎丽塔·布雷迪, 281

Branch, Lawrence O'Bryan, 劳伦斯·奥布赖恩·布兰奇, 254

Breckenridge, John C., 约翰·C. 布雷肯里奇, 198–199

Brodhead, John, 约翰·布罗德黑德, 53

Brooks, Preston, 普雷斯顿·布鲁克斯, 188, 201, 216, 219, *220*, 221–223,

221, 226, 229, 230, 256, 273, 232

bullies, 恶霸, 98–99, 130–132, 187, 193, 345*n98*
 definition of, 其定义, 345*n97*, 346*n100*
 see also Sumner caning, 也可参见杖击萨姆纳事件

Brown, Albert Gallatin, 艾伯特·加勒廷·布朗, 260

Brown, Charles, 查尔斯·布朗, 127, 129

Brown, John, 约翰·布朗, 208, 250, 254, 269

Bryant, William Cullen, 威廉·卡伦·布赖恩特, 275

Buchanan, James, 詹姆斯·布坎南, 228

Bull Run, First Battle of (1861), 首战布尔河战役（1861年）, 268

bullying, 霸凌, 130–134
 and Adams, 和亚当斯, 33, 35, 131, 134, 135–136, 255
 and anti-dueling laws, 和反决斗法, 132–133, 135–136
 armed warfare threats, 械斗的威胁, 125, 158–160, 162
 and Benton–Foote conflict, 和本顿–富特的冲突, 149, 152–153, 155–156, 255
 and Cilley–Graves duel, 和西利–格雷夫斯的决斗, 76, 90
 and Compromise of 1850, 和1850年妥协案, 148, 156, 157–159, 174–175
 and disunion threats, 和解体威胁, 156–157
 and dueling, 和决斗, 109, 130, 137
 evidence of, 其证据, 6
 and Foote, 和富特, 156, 158–159
 and gag rule debate, 和钳口律辩论, 115, 132, 137–141
 and Giddings, 和吉丁斯, 70, 115, 120, 132–133, 136, 255
 and humililation, 和羞辱, xv, 132, 157, 159
 and Kansas–Nebraska Act, 和"堪萨斯–内布拉斯加法案", 183, 196, 198–199
 and Keitt–Grow fight, 和基特–格罗的争斗, 241
 as political strategy, 作为政治策略, xvi, 130–132, 159–160
 and press, 和传媒, 187, 191–192, 193–195, 199
 public response to, 公众对此的反应, 159–160
 and Republican Party, 和共和党, 235
 and sectional differences, 和区域差异, 70–72, 13,2, 136
 and shifts in Southern bullying, 和南部霸凌行为的变化, 148, 157, 160, 175, 269, 270
 and Speaker role, 和议长角色, 131
 and Sumner caning, 和杖击萨姆纳事件, 229, 230–231

Sumner on, 萨姆纳对此的评论，255

and Wise, 和怀斯，81，115，130，131–132，136–137，289

and working condition, 和工作环境，33，35

Buncombe speeches, 邦科姆式演讲，193，195，226，248

Burlingame, Anson, 安森·伯林盖姆，226–228

Burt, Armistead, 阿米斯特德·伯特，188–189

Butler, Andrew, 安德鲁·巴特勒：

in Benton conflict, 在与本顿的冲突中，154–155，156，165，172

and Benton-Foote conflict, 和本顿–富特的冲突，173

and "Crime Against Kansas" speech, 和"对堪萨斯的犯罪"之演说，218–219

Hale on, 黑尔的评价，161

and Kansas-Nebraska Act, 和"堪萨斯–内布拉斯加法案"，199

Bynum, Jesse, 杰西·拜纳姆，90，95，96，110，127，130

Calhoon, John, 约翰·卡尔霍恩，96，97

Calhoun, John, C., 约翰·C. 卡尔霍恩，40，67，70，117，148–149，152，164

California statehood, 加利福尼亚州的州性质，156，157–158，161，174

Cameron, Simon, 西蒙·卡梅伦，xv–xvi，152，235，268

Campbell, Alexander, 亚历山大·坎贝尔，226

Campbell, Lewis "Lew", 刘易斯·"卢"·坎贝尔，193–195，196–197，225

Campbell, Thomas, 托马斯·坎贝尔，143，146

Campbell, William, 威廉·坎贝尔，84–85

Cambell-Edmundson fight, 坎贝尔–埃德蒙森的争斗，194–195

Campbell-Maury fight, 坎贝尔–莫里的争斗，84–85

Capitol, 国会山，24–26，*24*，30，35，38，43，50，54，125，259，*267*，277，284–285

committee rooms, 委员会会议室，36，38，41

Galleries, 楼座，40–43

and symbolism, 和象征主义，24–25，222

Carroll, Mason Michael, 梅森·迈克尔·卡罗尔，56，57

Carter, Timothy, 蒂莫西·卡特，100，108

Chandler, Zachariah, 扎卡赖亚·钱德勒，xv，xvi，210，235，253，268

Charleston Mercury,《查尔斯顿水星报》，236，242

Chestnut, James, 詹姆斯·切斯特纳特，255–256

Chicago Democrat,《芝加哥民主党人报》, 195–196
Choate, Rufus, 鲁弗斯·乔特, 49
Chunkers, 大块头, 5
Churchwell, William, 威廉·丘奇韦尔, 188
Churchwell–Cullom fight, 丘奇韦尔-卡洛姆的争斗, 188
Cilley, Bradbury, 布拉德伯里·西利, 79
Cilley, Greenleaf, 格林利夫·西利, 84
Cilley, Joseph, 约瑟夫·西利, 79
Cilley, Jonathan, 乔纳森·西利, 78
  background of, 其背景, 79–80
  character of, 其性格, 77, 79
  see also Cilley–Graves duel, 也可参见西利-格雷夫斯的决斗
Cilley–Graves duel (1838), 西利-格雷夫斯的决斗（1838年）, 75–111
  and Adams's accusation of Wise, 和亚当斯对怀斯的批评, 121
  advisor teams in, 咨询组的参与, 95–96
  and anti-dueling law, 和反决斗法, 109–110
  and Benton, 和本顿, 92–93, 105, 154
  and congressional community, 和国会团体, 92–94, 100, 110–111
  consultations in, 其中的咨询, 91–95
  and cross-sectional party bonds, 和跨区域的党派纽带, 92, 107
  day of, 当天, 96–100, *98*
  and 1852 presidential campaign, 和1852年总统竞选, 180
  and free speech, 和言论自由, 212
  French's diagram of, 弗伦奇的图示, *98*
  French's records of, 弗伦奇的记录, *98*, 100, 101, 196
  French's response to, 弗伦奇对此的反应, 75–76, 77, 112
  and honor code, 和荣誉准则, 76, 82–83, 86–89, 90–91, 92–93, *104*, 105–106, 108, 160
  investigation of, 对此的调查, 76, 108–109
  and Northern appeasement of Southerners, 和北部对南部人的妥协, 87, 107–108
  participant responses in, 参与者的反应, 105–106
  and political parties, 和政党, 83–86, 103, 108–109, 229–230
  public response to, 公众对此的反应, 76–77, 101–102, 103, *104*, 105
  reelection of participants in, 参与者的重新当选, 110–111
  and sectional differences, 和区域差异, 88–90, 92–95, 107, 109–110
  and sectional rights and honor, 和区域权利和荣誉, 160
  weapons in, 其中使用的武器, 92,

97

and Webb, 和韦布, 82, 83, 89–91, 93, 94, 100–102, *102*, 105–106

Civil War, 内战, xv, 11, 43, 262–263, 267–68, *267*, 268–271, 274–275, 292

 and congressional violence, 和国会暴力, 268

Claiborne, John F. H., 约翰·F. H. 克莱本, 92

Clark, Daniel, 丹尼尔·克拉克, 241

Clark, Horace, 霍勒斯·克拉克, 257

Clark, John, 约翰·克拉克, 250, 257

Clay, Clement, 克莱门特·克莱, 170

Clay, Henry, 亨利·克莱:

 and Benton, 和本顿, 154

 and Benton-Foote conflict, 和本顿–富特的冲突, 171

 and bullying, 和霸凌, 35, 346

 and Cilley-Graves duel, 和西利–格雷夫斯的决斗, 93, 100

 death of, 其死亡, 185

 and duel challenges, 和决斗挑衅, 64

 fame of, 其声名, 4, 46

 and Northern appeasement of Southerners, 和北部对南部人的妥协, 66

 oratory of, 其演说, 27–28

Clemens Sherrard, 谢拉德·克莱门斯, 258

Clephane, Lewis, 刘易斯·克莱芬, 256

Cleveland, Chauncey, 昌西·克利夫兰, 145

Clingman, Thomas, 托马斯·克林曼, 157–158, 200, 225, 252, 260–261

Cobb, Howell, 豪厄尔·科布, 146

code duello, see honor, code of, 决斗法则, 参见荣誉法则

committee system, 委员会系统, 36–38

community of Congress, 国会团体, 76, 84, 92–93, 100, 110–111, 249

Compromise of 1850, "1850 年妥协案", 169–176

 and armed warfare threats, 和械斗威胁, 158–160, 162

 and bullying, 和霸凌, 148, 156, 157–159, 174–175

 and California statehood, 和加利福尼亚的州性质, 156, 157–158, 161, 174

 celebration of, 对此的庆祝, 174

 and disunion threats, 和解体威胁, 156–157

 and 1852 presidential campaign, 和 1852 年总统竞选, 178–179

 and French's politics, 和弗伦奇的政治主张, 150–151

 public response to, 公众对此的反应, 169–170

 and rules of order, 和秩序规则, 157–158

 and sectional rights, 和地区权利, 147–148, 160–162

and telegraph,和电报,169–171

see also Benton-Foote conflict,也可参见本顿-富特的冲突

Confederate Congress,南部联盟国会,271

Congress, U.S.,美国国会:

 and alcohol,和酒精,38–39

 atmosphere of,氛围,30,283–284

 conventional image of,传统形象,4,28

 demographics of,人员统计,45–50

 and national expansion,和国家扩张,27

 oratory in, see oratory,其中的演说,参见演说

 public mistrust of,公众对其的猜疑,213,248,259,283

 role of,其角色,26–27

 as symbol of Union,作为合众国的象征,43–44

 and women,和妇女,42–43

 see also congressional violence, House of Representatives, U.S., Senate, U.S.; Thirty-sixth Congress,也可参见国会暴力;美国众议院;美国参议院;第三十六届国会

congressional constituents,国会选民,94–95,105–106,136–138,193,212

Congressional Globe,《国会世界》:

 and alcohol,和酒精,39,52

 appendix of,其附录,188

 and Benton-Foote conflict,和本顿-富特的冲突,156,158

 and Cilley-Graves duel,和西利-格雷夫斯的决斗,92

 and Compromise of 1850,和"1850年妥协",158

 as congressional record,作为国会记录,6,190–191

 distrust in,对其的不信任,213,247–249,259,283

 and extent of coverage,报道范围,186,290

 and gag rule debate,和钳口律辩论,122,126,127,134

 and Kansas-Nebraska Act,和"堪萨斯-内布拉斯加法案",194

 and letter-writers,和书信体作者,195,196

 and obscuring of conflict,对冲突的模糊处理,6,30,37,83,188–189,290

 and partisanship,和党派,187

 public opinion of,公众对其的意见,xv,28–29,231,242–247

 and popular culture,和大众文化,27,242–247

 and speakership election (1849),和议长选举(1849年),145

 as symbol of Union,作为合众国的象征,6,74,285

Congressional Temperance Society,国会

禁酒协会, 38–39

congressional violence, 国会暴力：

acceptance of, 对此的接受, 43, 110–111, 168

armed, 装备武器, 157–159, 162, 213, 249, 258

as amusing, 作为娱乐, 17–18

calculations about, 对其的估测, 72–74, 80, 154

definition of, 其定义, 5–6, 11, 297n16

evidence of, 其证据, 289–291, 388n22

extent of, 其程度, xv, 6

and fairness expectations, 和对公平的期待, 124, 148, 165, 166, 168, 172, 221–222

implications of, 其中的内涵, xiv–xvii, 76, 77, 268

national context of, 全国性的背景, 4–5

and personal reputation, 和个人声望, 88–89, 164–165, 173, 175

and political parties, 和政党, 84–85, 228

as political strategy, 作为政治策略, 76, 120–121, 130–131, 210–211, 231, 247

predictions of (1855), 对此的预料（1855年）, 214–216

press amplification of, 媒体对其的放大, 6, 184, 193, 212–213

public response to, 公众对其的反应, 43, 136–137, 169–170, 174, 184, 193

public support of, 公众对其的支持, 212, 228, 230–231, 134, 234, 241, 247, 273

pull of, 其吸引力, 76–77

and representation, 和国会代表, 76, 81, 85, 94, 105–156, 160, 174, 229, 272

rise of (1850s), 其激增（19世纪50年代）, 210, 235, 246, 249, 252–253

rules of, 其规则, 76, 148

sectional differences in, 其中的地区差异, 70–74, 132, 148

street fights, 街斗, 166–167, 213

Sumner on, 萨姆纳对此的评论, 255

verbal abuse as war-era substitute for, 战争时期语言侮辱对其的替代, 270–271

and weapons, 和武器, xiii, xiv, 68, 69, 70, 92, 97, 99, 149, 159, 167–168, 169, 187, 191, 257–258, 273

congressional working conditions, 国会工作环境, 29–39

and alcohol, 和酒精, 38–39

and committee system, 和委员会系统, 36–38

and interaction tone, 和交流的腔调, 32–33, 34–35

and physical conditions, 和物理条件, 31–32, 33–34

and public spaces, 和公共空间, 35

and rough atmosphere, 和粗野的氛围, 3–4, 28–30, 48, 283

congressmen, 国会议员, *47*

in attempts to control press coverage, 试图控制传媒报道, 190–192

border-state, 边沿州, 72, 92–93

and Civil War battles, 和内战, 268

and demographics, 和人员信息, 45–46, 48–50

legal privileges of, 其合法特权, 53

as performative representatives, 作为表演的代表, 105–106, 160

and sectional differences, 和地区差异, 61–62, *61*

violent backgrounds of, 其暴力背景, 70–71

see also specific people, 也可参见具体的人物

Connecticut Courant,《康涅狄格新闻报》, 67, 198

conspiracy theories, 阴谋论, 183, 185, 192, 196–197, 199, 200–202, 211–213, 218, 222, 228, 249

see also press, 也可参见新闻界

Constitution, U.S., 美国宪法, 150–151

Covode, John, 约翰·科沃德, 210, 240

Craige, Francis Burton, 弗朗西斯·伯顿·克雷奇, 168

Crawford, Martin, 马丁·克劳福德, 212, 258–259

"Crime Against Kansas" speech (Sumner),"对堪萨斯的犯罪"之演说（萨姆纳）, 218–219

Crittenden, John J., 约翰·J. 克里滕登, 95, 105, 110, 221, 269

cross-sectional party bonds, 跨区域党派纽带, 45, 57, 92, 107, 182

see also Northern appeasement of Southerners; political parties, 也可参见北部对南部人的妥协；政党

Cullom, William, 威廉·卡洛姆, 188

cultural federalism, 文化联邦主义, 50, 315n20

Curran, William, 威廉·柯伦, 191

Cutting, Francis B., 弗朗西斯·B. 卡廷, 197–199

Cutting-Breckenridge fight, 卡廷–布雷肯里奇的争斗, 197–199

daguerrotypes, 达盖尔银版摄影, 178

Dana, Amasa, 阿马萨·达纳, 51

Davidson, Thomas, 托马斯·戴维森, 258

Davis, Henry Winter, 亨利·温特·戴维斯, 253

Davis, Jefferson, 杰斐逊·戴维斯, 152

Davis, Matthew "Old Specs", 马修·"老斯派克斯"·戴维斯, 82

Davis, Reuben, 鲁本·戴维斯, 241

Dawson, John B., 约翰·B. 道森, 68–70, *69*, 81, 134, 255

and antislavery advocacy, 和反奴隶制
倡议, 68, 70, 134
background of, 其背景, 48
and bullying, 和霸凌, 134, 255
and rules of order, 和秩序规则, 125
and Wise, 和怀斯, 81
Democratic Party, 民主党：
and Cilley-Graves duel, 和西利 - 格
雷夫斯的决斗, 83–86, 103
and 1852 presidential campaign, 和 1852
年总统竞选, 179–180
and French's political transition, 和弗伦奇
的政治转变, 201, 203, 204–205
French's role in, 弗伦奇在其中的角
色, 10, 57–58, 84
ideology of, 其意识形态, 19, 84
and Jackson, 和杰克逊, 19–20, 58
loyalty to, 对此的忠诚, 10–11
and slavery, 和奴隶制, 62–63
and Sumner caning, 和杖击萨姆纳事
件, 228
see also doughfaces, Northern appeasement
of Southerners, 也可参见面团脸,
北部对南部人的妥协
Dickens, Charles, 查尔斯·狄更斯, 3,
4, 40, 60, 77, 81
disunion, 解体：
and bullying, 和霸凌, 156–157
emotional logic of, 其情感逻辑, 10
downplaying of, 对此的淡化, 149,
261

experience of, 对此的体验, 261–264
French's consideration of, 弗伦奇对
此的想法, 207, 214, 261
and French's political transition, 和弗
伦奇的政治转变, 205–207
possibility of, 其可能性, 158, 207
and presidential election (1860), 和总
统选举（1860 年）, 261
and self-defense, 和自卫, 259–260
Southern Address, 南部演说, 148–149
and speakership conflict (1859), 和议
长之争（1859 年）, 251
threats of, 其威胁, 145–160
Dodge, Henry, 亨利·道奇 167
Doolittle, James, 詹姆斯·杜利特尔, 252
doughfaces, 面团脸, 62–68, 138–147,
175, 179, 323n109
see also Northern appeasement of Southerners,
也可参见北部对南部人的妥协
Douglas, Stephen, 斯蒂芬·道格拉斯,
182–184, 196, 218, 219, 254, 269
Dred Scott v. Sandford, 德雷德·斯科特
诉桑福德案, 236
Dromgoole, George, 乔治·德罗姆古尔,
52
dueling and duel challenges, 决斗和决斗
挑战：
advocacy against, 针对其的反对, 103,
104, 105, 109–110, 113, 135–136
and Benton-Butler conflict, 和本顿 - 巴
特勒的冲突, 154–155, 156, 165

542

and Benton–Foote conflict，和本顿–富特的冲突，164–167，171

and bullying，和霸凌，109，130，137，186–187

and Cilley funeral，和西利的葬礼，101

and Civil War，和内战，269–270

and community of Congress，和国会团体，93

and late 1850s heightening of congressional violence，和19世纪50年代末激增的国会暴力事件，235–236

laws against，对其禁止的立法，102–103，220

and Northerners，和北部人，86，88，94–95，106–107，137，166，227，269–70

and Northern gumption，和北部人的魄力，106–107，199，253–254

and personal explanations，和个人解释，164–166

and personal reputation，和个人声誉，164–165

and privilege of debate，和辩论特权，93，99，164

Pryor-Potter challenge，普赖尔–波特的挑战，253–254

and Randolph，和伦道夫，64

rules for，关于此的规则，97–99

sectional complications of，牵扯进的地区因素，88–94

and sectional differences，和地区差异，71–72，88–89，92，94，106–107，109，110

and street fights，和街斗，166–167

and Sumner caning，和杖击萨姆纳事件，219–220，224，226–228

and Thirty-sixth Congress，和第三十六届国会，253–254

and working conditions，和工作环境，35

see also Cilley-Graves duel; honor, code of，也可参见西利–格雷夫斯的决斗；荣誉准则

Duer, William，威廉·杜尔，144，157，166

Duer-Meade fight，杜尔–米德的争斗，144–145

Duncan, Alexander，亚历山大·邓肯，92，94，95，96，110，129

Dunn, William，威廉·邓恩，269

Edmundson, Henry，亨利·埃德蒙森，194，196，197，200–201，222，251

education，教育，48，49，313$n9$

emotion，情感，xvi10，76，157，162–163，184，205，210，226，228–229，230–232，261，291–292，298$n106$

Ely, Alfred，艾尔弗雷德·埃利，268

Everett, Edward，爱德华·埃弗里特，200，231，232，275–276

索引 543

Fairfield, John, 约翰·费尔菲尔德, 67, 100, 103, 108, 113, 114, 289

Farnsworth, John, 约翰·法恩斯沃斯, 3

Fashions and Follies of Washington Life(Preuss),《华盛顿生活中的时尚和蠢事》(普雷乌斯), 245–246

Fessenden, William Pitt, 威廉·皮特·费森登, 66, 121, 199, 210, 217, 230, 269

Field, Alexander P., 亚历山大·P. 菲尔德, 272, 273

fighting men, 好战者, 68–74, 76, 81, 130–31, 199, 210–12, 254
 see also noncombatants, 也可参见怯战者

Fillmore, Millard, 米勒德·菲尔莫尔, 125

financial panics, 金融恐慌, 83–85

First Amendment, see free speech; right of petition, 第一修正案, 参见言论自由; 请愿权

Fisher, Charles, 查尔斯·费希尔, 62

Fletcher, Richard, 理查德·弗莱彻, 33

Foltz, Jonathan M., 乔纳森·M. 福尔茨, 95, 174

Foote, Henry, 亨利·富特, *153*
 and bullying, 和霸凌, 156, 158–159
 character of 其性格, 152–154
 and Compromise of 1850, 和"1850年妥协案", 157–158, 174
 and Confederate Congress, 和南部邦联国会, 271
 fights of, 与其的争斗, 152, 271
 and Hale, 和黑尔, 152, 162, 255
 as political combatant, 作为政治好战者, 152–153, 156, 164
 see also Benton–Foote conflict, 也可参见本顿–富特的冲突

Forney, John, 约翰·福尼, 146

Forsyth, John, 约翰·福赛思, 73

Fort Sumter, Battle of (1861), 萨姆特堡战役(1861年), 262–263, 267

Frederick Douglass' Paper,《弗雷德里克·道格拉斯报》, 241

free speech, 言论自由:
 and Compromise of 1850, 和"1850年妥协案", 160
 and gag rule debate, 和钳口律辩论, 116, 137, 162–163
 and Kansas–Nebraska Act, 和"堪萨斯–内布拉斯加法案", 200
 Northern rights, 北部权利, 211–212
 and presidential election (1860), 和总统选举(1860年), 260
 significance of, 其重要性, 211, 233–234
 and Sumner caning, 和杖击萨姆纳事件, 233–234
 see also words, dangerous, 也可参见危险的话语

Fremont, John C., 约翰·C. 弗里蒙特, 152, 290

French, Benjamin, 本杰明·弗伦奇, 277
French, Benjamin Brown, 本杰明·布朗·弗伦奇, 13, 266
   and Adams, 和亚当斯, 114, 119, 134–35, 143–44, 214, 276
   and alcohol, 和酒精, 51–52
   and Andrew Johnson, 和安德鲁·约翰逊, 277–279
   and armed combat in Congress, 和国会中的械斗, 248–249
   arrival in Washington of, 到达华盛顿, 21, 23–26
   biography of, 其传记, 7–9, 12–18
   and Bleeding Kansas, 和流血的堪萨斯, 215, 230
   on Carter's death, 评论卡特的死亡, 108
   character of, 其性格, 12, 13–14, 17, 205, 274
   on Cilley, 评论西利, 80
   and Cilley-Graves duel, 和西利–格雷夫斯的决斗, 77, *98*, 100, 101, 112, 196
   Cilley-Graves duel responses of, 对西利–格雷夫斯的决斗的反应, 75–76, 77, 112
   and Civil War, 和内战, 274–275
   as clerk, 作为文员, 7–8, 110, 112–113, 118, 142–143, 146
   and clerkship election of 1849, 1849年执事选举, 146–147, 150
   and Compromise of 1850, "1850年妥协", 150–151, 161, 175
   and concern for Union, 对合众国的担忧, 10, 43–45, 151, 185, 205–208, 213, 214, 261–265, 285
   and congressional violence, 和国会暴力, 17–18, 43–44, 75, 112, 129–130, 161, 248–249
   and Constitution, 和宪法, 150–151
   in conversation with slaveholders, 与奴隶主的谈话, 56
   death of, 其逝世, 280–281
   Democratic Party role of, 在民主党中的角色, 10, 57–58, 84, 146, 176, 203–204
   diary of, 其日记, 7–8, *8*, 282
   and disunion threats, 和解体威胁, 205–207, 214, 261
   as doughface, 作为面团脸, 9, 63, 135, 207
   early life and education of, 其早期生活和教育, 12–14, 48
   and 1852 presidential campaign, 和1852年总统选举, 175–176, 179–182, 189–190
   funeral of, 其葬礼, 281
   and gag rule debate, 和钳口律辩论, 112–13, 114, 116, 129–130, 134, 138, 139
   on gallery-sitters, 评论楼座观众, 40
   and Gettysburg, 和葛底斯堡, 275–

索引 545

276，276

and Giddings，和吉丁斯，56–57，151，161，205，213

and history，和历史，282–283

on honor code，评论荣誉准则，71

and Jackson，和杰克逊，18–19，58，135

and Johnson，和约翰逊，277–279

and Kansas claims，和堪萨斯索赔，205，377n2

and Kansas–Nebraska Act，和"堪萨斯－内布拉斯加法案"，183，201，202

and Know Nothings，和一无所知党，203–204

later life of，其晚年生活，279–280

and Lincoln，和林肯，262，265–266，267–268，275，276–277

and livelihood of，其生计，150，200，202，204，265–274，279

and Mary Todd Lincoln，和玛丽·托德·林肯，266–267，387n8

and Masons，和共济会，123，150，190，213，263–264，277，279，281

New England perspective of，其新英格兰的视角，59–61，146

and New Hampshire，和新罕布什尔，51，59–60

and Northern appeasement of Southerners，和北部对南部人的妥协，9，63

on Northern honor and rights，关于北部荣誉和权利的评论，106–107，112

and Pierce，和皮尔斯，16，24，115–116，177，185，201–203，204，274，280

political rise of，其政治上的晋升，15–17

political transition of，其政治转变，9，56–57，146–147，150，185，201–207，208–209，213–214，232

and press，和新闻界，14–15，57，181，186–187，189–190，195–196，203–204

private life of，其个人生活，142，275

and poems and songs，和诗歌，58，60，205–206，213，274–275，278–279，282–283，284–285

and Reconstruction，和重建，277–278

and Republican Party，和共和党，205，208，213–214，232，234–235

and rules of order，和秩序规则，118，123

and secession，和脱离联邦，262，263–264，265

and sectional differences in violence，和暴力中的地区差异，73–74

and sectional rights，和地区权利，163，209

and slavery，和奴隶制，55–57，63，113，208–209，214

and Southerners，和南部人，9，55，56，146–147，150，232，256

and Southern pastimes，和南部的消遣，53–54

and speakership election of 1839，和1839年议长选举，43–44

and Sumner caning，和杖击萨姆纳事件，232

and telegraph，和电报，150，170，176

violent impulses of，其暴力冲动，110

and Webster，和韦伯斯特，28

and Wilmot Proviso，和《威尔莫特附文》，143

and Wise–Stanly fight，和怀斯–斯坦利的争斗，128

as witness，作为见证者，7–9，10–12，75，77，283–285，292，392n88

French, Daniel，丹尼尔·弗伦奇，12–13，50–51

French, Daniel Chester，丹尼尔·切斯特·弗伦奇，277

French, Elizabeth "Bess" Richardson，伊丽莎白·"贝丝"·理查森·弗伦奇，14，19，142，205，262，265，275

French, Frank，弗兰克·弗伦奇：

 and "Barbarism of Slavery" speech，和"奴隶制的野蛮主义"之演说，256

 birth of，其出生，142

 diary of，其日记，8

 and French's death，和弗伦奇的逝世，280，281

 marriage of，其婚姻，213

 and political parties，和政治党派，84

 and Sumner caning，和杖击萨姆纳事件，230，231

French, Henry，亨利·弗伦奇，103，201

French, Mary Ellen Brady，玛丽·埃伦·布雷迪·弗伦奇，275

Fugitive Slave Act，《逃奴法案》，65，174，178，199–200，208–209，253

gag rule debate，钳口律辩论，112–130，*118*，137–141

 and Adams campaign，和亚当斯的政治活动，113，114–115

 Adams's oratory in，亚当斯关于此的演说，120–121

 and bullying，和霸凌，115，132，137–141

 costs of，其代价，139–140

 and dueling，和决斗，137

 and 1852 presidential campaign，和1852年总统竞选，179

 end of，其结束，140–141

 and free speech，和言论自由，116，137，162–163

 French's response in，弗伦奇对此的反应，112，134

 and Giddings，和吉丁斯，115–116

 and Northern appeasement of Southerners，和北部对南部人的妥协，66

 origins of，其起源，113–114

press coverage of, 新闻对此的报道, 188–189

public response to, 公众对此的反应, 120

and right of petition, 和请愿权, 114–115, 116, 117, 120

and rules of order, 和秩序规则, 115, 121–122, 124, 126–128, 129–130

and sectional rights, 和区域权利, 116, 162–163

and slaveholder anger, 和奴隶主的怒火, 119–120, 128

and violence, 和暴力, 139–140

Speaker role in, 议长在其中的作用, 128–129

Gales, Joseph, Jr., 小约瑟夫·盖尔斯, 186

gallery-sitters, 楼座观众, 39–43, 120, 149, *168*

Garfield, James, 詹姆斯·加菲尔德, 273

Gayle, John, 约翰·盖尔, 51

Gettysburg, 葛底斯堡, 275–276, *276*

Gholson, Samuel, 塞缪尔·戈尔森, 73, 89–90, 92

Giddings, Joshua, 乔舒亚·吉丁斯, *133*

and Adams, 和亚当斯, 119, 139

and antislavery activity in Congress, 和国会中的反奴隶制行动, 68, 70, 119, 205

as "antislavery toreador", 作为"反奴隶制斗牛士", 133

and bullying, 和霸凌, 70, 115, 120, 132–133, 136, 255

censure of, 对其的审查, 138–139

and Compromise of 1850, 和"1850年妥协案", 161

Dawson's conflict with, 和道森间的冲突, 68, 70

French's admiration of, 弗伦奇对其的钦佩, 56–57, 151, 161, 213

and gag rule debate, 和钳口律辩论, 115–116

and Kansas-Nebraska Act, 和"堪萨斯-内布拉斯加法案", 200

on Know Nothings, 评论一无所知党, 203

and Northern appeasement of Southerners, 和北部对南部人的妥协, 66

as political combatant, 作为政治好战者, 132–134, 151, 161

and Republican Party, 和共和党, 205, 210

and slavery in Washington, D.C., 和华盛顿的奴隶制, 54

and speakership election (1855), 和议长选举（1855年）, 217

Gill, E. H., E. H 吉尔, 263–264

Gist, William, 威廉·吉斯特, 252, 259

Globe, see *Congressional Globe*,《世界》, 参见《国会世界》

Granger, Amos, 阿莫斯·格兰杰, 232

Graves, William J., 威廉·J. 格雷夫斯, 78
  background of, 其背景, 79
  character of, 其性格, 77
  and gag rule debate, 和钳口律辩论, 116
  and press, 和新闻界, 191–192
  reelection of, 重新当选, 110
  see also Cilley–Graves duel, 也可参见西利–格雷夫斯的决斗

Greeley, Horace, 霍勒斯·格里利, 192, 193, 195, 216–217

Green, Duff, 达夫·格林, 89

Green, James, 詹姆斯·格林, 235

Grinnell, Josiah, 乔赛亚·格林内尔, 272, 278

Grow, Galusha A., 加卢沙·A. 格罗, 210, 237, 250, 253, 254

Grow–Branch fight, 格罗–布兰奇的争斗, 254
  see also Keitt–Grow fight, 也可参见基特–格罗的争斗

Hale, John Parker, 约翰·帕克·黑尔：
  and Compromise of 1850, 和"1850年妥协案", 160, 175
  and conventional image of Congress, 和国会传统形象, 28
  and Foote, 和富特, 152, 162, 255
  and gag rule debate, 和钳口律辩论, 117, 137–138
  and Northern appeasement of Southerners, 和北部对南部人的妥协, 66
  as political combatant, 作为政治上的好战者, 137, 164
  and Republican Party, 和共和党, 210
  and sectional rights, 和地区权利, 161–162
  and slaveholders, 和奴隶主, 55–56
  and working conditions, 和工作环境, 34

Hall, Willard, 威拉德·霍尔, 173

Hamlin, Hannibal, 汉尼巴尔·哈姆林, 224–225, 254

Hammond, James Henry, 詹姆斯·亨利·哈蒙德, 257

Hannegan, Edward, 爱德华·汉尼根, 51, 52

Harpers Ferry raid (1859), 哈珀斯渡口袭击事件（1859年）, 208, 250

Harrison, William Henry, 威廉·亨利·哈里森, 129

Haskin, John, 约翰·哈斯金, 257–258

Hawes, Richard, 理查德·霍斯, 96, 97

Hawthorne, Nathaniel, 纳撒尼尔·霍桑, 79, 182, 185

Hazard, E. W., E. W. 哈泽德, 259

Helper, Hinton Rowan, 欣顿·罗恩·海尔珀, 250–251, 252

Herbert, Philemon, 菲利蒙·赫伯特, 223, 247

Hickman, John, 约翰·希克曼, 251

Hill, Benjamin, 本杰明·希尔, 271
Hill, Isaac, 艾萨克·希尔, 15, 19, 20, 49, 67, 103
Holmes, Isaac, 艾萨克·霍姆斯, 140
honor, code of, 荣誉准则：
 and Benton-Foote conflict, 和本顿-富特的冲突, 165, 173
 and Cilley-Graves duel, 和西利-格雷夫斯的决斗, 76, 82-83, 86-89, 90-91, 92-93, 104, 105-106, 108, 160
 and cross-sectional party bonds, 和跨区域的党派纽带, 92
 and doughface epithet, 和面团脸绰号, 66-68
 and Northerner cowardice charges, 和北部人懦弱的指控, 37, 62, 87-88, 109-110
 and Northern ignorance of, 和北部人对此的无知, 91, 93, 332n49
 Northern version of, 北部人对此的说法, 71
 and political parties, 和政治党派, 11
 and Southerner anger at antislavery advocacy, 和南部人对反奴隶制倡议的愤慨, 70
 and speakership conflict (1859), 和议长选举冲突（1859年）, 251
 and verbal abuse, 和语言上的辱骂, 271
 see also dueling and duel challenges:;
 sectional rights, 也可参见决斗和决斗挑战；地区权利
House of Representatives, U.S., 美国众议院, *34*
 clerkship election of 1849 in, 1849年执事选举, 146-147
 and gag rule debate, 和钳口律辩论, 116-117
 interaction tone in, 交流的腔调, 32-33
 and nature of Speaker, 和议长的特征, 128-129
 physical conditions in, 物理条件, 3-4, 30, 31-32, *31*
 rules of order in, 其中的秩序规则, 117, 118, 124, 125-126
 Speaker role in, 议长在其中的角色, 128-129, 131
 speakership election of 1839 in, 1839年议长选举, 43-44
 speakership election of 1849 in, 1849年议长选举, 144-146, 157, 166
 speakership election of 1855 in, 1855年议长选举, 216-217
 speakership election of 1859 in, 1859年议长选举, 212, 249-253
House of Representatives, U.S., Senate vs., 美国众议院和参议院的对比：
 and bullying, 和霸凌, 131
 caricature of, 漫画, *125*
 interaction tone in, 交流的腔调, 34-35
 physical conditions of, 物理条件, 31-

32，33–34

and rules of order，和秩序规则，124–126

Houston, Sam，山姆·休斯敦，18，125，131–132，152，222

Howard, Volney，沃尔尼·霍华德，162

humor，幽默，27，242–245，*243*，245–247

Impending Crisis, The—How to Meet It (Helper)，《即将到来的危机——如何应对它》，250–251，252

Intelligencer, see *National Intelligencer*，《情报》，参见《国家情报》

Iverson, Alfred, Sr.，艾尔弗雷德·艾弗森爵士，261

Jackson, Andrew，安德鲁·杰克逊：

and Andrew Johnson，和安德鲁·约翰逊，278

assassination attempts on，对他的刺杀企图，19，77

and Benton，和本顿，154

and bullying，和霸凌，131–132

and Democratic Party，和民主党，19–20，58

and dueling，和决斗，88

and French，和弗伦奇，18–19，58，135

and Isaac Hill，和艾萨克·希尔，15

passionate nature of，充满激情的本性，19

and Polk，和波尔克，131

and Union，和合众国，58–59

Jackson, James，詹姆斯·杰克逊，269

Jameson, John，约翰·詹姆森，51

Jarvis, Leonard，伦纳德·贾维斯，106

Jefferson, Thomas，托马斯·杰斐逊，15，123，124，129，171

Jenifer, Daniel，丹尼尔·詹尼弗，33，36–37

Johnson, Andrew，安德鲁·约翰逊，269，277–279

and Henry Wise，和亨利·怀斯，131

Johnson, Cost，科斯特·约翰逊，108

Jones, George W.，乔治·W. 琼斯，95，96，97–98，99，110–111，132，152

Julian, George，乔治·朱利安，155

Kansas–Nebraska Act (1854)，"堪萨斯-内布拉斯加法案"（1854年）：

and bullying，和霸凌，183，196，198–199

and Campbell's resistance campaign，和坎贝尔的抵制运动，193–194，196–197

and Cutting–Breckenridge fight，和卡廷-布雷肯里奇的争斗，197–199

Douglas proposal for，道格拉斯的提议，182–184

and French's political transition，和弗伦奇的政治转变，201，202

and predictions of congressional violence，

索　引　551

和国会暴力的预测，214–216

and press，和新闻界，183–184，188，192，193，194–195，196–197，198–200

and Republican Party，和共和党，209

and sectional distrust，和地区猜疑，182

and sectional rights，和地区权利，197–198，200

see also Bleeding Kansas，也可参见流血的堪萨斯

Keitt, Laurence M.，劳伦斯·M. 基特，*237*

and armed combat in Congress，和国会中的械斗，257–258，259

and Edmundson–Hickman fight，和埃德蒙森–希克曼的争斗，251

and 1859 speakership conflict，和1859年议长选举的冲突，251，252

and 1860 presidential election，和1860年总统选举，260

and French，和弗伦奇，201

as political combatant，作为政治上的好战者，215，238

and predictions of congressional violence，和国会暴力的预测，215–216

and Sumner caning，和杖击萨姆纳事件，*221*，222，223，225，226，231

see also Keitt–Grow fight，也可参见基特–格罗的争斗

Keitt, Susanna，苏珊娜·基特，252，260

Keitt–Grow fight (1858)，基特–格罗的争斗（1858年），236，238，*239*，240–243

Kelley, William，威廉·凯利，272，278

Kelley–Field fight，凯利–菲尔德的争斗，272

Kellogg, William，威廉·凯洛格，269

King, John，约翰·金，67

Knapp, Chauncey，昌西·纳普，234

Knights Templar of the United States，美国共济会，213，263

see also Masons，也可参见共济会会员

Know Nothings，一无所知党，203，204，205，209，216–217

Ku Klux Klan，三K党，274

Lander, Frederick，弗雷德里克·兰德，253–254

Lane, James，詹姆斯·莱恩，210

Lawyers，律师，49

Lecompton constitution，勒康普顿宪法，235，238，253

letter-writers，书信体作者，105，195–196，241

Lewis, Dixon，狄克逊·刘易斯，128–129

Lieber, Francis，弗朗西斯·利伯，42

Lincoln, Abraham，亚伯拉罕·林肯：

assassination of，对其的刺杀，77，277

in 1860 presidential election，在1860年总统选举中，260–261，262

and French，和弗伦奇，265–266，267–268，275，276–277

nomination of，获得提名，254

and reconstruction plan，和重建计划，271–272

Lincoln, Mary Todd，玛丽·托德·林肯，266–267

Lincoln Memorial，林肯纪念堂，277

Linn, Lewis，刘易斯·林，124

Liquor, see alcohol，酒水，参见酒精

Lobbyist，说客，35

Longfellow, Henry Wadsworth，亨利·沃兹沃思·朗费罗，275

Lovejoy, Elijah，以利亚·洛夫乔伊，253

Lovejoy, Owen，欧文·洛夫乔伊，210，253，255

Lowell Daily Citizen，《洛厄尔每日公民报》，223

Lynch, Anne，安妮·林奇，53

McClelland, Robert，罗伯特·麦克莱兰，51

McConnell, Felix Grundy，费利克斯·格伦迪·麦康奈尔，51，52

McDougall, James，詹姆斯·麦克杜格尔，52

Magnetic Telegraph Company，磁力电报公司，170，176

Mangum, Willie，威利·曼格姆，158–159，171

manhood，男子气概，x，11，66，72，88，137，145，157，199，235，327*n161*，373*n12*

Mann, Ambrose Dudley，安布罗斯·杜德利·曼，215–216，252

Mann, Horace，霍勒斯·曼，54，129，159

Manual of Parliamentary Practice，《议会规则手册》，123，124，129，171

Marryat, Fredrick，弗雷德里克·马里亚特，103

Marsh, George P.，乔治·P. 马什，50

Marshall, Thomas，托马斯·马歇尔，52，102–103，120–121，140

Marshall–Webb duel，马歇尔–韦布决斗，102

Martineau, Harriet，哈丽雅特·马蒂诺，40，55，71–72

Mason, James，詹姆斯·梅森，218，262

Masons，共济会会员，123，150，190，213，263–264，277，281

Massachusetts Spy，《马萨诸塞州间谍报》，198

Maury, Abram，艾布拉姆·莫里，84–85

Meade, Richard Kidder，理查德·基德尔·米德，144–145，157，161，166

Medill, Joseph，约瑟夫·梅迪尔，269

Menefee, Richard H.，理查德·H. 梅尼菲，95，96

Mercer, Charles Fenton，查尔斯·芬顿·默瑟，100

Mexican War，墨西哥战争，143，144

Milwaukee Sentinel and Gazette,《密尔沃基哨兵报和公报》, 171

Missouri Compromise (1820),"密苏里妥协案"(1820 年), 63, 64, 202

    see also Kansas–Nebraska Act, 也可参见"堪萨斯 – 内布拉斯加法案"

Morris, Thomas, 托马斯·莫里斯, 49

Morse, Samuel, 塞缪尔·莫尔斯, 170

National Aegis,《国家庇护报》, 199

National Era,《国家时代》, 213

national expansion, 国家扩张, 26–27, 192

National Intelligencer,《国家情报》, 166, 172–173, 186–187, 191, 196

national landscape, 国家景观:
    and alcohol, 和酒精, 38
    and education, 和教育, 49
    localized nature of, 其地方化, 12, 21, 57
    Northern slavery in, 北部奴隶制, 54–55
    and political parties, 和政治党派, 57
    and violence, 和暴力, 4–5, 43

nativism, 排外主义, 5, 72, 203

Newark Daily Advertiser,《纽瓦克每日广告报》, 198

New England, 新英格兰, 54–55, 59–61

New Hampshire, 新罕布什尔, 12–14

New Hampshire Patriot,《新罕布什尔州爱国者报》, 67–68, 103

New Hampshire Spectator,《新罕布什尔州观察者报》, 14–15

New Hampshire Statesman,《新罕布什尔州政治家报》, 223

New London Chronicle,《新伦敦编年报》, 242–243

New Mexico, 新墨西哥, 174

newspapers, see press, 报纸, 参见新闻界

New York Courier and Enquirer,《纽约信使及问询报》, 82, 83, 87, 89–91, 105, 223

New York Day Book,《纽约日刊》, 241

New York Express,《纽约快报》, 169

New York Herald,《纽约先驱报》, 192, 204, 249, 262, 270

New York Times,《纽约时报》, 5, 192, 223, 224, 241

New-York Tribune,《纽约论坛报》, 173, 192, 195, 196–197, 198–199, 200, 216

Noncombatants, 怯战者, 71, 83, 92, 273

    see also fighting men, 也可参见好战者

Nisbet, Eugenius, 尤金尼厄斯·尼斯比特, 131

Northern appeasement of Southerners, 北部对南部人的妥协, 45, 62–69
    and Cilley–Graves duel, 和西利 – 格雷夫斯的决斗, 107–108
    and clerkship election (1849), 和执事选举(1849 年), 146–147
    and doughface epithet, 和面团脸的绰号, 63–68

and gag rule debate, 和钳口律辩论, 66

and honor, 和荣誉, 87

and Pierce, 和皮尔斯, 67, 175–176

and presidential campaign (1852), 和总统竞选（1852年）, 179

technical strategies for, 其技术性策略, 62, 65–66

Northern culture, see sectional differences, 北部文化, 参见地区差异

Northerners in Congress, 国会中的北部人, 9, 56, 63, 65, 66, 79, 88, 90, 107, 109–110, 132, 136, 145, 206

increasingly violent, 不断激增的暴力冲突, 160–162, 183, 199, 206, 210–211, 230, 240–241, 273, 391n42

see also doughfaces, 也可参见面团脸

Northern gumption, 北部人的魄力:

and Compromise of 1850, 和"1850年妥协", 160, 161–162, 175

and dueling, 和决斗, 106–107, 199, 253–254

and free speech, 和言论自由, 211–212

and Kansas-Nebraska Act, 和"堪萨斯－内布拉斯加法案", 196, 197–198, 199–200

and Republican Party, 和共和党, 210, 211, 212

Nullification Crisis (1832–33), 和联邦法令废止危机（1832–1833年）, 24–25

oratory, 演说, 4, 27–28, 52

of Adams, 亚当斯式, 120–121

of Buncombe, 邦科姆式, 193, 195, 226, 248

of Clay, 克莱式, 27–28

of Webster, 韦伯斯特式, 27, 28

see also specific speeches, 也可参见具体的演说

"Orgies in Hell, over Secession" (French), "地狱的高潮, 脱离联邦"（弗伦奇）, 278

Outlaw, David, 大卫·奥特洛:

on alcohol, 评论酒精, 51

and armed warfare threats, 和械斗, 160

and Benton-Foote conflict, 和本顿－富特的冲突, 164–165

and Compromise of 1850, 和"1850年妥协", 158–159, 162, 163

on congressional violence, 评论国会暴力, 193

and conventional image of Congress, 和国会常规形象, 4

and disunion threats, 和解体威胁, 145

on Foote, 评论富特, 153–154

and sectional differences, 和地区差异, 61

Parker, Theodore, 西奥多·帕克, 209

parliamentary rules, see rules of order, 议会规则, 参见秩序规则

party politics, nature of, 政党政治, 其

本质：10–11，17–19，57，85

Pennington, William，威廉·彭宁顿，252–253

performative representation，述行代表权，106，160，213，229

　　see also congressional violence, and representation，也可参见国会暴力，以及代表权

personal explanations，个人解释，166–167

Petitioning，请愿，67，70，103，112–114，116，200

Peyton, Balie，巴利·佩顿，37，85，86，131–132

　　Whitney fight and，和惠特尼之间的争斗，37，255

Phillips, Wendell，温德尔·菲利普斯，209

photography，摄影，46

phrenology，颅相学，41，80

Pickens, Francis，弗朗西斯·皮肯斯，107

Pierce, Franklin，富兰克林·皮尔斯，178

　　and alcohol，和酒精，51，178，181

　　on American violence，评论美国人的暴力，43

　　and anti-dueling law，和反决斗法，110

　　and Cilley，和西利，79

　　and Cilley-Graves duel，和西利–格雷夫斯的决斗，91，92，94–95，96，105

and Civil War，和内战，274

on dueling，评论决斗，88

in 1852 presidential campaign，在1852年总统选举中，58，175–176，177–182，189–190

and French，和弗伦奇，16，24，201–203，204，280

and gag rule debate，和钳口律辩论，138

on gallery-sitters，评论楼座观众，39

and Kansas-Nebraska Act，和"堪萨斯–内布拉斯加法案"，183，199，202

and Know Nothings，和一无所知党，203，204

and Northern appeasement of Southerners，和北部对南部人的妥协，67，175–176，179

reelection of，其再次当选，110

reputation of，其声望，177–179，180，*180*

and slavery，和奴隶制，56，57，179–180，*180*

and son's death，和儿子的死亡，177

Pike, James Shepherd，詹姆斯·谢泼德·派克，193，194，195，196

Plug Uglies，子弹丑男，5

Poindexter, George，乔治·波因德克斯特，73

"political friends"，"政治伙伴"，33

political parties，政治党派：

and Cilley-Graves duel，和西利－格雷夫斯的决斗，83–86，103，108–109，229–230

and Compromise of 1850，和"1850年妥协案"，151

and congressional violence，和国会中的暴力，11，84–85

and cross-sectional bonds，和跨区域的纽带，45，57，74，92，107，182

decline of，其衰落，184，209

and honor code，和荣誉准则，11

and Jackson，和杰克逊，58

loyalty to，对其的忠诚，10–11，84

nature of，其本质，10–11，17–19，57，85

personal impact of，其个人影响，10–11，85

and press partisanship，和新闻界的党派，85，186–187

see also Democratic Party; Northern appeasement of Southerners; Republican Party; Whig Party，也可参见民主党；北部对南部人的妥协；共和党；辉格党

Polk, James K.，詹姆斯·K. 波尔克，51，85，122，131，143，181

popular culture，大众文化，27，246–247

see also Congress, U.S.; press，也可参见美国国会；新闻界

Portland Weekly Advertiser，《波特兰广告周报》，199

Potter, John "Bowie Knife"，约翰·"鲍伊猎刀"·波特，210，240，253，258，291

Potter, Robert，罗伯特·波特，70

Potter-Pryor fight，波特－普赖尔的争斗，253–254

Prentiss, Samuel S.，塞缪尔·S. 普伦蒂斯，40，109

presidential campaign (1852)，总统竞选（1852年），177–182，*180*

French's role in，弗伦奇在其中的角色，175–76，179–80，181，185，189–190

and Jackson，和杰克逊，58

and press，和新闻界，177–178，181–182，189–190

presidential elections，总统选举：

of 1828，1828年的，19–20

of 1860，1860年的，254–255，260–261

press，新闻界：

and amplification of congressional violence，和国会暴力行为的放大，6，184，193，197，199，212–213，223，248

and Benton-Foote conflict，和本顿－富特的冲突，172–174，191

and bullying，和霸凌，187，191–192

and Cilley-Graves duel，和西利－格雷夫斯的决斗，82，83，87，89–91，103，*104*

congressmen's attempts to control, 国会议员对其控制的尝试, 184, 190–192

conspiracy theories, 阴谋论, 183, 185, 192, 196–197, 199, 200–201, 202, 211–213, 218, 223, 228, 249

and cycle of stridency, 强硬的循环, 184, 195

and disunion, 和解体, 185

and 1852 presidential campaign, 和1852年总统竞选, 177–178, 181–182, 189–190

extent of coverage by, 报道的范围, 186, 187–188

French's presence in, 关于弗伦奇的报道, 189–190

and gag rule debate, 和钳口律辩论, 188–189

and gallery-sitters, 和楼座观众, 40, 41–42

and Grinnell caning, 和对格林内尔的杖击, 273

humor in, 其中的幽默, 242–45, *243*

and importance of Congress, 和国会的重要性, 27

and Kansas-Nebraska Act, 和"堪萨斯–内布拉斯加法案", 183–184, 188, 192, 193, 194–195, 196–197, 198–200

and Keitt-Grow fight, 和基特–格罗的争斗, 241–242

and letter-writers, 和书信体作者, 105, 195–196, 241, 368*n*98

national reach of, 全国范围, 184, 192

New York City newspapers, 纽约市报纸, 184, 192, 195

and Northern appeasement of Southerners, 和北部对南部人的妥协, 67–68

and obscuring of congressional conflict, 和对国会冲突的模糊处理, 6, 30, 37, 83, 187–189

partnership of, 其赞助, 189–195

partisan nature of, 其党派性质, 85, 186–187

political power of, 其政治权力, 15, 184, 185, 192, 194–195

and reporters, 和记者, 6, 184, 187, 192

rise of independent, 和独立报刊的兴起, 184, 192, 212–213

as source, 作为材料来源, 6

and Sumner caning, 和杖击萨姆纳事件, 221, *221*, 223–224, 232

violence against, 针对其的暴力, 216–217

see also specific newspapers, 也可参见具体的报刊

Preston, William Campbell, 威廉·坎贝尔·普雷斯顿, 88–89

Preuss, Henry Clay, 亨利·克莱·普罗伊斯, 245–246

privilege of debate, 辩论特权, 93, 99,

109，164，233
Pryor, Roger, 罗杰·普赖尔，251，252，253
Punch,《潘趣》周刊，242，*247*

railroads, 铁路，184
Randolph, John, 约翰·伦道夫，42，63，64–65，66
Raymond, Henry, 亨利·雷蒙德，192，273
Reconstruction, 重建，271–274，277–278
Reed, Thomas B., 托马斯·B.里德，205
Register of Debates,《辩论记录》，186
Republican Party, 共和党：
  and antislavery advocacy, 和反奴隶制倡议，250–251，252
  and aggression, 和攻击性，210–212，228，241
  and Bleeding Kansas, 和流血的堪萨斯，235
  and 1860 presidential election, 和1860年总统选举，254–255，260
  French's role in, 弗伦奇在其中的角色，205，213–214，232，234–235
  ideology of, 其意识形态，209
  and Northern gumption, 和北部人的魄力，210，211，212
  public response, 公众反应，212
  and Reconstruction, 和重建，277–278
  rise of, 其崛起，205，206，207，209–110，215–217，231

  and speakership conflict of 1859, 和1859年议长选举冲突，212
  and speakership election of 1855, 和1855年议长选举，217
  and Sumner caning, 和杖击萨姆纳事件，224–225，226，228–229
  see also slave power, 也可参见奴隶主权势
Rhett, Robert Barnwell, 罗伯特·巴恩韦尔·雷特，121
Richardson, William, 威廉·理查森，14
Richmond Enquirer,《里士满调查报》，173
Richmond Whig,《里士满辉格党报》，179，197，230，251
ridicule, see humor, 嘲笑，参见滑稽
right of petition, 请愿权，114–115，116，117，120
Rip-Raps, 罪犯流氓，5
Rivers, Thomas, 托马斯·里弗斯，219
Rives, Alexander, 亚历山大·里夫斯，231–232
Rives, Francis, 弗朗西斯·里夫斯，33，41
Rives, John C., 约翰·C.里夫斯，92
Robinson, Charles, 查尔斯·鲁宾逊，265
Root, Joseph, 约瑟夫·鲁特，145–146
Rousseau, Lovell, 洛弗尔·鲁索，272
Rousseau-Grinnell fight, 鲁索–格林内尔的争斗，272–273

索引 559

rules of order，秩序规则：
    and Benton-Foote conflict，和本顿－富特的冲突，173
    and Compromise of 1850，和"1850年妥协案"，157–158，164
    and "Crime Against Kansas" speech，和"对堪萨斯的犯罪"之演说，218
    French as expert on，弗伦奇作为秩序规则的专家，118
    and gag rule debate，和钳口律辩论，115，121–122，123，124，126–128，129–130
    and honor code，和荣誉准则，71
    in House vs. Senate，在众议院与参议院的对比中，124–126
    and *Manual of Parliamentary Practice*，和《议会规则手册》，123，343*n*56
    personal explanations，个人解释，165–166
    purpose of，其目的，123–124
    and Speaker role，和议长角色，128–129
    as weapon，作为武器，124–126，127
Rust, Albert，艾伯特·拉斯特，216，269

Sargent, John Turner，约翰·特纳·萨金特，231
Schaumburg, James W.，詹姆斯·W. 绍姆堡，95–96，99
Scott, Winfield，温菲尔德·斯科特，178，179，269
Seaton, William，威廉·西顿，186
secession，退出联邦，261–264
secession threats, see disunion threats，退出联邦威胁，参见解体威胁
sectional degradation，地区羞辱，11，145，148，157，159，160，162，175，211，230，260，261，377*n*68
sectional differences，地区差异：
    and bullying，和霸凌，37，72，132
    Congress's intensification of，国会中地区差异的加剧，11，61–62，*61*
    and dueling，和决斗，71–72，88–89，90，106–107，136–137，157，332*n*49
    and patterns of violence，和暴力模式，70–74
sectional distrust，地区猜疑，213，240–241，252–253，258–259，261，283，377*n*68
sectionalism，地区主义，89，147，287
sectional rights，地区权利：
    and Cilley-Graves duel，和西利－格雷夫斯的决斗，160
    and Compromise of 1850，和"1850年妥协案"，147–148，160–162，164
    and disunion threats，和解体威胁，157，214
    and gag rule debate，和钳口律辩论，116，162–163

and Kansas–Nebraska Act，和"堪萨斯－内布拉斯加法案"，197–198，200

Northern rights，北部权利，175，205，207，208–209，211–212，214，217，225，229，232–233

Southern rights，南部权利，205，209，210，217，225，260

and Sumner caning，和杖击萨姆纳事件，232

and weapon-wearing，和武器携带，11

see also honor code，也可参见荣誉准则

sectional tensions，地区间紧张关系：

as crisis of communication，和沟通危机，232–233

late 1850s heightening of，其在19世纪50年代末的加剧，213，234，235

rise of，其出现，151，182，195，205，211，213–214，215，223，226，236，251，260–261

see also specific issues，也可参见具体的话题

self-defense，自卫，259–260

Seminole War，塞米诺尔之战，81–82

Senate, U.S.，美国参议院，*34*

conditions in，其中的环境，33–34

and disunion threats，和解体威胁，251–252

and gag rule debate，和钳口律辩论，117

interaction tone in，其中的交流腔调，34–35

rules of order in，其中的秩序规则，124

see also Sumner caning，也可参见杖击萨姆纳事件

Seward, William，威廉·苏厄德，65，224，277

Sherman, John，约翰·舍曼，250

Slade, William，威廉·斯莱德，113–114

slaveholders，奴隶主：

as angry at antislavery advocacy，对于反奴隶制倡议的愤慨，68，70，89，114，119–120，128

and Bleeding Kansas，和流血的堪萨斯，202

conversation with，与奴隶主的对话交流，55–56

power of，其权力，9–10，45，115，129，147

violent culture of，其暴力文化，70–71

see also bullying; specific people，也可参见霸凌；具体的人物

Slave Power，奴隶主权势，10，115，120，139，151，170，175，197，198–199，201，205，208，209，211，214–215，216，222，226–228，233，236，240，270，273，283

slavery，奴隶制：

British abolition of, 英国废除奴隶制,
113
fear of slave insurrections, 对奴隶暴
动的恐惧, 114, 233, 260
implicit violence of, 其中隐含的暴力
元素, 5, 70
petitions, 请愿, 70, 112–113, 150,
211, 340n4
as root of congressional violence, 作为
国会暴力的根基, 11
telegraph complications of, 电报带来
的复杂情况, 174
in Washington, D.C., 华盛顿的奴隶
制, 54, 55
see also antislavery advocacy; Northern
appeasement of Southerners;
slaveholders 也可参见反奴隶制倡
议; 北部对南部人的妥协; 奴隶制
slavocrats/slavocracy, 奴隶主统治集团 /
奴隶主势力, 9, 185, 202
slavery expansion, 奴隶制的扩张, 11,
113, 142–143, 144, 156, 163, 236
see also Kansas–Nebraska Act; Missouri
Compromise, 也可参见 "堪萨斯–
内布拉斯加法案"; 密苏里妥协案
Smith, F.O.J., F. O. J. 史密斯, 170
Smith, Perry, 佩里·史密斯, 110
Smith, Samuel, 塞缪尔·史密斯, 35
Smith, William "Extra Billy", 威廉·"额
外的比利"·史密斯, 216
"Song for Certain Congressmen" (Dough-
face Song; Whitman), 《可靠的国会
议员之歌》(《面团脸之歌》, 惠特
曼), 65
sources, 来源, 6–7
Southern Address, 南部演说, 148–149
Southern advantages, 南部优势, 10, 115,
327n151
Southern culture, see sectional differences,
南部文化, 参见地区差异
Southerners in Congress, 国会中的南部
人: 9, 62, 70–71, 205, 271
see also bullies, 也可参见恶霸
Speaker, 议长, 128–129, 131, 213, 216–
217, 252
Stanbery, William, 威廉·斯坦伯里,
131–132, 222
Stanly, Edward, in Wise conflict, 在与
怀斯冲突中的爱德华·斯坦利, 43,
128–129, 136–137
Stephens, Alexander, 亚历山大·斯蒂
芬斯, 236, 259
Stevens, Thaddeus, 撒迪厄斯·史蒂文
斯, 65, 212, 236, 251, 258, 279
street fights, 街斗, 6, 131, 166–167, 189,
227, 254
Sumner, Charles, 查尔斯·萨姆纳, 170,
219, 221, 255–256, 272–273
see also Sumner caning, 也可参见杖
击萨姆纳事件
Sumner caning (1856), 杖击萨姆纳事件
(1856年), 188, 201, 217–234

and anti-dueling law, 和反决斗法, 219–220

and Bleeding Kansas, 和流血的堪萨斯, 223, *224*, 230

and bullying, 和霸凌, 229, 230–231

congressional responses to, 国会对此的反应, 224–226

and "Crime Against Kansas" speech, 和"对堪萨斯的犯罪"之演说, 218–219

and duel challenges, 和决斗挑战, 219–220, 224, 226–228

and fairness expectations, 和对公平的期待, 222–223

and free speech, 和言论自由, 233–234

impact of, 其影响, 228–232

investigation, 调查, 222–223, 273

location of, 其地点, 222

moderate responses to, 对此的温和回应, 231–232

press coverage of, 媒体对此的报道, 221, *221*, 223–224, 232

public responses to, 公众对此的反应, 231

and Republican Party, 和共和党, 224–225, 226, 228–229

scholarship on, 关于此的研究, 5, 17–18

Swanson, John, 约翰·斯旺森, 217

Swisshelm, Jane, 简·斯威舍姆, 173

telegraph, 电报, 169–171, 173, 184, 192, 204

Texas, 得克萨斯州, 174

annexation of (1845), 对它的吞并（1845年）, 142–143

"Then Let the Union Slide" (French), 《那么让联邦逐渐滑落吧》（弗伦奇）, 206, 214

Thirty-sixth Congress, 第36届国会, 249–264

duel challenges, 决斗挑战, 253–254

speakership election (1859), 议长选举（1859年）, 212, 249–253

Sumner "Barbarism of Slavery" speech, 萨姆纳的"奴隶制的野蛮主义"演说, 255–256

weapon-wearing, 携带武器, 248–249, 256–258

Thompson, Waddy, 沃迪·汤普森, 85, 93, 191

threats, see bullying, 威胁, 参见霸凌

Three-fifths Compromise, 五分之三妥协, 9–10

tobacco chewing, 咀嚼烟草, 3–4, 10, 80

Toombs, Robert, 罗伯特·图姆斯, 145, 226, 235, 236, 241, 252, 269

Trumbull, Lyman, 莱曼·特朗布尔, 254

Tuck, Amos, 阿莫斯·塔克, 137, 213–214

Turney, Hopkins, 霍普金斯·特尼, 85,

86

Tyler, John, 约翰·泰勒, 84

Union, 合众国:
    and Compromise of 1850, 和"1850年妥协案", 147, 175
    Congress as symbol of, 国会作为其象征, 43–44
    emotional power of, 其情感力量, 10
    and French's political transition, 和弗伦奇的政治转变, 208, 213–214
    and gag rule debate, 和钳口律辩论, 114
    and Jackson, 和杰克逊, 58–59
    nature of, 其本质, 11
    as pact, 作为契约, 10, 59, 163
    and Republican Party, 和共和党, 208, 209
    and sectional rights, 和地区权利, 163
    Washington, D.C., as symbol of, 作为象征的华盛顿特区, 24–25

United States Magazine and Democratic Review, The, 《美国杂志和民主评论》, 103

Utah Territory, 犹他地区, 174

Vanity Fair (magazine), 《名利场》(杂志), 244–245, 254, 258

Van Wyck, Charles, 查尔斯·范·怀克, 269

Virginia Sentinel, 《弗吉尼亚哨兵报》, 241–242

"Vision, A" (French), 《一处幻境》(弗伦奇), 284–285

vote calls, 呼吁投票, 62, 65

Wade, Benjamin, 本杰明·韦德, xv, xvi, 170, 210, 235, 253, 268

Wallach, William "Dug", 威廉·"发掘"·沃勒克, 216

Walsh, Mike, 迈克·沃尔什, 197

War of 1812, 1812年战争, 15, 26, 58, 59

Washburn, Cadwallader, 卡德瓦拉德·沃什伯恩, 240, 253

Washburn, Israel, 伊斯雷尔·沃什伯恩, 194, 233, 240, 253

Washburne, Elihu, 伊莱休·沃什伯恩, 210, 240, 254–255

Washington, D.C., 华盛顿特区, 22, 24, 284
    alcohol in, 里面的酒精, 50–52, 315*nn*22, 24
    black residents of, 其黑人居住情况, 54, 318*n*56
    character of, 其特质, 22–23, 153
    and Congress, 和国会, 23
    French's arrival in, 弗伦奇的抵达, 21, 23–26
    and sectional diversity, 和地方多样性, 50, 53, 61–62
    slavery in, 其中的奴隶制, 54, 55

Southern culture of, 其南部文化, 53–54, 303n8

symbolism of, 其象征, 24–26

with Southerners gone, 南部人的离去, 270

and women, 和妇女, 53, 61

Washington, Lund, Jr., 小伦德·华盛顿, 191

Washington *Telegraph*, 华盛顿《电报》, 89

Washington *Union*, 华盛顿《联合报》, 179, 181–182, 190

weapons, 武器, 69, 97

Webb, James Watson, 詹姆斯·沃森·韦布:

and bullying, 和霸凌, 191

and Cilley–Graves duel, 和西利–格雷夫斯的决斗, 82, 83, 89–91, 93, 94, 100–102, *102*, 105

in Gholson conflict, 在与戈尔森的冲突中, 89–90, 92

in Marshall duel, 在与马歇尔的决斗中, 102–103

and Sumner caning, 和杖击萨姆纳事件, 223–24, 226

Webster, Daniel, 丹尼尔·韦伯斯特:

and conventional image of Congress, 和国会的传统形象, 4

death of, 其死亡, 185

and duel challenges, 和决斗挑战, 64

and gallery-sitters, 和楼座观众, 40

oratory of, 其演说, 27, 28

and press, 和新闻界, 190

wine cellar of, 其酒窖, 38

Weld, Theodore Dwight, 西奥多·德怀特·韦尔德, 127–128

Weller, John B., 约翰·B. 韦勒, 138

Wentworth, John "Long John", 约翰·"高个子约翰"·温特沃思, 121, 195–196

Whig Party, 辉格党:

and Cilley–Graves duel, 和西利–格雷夫斯的决斗, 84–86, 89, 103, 105, 108

and financial panics, 和金融恐慌, 83–84

formation of, 其形成, 83–84

and Jackson, 和杰克逊, 58

and Northern appeasement of Southerners, 和北部对南部人的妥协, 65–66, 67

and presidential campaign (1852), 和总统竞选（1852年）, 177–178

and rules of order, 和秩序规则, 124

and Wilmot Proviso, 和《威尔莫特附文》, 143

see also Northern appeasement of Southerners, 也可参见北部对南部人的妥协

White House, 白宫, 80, 84, 277

Whitman, Walt, 沃尔特·惠特曼, 65

Whitney, Reuben M., 鲁本·M. 惠特尼, 37, 81, 255, 308n68

Whittier, John Greenleaf, 约翰·格林

利夫·惠蒂尔，214，275
Wick, William, 威廉·威克，72
Wigfall, Louis, 路易斯·维戈夫，52，268–269
Wilmot Proviso (1846),《威尔莫特附文》（1846年），143，144
Wilson, Henry, 亨利·威尔逊，39，210，215，226–227，230，251
Winthrop, Robert, 罗伯特·温思罗普，231
Wirt, John, 约翰·沃特，75
Wise, Charlotte, 夏洛特·怀斯，222
Wise, Henry, 亨利·怀斯，*122*
    and alcohol, 和酒精，39，51
    and Bell-Jarvis conflict, 和贝尔–贾维斯的冲突，106
    on Benton, 评论本顿，149，155
    as bully, 作为恶霸，81，115，130，131–132，136–137，289
    character of, 其性格，80–81
    in Cilley conflict, 在和西利的冲突中，81–83，84
    and Cilley–Graves duel, 和西利–格雷夫斯的决斗，93，95，96，97，101–102，105–106，121，274
    and Compromise of 1850, 和"1850年妥协案"，149
    death of, 其死亡，274
    on dueling, 评论决斗，89
    and 1852 presidential campaign, 和1852年总统竞选，180–181

    and gag rule debate, 和钳口律辩论，115，120–123，126–127，140
    and gallery-sitters, 和楼座观众，40
    and Gholson conflict, 和戈尔森的冲突，73，89
    and honor code, 和荣誉准则，86–88
    as political combatant, 作为政治上的好战者，81，121–124，126，130–131
    and Peyton–Whitney fight, 和佩顿–惠特尼之间的打斗，37，255
    and Pierce, 和皮尔斯，51，99，180–181
    and Reconstruction, 和重建，274
    reelection of, 其重新当选，110
    resignation of, 其辞职，140
    and rules of order, 和秩序规则，115，121–122，124，126–127
    and speakership conflict of 1859, 和1859年议长选举冲突，252
    in Stanly conflict, 在与斯坦利的冲突中，43，128–129，136–137
    and Sumner caning, 和杖击萨姆纳事件，225
    and Whig Party, 和辉格党，85
Withington, William, 威廉·威辛顿，*104*
women, 妇女：
    as gallery-sitters, 作为楼座观众，42–43
    and petitioning, 和请愿 67
    and the press, 和新闻界，173，362*n*150
    and sectional differences, 和地区差异，61–62

and Sumner caning，和杖击萨姆纳事件，220

and Washington, D.C.，和华盛顿特区，53，311*n106*

and working conditions，和工作环境，33

Woodward, Joseph，约瑟夫·伍德沃德，162

words, dangerous，危险的话语，114，141，159，190–191，210，232–233，270 see also free speech，也可参见言论自由

working conditions, see congressional working conditions，工作环境，参见国会工作环境

Wright, Augustus，奥古斯塔斯·赖特，168

Yancey, William Lowndes，威廉·朗兹·扬西，70–71，260，271

Young, Don（唐·扬），xiv, xv